대인관계능력

이 종 호 저

도서출판 상 학 당

이 책의 머리말

우리 모두 익히 알고 있는 말이 있다. '인간은 사회적 동물'이라고 하는 것인데, 인간은 개인으로 존재하고 있어도 홀로 살 수 없으며, 끊임없이 다른 사람과 상호작용을 하면서 관계를 유지하고 함께 어울림으로써 자신의 존재를 확인하는 동물이다. 다시 말해 사람은 사람과 더불어 살 때, 즉 끊임없이 타인과의 관계 하에 존재할 때 더욱 빛이 난다.

더불어 사는 삶 속에서 우리는 필연적으로 인간관계, 즉 대인관계를 경험하게 된다. 어떻게 살 것인지, 어떤 삶을 살 것인지, 그리고 인간답게 산다는 것, 즉 어떤 삶이 가치 있고 보람된 삶인지 등은 결국 사회구성원으로서, 사회공동체의 형성자로서 인간을 바라볼 때 규정되고 의미 부여가 될 수 있는 물음이라 할 수 있다. 아시다시피 이러한 물음에 딱히 정답이 존재하는 것은 아니다. 하지만 누구나 행복과 보람, 그리고 가치 있는 삶을 살고 싶어 한다는 것에는 이의가 없다. 그러하기에 인간은 누구나 더불어 사는 삶 속에서 맞춤형 행복을 추구하려고 한다.

그런데 최근의 상황은 이러한 평범하고도 소박한 우리의 삶의 목표를 위협하고 있다. 전 세계적으로 코로나19 팬데믹(Pandemic)으로 인해 인간의 사회적 활동이 제한을 받게 된 것이다. 대면방식이 전염병 감염위기를 초래한다는 이유 때문이다. 생존의 조건이 된 '사회적 거리 두기'를 실천하다 보니 '언택트 문화(접촉이 없는 문화, 즉 사람을 만나지 않는 방식의 생활)'가 일상이 되어버렸다.

코로나19가 만든 사람들의 새로운 일상, 즉 뉴노멀(New Normal, 경제 및 사회 등이 위기 이후 정착한 상태를 말함)은 이전과는 다른 새로운 라이프스타일(Life Style)을 지향하고 있다. 그래서 앞으로 전개될 언택트 이코노미(비대면 경제)는 격리와 연결의 공존을 만들어내는 옴니(Omni, 사전적으로 모든 것, 모든 방식을 의미)가 될 것이다. 다시 말해 새로운 뉴노멀 시대에는 '격리와 연결의 공존'이 통합될 것이다. 상반된 상황에서 섞일 수 없는 것들이 조화되어 시너지를 만들어내는 것이다. 온라인과 오프라인, 사무실과 재택근무, 일과 놀이의 공존이 바로 그것이다.

이에 코로나19 이후의 사회는 "타인에 대한 경계심이 강해지고, 사회적 교류마저 위협적인 일이 되어버렸기 때문에 인류는 '고립의 길'을 향해 빠르게 달려갈 것이며, 포스트 코로나 시대에 우리는 '사회적 동물의 퇴보'를 마주하게 될 것이다."라고 미래학자 토머스 프레이 다빈치 연구소장은 말하기도 했다.

따라서 새롭게 전개될 사회경제적 환경 속에서 우리는 이전과는 다른 전향적이면서도 진화된 대인관계능력의 함양을 요구받게 되었다. 오늘의 위기를 새로운 기회로 삼아 코로나19 이후의 환경에 부합하는 대인관계능력의 향상 방안을 고민해야 할 때가 아닌가 싶다.

이 책은 직업인들에게 공통적으로 요구되는 10가지 직업기초능력 가운데 하나인 대인관계능력에 대한 학습 및 강의교재로 집필되었다. 시중에 이미 많은 관련 도서가 출판되었고, 다루고 있는 내용 역시 정형화된 틀 속에서 논의가 전개되고 있다. 이에 필자는 대학에서 교양과목으로 대인관계능력을 몇 년간 강의하면서 아쉬운 생각과 함께 차별화된 교재의 필요성을 느껴 이 책을 집필하게 되었다.

그렇지만 기본적인 구성요건의 제약, 즉 대인관계능력의 5개 하위능력(팀워크능력, 리더십능력, 갈등관리능력, 협상능력, 고객서비스능력)을 중심으로 논의를 전개하지 않을 수 없어 이러한 틀 속에서 좀 더 많은 사례제시를 통해 대인관계능력을 보다 실용적 차원에서 접근해 보고자 했다. 따라서 인문학적 접근에 그치지 않고 실무적 접근, 즉 경영·경제학적 측면의 내용을 보강함으로써 좀 더 다양한 시각에서 대인관계능력을 다뤄보고자 했다.

현재 대학의 교양과목으로 채택되어 강의가 진행되고 있음을 고려하여 이론적 측면을 강조하기보다는 시사적이고 실무지향적 접근을 통해 원만하고 건전한 사회인으로 성장·생활하는 데 도움이 되도록 쉽고 평이하게 집필하였다. 다시 말해 5개 하위능력별로 가능한 한 사회실무적 측면을 추가로 포함시킴으로써 논의의 다양성과 함께 해당 하위능력에 대한 안목과 향상을 위한 실천의지를 유도하고자 했다.

아무쪼록 이 책을 통해 여러분들 모두 사회가 요구하고 필요로 하는 직업인, 사회인으로서 갖춰야 할 기본 덕목 가운데 하나인 대인관계능력 향상에 조금이나마 도움이 되길 기대해 본다. 아울러 새롭게 전개될 4차산업혁명 시대의 사회경제적 환경과 코로나19 이후 전개될 뉴노멀 시대의 언택트 문화 속에서 전향적이면서도 진화된 대인관계능력의 함양을 위한 길잡이 역할도 수행했으면 하는 작은 바람을 가져본다. 부족하고 미흡한 면은 앞으로 계속해서 수정·보완해 나갈 것을 약속드리면서 독자 여러분의 많은 성원과 격려, 그리고 아낌없는 조언을 바라마지 않는다.

끝으로 이 책의 출판을 흔쾌히 허락해 주신 도서출판 상학당의 남승우 사장님 이하 출판사 관계자분들에게 깊은 감사를 드린다.

2021년 10월

저자 올림

이 책의 차례

제1장 대인관계능력

제1절 대인관계능력의 의미와 중요성

1. 대인관계능력이란[1)]

대인관계능력은 직장생활에서 협조적인 관계를 유지하고 조직구성원들에게 도움을 줄 수 있으며, 조직 내부 및 외부의 갈등을 원만히 해결하고 고객의 요구를 충족시켜줄 수 있는 능력을 의미한다. 직업인이 조직 내에서 조직구성원으로서 원만한 관계를 유지하여 자신의 역할을 충실히 수행하기 위해서는 대인관계능력의 함양이 필수적이다.

직장생활을 하다 보면 많은 사람들을 만나고, 또 함께 일하게 된다. 그리고 요즘같이 일의 규모가 커진 실정에 혼자서 어떤 일을 하기란 매우 힘들다. 그러므로 대인간의 관계를 원활히 유지하고, 개발하는 능력은 실로 중요하게 여겨지고 있다.

직업기초능력으로서의 대인관계능력은 팀워크능력, 리더십능력, 갈등관리능력, 협상능력, 고객서비스능력으로 구분할 수 있다.

---

1) 신장섭 외(2016), 대인관계, 경민대학교, 2016.02.

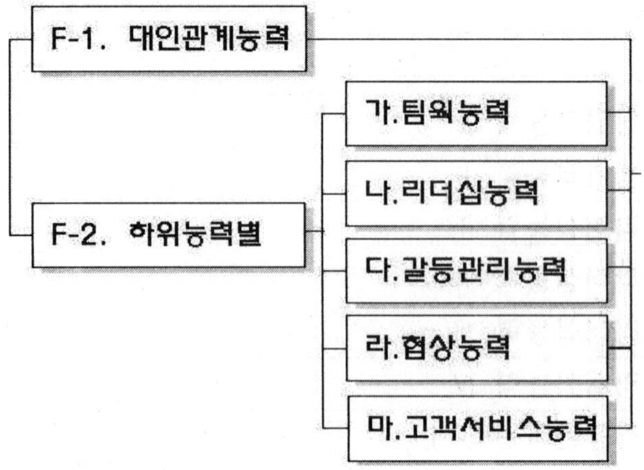

2. 생각해보기

(1) 현대사회와 대인관계[2]

바쁘게 살아가는 현대인들은 사회의 다양한 분야를 경험하는 것이 한계가 있다. 또한 다른 영역 구성원들과의 접촉 기회를 갖는 것도 점점 어려워지고 있는 것이 현실이다. 더불어 우리가 살아가고 있는 시대적인 코드로 '혼술'이니 '혼밥'이니 '혼여'와 같은 홀로 살아가는 것에 대한 말들이 유행처럼 번지고 있다. 즉 '혼자 먹는 술', '혼자 먹는 밥', '혼자 여행하는 것' 등 혼자 사는 삶에 대한 단어가 삶의 여러 부분에 실질적 영향을 미치고 있는 것이다.

이러한 문화가 일반적인 현상으로 자리 잡는 데에는 다양한 원인이 있겠으나 생존경쟁에서 살아남아야 하는 것, 대인관계 속에서 발생하는 스트레스, 삶에 대한 불안 등의 요소가 현대인들이 홀로의 삶을 선택하게 되는 주요 원인으로 작용했다.

또한 현대의 정보통신 기기의 발달로 SNS를 이용한 대인관계가 보편화되었다. SNS는 개인에게 소통할 수 있는 저변을 확장하고 대인관계[3]에서의 결속력을 높여준다는 긍정적인 영향도 있지만, 가볍고 일시적인 만남으로 대변되는 인스턴트 인간관계가 나타난다는 부정적인 영향도 있다.[4]

그렇다면 어떻게 행복한 삶을 살 수 있을까? 삼성경제연구소의 "직장인의 행복에 관한 연구보고서"에 따르면 행복하기 위한 3대 핵심요소가 '마음의 건강, 지원적 관계(교류 가능한 대상이 많아야 함), 의미와 성장(의미 있고 가치 있는 삶, 즉 보람된 삶과

---

2) 정은희 외(2017), NCS 기반의 대인관계능력, 양서원, 2017.08.

3) 인간관계의 형성과 관련하여 흔히 다음의 3가지 경우가 언급된다. 첫째, 역할 관계로서 이는 어떤 사회적 의무나 역할로 형성된 두 사람 사이의 관계를 말한다. 둘째, 대인관계로서 이는 개인 상호 간에 형성되는 특징적인 심리적, 사회적 상호관계를 말한다. 셋째, 대인관계능력으로서 이는 구성원 상호 간에 형성되는 어떤 특징적인 심리적 관계나 상호작용을 원만하게 유지하는 능력을 말한다.

4) 이와 관련하여 [부록 1-1] 참조.

자기 발전 내지 자기 성장)'이라고 하였다. 행복하기 위해서는 자신의 심리적인 건강뿐만 아니라 다른 사람과의 관계가 매우 중요하다는 것을 알 수 있다. 따라서 삶의 행복 척도 가운데 중요한 요소 중의 하나가 원만한 대인관계임을 당연시하고 있다.5)

(2) 직장상사와 좋은 인간관계 유지하는 법 6)

어느 조직에서든지 다른 사람들과 원만한 관계를 유지하는 것은 가장 어려운 일 중 하나다. 특히 나보다 나이가 많거나 직급이 높은 '상급자'를 대할 때에는 어느 정도까지 다가가야 하는지, 의사 표현은 어떤 방식으로 해야 하는지 더욱 어려움을 느끼곤 한다. 좋은 대인관계 유지가 필수적인 직장생활에서 상사와의 관계유지를 위해서는 어떻게 해야 하는지, 다양한 상황을 통해 알아보기로 하자.

1) 직장에서 '원만한 대인관계'가 필요한 이유

우리 사회의 수많은 직장인들이 가지고 있는 사회생활에서의 고민은 아마도 '인간관계'에 대한 고민일 것이다. 하급자는 상급자에게 어떻게 다가가야 하는지, 반대로 상급자는 하급자에게 어떻게 하면 더 배려해주고 친근하게 접근할 수 있는지에 대해 끊임없이 고민한다. 직장에서 인간관계를 원만하게 유지하는 능력은 업무 능력 못지않게 중요하다. 직장이라는 사회는 경제적 가치를 창출하는 일터인 동시에, 수많은 사람들이 모여 서로의 부족한 부분을 의지하며 채워주는 곳이기 때문이다.

한편 업무상 자주 마주쳐야 하는 직장상사와 좋은 관계를 유지할 수 있다면 업무 효율이 대폭 상승할 수도 있기 때문에 개인적인 발전을 위해서도 좋은 관계 구축은 필수적이다.

2) 직장에서 상사와 좋은 관계를 맺는 방법

① 관계 구축의 기본 '인사'

한 사람의 기본적인 태도는 관계 형성의 첫걸음인 '첫인상' 형성에 큰 역할을 한다. 그중에서도 인사는 그 사람의 성격, 일관성 등을 한눈에 볼 수 있는 지표다. 비단 직속 상사뿐만 아니라 직장 내 모든 사람들에게도 마찬가지다. 지나가면서 마주치는 모든 사람들에게 웃으며 진심 어린 인사를 건네 보자.

② '메모'를 통해 상사의 의도를 꼼꼼히 파악하기

회사는 성과를 내야 하는 집단이기 때문에 효율적이고 꼼꼼한 일 처리 능력이 대

5) 이와 관련하여 [부록 1-2] 참조.

6) https://www.sindohblog.com/1520 [신도리코 기업 블로그], 신입사원 주목! 직장상사와 좋은 인간관계 유지하는 법, 2018.09.18.

인관계 구축에 큰 디딤돌이 될 수 있다. 이 때문에 직장상사의 가이드를 꼼꼼히 받아 적는 메모습관은 지시받은 업무에 대한 완성도를 높일 수 있는 좋은 습관이다. 업무 결과가 우수하다면 상사로부터 신뢰를 받는 것은 시간문제다.

③ '당신의 도움이 필요해요!' 상사에게 도움 요청하기

상사에게 먼저 다가가 업무에 대한 도움을 요청해보라. 하급자가 상급자에게 도움을 요청하는 행동에는 '상급자의 업무 능력에 대한 인정', '그 사람에 대한 신뢰'가 내포되어 있다. 때문에 도움 요청을 받는 상급자 입장에서는 하급자의 질문을 '기분 좋은 귀찮음'으로 인식하게 된다. 나아가 도움을 받으며 상급자의 업무 스타일을 간접적으로 읽을 수 있다는 장점도 있다. 다만 너무 높은 빈도의 질문, 모호한 질문은 지양하는 것이 좋다.

④ 상사의 꾸중 후, 미묘한 어색함을 녹이는 인간관계의 기술

직장생활 중 업무상 실수로 하급자가 상급자에게 꾸중을 듣는 일은 더러 있다. 때로는 꾸중을 받는 그 순간보다 그 이후에 이어지는 미묘하면서도 불편한 긴장감, 어색함을 해소하는 것이 더 어렵다. 상사에게 꾸지람을 들었을 때 어떻게 대처하는 것이 현명한 방법일까?

⑤ 사람의 마음을 움직이는 '먼저 다가가기의 기술'

'시간이 해결해주겠지'라는 생각을 가지기보다는 먼저 상사에게 다가가 말을 걸어보기 바란다. 이때 필요한 것은 서로의 마음을 헤아리는 '공감 능력'이다. 혼이 난 하급자는 어떻게 해야 할지 몰라 불편한 상황에 놓이는 한편, 꾸중을 한 상사 역시 마음이 편치는 않다. 만약 하급자의 입장이라면 과거 누군가에게 꾸지람을 한 후의 마음을 떠올려 보기 바란다. 상급자의 마음을 충분히 헤아릴 수 있다. 커피 한 잔 들고 용기를 내어 먼저 다가가 보라. 생각보다 갈등의 벽이 쉽게 허물어질 수 있다.

⑥ 진심 어린 사과는 가장 좋은 갈등 해결법

비가 온 뒤에 땅이 더 단단해진다고 한다. 사과 역시 관계의 고리를 더욱 튼튼하게 만들어주는 수단이다. 좋은 사람은 상대의 말에서 마음을 읽어낼 줄 알며, 되려 상대를 배려해준다. 상사에게 진심이 담긴 사과를 건네 보라. 되돌아오는 것은 또 다른 꾸중이 아닌 감사의 인사다.

⑦ 당면한 문제를 직시하는 '정면돌파'의 필요성

업무상의 문제로 꾸지람을 들었다면, 나의 실수를 정면돌파해 보는 시도도 좋다. 일과 관련된 갈등으로 인한 감정 소모는 일시적이다. 시간이 지난 후 다시 한번 상급자에게 문제에 대한 업무적 조언을 구해보기 바란다. 부족한 부분들을 상사의 입장에서 함께 바라본다면 추후 같은 실수를 할 확률을 대폭 줄일 수 있다.

인간관계는 어디서나 참 어렵다. 그중에서도 하루에 가장 오랜 시간을 보내는 직장 내에서 좋은 인간관계를 유지하는 것은 더욱더 그렇다. 하지만 상대방의 입장에서 조금만 더 생각해보고, 내가 조금만 더 먼저 다가가면 생각보다 쉽게 나아지는 것이기도 하다.

(3) 학창시절의 친구

학창시절 꽤 괜찮은 친구의 모습을 기억해보자. 그리고 나는 어떤 유형의 학생이 되길 원하는지, 내가 부족한 부분은 무엇인지, 닮고 싶은 친구의 모습은 무엇인지, 내가 싫어하는 친구의 모습은 무엇인지 등을 이야기해 보자.

(4) 관계 맺음의 중요성 7)

다음의 글을 읽고 '더불어 사는 삶'의 의미에 대해서 각자 생각을 정리해보자.

> 인간을 비롯한 모든 생명체는 수많은 관계를 맺고 산다. 자기 자신과의 관계는 물론, 타인 · 사회 · 국가 · 자연 · 우주 · 신 등 모든 관계가 정상적으로 이루어질 때 그 상태를 평화롭다고 할 수 있다. 그런데 현대사회에서 인간은 이러한 관계성을 망각하고, 개체화 · 원자화되어 살고 있다. 그래서 삶의 모든 영역에서 관계의 단절이 일어난다. 자연은 황폐화되더라도 인간의 문명만 발전시키면 된다는 사고방식, 다른 사람의 건강이야 어떻게 되든 자신의 이익을 위하여 불량 식품을 판매하는 이기주의, 그리고 이웃에 어떤 일이 벌어지든지 무관심하게 살아가는 삶의 모습들은 모두 관계의 단절을 의미한다.
> 이러한 현상들은 관계의 그물망 속에서 '함께'문제를 해결해야 한다는 사고방식보다는 자기 혼자의 힘과 생각만으로 문제를 해결할 수 있다는 사고방식이 만연해 있기 때문에 나타난다. 그 결과 인간의 삶은 더욱 힘들어지고 고단해졌다.
> 사실 '너'로부터 완전히 독립해 있는'나'라는 것은 존재할 수 없다. 따라서 우리는 관계 맺음의 중요성을 인식하고, 자신의 삶 속에서 자기 자신 · 타인 · 공동체 · 자연과 평화로운 관계를 맺고, 경쟁보다는 사랑과 협동을 실천하며 살아가야 한다.

3. 실증 사례

(1) 출세와 성공의 조건 8)

어느 부모가 자녀들의 출세와 성공에 관심을 갖지 않을까. 그러나 정작 무엇을 어

---

7) https://pot7109.tistory.com [홀리 앞으로가], 관계 맺음의 중요성-더불어 사는 삶, 2015.09.13.
8) 출처 : 문용린 교수 특강(서울대학교) 수정

떻게 해주면 그렇게 되는지에 대해 정확하게 알지 못하는 부모가 적지 않다. 흔히들 가지고 있는 오해와 신화는 '공부 잘하면 출세하고 성공한다'는 믿음이다. 요즘 커다란 사회 문제로 지적되고 있는 과외 열풍도 결국은 학교 공부를 잘해야 출세하고 성공한다는 믿음에서 나온 행동이다. 한 사람의 출세와 성공에 가장 큰 영향을 주는 변수는 학교성적이 아니라 대인관계능력을 포함한 EQ 능력이다. 어떻게 이렇게 단정할 수 있을까? 즉 어떤 증거와 근거가 있길래 한 사람의 출세와 성공에 학교성적보다 EQ[9])가 더 중요하다고 말할 수 있는가.

첫번째 증거는 하버드 대학의 졸업생을 대상으로 한 연구에서 나온다. 95명을 선정해 그들의 졸업 당시 성적과 20년 후인 40대에서의 출세와 성공 순위를 매겨본 후 비교해본 결과다. 출세와 성공의 기준으로 봉급, 지위, 인생 만족도, 친구, 가족, 배우자와의 관계 등 다양한 내용을 측정했다. 결론부터 말하면 학교성적과 출세, 성공은 별 관련성이 없다는 것이다.

두번째 증거는 '보스턴 40년 연구'라는 것에서 나온다. 헬즈만이라는 보스턴대학 교수가 7살 된 아이 450명을 선정하고, 40년이 지난 후 그들의 사회경제적 지위를 조사해본 것이다. IQ[10])는 물론이고 부모들의 사회경제적 지위를 포함한 여러 변수들을 고려했다. 40년 후 이들의 출세 및 성공을 가장 잘 설명해준 변수는 좌절을 극복하는 태도, 감정통제능력, 타인과 어울리는 능력 등으로 나타났다.

세번째 증거는 일리노이 고교 졸업자 연구에서 제시된다. 이 고등학교 수석과 차석 졸업자 81명을 대상으로 조사한 결과 그들의 사회적 출세와 성공은 성적이 낮은 집단과 비교했을 때 별다른 차이를 보이지 않았다는 것이다.

네번째 증거는 미국 카네기멜론 대학에서의 조사 연구결과이다. 대인관계가 인생의 성공에 어느 정도 영향을 미치는지에 대한 조사 결과, 지적 능력이나 재능이 성공에 미치는 영향은 15%에 불과했고 대인관계가 성공에 미치는 영향은 85%로 절대적인 것으로 나타났다.

이러한 증거는 모두 외국에서 얻어진 것이지만, 출세와 성공에 있어서 EQ가 IQ나 학교성적보다 더 중요하고 대인관계능력이 다른 어떤 능력보다 더 중요한 역할을 하리라는 예측은 우리나라에도 그대로 적용될 수 있으리라 생각된다.

특히 청소년기는 예비사회인으로서 직업인으로서의 삶을 준비하는 과정이기 때문에 바람직한 대인관계에 대하여 깊이 있게 생각하고 삶에 대한 가치관(어떤 삶을 살고 싶은가? 혹은 어떤 삶이 가치와 보람 있는 삶인가?)을 재정립할 필요가 있다. 그렇지 않으면 개인에 대한 사회적 기대와 역할, 사회생활과 직장생활의 적응에 따른 문제가 생겨날 수 있다.

---

9) EQ(Emotional Quotient) : 감성지수로서 감정을 통제, 조절하고 타인과 원만한 관계를 유지할 수 있는 능력을 말한다.
10) IQ(Intelligence Quotient) : 지능지수를 말한다.

이 사례는 대인관계능력의 중요성에 대한 사례이다. 흔히 사람들은 한 사람의 출세와 성공에 가장 큰 영향을 주는 것은 학교성적, 즉 공부 잘 하는 것이라고 생각한다. 그러나 실제로 미국의 연구결과를 보면, 대인관계능력이 높은 사람이 성공하는 경우가 더 많았다는 것을 말해준다. 비록 미국의 사례이긴 하지만 출세와 성공에 대인관계능력이 미치는 영향은 매우 크다는 것을 알 수 있다.

(2) 대학생의 대인관계능력이 직업기초능력에 미치는 영향 11)

대학생의 대인관계능력이 직업기초능력에 미치는 영향을 분석한 결과는 다음과 같다. 조사대상자는 20대 대학생으로 남학생(34.6%), 여학생(65.4%)으로 총 81명을 대상으로 조사하였다.

첫째, 대인관계능력에 따라 직업기초능력 향상의 차이에 대한 분석결과, 리더십능력은 이성 관계와 개인 교우관계, 갈등관리능력은 학과 대인관계, 협상능력은 개인 교우관계가 유의한 영향을 미친 것으로 나타났다.

둘째, 대인관계능력이 리더십능력에 대한 상관관계는 개인 교우관계-리더십능력, 리더십능력-이성 관계, 학과 대인관계-리더십능력으로 대인관계능력이 리더십능력과 상관관계가 있는 것으로 나타났다.

셋째, 성별에 따른 직업기초능력에 대한 차이는 리더십능력은 남학생이 여학생보다 우위, 갈등관리능력은 남학생이 여학생보다 우위, 협상능력 역시 남학생이 여학생보다 우위로 나타나 대체로 남학생이 여학생보다 더 높게 분석되었다.

본 연구는 대학생의 대인관계능력이 직업기초능력 향상에 미치는 영향을 분석함으로써 개인별 대인관계능력이 직업기초능력 향상에 영향을 미치는 효과가 있음을 확인하고 그 효과성을 검증한 데 연구의 의의가 있다.

4. 대인관계능력의 중요성 12)

자기 혼자서 아무리 일을 잘하는 사람이라도 조직의 사람들과 잘 융화하지 못하면 그 능력을 잘 발휘하지 못하는 것이 요즘 직업 현장의 흐름이다. 특히 사회가 민주화되고 수평적 네트워크 체제가 보편화된 현대사회의 직업인에게 있어서 대인관계능력은 매우 중요한 요소가 된다.

직업 현장에서 생각하는 대인관계능력을 정의하면 다음과 같다. 대인관계능력이란 직장생활에서 협조적인 관계를 유지하고, 조직구성원들에게 도움을 줄 수 있으며, 조직

11) 이재한 · 임상호(2017), 대학생의 대인관계능력이 직업기초능력에 미치는 영향, 산업진흥연구 2권 1호, 산업진흥원, 2017.01.

12) 한국산업인력공단(2021), 대인관계능력, 진한엠앤비, 2021.04.

내부 및 외부의 갈등을 원만히 해결하고 고객의 요구를 충족시켜줄 수 있는 능력이다.

인간관계를 형성할 때 가장 중요한 요소는 무엇을 말하느냐, 어떻게 행동하느냐 하는 것보다 우리의 사람됨이다. 만약 우리의 말이나 행동이 깊은 내면에서 나오는 진정성이 없이 피상적인 인간관계 기법이나 테크닉에서 나온다면 상대방도 곧 우리의 이중성을 감지할 것이다. 말하자면 우리는 효과적인 상호의존성을 위해 필요한 상호 신뢰와 교감, 관계를 만들 수도 유지할 수도 없게 될 것이다.

대인관계에 있어서 정말로 중요한 기법이나 기술은 독립적인 성품으로부터 자연스럽게 나오는 것이어야 한다. 다른 사람과의 인간관계를 형성하기 시작하는 출발점은 자신의 내면이고, 우리 자신의 내적 성품이다. 우리가 독립적이 될 때, 즉 주도적이고 올바른 원칙에 중심을 두며 가치 지향적이고 생활에서 소중한 것부터 우선적으로 계획하고 성실하게 실행할 때에야 비로소 다른 사람들과의 관계를 풍부하고 지속적이며 생산적으로 만들 수 있다. 이때에야 상호의존적이 될 수 있는 자격이 생긴다.

제2절 대인관계와 커뮤니케이션

1. 대인관계와 커뮤니케이션 사이의 관계

대인관계와 커뮤니케이션[13]은 불가분의 관계이다. 대인관계의 출발과 유지에 커뮤니케이션만큼 중요한 것도 없다. 인간 대 인간 만남의 첫 단계는 형식적이고 의례적인 커뮤니케이션이지만, 이것이 호감으로 이어질 경우 관계 진전이 일어난다. 이렇듯 커뮤니케이션은 인간 친밀도에 매우 중요한 역할과 작용을 한다.

대인관계는 사람에 따라서 매우 만족스러울 수도, 고통스러울 수도 있다. 긍정적인 대인관계를 유지하는 필수적인 요소는 다음과 같다.

첫째, 언어기술이다. 대인관계에서는 어휘와 언어 사용 능력도 중요하지만, 보다 중요한 언어적 기술은 서로가 대화를 지속하려는 동기를 찾는 것이며 갈등을 감소시키려고 노력하는 기술이다. 타인과 어떻게 하면 커뮤니케이션을 잘할 수 있는지에 대해 지속적인 관심을 갖는 것도 중요하다.

둘째, 감정 표현 및 노출이다. 자신의 감정 상태를 드러내고 때때로 자신의 숨기고 싶은 감정을 노출하는 것이 대인관계 형성에 도움이 된다. 무조건 갈등을 회피하는 것은 대인관계에 악영향을 줄 수 있다.

---

13) https://bonlivre.tistory.com/661 [봉리브르], 인간관계와 커뮤니케이션에 관한 7가지 진실, 2015.11.11.

셋째, 대화의 참여와 지속적인 의도 표현이다. 상대방의 대화에 공감하는 것이 중요하다. 즉 타인이 계속 말할 수 있도록 피드백을 보내고 관심을 나타내 주는 것이다. 또한 상대방과 함께 나눌 수 있는 화젯거리를 찾고 그의 감정과 관계에 초점을 맞추려는 노력도 중요하다.

넷째, 비언어적 메시지 분석이다. 대인관계에서 상대방 대화의 비언어적 단서를 포착하는 것이다. 명백한 시각적 단서(고개의 끄덕임, 미소, 눈 맞춤, 목소리 등)나 목소리 단서(크기, 억양, 고저 등)를 놓치지 않고 알아채는 것이 그것이다.

다섯째, 배려·감사·칭찬의 사용이다. 상대방과의 긍정적인 대인관계를 위해서는 배려와 감사가 필수적이다. 이는 서로가 감정적으로 연결되어 있음을 느끼게 한다. 칭찬 또한 대인관계에 긍정적인 영향을 미치는 커뮤니케이션 형태다.

최근 취업전문업체에서 직장인 2,088명을 대상으로 조사한 결과에 의하면, 응답자 중 72.7%(1518명)가 '상사 때문에 회사를 그만두고 싶다'고 응답했다. 또한 이번 조사에서 함께 일하기 어려운 상사의 유형으로 '독단적이거나 권위적인 상사'가 가장 많았으며(61.6%), 다음으로 업무 능력이 떨어지는 상사(25.9%), 완벽주의 상사(7.8%), 나이 어린 상사(1.3%) 순으로 나타났다. 이 조사 결과에서 알 수 있듯이 권위주의적인 대인관계는 영향력을 발휘하기가 어려울 뿐만 아니라, 오히려 업무 능률을 떨어뜨림을 알 수 있다.[14)]

한편 카네기공과대학에서는 만 명의 사람들을 대상으로 성공 요인을 분석했는데, 이 가운데 전문적 기술이나 뛰어난 두뇌 덕분에 성공한 사람은 15%였고 나머지 85%는 성격 덕분이었다는 결과가 나왔다고 한다. 여기서 성격이란 다름 아닌 바람직한 인간관계를 의미한다. 그리고 바람직한 인간관계를 만드는 데 무엇보다 중요한 것은 바로 원활한 커뮤니케이션이다.

2. 인간관계와 커뮤니케이션에 관한 7가지 진실

전 세계 기업들을 상대로 컨설팅, 멘토링 서비스를 하고 있는 마크 프리츠 교수가 〈성공에 대해 알아야 할 거의 모든 것〉을 통해 들려주는 인간관계와 커뮤니케이션에 관한 7가지 진실은 다음과 같다. 주위 사람들과 친밀한 관계 속에서 원활한 소통을 해 나가는 데 도움을 주는 지침이 될 것이다.

(1) 상대가 원하는 대화법으로 친밀감을 높인다

"대접받고 싶은 대로 대접하라"는 누구나 알고 있는 황금률이다. 연설가이자 저술가인 토니 알렉산드라 박사는 이 말에서 따와 "상대가 원하는 대로 그 사람을 대하

14) 이상의 내용은 정은희 외(2017), op. cit.

라"는 백금률을 만들었다. 우리는 자신이 원하면 다른 사람도 좋아할 거라고 생각하고 대응할 때가 많다. 하지만 사람들은 저마다 다른 특성을 가지고 서로 다른 경험 속에서 성장해 왔으며 지금 이 순간에도 서로 다른 생각을 하며 살아가고 있다. 따라서 타인과 원활한 커뮤니케이션을 하고 싶다면 이 사실을 이해하고 접근하지 않으면 안 된다. 예를 들어 목적의식이 지나치게 투철한 사람은 다른 사람들과 대화를 나눌 때 절대로 잡담을 하지 않는 경우가 많다. 그들이 원하는 것은 오직 사실뿐이다. 반면에 가벼운 담소도 없이 곧바로 사실 관계에 대한 대화를 시작하는 것을 못마땅하게 여기는 사람도 있다. 그러므로 각각 알맞은 방법으로 커뮤니케이션을 해나가는 것이 중요하다.

상대방이 선호하는 커뮤니케이션 스타일을 알고 대화를 나누면 좀 더 깊은 친밀감을 쌓을 수 있고, 이렇게 친밀감이 쌓이면 상대는 더 적극적으로 당신의 말에 귀를 기울일 것이다. 사실 커뮤니케이션은 그 자체가 목적이 아니라 상대로 하여금 당신을 이해하고 당신이 원하는 행동을 수행하게 하는 도구일 뿐임을 명심하자.

(2) 올바른 논의를 위해 감정을 제거한다

감정적 흥분상태에 빠진 사람과 논리나 사실관계를 앞세워 논쟁을 하려는 사람들이 많다. 하지만 이 방법은 절대로 효과를 거둘 수 없다. 감정적으로 흥분하면 상대의 이야기가 귀에 들어오지 않고 그저 자신의 감정을 표출하는 데만 급급해지기 때문이다. 이런 상황에서는 대화를 주고받는 것 자체가 무의미하다. 문제를 해결하는 데 전혀 도움이 되지 않을 뿐 아니라 오히려 상황을 더 악화시킬 수도 있기 때문이다. 따라서 이럴 때는 그냥 상대의 말을 들어주고 상대가 생각과 감정을 모두 털어놓을 수 있도록 적절하게 질문을 던지는 것이 바람직하다. 즉 이때의 목표는 먼저 감정을 제거하는 것이다.

그러나 안타깝게도 대부분의 사람들이 이런 방법으로 대응하지는 못한다. 가장 큰 이유는 시간과 인내심이 부족하기 때문이다. 한가하게 다른 사람의 생각이나 감정을 들어줄 시간이 없다고 생각하는 것이다. 하지만 복잡한 문제를 앞두고 감정적으로 치닫는 상황을 좀 더 효과적으로 해결하기 위해서는 인내심을 가지고 상대방의 생각과 감정을 들어주는 데 시간을 할애해야 한다. 때로는 이것이 오히려 시간을 절약하는 방법이 될 수도 있다.

(3) 우리는 누구나 판매사원이다

다른 사람에게 자신을 알려야 한다는 점에서 우리는 모두 판매사원이라고 할 수 있다. 당신 역시 실제로는 자신이 제공할 수 있는 아이디어와 가치를 주위 사람들에게 팔고 있는 셈이다. 그리고 당신과 함께 일하는 것에 대해 주위 사람들이 높이 평가할수록 목표 달성에 필요한 타인의 도움을 더 많이 이끌어낼 수 있다. 그런데 생각이나 아이디어를 타인에게 전달하는 데만 급급한 사람들이 의외로 많다.

올바른 커뮤니케이션 방법은 먼저 상대에게 초점을 맞추고, 그런 다음 내용에 초점을 맞추는 것이다. 상대에게 초점을 맞추면 말하고자 하는 내용과 설명방식에 대해 미리 생각해보게 된다. 그리고 이런 활동을 통해 커뮤니케이션을 상대의 기대치에 맞춰 조절할 수 있다. 이렇게 상대가 원하는 것을 달성할 수 있도록 도와줌으로써 상대의 관심을 얻게 되면 자연스럽게 그 관심을 자신에게로 돌릴 수 있다. 우리는 항상 자신의 아이디어를 다른 사람에게 팔고 있으며, 이를 통해 타인의 도움을 이끌어낼 수 있다는 사실을 명심하자.

(4) 질문으로 대화를 주도한다

질문은 대화에서 주도권을 잡는 것은 물론이고 대화 내용을 원하는 방향으로 유도하는 데도 아주 유용하다. 만일 질문을 던지지 않는다면 대화의 주도권은 상대에게 넘어가고 상대는 자신이 원하는 방향으로 논의를 진행할 것이다. 그뿐 아니라 질문은 관계 수립에도 아주 강력한 힘을 발휘한다. 질문을 통해 상대의 이야기에 관심을 표명할 수 있기 때문이다. 당신이 관심을 보이면 상대도 당신에게 관심을 보이기 시작한다. 또한 질문을 던짐으로써 영향력을 행사하기도 한다. 질문은 상대로 하여금 그전까지 인식하지 못했던 것을 생각하도록 유도하기 때문이다. 생각을 유도하는 질문은 그냥 편안하게 답을 안겨주는 것보다 더 영향력이 큰 법이다.

자신의 생각을 소개하고 설명하는 방식은 사람들마다 모두 다르며, 사용하는 단어도 천차만별이다. 이런 차이를 파악하기 위해서는 먼저 질문을 던질 필요가 있다. 그런 다음에 상대가 선호하는 방식과 언어를 적절히 활용해서 당신의 생각을 상대에게 소개하는 것이다. 그러면 상대도 당신의 생각을 좀 더 바르고 쉽게 이해할 수 있을 것이다. 질문을 통해 타인과의 대화를 주도해 나가자.

(5) 정서적 유대감으로 상대와의 거리를 좁힌다

다른 사람의 도움을 얻기 위해서는 먼저 그들의 관심을 사로잡아야 한다. 그래서 당신의 말을 경청하게 만들어야 한다. 정서적 유대감을 빨리 형성하고 그들이 당신의 말에 관심을 갖게 하는 데는 무엇보다도 이야기와 사례가 가장 효과적이다. 그렇게 관심을 사로잡고 나면 상대는 당신의 말에 더 열심히 귀를 기울이게 될 것이다. 사람들은 먼저 정서적으로 수긍해야만 지적 사실을 받아들인다. 타인의 이야기를 들을 때도 마찬가지다. 상대의 말에서 정서적 유대감을 느낄 때 훨씬 더 흥미롭게 귀를 열게 마련이다.

따라서 효과적으로 커뮤니케이션을 시도하고 사람들에게 큰 영향력을 발휘하고 싶다면 뛰어난 이야기꾼이 될 필요가 있다. 즉 새로운 개념이나 아이디어를 사람들에게 알려주려면 이 사실을 입증할 수 있는 이야기나 사례를 함께 말하는 것이 가장 효과적인 방법이다.

(6) 사람마다 선호하는 커뮤니케이션 방식이 다르다

누구나 선호하는 커뮤니케이션 방식이 있게 마련이고, 그에 따라 자연스럽게 그 방식을 자주 사용하게 된다. 그리고 당신이 특정 방식을 선호한다는 것을 알면 당신과 커뮤니케이션하려는 사람은 가능한 한 그 방식을 사용하려고 할 것이다. 상대가 선호하는 커뮤니케이션 방식을 사용한다면 신속한 업무 처리가 가능하기 때문이다. 언제나 상대가 먼저 당신에게 커뮤니케이션을 시도하는 것은 아니며, 당신이 먼저 상대에게 커뮤니케이션을 시도할 때도 있을 것이다. 이 경우에도 상대가 선호하는 커뮤니케이션 방식에 초점을 맞추면 좀 더 신속한 응답을 기대할 수 있다. 어쩌면 상대로 하여금 당신의 커뮤니케이션에 응답하고 행동하게 나서게 하는 것이야말로 커뮤니케이션의 궁극적인 지향점일 것이다.

업무 생산성을 높이고 싶다면 당신이 선호하는 커뮤니케이션 방식을 상대에게 알려줘라. 그리고 상대의 신속한 호응을 원한다면 상대가 선호하는 커뮤니케이션 방식이 무엇인지 파악해서 맞춰주도록 하자.

(7) 잘 들을 때 더 효과적인 커뮤니케이션이 이루어진다

경청은 상대의 말에 관심을 갖고 있다는 표현의 하나다. 관심을 표명하면 상대는 자신을 더더욱 중요한 존재로 느끼게 되는데, 이것은 바람직한 인간관계를 형성하는 가장 빠른 방법이자 앞으로 상대의 도움을 이끌어낼 수 있는 더없이 확실한 방법이다. 대화를 나누다 보면 상대의 이야기가 귀에 들어오지 않을 때가 있다. 아마 속으로 자신이 다음에 할 말을 생각하고 있기 때문일 것이다. 하지만 이런 식으로 항상 자신의 다음 말을 준비하다 보면 상대의 말에 관심을 기울일 수도 없고 제대로 경청할 수도 없다. 경청은 상대의 말을 주의 깊게 듣고 그와 관련된 질문을 던질 때 강력한 힘을 발휘한다.

경청이 가진 이점은 첫째, 대화를 주도할 수 있다는 것이다. 질문을 던지고 상대의 말에 귀를 기울이면 대화를 원하는 방향으로 이끌어갈 수 있다.

둘째, 경청을 통해 무언가를 배울 수 있다. 계속 자기 말만 늘어놓는 대화에서는 아무것도 얻을 수 없지만, 상대의 이야기에 귀를 기울이고 관련 질문을 던지면 더 많은 것을 배우고 성장 발전할 수 있다.

셋째, 돈독한 인간관계를 맺을 수 있다. 상대의 말에 귀를 기울일 때 깊은 친밀감이 형성되며, 상대에게 어떤 식으로 다가가야 할 것인지도 알게 된다. 인생을 살면서 많은 것을 성취하고 싶다면 도와주려고 발 벗고 나서는 사람들이 주위에 많아야 한다. 이처럼 중요한 인간관계를 형성하는 데 큰 원동력이 되는 것이 바로 경청임을 잊지 말자.

제3절 대인관계 향상방법

1. 대인관계의 문제점[15)]

대인관계의 문제점이란 상호 존중하면서 상호 만족을 추구하는 관계를 형성, 유지, 발전시키는데 필요한 지식 및 기술의 부재, 결함, 왜곡을 의미하며 부정적이고 파괴적인 대인관계에서 자신을 보호, 대처해 나가지 못하는 것을 의미한다.

(1) 인지적 요소

상황별 대인관계의 목표 성취에 관한 지식이 부족하고 왜곡된 지식이나 사고로 수동적, 이분법적 사고를 갖는다.

(2) 정서적 및 신체적 요소

대인관계에서 정서적, 신체적 불안을 지니고 있다.

(3) 행동적 요소

대인관계에서 상황에 맞지 않는 부적절한 행동을 하거나 소극적, 수동적, 공격적 행동을 한다.

(4) 대인관계 문제

일반적으로 사회 불안증, 사회공포증, 사회적 고립 및 위축, 친밀한 동료의 부재, 외로움 혹은 고독, 대인갈등, 비주장적 행동(행동을 강요받아 수동적이거나 자신을 주장하는 지식과 기술이 부족하기 때문), 공격적 행동, 지나친 의존적 성격, 지나치게 지배적인 성격 등이 해당한다.

(5) 청소년이 겪는 대인관계 문제

① 동성 친구 관계에서 겪는 문제(소외, 따돌림, 무시당함)
② 이성 친구 관계에서 발생하는 문제(짝사랑, 데이트 불안, 이성 교제 방법 미숙)
③ 부모와의 관계에서 겪는 문제(거리감, 소홀, 무관심 등)

---

15) 김창현(2019), 7주차 강의(인간관계와 대인관계의 이해) 내용 중 일부, 사회와 인간의 탐구(KOCW, 2019년 2학기 강의자료), 중원대학교.

④ 교사와의 관계에서 겪는 문제(차별, 편애, 체벌과 폭력)
⑤ 선후배 관계의 문제(선배의 강요와 제재)

2. 대인관계의 어려움 극복 방안 16)

(1) 대인관계가 어려운 이유

대인관계는 사회적 동물인 인간이 혼자서 살아갈 수 없기에 사람들과 더불어 상호교류를 통해 부족한 부분을 채우거나 나눠주는 것이다. 즉 지속적인 사회발전을 이어나가는 활동이다. 그렇다면 일련의 교류활동인 대인관계가 어려운 이유는 무엇일까?

첫째, 부모의 양육과정에서 애착 형성이 잘되지 않았을 경우이다. 아기가 태어나서 최초로 대인관계를 경험하는 순간이 부모와의 만남이다. 어렸을 때 애착 욕구를 충분하게 채워야 사랑을 받는다고 느낀다. 부모와의 애착 결핍은 성인이 되어서도 부정적인 대인관계를 형성할 수 있다.

둘째, 낮은 자존감은 지나친 타인의식으로 위축되거나 인정욕구에 목말라 있다. 우리는 모두 인정받고 싶은 욕구가 있지만, 자존감이 낮은 사람들은 타인을 통해서만 인정받기를 원한다. 자기가 중요한 존재라는 것을 알리기 위해 필사적으로 노력한다. 지나친 인정욕구는 주변 사람들을 불편하게 만들 수도 있다. 또한, 주변의 말에 너무 신경을 쓰기에 스스로에 대해 낮은 평가를 하거나 위축되어 사람들을 회피하게 된다. 상대방이 자신을 거절할지도 모른다는 공포로 불안해하면 상대방도 벽이 생겨 다가오지 못하게 된다.

셋째, 과거에 경험한 트라우마는 대인관계 형성에 영향을 미친다. 어린 시절에 경험했던 상처 혹은 충격적인 경험은 성인이 되어서도 지속될 수 있다. 예를 들어 가정폭력, 왕따 경험, 아동학대, 부모의 자살 혹은 이혼 등의 충격적인 기억은 외상 후 스트레스로 남게 된다. 주변에 벌어지는 상황에 대해 둔감해지기도 하며, 또는 조그마한 위협에도 과민반응을 보인다. 감정조절이 힘들어 민감하게 반응하는 행동으로 인해 사람들과 어울리는 것에 어려움을 겪는다.

대인관계에서는 상대방의 감정을 제대로 공감하며 자신의 생각을 바로 전달할 수 있는 타이밍이 중요하다고 한다. 상대의 기분과 감정, 상황 등을 살피고 이해할 수 있도록 노력해야 하며 타인에 대한 공감수용능력이 필요하다.

(2) 대인관계 회복을 위한 실천 사항

어떻게 노력을 해야 힘든 대인관계가 회복될 수 있을까?

16) 김선희(2019). 대인관계의 어려움 이것만 극복하자! : 네이버 포스트. 2019.05.15.

첫째, 자존감을 높이는 훈련이 필요하다. 스스로를 존중할 수 있어야 타인과 어우러짐이 가능하다. 자존감을 높이기 위한 훈련으로는 타인과 비교하며 자신의 가치를 끌어내리지 않기, 다름을 인정하기, 자신의 가치를 인정하고 잘 하는 것들을 찾기, 거울을 통해 자신의 모습을 보고 웃거나 칭찬해주기, 적당한 운동, 칭찬일기 쓰기 등을 들 수 있다.

둘째, 의사 교류분석을 통해 자신의 교류방식을 점검해야 한다. 교류유형에는 세 가지가 있는데, 상호보완적 교류는 대화를 거는 사람이 기대하는 대로 상대방이 제대로 응답해주는 경우이다. 있는 그대로 진실성을 가지고 서로가 대화하는, 우리가 지향해야 하는 교류방식이다. 다음은 교차 교류로 대화를 거는대로 오지 않고 상대방이 예상 밖의 이야기를 하거나 전혀 다른 대답을 하게 된다. 서로 동문서답을 하는 것이다. 마지막은 이면 교류로 이중성을 가지고 있으며 대화를 거는 사람이나 상대방 모두 이면에 다른 의도를 숨기거나 표면적으로만 대화를 이어가는 교류이다. 절대 오래갈 수 없는 교류형태이다.

셋째, 긍정적인 사고, 긍정 언어 사용, 표정관리가 필요하다. 대인관계에 있어서 부정적 사고와 부정 언어들은 주변 사람들과 벽이 생기게 만든다. 또한 경직된 표정이나 행동은 불편감을 줄 수 있다. 부정적인 자아상을 재설정하여 긍정적인 자아상을 회복할 수 있을 때 대인관계가 원만해질 수 있다.

넷째, 자리에 없는 사람의 뒷담화를 해서는 안 된다. 다른 사람의 험담은 돌고 돌아 당사자에 전달되기 마련이다. 대인관계를 나쁘게 하는 첫번째 지름길이다.

다섯째, 역지사지(易地思之)를 실천하는 자세가 필요하다. 타인과 입장을 바꿔 생각하며, 대화를 이어갈 때 한 번 정도 생각에 브레이크를 걸고 신중하게 말을 내뱉는 것이 필요하다. 또한 타인을 공감하고 배려하는 마음을 가져야 한다.

대인관계에 있어서 너무 가까이도 또 멀지도 않은 적당한 거리를 유지하며 관계형성을 하는 것이 필요하다. 그것이 생각만큼 쉽지 않기에 우리는 끊임없이 훈련하며 노력해야 하는 것이다.[17]

3. 대인관계의 중요성

바람직한 대인관계란 서로를 성장시키고 서로의 능력을 높이는 생산적인 관계이며 동시에 신뢰하는 관계다. 상대방을 신뢰한다는 것은 상대방에 대해 긍정적인 마음을 가지고 있다는 것이다. 따라서 상대방을 신뢰하는 수준이 높을수록 상호 간의 대화도 솔직하고 활발해진다.

---

17) 전문가 팁(tip) : 매일 거울을 보고 자신과 익숙해질 것. 또한 표정 연습과 부드러운 말투를 훈련하는 것이 필요하다. 인간관계의 기술은 타고난 사람도 있겠지만, 훈련에 의해 얼마든지 만들어질 수 있다.

바람직한 대인관계로 성공적인 인생을 살기 위해 우리는 무엇을 먼저 변화시켜야 할까? 영국 웨스트민스터 대성당 지하 묘지에 잠든 한 성공회 주교의 묘비에는 이런 글이 적혀 있다. "젊었을 땐 세상을 변화시키겠다는 꿈을 가졌고, 좀 더 나이가 들어서는 나라를 변화시키겠다고 결심했다. 황혼의 나이가 되었을 때는 가족을 변화시키겠다고 마음을 정했다. 그러나 어느 것 하나도 이루지 못하고 죽음을 맞이하게 되었을 때 문득 깨달았다. 나 자신부터 변화시켰더라면 그 모든 것을 변화시켰을 것이다." 즉, 나 자신의 변화가 모든 것을 해결할 수 있는 핵심요소라는 것을 강조하고 있다.[18)]

4. 성공적인 대인관계

(1) 대인관계에서 타인 존중과 상호 신뢰의 개념

가정에서는 부모 형제, 학교에서는 친구, 사회에서는 직장 구성원들과 원만한 인간관계를 유지하는 것은 우리의 삶을 가치 있고 풍요롭게 만드는 중요한 요소가 된다. 따라서 청소년 시기부터 원만한 인간관계를 유지하는 데에 필요한 덕목을 이해하고 실천할 수 있도록 노력하는 것이 중요하다.

다른 사람들과 좋은 관계를 유지하기 위해서 가장 중요한 것이 타인 존중의 태도이다. 타인 존중이란 인간관계에서 먼저 상대의 인격과 의견을 높여 주고 중요하게 받아들이는 것이다. 이런 태도는 자신을 지나치게 내세우지 않고 상대방을 존중하려는 겸손한 마음가짐에서 나온다. 이때부터 두 사람 사이에는 의사소통이 원활하게 이루어질 수 있다. 의사소통은 인간관계를 친밀하게 발전시키고 서로의 신뢰를 쌓아가는 첫걸음이다.

상대방을 존중하는 마음이 서로에게 느껴지고 의사소통이 이루어지면 두 사람 사이에는 신뢰 관계가 형성될 수 있다. 상호 신뢰를 높이기 위해서는 항상 솔직해야 하고 거짓말을 하거나 속이는 행위를 하지 말아야 한다. 이런 과정을 통해 인간관계는 더욱 친밀하게 발전하고 상대를 믿고 의지할 수 있게 된다.

(2) 성공적인 대인관계가 중요한 이유

성공적인 대인관계가 왜 중요한지, 세 가지로 압축해 살펴보기로 하자.

첫째, 성숙한 인간관계 형성의 첫걸음이 되기 때문이다. 모든 사람은 수많은 사람들과의 생활을 통해 성격이 형성되고 한 인간으로서 사회에 적응해 가면서 자아를 성숙시켜나간다. 이러한 상호작용을 통해 한 인간으로서 성장 발달해 가는 것이다. 즉 타인과의 관계를 통해 자신의 인격을 성장시켜 나간다. 이를 인격적 상호작용이라고 한

18) 정은희 외(2017), op. cit.

다. 이때 좋은 대인관계는 심리적 안정감과 행복감을 주지만, 나쁜 대인관계는 이를 통해 심리적, 신체적으로 상처를 받게 되고 가치관 또한 왜곡될 우려가 있다.

둘째, 행복한 가정, 활기찬 직장, 건강한 사회의 원천이 되기 때문이다. 과거 전통사회에서는 가정교육과 학교 교육만으로도 올바른 인성교육과 위계질서가 가능했다. 그러나 오늘날 지식창조사회에서는 올바른 가정교육과 학교 교육만으로는 한계가 있으며, 여기에 글로벌 경쟁으로 인한 공동체 의식의 약화, 흔들리는 조직 내 위계질서로 인해 상호 신뢰를 바탕으로 한 인간관계의 회복 노력이 더욱 필요해졌다.

셋째, 생산성 향상을 통한 개인 및 조직 경쟁력의 필수 요건이 되기 때문이다. 산업체의 경우, 유연하고 민첩한 조직의 형성 및 운영, 기술적 우위는 결국 성공적인 인간관계가 전제되어야 하며, 이를 통해 심리적 안정과 함께 생산성 향상을 이끌어 낼 수 있다.

5. 대인관계능력을 향상시키기 위한 방법

직업인들은 직장생활에서 대인관계능력이 매우 중요하다는 것을 인식하고 있으면서도 정작 대인관계능력을 향상시키기 위해서는 어떻게 하여야 하는지 모르는 경우가 많다. 그렇다면 대인관계능력을 향상시키기 위한 방법은 무엇일까?

(1) 대인관계의 기본원칙

① 친절 : 상대편이 궁금하지 않게 한다.
② 신속 : 상대편이 기다리지 않게 한다.
③ 봉사 : 상대편이 수고하지 않게 한다.
④ 정직 : 상대편이 의심하지 않게 한다.

(2) 사례

대인관계능력 향상방법과 관련하여 다양한 사례를 살펴보기로 하자.

1) 사례 A

동아리에서 12명의 단원이 설악산에 캠핑을 갔다. 저녁 무렵에 목적지에 도착하자 할 일이 많아졌다. 짐을 옮기고 텐트를 쳐야 하고, 식사와 여흥 준비도 해야 했다. 이런 일에 늘 앞장서는 사람은 철수였다. 철수는 부지런히 짐을 나르고 땀을 흘리며 텐트를 치고 식사를 준비하였다. 그런데 정호는 쉬기 편한 곳을 찾아 자리를 깔고 앉아 은혜와 이야기꽃을 피우기 시작했다. 이윽고 식사가 마련되자 정호는 가장 좋은 자리를 먼저 차지하고 식사를 하였다. 철수는 모든 일에 솔선수범하고 희생하였고, 정호는 언제나 자신에게 유리한 기회만 찾아다니곤 하였다.

2) 사례 B

나는 몇 년 전에 두 아들과 함께 저녁 시간을 보낸 적이 있다. 체조와 레슬링을 구경하고 영화를 관람하고 돌아오는 길에, 날씨가 몹시 추웠기 때문에 나는 코트를 벗어서 작은 아이를 덮어주었다. 큰 아이는 보통 재미있는 일이 있으면 수다스러운 편인데, 그날따라 유난히 계속 입을 다물고 있었고 돌아와서는 곧장 잠잘 채비를 하였다. 그 행동이 이상해서 큰 아이의 방에 들어가서 아이의 얼굴을 보니 눈물을 글썽이고 있었다.

"얘야 무슨 일이니? 왜 그래?"

큰 아이는 고개를 돌렸고 나는 그 애의 떨리는 눈과 입술 그리고 턱을 보며 그 애가 약간 창피함을 느끼고 있음을 눈치챘다.

"아빠, 내가 추울 때 나에게도 코트를 덮어줄 거예요?"

그날 밤의 여러 프로그램 중 가장 중요한 것은 바로 그 사소한 친절행위였다. 작은 아이에게만 보여준 순간적이고 무의식적인 애정이 문제가 된 것이다.

3) 사례 C

나는 지키지 못할 약속은 절대로 하지 않는다는 철학을 가지고 이를 지키기 위해 노력해왔다. 그러나 이 같은 노력에도 불구하고 약속을 지키지 못하게 되는 예기치 않은 일이 발생하면 그 약속을 지키든가, 그렇지 않으면 상대방에게 나의 상황을 충분히 설명해 약속을 연기한다.

4) 사례 D

P 치과의 원장은 의술이 뛰어날 뿐만 아니라 마음씨가 따뜻하고 사려심이 깊은 사람이다. 그가 입사한 지 얼마 안 되는 L 간호사와 주고받는 대화이다.

"L 간호사, 우리 병원에 온 지 얼마나 됐지?"

"3개월 되었습니다."

"그렇게밖에 되지 않았는데 정말 놀랍게 잘하네. 아주 마음먹고 잘해보겠다고 결심을 한 모양이지? 난 L 간호사가 우리 병원에 와준 것이 너무 자랑스러워."

그러고 나서 원장은 이런저런 상황의 업무들을 친절하게 설명하였다.

반면에, S 치과의 원장은 간호사의 실수에 늘 못마땅하여 "아직도 그것을 못해?"라고 핀잔을 주기 일쑤였다. 그러다 보니 S 치과는 간호사가 자주 바뀌었고, 사소한 일들도 원장이 직접 해야 했다.

하지만 P 치과는 이직률이 낮고 간단한 일은 대부분 간호사가 다 처리하였다. 따라서 의사가 더 많은 환자를 진료할 수가 있었다.

5) 사례 E

직장동료 K는 상사에게 매우 예의가 바른 사람이다. 그런데 어느 날 나와 단둘이 있을 때, 상사를 비난하기 시작하였다. 나는 순간 K에 대해 의심이 들었다. 내가 없을 때 그가 나에 대해 악담을 하지 않을까?

6) 사례 F

직장동료 H는 업무상의 문제로 나와 자주 갈등을 빚곤 한다. 처음에는 H가 "제 잘못이었습니다."라는 식으로 사과를 하여 좋은 관계를 유지해왔다. 하지만 같은 일이 반복되면서 그가 사과하더라도 이제는 별로 신뢰가 가지 않는다.

(3) 사례 해설 및 시사점

사례 A는 '상대방에 대한 이해심'과 관련된 사례로서, 팀과 상대방을 이해하려 노력하는 자세가 대인관계에서 중요함을 보여주는 사례이다. 사례 B는 '사소한 일에 대한 관심'과 관련된 사례로서, 사소한 일이라도 대인관계에 있어 매우 중요함을 보여주는 사례이다. 사례 C는 '약속의 이행'과 관련된 사례로서, 대인관계 향상을 위해서는 철저하게 약속을 지키는 것이 매우 중요함을 보여주고 있다. 사례 D는 '기대의 명확화'와 관련된 사례로서, 분명한 기대치를 제시해 주는 것이 대인관계에 있어서 오해를 줄이는 방법임을 보여주고 있다. 사례 E는 '언행일치'와 관련된 사례로서, 행동과 말을 일치시키는 것이 대인관계 향상에 매우 중요함을 보여주고 있다. 사례 F는 '진지한 사과'와 관련된 사례로서, 자신이 잘못하였을 경우 진지하게 사과하는 것이 매우 중요하기는 하지만, 같은 잘못을 되풀이하면서 사과를 하는 것은 오히려 대인관계 향상을 저해할 수 있음을 보여주고 있다. 이러한 사례에서 알 수 있듯이 대인관계 향상을 위한 방법은 매우 다양함을 알 수 있다.

한편 사례의 시사점과 관련하여 평소에 사소하다고 생각했던 것들이 대인관계능력 향상에 있어서 매우 중요하다는 것을 보여준다. 상대방을 이해하려 노력하는 것, 사소한 일에 관심을 보여주는 것, 약속을 되도록 지키는 것, 상대방에게 기대하는 바를 명확하게 제시하는 것, 말과 행동이 일치하도록 노력하는 것, 진지한 사과를 하되 반복적인 사과는 삼갈 것 등은 대인관계능력 향상에 필수적이라는 것을 보여준다. 이렇게 주위에서 쉽게 할 수 있는 일들을 하나씩 차근히 실천해 나가는 것은 대인관계능력 향상의 시작이다.

(4) 바람직한 대인관계 구축 요소

우리 모두는 은행계좌가 무엇인지 잘 알고 있다. 우리는 은행에 계좌를 만들고 이를 통해 예입을 하며 필요할 때 인출할 수 있도록 잔고를 남긴다. 감정은행계좌란 인간관계에서 구축하는 신뢰의 정도를 은유적으로 표현한 것이다. 만약 우리가 다른 사람의 입장을 먼저 이해하고 배려하며, 친절하고 정직하게 약속을 지킨다면 우리는 감정을 저축하는 셈이 된다. 그러면 감정은행계좌를 적립하기 위한 7가지 주요 예입 수단을 살펴보자.

1) 긍정적 시각으로 바라보자

다른 사람이 보유하고 있는 실제적인 장점을 찾아 표현하는 방법이다. 그 사람이 보유하고 있는 실제적인 장점을 찾아서 말을 하는 것은 대인관계에 많은 도움이 된다. 말이 많은 사람의 장점은 사교성이 있다는 것이고, 말이 적은 사람의 장점은 신중하다는 것이다. 설치는 사람은 적극적인 사람으로, 아부하는 사람은 애교가 있는 사람으로 해석할 수 있다. 이렇게 상대방의 장점을 바라봐 주는 노력은 타인의 마음속에 감정을 저축하는 가장 중요한 예입 수단이 된다.

2) 상대방에 대한 이해와 양보이다

대인관계란 바로 이해와 양보의 미덕을 기반으로 이루어지며, 이러한 심성이 주변 사람들을 편안하게 해주고 조직을 부드럽게 하는 윤활유 같은 역할을 한다. 상대방의 입장에서 양보하고 배려하는 노력은 타인의 마음속에 저축하는 가장 중요한 예입 수단이 된다. 이 저축은 시간이 갈수록 이자가 늘어 세월이 지나면 큰 가치로 되돌아온다. 감정은행계좌에 예입을 하기 위해서는 나보다 상대방의 입장을 먼저 이해하고 배려하는 노력이 있어야 한다. 다른 사람들에 대한 이해와 양보는 그들과의 유대관계를 강화하고 당신에 대한 인격과 신뢰를 쌓게 되는 것이다. 나의 작은 희생과 양보가 계속 쌓여 나중에는 큰 이익으로 돌아올 수 있는 것이다.

3) 사소한 일에 대한 관심이다

약간의 친절과 공손함은 매우 중요하다. 이와 반대로 작은 불손, 작은 불친절, 하찮은 무례 등은 막대한 인출을 가져온다. 인간관계에서의 커다란 손실은 사소한 것으로부터 비롯된다. 사람들은 매우 상처받기 쉽고 내적으로 민감하다. 이 점은 나이나 경험과는 별 상관이 없으며, 비록 외적으로 대단히 거칠고 냉담하게 보이는 사람도 내적으로는 민감한 느낌과 감정을 누구나 갖고 있다.

4) 약속의 이행이다

책임을 지고 약속을 지키는 것은 중요한 감정예입 행위이며 약속을 어기는 것은 중대한 인출 행위이다. 사실 어떤 사람에게 대단히 중요한 약속을 해놓고 어기는 일보다 더 큰 인출 행위는 없다. 그러한 인출 행위가 발생하고 나면 다음에 약속해도 상대가 믿지 않게 마련이다. 사람들은 대개 약속에 대한 기대가 크기 때문이다. 만약 당신이 스스로 한 약속을 항상 지키는 습관을 갖는다면 당신과 동료 사이에 이해의 간격을 이어주는 신뢰의 다리를 놓게 될 것이다.

5) 칭찬하고 감사하는 마음이다

'칭찬은 고래도 춤추게 한다'는 베스트셀러가 있었다. 상대방에 대한 칭찬과 감사의 표시는 상호 신뢰 관계를 형성하고 사람의 마음을 움직이게 하는 중요한 감정예입 행위가 된다. 그러나 상대방에 대한 불만과 불평은 커다란 인출을 가져온다. 대인관계의 손상은 상호 간에 신뢰가 무너지고 불신과 불만이 쌓일 때부터 비롯된다. 사람들은 작은 칭찬과 배려, 감사하는 마음에 감동하게 되지만, 사소한 무관심과 불만에 쉽게 상처를 받게 된다.

6) 언행일치이다

개인의 언행일치는 신뢰를 가져오고 감정은행계좌에 많은 종류의 예입을 가능케 하는 기초가 된다. 언행일치는 정직 그 이상의 의미를 갖는다. 정직은 사실대로 말하는 것으로 우리가 하는 말을 사실과 일치시키는 것이다. 언행일치는 사실을 우리의 말에 일치, 즉 실현시키는 것으로 약속을 지키고 기대를 충족시키는 것이다.

7) 진지한 사과이다

진지한 사과는 감정은행계좌에 신뢰를 예입하는 것이다. 그러나 반복되는 사과는 불성실한 사과와 마찬가지로 받아들여져 신용에 대한 인출이 된다. 또한 평소 어떤 관계였는가에 따라 사과는 예입이 될 수도 있고 인출이 될 수도 있다. 실수를 저지르는 것과 그것을 인정하지 않는 것과는 완전히 별개의 문제이다. 사람들은 실수를 기꺼이 용서하려고 한다. 왜냐하면 실수란 보통 순간적인 판단 착오로 빚어지기 때문이다. 그러나 사람들은 의도적인 실수, 즉 나쁜 취지나 나쁜 동기 혹은 처음의 실수를 덮어버리려는 오만한 정당화 등에 대해서는 쉽게 용서하려 들지 않는다.

(5) 현대의 긍정적 대인관계 구축

한국인의 삶의 질 지수는 최하위 수준이다. 따라서 한국 사회에서 행복하게 살기 위해서는 긍정적 대인관계를 구축하는 방법들을 아는 것이 매우 중요하다. 긍정적 대인관계란 '남들과 더불어 살아가는 것'이라 할 수 있다. 남들과 더불어 살면서 행복을 느끼는 방법들을 살펴보자.

첫째, 자신이 무엇을 바라는지를 아는 일이다. 막연하고 추상적인 목표보다는 자신이 정말 하고 싶은 것이 무엇인가를 구체적으로 찾아내고 아는 것이 중요하다.

둘째, 상대방이 바라는 일이 무엇인가를 유심히 듣고 이해하는 일이다. 요즘 한국사회에서는 자기 할 소리만 하고 상대방의 의견을 듣지 않는 사람이 많은 게 사실이다. 이렇게 되면 상대방을 인격적으로 대하지 않게 되며, 결국 이용할 대상으로 보게 되는 것이다.

셋째, 인내심을 기르는 것이다. 비록 모욕적인 언사가 진행된다 하더라도 묵묵히 자신의 일을 해 나갈 때 오해는 사라지고 자신의 가치를 알리게 되는 것이다.

넷째, 늘 창의적인 마음가짐을 갖는 것이다. 언제나 심사숙고하며, 삶의 의미를 음미하고, 무슨 일을 해야 할 것인가를 깊이 검토해야 할 것이다. 이러한 마음가짐은 대인관계에도 긍정적인 영향을 미친다. 더불어 긍정적인 관계를 통해서 지혜를 얻고, 일을 계획하며 서로 성장할 수 있는 관계를 형성한다.

남들과 더불어 행복하게 살아가는 방법, 즉 자신이 원하는 것을 알고, 남의 이야기를 경청하며 인내심을 기르고, 늘 창의적으로 사는 사람은 조화 있는 대인관계가 보장될 것이다. 남과 더불어 조화롭게 살아갈 때 심리적인 행복감이 따르는 것은 당연하다.

(6) 인간관계 향상을 위한 7가지 비법[19)]

우리는 좋은 인간관계를 만들 수 있는 능력을 천성적으로 갖고 태어나거나 갖지 못한 채 태어난 것이 아니다. 물론 사람들 가운데 일부는 유전적으로 외향적이거나 사교적인 경향이 있는 것은 사실이다. 그러나 이것이 절대적이고 유일한 결정요인은 아니다. 우리는 기본적으로 다른 사람들과 상호작용하는 법을 배워서 후천적으로 익혀야 한다. 그리고 그것은 우리 모두에게 도달할 수 있는 능력을 키울 것을 요구한다. 이러한 교훈을 쉽게 배울 수 있도록 만들어주는 몇 가지 방법들이 있다. 이 단순한 방법들은 적용하기 쉽고 효과적이다. "성공을 위한 가장 중요한 요소는 사람들과 어울리는 법을 아는 것이다.(시어도어 루스벨트)[20)]"라는 말을 되새기면서 인간관계 향상을 위한 7가지 방법을 살펴보기로 하자.

---

19) wonderfulmind.co.kr [원더풀마인드], 인간관계 향상을 위한 7가지 비법, 2019.11.

20) 시어도어 루스벨트 주니어(Theodore Roosevelt. Jr.) : 20세기 최초의 미국 대통령이자, 만 42세에 대통령 직책을 수행하게 된 역대 최연소 미국의 제26대 대통령이다. 다만 첫 취임은 전임 대통령의 사망으로 인한 승계였기 때문에 선거를 통한 취임은 1905년에 이뤄졌다. 전임자 승계 대통령 중 처음으로 재선된 대통령이기도 하다. 그는 성이 같은 먼 친척인 프랭클린 D. 루스벨트와 마찬가지로 미국에서 존경받는 대통령 중 한 명이다. 참고로 그는 프랭클린 D. 루스벨트의 부인이었던 엘리너 루스벨트의 삼촌이었다.

1) 듣는 능력을 훈련하라

듣는 것은 다른 사람이 말하는 동안 조용히 들어주는 것만으로 국한되지 않으며 제한되어서도 안 된다. 그 이상의 것이다. 즉 상대가 나에게 전하려 하는 메시지의 내용과 형식에 주의를 기울이는 것을 뜻한다. 침묵을 유지하는 것이 아니다. 듣는 것은 다른 사람이 말하고, 제안하거나 암시하는 것을 받아들이기 위해 길을 따라가는 방법의 일부를 의미한다. 자신의 내부 대화를 억제하는 것이 아니라 다른 사람이 우리에게 말하고 있는 것과 일치하도록 대화의 방향을 바꾸는 것이다. 듣는 기술을 발전시키기 위해 직접 듣는 것만큼 좋은 방법은 없다. 하지만 어떻게? 그냥 조용히, 상대가 당신에게 말하는 것을 단순히 이해하려고 하자. 처음에는 집중하기 위해 의식적인 노력을 해야 하겠지만, 연습하면 말하고자 하는 유혹이 그렇게 크게 느껴지지 않을 것이다.

2) 공감을 해보자

능동적으로 들으며 공감도 같이하자. 누군가가 우리에게 전하려 하는 메시지에 우리의 이목을 집중하는 것은 우리에게 기회를 준다. 즉 우리 자신이 아닌 다른 사람의 입장에서 그것을 이해하는 것이다. 이것이 공감이다. 다른 사람의 입장에서 바라볼 수 있고, 그들이 행동하고 생각하는 과정을 이해할 수 있어야 한다. 그렇기 때문에 공감 능력은 당신이 비판적인 태도보다는 열린 마음을 가져야 할 것을 요구한다. 이 세상의 모든 사람은 자기 자신의 모습을 갖고 있으며, 남들이 쉽게 이해하지 못하는 이유로 자신이 원하는 바대로 행동한다. 우리가 그들에게 질문할 권리는 정녕 있는 것일까? 이러한 의미에서 보건대, 우리는 우리가 공감할 수 없게 될 때 잃을 것이 많다. 우리는 학습 기회와 경험을 넓힐 수 있고, 개인적인 관계를 개선할 수 있는 기회를 놓치게 된다.

3) 당신이 말하고 행동하는 바를 신뢰하라(자신감 있게 처신하라)

자신감 있는 자세는 다른 사람들이 당신을 신뢰하게 만든다. 그 반대도 마찬가지다. 누군가가 의구심을 갖거나 불안해하면 주변 사람들이 방어적으로 대응하게 된다. 자신감을 기르는 것은 생각보다 어렵지 않다. 당신 자신이, 당신이 되고자 하는 사람일 수 있다는 것을 잊지 말고, 당신 자신에게 기회를 주어보자. 공포는 서로의 의사소통을 긴장시킬 수 있는 감정 중 하나이다. 따라서 개인적인 관계의 장벽이 될 수 있다. 대부분의 경우 우리 자신이 주변의 영향력에서 벗어나기 위해서는 약간의 훈련만이 필요하다. 이를 위해 당신이 말하고 있을 때, 중간에 너무 많이 멈추지 말고 독백이나 연설로 끝나는 대신, 청자와의 대화에 능동적으로 참여하자. 정말 말수가 많고, 재밌거나 재치있는 사람이 되려고 무리할 필요는 없다. 커뮤니케이션과 의사소통에 필요한 것은 당신의 자발적인 참여이다.

4) 항상 미소를 지어라

미소가 마음의 문을 여는 것은 오래되고 일반적인 말이다. 그러나 모두가 그 말을 알고 있기 때문에, 역으로 그것이 사실이 아님을 의미하지는 않는다. 미소는 마음의 장벽을 무너뜨리고 친근한 환경을 조성하는 데 큰 도움이 된다. 미소로 인해 긴장감이 줄어들고, 자유로워진다. 당신에게 동기를 부여하기 위해, 미소를 평화와 수용의 신호로 생각하자. 좋은 의사소통을 할 수 있도록 돕는 데 타의 추종을 불허하는 것이, 바로 친절 어린 제스처이다. 경직된 분위기를 해소하고, 서로의 신뢰를 불러일으키는 것이 바로 제스처인 것이다. 미소로 관계를 시작하는 것보다 개인적인 관계를 개선하는 데에 더 좋은 방법은 없다. 이 점에 대해 많은 연구가 진행되었고 그 결과에 따르면, 사람들은 웃지 않는 사람보다 웃는 사람에게 접근할 확률이 훨씬 높다.

5) 좋은 매너

좋은 매너는 절대로 구닥다리가 되지 않는다. 언제나 마음의 문을 열어주는 마스터키일 것이다. 연습하면 매너는 더 자연스러워질 것이다. 일단 매너를 완전히 연마하면 결코 그것이 거짓된 것처럼 느껴지지는 않을 것이다. 어떤 사람들은 거짓이란 것을 존중과 배려가 아닌, 진실하지 않은 것이라고 해석할 수도 있다. 물론 이 세상에는 공손함에 대한 많은 규범이 존재하지만, 이것은 대개 장식 이상의 가치는 없다. 그러나 다른 것들은 매너의 기반이 되므로 잊어서는 안 된다. 예를 들어 사람들을 만날 때나나 인사하고, 일이 끝나고 헤어질 때는 좋은 작별 인사를 하고, 무언가 도움을 받으면 고맙다는 말을 하고, 누군가를 방해하지 않고, 필요할 때는 다른 사람이 당신을 앞서도록 두는 좋은 습관… 이것이 바로, 다른 사람들과 어울리는 당신의 의지를 보여주는 작은 제스처이다. 말하자면 우리가 잃어버린, 좋은 매너의 한 측면의 중요성을 강조할 만한 가치가 있다는 것이다.

6) 분노를 조절하는 방법 배우기[21]

다른 감정을 다룰 때처럼 우리의 분노를 관리하는 것도 배울 수 있다. 우리가 분노하게 된 순간을 위한 황금률이 있다. 화가 나면 먼저 세 가지 행동을 하자. 아무 말도 하지 말고, 아무것도 하지 말고, 조용히 하자. 간단하다. 분노는 갈등을 해결하는 데 거의 도움이 되지 않는다. 다른 경우와 마찬가지로 이것은 단지 훈련의 문제일 뿐이다. 단순히 반복으로 배울 수 있는 것이다. 감정을 전달하는 에너지가 의사소통하기에 충분할 때까지 참고 기다리자. 에너지가 떨어지면, 당신과 당신의 인간관계

21) 원만한 대인관계를 위해서는 화를 잘 다스릴 수 있어야 한다. 세상에 화를 자주 내는 사람을 좋아할 사람은 없다. 화를 내는 것은 본인을 위해서도, 타인을 위해서도 별 도움이 되지 않는다. 화를 자주 낸다는 것은 자신이 미성숙하다는 것을 만천하에 공개하는 것과 같다.

에 가장 적합한 방식으로 당신의 메시지를 전달할 수 있을 것이다. 동시에 자기 자신과 타인에 대한 자제력과 존경심을 보여줄 수도 있을 것이다. 개인 관계는 대개 분노 관리가 열악하고 어렵기 때문에 악화된다.

7) 모든 것(아니면 거의 모든 것)은 세부적인 면에 존재한다

개인의 인간관계의 질을 크게 향상시키는 어떤 태도 또는 작은 세부 사항들이 있다. 이것들은 우리가 다른 사람들을 우월하게 보며 장엄히 여기며 존경한다는 것을 보여주는 간단한 제스처이다. 이하의 그 목록을 보고, 이를 실제로 적용해 보도록 하자.

- 진심으로 다른 사람들을 칭찬하자. 우리가 다른 사람들에 대해 생각하는 좋은 것들을, 실제로 직접 공유하는 습관을 가진 사람들은 의외로 거의 없다. 이러한 장점들을 소리 내어 말하는 것은 항상 서로에게 만족을 가져온다.
- 사람을 이름으로 부르자.
- 문제를 겪고 있는 사람은 그 문제가 얼마나 중요한지, 직접 정하는 사람이다.
- 다른 사람과 논쟁을 하고 있다면 당신이 상대방의 관점을 소중하게 생각하고, 존중하며 이해할 수 있기를 바란다는 것을 상대방에게 알려라.
- 다른 사람이 생각하고 느끼는 것에 관심을 보여주자.
- 다른 사람의 마음을 억지로 바꾸려고 하지 마라.

좋은 관계는 노력의 산물이다. 어떤 사람들은 다른 사람들과 쉽게 교류할 수 있는 세상에 잘 들어왔지만, 대부분 우리는 아직 배울 점이 많다. 특히 우리가 오랜 의사소통의 어려움을 겪고 있거나 아직 해결되지 않은 갈등들이 많을 때 도움이 될 것이다. 당신의 인간관계의 질을 향상시킬 수 있다면 당신의 인생 전체가 더욱 풍성해질 것이다. 서서히 당신이 더 자신감을 느끼게 되고, 일반적인 행복감이 향상될 것이다. 우리가 다른 사람들과 건설적인 교류를 나눌 때 우리는 더욱 동기부여가 되며 행복을 느낄 것이다.

6. 직장인의 성공 덕목

(1) 성공적인 직장생활을 위한 요소(대인관계 > 업무 능력 > 성실성)[22]

새내기 직장인들은 직장생활의 성공 비결로 원만한 대인관계를 가장 중요하게 생각하는 것으로 나타났다. SK그룹은 2월 19일 2007년에 입사한 신입사원 427명을 대상으로 한 설문조사에서 직장에서 성공하기 위해서는 대인관계가 가장 중요하다는

22) 동아일보(2007.02.), 직장생활 성공 비결, 대인관계>업무능력>성실성, 2007.02.20.

응답이 37%를 차지했다고 밝혔다. 그리고 업무 능력(30%), 성실성(27%) 등을 꼽은 응답이 뒤를 이었다.

새내기 직장인이 선호하는 리더십 유형으로는 '꿈을 공유하는 비전 제시형'과 '유대와 조화를 이뤄내는 관계 중시형'이 각각 40%로 가장 많았다. '위기 때 뚜렷한 방향을 제시하는 지시형'은 5%에 그쳤다.

새내기 직장인들이 가장 중점적으로 자기계발을 하는 분야로는 외국어 회화를 꼽은 응답이 64%에 달했다. 직무(17%), 자격증(16%), 문화 · 취미 생활(3%) 등이 그 뒤를 이었다. 전체 응답자의 절반은 자신이 받는 월급의 10~20%를 자기계발에 쓸 계획이라고 밝혔다.

한편 SK그룹을 선택한 이유에 대해서는 '이미지가 좋아서'라고 답한 응답이 48%를 차지했다. '급여가 많을 것 같아서'와 '안정된 직장이라서'라는 답변은 각각 3%, 2% 수준으로 조사됐다.

(2) 대인관계능력이 가장 중요[23)]

직장인들의 46.3%가 직장 내에서 성공하기 위해 갖춰야 할 필수능력으로 '대인관계능력'을 꼽았다. 취업포털 잡코리아가 전국의 남녀 직장인 1005명을 대상으로 설문조사를 실시한 결과, 성공적인 직장생활을 위해 꼭 필요한 능력으로 '대인관계능력(46.3%)'을 가장 많이 꼽았다. 뒤를 이어서는 '스피치 능력(19.4%)', '업무 관련 자격증(10.5%)', '전공지식(7.7%)', '컴퓨터 능력(6.6%)' 등의 순으로 조사되었다. 전반적으로 업무 스펙보다 직장 내 소통 능력을 더 중요시 여기고 있는 것으로 나타났다.

기업별로는 대기업에 근무 중인 직장인 가운데 절반(51.6%) 이상이 '대인관계능력'을 가장 높은 비율로 꼽았으며 공기업의 경우는 '스피치 능력'을 직장 내 성공을 위한 필수능력으로 꼽은 비율이 26.6%로 타 기업에 비해 높았다. 외국계 기업은 '업무 관련 자격증'을 선택한 직장인들이(18.4%) 상대적으로 많았다.

성공적인 직장생활을 위해 스피치 능력이 중요하다고 생각하는 이유는 '업무협의 등 조직 내 커뮤니케이션에 도움이 되기 때문'이란 응답 비율이 47.7%로 가장 높았으며, '스피치 능력은 곧 나를 PR하는 능력이기 때문(27.7%)', '상사, 외부인사 대상으로 발표할 상황이 많아서(16.4%)', '전화로 업무를 처리하는 경우가 많아서(5.6%)' 등의 순이었다. 하지만 10명 중 9명 이상의 직장인들은 스피치에 대한 막연한 두려움을 갖고 있는 것으로 나타났다. 실제 45.4%가 '스피치는 항상 두렵다'고 답했으며, 49.3%는 '종종 두려운 경우가 있다'고 답했다.

이들이 스피치를 할 때 가장 고민이 되는 부분으로는 '어떻게 발표해야 내용이 효율

23) 안전저널(2016.05.), 직장인 46.3% "대인관계능력이 직장생활에서 가장 중요하다", 2016.05.18.

적으로 전달될 수 있을까? 고민이 된다'는 응답 비율이 36.4%로 가장 높았으며, '사람들 앞에만 서면 멍해지고 끝나고 나면 항상 후회한다'는 답변도 29.4%로 높았다.

잡코리아의 한 관계자는 "대부분의 사람들이 말하기에 대한 고민은 하지만, 말을 잘하기 위해 특별한 노력을 기울이지 못하는 경우가 많다"면서 "평소 입을 크게 벌려 말하거나, 하고자 하는 말을 끝까지 정확하게 말하려고 노력하는 것만으로도 상대에게 더 분명한 인상을 심어줄 수 있다"고 조언했다.

7. 대인관계에서 필요한 자세[24)]

① 진실함이 없이 아름다운 말만 늘어놓지 말라.
② 말을 많이 하는 것을 삼가라.
③ 아는 체하지 말라.
④ 돈에만 집착하지 말라.
⑤ 다투지 말라.

8. 학교, 직장에서의 대인관계[25)]

(1) 대학에서의 인간관계

① 친구 : 친구와의 인간관계를 원활히 하기 위해서는 협력 관계가 필요
② 선후배 : 선배에게는 내가 모르는 식견과 경험을 배우려는 자세, 후배에게는 그가 원하는 나의 경험을 기꺼이 조언해 주는 자세
③ 교수 : 긴밀한 유대관계를 통해 인생을 살아가는 지혜를 배우고, 인생의 멘토(mentor)로 삼아 자신의 가치관과 인생관을 정립

(2) 직장에서의 인간관계

① 필요한 정보를 제공하라.
② 최고의 친절성을 추구하라.
③ 급한 관계개선을 기대하지 말라.
④ 포용력 있는 관계를 형성하라.

---

24) 김창현, op. cit.
25) Ibid.

제4절 마무리 : 핵심 체크

☑ 대인관계능력이란 직장생활에서 협조적인 관계를 유지하고, 조직구성원들에게 도움을 줄 수 있으며, 조직 내부 및 외부의 갈등을 원만히 해결하고 고객의 요구를 충족시켜줄 수 있는 능력이다.

☑ 대인관계를 형성할 때 가장 중요한 요소는 무엇을 말하느냐, 어떻게 행동하느냐보다는 우리의 사람됨이라 할 수 있다. 대인관계에 있어서 정말로 중요한 기법이나 기술은 독립적인 성품으로부터 자연스럽게 나오는 것이어야 한다.

☑ 대인관계 향상이란 인간관계에서 구축하는 신뢰의 정도를 높이는 것을 의미한다. 다른 사람에 대해 공손하고 친절하며, 정직하고 약속을 지킨다면 신뢰를 높이는 셈이 된다.

☑ 대인관계를 향상시키는 방법에는 긍정적 시각, 상대방에 대한 이해, 사소한 일에 대한 관심, 약속의 이행, 칭찬하고 감사하기, 언행일치, 진지한 사과 등이 있다.

부록 1-1 : 소셜 네트워크 서비스(SNS)와 인간관계

현대인들은 정보통신기술(ICT)의 발달로 인한 사이버 스페이스(Cyber Space)의 확충으로 사이버 공간 속에서의 만남이 일상화되었다. 최근에는 코로나19로 인해 재택근무와 원격 수업, 감염을 우려해 외출을 꺼리는 등 사회적인 영향으로 집에 머무르는 시간도 많아졌다. 그래서 페이스북이나 트위터 등 다양한 유형의 SNS(Social Network Service)를 이용하여 인간관계를 형성하고 있다.

다수가 이용하는 SNS는 웹상에서 친구와 선후배, 동료 등 지인과 인맥 관계를 강화시킨다. 또 새로운 인맥을 쌓으면서 폭넓은 인적 네트워크(인간관계)를 형성할 수 있도록 해주는 서비스이다. 인터넷상에서 다양한 정보를 공유하고, 의사소통을 도와주는 1인 미디어 또는 1인 커뮤니티이다. 이런 SNS는 소외 계층의 인간관계 형성에 도움을 주는 등 다양한 이점을 제공한다. 장애인이나 대인기피증 같은 사회적 소외 계층은 다른 사람과 실제로 인간관계를 맺는 것이 어렵다. 이런 사람들은 SNS를 통해서 다양한 인간관계를 형성할 수 있어 현실의 인간관계 문제의 한계를 극복할 수도 있다.

SNS가 발달하면서 친구들과 가족뿐만이 아니라 세계인들과 교류가 가능해짐에 따라 사회적, 문화적 교류도 쉬어졌다. 원거리에 있는 사람들과 대화도 편해졌고, 다른 지역에서 일어난 일도 빠르게 알 수 있다. 일부 언론의 오류 보도내용을 SNS가 바로 잡기도 한다. 또한, 수평적 인간관계와 넓은 인맥으로 다양한 정보를 접할 수도 있다. SNS를 통한 소통이 새로운 인간관계 형성을 촉진시키고 있는 것이다.

그러나 양지가 있으면 음지가 있듯이 SNS의 역기능도 만만치 않다. 소개팅 어플은 자칫 성범죄 도구로 전락할 수 있는 위험성이 있다. 어플로 만난 남녀 사이에서 성추행이나 성폭력 등의 성범죄가 적지 않게 발생하고 있기 때문이다. 개인정보 유출로 인한 사이버 스토킹 등 사생활 침해도 심각하다. 활성화된 SNS가 블로그 등 인터넷 게시판이나 활동 기록과 연결돼 개인정보를 쉽게 알 수 있다.

SNS를 이용한 유언비어와 이념 간의 갈등, 그리고 색깔론과 마녀사냥식 표현도 확산되고 있다. 이로 인해 허위사실 유포와 명예훼손 같은 범죄행위로 연결되어 처벌받기도 한다. 전혀 알지 못하는 이성 간의 연결은 로맨스 스캠(Romance Scam)이라는 유형의 범죄 피해를 당하기도 한다. 신분을 위장해 이성에게 접근하여 애정행각을 표현하면서 거액을 가로채는 수법이 로맨스 스캠이다.

또한 젊은 층 사이에서 SNS를 통한 친구 사귀기와 절교가 손쉽게 이뤄지면서 오프라인 관계까지 악영향을 미치고 있다. 즉 깊이 없는 인간관계가 형성되는 것이다. 자기 글 검열 현상도 나타난다. 내 글을 누군가가 항상 지켜보고 있다는 생각에 수시로 자신의 글을 확인하게 된다. 사이버 스페이스를 확장시키는 SNS 일부 이용자는 ID를 복수로 만들어 사이버상에서 이중생활을 하기도 한다. 직장 등 공적 관계가 아닌 나머지 인적 네트워크를 또 다른 온라인 계정으로 관리하는 것이다.

SNS는 사이버상의 관계에만 주력하므로 직접 소통의 약화와 디지털 피로 심화도 역기능이다. 이미 현대인의 신체 일부가 된 스마트폰은 인간관계와 소통 방식에도 혁명적인 변화를 가져왔다. 실시간 모바일 메신저와 SNS를 통한 대화 및 관계 맺기가 일상으로 자리매김했다. 문제는 온라인상에서 이뤄지는 간접적 소통의 집중으로 정작 내 옆에 있는 가족이나 친구와의 대화는 소홀(疏忽)해지는 현상이다.

SNS로 상호 간의 상품 등을 홍보 및 관리하는 SNS 품앗이는 자신의 활동에 과도한 집착을 유발해 대인관계에 문제를 일으킬 수 있다. 또한, 스스로 SNS에 집착해 현실과 가상을 구분하지 못하기도 하며, 지나친 경쟁 심리로 일상생활에 지장을 초래하기도 한다.

다양한 SNS는 각박한 현대사회에서 건전한 인간관계 및 정보 교류를 위해 개발된 것이다. 때문에 이용자들의 건전한 윤리의식이 요구된다. 정보를 전송하는 미디어의 전파 방식과 정보가 많아지면서 개인정보 노출도 더 커진 상황이다. 개인은 인터넷상에서의 신상정보 공개에 대하여 신중해야 하며, 사생활 보호 범위를 더욱 구체화하는 제도도 필요하다.

그러나 제일 중요한 것은 사이버 스페이스와 인간관계의 개선 방향이다. 가상공간의 인간도 현실 세계의 인간과 똑같으므로 서로 존중해야 한다. 아울러 현실 세계의 인간관계가 부족하다고 해서 현실로부터 도피할 것이 아니라 현실 관계를 개선시키는 노력이 필요하다. 사이버 스페이스라는 가상공간보다는 현실 세계의 가치가 더 중요함을 잊어서는 안 된다.

부록 1-2 : 서비스접점 종업원들의 대인관계 강점이 행복에 미치는 영향

긍정심리학의 발전과 함께 성격강점에 대한 실증적 연구들이 이루어지고 있음에도 불구하고, 조직에서의 성격강점에 대한 경험적 연구는 여전히 부족한 실정이다. 본 연구에서는 성격강점 가운데에서도 서비스접점 종업원들에게 중요한 요소로 여겨지는 대인관계 강점에 초점을 맞추어, 대인관계 강점이 정서적 측면의 행복인 긍정 정서에 미치는 주 효과와 조절 효과를 실증적으로 검증하였다.

129명의 수입전자제품 전시장과 수리 서비스센터 접수원들을 대상으로 설문을 실시한 결과, 인구통계학적 변인과 다른 성격강점들을 통제한 후에도 대인관계 강점은 행복에 유의한 정적 영향을 나타내 정서노동 상황에서 대인관계 강점이 행복에 중요한 역할을 하고 있음이 검증되었다. 또한 대인관계 강점이 정서노동 수행방식(내면행위, 표면행위)[26]과 행복 간의 관계를 조절하는지 살펴본 결과에서 대인관계 강점은 정서노동 내면행위와 행복 간의 관계에서만 조절 효과를 나타냈다.

---

26) 표면행위란 고객과의 정서적 응대 상황에서 요구되는 감정을 외적으로 표현하는 데 초점을 맞추는 것으로, 실제 감정의 변화 노력이 아니라 외적 표현을 위한 노력으로서 감정표현 속에 자신의 진정한 감정을 감추는 것과 관련된다. 반면에 내면행위는 고객 응대에서 적절한 정서를 나타내기 위해서 표면적

즉 정서노동자가 고객에게 행하는 정서를 자신의 실제 정서로 인정하여 적극적으로 실천하는 내면행위를 할 때 대인관계 강점을 보유하고 있는 종업원들은 그렇지 않은 종업원에 비해 더욱 긍정 정서를 느끼는 것으로 나타났다.

이 결과는 정서노동자들의 행복에 있어 대인관계 강점이 중요함을 확인시켜 주는 것으로 개인과 조직에게 실무적 시사점을 제공해주고 있다. 본 연구에서 나타난 주요 결과를 재요약하면 다음과 같다.[27]

첫째, 인구통계학적 변인과 다른 성격강점[28]을 모두 통제[29]한 후에 사랑, 친절, 사회지능으로 구성된 대인관계 강점은 긍정 정서로 정의된 행복에 유의하게 정적(+) 영향을 나타냈다.

둘째, 수입전자제품 전시장과 서비스센터 접수원들을 대상으로 정서노동 수행방식이 행복에 미치는 영향을 분석한 결과, 정서노동의 내면행동만이 행복에 유의한 정적(+) 영향을 미치는 것으로 나타났다.[30] 비록 정서노동의 표면행위는 행복과 부적(-) 상관을 보이며 가설과 동일한 방향의 경향성을 나타내긴 하였으나[31] 유의한 결과를 보이지는 못하였다. 정서노동 연구자들이 정서노동 수행방식과 관련하여 표면행위는 조직과 정서노동자들에게 부정적 결과를, 반대로 내면행위는 긍정적 결과를 가져온다는 사실을 공통적으로 제안하고 있지만, 표면행위와 내면행위가 항상 일관되게 상반된 결과를 나타내며 이를 지지하고 있지는 않다.

셋째, 대인관계 강점은 정서노동의 내면행위의 긍정적 영향을 더욱 강하게, 그리고 정서노동의 표면행위의 부정적 영향은 더욱 완화시킬 것으로 예상하였다. 그 결과, 대인관계 강점은 내면행위의 강화효과만을 나타내 대인관계 강점을 가진 사람들은 그렇지 않은 사람에 비해 정서노동의 내면행위를 할 때 더욱 강하게 행복감을 느끼는 것으로 나타났다.

인 모습을 단순하게 드러내 보이기보다는 실제로 자신의 감정을 변화시켜 정서적 행동을 긍정적으로 실천하려는 실제적인 노력의 과정을 말한다.

27) 본 연구에서 설정한 가설은 다음과 같다. <가설 1-1> 정서노동자의 대인관계 강점은 행복에 유의한 정적(+) 영향을 미칠 것이다. <가설 1-2> 정서노동자의 대인관계 강점은 다른 강점에 비해 행복에 가장 강한 정적(+) 영향을 미칠 것이다. <가설 2-1> 정서노동자의 표면행위는 행복에 유의하게 부적(-) 영향을 미칠 것이다. 즉, 표면행위 전략을 많이 사용하는 정서노동자는 낮은 행복감을 느낄 것이다. <가설 2-2> 정서노동자의 내면행위는 행복에 유의하게 정적(+) 영향을 미칠 것이다. 즉, 내면행위 전략을 많이 사용하는 정서노동자는 높은 행복감을 느낄 것이다. <가설 3-1> 대인관계 강점은 정서노동자의 표면행위와 행복 간의 관계를 조절할 것이다. 즉, 대인관계 강점은 정서노동자의 표면행위가 행복에 미치는 부적(-) 영향을 더욱 약하게 할 것이다. <가설 3-2> 대인관계 강점은 정서노동자의 내면행위와 행복 간의 관계를 조절할 것이다. 즉, 대인관계 강점은 정서노동자의 내면행위가 행복에 미치는 정적(+) 영향을 더욱 강하게 할 것이다.

28) 본 연구에서는 6개의 덕목을 기준으로 한 성격강점 분류를 사용하여 인지적 강점(창의성, 호기심, 개방성, 학구열, 지혜) 15문항, 대인관계 강점(사랑, 친절, 사회지능) 9문항, 정서적 강점(용감성, 끈기, 진실성, 활력) 12문항, 절제적 강점(관대성, 겸손, 신중성, 자기조절) 12문항, 정의적 강점(시민의식, 공정성, 리더십) 9문항, 시민적 강점(시민의식, 공정성, 리더십), 초월적 강점(미안, 감사, 낙관성, 유머감각, 영성) 15문항이 사용되었다.

29) 정서노동과 행복에 영향에 줄 것이라고 예상되는 연령과 학력(고졸=1, 전문대졸=2, 대졸=3, 기타=4)의 인구통계학적 변인과 대상조직의 형태를 더미 코딩(전시장=0, 서비스센터=1)하여 조직 구분으로 통제하였다.

30) 다시 말해 내면행위 전략을 많이 사용하는 정서 노동자는 높은 행복감을 느꼈다.

31) 다시 말해 표면행위 전략을 많이 사용하는 정서 노동자는 낮은 행복감을 느낄 것이라는 가설.

제1절 팀의 개념 및 구성요소 32)

1. 팀과 집단

집단이란 두 명 이상의 사람들이 정보를 공유하는 것을 주목적으로 직무를 수행하는 상태를 말한다. 또한 팀이란 팀원들 상호 간에 공동의 목표에 몰입하며, 환경의 변화에 따라 적절하고 신속하게 문제를 해결하기 위한 집단을 말한다.

모든 팀은 집단으로 볼 수 있으나 모든 집단은 팀으로 볼 수 없다.

〈표 2-1〉 집단과 팀의 차이

	집 단	팀
목 표	집단 구성원들 간의 정보 공유	팀 직무 수행 및 생산성 향상
의사 결정	다수결에 의해 결정되거나 소수의 영향권자에 의해 결정됨	모든 사람의 의견 반영, 합의하여 결정됨

32) 정은희 외(2017), op. cit.

시너지	관계 없음(가끔 부정적임)	긍정적임
책 임	개인에게 있음	개인 혹은 팀에게 있음
기 술	다양하나 임의적	상호보완적

2. 팀의 중요성

급변하는 환경에 적응하고 시대적 패러다임에 부응하기 위해 기업에서 선택할 수 있는 중요한 대안으로 팀 제도가 필요하다. 또한 조직의 경직성 및 승진 적체 현상을 해결하기 위한 인력 운영의 유연성과 합리성을 제고하기 위해서도 팀 제도가 필요하다. 아울러 이러한 직무 수행 환경을 조성하여 구성원들에게 동기를 부여하기 위해서도 팀 제도가 필요하다.

팀 조직과 전통적 조직 간 비교는 다음과 같다.

〈표 2-2〉 전통적인 조직과 팀 조직

	전통적 조직	팀 조직
조직구조	수직적 계층/부, 과	수평적 팀
조직화의 원리	기능 단위	업무프로세스 단위
직무 설계	분업화	다기능화
권 한	권한의 집중	분권화
관리자의 역할	지시/통제	코치/촉진자
리더십	지시적, 하향적	후원적, 참여적, 설득적
정보의 흐름	통제적, 제한적	개방적, 공유적
보 상	개인/직위, 근무 기간	개인, 팀/성과, 능력

3. 팀의 구성요소와 팀의 발전단계

(1) 팀 구성요소

팀을 구성하는 요소는 첫째 소수의 인원으로, 둘째 공동의 목표를 가지고 신뢰하고 협조하며, 셋째 공통의 접근방법으로, 넷째 산출물에 대해 상호 책임을 공유하는, 다섯째 상호보완적 기술이다.

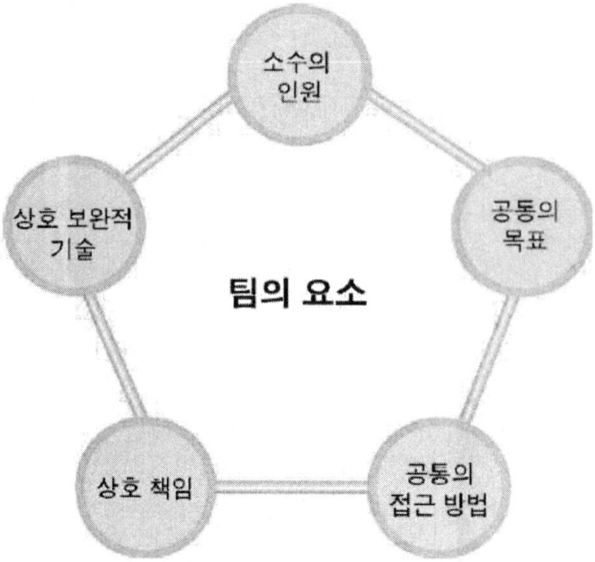

[그림 2-1] 팀의 구성요소

첫째, 소수의 인원으로 구성된다. 이는 구성원들 간의 긴밀한 상호작용을 가능하게 하고 팀의 유연성을 보장하기 위해 필요한 요건이다. 팀 구성의 적정 규모는 대체로 7~15명 정도가 적절하지만, 경우에 따라서는 30명 정도가 되는 경우도 있다.

둘째, 공동의 목표를 공유한다. 팀은 공동의 목표를 공유하고 수행 목표에 몰입하는 사람들로 구성되어야 한다. 목표는 팀원들을 하나의 방향으로 결집시켜 주는 역할을 한다. 팀에서는 전체 목표와 조직의 전략을 염두에 두고 팀 구성원들의 협의를 바탕으로 목표가 설정되어야 한다. 이때 팀의 목표는 구체적일수록 좋으며, 충분한 의미를 지닌 목표가 되어야 한다.

셋째, 공통의 접근방법을 사용한다. 팀은 직무를 수행할 때나 의사결정, 문제 해결을 위해 공통의 접근방법을 사용한다. 팀이 효과적으로 운영되기 위해서는 직무의 배분, 일정 계획, 문제 해결 방법 등과 같은 제반 직무 수행방식에 대한 합의가 필요하다. 이는 팀 구성원 간 발생할 수 있는 잠재적인 갈등을 방지하는 역할을 한다. 이러한 팀 공통의 접근방법은 주요 직무 수행이나 문제 해결 과정을 통해 개발되며 직무 수행에 대한 규범의 기능을 한다.

넷째, 상호 책임을 공유한다. 팀 구성원들은 직무 수행의 산출물에 대해 상호 책임을 공유해야 한다. 팀은 구성원 간의 긴밀한 상호작용과 협조를 바탕으로 하므로 팀의 직무 결과에 대해서는 팀 전체가 상호 책임의식을 가져야 한다. 이러한 상호 책임감은 팀 구성원 간에 상호 신뢰의 형성과 협조 정신을 증진하는 역할을 한다.

다섯째, 상호보완적 기술을 보유하여야 한다. 팀 구성원들이 만들어 낸 산출물의 상승효과를 가지기 위해 팀 구성원이 보유한 기술은 상호보완적이어야 한다. 이는 팀 스스로 성과를 창출할 수 있는 능력을 배양하는 역할도 한다. 팀의 역량에 요구되는 기능으로는 분야의 전문성, 문제 해결 및 의사결정 능력, 대인관계기술 등을 들 수 있다.

(2) 팀의 발전단계

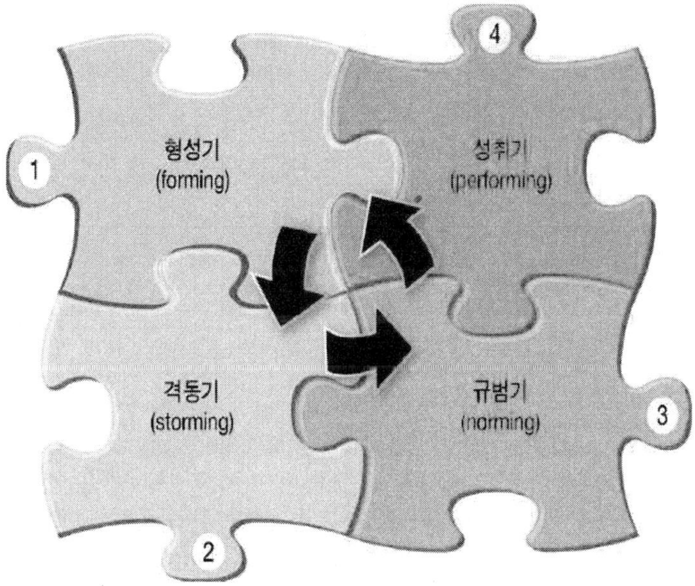

[그림 2-2] 팀의 발전 과정

높은 성과를 이루는 팀은 그것을 갑자기 이룬 것이 아니다. 모든 팀원들이 소속감을 느낄 수 있는 효율적인 팀으로 발전하기 위해서는 시간과 단계가 필요하다. 팀의 발전단계(혹은 발전과정)는 형성기, 격동기, 규범기, 성취기의 네 단계로 이루어진다. 이 단계들을 알면 팀 운영과정에서 야기되는 문제를 이해하고 어려운 역경을 효과적으로 해결해 나가는 데 도움이 된다.

1) 1단계 : 형성기(forming)

먼저 형성기 단계에서 팀원들은 안전하고 예측할 수 있는 행동에 대한 안내와 지침이 필요하기 때문에 리더에게 상당히 의지한다. 팀원들은 팀에서 인정받기를 원하며, 다른 팀원들을 신뢰할 수 있는지 확인하고 싶어한다. 그들은 팀에 대한 기대를 형성하면서 팀원들 사이의 유사성과 논쟁을 피하기 위해 단순하게 유지되며, 심각한 주제들과 생각들에 대한 논의는 회피한다. 팀원들은 서로에게뿐만 아니라 과제에 몰두하기 위해 노력한다. 논의는 주로 과제의 범위를 정하고, 그것에 접근하는 방법에 집중하여 이루어진다. 여기서 다음 단계로 성장하기 위해 팀원들은 비위협적인 주제에 안주할 생각을 접고 마찰의 가능성을 각오해야 한다.

2) 2단계 : 격동기(storming)

격동기 단계의 특징은 경쟁과 마찰이다. 팀원들이 과제를 수행하기 위해 체계를 갖추게 되면서 필연적으로 마찰이 일어난다. 개인은 그룹의 기준과 기대에 맞추기 위해 고집을 꺾고, 그들의 아이디어, 태도, 감정, 믿음이 어우러지게 해야 한다. 팀원 간의 마찰이 그룹의 문제로 표면화될 수 있고 아닐 수도 있지만, 그것은 존재하기 마련이다. 어떤 일에 대한 책임을 누가 질 것인지, 규칙은 무엇인지, 보상체계는 어떠한지, 그리고 평가 기준은 어떻게 되는지에 대한 질문들이 제기될 것이다. 따라서 리더십, 구조, 권한, 권위에 대한 문제 전반에 걸쳐서 경쟁심과 적대감이 나타난다. 다음 단계로 전진하기 위해 팀원들은 시험과 검증의 자세에서 문제 해결의 자세로 바꿀 수 있는 길을 찾아야 한다. 그렇게 될 수 있도록 돕는 가장 효과적인 도구는 효과적으로 경청하고 의사소통을 할 수 있어야 한다.

3) 3단계 : 규범기(norming)

규범기 단계에 이르면 인간관계에 더욱 응집력이 생긴다. 팀원 전체의 기여에 대해 더 잘 이해하고 인정한다. 공동체 형성과 팀의 문제해결에 더욱 집중한다. 다른 팀원들과 의견이 엇갈릴 때는 개인적인 사심 또는 고집을 버리고 적극적으로 논의하며, 리더십이 공유되고 파벌이 사라지기 시작한다. 팀원들이 서로를 알게 되고 파악하기 시작하면 신뢰수준이 향상되고, 이는 단결력을 심화시켜 준다. 팀원들은 상호간의 마찰을 해결함에서 얻는 만족감과 공동체 의식을 경험하기 시작한다. 이 단계에서도 가장 중요한 기능은 팀원 간의 의사소통이다. 솔직하게 감정과 생각을 나누고, 서로 간에 피드백을 주고 요청하며, 과제와 관련된 대처 사항들을 체계적으로 조사하기 시작하면서 창의력과 생산성이 왕성해진다. 솔직한 의사소통과 응집력이 이루어지는 이 단계에 이르면, 팀원들은 팀의 일부라는 것에 대해 만족해한다.

4) 4단계 : 성취기(performing)

모든 팀들이 성취기 단계에 이르는 것은 아니다. 팀원들이 이 지점으로 전진하기 위해 그들의 역량과 인간관계의 깊이를 확장함으로써 진정한 상호의존성을 달성할 수 있어야 한다. 동등한 효율성을 발휘하는 팀 또는 총체적인 단위로서 독립적으로 일할 수 있도록 말이다. 팀원들의 역할과 권한들이 팀과 팀원 개개인들의 변화 욕구에 역동적으로 따라주어야 한다. 이것이 가장 생산적인 팀의 모습이 될 것이다. 팀원들이 스스로 책임을 지게 되고, 전체의 인정을 받으려는 욕구는 더 이상 중요하게 생각되지 않는다. 팀원들은 대단히 과제 지향적이자 인간 지향적이며, 조화를 이루고 사기충천하며, 팀으로서의 충성심을 보여준다.

제2절 팀워크의 의미

현대와 같이 경쟁이 치열한 환경에서 팀워크를 개발하고 지속시키는 일은 매우 필요하다. 실제로 조직이 생존에 급급해할지 또는 여유롭게 성장과 발전을 구가할 것인지의 여부는 팀을 효과적으로 운영하는데 달려 있다. 이때 모든 구성원이 조직의 주인으로서 사고하고 결정을 내리는 것은 매우 중요한 요건이다. 팀원 각자는 자신을 유용한 자원이라고 인식하고 고품질 팀을 창조하기 위해 팀워크능력 향상이 필수적이다.

1. 생각해보기

(1) 개인 능력을 극대화 시키는 열쇠 '팀워크'33)

혼자 일할 때보다 동료와 협력해서 일할 때 더 좋은 결과물을 낼 수 있다. 누구나 경험해본 일이다. 더 중요한 사실이 있다. 동료들과 지속적으로 협업할 경우 서로의 장단점을 효과적으로 보완하며 결과물이 점점 더 좋아진다는 점이다. 이것이 바로 팀워크의 진짜 힘이다. 다음에 제시된 사례를 통해 팀워크의 중요성에 대한 자신의 생각을 정리해보자.

1) 글로벌 기업이 혁신에 실패한 이유

국내의 한 글로벌 기업이 해외시장에 걸맞은 '다양성과 전문성'을 확보한다는 목표 아래 2008~2009년에 5명의 외국인 부사장을 영입했다. 그런데 얼마 후 조직 내부에서는 볼멘소리들이 터져 나왔다. '무조건 외국인만 데려다 놓으면 글로벌이 되고, 매출도 올라가는 건가?' '위에 있는 사람들은 현장을 몰라도 너무 모르는 것 같아!' 등과 같은 불만이었다. 조직 내부에서 불거진 불만과 불화는 회사 실적에도 악영향을 미쳤고, 영입한 외국인 부사장 5명 전원을 해임하는 것으로 결국 마무리되었다. 10년 안에 외국인 임원 비율을 70%까지 높이겠다던 이 기업의 야심 찬 계획이 참담한 실패로 끝난 것이다. 표면상으로는 외국인 부사장들이 실적 악화에 대한 책임을 지고 자리에서 물러나는 모양새였지만, 본질적인 이유는 외국인 상사와 국내 직원 간의 팀워크가 전혀 형성되지 못한 데 대한 질책성 인사였다.

2) 잘나가는 스타 분석가의 비밀

'지식산업에 있어서 개인의 자질과 팀플레이 중 어느 쪽이 더 생산성이 높은가?'라

---

33) 신경수(2019), 개인 능력을 극대화 시키는 열쇠 '팀워크(Teamwork)', 법원&사람들 (https://www.scourt.go.kr/)-테마가 있는 글, 2019.04.02.

는 테마는 조직 행동론(Organization Behavior)을 공부하는 사람들이 많은 관심을 갖는 연구과제이다. 이런 궁금증을 해소하기 위해 하버드 경영대학원의 교수들이 금융계와 의료계로 나눠 두 분야의 지식노동자들의 생산성에 대한 과거 10년간의 데이터를 분석했다.

금융계를 연구한 팀은 서로 다른 78개 회사에서 일하고 있는 주식 및 고정수익증권 분석가 1,000명의 능력을 평가했다. 산업 부문에 대한 전문지식, 서면 보고서, 서비스 및 투자 상품 선택, 그리고 고객의 요구에 얼마나 빨리 반응하는가를 토대로 투자 분석가의 능력을 평가한 뒤 '스타 분석가'라 불리는 유능한 분석가들이 회사를 옮긴 뒤에도 꾸준히 성공 가도를 달렸는지를 추적했다. 흔히 스타 분석가는 자신의 능력만으로 그 자리에 올랐다고 생각하기 쉽지만, 연구결과에 따르면 실적은 갖고 다닐 수 있는 게 아니었다. 스타 분석가들은 다른 회사로 옮기면 실적이 떨어지고 최소 5년 이상 그 상태에 머물렀다. 회사를 옮긴 뒤에도 변함없이 성공 가도를 달리는 스타 분석가도 있었는데, 그들은 대부분 평소 함께 일했던 팀과 회사를 옮긴 경우였다. 혼자 이직한 스타 분석가가 이전 회사에서처럼 1위를 차지할 확률은 5%에 불과한 반면, 자신과 손발을 맞춰온 팀과 함께 이직한 스타 분석가가 1위를 차지할 확률은 이직하기 전과 별 차이가 없었다. 이는 아무리 뛰어난 스타 분석가라 하더라도 서로 잘 이해할 수 있는 동료들과 함께할 때 최고 실적을 유지할 가능성이 더 높다는 사실을 의미한다.

3) 환자 생존율 높이는 의료진의 팀워크

의료계를 연구한 교수진도 실력이 뛰어난 의사들이 시술 환경이 달라져도 동일한 실력을 발휘하는지를 추적 조사했다. 203명의 심장외과 전문의가 각기 다른 43개 병원에서 2년간 집도한 수술 3만 8천여 건을 분석했다. 참고로, 미국 외과 의사들은 우리나라와 달리 소속 병원 외에서도 시술하는 것이 가능하다. 추적한 결과 놀라운 패턴이 발견됐다. 이 외과 의사들은 수술 횟수와는 상관없이 자신이 근무하는 소속 병원에서 시술할 때 더 좋은 결과를 보였다. 자신이 근무하는 병원에서 시술할 경우에는 환자의 사망률이 떨어진 반면, 다른 병원에서 시술할 경우에는 사망률이 높아졌다. 의사들의 수술 실력은 장소가 바뀐다고 변하지 않는다. 다만 자신의 강점과 약점, 습관 및 수술 방식을 잘 아는 간호사나 마취과 의사들과 함께할 때 더 익숙하게 솜씨를 발휘할 뿐이다. 자료를 분석한 하버드의 교수진은 "외과 의사가 환자의 사망률을 낮추기 위해서는 수술 팀과 밀접한 관계를 맺어야 한다"라는 결론을 내렸다.

4) 팀워크라는 창(槍)의 위력

규모는 작지만, 역사와 전문성, 성실성을 겸비한 헤드헌팅 기업에서 10년 넘게 근무하며 매년 수백 명에 달하는 전문인력의 성공적인 전직을 돕는 친구에게 느닷없이

"스카우트 대상자를 찾을 때 탁월한 개인 능력과 팀플레이 중 어느 쪽이 더 중요한가?"라고 질문했다. 갑작스러운 질문에 그가 이렇게 대답했다. "헤드헌팅 회사를 통해서 들어갔다고 해서 모두가 인정받고 승승장구하는 것은 절대 아니다. 충분한 자질과 실력을 갖추고 있음에도 불구하고 이상하게 실력 발휘를 못하는 분들이 많다. 그와 반대로 기대 이상의 성과를 내는 분들도 많다. 이런 분들의 특징은 '팀플레이'로 움직인다는 점이다. 이분들이 공통적으로 하는 말이 있다. '팀워크라는 창으로 뚫지 못할 방패는 없다'는 것이다."

그렇다. 중요한 것은 '조직력'이며 '팀워크'다. 개인보다 팀의 힘을 중요하게 여기는 조직이 최종 승자가 된다는 사실은 동서고금을 막론한 진리인 것이다.

(2) 우리 민족은 모래알 근성을 지녔다[34]

'우리 민족은 모래알 근성을 지녔다'는 주장에 대한 찬성, 또는 반대 토론 자료를 작성해보자.[35]

백여 년 전, 한국은 최악의 상황이었다. 정부는 도탄에 빠진 백성을 상대로 착취를 했으며, 절망에 빠진 백성들은 산산이 흩어져 제 살기에 바빴다. 일본 제국주의자들은 이런 상황을 노렸다. 당시 한국 침략의 괴수는 이토 히로부미(伊藤博文)다. 후에 안중근 의사의 손에 사살당한 그는 자기 오른팔이자 일본 극우 결사체 흑룡회(黑龍會) 두목 우치다 료헤이(內田良平)를 내세워 한국 역사와 한국인 부정 작업에 나섰다. 이는 한반도의 영원한 지배를 위해 한국인의 자긍심과 기(氣)를 꺾어 정신을 말살하자는 것이었다. 이때부터 한국인의 비참한 삶은 '선천적인 민족성'에서 연유된 것으로 왜곡되었고, 그 민족성은 '치유 불능의 결함투성이'라는 흑색선전과 세뇌 공작이 시작되었다.

> "조선은 당파싸움으로 망했고, 조선인은 뭉치지 못하는 모래알 민족이다."
> "931차례나 외세 침략을 받은 것은 나라를 지킬 힘이 없었기 때문이다."
> "셋만 모이면 조선인은 싸우고 일본인은 한마리 용이 된다."

나라가 망해 가뜩이나 살기가 힘든 데다 일제가 조직적으로 만든 식민사관이 합쳐지면서 이런 말들은 마치 사실처럼 한국인의 뇌리에 깊숙이 박혀 버렸다. 이후로 한국인은 어떤 일이 일어날 때마다 스스로를 부정하고 '우린 모래알이야', '역시 엽전

---

34) 함영준(2006), 나의 심장은 코리아로 벅차오른다-한국, 한국인의 위대함 재발견, 위즈덤하우스, 2006.05.26.

35) 모래알 근성의 예 : 단합할 줄 모른다. 당쟁과 당파싸움, 지역 간 및 계층 간 갈등 ⇐ 사촌이 땅을 사면 배가 아프다. 원인 : 치열한 경쟁, 일류병, 조급증, 건강한 삶의 원칙(내지 가치관) 결여 등을 들 수 있지 않을까 싶고, 특히 이해관계가 얽힌 사안에 대하여 매우 예민하고 민감하다(단, 스포츠는 예외).

(한국인을 비하하는 말)은 안 돼'라며 자조했다.

한국인의 마음속에는 자신감 대신 패배감이, 성취욕 대신 무기력이 자리 잡았다. 칭찬이 아닌 비난이 난무했고, 등을 두드려주기보다 손가락질하기에 바빴다. 분열과 반목, 질시가 마치 우리 민족의 대표적인 특성인 것처럼 부각되었다. 이런 상황은 해방 후에도 한동안 계속되었다.

한국 사회가 진흙처럼 굳어지기 시작한 것은 1960년대 이후부터다. 군사독재정권은 '뭉치면 살고 흩어지면 죽는다', '잘살아보세'라는 구호로 단결과 애국, 경제발전을 강조했다. 비록 억압적인 체제이긴 했지만, 한국인은 임진왜란 이래 처음으로 뭉쳐 일사불란하게 움직이기 시작했다. (중략)

단결심은 당시 군사정권에 반대하던 대학 캠퍼스에도 그대로 이어졌다. 학생들에게 학교는 '투사, 열사, 애국자 양성소'였다. 이들은 '타는 목마름으로'를 부르며 조국을 생각하고 민주주의를 열망했다. 이들의 동지애 또한 무서울 정도로 강했다.

한국의 오른편에서 산업화 세력이 전우애로 똘똘 뭉쳐 국리(國利)에 기여했다면, 왼편에서는 민주화 세력이 동지애로 똘똘 뭉쳐 민복(民福)에 기여했다. 1960~1980년대를 통해 산업화와 민주화가 차례로 실현되면서 국력은 비약적으로 커지고 생활은 날로 향상되었다. 고난의 연속이던 한국인에게 처음으로 국가가, 정부가 국민에게 도움을 준다는 인식이 확산돼 갔다. 더불어 자발적인 애국심과 자긍심이 생겨나기 시작했다.

한국인은 원래 모래알이 아니라 진흙이었다. 오늘날 중국인은 한국의 '새마을운동'을 본받아야 할 모델로 삼고 있다. 지도부가 나서서 농촌 발전을 위해 '새마을운동을 배우자'고 독려할 정도다. 한국인의 단결력을 가장 부러워하는 나라가 바로 중국이다. 이들은 13억 인구로 4천만 한국 축구를 이기지 못하는 데 대해 고개를 갸우뚱거린다. 왜 중국은 한국과 싸울 때마다 '공한증(恐韓症)'으로 쩔쩔매는 것일까? 중국 언론은 '정신력 부족'을 꼽는다. 중국과 동남아 모두 일본의 침략을 받았지만, 일본 총리의 공식 사과를 받은 국가는 한국뿐이라는 데 창피함을 느낀다. 일본이 조금만 역사를 뒤틀려고 해도 벌떼처럼 일어나 항의하는 한국인에 대해 외경심을 느낀다. 2005년 봄, 중국에서 일어난 대규모 반일시위도 그 직전 독도 문제에 대한 한국인의 일사불란한 항일시위로 촉발된 것이었다.

한편 '붉은 악마'는 21세기 한국인의 상징이 되었다. 붉은 악마는 단순히 경기장 내 응원단을 지칭하는 것이 아니라 새로운 패션이자 사조(思潮)요, 궁극적으로는 정신이자 힘이다. 붉은 악마는 20세기식 단선형 모델이 아니다. 하나의 얼굴이 아니라 여러 얼굴, 다양한 운동 모습을 보여준다. 붉은 악마는 집단주의적이다. 이들은 어딜 가든 똑같은 유니폼에 똑같은 구호를 외치며 일사불란하게 응원을 펼친다. 동시에 붉은 악마는 개인주의적이다. 경기가 끝나면 그들은 각자 개인으로 돌아가 자기 생활을 즐기고 개성을 살린다. 본래 그들은 다양한 직업에 종사하는 여러 계층의 사람들로 가입과 탈퇴가 자유롭다. 붉은 악마는 애국적이다. 모이면 '대 · 한 · 민 · 국'을 외치고 한국의 역사와 문화, 민족을 자랑하며 한국적인 것을 추구한다. 그와 동시에 붉은 악마는 세계적이다. 외국과 외국인을 존중하며 나와 다름을 인정한다. 열린 민족주의를 지향하는 붉은 악마는 상대의 피부색, 이념, 국경을 따지지 않고 어떤 외국인과도 잘 어울린다. 붉은 악마는 극단적 개인주의로 흐르고 있는 21세기 지구상에서 어쩌면 가장 바람직한 역할(role)모델일 수 있다. 개인에서 집단으로, 집단에서 다시 개인으로 돌아가는 그 신축 유연한 모습을 어디에서 또 볼 수 있다는 말인가! 한국에서 세계로, 세계에서 한국으로 움직이는 그 자유자재한 모습은 또 어떠한가!

주요 경기나 국가적 이슈가 있을 때마다 서울 광화문 일대를 비롯해 전국에 수백만 인파를 모을 수 있는, 그러면서도 질서정연하게 모임을 이끌어가는 붉은 악마의 저력 속에는 시베리아, 만주대륙을 아우르던 기마민족 특유의 에너지가 배어 있다. 만인이 각기 따로 노는 형국이면서 동시에 만 개의 개체가 서로 연쇄 충돌하며 무서운 기세로 확산되는 공동체 의식이 깊게 자리하고 있는 것이다.

(3) 다르기 때문에 협력해야 한다 36)

다른 사람들과 함께 일하는 건 무척 어려운 일이다. 사람마다 스타일이 다르다 보니 벼락치기를 해야 탄력받는 사람도 있고 미리 마쳐둬야 마음이 편한 사람도 있다. 아침형 인간도 있고 야간형 인간도 있어서 시간 조정이 어렵기도 하다.

과업 중심으로 일에 몰두하는 사람도 있고, 일보다 인간관계 중심인 사람도 있어 원하는 목표가 다르기도 하다. 대화하는 방식도 다르다 보니 직접 이야기하는 것은 무례하다고 생각하고 둘러 이야기하는 사람도 있고, 간접적으로 표현하는 모호함이 불편해 직접 강력하게 이야기해야 뜻이 통하는 사람도 있다. 추론 방식도 달라서 가설을 먼저 세워놓는 연역적 방식에 익숙한 사람도 있고, 개별 사례에서 시작하는 귀납적 추론에 익숙한 사람도 있다 보니 결론에 도달하는 방법도 사람마다 다르다. 타인에 대한 기본적 신뢰나 공감 능력의 정도도 다르고, 프랑스인들이 톨레랑스라 부르는 다름에 대한 존중 혹은 관용의 정도도 다르다 보니 서로 어긋나기도 한다.

서로의 다름과 조화를 이루어 협력하는 게 이렇게 번거로운 일이니 차라리 혼자 하는 게 편할지도 모른다. 하지만 우리가 직면하는 문제들이 점점 더 복잡하고 어려워지고 있어 혼자의 힘으로는 해결 불가능하여 협력이 필요하기에 협력의 어려움에도 불구하고 포기할 수는 없다. 게다가 인간이라는 존재의 본질이 동료 인류와 함께 사회를 이루어 사는 데 있고, 인류 문명 역시 오직 협력 위에서 가능했다는 당연한 사실을 상기한다.

사회가 구성원들로 이루어진 거대한 팀이라는 점을 생각할 때 사회 구성원이 함께 살아가는 일을 팀워크의 차원에서 파악할 수 있다. 팀워크를 연구하는 마틴 하스 교

36) 송인한(2019). 다르기 때문에 협력해야 한다. 중앙일보. 2019.05.21.

수와 마크 모텐슨 교수는 오늘날의 팀이 과거와 점점 더 달라지며 협력이 더 어려워지고 있음을 지적한다. 최근의 상황에 대해 4-D, 즉 구성원의 배경과 특징이 더욱 다양하고(diverse), 지역적으로 다양하게 흩어져 있고(dispersed), 빠르고 즉흥적인 디지털 방식에 익숙하고(digital), 변화의 속도가 빠르고 역동적인(dynamic) 성격을 가지고 있다고 설명한다. 다른 사람과 팀을 이뤄 일하는 게 쉬웠던 적이 과연 언제 있었겠습니까만, 우리 사회의 변화가 세계적인 추세보다 더 강력하기에 협력하는데 더 큰 도전이 있을 것이라 생각한다.

그러면 다양한 구성원들이 만드는 팀워크를 어떻게 향상시킬 것인가? 팀워크의 대가인 조직심리학자 J.리처드 해크먼 교수가 제시한 3가지 핵심요건은 다음과 같다.

> ① 명확한 방향성(능동적으로 참여하여 허심탄회한 논의를 통해 합의를 도출해 가는)
> ② 굳건한 구조(긍정적 역학 관계를 가질 수 있는 탄탄한 규칙을 공유하는)
> ③ 지지적 환경(구성원의 활동을 지원하며 좋은 결과에 대해 정당한 보상을 하는)

이러한 팀워크의 규칙을 사회에 적용한다면 다양한 사회 구성원들이 자발적이고 적극적으로 자신의 의사를 표현하며 논의를 통해 사회적 방향성을 도출해 내고, 그러한 과정이 공정한 규칙에 의해 진행되며, 국민 각각이 사회로부터 충분한 지지를 받으며 보람을 느낄 수 있는 상태일 것이라 생각한다.

함께 살아가는 일에는 다양함이 핵심이며 때론 갈등 역시도 필수적이다. 특히 정치나 종교의 주제들은 오랜 시간 동안 형성되어 온 가치와 믿음의 산물이며 감정까지도 담게 된다. 그러다 보니 정치나 종교의 다름에 대해 이성적인 판단뿐 아니라 감정적인 반응까지 본능적으로 연결된다.

우리의 어려움은 지금까지 서로의 다름을 다루는 방법에 대해 배우거나 경험할 기회를 충분히 갖지 못했다는 데 있다. 우리에게 익숙했던 협력은 조직의 획일성이 강조된 속에서 개인의 다양성이 희생된 협력이 아니었을까. 코드가 통하고 의견이 같은 집단 내에서의 폐쇄된 소통과 협력은 오히려 자신과 다른 사람들과의 불통을 강화해 왔는지도 모른다.

요즘 '국론 분열'이라는 단어가 자주 들린다. 국론 분열의 상황을 염려하는 분들도 있지만, 민주사회에서 가치와 의견이 다르다는 것은 자연스러운 일이다. 다름이 문제가 아니라 다름을 잘 해결하지 못함이, 다름을 우리 사회의 에너지로 활용하지 못함이 문제가 아닐까. 의견이 분열되어 문제가 아니라 그 차이를 소통하고, 논의하고, 이해하고, 타협하지 못함이 문제가 아닐까. 다름이 문제인 것이 아니라 제대로 잘 다름이 필요하다는 생각을 해본다. 협력은 같기 때문에 하는 것이 아니라 다르기 때문에 하는 것이다.

2. 팀워크의 중요성[37)]

앤드류 카네기는 "팀워크가 없는 회사는 제대로 운영되지 않는다. 혼자 운영하는 조그마한 사업체라도 반드시 팀워크가 필요하며 기업과 팀워크는 떼려야 뗄 수 없는 단어다. 성공한 회사들을 분석해 보면 반드시 능률적이고 조화롭게 팀워크가 이뤄지고 있으며, 성공한 기업에서는 대부분 직원 간 팀워크를 전담하는 부서가 별도로 존재한다."는 말로 팀워크의 중요성을 강조하였다.

개인 역량이 뛰어난 직원을 조직에 투입한다고 해서 성공이 거저 주어지는 것은 아니다. 목표 달성을 위해 각자가 어떤 역할을 해야 할지 결정하고 각 역할에 가장 적합한 인물을 투입해야 한다. 구조가 잘 짜인 팀은 단순히 지능이나 기술 같은 개별 역량이 뛰어난 직원이 모인 팀보다 좋은 성과를 낸다. 그러므로 팀에 어떤 사람이 필요할지를 신중하게 생각하고 적합한 인물을 적재적소에 배치해야 한다. 그러기 위해서 팀 전체가 하나의 목표를 위해 달려갈 수 있도록 동기부여를 하고 설득할 수 있어야 한다.

오늘날 기업의 업무 환경은 예전보다 훨씬 수평적이고 자유로운 분위기가 많아져 가고 있으며, 위계적 분위기가 많이 사라졌다. 또한 이전보다 팀 활동 위주로 돌아가며 더 유동적이고 빠르다. 이런 이유로 인하여 현재는 팀워크가 매우 중요한 요소가 되었다. 팀워크가 떨어지면, 조직의 생산성이 떨어지고, 조직에서 이탈하는 직원들이 많이 발생할 것이다. 결국 이것은 기업의 생산성 저하로 인해 손해로 이어질 것이다.[38)]

한편 운동경기를 보다 보면 개인의 능력도 중요하지만, 팀워크가 매우 중요하다는 것을 알 수 있다. 직장생활에서도 마찬가지로 팀워크능력을 극대화할 때 성과는 극대화될 것이다. 팀워크능력이란 무엇인지 알아보자.

우리는 업무수행에 있어서 뿐만 아니라 일상생활에서도 팀워크란 말을 자주 사용한다. 스포츠 세계에서 말하는 팀다운 팀의 조건은 직업 세계에도 그대로 적용된다. 팀이라고 소개되는 집단을 살펴보면, 함께 상호작용하는 방식에 대해 가장 중요한 사항조차도 이해하지 못하는 개인들이 단순히 모여 있는 것에 불과한 경우가 흔하다. 그러한 집단은 진정한 팀이 될 기회를 가져보지 못할 것이다.

(1) 사례 : 스포츠에서의 팀워크[39)]

조정경기만큼 팀원들과 협동심이 강조되는 종목은 없을 것이다. 특히 팀원들은 조타수를 전적으로 믿고 조타수의 지시 아래 일사분란하게 움직여야만 소기의 목적을

37) 이와 관련하여 [부록 2-1] 참조.
38) 이상의 내용은 이재희 외(2018), 대인관계능력, 양성원, 2018.03.
39) 추가적인 사례 및 설명은 [부록 2-2] 참조.

이룰 수 있다. 경기하는 중에는 모든 팀원들이 힘들고 지치게 마련이다. 이런 어려운 상황에 처해 있을 때 팀원 중 한 명이라도 노를 움직이지 않으면 다른 팀원들이 더 열심히 노를 저어야 한다. 그렇지 않으면 배는 이리저리 방황하게 된다.

또한 축구에서 가장 중요한 요소는 무엇일까? 많은 사람들은 개인기라고 말할 것이다. 하지만 가장 중요한 것은 팀워크이다. 일례로 맨체스터 유나이티드의 알렉스 퍼거슨 감독은 팀워크를 제일 중요하게 여기는 감독이다. 그는 팀워크를 해치는 선수라면 그가 아무리 탁월한 능력을 지닌 슈퍼스타라도 내쳐 버린다. 데이비드 베컴, 반 니스텔루이, 로이 킨이 그들이었다. 이들은 누가 봐도 맨유에서 없어선 안 될 우수한 존재였지만 이들이 팀워크를 해치자 망설임 없이 내쳤던 것이다. 이런 퍼거슨 감독의 냉정한 모습이 오늘의 맨유를 있게 한 원동력이 된 것이다. 이처럼 축구에서 팀워크가 중요한 이유는 바로 축구가 개인 스포츠가 아니라 팀 스포츠이기 때문이다.

조직에서도 조직구성원 간의 팀워크가 무엇보다도 강조된다. 리더는 조타수와 같이 팀워크와 체력을 안배해서 목표를 결정해야 하고, 팀원들은 목표지점인 결승점에 도달하기 위해 리더의 지휘에 충실히 따라야 능력을 배가할 수 있다.

우리는 혼자서 하기 어려운 일을 합심해서 성취한 성공사례를 주위에서 종종 보게 된다. 성공사례의 면면을 들여다보면 팀원들 간의 협동심과 희생정신이 바탕을 이루어 시너지 효과를 나타낸 경우가 대부분이다. 팀워크는 조직의 목표를 효과적으로 달성하기 위한 지름길이다.

일례로 평창올림픽의 팀추월 남자경기(매스스타트 경기의 이승훈 선수와 정재원 선수)와 여자경기(매스스타트 경기의 김보름 선수와 노선영 선수)는 팀워크의 중요성과 관련하여 시사하는 바가 매우 큰 대표적 사례였다.[40)]

(2) 사례 해설

앞서 살펴본 사례는 팀워크의 의미와 중요성에 대한 사례이다. 사례에서는 조정경기에서 팀워크가 특히 중요함을 강조하면서, 조직에서도 이와 마찬가지로 팀워크 구축이 필수적임을 보여주고 있다. 팀워크는 목표 달성의 지름길이며, 팀원들 간의 협동심과 희생정신이 바탕을 이루어 시너지 효과를 나타낼 수 있음을 강조하는 사례다.

3. 팀워크란 무엇인가

여러분은 팀다운 팀이 경기하는 모습을 지켜본 적이 있습니까? 이는 단순히 화려한 경기를 펼치는 팀을 말하는 것이 아니다. 팀다운 팀이란 각자 적합한 포지션을 배정받은 선수들이 한마음으로 서로 호흡을 맞춰 노력한 결과 계속해서 승리하는 진

---

40) 이와 관련하려 [부록 2-3] 참조.

정한 팀을 말한다. 이런 팀에 대하여 우리는 흔히 팀워크가 좋다는 표현을 한다. 그렇다면, 팀워크란 무엇인가?

팀워크를 우리는 흔히 응집력이라 표현하기도 한다. 그렇다면 팀워크와 응집력은 같은 것인가? 아니면 다른 것인가? 팀워크는 Team과 Work의 합성어로서 팀 구성원이 공동의 목적을 달성하기 위하여 상호 관계성을 가지고 협력하여 일을 해 나가는 것을 의미한다. 또한 팀이 성과는 내지 못하면서 분위기만 좋은 것은 팀워크가 좋은 것이 아니라 응집력이 좋은 것이다. 목표 달성의 의지를 갖고 성과를 내는 것이 팀워크이다.

제3절 팀워크의 개념 및 개발방법

1. 팀워크의 정의

팀워크의 정의는 너무나 다양하다. 이것을 이해하는 것이 팀워크를 향상시키는데 첫번째 단계라 할 수 있다. 팀워크에 대한 정의는 다음과 같이 내릴 수 있다. '팀워크(teamwork)'란 팀 구성원이 공동의 목적을 달성하기 위하여 상호 관계성을 가지고 서로 협력하여 업무를 수행하는 것을 말한다(→ Teamwork = Team + Work).

여기서 볼 수 있듯이 팀워크의 정의는 팀(team)과 일(work)이라는 키워드를 지니고 있다. 그렇다면 응집력과 팀워크는 어떤 차이가 있을까? 우선 응집력은 "사람들로 하여금 집단에 머물도록 만들고, 그 집단의 멤버로서 계속 남아 있기를 원하게 만드는 힘"이라 할 수 있다. 즉 팀워크와 응집력의 차이는 팀이 성과는 내지 못하면서 분위기만 좋은 것은 팀워크가 좋은 것이 아니고 응집력이 좋은 것이다. 단순히 모이는 것을 중요시하는 것이 아니라 목표 달성의 의지를 갖고 성과를 내는 것이 바로 팀워크이다.

〈표 2-3〉 팀워크와 응집력

팀워크	응집력
팀 구성원이 공동의 목적을 달성하기 위해 상호 관계성을 가지고 서로 협력하여 일을 해 나가는 것	사람들로 하여금 집단에 머물도록 만들고, 그 집단의 멤버로서 계속 남아 있기를 원하게 만드는 힘

2. 팀워크의 기본요소와 저해요소

먼저 훌륭한 팀워크를 유지하기 위해 팀원들이 갖추어야 할 기본요소는 다음과 같다.

① 팀원 간에 공동의 목표의식과 강한 도전의식을 갖는다.
② 팀원 간에 상호 신뢰하고 존중한다.
③ 서로 협력하면서 각자의 역할과 책임을 다한다.
④ 솔직한 대화로 서로를 이해한다.
⑤ 강한 자신감으로 상대방의 사기를 드높인다.

그리고 팀워크는 팀 구성원들이 공동의 목적을 달성하기 위해 각자가 맡은 역할에 따라 서로 협력적으로 행동하는 것을 말하는데, 이러한 팀워크를 저해하는 요소는 다음과 같다.

① 조직에 대한 이해 부족
② 자기중심적인 이기주의
③ '내가'라는 자아의식의 과잉
④ 질투나 시기로 인한 파벌주의
⑤ 그릇된 우정과 인정[41)]
⑥ 사고방식의 차이에 대한 무시[42)]
⑦ 팬데믹(Pandemic)[43)]에 따른 길어진 재택근무[44)]

3. 팀워크의 유형

팀워크의 유형(즉 팀의 성격)은 세가지 기제(혹은 구성체계), 즉 협력, 통제, 자율을 통해 구분하는데 조직이나 팀의 목적, 그리고 추구하는 사업 분야에 따라 서로 다른 유형의 팀워크를 필요로 한다.[45)] 일례로 협력적 팀워크를 우선시하는 팀일 경우에는 유연성이 필요하고 시너지를 낼 수 있으며, 자율적 팀워크를 강조하는 팀일

41) 무조건 감싸고 덮어주는 행위는 언젠가 깨질 위험성이 높은 팀이다.
42) 팀원을 무시하는 경우가 해당한다.
43) 팬데믹이란 세계보건기구(WHO)가 선포하는 감염병 최고 경고 등급으로 세계적으로 감염병이 대유행하는 상태를 일컫는다. 한편, 팬데믹의 우리말 대체어로는 '(감염병) 세계적 유행'이 사용된다. 특히 WHO가 1948년 설립된 이래 지금까지 팬데믹을 선언한 경우는 1968년 홍콩 독감과 2009년 신종플루, 2020년 코로나19 등 세 차례뿐이다.
44) 이와 관련하여 [부록 2-4] 참조.
45) 현대사회의 조직구조나 조직 관리의 변화 현상을 두고 '삼각형에서 동그라미로' 혹은 '통제 중심에서 자율과 몰입 중심으로'의 변화라고 표현한다. 이는 '수직 중심에서 수평 중심으로' 혹은 '자리(position) 중심에서 역할(role) 중심으로'의 변화를 일컫는 말이다. 한편 리더 역시 유형에 따라 흔히 지장, 덕장, 용장 등으로 구분한다.

경우에는 개인적 책임이 있고, 제한된 조망이 필요하다. 그리고 통제적 팀워크를 추구하는 팀일 경우에는 일관성이 필요하고, 전체적/조직 차원에서의 조망이 필요하다. 이를 그림으로 나타내면 다음과 같다.

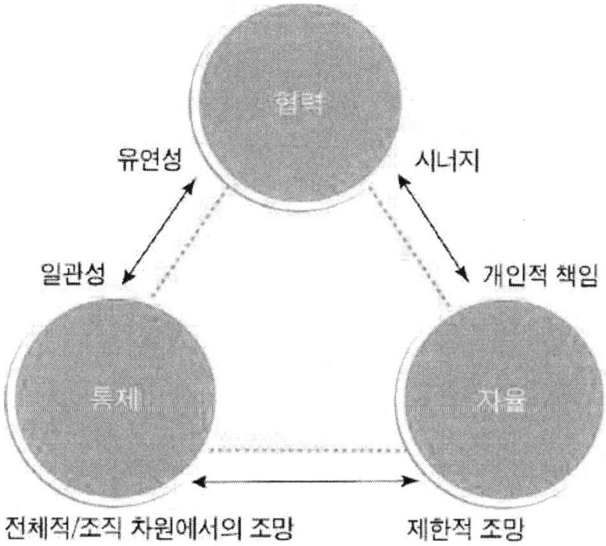

[그림 2-3] 팀워크의 유형

4. 기업이 필요로 하는 인재 46)

기업들은 인력 채용 시 '영어 실력'보다는 '조직적응력 및 협동심'을 중시하는 것으로 나타났다. 한국경영자총협회(회장 이수영)는 지난 2007년 3월 19일부터 4월 6일까지 100인 이상 업체 321곳의 인사 · 노무 담당자를 대상으로 '대졸 신입사원 업무 능력 평가 조사'를 실시한 결과 이처럼 나타났다고 밝혔다.

경총에 따르면 인사 · 노무 담당자들은 인력 채용 시 중시하는 평가 요소에 대해 '조직적응력 및 협동심'(28.3%), '업무 전문성 및 창의성'(22.7%), '적극성과 성취욕'(22.3%), '인간성과 원만한 대인관계'(21.1%) 등을 꼽았다. 반면 과거 신입사원 채용 시 객관적 지표로 높게 평가되던 '학점 · 영어성적'(4.0%)은 그 중요도가 매우 떨어지는 것으로 나타났다. 경총은 이에 대해 "실업난으로 인한 학점 · 영어점수 인플레 현상이 심화되었다"며 "기업들은 이른바 '간판'보다는 인재의 내재적 가치를 중시하는 경향을 보인다"고 설명했다. 이번 조사에서 대졸 신입사원의 업무성취 만족도는 100점을 만점으로 했을 때, 평균 'C(70~79점)'로 조사됐다. 전체 응답 중 '70~79점'은 48.5%로 가장 많았으며 '80~89점' 35.0%, '60~69점' 12.7% 등의 순으로 나타

46) 매일노동뉴스(2007.05.), 대졸 신입사원 업무 능력은 'C' 학점, 2007.05.07.

났다. 응답자들은 불만족 이유에 대해 "대학교육이 기업 인력수요 요구를 충족시키지 못해서"(42.3%)라고 답했다. 이밖에도 "인력선발 과정에서 적절한 인재를 선발하지 못해서"(30.8%), "사회 전반적인 인력의 질적 저하 현상 때문"(20.5%)이라는 대답도 많았다.

업무 능력을 고려한 대졸 신입사원의 적절한 임금수준에 대해서는 연봉 기준으로 "1936만8000원(월평균 161만 4000원)"으로 응답했다. 또 실제 받는 임금은 "2248만 8000원(월평균 187만4000원)"이라고 답했다. 지난해(2006년) 입사한 대졸 신입사원의 퇴사율은 1년간 20.6%로 집계됐다. 기간별로는 1개월 내에 그만둔 비율(기간별 누적)이 5.3%, 3개월 내 10.5%, 6개월 내 14.2%, 9개월 내 17.4%, 12개월 내 20.6% 등으로 조사됐다. 입사 1년 내 퇴사한 경우 가장 많은 이유는 "조직 및 직무 적응 실패"가 48.5%로 가장 높았으며, "급여 및 복리후생 불만"(27.3%)도 많았다.

5. 팀워크 개발 방법

팀워크는 자동적으로 생기는 것이 아니다. 먼저 각각의 팀원이 조직의 목표를 생각하면서 팀원 간에 신뢰가 쌓여야 한다. 그리고 팀 활동에 참여해야 하며, 그 신뢰와 참여한 결과가 성과로 나와야 한다. 그러면 팀워크를 개발하기 위한 3요소인 팀원 간의 신뢰 쌓기, 참여하기, 성과 내기에 대하여 살펴보자.

(1) 신뢰 쌓기

팀워크를 개발하기 위해서 가장 중요한 것은 팀원 간의 신뢰를 쌓아가는 것이다. 신뢰가 쌓이면 조직의 업무 속도는 올라가고 비용은 내려간다. 반대로 신뢰가 쌓이지 않으면 조직의 업무 속도는 느려지고 비용은 올라간다. 조직은 슈퍼맨을 원하는 것이 아니라 진정성을 가진 팀원을 요구한다. 신뢰는 말로만 쌓이는 것이 아니라 진정성을 가진 행동에서 나온다.

신뢰란 인간관계 속에서 이해된다. 상대방이 나를 억지로 신뢰하게 할 수 없으며, 나의 노력과 행동을 통하여 신뢰가 형성될 수 있다. 만약 여러분이 신뢰를 쌓는 데 성공했다면, 상대방은 여러분을 본인의 문제 해결자로 볼 것이다. 이처럼 여러분이 팀원으로부터 문제 해결자로 인정받았다면, 여러분은 매사를 긍정적으로 변화시켜 나갈 수 있다. 즉 팀원들은 여러분이 주장하는 의견에 기꺼이 동의하게 될 것이다. 신뢰를 조성하면 자기와 상대방이 서로 깊이 알게 되고, 상대방과 대인관계를 할 때 자신감을 갖게 된다. 즉 상대방과 신뢰를 조성하는 것이야말로 팀워크와 대인관계 성공의 근본이 된다.

(2) 참여하기

팀워크를 개발하는 두 번째 요소는 팀 활동에 적극 참여하는 것이다. 여러분은 신뢰 쌓기에서 팀원들의 목표 달성을 도와주고 그들과의 신뢰를 조성하는 것이 나의 목표를 효과적으로 달성하는 길이라는 사실을 깨달았다. 그런데 여러분은 한 개인으로서 자신의 생애에 관한 관심 못지않게 팀에 참여하여 팀원들과의 협력 분위기 조성에 노력해야 한다.

팀원 간에 서로를 존중하고 협력하여 성취감을 맛보게 될 때 여러분은 성숙한 팀원으로서 뿌듯한 보람을 느끼게 될 것이다. 우리 모두 서로를 위하여 팀의 속성과 팀 개발단계에 대하여 이해하고 팀의 여러 활동에 적극적으로 참여해 보자.

(3) 성과 내기

지금까지 여러분은 상대방과 신뢰를 쌓을 수 있는 방법과 팀 활동 참여의 중요성에 대하여 살펴보았다. 신뢰를 쌓고 참여하는 궁극적인 목표는 무엇일까? 그것은 결국 조직이나 팀에서 성과로 나타나야 할 것이다. 포도나무에 포도가 열리지 않는다면 포도나무로서의 가치가 없는 것처럼 팀도 성과를 내지 못하면 그 존재가치를 잃게 된다.

팀의 성과를 내기 위해서는 조직의 업무 수행방법, 조직의 목표, 행동방식 등에 대하여 잘 알고 팀워크 정신을 발휘하여야 한다.

제4절 효과적인 팀[47)]

1. 효과적인 팀의 요소[48)]

효과적인 팀이란 팀원들의 강점을 잘 인식하고 이들 강점을 잘 활용하여 팀 목표를 달성하는 자신감에 찬 팀, 즉 고성과 팀(high-performing teams)이다. 효과적인 팀의 요소로서 첫째 인적자원 관리,[49)] 둘째 훈련과 지속적 학습의 병행,[50)] 셋째 팀 구성원의 정보 공유,[51)] 넷째 성과 및 기술과 연동된 보수 체계[52)] 등을 들 수 있다.

---

47) 이하 내용은 주로 한국산업인력공단(2021), op. cit.

48) 이와 관련하여 [부록 2-3] 참조.

49) 효과적인 팀은 인적자원관리 전략을 조직의 핵심 전략으로 삼고, 인적자원 담당 부서를 핵심 부서로 기능하도록 한다.

50) 효과적인 팀은 훈련과 지속적 학습에 막대한 예산을 투입하며, 정식 이론 수업과 현장 훈련을 진행하고 있다.

2. 효과적인 팀의 특성

일반적으로 효과적인 팀의 특성으로는 첫째 경영자의 요구가 바탕이 된 팀의 목표 수립, 둘째 공통의 목적을 측정 가능한 구체적 성과 목표로 전환, 셋째 인원 규모는 관리가 가능한 수준, 넷째 전문 역량을 적재적소에 활용, 다섯째 과업수행에서 역할 관계 설정을 중시, 여섯째 팀원 간 높은 공동의 책임의식 등을 들 수 있다.

효과적인 팀이란 팀 에너지를 최대로 활용하는 고성과 팀이다. 팀원들의 장점을 잘 인식하고 강점을 잘 활용하여 팀의 목표를 달성하는 자신감에 찬 팀일 것이다. 그렇다면 효과적인 팀과 그렇지 않은 팀은 어떠한 차이가 있을까?

(1) 생각해보기

1) 팀워크와 관련된 명언

다음은 팀워크와 관련 있는 명언들이다. 이를 참고하여 효과적인 팀을 구성할 때 필요한 요소를 정리해보자.

① "경영의 즐거움 중 빼놓을 수 없는 것이 약한 자들이 합해 강자를 이기고, 평범한 사람들이 합해 비범한 결과를 내는 것이다. 그것을 가능케 하는 것이 바로 팀워크이다. 협동심(팀워크)은 공통된 비전을 향해 함께 일하는 능력이며, 평범한 사람들이 비범한 결과를 이루도록 만드는 에너지원이다."[53] - 앤드류 카네기

② "조직을 승리로 이끄는 힘의 25%는 실력이고 나머지 75%는 팀워크이다."[54] - 딕 버메일 감독 (미국 프로풋볼경기 만년 꼴찌였던 세인트루이스팀을 슈퍼볼 우승팀으로 만든 명감독) 인터뷰 내용 중에서

③ "팀워크는 개인의 총합보다 더 큰 일을 할 수 있다." - 휴렛팩커드 첫 여성 CEO 칼리 피오리나

④ "서로 떨어져 있으면 한 방울에 불과하다. 함께 모이면 우리는 바다가 된다."[55]

---

51) 효과적인 팀은 전반적인 정보의 공유가 팀 성공에 필수적임을 인식하고 있다. 진정한 성공을 위해서는 정보를 기업조직 전체에 전달해야 한다. 구성원들의 의견과 지식은 기업의 모든 단계에 전달되고 기업은 이에 적극적으로 대응해야 한다. 이러한 내부 의사소통 체계가 확립되어있는 기업에서는 생산성, 품질, 고객서비스가 향상될 수밖에 없다.

52) 효과적인 팀은 급여를 개인, 팀, 기업 전체의 성과와 연동하는 보수 체계를 마련해 구성원들이 장기적으로 업무에 충실할 수 있는 기반을 확립한다.

53) 평범한 사람들이 모여서 무엇인가를 하면 비범한 결과를 만들어낼 수 있다.

54) 풋볼은 혼자서 하는 운동이 아니다. 축구처럼 11명의 선수가 경기한다. 그중에는 잘 하는 사람도 있을 것이고, 조금은 못 하는 사람도 있을 것이다. 하지만, 서로 믿고 협동심을 발휘하지 않고 본인의 능력만 믿고, 혼자 경기를 하려고 한다면 아무리 운동을 못 하는 상대라 할지라도 이길 수 없을 것이다. 자신이 맡은 포지션에서 최선을 다하며 서로 믿고 경기에 임한다면, 승리의 꿀맛을 볼 수 있을 것이다.

55) 한 방울 한 방울 떨어지는 물로 인해 큰 바위도 깨뜨릴 수 있다는 말이 있다. 서로 힘을 모아

- 류노스케 사토로

⑤ “같이 모이는 것은 시작을 의미한다. 같이 협력해서 일하는 것은 성공을 의미한다.”[56] - 헨리 포드(미국의 자동차 회사 ‘포드’의 창설자)

⑥ “재능은 게임을 이기게 한다. 그러나 팀워크와 지혜(이해력)는 챔피언을 만든다(우승을 가져온다).”[57] - 농구선수 마이클 조던

⑦ “팀플레이가 어떠냐에 따라 승리가 결정된다. 아무리 세계적인 스타들로 구성된 팀이라도 팀워크가 짜여있지 않으면 단 한 푼의 가치도 없다.” - 베이브 루스(미 프로야구 전설의 선수)

⑧ “우리 모두를 합친 것보다 더 현명한 사람은 없다.” - 캔 블랜차드

2) 팀워크 구축의 4가지 비결[58]

아프리카 원주민 속담에 이런 말이 있다. “빨리 가려거든 혼자 가라. 멀리 가려거든 함께 가라. 빨리 가려거든 직선으로 가라. 멀리 가려거든 곡선으로 가라. 외나무가 되려거든 혼자 서라. 푸른 숲이 되려거든 함께 서라.” 몇 번을 읽어봐도 저절로 고개가 끄덕여지는 명언이다.

혼자 빛나는 별은 없다는 말도 있듯이 인생과 사업에서의 성공은 모두 다른 사람과의 협력, 팀워크에 의해 결정되기 마련이다. 길게 설명할 것도 없다. 인생과 사회는 개인전이 아니라 단체전이며, 독주(獨走)가 아니라 계주(繼走)이기 때문이다. 기업경영에 있어서도 마찬가지다.

앤드류 카네기는 “팀워크가 없는 회사는 제대로 운영되지 않는다. 혼자 운영하는 조그마한 사업체라도 반드시 팀워크가 필요하며 기업과 팀워크는 떼려야 뗄 수 없는 단어다. 성공한 회사들을 분석해 보면 반드시 능률적이고 조화롭게 팀워크가 이뤄지고 있으며 성공한 기업에서는 대부분 직원 간 팀워크를 전담하는 부서가 별도로 존재한다”는 말로 팀워크의 중요성을 강조하였다.

먼저 몇 가지 사례를 살펴보자. 미국 프로풋볼경기에서 만년 꼴찌를 벗어나지 못하던 세인트루이스팀을 슈퍼볼 우승의 주인공으로 만든 딕 버메일 감독은 “조직을 승리로 이끄는 힘의 25%는 실력이고, 나머지 75%는 팀위크다”라고 말했다. 팀위크

하나하나 해결해 나간다면 못해낼 일은 없을 것이다. 한 방울 한 방울은 의미가 없을 수도 있지만, 모여있으면 어마어마한 깊이와 크기가 될 수 있는 뜻이다.

56) 우리는 살아가면서 누군가와 함께 모여 일을 한다. 그 사람들과 협력하여 팀워크가 좋다면, 좋은 분위기 속에서 성과를 이뤄 낼 수 있을 것이다.

57) 농구를 좋아하지 않는 사람도 마이클 조던이 누구인지는 다들 알고 있을 것이다. 본인의 플레이를 받쳐 주는 시카고 불스의 팀워크를 모든 자리에서 극찬한 농구선수였다. 천재적인 농구 스타 마이클 조던, 그는 자신의 재능도 뛰어났지만 그를 서포트해 주는 멋진 팀이 있었고, 팀 내 대표적인 선수가 피펜이었다. 마이클 조던이 공식 혹은 비공식으로 항상 이야기하는 말이 있었는데, 그것은 바로 피펜과 시카고 불스가 없었더라면 당시의 조던은 없었을 거라는 것이다.

58) 양광모(2013), 팀워크 구축의 네 가지 비결, 머니투데이, 2013.02.06.

활용의 대표적 성공사례로 불리는 GE에서는 영업성과를 150% 달성했더라도 팀워크가 미흡한 사람은 즉각 교체 대상이 된다. 만약 그가 팀워크를 적절하게 발휘했다면 150%를 훨씬 넘는 영업성과를 달성할 수 있을 것으로 판단하기 때문이다. 2012년 발표된 GE의 리더십 철학이 '모두가 함께 상승하다(Together, We All Rise)'라는 점에 비춰보면 이는 그리 놀랄만한 사실도 아닐 것이다.

미국 골드만삭스가 세계 1위 투자은행의 자리에 오르게 된 경쟁력의 원천도 팀워크로 손꼽히고 있다. 골드만삭스는 모든 업무를 팀제로 운영하는데 평소에 사회봉사활동 등 다양한 교육훈련 프로그램을 통해 전 직원의 팀워크 향상에 심혈을 기울이고 있다. 세계적인 애니메이션 기업인 '픽사'는 사내 교육기관인 '픽사 대학'의 심벌에 "더 이상 혼자가 아니다"라는 문구를 새겨 넣을 만큼 직원들 간의 팀워크를 최우선으로 중요시하고 있다.

그렇지만 이러한 노력에도 불구하고 조직 내에 역동적인 팀워크를 구축하는 것은 그다지 쉽지 않은 과제다. 여러 가지 원인이 있지만, 팀워크 형성의 가장 큰 장애물은 팀원 간 커뮤니케이션의 문제, 소통의 어려움에서 빚어진다는 것이 전문가들의 일반적인 견해다. 팀워크는 "팀의 구성원이 공동의 목표를 달성하기 위하여 각 역할에 따라 책임을 다하고 협력적으로 행동하는 것"을 이르는 말이다. 따라서 이를 위해서는 팀 구성원들이 원활한 커뮤니케이션을 통해 서로의 생각과 의견을 공유하고, 각자의 차이점을 조율하는 소통의 과정이 반드시 필요한데, 만약 소통에 장애가 생긴다면 팀워크는 고사하고 심각한 내부 갈등과 위기가 빚어지게 될 것이다.

그렇다면 어떤 방법을 통해 강력한 팀워크를 구축할 수 있을까? 미국 경영컨설턴트 켄 블랜차드는 '하이파이브'(High Five!)라는 책을 통해 팀워크 향상의 비결로 다음과 같은 4가지를 제시하고 있다.

① 목적의식과 가치와 목표를 공유하라. 팀의 구성원들이 조직의 가치와 목표를 공유하는 것뿐만이 아니라 그들을 열정적으로 움직이게 만들 명분, 즉 동기부여가 명확하게 이뤄져야 한다.
② 고난도 기술을 개발하라. 팀의 구성원들이 자신의 능력을 마음껏 펼치기 위해 필요한 기술을 자유롭게 습득할 수 있는 환경을 만들어 주어야 한다.
③ 우리 모두를 합친 것보다 현명한 사람은 아무도 없다. 팀워크는 단순히 구성원 개개인의 능력을 모두 합한 것이 아니라 그것의 총합을 능가하며 오히려 더욱 강력하고 위대하다는 믿음을 가져야 한다.
④ 자주 포상하고 인정한다. 팀워크가 발휘될 때마다 적극적으로 포상과 인정이 주어져야 한다.

이상 4가지가 모두 중요하겠지만, 이 중에서도 가장 결정적인 요소를 꼽는다면 세 번째가 될 것이다. 즉 팀워크는 팀에 대한 강한 믿음에서부터 출발해야 한다. 조직구성원들이 개인플레이가 아닌 팀플레이의 위대한 힘을 신뢰해야만 강력한 팀워크가 발휘될 수 있을 것이기 때문이다.

이제 스스로에게 질문을 던져보자. 지금 나는, 그리고 내가 속해 있는 팀은 팀워크의 위대한 힘을 믿고 있는가? 아직도 확신이 서질 않는다면 휴렛팩커드(HP)의 첫 번째 여성 CEO를 역임한 칼리 피오리나의 목소리에 귀를 기울여 보라. "팀워크가 가지는 위대한 힘을 잊지 말라. 팀워크는 개인의 총합보다 더 큰 일을 할 수 있다."

개인플레이가 아닌 팀워크에 대한 강력한 믿음, 그것이 바로 강력한 팀워크를 구축하는 첫걸음이라는 사실을 잊지 말자.

3) 효율적인 팀워크의 비결[59)]

혼자 힘으로는 도저히 실마리조차 찾지 못하던 일을 팀이 함께 머리를 맞댔을 때 쉽게 풀어냈던 경험, 한 번씩 해보셨을 것이다. 반대로 도대체 왜 팀을 짰는지도 알 수 없을 정도로 엉망진창인 팀워크 때문에 '차라리 나 혼자 달려들어서 했으면 이미 끝냈을 텐데'라고 하며 아쉬워하신 적도 있을 것이다. 함께 모여서 무언가를 논의하는 것 자체가 시간 낭비인 팀, 이보 전진을 위한 일보 후퇴가 아니라 두 걸음을 뒷걸음질 쳐야 간신히 한 걸음 앞으로 내디딜까 말까 하는 비효율의 대명사, 제대로 된 협동과 분석은 전무이고, 있는 거라곤 서로 일을 떠맡기거나 각자 바람만 늘어놓고 앉아있는 한심한 조직에 이르기까지 잘 안 돌아가는 팀은 우리 주변에서 흔히 찾을 수 있다.

잘 굴러가는 팀의 비결을 밝혀내는 건 심리학자들의 오랜 과제 가운데 하나였다. 여전히 우리는 모두를 압도하는 카리스마를 갖춘 리더 또는 잠자리 안경을 쓴 천재 과학자처럼 팀을 뛰어넘는 개인에 열광한다. 그러나 갈수록 우리의 모든 임무는 개인이 아니라 팀의 몫이 되어가고 있다는 것도 간과할 수 없는 사실이다. 페이스북의 사생활 보호 정책을 재고하는 논의 과정, CIA 요원들이 테러 용의자 은신처를 급습하는 작전, 심지어 피고에게 내리는 법원의 판결도 개인이 아니라 적어도 둘 이상의 의견이 오고 간 끝에 내려지는 팀의 결정이다.

우리는 이미 지적 능력, 인지 능력에는 분명 개인차가 있다는 걸 알고 있다. 어휘력과 수리력은 분명 다른 능력이지만, 넓게 보면 어휘력이 뛰어난 개인은 수리력에서도 상대적으로 뛰어날 확률이 높다. 조직 또는 팀의 경우에도 마찬가지로 이런 능력 차가 존재할까? 실험결과 서로 다른 팀들 사이에서도 여러 종류의 과제를 골고루 잘 처리하는 팀과 대체로 헤매는 팀이 갈렸다. 마치 개인처럼 똑똑한 팀, 더 잘 돌아가는 팀을 가려낼 수 있었다는 뜻이다.

59) https://newspeppermint.com/2015/02/03/smarter_teams/ [NewsPeppermint], 효율적인 팀워크의 비결 : 공감 능력·이해·배려, 2015.02.04.

그렇다면 좋은 팀의 비결은 어디에 있을까? 먼저 흔히 생각할 수 있는 특징들부터 살펴봤다. 팀원들의 평균 IQ가 높다거나 팀원들이 더욱 외향적인 경우, 아니면 팀원들이 일을 처리하고자 하는 의지가 상대적으로 높은 경우까지 모두 팀워크에 도움이 될 것 같지만, 실제 결과를 들여다보니 이런 것들은 별 상관이 없었다. 효율적인 팀워크의 비결은 다음 3가지였다.

① 각 팀원들이 일을 비슷하게 나누어 맡고 기여도도 비슷하다. 한두 명이 주도하는 팀은 팀으로써 제 기능을 발휘하지는 못했다.
② 잘나가는 팀의 팀원들이 유달리 높은 점수를 받은 테스트가 있었는데, 바로 상대방의 눈만 보고 마음이나 감정 변화를 알아서 맞추는 테스트(mind-reading)였다. 이를 통해 우리는 다른 사람의 마음을 잘 읽고 배려하는 것이 팀워크의 밑바탕이 된다는 사실을 유추할 수 있다.
③ 여자가 많을수록 팀워크가 높아졌다. 남녀 성비가 균형 잡힌 것보다도 여자가 많으면 언제나 팀워크가 좋았다. 이는 마음 읽기 테스트[60]에서 여자가 남자보다 대개 높은 점수를 받았기 때문이기도 하다. 특히 마음 읽기(mind-reading) 능력도 직접 얼굴을 맞대고 논의를 할 때뿐 아니라 화상 통화로 회의를 진행하거나 이메일을 주고받을 때도 팀워크를 발휘하는 데 적잖은 영향력을 미치는 지표로 작용했다. 이 요인들은 대개 서로 긴밀히 연결돼있는 편인데, 즉 팀을 먼저 생각하며 일을 효과적으로 나누어 맡을 줄 아는 이들이 동료를 배려하고 동료의 감정을 잘 파악할 줄 알며, 이들은 확률적으로 남자보다는 여자일 가능성이 높다.

(2) 사례 : 지휘자가 없는 오케스트라

일반적으로 오케스트라는 지휘자와 악단이 균형과 조화를 이룰 때 최고의 선율이 흘러나온다. 오케스트라가 팀이라면 지휘자는 리더이다. 통일성 속에서 개성이 살아나고 전체 선율 속에서 각 악기가 가진 고유한 소리를 낼 때 가장 빛난다. 최고의 팀워크가 만들어내는 산물이다.

---

60) 눈으로 마음 읽기 실험이라 불리는 RMET(Reading the Mind in the Eyes Test) 테스트를 말한다. 영국 케임브리지대 부설 자폐 연구센터의 시몬 바론 코헨 교수가 인지적 공감 능력을 객관적으로 측정하기 위해 만든 평가지이다. 마음 읽기(mind-reading)는 공상 과학 소설처럼 들린다. 그러나 "멘탈라이징"(mentalising, 다른 사람이 어떤 생각을 하고 있는지, 사회생활을 하는 데 무엇이 중요한지 알게 해 주는 능력)이라고도 하는 이 용어는 다른 사람들이 생각하는 것을 이해하는 과정을 설명하는 데 사용되는 심리적 개념이다. 우리는 그것을 인식하지 못할 수도 있지만, 서로 상호작용할 때 매일 마음 읽기를 사용한다. 그것은 우리가 다른 사람의 관점을 이해하거나 누군가가 냉소적이거나 거짓말과 같이 의미하지 않는 것을 말할 때를 아는 데 도움이 된다. 마음 읽기는 공감의 심리적 과정과 다르다. 그것은 다른 사람들의 생각이나 지식을 이해하는 것과 관련이 있다("Sarah는 비스킷이 어디에 보관되어 있는지 알고 있다"). 반면, 공감은 다른 사람들의 감정을 이해하는 것과 관련된다("Sarah는 그녀의 비스킷을 가져가면 슬퍼할 것이다").

그런데 여기 다른 유형의 오케스트라가 있다. 수요일 저녁, 카네기홀은 훌륭한 음악회에 대한 기대로 가득 차 있다. 오르페우스 실내악단이 따뜻한 박수갈채를 받으며 무대에 자리를 잡았으며, 연주자는 모두 자신에 차 있었다. 이 오케스트라는 다른 오케스트라와 다른 점이 있다. 바로 지휘자가 없다는 점이다.

1972년 첼리스트 줄리안 파이퍼(Julian Fifer)가 창립한 오르페우스 악단은 구성원 모두에게 음악을 지휘할 권한을 준다. 오르페우스 지휘자의 단일 지도력에 의존하기보다 구성원의 기술, 능력, 정열적인 신뢰에 의존하도록 만들어졌다. 음악을 연주하는 사람에게 권한을 주려는 결정은 위계질서를 기본으로 하는 전통적인 오케스트라와는 근본적으로 다른 구조를 필요로 했다. 창립 멤버는 민주적 가치를 기반으로 하는 실내악에서 영감을 찾았는데, 작은 앙상블(10명 이내)은 자율지도팀처럼 움직이면서 권한, 책임, 리더십, 그리고 동기부여를 함께 한다.

(3) 사례 해설

이 사례는 효과적인 팀으로서 ‘자율지도팀(self-directing team)’ 또는 ‘자율설계팀(self-designing team)에 대한 설명이다. 이러한 자율지도팀이 놀랄만한 성과를 거두는 경우가 자주 있다(팀워크가 발휘될 수 있는 여건이 조성돼 있다는 장점이 있음). 사례에서 제시된 오르페우스 실내악단이 대표적인 경우이며, 자율지도팀은 혁신 잠재력이 가장 크며, 목표 수행을 위한 동기를 부여하고 조직에 학습과 변화의 기회를 제공한다. 또한 자율지도팀은 복잡하고 불분명하거나 모호한 문제 해결 또는 차세대 계획 수립 등의 업무에 이상적이다.

(4) 효과적인 팀의 핵심적 특징

효과적인 팀이란 팀 에너지를 최대로 활용하는 고성과 팀이다. 팀원들의 강점을 잘 인식하고 이들 강점을 잘 활용하여 팀 목표를 달성하는 자신감에 찬 팀이다. 또한, 효과적인 팀은 업무 지원과 피드백, 그리고 동기부여를 위해 구성원들이 서로 의존하는 팀이다. 한마디로 말해서 효과적인 팀은 다른 팀들보다 뛰어나다.

효과적인 팀은 공통적으로 어떤 핵심적인 특징을 가지고 있다. 효과적인 팀의 핵심적인 특징은 다음과 같다.

1) 팀의 사명과 목표를 명확하게 기술한다

팀은 명확하게 기술된 목적과 목표를 가질 필요가 있다. 이는 지금 당장 해야 할 일을 이해할 뿐만 아니라 팀이 전체적으로 초점을 맞추고 있는 부분을 이해하는 것이다. 목표와 목적을 공유하면, 팀원들은 팀에 헌신하게 된다. 따라서 효과적인 팀의 리더는 팀의 목표를 규정하는데 모든 팀원을 참여시킨다. 한마디로 팀의 사명과 목표가 명확하며, 팀원들이 이를 잘 이해하고 있다.

2) 창조적으로 운영된다

실험정신과 창조력은 효과적인 팀의 중요한 지표이다. 이러한 팀은 서로 다른 업무수행 방식을 시도해 봄으로써 의도적인 모험을 강행한다. 실패를 두려워하지 않으며, 새로운 프로세스나 기법을 실행할 수 있는 기회를 추구한다. 또한 효과적인 팀은 문제를 다루거나 결정을 내릴 때 유연하고 창조적으로 행동한다. 한마디로 능력 있고, 실력 있는 팀을 의미한다.

3) 결과에 초점을 맞춘다

필요할 때 필요한 것을 만들어내는 능력은 효과적인 팀의 진정한 기준이 된다. 효과적인 팀은 개별 팀원의 노력을 단순히 합친 것 이상의 결과를 성취하는 능력을 가지고 있다. 이러한 팀의 구성원들은 지속적으로 시간, 비용 및 품질 기준을 충족시켜 준다. "최적 생산성"은 바로 팀원 모두가 공유하는 목표이다.

4) 역할과 책임을 명료화시킨다

효과적인 팀은 모든 팀원의 역할과 책임을 명확하게 규정한다. 팀원 각자는 자신에게서 기대되는 바가 무엇인지를 잘 알고 있으며, 동료 팀원의 역할도 잘 이해하고 있다. 효과적인 팀은 변화하는 요구와 목표, 그리고 첨단 기술에 뒤처지지 않도록 역할과 책임을 새롭게 수정한다.

5) 조직화가 잘 돼 있다

효과적인 팀은 출발에서부터 규약, 절차, 방침을 명확하게 규정한다. 잘 짜여진 구조를 가진 팀은 자체적으로 해결해야 하는 모든 업무과제의 요구에 부응할 수 있다. 한마디로 팀 혹은 조직이 체계적이다.

6) 개인의 강점을 활용한다

스포츠팀의 코치는 운동선수가 지닌 역량을 끊임없이 파악한다. 이와 마찬가지로 효과적인 팀의 리더는 팀이 지닌 지식, 역량 및 재능을 정기적으로 파악한다. 팀의 리더는 팀원의 강점과 약점을 잘 인식하며, 따라서 팀원 개개인의 능력을 효율적으로 활용한다.

7) 리더십 역량을 공유하며 구성원 상호 간에 지원을 아끼지 않는다

효과적인 팀은 팀원 간에 리더십 역할을 공유한다. 이러한 팀은 모든 팀원에게 각각 리더로서 능력을 발휘할 기회를 제공한다. 또한 팀의 공식 리더가 팀 노력을 지원하고 팀원 개개인의 특성을 존중하기 때문에 팀원들은 감독자의 역할을 충분히 이해할 수 있다.

8) 팀 풍토를 발전시킨다

효과적인 팀의 구성원들은 높은 참여도와 집단 에너지(즉, 시너지)를 갖고서 열정적으로 함께 일한다. 팀원들은 협력하여 일하는 것이 더욱 생산적이라고 느끼며 팀 활동이 흥미와 원기를 회복시킨다고 본다. 한마디로 조직문화가 차별화돼 있다.

9) 의견의 불일치를 건설적으로 해결한다

어떤 팀에서든 의견의 불일치는 발생한다. 그러나 논쟁은 나쁘거나 파괴적이지만은 않다. 효과적인 팀은 갈등이 발생할 때 이를 개방적으로 다룬다. 팀원은 갈등의 존재를 인정하며, 상호신뢰를 바탕으로 솔직하게 토의를 함으로써 갈등을 해결한다.

10) 개방적으로 의사소통한다

효과적인 팀의 구성원들은 서로 직접적이고 솔직하게 대화한다. 팀원 각자는 상대방으로부터 조언을 구하고, 상대의 말을 충분히 고려하며, 아이디어를 적극적으로 활용한다. 한마디로 협력적 관계가 구축돼 있다.

11) 객관적인 결정을 내린다

효과적인 팀은 문제를 해결하고 의사결정을 하는 데 있어 잘 정리되고 전향적인 접근방식을 가지고 있다. 결정은 합의를 통해 이루어진다. 따라서 모든 사람들은 내려진 결정을 준수하고 기꺼이 이를 지원하고자 한다. 팀원들은 어떠한 결정에 대해서든 각자의 생각을 자유롭게 개진한다. 이를 통해 결정을 명확하게 이해하고 수용하며, 상황별 대응계획(예비계획)을 마련한다. 한마디로 일방적 지시와 통제가 아니고 합의를 통해 의사결정을 내린다.

12) 팀 자체의 효과성을 평가한다

팀은 자체의 운영방식에 대해 일상적으로 점검할 필요가 있다. '지속적인 개선'과 '전향적 관리'는 효과적인 팀의 운영원리이다. 따라서 만약 업무수행에 문제가 발생하더라도 심각한 상태가 되기 전에 해결할 수 있다.

3. 효과적인 팀의 과제

효과적인 팀의 과제로는 첫째 형성 초기 고성과 팀 내 경쟁이 팽배하다는 점[61], 둘째 성과 집착에 따른 구성원들의 희생이 있을 수 있다는 점[62], 셋째 단합의 문제가 발생할 수 있다는 점[63], 넷째 타인의 인정에 약한 부정적 문화가 형성될 수 있다[64]는 점 등을 들 수 있다.

---

61) 팀이 구성되고 나서 초기에는 더욱 경쟁이 가열되기 쉽다. 하지만 이 시기는 조직구성원 간의 역할도 정리가 되지 않았을뿐더러 파워, 권한, 그리고 영향력 행사에 있어서 우위를 점하기 위해서 심리적 갈등을 겪는 과정이다. 따라서 고성과 팀 내 구성원 간 커뮤니케이션 문제가 발생하고 협업이 문제가 되기도 한다.

62) 성과가 낮은 팀보다는 성과, 실적, 결과 등에 집중하다 보니 조직구성원들이 누려야 할 자유, 권한, 자발성에 있어서는 낮은 측면이 있을 수 있다. 또한, 조직구성원의 희생으로 달성되는 성과가 많기 때문에 개인 삶의 중심이 조직이나 팀이 되어 버리는 경우가 많다. 이러한 경향은 단기적으로는 조직에 이득이 되는 것 같지만, 장기적으로 조직에 마이너스가 될 수도 있다. 따라서 조직 차원에서는 어떻게 고성과와 구성원들의 삶의 균형을 유지할지 고민해야 할 것이다.

63) 조직구성원 개개인이 팀의 역량보다 뛰어난 사람들이 많이 있기에 이로 인한 긴장감과 경쟁심, 갈등은 팀의 단합에 부정적인 영향을 미칠 수 있다. 즉 팀이 근본적으로 추구해야 하는 결속의 문제, 협업의 문제, 집단 파워 문제가 발생하게 된다. 높은 역량을 가진 개인들을 잘 이끌어줄 리더십이 어느 팀보다도 중요하다.

64) 상대의 뛰어난 요소를 칭찬하기도 하지만 반대로 상대가 노출하는 결점, 실수, 그리고 부족한 부분에 대해서는 그다지 관대하지 못한 문화를 형성할 수 있다. 그래서 고성과 팀일수록 긴장과 경쟁이 넘치는 조직이 즉각 연상된다고 하겠다. 따라서 조직의 리더는 긍정적 팀 문화를 위해 칭찬, 인정, 상대에 대한 감사가 함께하는 조직문화를 만들기 위해 어떻게 리더십을 발휘할 것인지를 중요하게 고려해야 한다.

부록 2-1 : 성공을 위한 첫 단추는 '팀워크'

'팀'을 위해 일할 때 성과가 커지고 자기 발전도 빨라진다. 30대 직장인들이 갖고 있는 꿈 가운데 하나는 뜻이 맞는 팀원들과 함께 제대로 일해 보는 것이다. 호흡이 잘 맞는 동료들과 함께 일하면 업무 효율이 높아져 성과가 좋아진다. 그런 팀에서 유능한 상사나 동료와 일하면 많은 것을 배우면서 빠르게 성장할 수 있다. 업무 역량은 대부분이 실전을 통해 커지는 것이기 때문에 미래를 내다보는 직장인에게 유능한 동료들과 일하는 것은 매우 중요하다. 특히 자기 분야에서 일가를 이루고 싶은 사람이라면 최고의 팀에 들어가거나 한발 더 나아가 최고의 팀을 만들어야 한다. 아무리 잠재 능력이 뛰어난 사람도 혼자 할 수 있는 일은 한계가 있고 홀로 성장하는 것은 여간 어려운 게 아니다. 프로 운동선수들이 매년 이적 시장에서 더 수준 높은 팀으로 옮기려고 애를 쓰는 것도 이 때문이다. 그런데 좋은 팀으로 가면 왜 성과가 나고 성장할 수 있을까. 결론부터 말하면 좋은 팀은 동료들이 성장하고 성과를 낼 수 있도록 서로 돕기 때문이다.

☑ '동료를 위해 일하는 것'을 몸에 익혀야

뮤지컬이나 공연의 프로듀서들은 배우나 가수들에게 늘 이런 얘기를 한다. "공연이 잘되려면 상대방을 도와야 한다. 자기 실력을 보여주겠다고 혼자 노래하면 결코 좋은 화음이 나올 수 없다. 좋은 화음을 만들려면 상대방의 노래에 맞춰야 한다. 무대에서 누군가 노래를 부르고 있으면 나머지 출연자들은 그를 따라가야 한다."

무대에서 출연자들이 각자 자기 노래를 하면 관객은 시선이 분산돼 공연에 몰입하기 어렵게 된다는 것이다. 2~4중창에서 멋진 화음을 만들어내는 가수들은 기본적으로 '상대방을 위해 노래한다'는 정신이 투철하다. 상대방에게 맞추려고 노력하지 않으면 아무리 역량이 뛰어나도 화음을 만들어 낼 수 없다는 것을 알고 있기 때문이다.

만약 공연에 출연한 가수들이 모두 자기 소리를 100% 내면 관객에게 절반만 전달된다. 하지만 다른 사람에게 맞추기 위해 자기 소리의 50~60%만 내면 관객에게 전달되는 소리는 오히려 두세 배로 커진다.

이는 공연에만 해당되는 게 아니다. 스포츠 경기에서도 마찬가지다. 축구에서 공격수가 골을 넣으려면 누군가 어시스트해 줘야 한다. 아무리 뛰어난 선수라고 해도 팀원들의 역량이 뒤지고 팀워크가 유기적으로 작동하지 않으면 골을 넣기 어렵다. 상대 선수들의 견제를 피해가며 골대까지 혼자 공을 몰고 가 골을 넣는 경우는 극히 드물다.

선수들은 무리하게 골 욕심을 내다가 결정적 득점 기회를 놓칠 수 있다는 사실을 잘 알고 있다. 그래서 골을 넣기에 가장 좋은 위치에 있는 선수가 골을 넣도록 돕는다. 최고의 선수는 대개 팀워크가 탄탄한 팀에서 나오는 것도 이 때문이다.

이렇게 성과가 뛰어난 팀은 구성원들의 역량 자체가 높지만 일하는 방식도 일반 팀들과 다르다. 구성원들은 철저하게 서로를 돋보이게 만들고 동료가 성과를 내도록 노력한다. 동료를 지원하는 게 몸에 배어 있고 협력하는 문화가 조직에 깊게 뿌리내려 있다.

따라서 아무리 역량이 출중한 스타 선수라고 하더라도 골을 넣은 뒤 자신의 능력을 자랑하지 않는다. 이들이 경기가 끝난 뒤 기자회견에서 하는 첫말은 "팀의 승리에 기여해 기분이 좋다"거나 "동료들이 도움을 준 덕분에 골을 넣을 수 있었다"는 것이다. 빈말이 아니라 그들의 팀 문화에서 보면 너무도 당연한 말이고 선수들도 실제로 그렇게 느끼고 있다.

☑ 성공을 위한 첫 단추는 '팀워크'

따라서 능력과 성과가 탁월한 팀에서 일하고 싶다면 무엇보다 동료를 위해 일하는 것을 몸에 익혀야 한다. 의식해야 나오는 행동이 아니라 자연스럽게 묻어날 정도로 반복 훈련을 해야 한다. 그렇게 하면 소문이 나면서 합류하고 싶은 팀에서 먼저 연락이 오는 경우가 많다.

자신이 일하는 방식에 관한 소문을 듣고 "우리와 같이 일하면 어떠냐"고 먼저 제안해 온다. 또 같이 일하고 싶다는 사람들이 많아져 마음먹기에 따라 이들과 팀을 결성할 수도 있다.

자신을 도와주는 것을 싫어할 사람이 세상에 어디 있겠는가. 사람들은 모두 같은 값이면 자신을 돕는 사람과 일하고 싶어한다. 결국 다른 사람을 위해 일하는 것은 이렇게 자신을 위해 일하는 것이 된다. 다른 사람을 위해 일하는 사람들은 본성이 착해서라기보다 상대방에 맞추려고 노력하는 것 자체가 성장하는 길이고 성과를 거두는 방법이라는 것을 알기 때문이다.

☑ '팀워크'가 없는 인재는 가장 인기 없는 존재

직장에서도 부서의 책임자들은 그런 사람을 부서에 들이고 싶어한다. 또 동료들도 그런 사람과 일하고 싶어한다. 그래서 종종 회사 안에서 그런 사람을 자기 부서로 끌어오기 위해 경쟁이 벌어지기도 한다. 동료를 도와 성과를 끌어올리는 사람은 굳이 좋은 팀으로 가겠다고 찾아다니지 않아도 여기저기서 손짓하게 돼 있는 것이다.

반대로 자신을 위해서만 일하는 사람들에게 길은 잘 열리지 않는다. 아무리 뛰어난 능력을 갖고 있어도 그런 사람과 같이 일하고 싶어하는 사람은 많지 않다. 같이 일해서 좋은 결과를 얻을 수 없기 때문이다. 설령 어찌어찌 성과를 거뒀다고 하더라도 자신에게 돌아올 몫이 별로 없을 게 빤한데 누가 같이 일하려고 하겠는가.

헤드헌팅 회사는 수시로 평판 조회를 한다. 기업에 사람을 추천하는 과정에서 그를 좀 더 자세히 파악하기 위해 전 직장의 상사나 동료들을 대상으로 평판을 듣는다. 또 임원이나 간부 사원을 채용할 때 헤드헌팅 회사에 의뢰해 평판 조회를 실시하는 기업들도 많다. 어떤 기업들은 신입사원을 제외한 모든 임직원을 채용할 때 평판 조회를 의무화하고 있다.

평판 조회 과정에서 가장 문제가 되는 항목 중 하나는 팀워크다. 종종 "능력은 좋지만 협업하기 어려운 사람"이라거나 "협업 능력이 부족해 조직적 시너지를 내지 못한다"는 평가들이 나온다. 이런 평가에 대해 기업들의 반응은 부정적이다.

조직 안에서 불협화음을 낼 가능성이 높은 사람을 채용할 기업은 많지 않다. 특히 "혼자 일하는 성향이 강하다"거나 "독선적이어서 조직에 부담을 준다"는 평가가 나오면 아무리 유능해도 채용 절차는 중단되고 만다.

메릴린치 투자은행 사장을 지낸 도우 김은 한국인들이 유능해 투자은행계에 많이 진출하고 있지만 왔다가 1~2년 만에 그만두는 이가 많다고 말한다. 자신이 최고라는 생각에 빠져 주변 동료를 돌아보지 않기 때문이라는 것이다.

그는 "한국인들이 자기만 빨리 가려다 보니 동료들을 우호적으로 대하지 못하고 경쟁자로 만들어 버린다"면서 "투자금융업계에서 일하는 사람들은 경쟁의 달인들이기 때문에 이들과 경쟁 관계를 형성하는 것은 결코 바람직하지 않다"고 지적한다.

그는 따라서 같이 가겠다는 생각으로 좋은 동료가 되겠다는 마음을 가져야 즐겁게 할 수 있고 나중에 결과도 좋다고 설명한다. 겸손은 단순한 동양적 가치가 아니라 최고의 엘리트 집단 구성원들이 가져야 할 기본 덕목이라는 것이다.

좋은 팀에 가서 좋은 사람들과 일하려면 먼저 그들과 일하는 방법을 익혀야 한다. 다시 말해 동료를 돕고 동료의 성과를 위해 일하는 것이 몸에 배어 있어야 한다. 그런데 상대방을 위해 일하려면 먼저 상대방을 잘 알아야 한다.

상대방이 무엇을 원하는지 알아야 상대방을 제대로 도울 수 있기 때문이다. 상대방의 강점과 약점, 상대방이 필요한 것이 무엇인지를 안다면 적시에 필요한 도움을 줄 수 있다. 그래서 동료를 주시하고 상대방을 주의 깊게 관찰하는 것은 팀플레이를 하는 조직에서 가장 기본적인 자세다.

☑ '협업'은 가장 중요한 성장 기회

직장생활을 하다 보면 유독 주변에 관심이 많은 사람들도 있지만 반대로 거의 무관심한 사람들도 있다. 회사나 직원들의 온갖 문제에 참견하는 사람들은 정작 자신의 업무를 소홀히 하는 경향이 있다.

대개 이런 사람들의 업무성과는 그리 좋지 않다. 반대로 자기 업무에만 집중하고 나머지는 소 닭 보듯 하는 사람들의 성과도 좋은 편은 아니다. 조직 전체의 흐름에 따라가지 않아 시너지를 내지 못하기 때문이다.

이런 사람들은 특히 다른 사람들과 협업이 어렵다. 협업을 잘하려면 평상시에 협업 대상자들과 직간접적 교류를 하면서 업무를 개괄적으로나마 이해하고 있어야 한다. 하지만 자기 일만 하는 사람은 주변에 대한 관심을 차단하고 있다. 이 때문에 협업하기에 관련 분야의 업무 지식이 너무 부족하고 정서적 공감도 쉽게 이뤄지지 않는다.

직장인들은 협업을 통해 지식과 기술 수준을 높이고 업무 영역을 확대한다. 특히 협업 과정에서 자연스럽게 자기 브랜드가 알려지고 인적 네트워크도 확장되기 때문에 협업은 직장인들에게 한 단계 성장하는 계기가 된다. 따라서 직장인들은 협업에 적극적으로 임하고 좋은 결과를 만들어 내도록 노력해야 한다. 하지만 앞만 보고 다니면서 동료에 관심을 두지 않는 사람들은 협업이라는 중요한 성장의 기회를 누리지 못하고 만다.

직장에서 성장하려면 업무 능력이 좋고 성과가 뛰어난 사람과 일해야 한다. 그런 사람들이 모여있는 조직의 도움을 받아야 빨리 발전할 수 있다. 세계적 동기부여 전문가이자 성공학자인 브라이언 트레이시는 성공을 "내가 가장 즐기는 일을 내가 존경하는 사람들 속에서 원하는 방식으로 할 수 있는 것"이라고 정의한다.

아무리 좋아하는 일이라도 마음에 들지 않는 사람들과 하게 되면 즐거움이 반감되기 마련이다. 또 원하는 방식으로 일하기도 어렵다. 그만큼 마음에 드는 사람과 일하는 것, 호흡이 맞는 동료와 직장생활을 함께하는 것이 중요하다.

특히 좋은 조직의 구성원들은 자신의 시간과 재능으로 다른 사람을 도울 때 행복하다는 것을 잘 알고 있다. 이 때문에 한 번 수준 높은 조직에서 일해 본 사람들은 아무리 좋은 연봉이나 직책을 제시해도 수준이 낮은 조직으로 잘 옮기려고 하지 않는다. 각자 자기를 뽐내며 혼자 일하는 조직과 동료를 돕는 조직에서 구성원들의 행복감이 너무 다르기 때문이다.

- 신현만(2017), 성공을 위한 첫 단추는 '팀워크', 매거진 한경, 2017.01.02. -

부록 2-2 : '능력자'로 채운 드림팀은 늘 성공?

비틀스의 팬 중엔 어떻게 드러머 링고 스타가 비틀스의 멤버로 끝까지 남을 수 있었는지 의아해하는 사람이 많다. 비틀스는 불세출의 음악 천재였던 존 레넌, 폴 매카트니는 물론 뛰어난 기타리스트인 조지 해리슨 같은 쟁쟁한 멤버로 이뤄진 밴드였다. 이들과 비교하면 링고 스타는 음악적 재능이 부족한 멤버였다는 평가가 대부분이었다. 그러나 링고 스타의 존재는 모두가 너무나 뛰어난 재능을 뽐내는 비틀스 안에서 꼭 필요한 존재였다. 재능이 특출했던 만큼 성격과 개성도 강하고, 자기주장을 굽히지 않았던 멤버들 때문에 비틀스는 항상 위태위태했던 팀이었다.

부족한 재능을 보완하는 밝은 성격과 사교성으로 링고 스타는 비틀스 멤버들 간 불화를 잘 봉합했다. 게다가 그는 자기의 능력을 내세울 필요가 없었기 때문에 멤버 모두에게서 사랑받은 유일한 멤버가 되었다. 남들이 보기엔 마냥 부족해 보였지만 사람들은 그가 없었다면 비틀스의 명곡들도 없었을 것이라 보기도 한다.

뛰어난 재능과 업무 능력을 갖춘 사람들로만 모인 팀은 성과도 당연히 뛰어날 것이란 생각은 일반적이다. 인적자원이 조직의 성패를 좌우하는 지금, 당연히 리더들은 성과를 내기 위해 일단 똑똑한 사람은 다 자기 밑에 모아놓고 싶어한다. 그러다 보니 조직 내 중요한 업무를 맡은 부서일수록 일명 '드림팀'이 만들어진다.

그러나 너무 많은 재능이 오히려 성과를 떨어뜨리는 경우도 많다. 특히 로더릭 스왑[65] 인시아드대 교수는 팀원끼리 서로 도와야 하는 과제를 수행할 경우엔 더하다고 지적한다. 너무 많은 재능은 재능이 아니란 얘기다.

팀원 간의 화합이 있어야 완벽한 화음을 만들어낼 수 있는 비틀스 같은 밴드라면 너무 많은 재능이 오히려 화가 될 수 있다. 자기가 더 잘났다고 멤버들 간 경쟁하는 유능한 사람보다 링고 스타처럼 팀원 간 화합을 잘 이끌어낼 수 있는 평범한 사람이 필요한 이유다.

스왑 교수는 매일경제 MBA팀과 가진 인터뷰를 통해 "멤버들 간의 업무가 협력이 필요 없는 별개의 것이 아니라면 재능의 총합과 팀 내 생산성이 반드시 정비례하지는 않는다. 오히려 일정 수준 이상의 재능은 팀의 생산성을 해칠 수 있다"고 지적했다.

- 매일경제(2015.03.), '능력자'로 채운 드림팀은 늘 성공? NO, 2015.03.20. -

부록 2-3 : 팀워크 극대화법

어떻게 팀을 구성하고 관리해야 팀워크를 극대화할 수 있을까?

☑ 쇼트트랙 팀추월 종목

쇼트트랙 팀추월 종목은 조직에서 팀워크의 원리를 단적으로 보여준다. 쇼트트랙에 팀추월이라는 종목이 있다. 세 명의 선수가 일렬종대로 바짝 붙은 채 달려서 경쟁팀을 이기는 게임이다. 맨 앞 선수(1번)와 중간 선수(2번), 맨 뒤 선수(3번)가 나란히 달리고 있다고 상상해보라. 여기서 퀴즈 하나. 이들 중 가장 실력이 좋은 선수는 누구일까. 다양한 응답이 나온다. 나름 이유도 있다. 하지만 정답은 정해져 있다. 가장 기량이 뛰어난 선수는 1번 선수다. 그렇다면 두 번째로 뛰어난 선수는 누구일까. 여전히 아리송하겠지만 두 번째 기량의 보유자는 3번 선수다.

왜 그런지 보자. 맨 앞에 달리는 선수는 빠르게 속도를 내는 쇼트트랙 경기의 특성상 엄청난 맞바람을 뚫어야 한다. 힘이 센 것은 물론이고 언제 속도를 내고 언제 치고 나가야 할지 전략적인 선택을 하는 리더의 역할을 해야 한다. 경험이 많아야 하는 것은 두말할 나위가 없다. 그럼 셋째 자리에 두 번째로 뛰어난 선수를 배치하는 이유는 무엇일까. 팀추월은 팀 전체를 하나로 본다. 맨 뒤 선수가 1, 2번 선수와 떨어져 있으면 결코 승리할 수 없다는 얘기다. 그래서 기량이 두 번째로 뛰어난 선수를 맨 뒤에 배치한다.

중간에 있는 최하위 기량 보유자를 뒤에서 밀어주고 이탈하지 않도록 힘을 실어주는 역할을 한다. 쇼트트랙 팀추월은 조직에서 팀워크의 원리를 단적으로 보여준다. 만약 세 명이 내부에서 불협화음을 내면 어떻게 될까. 이 팀은 결코 탁월한 성과를 낼 수 없다. 조직 목표를 달성하는 것도 어렵다. 그렇게 되면 조직이 약화되고 시장에서 경쟁도 불가능해진다.

현대 조직에서 팀워크는 갈수록 중요해지고 있다. 과거 톱다운 방식의 조직에서는 리더의 역량이 중요했다. 나를 따르라고 이끌면 팀원들이 저절로 따라오는 경향이 강했다. 리더가 잘만 이끌어주면 조직은 저절로 뛰어난 성과를 낼 수 있었다. 하지만 정보통신기술(ICT)이 발달하고 4차 산업혁명이 진행되면서 조직 내 의사결정 속도는 갈수록 빨라지고 있다. 조직구조 역시 이런 변화에 맞춰 수직적 구조에서 수평적 조직으로 바뀌고 있다. 사원-대리-과장-차장-부장-이사-상무-전무-전무-부사장-사장의 다단계 구조는 의사결정이 느려 급변하는 경영환경에 적절하게 대응하기 어렵다. 그래서 국내기업들도 직급을 단순화하고 있다. 국내기업이 잇따라 대리나 과장, 부장 같은 직급 대신 '팀장-팀원' 체계로 바꾸는 것도 이런 흐름에 따른 결과다. 연공서열에 기반한 경직된 구조를 바꿔 조직문화를 유연하게 만들기 위해서다. 국내 주요기업은 이를 위해 수직적 직급체계를 단순화하고 팀제 도입에 나서고 있다.

65) 로더릭 스왑(Roderick I. Swaab) 교수는 인시아드대에서 조직 행동론을 강의하고 있다. 그는 조직 내 의사결정, 갈등 해결, 의사소통 구조에 대한 연구결과를 발표한 바 있다. 유명 저널 사이코로지컬 사이언스에 '너무 많은 재능의 효과(The too-much-talent effect)'란 논문을 2014년에 발표했다.

☑ 수직적 직급체계를 단순화한 삼성의 사례

2017년 3월부터 시행되는 삼성전자의 인사제도 개편도 이런 맥락에서 이해할 수 있다. 삼성전자는 7단계인 직급체계를 4단계로 간소화하고 호칭은 '~님'으로 통일한다. 삼성전자는 현재 사원1~3, 대리, 과장, 차장, 부장 등 수직적 직급 개념을 직무 역량 발전 정도에 따라 '경력개발 단계(Career Level · CL)'로 나눠 4단계(CL1~4)로 줄인다. 연공서열에 따른 승진은 지양하고 실력에 따라 평가하겠다는 의도라고 볼 수 있다.

직원 간 호칭은 이름 뒤에 '님'을 붙여 '~님'으로 한다. 예를 들어 현재 부하 직원이 '김삼성 부장님'이라고 부르던 것을 앞으로는 '김삼성님'으로 한다는 것이다. 타 부서 간 호칭은 '님'으로 통일하되 같은 부서끼리는 '프로', '선(후)배님' 등을 자율적으로 쓸 수 있도록 했다. 영어 이름을 부르는 것도 허용된다. 단 팀장, 그룹장, 파트장, 임원은 직책으로 호칭한다. 직원 간 호칭은 수평적으로 통일하면서 높은 직책은 예외로 두는 셈이다. 삼성전자 관계자는 "거부감 없이 호칭을 안착시키기 위해 우선 직원 간에 호칭만 통일했다"고 설명했다.

삼성전자는 불필요하게 사무실에 남아 있는 잔업 문화를 없애고 휴가도 자유롭게 쓸 수 있도록 문화를 바꿔 나간다는 계획이다. 삼성전자는 "상급자 눈치를 보며 퇴근하지 않는 '눈치성' 잔업, 불필요한 습관성 잔업, 특근을 근절할 것"이라며 "직원들이 연간 휴가계획을 사전에 자유롭게 수립해 충분히 재충전할 수 있는 휴가 문화도 정착시키겠다"고 강조했다. 회의는 반드시 필요한 인원만 참석해 자유롭게 의견을 내고 결론 도출을 지향한다. 이를 위해 참석자 최소화, 1시간 베스트, 전원 발언, 결론 도출, 결론 준수 등을 회의 권장 사항으로 결정했다. 직급 단계를 순차적으로 거치는 보고 문화도 개선해 동시 보고를 활성화하고, 핵심 내용을 전달하는 보고 문화를 정착시킨다는 목표다.

이런 바람은 기업 성장을 위해 창의와 혁신이 중요한 삼성바이오로직스와 에피스 같은 바이오 기업에서 시작됐다. 2016년 초 팀제를 도입하면서 대리와 과장, 차장, 부장 같은 기존 직급 대신 각각 프로와 담당으로 용어를 바꿨다. 삼성생명도 5단계 직급(사원-대리-과장-차장-부장)을 4단계(사원-선임-책임-수석)로 단순화했다. 삼성생명은 "직급 간소화는 직급보다 직무가 더 중요하다는 판단에서 업무 체계 중심의 직급체계를 통해 효율성을 높이자는 목적"이라고 밝혔다. 삼성생명은 "2016년부터 시행되는 정년연장으로 인한 임금피크제 도입의 영향도 있다"며 "기존 관리자 역할에 중점을 뒀던 부장급은 인사체계의 변화로 직무를 계속 이어갈 수 있는 환경으로 변화될 것"이라고 말했다.

LG전자는 연공서열 위주의 직급제를 업무 중심으로 전환하고 인사평가 방식을 손질하는 대대적인 개편작업을 벌였다. 지금의 인사구조로는 변화와 혁신을 하기가 어렵다는 판단에서다. 국내 간판 기업의 이런 변화는 다른 기업에도 영향을 줄 수밖에 없다. 선진 기업에선 이 같은 직급 단순화가 이미 널리 보편화돼 있다. 직급보다는 직무 중심으로 일이 돌아가기 때문에 세세한 직급을 둘 필요가 없다.

이런 변화는 팀워크에 많은 변화를 몰고 올 것으로 예상된다. 히딩크가 2002년 한·일 월드컵에서 한국 대표팀을 4강으로 끌어올린 배경으로 호칭 파괴가 큰 역할을 했다는 이야기는 유명하다. 눈앞이 핑핑 돌 정도로 공이 날아다니는 그라운드에서 "~형", "~야" 식으로 부르면 타이밍을 맞추기 어렵다는 걸 히딩크가 간파한 것이다. 위계질서가 강조되면 창의가 나올 수 없는 건 축구 같은 운동도 마찬가지라는 얘기다.

여기에 맞춰 리더십도 바뀌어야 한다. 과거 상명하복식 문화가 거의 사라지고 팀장-팀원 간에도 수평적인 의사소통이 필요한 조직에서는 리더십을 발휘하기란 여간해서는 쉽지 않다. 지금은 심지어 무소불위의 권한을 가진 대통령 말도 그대로 먹히지 않는 세상이 됐다. 이런 상황에서 팀워크를 극대화하려면 어떤 스킬과 노력이 필요할까. 비결은 쇼트트랙 팀추월의 비유에 이미 나와 있다. 팀장은 팀원보다 훨씬 더 많이 노력해야 한다. 정확하게 방향을 제시하지 않으면 팀원이 따라오기 어렵다. 이를 위해서 팀장은 스스로 실무를 수행하고 현장에 대해서도 잘 알아야 한다. 현장을 잘 모른 채 팀원에게 일을 시키면 괴리가 발생해 목표 달성에 문제가 발생한다.

☑ 팀워크 이전에 팀원의 역량 관리가 먼저

예컨대 은행에 입사하면 아무리 명문대를 나오고 공인 회계사 같은 자격증이 있어도 처음에는 변두리 지점 창구에서 동전을 바꿔주는 단순 업무부터 시작한다. 다른 회사도 마찬가지다. 회의 자료 복사를 비롯해 단순한 업무를 해야 한다. 이런 과정을 거치지 않으면 나중에 조직 내 경력 사다리를 타고 핵심 업무를 맡게 돼도 일을 제대로 처리하기 어렵다. 현장을 잘 모르기 때문에 부적절한 지시를 내리기 쉽다. 현장을 모르면 팀원은 현장의 문제를 덮어둘 수도 있고, 팀장의 말을 들으려고 하지 않을 것이다.

팀추월의 비유에 나오는 세 번째 선수를 이끄는 것도 중요하다. 팀장과 다른 팀원이 아무리 잘해도 능력이 부족한 팀원이 제대로 따라오지 못하면 팀워크의 결과는 크게 저하될 수 밖에 없다. 사실 팀워크 이전에 팀원의 역량 관리가 먼저라는 얘기다. 아무리 좋은 팀워크를 이루려고 해도 팀원의 역량이 부족하면 팀 전체의 역량도 저하되기 때문이다.

더구나 '아웃라이어'는 팀워크의 걸림돌이다. 많은 관리자들은 무능한 팀원은 개선시켜 나갈 수 있어 함께 일할 수 있지만, 제발 '관심 팀원'은 만나지 않게 해달라고 한다. 아무리 잘하려고 해도 사고방식이 너무 다른 팀원 간에는 시너지가 나올 수 없다는 얘기다. 그 결과 팀은 잠재력을 발휘하지 못하고 목표 달성에도 실패할 수 있다. 따라서 효과적인 팀을 구성하려면 팀워크를 저해할 수 있는 부정적 요인부터 제거해야 한다.

팀이란 공동의 미션 수행을 위해 구성되지만, 정상적인 팀조차 잠재적인 능력을 모두 발휘하지 못하는 게 현실이라는 점에서 부정적 요인이 있다면 팀 운영의 효율은 더욱 저하된다. 예컨대 세 명이 줄을 잡아당기면 가장 이상적인 결과는 세 명이 각자 끄는 힘을 모두 합한 만큼의 힘이 나와야 한다.

하지만 통상적으로 결과는 그렇지 않다. 함께 끌면 오히려 각자 끄는 힘의 합보다 적게 나온다. '1+1+1=3'이 아니라 '1+1+1<3'이라는 결과가 산출되기 쉽다는 얘기다. 이는 개인이 집단으로 작업할 때 혼자 작업할 때보다 힘을 덜 쏟는 경향으로 사회적 태만(social lofting)의 결과다.

이런 현상은 1927년 독일의 심리학자 링겔만(Max Ringelman)에 의해 보고된 것으로, 집단의 생산성은 적어도 개인의 생산성을 합한 것 이상일 것이라는 가정을 전면으로 부정해 주목을 끌었다. 더구나 팀원이 증가할수록 전체의 산출은 증가하지만, 개인의 생산성은 계속 감소한다는 실험이 뒤이어 줄줄이 입증됐다. 이런 점을 고려하더라도 조직 목표 달성을 위해서는 팀워크의 중요성은 아무리 강조해도 지나치지 않다. 팀워크가 제대로 작동하지 않으면 조직이 애당초 했던 기대 목표를 달성할 수 없기 때문이다.

그러면 어떻게 팀을 구성하고 관리해야 팀워크를 극대화할 수 있을까. 지금까지 살펴본 것처럼 일만 잘하는 사람들이 모인다고 기대했던 목표가 달성되는 것은 아니다. 카젠바흐 · 스미스(Kazenbach & Smith, 1999)의 정의처럼 '팀이란 서로 보완적인 기술을 가지고 있으면서 모두 책임을 져야 하는 공동 목표를 향해 몰입하는 조직'이 돼야 한다.

정서적인 래포(rapport)[66]도 필요하다. 서로 얼굴과 눈빛만 봐도 척척 호흡을 맞출 수 있을 만큼 정서적인 공감대가 형성돼야 한다. 갈등이 생겼을 때는 당사자들의 얘기를 모두 들어보고 상층부에서 갈등과 오해를 풀어주는 기회와 자리를 만들어줘야 한다. 회사의 고위간부가 팀을 대상으로 수시로 티타임을 갖고 가벼운 농담을 주고받는 것도 팀워크 활성화에는 윤활유가 된다. 이런 분위기가 형성되면 팀 구성원의 직무 만족과 조직몰입 수준은 일반적으로 향상될 수밖에 없다. 더 나아가 자신의 의무가 아닌데도 자발적으로 업무를 찾아서 해결하고 동료를 돕는 친사회적 행동(prosocial behavior)이나 조직시민행동(OCB)[67]이 널리 확산될 수도 있다.

☑ 공정한 성과평가 이루어져야

팀워크를 위해서는 공정한 성과평가는 기본이다. 동료 간에 또는 선후배 간에 합리적인 이유 없이 일이나 성과 가로채기가 벌어져서는 팀워크가 살아나기 어렵다. 이런 파괴적 행위는 팀워크를 깨는 마이너스 요인으로 작용해 조직 목표 달성에 심대한 부정적 효과를 가져온다. 무엇보다 동료의 사기를 저하시키기 때문에 조직의 긍정적 분위기를 파괴한다. 따라서 팀 구성원에게 명확한 업무를 할당하고 절차적 공정성을 철저히 지킴으로써 평가에 대한 객관성을 확보해야 한다.

더구나 같은 팀에서 정규직과 비정규직이 뒤섞여 일하는 구조에서는 일 가로채기가 더욱 만연할 수 있다. 단기성과를 추구할수록 성과 가로채기의 유혹은 더욱 커진다. 따라서 명확한 역할과 책임(R&R) 부여와 핵심성과지표(KPI) 설정은 반드시 함께 이뤄져야 한다. R&R이 명확해야 일의 범위와 책임이 정해지고 평가의 기준도 마련된다. KPI는 직무의 특성에 따라 설정돼야 한다. 영업직처럼 판매량 같은 계량화 지표를 쓸 수 있다면 철저하게 계량화 지표 위주로 평가해야 한다. 반면 기획이나 연구직 같은 분야라면 기획의 질과 양을 고루 평가해야 공정한 평가가 이뤄질 수 있다.

---

66) 래포(rapport) : 두 사람 사이의 공감적인 인간관계 또는 그 친밀도를 의미하는 심리학 용어이다.

67) 조직시민행동(organizational citizenship behavior)은 공식적인 업무수행과 무관하게 조직구성원이 다른 조직구성원이나 조직을 위해 자발적으로 행하는 행동을 일컫는 것으로서, 영문 머리글자를 따서 'OCB'라고도 불린다. 구체적으로, 상사나 동료에게 도움을 주는 이타적인 행동이나 조직의 발전을 위해 협조하는 행동 등을 말하며 조직의 공식적인 보상시스템과 무관하게 조직의 이익 증진에 기여하는 일련의 행동들을 통칭하여 조직시민행동이라고 한다. 연구자들에 따라 친사회적 조직 행동, 조직 자발성 등 여러 명칭으로 혼용되기도 한다. 이와 관련하여 [네이버 지식백과] 참조.

'사내정치' 역시 조직을 파괴하는 악성 바이러스다. 파벌과 라인을 만듦으로써 인재 발굴을 저해하고 조직 규범을 무너뜨려 조직 내 기회주의가 만연하게 만든다. 이는 결국 구성원의 역량을 충분히 발휘하지 못하게 함으로써 조직의 역량 저하로 이어진다. 이 문제 역시 공정한 성과평가 장치를 통해 객관성을 확보하는 것이 중요하다. 사람 사이의 일이므로 어느 정도 호불호가 생기고 사내정치가 뒤따를 수 있지만, 과도하게 되면 윤활유가 아니라 조직을 파괴하는 독극물이 될 수 있기 때문이다.

팀워크의 궁극적인 결과는 조직 목표 달성이다. 따라서 팀 구성원이 조직 목표 달성을 위해 한마음으로 뛰도록 환경을 만들어 주는 것도 중요하다. 조직 목표가 불명확하다면 사공이 많은 배처럼 구성원은 제각각 '마이웨이'를 선택할 수도 있다. 일반적으로 조직 목표가 있는데 중간 점검이 소홀한 경우도 문제다. 이렇게 되는 것은 목표를 달성하고 있는지 계량화하지 못하기 때문인 경우가 많다. 이런 문제를 해소하려면 고객 만족(CS)을 측정해보면 된다. 조직 운영 목표에 맞춘 평가항목을 만들어 고객에게 설문해보면 어느 정도 방향을 알 수 있다. 기업의 궁극적 목표가 이익 창출이라면 이를 실현하기 위한 과정인 경영은 고객 만족에서 성패가 좌우될 수 있다는 의미다.

- 김동호(2016), 성과 좌우하는 팀워크 극대화법, 월간중앙 201608호, 2016.07.23. -

부록 2-4 : 코로나 시대, 길어진 재택근무와 약해진 소통 네트워크

기업 사무실 모퉁이에 놓인 정수기 앞, 카페테리아와 휴게실은 직원 간 자유로운 소통이 이뤄지는 곳이었다. 사람들은 정수기 앞에 옹기종기 모여 서서 커피를 마시며 잡담을 나눴고, 이 과정에서 번뜩이는 아이디어도 쏟아졌다. 평소 잘 협업하지 못했던 다른 부서 동료들과도 부담 없는 토론이 벌어졌다. 소통을 기반으로 한 크고 작은 혁신은 차곡차곡 쌓여 기업 생산성을 높였다.

이 같은 오프라인 협업은 코로나19가 촉발시킨 재택근무가 장기화함에 따라 앞으로 급감할 것으로 예상된다. 포스트 코로나 시대엔 영업팀과 제품 디자인팀이 서로 접촉할 일이 줄어들 것이란 전망이다. 재택근무는 세간의 예상보다 빨리 자리 잡았지만 이에 따른 기업과 직원들의 고민도 깊어지고 있다.

이코노미스트는 《2021 세계경제 대전망》에서 기업이 재택근무로 인해 사라져 가는 협업 정신을 살리기 위해 다양한 시도를 할 것으로 내다봤다. 필립 코건 이코노미스트 칼럼니스트는 "재택근무가 장기화하면 직원들의 소통 범위가 소속 부서나 메신저 그룹에 속한 사람들 정도로 한정될 것"이라며 "그렇게 되면 기업의 건전성을 좌우하는 직원 간 소통 네트워크도 갈수록 약해진다"고 지적했다.

위기감을 느낀 일부 기업은 다양한 자구책 마련에 나섰다. 직원들에게 최소 1주일에 하루나 이틀 정도 사무실로 출근하라고 지시하는가 하면, 부서 간 장벽을 허물기 위해 사회적 거리두기 버전으로 기발한 방식의 워크숍을 진행하면서 근로 의욕을 수시로 확인하고 틀어진 인간관계를 수습하고 있다.

미국 소프트웨어 개발업체 깃허브는 전체 직원 2000명 중 70% 이상이 재택근무를 한다. 이 회사는 핫 데스킹(공유 좌석제)[68]을 늘리고 협업을 위한 별도 공간을 마련하는 등 재택근무에 맞춰 사무 공간을 재구성했다. 에리카 브레시아 깃허브 최고운영책임자(COO)는 "코로나19 이후 일하는 방법과 기업 문화에 근본적인 변화가 생겼다"며 "직원 간 연대감을 높이기 위한 비공식 가상 모임을 구상하는 등 앞으로는 분산된 인력들을 조직적이고 생산적으로 연결하는 리더가 각광을 받게 될 것"이라고 말했다.

2021년 기업 관리자는 직원들의 자질 중 팀워크 능력을 단연 중요하게 여길 것으로 보인다. 부서 안팎으로 활발하게 소통하는 환경을 조성하는 것도 급선무다. 이코노미스트는 기업이 직원들을 하나로 모을 수 있는 새로운 방법을 찾아야만 재택근무의 딜레마를 극복하고 기업 생산성까지 높일 수 있다고 내다봤다.

- 한국경제(2020.12.), 길어진 재택근무…'메마르는' 팀워크·소속감, 2020.12.17. -

68) 최근 우리나라도 대기업을 중심으로 핫 데스킹(Hot-desking)이 유행하고 있다. SK, LG전자, 대웅제약, 롯데그룹 등이 연이어 핫 데스킹을 도입하고 있다. 자율좌석제, 변동좌석제라고도 불리는 이 시스템은 사무실 내 고정석을 없애고 그날그날 자신이 원하는 자리에 골라 앉을 수 있도록 한다. 부서별, 팀별로 지정된 책상에 앉던 기존 사무 공간과 달리 도서관처럼 넓고 개방된 공간에서 때로는 같은 팀원과 때로는 다른 팀 직원과 옆자리에 앉아 업무를 보게 된다. 핫 데스킹을 도입한 기업은 유연한 자리 배치와 구성원 간 뒤섞임을 통해 소통이 활발해지고, 이로 인해 창조성이 높아질 수 있다고 기대한다. 이는 기업의 생산성 증가로 연결된다. 그러나 기업들의 기대와는 달리 업무 환경 변화만으로 생산성 향상이 이뤄지지 않는다는 연구결과가 나왔다. 이와 관련하여 월간 노동법률(2019), 우리 회사도 자율좌석제(Hot Desking) 도입해 볼까, 2019.08.14. 참조.

제 1 장	대인관계능력
제 2 장	팀워크능력 Ⅰ
제3장	**팀워크능력 Ⅱ**
제 4 장	리더십능력 Ⅰ
제 5 장	리더십능력 Ⅱ
제 6 장	리더십능력 Ⅲ
제 7 장	리더십능력 Ⅳ
제 8 장	갈등관리능력 Ⅰ
제 9 장	갈등관리능력 Ⅱ
제 10 장	협상능력 Ⅰ
제 11 장	협상능력 Ⅱ
제 12 장	고객서비스능력 Ⅰ
제 13 장	고객서비스능력 Ⅱ

제1절 멤버십의 의미

직업인으로서 직장생활에 필요한 리더십에 대한 이야기는 많이 들었기 때문에 쉽게 그 의미를 파악할 수 있을지 모르지만, 멤버십에 대한 이야기는 많이 듣지 못하였을 것이다. 과연 멤버십과 리더십은 무슨 차이가 있는지 알아보자.

1. 리더십과 멤버십

리더십과 멤버십 두 개념은 독립적인 관계가 아니라 상호보완적이며 필수적인 존재이다. 결코 다른 개념이 아닌 동전의 양면처럼 긴밀하게 공존하면서 지속적인 상호작용을 통해 존재를 지켜나가는 관계이다. 아무리 작은 조직이라 하더라도 리더가 있다면 반드시 멤버가 있다. 그렇다면 리더십만큼이나 강조되어야 하는 것이 바로 멤버십이다. 즉 리더십을 잘 발휘하는 탁월한 리더와 멤버십을 잘 발휘하는 탁월한 멤버가 공존해야 조직이 성공을 거둘 수 있다.

리더십은 한 조직에 끼치는 영향력으로서, 그 조직으로 하여금 하나의 목표에 도달하게 하는 과정이다. 그렇기 때문에 조직구성원들이 공유하는 것이지 어떤 특정한 위치에 있는 한 사람만의 독점물이 아니다. 그런 의미에서 멤버십은 리더십의 중요한 일부분이며 리더십의 99%를 차지한다.

멤버십은 조직의 구성원으로서 자격과 지위를 갖는 것으로, 리더와 조화를 이루며 자기 주도적으로 리더를 따르는 태도와 능력을 의미한다. 따라서 훌륭한 멤버십은 팔로워십의 역할을 충실하게 잘 수행하는 것이다. 결국, 멤버십과 팔로워십은 같은 개념으로 볼 수 있다. 팔로워십이란 리더를 따르는 것으로, 따르는 사람은 리더가 제시한 비전의 소중함을 파악해서 거기에 헌신하는 노력이 필요하다. 그렇다고 무조건 따르는 것이 팔로워십이 아니다. 조직이 잘못된 길로 갈 때는 이를 지적하고 피드백하는 용기 또한 필요하다. 팔로워는 융화력이 있어야 하고 겸손함이 있어야 하며, 리더의 결점이 보일 때도 덮어주는 아량이 있어야 한다. 현시대는 리더십보다는 팔로워십이라는 단어가 더 주목을 받고 있다. 조직을 이끌어가는 주체가 한 사람이 아닌 조직 전체 구성원이기에 멤버십의 중요성이 더욱 강조되는 것이다.

2. 주목받는 팔로워십

한때 개그콘서트의 한 코너에서는 '1등만 기억하는 더러운 세상'이라고 팔로워들의 신세를 한탄하는 자조어가 나돈 적이 있다. 과연 그런 것일까? 과거에는 리더가 조직을 움직였다. 그러나 이제는 팔로워의 힘을 빌리지 않으면 변화된 환경에 적응해 나갈 수 없을 정도로 세상은 빛의 속도로 빠르게 바뀌고 있다. 심지어는 "대통령도 국민이 고용한 5년 단임의 비정규직으로 생각하고 사회적 약자의 목소리에 귀를 기울여야 한다"고 목소리를 높이고 있을 정도다. 시골 의사 박경철은 그의 저서 '자기혁명'에서 "종전에는 잘난 사람의 리더십이 중요했지만, 지금은 대중의 팔로워십이 중요한 시대"라고 강조했다. 유아독존이더라도 1만 명을 먹여 살리는 한 명의 인재가 "나를 따르라"고 외치면 9천999명이 뒤를 따랐지만, 이제 그런 시대는 끝났다는 것이다. 훌륭한 팔로워가 훌륭한 리더를 만들고, 훌륭한 조직을 형성해간다는 것이 요지의 골자다.

일찍이 장자크 루소는 "이끄는 법을 배우려면 먼저 따르는 법을 배워야 한다"고 했다. 애당초 우리는 모두가 팔로워였다. 어린 시절에는 부모를 따랐고, 커서는 조직의 리더를 따랐다. 그렇게 성장한 팔로워들은 또다시 성장하여 조직의 리더로 활약하게 된다. 때문에 성공한 리더가 되려면 팔로워십부터 배워야 한다. 리더십의 출발점은 팔로워십에서 시작된다.

리더와 팔로워는 어떤 차이가 있을까. 리더가 이끄는 사람이라면 팔로워는 밀어주고 끌어당기는 사람이다. 그런데 조직 속의 팔로워는 상사에겐 팔로워이지만 부하직원에게는 다시 리더가 된다. 그와 동시에 팔로워는 동료인 펠로우(Fellow)들과 조직의 가치와 공동의 목적을 달성하기 위해 함께 노력하는 사람들이다. 때문에 팔로워십은 리더십과 펠로우십(Fellowship)을 포괄하는 총괄개념이기도 하다. 이처럼 과거에는 그다지 중요하게 생각하지 않던 팔로워십 교육에 대해 최근 들어 기업은 물론 지자체에서도 많은 관심을 보이기 시작하고 있다.[69)]

과거 관료화된 조직체계에서는 효과적으로 조직을 운영하기 위해 리더의 강력한 리더십이 중요하게 작용했다. 우리 사회는 뛰어난 리더를 요구했고 리더 중심적인 사고가 지배적이었다. 그러면서 리더십은 리더가 갖춰야 할 '조건'이 아닌 일종의 '힘'으로 여겨졌다. 하지만 세상은 변화하고 있다. 수직적이었던 조직체계가 유연하게 바뀌어 가고 있을 뿐만 아니라 리더는 물론 리더를 따르는 구성원들이 리더에게 미치는 영향력도 중요해지고 있다. 리더와 팔로워의 관계가 상사와 부하가 아닌 파트너의 관계로 인식되면서 리더와 팔로워 간의 거리가 좁혀지고 있는 것이다. 이제 리더십만이 독자적인 힘을 갖고 있는 것이 아니라 조직에서 리더십이 효과적으로 발휘되기 위해 팔로워들에게도 '따르는 자세'가 요구되고 있다. 즉 리더의 의욕을 고취시키고 지도력을 이끌어내는 '팔로워십'이 리더십만큼이나 중요해지고 있다.

무엇이 훌륭한 리더를 만들까? 리더십? 배려심? 추진력? 진정한 팔로워십(Followership)을 갖춘 팔로워라고 생각한다. 팔로워십의 사전적 의미는 상사를 대하는 부하의 바람직한 특성과 행동이다. 그럼 무조건 상사에게 '예스(YES)'만을 말하는 사람만이 팔로워십을 갖춘 사람이라고 볼 수 있을까? 결론부터 말하자면 '노(NO)'이다. 상황에 맞게 자신의 의견을 제시하는 팔로워야말로 훌륭한 리더를 만들 수 있다.

회사 생활을 하면서 뼈저리게 느끼는 것 중 하나는 파트너의 중요성이다. 대학교 수업시간에 했던 팀플레이, 하다못해 게임을 하더라도 어떤 팀원을 만나느냐에 따라 결과는 완전히 달라진다. 조직이라면 그 크기와 상관없이 리더와 팔로워 모두 존재한다. 아무리 역량이 뛰어난 리더일지라도 팔로워들이 잘 따라주지 않는다면 좋은 결과는 장담할 수 없다. 리더만큼 팔로워들도 중요한 것이다.

3. 멤버십의 중요성

좋은 리더란 조직에 필요한 팔로워를 알아볼 수 있는 능력을 지닌 사람이다. 좋은 팔로워란 조직을 성공으로 이끌 능력을 지닌 리더를 알아보고 그를 도와 일을 할 수 있는 사람이다. 좋은 리더와 좋은 팔로워가 만날 때 조직의 성과로 연결시킬 수 있다.

좋은 팔로워를 만나지 못하면 리더도 제 역량을 발휘하지 못한다. 빌 게이츠는 스티브 발머라는 걸출한 헬퍼 덕분에 마이크로소프트라는 최고의 기업을 만들 수 있었다. 그는 프로그래머가 아닌 최초의 직원으로 인사 업무부터 인수합병 업무까지 다양한 일을 해냈다. 특히 인재를 발굴하고 전략을 세우는 데 탁월한 역량을 보였다. 그는 회사 성장을 위해 어려운 짐을 지고 가는 일종의 짐꾼이었다. 이 때문에 빌 게이츠는

69) 이상의 내용은 정문섭(2012.09.), 리더십보다 중요한 팔로워십, 중부매일, 2012.09.12.

스티브를 자신의 분신이라고 불렀다. 훌륭한 대통령으로 불리는 해리 S. 트루먼도 그렇다. 트루먼은 본래 변덕스럽고 인기를 좇는 인물이었다고 한다. 그런데 역사상 가장 위대한 미국인으로 칭송받는 조지 마셜이라는 탁월한 헬퍼 덕분에 멋진 리더 소리를 들을 수 있었다. 그는 군인 출신으로는 첫 노벨 평화상 수상자이다. 그가 얼마나 조용하고 위대한 헬퍼였는지는 은퇴 후 작성한 회고록을 통해서 알려졌다.

4. 사례 : 기업팀장과 팀원의 아침 회의 70)

> K : 좋은 아침입니다. 어제 말씀드린 보고서는 완성이 됐나요?
> L : 네, 아직 완성하지 못했습니다. 솔직히 시간이 많이 부족했습니다.
> K : 보고서를 준비하는 데 어려운 점은 없었나요?
> L : 팀장님이 지시해주신 대로 하니 그다지 큰 어려움은 없었습니다만, 주신 자료 중에 팀장님이 잘못 생각하고 계신 부분이 있는 것 같습니다.
> K : 저도 몰랐던 부분이네요. 잘못된 점이 무엇인지 말씀해주시겠습니까?
> L : 주신 자료 중에 일부 통계자료가 정확하지 않은 것 같습니다. 전년도 자사의 여성용품 매출액과 브랜드 선호도의 자료가 특히 그렇더군요.
> K : 아, 그렇습니까? L씨가 보완해주실 수 있으시겠습니까?
> L : 네, 그렇게 하도록 하겠습니다. 대신 기한을 주말까지 연장해주시면 안 되겠습니까?
> K : 네, 그러도록 합시다. 부족한 부분까지 세심하게 처리해주어서 고맙습니다. 그럼 수고하십시오.

(1) 사례 해설

이 사례는 멤버십의 의미에 대한 사례이다. 멤버십이란 팔로워십(followership)의 역할을 충실하게, 잘 수행해내는 것을 의미한다. 사례에서 L씨는 팀장 K씨의 팔로워(follower)로서 원만한 관계를 유지하고 있다. 리더를 따르는 사람은 일반적으로 헌신, 전문성, 용기, 정직하고 현명한 평가 능력이 있어야 하며, 리더의 결점이 보일 때에는 이를 올바르게 지적하되 덮어주는 아량이 있어야 한다. 사례에서 L씨는 이러한 팔로워의 올바른 자세를 잘 보여주고 있다.

5. 멤버십과 팔로워십

흔히 조직이 성공하기 위해서는 리더십을 잘 발휘하는 리더와 멤버십을 잘 발휘하는 우수한 멤버가 있어야 한다고 한다. 리더십과 멤버십은 분명히 서로 다른 개념이

70) 한국산업인력공단(2021), op. cit.

다. 그러나 두 개념은 독립적인 관계가 아니라 상호보완적이며 필수적인 관계이다. 그렇다면 멤버십이란 무엇인가?

먼저 멤버란 팔로워와 동일한 개념으로 인식해도 무방하다. 따라서 멤버십이란 조직의 구성원으로서의 자격과 지위를 갖는 것으로 훌륭한 멤버십은 팔로워십의 역할을 충실하게, 잘 수행하는 것이다. 리더십과 멤버십의 두 개념은 상호보완적이며 필수적인 관계임을 강조하는 것이 중요하다.

좋은 리더가 나쁜 멤버를 만난 경우, 좋은 리더가 나빠질 수 있고, 나쁜 리더가 좋은 멤버를 만난 경우, 나쁜 리더가 좋은 리더가 될 수도 있음을 상기하여야 한다. 결국, 어떠한 리더를 만나더라도 멤버로서 해야 할 역할을 정확히 인식하는 것이 중요하다.

리더십과 멤버십은 서로 다른 개념이며 각기 별도의 역할을 가지고 있다. 그러나 두 개념은 독립적인 관계가 아니라 상호보완적이며 필수적인 존재이다. 두 역할 모두가 성공을 거둘 수도 있고, 실패할 수도 있다. 조직이 성공을 거두려면 양자가 최고의 기량을 발휘해야만 한다. 즉, 리더십을 잘 발휘하는 탁월한 리더와 멤버십을 잘 발휘하는 탁월한 멤버, 둘 다 있어야만 한다.

멤버십이란 조직의 구성원으로서 자격과 지위를 갖는 것으로 훌륭한 멤버십은 팔로워십의 역할을 충실하게 잘 수행하는 것이다. 결국, 멤버십과 팔로워십은 같은 개념으로 볼 수 있다. 팔로워십이란 리더를 따르는 것으로, 따르는 사람들은 헌신·전문성·용기·정직하고 현명한 평가 능력이 있어야 한다. 따르는 자는 융화력이 있어야 하고 겸손함이 있어야 하며, 리더의 결점이 보일 때도 덮어주는 아량이 있어야 한다. 따르는 자들이 제대로 서 있는 집단만이 어떤 일을 성취해낼 수 있다. 미국에서 실시한 여론 조사에서 리더에게 가장 원하는 것은 정직, 비전과 강화력, 추진력인데 비하여, 따르는 자들에게 가장 원하는 것은 정직, 나의 부족함을 보충해주는 포용력, 성실, 협동심 등이었다.

6. 멤버십 유형

멤버십 유형과 관련하여 일반적인 조직에서 각 유형별 분포는 소외형이 15~25%, 순응형이 20~30%, 실무형이 25~35%, 수동형이 5~10% 등이다. 이러한 멤버십 유형에 대해서 자아상, 동료/리더의 시각, 조직에 대한 자신의 느낌이란 세가지 측면에서 차이점을 위주로 설명해주는 것이 매우 중요한데, 각각의 특징은 〈표 3-1〉과 같다.

소외형, 순응형, 실무형, 수동형 이외에 별도로 주도형이 우리가 추구하는 유형이라 할 수 있다. 주도형은 모범형이라고도 하며, 주도형 멤버란 '조직과 팀의 목적달성을 위해 독립적/혁신적으로 사고하고, 역할을 적극적으로 실천하는 사람이다.

이 주도형 멤버가 가지는 기본 특성을 2가지 측면에서 설명하면, 첫째 독립적/혁신적 사고 측면에서 스스로 생각하고 건설적 비판을 하며, 자기 나름의 개성이 있고

<표 3-1> 멤버십 유형별 특징 71)

구분	자아상	동료/리더의 시각	조직에 대한 자신의 느낌
소외형	• 자립적인 사람 • 일부러 반대 의견 제시 • 조직의 양심	• 냉소적 • 부정적 • 고집이 셈	• 자신을 인정 안 해줌 • 적절한 보상이 없음 • 불공정하고 문제가 있음
순응형	• 기쁜 마음으로 과업 수행 • 팀플레이를 함 • 리더나 조직을 믿고 헌신함	• 아이디어가 없음 • 인기 없는 일은 하지 않음 • 조직을 위해 자신과 가족의 요구를 양보함	• 기존 질서를 따르는 것이 중요 • 리더의 의견을 거스르는 것은 어려운 것임 • 획일적인 태도 행동에 익숙함
실무형	• 조직의 운영방침에 민감 • 사건을 균형 잡힌 시각으로 봄 • 규정과 규칙에 따라 행동함	• 개인의 이익을 극대화하기 위한 흥정에 능함 • 적당한 열의와 평범한 수완으로 업무수행	• 규정준수를 강조 • 명령과 계획의 빈번한 변경 • 리더와 부하 간의 비인간적 풍토
수동형	• 판단, 사고를 리더에 의존 • 지시가 있어야 행동	• 하는 일이 없음 • 제 몫을 하지 못함 • 업무수행에는 감독이 반드시 필요	• 조직이 나의 아이디어를 원치 않음 • 노력과 공헌을 해도 아무 소용이 없음 • 리더는 항상 자기 마음대로 함
주도형	• 모범형이라고도 함 • 조직과 팀의 목적달성을 위해 독립적/혁신적으로 사고 • 역할을 적극적으로 실천함 • 자기 나름의 개성이 있음 • 혁신적이며 창조적임 • 적극적 참여와 실천 측면에서 솔선수범함 • 자발적이며 기대 이상의 성과를 내려고 노력함		

혁신적이며 창조적인 특성을 가진다. 둘째 적극적 참여와 실천 측면에서 솔선수범하고 주인의식을 가지고 있으며, 적극적으로 참여하고 자발적이며, 기대 이상의 성과를 내려고 노력하는 특성을 가진다.

'썩은 사과의 법칙'이 있다. 만일 당신이 팀 리더로서 팀에 팀워크를 무너뜨리는 썩은 사과가 있다고 생각하면 문제 상황에 대하여 먼저 그와 대화를 나누어라(당신의 생각이 잘못일 수 있기 때문이다). 그런 후에 그 팀원에게 문제가 있는 것으로 판명되면 그에게 기대하는 것을 분명히 전하고 스스로 변화될 수 있는 기회를 주어라. 그다음에 그로 하여금 책임감을 갖게 하라. 만약 그가 변한다면 그것은 팀을 위

71) 김민희(2015), 대인관계능력-팀워크능력, 에듀케이시아(https://educasia.tistory.com/283), 2015.05.07.

한 승리이다. 그러나 그가 끝내 변하지 않는다면 그를 팀에서 내보내라. 한 사람의 썩은 사과가 팀 전체를 망칠 수 있기 때문이다.

요약하자면 효과적인 팀을 만드는 팀워크란 팀 구성원이 공동의 목적을 달성하기 위하여 상호 관계성을 가지고 협력하여 업무를 수행하는 것을 의미한다. 또한 그러한 팀워크를 만들기 위해서는 상사에게는 리더십, 그리고 실무자들에게는 멤버십이 필요하다.

7. 멤버십 개발 방법

(1) 멤버십을 키우는 5가지 방법[72)]

멤버십을 키우는 5가지 방법은 다음과 같다.

1) 리더를 현실적으로 받아들이자

리더에게 가까이 다가갈수록 리더의 결점이 보이고, 심지어 만만하게 보일 수 있다. 리더는 완벽할 것이라는 기대를 품으면 균형 있는 관계 정립이 어려워진다. 오히려 리더의 솔직한 모습을 현실적으로 받아들이는 것이 편하다. 모든 상사는 못났건 잘났건 충성 받을 권리가 있다. 부하라면 알려질 경우 타격을 받을 수 있는 상사의 정보와 비밀을 당연히 지켜줘야 한다. 그것을 까발리고 우습게 여기는 것은 본인에게 부메랑으로 돌아오기 십상이다. '임금님 귀는 당나귀 귀'하고 동네방네 떠들어 신뢰를 잃기보다는 상사를 보호하라. 그럴 때 관계와 소통의 기반인 신뢰가 형성된다.

2) 리더의 유형을 파악하자

상사를 연구하는 것도 부하의 능력이다. 같은 언어를 사용해야 말이 통하는 상사와의 소통에서도 상사의 업무 스타일과 성향을 파악하고 그에 맞춰야 한다.

피터 드러커는 일찍이 경영자를 '듣는 이(Listener)'와 '읽는 이(Reader)' 두 스타일로 구분한 바 있다. 이러한 차이에 따라 보고 방식도 달라져야 상사와 효율적으로 소통할 수 있다. 즉 '듣는 이'형 상사에겐 요점만 간략하게 정리한 약식 보고서를 제출하면 좋은 점수를 받을 수 있다. '읽는 이'형 상사는 차분하게 혼자 읽으며 검토하는 것을 선호하므로 보고서 제출 후 나중에 배경을 덧붙이는 편이 낫다.

성격으로 구분하는 방법도 있다. 상사가 추진력과 진취성을 중시하는 주도형이라면 결론부터 보고하는 것이 정석이다. 날씨나 가족 이야기 등 주변을 에둘러가는 사교형 언사는 오히려 마이너스가 된다. 반면 아이디어를 중시하는 사교가형 상사라면

72) 김성회(2012). 유능한 상사가 되려면 팔로워십을 키워라-팔로워십을 키우는 5가지 방법. 브레인미디어. 2012.03.20.

친근감부터 표현하고 보고에 들어가는 것이 효과적이다. 세세하고 복잡한 설명식 보고보다 필요사항과 유의사항에 포인트를 두고 소통하는 것이 좋다. 평소 팀워크와 관계를 존중하는 관계형 상사라면 자세하고 명확한 설명이 요구된다. 이런 상사는 확신을 가지고 구체적으로 제안하는 부하를 신뢰한다. 마지막으로 논리와 정확성을 중시하는 분석형 상사에게는 정확한 자료를 근거로 논리적으로 체계 있게 설명해야 통한다. 자료를 미리 잘 준비하고, 특히 시간을 지켜야 한다.

3) 리더의 지시는 메모, 복명[73], 확인의 3단계를 거치자

지시의 기본요소는 '누구'에게, '무엇'을, '언제'까지, '어떻게', '왜' 해야 하는가를 분명히 하는 데 있다. 상사가 지시하기 위해 부르면 일단 수첩과 필기도구를 챙겨 들고 간다. 그리고 상사가 지시를 마치고 "알아들었나?"하고 물으면 "예, 알겠습니다"하고 습관적으로 대답하지 말고 "제가 듣기로 첫째, 이렇게 말씀하셨고, 둘째 이렇게 말씀하셨는데 제 이해가 맞는지요?"하고 확인한다. 어물쩍 구렁이 담 넘어가듯 지시하는 상사일수록 나중에 부하에게 소통이 잘못된 원인을 돌린다. 더 확실한 것은 상사의 지시 사항을 가능하면 깨끗하게 정리해 상사에게 다시 한번 확인을 받는 것이다. "적자생존, 적어야 살아남는다!

4) 연락, 보고, 상의를 생활화하자

'같이 일하고 싶은 부하 베스트10' 같은 주제로 여론 조사를 하면 늘 상위권에 오르는 것이 '보고 잘하는 부하'다. 생각도 해보지 않고 기본적인 것을 묻는 부하직원은 태도 불량이지만, 방향에 대해서 상사의 의향을 차근차근 물어보는 부하는 귀엽다 못해 사랑스럽다. 자신이 일은 다 벌여놓고 뒷감당하라고 하는 부하를 예쁘다고 할 마음보 넓은 상사는 이 세상 어디에도 없다. 오죽하면 피터 드러커는 "모든 부하는 좋은 소식으로든 나쁜 소식으로든 상사를 놀라게 해선 안 된다."고 잘라 말하겠는가. 업무 진행 상황에 대해 상사에게 수시로 연락하고 보고하고 상의하라. 상사는 외롭다. 그가 우리 조직의 중요한 의사 결정권을 가지고 있고, 부하들이 그의 '영도력'에 의지한다는 것을 노골적으로 표현하라.

5) 리더가 요구하는 것 이상을 하자

상사는 부하가 자신의 기대를 뛰어넘는 일을 해낼 때 전폭적인 신뢰를 보낸다. 그러기 위해선 상사의 요구 뒤의 욕구를 읽을 줄 알아야 한다. 많은 부하가 '시키는 대로 다 했는데 왜 야단이야' 하며 불평한다. 하지만 바로 그것 때문에 상사들이 불평을 하는 것이다. 상사들은 부하들이 시키는 것 이상으로 해내지 못하는 것이 성에

---

73) '상급자가 내린 명령·지시를 되풀이하여 말함'의 의미로서 복명복창(復命復唱)과 동의어로 보면 됨. 한편 '명령을 받고 일을 처리한 사람이 그 결과를 보고함'의 의미로 복명을 사용하기도 함.

안 차는 것이다. 요구가 필요로 하는 것이라면, 욕구는 원하는 것이다. 차 한잔 마시자는 것이 데이트를 청하는 말인 것처럼 상사의 요구사항 이면에 있는 욕구를 읽을 줄 알아야 한다.

한 그룹의 회장이 피치 못할 사정으로 송사에 휘말리게 되었다. 회장이 K 임원을 불러 그룹 청사진을 짜오라고 했다. K는 굴지의 전문가를 초빙해 1주일 밤낮을 새가며 청사진을 짜갔다. 그는 과연 칭찬받았을까? 자신이 아는 추천 변호인 명단을 작성해간 또 다른 임원 Y는 칭찬을 받았지만, K는 질책을 받고 얼마 후 그 자리를 떠나야 했다. 물론 이 경우엔 똑바로 지시하지 않은 상사가 잘못이다. 하지만 상사가 차마 말하지 못하는 욕구까지 읽어내 해결하고 지원해주는 부하를 보는 상사의 마음이 어떻겠는가. 절대 시키는 일만 하지 말라. 상사가 필요로 하는 것이 무엇인지 간파하여 그것을 해결해줄 수 있는 사람이 돼라.

한편 좋은 멤버십의 구성 요인 4C는 다음과 같다.

① Commitment : 가치를 따르고 미션에 충성하라.
② Courage : 진실을 말하고 솔선수범하라.
③ Collaboration : 상사를 돕고 동료의 협력을 이끌어내라.
④ Competency : 실력을 쌓고(기본적인 전문성) 변화를 수용하라.

(2) 모범형 팔로워가 되기 위한 개발 방법[74)]

1) 모든 상사에게는 배울 점이 있다고 생각하기

상사의 장점을 파악해 두어야 한다. 또 상사로서 자격이 전혀 없는 인물이라는 생각이 들더라도 배울 점을 찾는 자세를 갖는 게 중요하다. 상사가 가진 단점은 자신이 상사의 입장에 있을 때 좋은 참고자료가 될 수 있다. 상사로서 삼가야 할 행동이나 말들을 기록해 두는 것도 한 가지 방법이다.

2) 리더에게 자원이 되기

리더가 필요로 하는 것이 무엇인지를 간파하여 그것을 해결해 줄 수 있는 사람이 되어야 한다. 자신이 팀의 비전이나 목표를 달성하는 데 긴요하게 쓰일 수 있도록 해야 한다. 그러려면 리더와 자주 대화해서 리더가 필요한 것이 무엇인지, 내가 무엇을 지원할 수 있는지를 알릴 필요가 있다. 그리고 상사에게 자원이 되기 위해서는 수시로 도움이 되는 정보를 제공하는 것이다. “지금 이런 식으로 진행되고 있습니다.”, “다른 부서에서 이런 정보가 돌고 있습니다.”, “어제 점심시간에 현장 사람들과 이야기할 기회가 있었는데, 거기에서 이런 이야기가 나왔어요.” 이런 식으로 자신이

74) https://slidesplayer.org › slide, 대인관계능력 3장 멤버십 능력. 참조.

알고 있는 정보를 적극적으로 상사에게 제공한다.

3) 자기 분야의 전문가가 되기

회사가 처한 여건이나 부서에서 다루는 일의 진행 상황 등에 대해 철저히 파악해 두는 꼼꼼함이 필요하다. 업무에 대한 정보나 처리하는 실력이 뛰어나면 좋든 싫든 상사가 부하에게 의지할 수밖에 없다. 자신의 가치를 높여야 상사의 신뢰를 얻을 수 있다. 이를 위해서는 자신에 대한 투자를 게을리해서는 안 된다. 무엇보다 자신이 맡은 일에 관한 한, 회사 내에서 최고의 전문가가 되는 게 급선무다.

4) 최신정보 습득하기

예전에 직장상사가 권위를 가질 수 있었던 이유 중 하나는 상위정보의 전달자 역할을 할 수 있었기 때문이다. 그러나 정보 전달속도가 빠르고 다양한 채널을 통해 정보를 얻을 수 있게 됨에 따라 이제는 가장 빠르고 정확한 정보를 접한 사람이 부서 내에서 영향력을 갖는다. 업무에 관한 정보는 항상 수집하고 컴퓨터 폴더를 통해 정리해 두는 것이 필요하다.

5) 한 단계 위에서 생각하기

직급에 맞게 생각하고, 지시받는 사항만 처리하고 보고한다는 생각은 버려야 한다. 자신의 직급이 "대리"라면 "과장"의 시각과 사고방식을 갖고 접근해야 한다. 업무를 보고할 때에는 자신의 업무 범위 내에서 일어나는 사항과 함께 그 의미까지 설명할 수 있어야 한다. 또 미래를 예측하고 주의를 촉구하는 일도 필요하다.

6) 상사의 체면을 살려주기

상사에게 뭔가 의견을 제시할 때에는 건방지다는 인상을 주지 않도록 하는 것이 좋다. 중요한 것은 상사의 비위를 거스르지 않고 부드럽게 자신이 하고 싶은 말을 분명하게 전하는 것이다. 상사의 체면을 세워주면서도 자신이 하고 싶은 말을 분명히 전하기 위해서는 일단 자신을 낮추는 태도를 취하는 것이 가장 효과적이다.

7) 'Yes, and then 화법'으로 말하기

상사에게 호감을 주면서도 반론을 펼칠 수 있는 방법은 무엇일까? 우선, 상사의 의견에 긍정적인 태도를 보인다. 그러고 나서 자신의 의견을 말한다. 다시 말해 상사에게 호감을 주는 부하는 우선 상사의 의견을 받아들이고 난 뒤, 궁금한 것이 있다는 식으로 다시 질문을 던져 가르침을 받는 것처럼 표현하는 것이다. 만약 상사에게 호감을 주고 싶다면, 사소한 일일지라도 가르침을 청하거나 도움을 구함으로써 믿고 의지하고 있다는 것을 보여주는 것이 좋다.

8) 실수를 인정하기

자신에게 분명한 잘못이 있어서 야단을 맞는 경우에는 깨끗이 실수를 인정하는 것이 좋다. 사과를 해야 하는 경우에는 단도직입적으로 자신의 잘못을 인정하는 것이 무엇보다 중요한 것이다. 아무리 자신에게 불리한 일일지라도 실수를 사실로 인정하고 깨끗하게 사과를 하면 오히려 상사에게 성실하거나 책임감이 있다는 인상을 남길 수 있다. 이럴 경우에는 단순히 실수만 인정하는 것이 아니라 그 실수를 보완하기 위한 나름대로의 대처방안을 전하는 것이 좋다. 아무리 커다란 실수일지라도 그것에 대한 보완책을 내놓으면 실수를 만회할 수 있는 것은 물론이고 신뢰감을 얻게 된다.

8. 리더의 성공은 팔로워십에 달려 있다[75]

리더십은 리더 혼자만의 노력으로 이루어지는 것은 아니다. 성공하는 기업, 성공하는 리더를 위해서는 리더와 뜻을 함께하고 행동하는 건선한 팔로워(Follower)가 필요하다. 대다수의 사람들은 몰락해가던 공룡기업 IBM의 성공적인 부활은 루 거스너라는 걸출한 리더가 있었기에 가능했다고 말한다. 하지만 경영학의 대가인 헨리 민쯔버그의 생각은 좀 다른 듯하다. 민쯔버그는 루 거스너가 모든 것을 다한 것으로 알려져 있지만, 사실 루 거스너는 구성원들이 IBM의 부활을 위해 최선을 다할 수 있는 여건만 만들어 주고, 정작 자신은 뒤로 적당히 물러서 있었다고 이야기한다. 리더와 뜻을 함께하고 행동하는 구성원(팔로워)들의 역할 또한, 리더십 못지않게 중요함을 시사하는 바라 하겠다.

성과가 좋지 않거나 일이 잘못되었을 때, 리더만을 비방하거나 리더에게 모든 책임을 지우는 경우가 종종 있다. 조직에서 경영상 중추적인 역할을 수행하며, 높은 위상을 갖고 있다는 면에서 경영 성과에 대한 최종 책임을 리더가 진다는 것은 어느 정도 이해할 만하다. 그렇지만, 손뼉도 마주쳐야 소리가 난다고 했던가? 리더 혼자만 뛰어난 실력을 갖고 있거나, 홀로 고군분투한다고 해서 좋은 성과를 얻을 수 있는 것은 아니다. 리더의 비전을 함께 바라보고 이를 뒤에서 적극적으로 지원하는 팔로워십 또한 절실히 필요하다. 리더와 함께하여 조직을 성공으로 이끄는 팔로워들이 있는가 하면, 리더의 노력을 헛되게 하여 조직과 리더를 실패의 나락에 빠뜨리는 팔로워도 있다.[76]

---

75) 한상엽(2005), 리더의 성공 : 팔로워십에 달려 있다, LG경제연구원, 2005.02.07.

76) 관련된 몇 가지 대표적 유형을 살펴보면 다음과 같다. ▶리더를 죽이는 팔로워십 : ① 팔로워임을 거부하는 팔로워 ② '여기는 내 땅', 텃세형 팔로워 ③ 불평불만형 팔로워 ④ 예스맨형 팔로워 ⑤ 시키는 것만 하는 팔로워 ▶리더를 살리는 팔로워십 : ① 리더 입장에서 생각하는 팔로워 ② 절반의 책임을 지는 팔로워

(1) 건전한 팔로워십은 윈-윈

지금까지 언급한 건전한 팔로워십은 리더에게만 득이 되는 것처럼 느껴질 수도 있다. 하지만 건전한 팔로워십은 리더와 팔로워 모두에게 도움이 되는 윈-윈(Win-Win)의 관계라고 할 수 있다. 우선 리더와 팔로워는 기본적으로 성공과 실패를 함께 하는 관계이기 때문이다. 조직의 성과가 좋을 때 리더가 더 많은 조명을 받는 것은 사실이지만, 뛰어난 성과를 보인 구성원들에게도 더 많은 보상이 돌아가는 것 역시 자명한 사실이다.

한편 건전한 팔로워십은 자아 성장의 원천이 되기도 한다. 리더의 생각을 잘 헤아리고 적극적으로 실천하는 사람에게는 보다 많은 성장의 기회와 일이 주어질 수 있다. 팔로워가 어떤 태도를 가지는가에 따라 리더들이 팔로워를 대하는 태도 역시 달라지기 때문이다. 예컨대 리더와 같이 책임을 나눠진다고 생각하지 않고 리더만이 모든 책임을 진다고 생각하는 구성원과 일하고 싶은 리더는 없을 것이다. 반대로 책임을 나누어질 줄 아는 팔로워라면 리더 역시 믿고 중요한 일을 맡김으로써 팔로워에게 더 많은 성장의 기회를 제공하는 등의 배려를 줄 수 있다. 또한 이런 팔로워들에 대해서는 리더가 개인적으로 시간을 할애하여 코칭을 해주기 때문에 업무와 리더십에 대해 학습할 수 있는 좋은 기회를 얻을 수도 있을 것이다.

(2) 모든 사람은 리더이자 팔로워

건전한 팔로워십을 이끌어내기 위해서는 무엇이 필요할까? 이 질문의 답은 의외로 쉬운 곳에 있다. 모든 사람은 리더이자 팔로워라는 사실이다. CEO나 신입사원을 제외하곤 모두 자신의 상사가 있고, 아래 사람이 있다. 이를 알고 나면 답은 분명해진다. 스스로 자신의 리더에게 바라는 바를 자신의 팔로워에게 베풀고, 자신의 아래 사람에게 바라는 것을 자신의 리더에게 실천하는 것이다. '남을 따르는 법을 알지 못하는 사람은 좋은 지도자가 될 수 없다'는 아리스토텔레스의 말처럼 좋은 팔로워가 된다는 것은 좋은 리더가 되기 위한 선행 조건이다. 건전한 팔로워십을 발휘하다 보면 어느 순간 자신의 부하에게서 존경과 신뢰를 받는 리더로 커가고 있는 자신을 발견할 수 있을 것이다.

9. 성공하는 팔로워의 7가지 키워드[77)]

성공하는 팔로워에게는 7가지 키워드가 있다고 한다. 성공(SUCCESS)이라는 영문의 7자로 만든 글자이다. 헌신(Self-Sacrifice), 방향성 통일(Unity), 몰입(Concentration),

77) 신인철(2007), 팔로워십 : 리더를 만드는 힘, 한스미디어, 2007.05.

용기(Courage), 표현(Expression), 대안 제시(Second Plan), 보충 및 보완(Supplement)이 그것이다. 진정한 팔로워라면 조직의 성공을 위해 올바른 일들을 주체적으로 해야 한다는 의미로 해석된다. 필요한 경우 할 말을 해야 하고, 적극적 참여와 헌신으로 자발적 동참을 하며, 문제해결을 위한 대안 등도 제시해야 한다. 이런 측면에서 본다면 팔로워는 곧 리더다. 다만 맡은 임무와 역할의 범위가 좀 다를 뿐이다.

제2절 팀워크 촉진방법

직장생활에서 팀워크를 촉진시키기 위해서는 여러 가지 조치를 취할 필요성이 있다.[78] 아래에 제시된 사례를 통해 팀워크를 촉진시키는 방법에는 어떠한 것들이 있을지 생각해보도록 하자.

1. 사 례[79]

(1) 사례 A

J는 견적서와 주문양식 건이 어떻게 진행되고 있는지를 묻기도 하면서 팀원들의 행동을 주의 깊게 지켜보았다. S와 N은 곧바로 견적서를 작성하기 시작했다. J는 그들의 업무 진행을 주기적으로 살펴보면서, 그들이 부품을 분류하고 가격순으로 목록을 작성하는 업무과제를 기대 이상으로 잘하고 있는 것에 대해 기쁨을 감추지 못했다. 또한, S와 N은 부품 하나하나를 조사하여 영업마케팅팀을 위해 간단한 설명을 붙여 놓았다. J는 그들의 도움에 대해 다시 한번 감사를 표하였다.

(2) 사례 B

팀 회의에서 J는 N과 S가 견적서에 대해 이룩한 진전사항을 공표하였다. 그들은 K가 교정을 본 명세서 복사본을 나누어 주었으며, 다른 팀원들이 추가한 사항들을 주의 깊게 검토하였다. 팀원들은 견적서 때문에 일을 쉽게 할 수 있게 되었다는 점에 동의하였다. J는 M과 A에게 "주문양식은 어떻게 되어가고 있습니까?"하고 물었다. M은 A를 가리키면서 "A에게 물어봐야 할 것입니다. A는 자기가 맡은 일을 제대로 못하고 있습니다." A는 변명하였다. "그것은 사실이 아닙니다." J는 즉각 두 사

78) 팀워크 관련 이론 및 실무 사례와 관련하여 [부록 3-1], [부록 3-2], [부록 3-3] 참조.
79) 한국산업인력공단(2021), op. cit.

람의 말을 가로막았다. “회의가 끝난 후에 함께 이야기해 보는 게 어떻겠소.” 회의가 끝난 후 J는 두 사람에게 의견 조사지를 건네준 후, 의견 조사지를 취합하여 구체적인 문제점을 발견하였다.

(3) 사례 C

팀 회의를 시작하면서 J는 비눗방울이 든 병을 팀원들에게 하나씩 나누어주고는 긴장을 풀도록 하였다. 팀이 일상에서 벗어나는 행동을 한 것은 어느 정도 팀에 성공적인 결과를 가져다주었다. 실습을 통해서 팀은 새로운 각도에서 생각할 수 있게 되었으며, 팀원들은 많은 아이디어를 내놓았다.

(4) 사례 D

팀원들은 각자의 강점과 약점을 정리해볼 필요가 있다고 결정했다. 팀원을 2인 1조로 짝지은 후, 어느 한 영역에서 강점을 가진 구성원은 그 영역에서 취약한 다른 구성원과 짝을 이루었다. 이따금 짝을 바꿈으로써 팀원들은 교차훈련을 주고받을 수 있었다. 이러한 결정은 모두에게 이익을 주었으며, 모든 팀원은 결정을 실행하는 데 적극적으로 동참하였다.

2. 사례 해설

이 사례는 다양한 팀워크 촉진방법에 대한 사례이다. 사례 A는 ‘동료 피드백(점검 혹은 되돌아 평가해봄)을 장려하는 것’과 관련된 사례이다. 사례를 통해 행동과 수행을 관찰하여 즉각적인 피드백을 제공하며, 뛰어난 수행에 대해서 인정해 주는 것이 팀워크를 촉진시키는 한 가지 방법임을 알 수 있다. 사례 B는 ‘갈등을 해결하는 것’과 관련된 사례이다. 사례를 통해 팀원 사이의 갈등을 발견하게 되면, 제삼자로서 즉각 개입하여 중재하는 것이 중요하며, 필요에 따라 의견 조사지를 활용하는 것이 큰 도움이 될 수도 있음을 보여준다. 사례 C는 ‘창의력 조성을 위해 협력하는 것’과 관련된 사례로서, 아이디어에 대한 아무런 제약을 가하지 않는 환경을 조성할 때 협력적 풍토가 조성될 수 있음을 보여준다. 사례 D는 ‘참여적으로 의사결정 하는 것’과 관련된 사례로서, 팀원의 동참을 이끌어내어 의사결정을 할 수 있는 한 가지 방법을 보여주고 있다.

3. 비효율적인 팀의 징후들

팀이 비효율적이고 문제가 있을 때 나타나는 징후들을 살펴보면 다음과 같다.

① 생산성 하락
② 불평불만 증가
③ 팀원들 간의 적대감이나 갈등
④ 할당된 임무와 관계에 대한 혼동
⑤ 결정에 대한 오해나 결정 불이행
⑥ 냉담과 전반적인 관심 부족
⑦ 제안과 혁신 또는 효율적인 문제 해결의 부재
⑧ 비효율적인 회의
⑨ 리더에 대한 높은 의존도

팀에 이러한 징후가 나타나면 팀워크 강화 노력이 필요한 때임을 말하고 있는 것이다. 많은 경우에 문제는 팀원과 리더 사이의 갈등과 팀원들 사이의 알력에 의해 나타난다. 팀 리더와의 갈등은 종종 과잉동조와 리더에 대한 저항, 독재적인 리더십 스타일, 신뢰의 결여로 이어진다. 다시 말해 팀원들의 무사안일, 책임회피, 창의력 결여 등으로 나타남과 동시에 팀원들의 리더의 지시에 대한 소극적 업무 처리로 나타난다. 또 팀원들 사이의 문제는 종종 언쟁, 신뢰의 결여, 성격적 갈등, 의견 불일치, 파벌, 과업 미완성 등으로 이어진다.

팀에 문제가 생기면 팀원들이 팀 프로세스 때문(즉, 비효율적 운영체계로 인한 미흡한 작업 진행 과정이나 진척의 정도)이라고 인정하지 않고 개인들을 탓하려 들 수도 있다. 문제의 탓을 개인에게 돌리는 좋은 예가 바로 갈등과 혼동이다. 팀 내의 갈등과 혼동은 분명히 팀의 책임이며, 팀워크 강화 및 촉진을 통해 해결되어야 할 문제인 것이다.

4. 팀워크의 촉진수단

팀을 보다 생산적으로 만들기 위해서는 많은 노력이 필요하다. 특히 팀워크를 촉진시키는 것은 매우 중요한데, 이를 위해서는 동료 피드백 장려하기, 갈등 해결하기, 창의력 조성을 위해 협력하기, 참여적으로 의사 결정하기 등이 필요하다. 자세한 내용은 다음과 같다.

(1) 동료 피드백 장려하기(동료에 대한 관심과 신뢰의 표현임)

팀 목표를 달성하도록 팀원을 고무시키는 환경 조성을 위해서는 동료 피드백이 필요하다. 긍정이든 부정이든, 피드백이 없다면 팀원들은 개선을 이루거나 탁월한 성과를 내고자 하는 노력을 게을리 하게 된다.

다음은 동료 피드백을 장려하는 데 도움이 되는 4단계 과정이다.

① 1단계 : 명확하고 간명한 목표와 우선순위를 설정하라.
② 2단계 : 행동과 수행을 관찰하라.
③ 3단계 : 즉각적인 피드백을 제공하라.
④ 4단계 : 뛰어난 수행성과에 대해 인정해 줘라.

(2) 갈등 해결하기

성공적으로 운영되는 팀은 갈등 해결에 능숙하다. 효과적인 갈등관리로 혼란과 내분을 방지하고 팀 진전과정에서의 방해요소를 미리 없앤다. 활력에 찬 팀은 의견의 불일치를 바로바로 해소하는 방법을 배우게 된다. 그렇지 않으면, 갈등은 시간이 지남에 따라 증폭되고, 팀 풍토는 허약해질 것이다.

팀원 사이의 갈등을 발견하게 되면, 제삼자로서 재빨리 개입하여 중재하라. 갈등을 일으키고 있는 구성원과의 비공개적인 미팅을 통해, 그들 각자에게 다음과 같은 질문을 하고 의견을 교환하면 갈등 해결에 매우 도움이 될 것이다.

① 내가 보기에 상대방이 꼭 해야 하는 행동
② 상대방이 보기에 내가 꼭 해야 하는 행동
③ 내가 보기에 내가 꼭 해야 하는 행동
④ 상대방이 보기에 스스로 꼭 해야 하는 행동

(3) 창의력 조성을 위해 협력하기

성공적인 팀워크를 위해서는 언제나 협력이 필요하다. 모든 구성원의 잠재력을 최대로 활용하는 팀은 협력의 중요성을 잘 이해하고 있다. 모든 팀원이 협력하여 일할 때 창의적인 아이디어가 넘쳐나며 이에 따라 혁신적인 발전도 이루어진다.

아이디어에 대해 아무런 제약을 가하지 않는 환경을 조성할 때 협력적인 풍토를 조성할 수 있다. 이러한 분위기 아래서는 다른 관점을 가진 다양한 아이디어들이 자유롭게 제시되고, 어느 누구도 이의를 제기하지 않는다. 이렇게 열린 분위기에서는 팀원 모두가 적극적이고 활기찬 모습을 갖게 된다.

협력을 장려하는 환경을 조성하기 위한 몇 가지 비결을 살펴보면 다음과 같다.

① 팀원의 말에 흥미를 갖고 대하라
② 상식에서 벗어난 아이디어에 대해 비판하지 말라
③ 모든 아이디어를 기록하라
④ 아이디어를 개발하도록 팀원을 고무시켜라
⑤ 많은 양의 아이디어를 요구하라
⑥ 침묵을 지키는 것을 존중하라

⑦ 관점을 바꿔 보라
⑧ 일상적인 일에서 벗어나 보라

(4) 참여적으로 의사 결정하기

의사결정을 내릴 수 있다는 것은 임파워먼트(empowerment)[80]를 발휘한다는 것을 의미한다. 그리고 자신 있게 미래를 만들어 갈 수 있는 기회가 제공되었음을 뜻한다. 어떠한 팀에서든 의사결정은 내려지게 마련이며, 의사결정을 내리는 사람은 팀을 통제한다.

훌륭한 의사결정을 내리기 위해서는 2가지 고려할 측면이 있다. 그 하나는 결정의 질이며, 다른 하나는 구성원의 동참이다.

1) 의사결정의 질

양질의 의사결정은 올바른 추론에 의해 뒷받침되는 논리적인 결정이다. 양질의 의사결정을 내리기 위해서는 다음의 질문들을 고려해야 한다.

- 쟁점의 모든 측면을 다루었는가?
- 모든 팀원과 협의하였는가?
- 추가 정보나 조언을 얻기 위해 팀 외부와 협의할 필요가 있는가?

2) 구성원 동참

모든 팀원의 지지를 받는 결정은 팀원의 동참을 이끌어낸다. 의사결정에 대해 팀원들의 찬동을 얻기 위해서는 다음의 질문을 고려해야 한다.

- 모든 팀원이 의사결정에 동의하는가?
- 팀원들은 의사결정을 실행함에 있어서 각자의 역할을 이해하고 있는가?
- 팀원들은 의사결정을 열정적으로 실행하고자 하는가?

(5) 수시로 정보 공유하기

정보 공유는 팀워크의 가장 필수적인 요소로 조직구성원 간 정보의 단절은 팀워크의 업무성과를 무너뜨리고 작은 정보라도 수시로 공유하는 것이 필요하다. 정보가 공유되지 않는다면 업무의 진행 경과가 늦어지고 팀원들의 불만이 생겨날 수 있다.

---

80) 조직원들에게 자신이 조직을 위해서 많은 주요한 일을 할 수 있는 권력, 힘, 능력 등을 갖고 있다는 확신을 심어주는 과정이다. 일명 '역량 강화'라고 할 수 있는데, 자신이 팀 내에서 능력과 힘을 가지고 있다는 것을 의미한다.

(6) 원활한 커뮤니케이션하기

팀워크 형성의 가장 큰 장애물은 팀원 간 커뮤니케이션의 문제, 소통의 어려움에서 빚어진다는 것이 전문가들의 일반적인 견해이다. 생각과 의견을 공유하고, 각자의 차이점을 조율하는 소통의 과정이 반드시 필요한데, 만약 소통에 장애가 생긴다면 팀워크는 고사하고 심각한 내부 갈등과 위기가 빚어지게 될 것이다.

제3절 마무리 : 핵심 체크

☑ 팀워크란 팀 구성원이 공동의 목적을 달성하기 위하여 상호 관계성을 가지고 협력하여 업무를 수행하는 것을 말한다.

☑ 팀워크의 유형은 보통 세 가지 기제 즉 협력, 통제, 자율을 통해 구분되는데, 조직이나 팀의 목적, 그리고 추구하는 사업 분야에 따라 서로 다른 유형의 팀워크를 필요로 한다.

☑ 팀워크 개발의 3요소는 신뢰 쌓기, 참여하기, 성과 내기로 이루어진다. 먼저 팀원 간에 신뢰를 쌓고 팀 활동에 참여해야 하며, 그 신뢰와 참여한 결과로서 성과가 나와야 한다.

☑ 효과적인 팀은 ① 팀의 사명과 목표를 명확하게 기술, ② 창조적인 운영, ③ 결과에 초점을 맞춤, ④ 역할과 책임의 명료화, ⑤ 조직화, ⑥ 개인의 강점 활용, ⑦ 리더십 역량을 공유, ⑧ 팀 풍토를 발전, ⑨ 의견의 불일치를 건설적으로 해결, ⑩ 개방적으로 의사소통, ⑪ 객관적인 의사소통, ⑫ 팀 자체의 효과성 평가 등의 특성을 지닌다.

☑ 멤버십이란 조직의 구성원으로서 자격과 지위를 갖는 것으로, 훌륭한 멤버십은 팔로워십의 역할을 충실하게 잘 수행하는 것이다.

☑ 팀워크를 촉진시키는 데는 ① 동료 피드백 장려하기, ② 갈등 해결하기, ③ 창의력 조성을 위해 협력하기, ④ 참여적으로 의사 결정하기 등의 요소가 필요하다.

부록 3-1 : 팀의 좋은 성과는 리더십보다 팀워크에서 나온다

박원우 서울대 경영대학 교수는 '팀워크와 성과 증진의 새로운 방법'이라는 주제의 강의에서 "팀워크는 회식과 단합대회로만 다져지는 것이 아니다"라고 언급하였다. 그의 강의 내용 일부를 소개해 보고자 한다.

구성원의 다양성을 확보해야 팀의 성공 가능성도 높아진다. 팀과 같은 집단이나 조직을 만드는 기본 목적 중 하나는 구성원 간 시너지 효과를 통해 성과를 높이는 것이다. 하지만 조직의 성과가 구성원 개개인의 역량을 합한 것에 못 미치는 경우도 많다. 팀워크를 높여 긍정적인 시너지를 높이는 길을 함께 찾아보기로 하자.

박 교수는 먼저 팀워크 개념을 인간적인 유대감 측면의 '집단 응집성'과 업무 활성화 측면의 '팀 활성화'로 구분했다. 팀워크를 통한 팀 성과 증진을 위해선 집단 응집성뿐 아니라 팀 활성화가 반드시 공존해야 한다는 얘기다.

"회식을 하면 팀워크가 좋아집니까? 대부분 '예'라고 하시겠죠. 사실 회식은 팀워크 증진에 도움이 됩니다. 단순히 먹고 마시고 끝나는 게 아니라 팀원 서로를 이해하고 소속감을 높일 수 있습니다. 그런데 회식으로 다져지는 '한번 해보자!', '우리는 하나다!'라는 식의 팀워크는 인간적인 유대입니다. 물론 그것도 바람직한 효과니까 회식은 계속해야겠죠. 그러나 앞으로는 팀워크라는 개념을 업무 활성화 측면에서도 살펴봐야 합니다. 우리가 원하는 결과는 팀워크의 증진이 아니라 조직의 성과니까요. 친목 도모보다 성과 실현이 주목적이라면 구성원 간 인간적 친밀감이나 화기애애한 작업장의 분위기만이 아니라 구성원이 수행하는 업무 자체가 활성화돼 성과로 이어지는 것이 필요합니다. 업무적 활성화 측면을 경시한 채 유대감 측면만 강조하다 보면 구성원들이 모두 비슷한 생각만 하게 되는 집단사고의 부작용이 나타날 수도 있습니다."

박 교수는 이어 팀원의 역할을 '기능적 역할'과 '팀 역할'로 구분했다. 기능적 역할은 직무와 관련해 공식적으로 조직이 부여한 역할로 성과와 직접 연결되는 역할이다. 팀 역할은 직무와 관련 없이 비공식적으로 구성원이 발휘하는 역할로 팀워크 활성화를 위해 필요한 역할을 말한다. 직무와 관련이 없고 상사가 시키지 않더라도 스스로 비공식적인 역할을 수행해야 팀워크가 활성화된다는 것이다.

- 강현우(2013), 팀의 좋은 성과는 리더십보다 팀워크에서 나온다, 한국경제, 2013.11.08. -

부록 3-2 : 뛰어난 팀워크의 비결

오늘날의 팀은 과거의 팀과는 다르다. 구성원이 훨씬 다양하고 지역적으로 분산돼 있는 데다 디지털 활용도가 높고 (구성원의 잦은 변화로) 역동적인 면이 강하다. 그러나 팀이 새로운 걸림돌을 만나면 그들의 성공 여부는 여전히 그룹 차원의 협업에 핵심이 되는 몇 가지 기본원칙에 달려 있다.

효과적인 팀워크에 필요한 기본요소는 조직심리학 분야의 선구자인 J.리처드 해크먼 교수가 밝혀냈다. 1970년대부터 팀을 연구하기 시작한 그는 40년 넘는 연구를 통해 획기적인 통찰을 얻었다. 협업에 가장 중요한 건 팀 구성원의 성격이나 태도, 행동방식이 아니라는 것이다. 그 대신 성공적인 팀을 꾸리려면 원활한 협업을 가능케 하는 일정한 '활성화 조건'이 필요하다는 주장이다. 우리의 연구 결과,[81] 해크먼 교수가 제시한 세 가지 조건인 명확한 방향성과 탄탄한 구조, 지원을 아끼지 않는 협조적인 업무 환경은 지금도 팀의 성공에 특히 더 중요한 요소들로 확인됐다. 사실 요즘은 이 세 가지 요건에 대한 관심이 그 어느 때보다 많이 요구되고 있는 실정이다. 하지만 우리는 현대적인 조직에 속한 팀들이 두 가지의 아주 해로운 문제에 취약하다는 점도 발견했다. '우리와 그들'로 구분 짓는 사고방식과 정보의 불완전성이 바로 그 문제점들이다. 이런 함정에 빠지지 않으려면 '공통된 사고방식'이라는 네 번째 조건을 하나 더 갖출 필요가 있다.

팀을 이끄는 리더들이 기억해야 할 요지는 다음과 같다. 오늘날의 팀들이 갈수록 복잡해지는 난관을 맞닥뜨리고 있음에도 불구하고 실제로 팀의 성공에 중대한 영향을 미치는 건 비교적 적은 수의 요인들이라는 점이다. 팀장들이 그 요인들이 무엇인지 파악하고 제대로 그 요소들을 갖추는 데 주력한다면 큰 성과를 얻어낼 수 있다.

☑ 팀워크 활성화를 위한 필수 조건

오늘날의 팀은 구성이 다양하고(diverse) 지역적으로 분산돼 있는 데다(dispersed) 디지털 활용도가 높고(digital) 역동적(dynamic)이기까지 한 터라 '4-D팀'이라 부르고 싶다. 팀이 뛰어난 성과를 올리도록 돕는 분위기를 어떻게 조성할 수 있을지 좀 더 자세하게 살펴보자.

1. 명확한 방향성

위대한 팀들의 공통분모는 구성원들에게 활기를 불어넣고 방향을 제시하며, 능동적인 참여를 이끌어내는 하나의 방향성을 지녔다는 점이다. 팀원들이 자신이 무엇을 지향하는지 모를뿐더러 분명한 목표도 없다면 그 팀은 절대로 고무될 수 없다. 그리고 그 목표는 도전의식을 자극할 수 있어야 하지만(무난하면 동기부여가 되지 않으므로) 달성하기가 너무 힘든 나머지 팀원들을 의기소침하게 만들면 안 된다. 또 반드시 결과가 따르는 목표여야 한다. 인정이나 금전적 대가, 승진 같은 외적 보상을 기대해서든, 만족감이나 의미 있는 일이라는 인식 같은 내적인 보상 때문이든 사람들이 목표를 달성하는 데 신경을 쓰게 해야 한다는 얘기다.

4-D팀에서는 방향성이 특히 중요하다. 왜냐하면, 구성원들이 각기 다른 배경을 지닌 채 멀리 떨어져 있는 경우 팀의 목표를 서로 다른 관점에서 바라보기 쉽기 때문이다.

---

81) 지난 15년에 걸쳐 현시대의 다양한 환경에 있는 팀과 그룹들을 연구했다. 글로벌 기업들을 대상으로 9건의 대규모 연구 프로젝트를 진행하면서 팀 리더와 관리자들을 상대로 300회가 넘는 인터뷰와 4200건의 설문조사를 실시했다. 연구에 참여한 팀들은 상품개발과 판매, 영업활동, 재무, 연구개발, 임원 관리 등에 관한 프로젝트를 담당했으며, 소프트웨어와 전문 서비스, 제조, 천연자원, 소비재 등 다양한 업계가 포함됐다. 그뿐만이 아니라 수천 명의 팀 리더와 팀원들을 대상으로 팀 효과에 관한 임원 교육 프로그램도 진행했다. 참가자들이 들려준 사연과 경험들 역시 우리의 생각에 영향을 끼쳤다.

2. 탄탄한 구조

또한 팀은 구성원의 수와 비율이 알맞고 과업과 절차가 최적으로 설계돼 있어야 하며, 유해한 행동을 막고 긍정적인 역학 관계를 촉진할 규범도 필요로 한다.

성과가 우수한 팀에는 여러 가지 기량을 고루 갖춘 구성원들이 있기 마련이다. 모든 팀원이 반드시 기술적으로나 사회적으로 최상의 기량을 지녀야 하는 건 아니다. 전체적으로 그 두 가지를 적절히 갖추면 된다. 나이와 성별, 인종뿐만 아니라 지식과 견해, 관점의 다양성도 팀이 좀 더 창의적으로 일하게 하고, 집단사고[82]를 피하는 데 도움이 될 수 있는 요소다. 이는 대개 4-D팀이 유리한 입지를 갖는 영역이다.

팀원 수를 늘리는 것도 물론 해당 팀에 필요한 기술과 다양성을 확보하는 하나의 방법이다. 그러나 규모가 커지면 그만큼 희생이 따르는 법. 인원이 많은 팀일수록 의사전달이 잘되지 않고, 여러 갈래로 분열되며, 무임승차로 치달을 가능성이 더 높아진다. 우리가 진행하는 임원 교육 프로그램에서도 관리자들이 글로벌 전문가를 끌어들이고, 지원을 늘리기 위해 여러 지역이나 사업부, 기능별 부서에서 팀원을 보강하다 보면 팀이 점점 비대해진다고 안타까워하는 소리를 자주 듣는다. 팀을 관리하는 리더들은 꼭 필요할 때만 구성원 수를 늘리도록 방심하지 말아야 한다. 최소한의 필요 인력으로만 구성하고 더는 규모를 키우지 않는다는 목표를 가져야 한다.

팀 내 과제를 설계하는 일 역시 그에 못지않은 주의를 필요로 한다. 모든 과제가 대단히 창의적이거나 고무적이어야 하는 건 아니다. 많은 업무가 어느 정도 지루한 작업을 필요로 한다. 하지만 리더가 나서면 어떤 일이든 보다 의욕적으로 임하도록 만들 수 있다. 그 팀이 작업에서 아주 중요한 부분을 처음부터 끝까지 책임지고 있으며, 그 일을 처리하는 데 있어 팀원들에게 상당한 자율성이 보장되고, 성과에 대한 피드백이 제공된다는 점을 확실히 해둠으로써 말이다.

부정적인 역학 관계도 협력을 약화시킬 수 있다. 우리는 팀원들이 정보를 공유하지 않거나, 동료에게 집단에 순응하도록 강요하고 책임을 회피하거나, 잘못을 떠넘기는 등의 온갖 모습들을 봐왔다. 팀 차원에서 명확한 규범을 마련하면 이런 역기능이 발생할 가능성을 줄일 수 있다. 그 규범이란 팀원들이 늘 지켜야 할 몇 가지(회의가 있을 때는 시간에 맞춰 도착하고 모두에게 말할 기회를 주기 등) 규칙과 절대 해서는 안 될 몇 가지(끼어들기 등) 규칙들을 간략하게 정리한 것이다. 이런 규범이 팀에 자연스럽게 스며들게 하는 일은 팀원들이 일하는 국가나 지역, 혹은 조직 문화가 다를 때 (그래서 시간 엄수의 중요성 같은 공통된 인식을 갖지 못할 때) 특히 중요하다. 멤버들이 유동적으로 바뀌는 팀의 경우에는 일정한 간격을 두고 규범에 대해 명확하게 설명해주는 작업을 반복하는 것이 관건이다.

3. 협조적인 업무 환경

적절한 지원을 누릴 수 있는 환경은 팀이 효과를 내도록 해주는 세 번째 요건이다. 여기엔 좋은 성과를 강화하는 보상시스템과 작업에 필요한 데이터에 접근할 수 있게 해주는 정보시스템, 그리고 연수 기회를 주는 교육 시스템을 유지하는 일이 포함된다.

82) 응집력이 강한 소규모 의사결정 집단에서 만장일치를 위해 이의를 제기하려는 경향을 억누르고 비합리적인 결론을 도출하는 현상.

그리고 마지막으로 자금 지원과 기술적 보조같이 업무에 필요한 물질적 자원을 확보하는 일이 그에 못지않게 중요하다. 어떤 팀도 원하는 바를 다 얻지는 못하지만, 필수적인 요소들을 처음부터 잘 갖추는 데 관리자들이 시간을 투자한다면 많은 문제를 피해갈 수 있다.

4. 공통된 사고방식

해크먼과 그의 동료들이 앞서 연구를 통해 증명했듯이 처음의 세 가지 활성화 조건을 확실히 갖추면 팀을 성공으로 이끄는 길이 열릴 것이다. 하지만 우리의 연구결과를 보면 오늘날의 팀들은 더 많은 것을 필요로 한다. 디지털 방식의 의사소통과 구성원의 잦은 변화는 물론이고 물리적으로 먼 거리와 다양성 때문에 '우리와 그들'로 구분 짓는 사고방식과 정보의 불완전성 같은 문제에 대해 특히나 취약해지기 쉽기 때문이다. 이 두 가지 문제에 대한 해결책은 팀원들 사이에서 공유될 수 있는 사고방식을 키워나가는 것이다. 이는 팀 리더가 공통의 이해와 정체성을 기르고 강화함으로써 해낼 수 있는 일이다.

과거에는 팀 구성원들이 대체로 얼굴을 맞대고 일을 하는 꽤 동질적인 사람들로 이뤄졌고 아무래도 비슷한 사고방식을 지니는 경향이 있었다. 그러나 요즘은 그렇지 않다. 요새 팀들은 자신들을 하나의 단결된 집단이 아니라 여러 개의 작은 소집단으로 인식한다. 자연스럽고 인간적인 반응이기는 하다. 우리의 뇌는 갈수록 복잡해지는 세계를 이해하기 위해 인지적 지름길[83]을 사용하기 때문이다. 그리고 4-D팀의 복잡성을 다루는 한 가지 방법이 바로 사람들을 뭉뚱그려 여러 개의 카테고리로 분류해버리는 것이다. 하지만 우리는 업무나 부서, 지역, 문화 등 그 기준에 상관없이 자신이 속한 소그룹을 다른 소그룹보다 더 긍정적으로 바라보는 경향이 있다. 그래서 이런 습관이 갈등을 일으키고 협력을 방해한다.

미국의 통신기기 제조업체인 ITT의 엔지니어링 팀 관리자 알렉에게 닥친 난관이 바로 이러했다. 당시 알렉은 첨단 무선통신에 필요한 소프트웨어 솔루션을 제공하는 일을 맡고 있었다. 그의 팀은 텍사스와 뉴저지에 나뉘어져 있었고, 두 집단은 서로를 냉소와 우려의 시선으로 바라봤다. 시간대와 지역 문화, 심지어 말씨까지 달라 이질감이 자꾸 심해지니 알렉으로서는 모든 팀원에게 전략과 우선 사항, 그리고 역할을 이해시키기가 힘들어질 수밖에 없었다. 급기야는 팀 전체가 한 고객사를 방문하는 기간에 두 지역에서 온 팀원들은 각기 다른 호텔에 머물기로 결정하는 사태까지 벌어졌다. 팀원들을 단합하려는 노력의 일환으로 알렉은 팀 전체를 저녁 회식 자리에 데려갔지만, 두 그룹이 테이블 양쪽 끝에 나눠 앉는 장면만이 연출됐을 뿐이다.

정보의 불완전성 역시 4-D 성향이 강한 오늘날의 팀에서 더 많이 볼 수 있는 문제다. 중요한 정보를 일부 팀원들만 알고 나머지는 까맣게 모르는 상황은 툭하면 벌어진다. 그 일부 팀원들이 특화된 분야의 전문가여서, 혹은 팀원들이 지리적으로 분산돼 있거나 새로 합류해서 그렇거나, 아니면 그 두 가지 모두가 원인이다. 그 정보가 나머지 팀원들에게 전달되지 않는다면 별 가치를 제공하지 못할 게 뻔하다. 결국, 정보 공유란 효과적인 협업을 위한 초석이다. 팀에 하나의 참고할 만한 틀을 제공하고 여러 상황과 의사결정을 제대로 해석하게 해주고, 서로에 대한 이해도를 높이도록 도와주며 효율성을 대폭 증대시키는 역할을 한다는 얘기다.

83) 생각하는 시간과 노력을 줄이기 위해 문제를 단순화하거나 쉽게 해결하려는 성향

디지털에 많이 의존하면 정보 교류에 방해를 받는 경우가 많다. 서로 얼굴을 마주할 수 있는 팀에서는 구성원들이 언어가 아닌 맥락상의 단서에 의지해 상황이 어떻게 돌아가고 있는지 파악할 수 있다. 예를 들면, 얼굴을 직접 맞대고 하는 회의에 들어갈 때는 회의실 안에 있는 사람들 각각에 대해서는 물론이고 전체 분위기까지도 금세 알아차릴 수 있다. 우리는 이 정보를 활용해 (의식적으로나 무의식적으로) 그 뒤에 이어지는 대화 내용을 조정한다. 디지털 의사소통에 의존해야 하는 경우에는 이처럼 중요한 유형의 정보를 전달하는 기능이 약화될 수밖에 없다.

다행히 팀 리더가 적극적으로 공통의 정체성을 키우고 서로에 대한 이해도를 높여 협력과 정보 교류를 막는 장벽을 무너뜨릴 수 있는 방법은 여러 가지가 있다. 한 가지 효과적인 방법은 각각의 소그룹이 팀 전체 목표에 기여함으로써 가치를 인정받고 있다고 느끼게 하는 것이다.

다시 알렉의 사례로 돌아가 보자. 지역별로 각기 다른 호텔을 예약했던 그 팀의 관리자 말이다. 그가 준비한 저녁 회식이 시작됐을 땐 텍사스 팀원들과 뉴저지 팀원들이 테이블 양쪽 끝에 떨어져 앉아있었지만 마무리될 즈음엔 팀 전체가 내부의 벽을 조금씩 허물어가고 있다는 신호가 나타났다. 그 뒤로 몇 주에 걸쳐, 알렉은 양측 사무실 직원들이 원격 모니터링 기기에 필요한 새로운 소프트웨어 설계라는 아주 흥미롭고 매력적인 팀 목표를 실현하는 데 있어 중요한 역할을 하고 있음을 강조했다.

그는 두 지역의 팀원들 모두가 필수적인 역량으로 조직에 기여하고 있다는 사실을 부각시키며, 성공을 위해 서로 의지하는 관계임을 강조했다. 두 집단을 잇는 다리를 더 많이 놓아주기 위해 알렉은 그 뒤로 몇 달 동안 팀 전체 모임을 여러 차례 더 가졌다. 그렇게 모두가 공유하는 경험은 물론 공통된 판단 기준과 이야기가 싹틀 수 있었다. 그의 끈질긴 노력 덕분에 팀원들은 더는 팀을 '우리와 그들'로 구분하지 않고 '우리'로 바라보기 시작했다.

☑ 팀 평가하기

지금까지 언급한 네 가지 요건이 결합되면 아무런 사전 준비 없이도 효과적인 팀을 만들 수 있는 적절한 처방이 생긴다. 하지만 기존에 있던 팀을 인계받더라도 이 네 가지 기본원칙에 초점을 맞추면 얼마든지 성공의 발판을 마련할 수 있다. 그런데 그 노력이 실제로 효과를 발휘하고 있는지는 어떻게 알 수 있을까? 해크먼 교수는 팀이 효과적으로 운영되는지 가늠하는 세 가지 기준을 제안했다. 결과물과 협업 능력, 팀원 개개인의 발전 양상이 그 세 가지다. 우리는 이 기준이 지금도 여전히 유효하다는 점을 확인했다. 그리고 리더들에게 이 기준을 활용해 장기적으로 팀을 평가하라고 조언한다. 이상적인 방법은 예방 관리 차원에서 주기적으로 가볍게 관찰하는 방식과 그보다는 뜸하더라도 문제가 발생하면 좀 더 심층적으로 점검하는 방식을 결합하는 것이다.

지속적인 모니터링을 위해서는 간단하고 신속하게 상태를 점검할 것을 권유한다. 몇 개월에 한 번씩 정기적으로 네 가지의 활성화 요건과 팀 효과를 가늠하는 세 가지 기준을 놓고 각각의 항목에 대해 팀을 평가하는 것이다. 특히 가장 저조한 평가를 받은 요건과 기준을 눈여겨보고, 그 두 가지가 어떤 관련성을 갖는지 생각해보자. 그 결과는 당신 팀의 현재 상태는 물론이고 어디에서 문제점이 생길 수 있는지도 알려줄 것이다.

형편없는 실적이나 위기를 맞닥뜨리는 바람에 좀 더 심도 있는 진단이 필요하다면, 60분 이상의 시간을 따로 정해 개입 평가를 시도해 보자. 네 가지 활성화 조건 중 가장 낮은 점수를 받은 항목과 팀 효과를 가늠하는 세 가지 기준 중 가장 낮은 점수를 받은 항목 사이의 관계를 면밀히 살펴보는 방식이다. 이 작업을 하는 관리자들은 보통 둘 사이에 분명한 상관관계를 발견하게 되고, 거기에서 대책을 강구 해낸다.

신속한 점검작업과 심층적인 개입 작업은 둘 다 관리자가 직접 할 수 있는 일이다. 아니면 모든 팀원들이 각자 평가하게 함으로써 전체적인 정렬 상태를 확인하는 방법도 있다. 팀 전체가 신속한 점검작업을 할 때는 그룹별로 결과를 비교해봐야 한다. 팀 전체가 심층적인 개입 작업에 참여할 때는 효과를 증대시킬 방법이 있다. 본격적인 워크숍을 열고 모든 팀원이 한자리에 모여 결과를 비교하고 토론하도록 하는 것이다. 이렇게 하면 좀 더 완벽한 데이터를 얻을 수 있으므로 자칫 못 보고 지나칠 수 있는 부분들까지 파악할 수 있을뿐더러 관점의 차이가 드러나고 제대로 된 논의가 필요한 영역들도 밝혀지게 된다. 우리가 알아낸 바에 따르면 관리자와 팀원, 그리고 팀원들끼리의 평가 결과를 서로 비교할 때 가장 깊은 통찰을 얻는 경우가 많다.

당신의 팀은 잘하고 있을까?

팀이 어떻게 하고 있는지를 보려면 팀 효과를 가늠하는 대표적인 세 가지 기준에 따라 팀을 평가해 보자. 그런 다음엔 다채롭고 널리 분산돼 있으며 디지털 의존도가 높고 변화가 심한 업계에 속한 팀들의 성공을 견인하는 네 가지 여건을 얼마나 충족시키는지 살펴보자. 기준에 미달하는 것과 여건이 부실한 것은 대체로 관련이 있다. 그 관계를 이해하면 팀이 개선될 방법을 찾는 데 도움이 될 수 있다.

다음 기준에 따라 1(아주 나쁜)에서 5(아주 좋은)까지 팀의 점수를 매겨 보세요.

결과물	협업 능력	개인적인 발전
우리 팀의 결과물에 대해 고객들이 품질과 양, 배송 면에서 모두 만족하는가?	우리 팀의 역학관계가 협업에 도움이 되는가?	개별 팀원들의 지식과 기술, 능력이 향상되고 있는가?

팀 효과를 높이는 데 필수적인 다음의 여건들에 대해서 팀의 점수를 매겨 보세요.

명확한 방향성	탄탄한 구조	협조적인 업무 환경	사고방식의 공유
우리 팀엔 분명하고 도전적인 (그러나 충분히 해낼 수 있으며 결과가 따르는) 공통된 목표가 있는가?	우리 팀 구성원의 수와 비율은 적절한가? 팀원들은 업무를 처음부터 끝까지 책임지는가? 허용되는 행위에 대한 명확한 기준이 있는가?	우리 팀에는 필요한 자원과 정보, 교육이 갖춰져 있는가? 성공에 대한 보상이 적절한가?	팀원들이 강력하고 통일된 정체성을 가졌는가? 팀원들끼리 기꺼이 정보를 공유하며 서로의 제약과 환경을 이해하는가?

이 평가는 조직행동학 전문가 J. 리처드 해크먼의 중요한 연구를 활용하고 있다. <성공적인 팀의 5가지 조건>에서 해크먼의 식견을 좀 더 자세히 살펴볼 수 있다.

☑ 팀을 구축하는 법[84)]

J. 리처드 해크먼 교수는 저서 〈성공적인 팀의 5가지 조건(Leading Teams)〉[85)]에서 기업을 포함한 다양한 조직의 리더가 효과적으로 팀을 구성하고 유지해 나가기 위해 충족시켜야 할 5가지 조건에 대해 제안한다.

1. 진정한 팀을 구성해야 한다

누가 팀원이고, 누가 팀원이 아닌지 정확하게 알고 있어야 한다. 팀의 경계를 명확히 정하는 게 리더의 역할이다.

2. 팀에 명확한 방향성을 부여해야 한다

주어진 일이 무엇인지 팀 구성원들이 정확하게 알고, 그 일에 동의해야 한다. 리더가 명확하게 방향을 제시하지 않으면, 각기 다른 구성원들이 서로 다른 목표를 추구하게 될 위험이 있다.

3. 팀에 도움을 주는 구조를 만들어야 한다

주어진 역할을 정확하게 정의하지 못하거나, 필요한 만큼 팀원을 확보하지 못하거나, 필요 이상으로 많은 사람을 팀원으로 뽑거나, 비효율적으로 팀을 구성하거나, 팀 내 행동 규범이 모호하거나 강제성이 없으면 문제에 부딪힌다.

4. 팀을 지원하는 소식이 필요하다

보상시스템, 인사 시스템, 정보 시스템 등 팀워크에 도움을 주는 조직 시스템을 갖춰야 한다.

5. 전문가의 코칭이 필요하다

경영진을 대상으로 하는 코칭 프로그램은 대부분 개인의 성과를 기반으로 하기 때문에 팀워크 개선에 별다른 도움이 되지 않는다. 팀워크를 높이려면 팀을 꾸려나가는 과정, 특히 팀 발족 초기, 운영 중기, 팀 프로젝트 말기에 팀 전체를 대상으로 코칭을 해야 한다.

- 마틴 하스(Martine Haas)·마크 모텐슨(Mark Mortensen), 뛰어난 팀워크의 비결, 구미화 번역, HBR(하버드비즈니스리뷰), 2016년 6월호. -

84) 다이앤 코투(Diane Coutu), 최고의 팀 리더는 재즈의 즉흥연주자, 김현정 번역, DBR 40호 (2009년 9월 Issue 1).

85) 리처드 해크먼(2006), 성공적인 팀의 5가지 조건, 최동석·김종완 옮김, 교보문고, 2006.07.

부록 3-3 : 성공하는 팀의 5가지 특징

☑ Microsoft [86)]

Microsoft는 IDEO와 손을 잡고 우주 비행사, 셰프, 텔레비전 PD, 간호사와 같은 다양한 업무 공간 팀을 대상으로 연구를 실시하여 뛰어난 성과를 내는 공동 작업팀들이 어떤 공통점을 가지고 있는지 알아보았다. 다양한 업무 공간 팀을 대상으로 컨텍스트 내 관찰과 전문가 인터뷰, 보조 연구와 프로토타입 활동을 실시하여 뛰어난 성과를 내는 팀들이 공통으로 가지고 있는 구체적인 동력이 무엇인지 알아낼 수 있었다. 그 결과 성공하는 팀들은 다음과 같은 다섯 가지 특징을 공유한다는 사실을 발견했다.

1. 명확한 팀의 목적

목적달성이라는 한 가지 목표를 공유하고 이에 집중한다. 팀의 목적이 분명하고 모든 이들이 동의하고 깊이 공감될 때 각 팀원은 팀 전체가 조정된다는 것을 아는 상태에서 자율성을 느끼고 대리인이 되어 스스로 의사결정을 하고 행동하게 된다. 그러면 팀은 집중되고 높은 실적을 내며 더 행복해진다. 반대로 분명한 팀 목적이 없을 때 팀은 집단적으로 추진해 나갈 것이 무엇인지 분명히 하기가 어려워지고, 장기와 단기 목표를 달성하는 능력에 영향을 미치게 된다. 팀원들은 흐트러지고 초점을 잃게 되며 분화된다.

2. 공통의 정체성

소속감을 갖고 팀원들이 하나의 단위로 일할 수 있도록 지원한다. 강력한 집단 정체성의 감각을 가진 팀은 응집력을 쌓고 팀원이 하나가 되어 일하도록 돕는 공유된 소속감이 있다. 반대로 집단 정체성이 없으면 팀은 구성원을 하나의 개체로 묶어주는 팀에 대한 인식이 부족해진다. 이로써 팀원들 사이에 거리감이 생겨 완전한 참여에 대한 동기부여를 방해할 수 있다.

3. 인지도와 포용

팀원들이 상호 간의 동력을 드러내고 각자의 관점을 가치 있게 여길 수 있도록 지원한다. 팀에서 인식에 대한 감각이 강할 때 팀원이 좀 더 쉽게 대인관계의 역학을 탐색할 수 있는 포용적 문화를 육성한다. 반대로 팀에서 인식과 포용의 감각이 부족하면 팀원들은 차단되고 공감하지 못하며 대인관계의 갈증을 헤쳐나가기가 어려워진다.

4. 신뢰와 취약성

상호 간의 위험 부담을 독려한다. 팀원이 신뢰를 구축하고 서로에게 약점을 보일 수 있도록 허용하면 모든 이들이 좀 더 안전하고 편안하게 느끼면서 팀의 업무를 할 때 위험을 감수하게 된다. 반대로 신뢰와 약점의 일관된 사이클이 부족한 팀은 팀원의 잠재력을 완전하게 활용할 수 없다. 팀원이 판단이나 반감에 대한 두려움 때문에 의견을 공유할 때 안전하다고

86) Jared Spataro(2019), 성공하는 팀의 5가지 특징, Microsoft 블로그, 2019.11.19.
https://www.microsoft.com › art-of-teamwork-guide [Microsoft Teams], 팀워크의 기술.

느끼지 않는다면 완전한 참여를 꺼리게 되고, 팀의 공동 업무의 품질에 부정적인 영향을 미치게 된다.

5. 건설적인 긴장

긴장은 새로운 아이디어를 위한 생산적 힘으로 기능하여(좀 더 건설적인 사고와 혁신으로 이어져) 더 나은 성과를 견인한다. 건설적 긴장은 생산적인 힘이다. 팀원들이 부끄러움 없이 안정감을 느끼며 자신의 다양한 관점과 기술 세트로 기여할 때 팀은 제한되고 획일적인 사고방식으로는 불가능했을 방식으로 혁신과 진보를 이루어낼 수 있다. 반대로 팀에서 건전하지 못한 역학을 가질 때 긴장은 팀을 분열시키는 잠재력을 가진 파괴적인 힘이 된다.

☑ 구글(Google) [87)]

구글은 지난 2015년 11월 17일(현지시간) 기업의 생산성을 연구하는 자사 블로그 리워크(re:Work)를 통해 성공적인 팀의 특징 5가지를 추려내 발표했다. 이어 "능력 있는 개인보다 팀워크가 훨씬 더 중요하다는 사실을 알 수 있었다"고 밝혔다. 관련 내용을 소개하면 다음과 같다.

1. 정서적으로 안정적인 팀

첫번째 특징은 팀을 '심리적 안전지대'로 만든다는 것이다. 심리적 안전지대라는 것은 "우리 팀의 모든 사람들은 인간 관계상의 리스크로부터 완벽하게 안전하다"라고 팀 구성원들이 공유된 믿음을 갖는 것을 이야기한다. 팀원 누구라도 자신의 아이디어나 이야기, 질문 등으로 인해 자신이나 타인이 심리적으로나 물리적으로 불이익을 받지 않는다는 확신을 갖는 것이다. 이러한 심리적 안전지대를 만든다는 것이 상대평가 기반의 평가 제도나 위계적인 리더십을 가진 우리나라의 팀 문화에서는 쉽지 않은 일처럼 보일 수 있다. 그러나 구글이 어떤 조직보다도 냉정한 성과평가 제도를 운용하고 있다는 사실을 간과해서는 안될 것이다.

사이먼 사이넥은 그의 저서 「리더는 마지막에 먹는다」라는 책에서 바깥세상은 치열하고 냉혹한 경쟁이 일어나는 것이 사실이지만, 조직의 울타리 안 세상은 리더의 결정에 의해 이루어진다고 말했다. 어쩌면 팀 안에 심리적 안전지대를 만들어가는 노력은 리더십의 노력이고, 팀원들 간의 정서적 신뢰를 만들어가는 노력으로 얼마든지 이루어갈 수 있는 일일 것이다.

우선 '정서적으로 안정적'인 팀은 불안정하거나 부담스러운 감정 없이 위험을 감수할 수 있다는 것을 의미한다. 구글은 이 특징이 가장 중요하다고 밝혔다. 이어 정서적으로 안정된 팀을 꾸릴 수 있다면 나머지 4가지 특징도 갖출 수 있다고 덧붙였다.

가장 최근에 수행한 프로젝트를 떠올려 보자. 자신 혼자 팀에서 동떨어졌나고 느끼지 않고 프로젝트의 목표를 물어볼 수 있는 분위기였는가? 혹은 자신이 모르는 부분이 있다는 것을 다른 팀원들에게 들키지 않기 위해 그냥 가만히 있었는가? 보통의 직원들은 자기방어적으로 행동하는 경향이 있다. 좋지 않은 결과를 미칠 수 있는 일은 아예 시도조차 하지 않으

87) 유준희(2015), 구글(Google)에서 가장 성공적인 팀들의 5가지 특징, (https://m.blog.naver.com › summerxmas), 2015.11.22.
방윤영(2015), 구글이 말하는 '성공적인 팀' 특징 5가지는 무엇?, 머니투데이, 2015.11.24.

려는 것. 다른 사람이 자신의 역량을 어떻게 바라볼지 걱정하면서 말이다. 이런 행위는 어느 직원들에게서 쉽게 볼 수 있는 자연스러운 행위다.

따라서 부담 없이 위험을 감수할 수 있는 팀 분위기를 갖추는 것은 간단해 보이지만 그렇지 않다. 서로의 실수를 용인하고 새로운 임무와 역할을 수행할 줄 알아야 하기 때문이다. 이런 특성을 갖춘 팀은 다양한 아이디어를 받아들여 팀워크의 원동력으로 활용한다. 이는 곧 높은 수익률로 이어지며 이직률을 낮추는 효과도 있었다.

2. 팀원들 사이에 높은 상호의존성이 존재하는 팀

두번째 특징은 '서로 의존할 수 있다'는 점이다. 이는 업무의 질을 높이고 제시간에 마무리할 수 있도록 팀원들이 서로 의존할 수 있는 팀 분위기를 의미한다. 한마디로 팀원들 사이에 높은 상호의존성이 존재한다. 모든 팀원들은 각자가 맡은 업무에 대하여 기한 내에, 그리고 높은 수준의 성과를 내며 한 사람이라도 자신의 책임과 주어진 역할을 느슨하게 하면, 팀 전체가 어려움을 겪게 된다는 것이다.

한 고객사의 팀장으로부터 이런 이야기를 들은 적이 있다. "우리 팀은 팀원들 각자가 맡은 업무들이 명확하고, 서로 도울 일도, 협조할 일도 별로 없습니다" 긍정적인 관점에서 본다면 이 팀은 업무 분장과 역할 분배가 명확한 효율적인(Efficient) 팀으로 보일 수 있다. 그러나 다른 관점에서 보면 이 팀은 팀으로 존재할 이유가 없는 사람들을 그냥 관리상의 이유로 모아놓은 것에 불과한지도 모른다.

개개인의 일들이 팀으로서 시너지를 내어 팀의 성과가 팀원 개개인의 성과의 합보다 클 때 팀은 팀으로써의 가치를 갖는 것이다. 이러한 관점에서 팀원들 간의 협력과 생각의 공유를 확대하는 노력이 필요하다. 팀원들이 우리는 팀으로써 효과적(Effective)이라는 믿음을 갖는 팀 문화를 만들어가는 노력이 필요하다. 팀원 개개인이 최선을 다해 일하는 이유는 자신의 일의 성과뿐만 아니라 팀의 더 큰 가치 창출을 위한 인식을 공유하는 것이 중요하다.

3. 명확한 정의와 구조적 체계하에 운영되는 팀

세번째 특징은 팀 내의 구조가 명확성을 가지고 있다는 점이다. 팀 리더는 팀원들의 업무 진행과 성과를 세심하게 모니터링하고 있지만, 일일이 간섭하는 마이크로 매니징을 하지는 않는다. 팀과 팀원 각자의 역할과 책임, 목표와 계획을 팀원들의 합의를 통해 명확하게 정의하고, 이러한 구조적 체계를 통해 팀이 운영된다.

일반적으로 팀 문화를 만들어간다는 것은 팀원들의 인식과 정서를 조율하는 것만이라고 생각하기가 쉽다. 아무리 좋은 믿음과 생각을 가지고 있다 하더라도 막상 일 자체에서 그러한 믿음과 반대되는 방식으로 수행된다면, 결코 팀의 문화로 남지 못할 것이다.

팀에서 권한과 책임이 분배되는 팀 내의 조직구조, 일을 실제로 수행하는 프로세스, 의사결정 및 소통 체계 등을 조정하고 조율하는 일들을 현재보다는 조금은 더 중요하게 다룰 필요가 있다. 물론 현실적으로 팀의 리더들은 매일매일의 업무성과를 내야 하고, 당장의 일들에 집중할 수밖에 없다. 그러나 목수가 자주 연장의 날을 갈아야 제대로 목공 일을 할 수 있는 것처럼 팀 리더가 팀의 조직 기능적인 부분들을 조정하고 조율하기 위한 노력을 하는 것은 결과적으로 일상의 업무들에 더 나은 성과를 창출하는 일일 것이다.

한마디로 명확한 팀 체계를 갖추는 것이 중요하다. 팀 체계가 명확하다는 것은 팀의 목표와 팀원 개개의 역할, 실행 계획 등이 뚜렷하다는 것을 의미한다. 라즐로 복(Laszlo Bock) 구글 인사팀장은 그의 저서 '구글의 아침은 자유가 시작된다'(Work Rules!)에서 팀 매니저가 팀원들에게 세세한 부분까지 일을 지시하기보다 그들 스스로 업무를 수행할 수 있도록 하는 것이 필수적이라고 밝혔다. 이는 팀원 모두 명확한 역할과 계획, 목표를 수행하고 있을 때라야 가능하다.

4. 각각의 팀원들에게 충분한 의미를 부여하는 팀(혹은 목표가 뚜렷하며 동기부여 되는 팀)

네번째 특징은 각각의 팀원들에게 충분한 의미를 부여한다는 점이다. 팀원 각자의 역할과 책임, 목표와 계획들을 팀원 한 사람 한 사람에게 명확하게 소통되게 하고, 개인적으로는 깊은 공감을 얻는다. 그렇게 되지 않으면 팀원은 충분한 잠재력을 발휘하지도, 새로운 한계에 도전하지도 않게 된다. 팀원 한 사람이라도 이것에 대해 불확실하다고 느끼거나 모호하다고 생각하는 일이 없도록 하고, 각자 자신의 역할에 대한 확신을 갖도록 하는 것이 팀 리더의 책임이다.

어쩌면 앞서 이야기한 '팀 내의 구조가 명확성을 가진다'와 상충된다고 보일 수 있으나 팀원들의 역할과 책임, 목표와 계획을 명확히 한다는 것이 단순히 팀의 주어진 업무를 효율적으로 잘 분배하는 것만을 이야기하는 것이 아니다. 팀원 각자가 자신에게 맡은 역할과 목표뿐만 아니라 타인이 감당하는 것에 대하여도 충분하게 이해하고 공감하여야만 한다. 자신의 일이 팀 전체의 목표에 기여하는 충분한 가치 있는 활동이라는 것에 대한 믿음과 동시에 자신의 현재 역량과 미래 성장 관점에서도 충분히 의미 있는 일이라는 것에 대한 동의가 중요하다. 이는 팀 리더의 중요한 책임이기도 하지만, 팀원 모두의 참여적 노력으로 이루어가는 팀 문화를 만드는 것이 필요할 것이다.

결과적으로 팀의 목표는 곧 개개의 목표와 연결돼야 한다. 팀원 각각의 목표와 팀의 목적이 일치하지 않을 경우 개인의 잠재력을 최대한 끌어올릴 만큼 일할 동기를 심어줄 수 없다.

5. 자신이 중요한 일을 하고 있다고 믿고 있는 팀

마지막 특징은 그 무엇보다도 그들만의 좋은 목적을 공유한다는 것이다. 성공적인 팀은 팀 스스로에게 "우리가 중요한 일을 하고 있다는 것을 모든 팀원들이 근본적으로 믿고 있는가?"라는 질문을 지속적으로 한다.

구글에서 최고로 성공하는 팀이 되는 것이나, 우리나라 기업에서 최고로 성공하는 팀이 되는 것에서 가장 중요한 시작점은 바로 이 다섯 번째 특성인 그 팀만의 좋은 목적을 공유하는 것이다. 팀원들 한 사람 한 사람이 자신이 하는 일이, 그리고 우리 팀이 하는 일이 정말로 가치 있고 의미 있는 목적을 이루어간다는 사실을 날마다 느낄 수 있다면, 각자 최고의 잠재력이 발휘될 것이고 팀으로서 놀라운 창조적 시너지도 만들어질 것이다.

우리 팀을 최고의 팀으로 만들기 위하여 우리 팀만의 멋진 목적을 일상 속에서 확인하고, 팀원들 개개인이 그 목적을 자신의 일속에서 실현하도록 정서적으로 서로 도움을 주고, 동시에 우리 팀만의 효과적인 일 처리 방식을 조정해 가기 위한 작은 대화의 시간들을 매주, 또는 매달 해보는 것은 어떨까?

위의 다섯 가지 특징을 모두 가졌다면 높은 성과를 기록할 수 있는 역량을 갖춘 팀이다. 모두 갖추지 못했다고 해서 걱정할 필요는 없다. 어느 부분을 개선해야 하는지, 파악할 수 있는 기회가 되기 때문이다.

제 1 장	대인관계능력
제 2 장	팀워크능력 I
제 3 장	팀워크능력 II
제4장	**리더십능력 I**
제 5 장	리더십능력 II
제 6 장	리더십능력 III
제 7 장	리더십능력 IV
제 8 장	갈등관리능력 I
제 9 장	갈등관리능력 II
제 10 장	협상능력 I
제 11 장	협상능력 II
제 12 장	고객서비스능력 I
제 13 장	고객서비스능력 II

제1절 리더십능력이란

일반적으로 리더십능력이란 조직 생활 중 조직구성원들의 업무향상에 도움을 주며 동기화[88]시킬 수 있고, 조직의 목표 및 비전[89]을 제시할 수 있는 능력을 말한다.

1. 리더십의 정의

리더십에 대해 정확히 규정된 정의는 없으며, 대개 다음과 같이 표현된다. 첫째 조직원들로 하여금 조직 목표를 위해 자발적으로 노력하도록 영향을 주는 행위, 둘째 목표 달성을 위하여 어떤 사람이 다른 사람에게 영향을 주는 행위, 셋째 어떤 주어진 상황 내에서 목표 달성을 위해 개인 또는 집단에 영향력을 행사하는 과정, 넷째 자신의 주장을 소신 있게 나타내고 다른 사람들을 격려하는 힘 등으로 지칭된다.

한편 리더는 미래통찰력을 가지고 조직의 성장에 영향력을 미치는 공통된 목표를 제시하여야 하고, 그 목표를 달성할 수 있도록 조직원과 팀워크를 이루어 성과를 내

88) 자극을 주어 구성원이 행동을 하게 됨.
89) 조직이 장기적으로 지향하는 목표, 가치관, 이념 등을 포괄하는 개념

는 과정을 주도하는 사람을 말한다.

위에서 볼 수 있듯이 리더십의 정의는 매우 다양하다. 그리고 '리더'라고 하면 은연중 그 대답 속에 다소 어떤 직위가 있어야 한다고도 생각할 수 있다. 그러나 리더는 반드시 직위를 수반하는 것은 아니다. 직급에 따라 요구하는 리더십 역량이 다소 다를 뿐이다. 전 조직원이 각자의 위치에서 리더십으로 무장할 때 그 조직은 매우 강하며 밝은 미래를 가질 수 있을 것이다.

2. 리더십의 본질과 구성요소

리더십의 본질은 그 성과에 달려 있다. 리더십은 그 자체로서는 좋은 것 또는 바람직한 것도 아니고 하나의 수단이다. 그러므로 어떤 목적을 위한 리더십인가? 하는 것이 중요한 문제이다. 결론적으로 리더십의 본질은 공동 목표를 달성하기 위하여 리더가 집단 또는 조직의 구성원들에게 영향을 미치는 과정이다. 이러한 리더십의 정의가 실현되려면 리더는 조직의 구성원들이 자원하여 목표 성취에 헌신하도록 동기를 부여해야 한다.

또한 리더는 구성원들에게 활력소를 불어 넣으며, 탁월성을 추구하고, 조직을 발전시켜 나가야 한다. 따라서 '리더십이란 리더, 추종자(구성원) 그리고 상황적 변수에 의해 영향을 받는, 즉 리더십은 이들 변수의 함수이다'라고 말할 수 있다.[90] 다시 말해 리더십은 리더와 그 대상이 되는 부하, 그리고 그들이 공존하는 조직적 상황에 의해 조합되는 복합적 산물이다.

① 리더 : 리더십 스타일은 리더의 배경이나 특성에 의해 영향을 받는다. 일례로 리더의 종교적 신념, 인간관, 성격, 일에 대한 긴장 및 몰입 정도가 리더십 스타일에 영향을 미칠 수 있다. 리더가 부하의 능력과 태도에 대해 신뢰하는 정도도 리더십에 영향을 미친다.

② 부하 : 부하의 특성도 리더의 행동에 영향을 미치게 된다. 일례로 부하의 가치 체계, 인간관, 문화적 배경, 안정감, 스트레스 등에 따라 적합한 리더십 스타일이 달라진다.

③ 상황 : 어떤 상황에서 효과적인 리더십이 다른 상황에서도 반드시 효과적일 수는 없다. 리더십이 행사되는 상황 특성에 대해 충분히 고려해야 조직 관리를 합리적으로 행할 수 있다. 일례로 조직의 규모, 역사, 업종, 구성원의 특성, 업무의 성격, 외부요인 등을 들 수 있다.[91]

---

90) 국민안전처 사이버 콘텐츠 교안, 리더와 리더십의 개요.

91) https://m.blog.naver.com/selli508/30153538040, [조직 행동] 리더십-특성이론, 행동이론, 네이버 블로그. 참조.

리더십 = Function (Leader, Follower, Situation)

3. 사례로 살펴본 리더십의 본질 : 2014년 세월호 사건[92)]

세월호 사건 이후 리더십에 대한 사회적 관심이 뜨겁다. 많은 사람이 비슷한 상황에서 타이태닉호나 버큰헤드호 선장이 보여준 리더십을 이야기하며 분노한다. 여기에서는 리더십의 본질을 'CEO'란 단어를 통해 살펴보기로 하자. CEO는 'Chief Executive Officer'의 약자이다. 위키피디아에 따르면 CEO는 조직의 운영을 총책임지는 사람이다. 좀 추상적으로 느껴진다. 그러나 CEO란 용어를 구성하는 세 단어가 가지는 의미를 생각해보면 놀랍게도 리더십의 본질이 무엇인지 명확하게 드러난다.

(1) C=Chief=의사결정을 내리고 책임지는 존재

'Chief'란 우두머리란 뜻이고, 이는 의사결정을 내리고, 이에 대한 무한책임을 지는 존재를 의미한다. 그래서 리더로서 산다는 건 항상 두렵고 불안하다. 이 길로 가야 할지, 저 길로 가야 할지 막막하기만 하다. 숨 막힐 듯 두렵고 결정을 하는 순간까지 확신이 서질 않는다. 숨고 싶지만 숨을 곳도 없다! 때로는 내가 어디로 가야 할지에 대해 누군가 이야기를 해주었으면 하는 생각도 든다. 하지만 누구도 나 대신 결정을 내려줄 수 없다. 왜냐하면, 내가 최종 결정권자이기 때문이다. 이게 리더십의 첫째 본질이다.

어떤 사람은 내가 내리는 결정이 옳은지 불안해하고 그 결과에 대한 책임을 지지 않으려고 권한 위임이란 미명 아래 부하들에게 의사결정을 할 것을 강요한다. 하지만 그 순간 리더로서 존재가치는 사라지고 만다. 결국, 최종적으로 의사결정을 내리는 것은 누구에게도 양보할 수 없는 리더만의 고유한 권한이자 책임이라 할 수 있다.

(2) E=Executive=앞장서서 실행하는 존재

'Executive'란 실행을 하는 사람을 의미한다. 리더십의 본질은 한번 의사결정을 내리면 이를 떠들어만 대는 것이 아니라 앞장서서 실행하는 데에 있다. 훌륭한 리더가 되기 위해서는 위대한 사상가(thinker)나 달변가(talker)보다 행동가(doer)가 되는 게 더 중요하다. 기업이 실패하는 이유도 뛰어난 전략이 없어서가 아니라 실행력이 없어서일 때가 훨씬 더 많다.

실행을 잘하는 리더가 되기 위해 무엇보다 기억해야 할 두 단어가 '솔선수범'과 '자기희생'이다. 솔선수범하지 않는 리더는 결정적인 순간 부하들의 지지와 협조를

92) 정동일(2014.05.), CEO라는 단어에서 리더십의 본질을 읽자, 조선일보 Weekly BIZ, 2014.05.17.

얻지 못하고, 자기희생이 바탕이 되지 않은 리더십은 영감을 자아내지 못해 실행에 필요한 응집력을 만들어내지 못한다. 요즘 많은 사람이 비전의 중요성을 이야기하지만, 성공한 리더와 실패한 리더의 가장 큰 차이는 누가 더 위대한 비전을 생각해 내었느냐보다 얼마나 이를 앞장서서 실행했느냐에 있다.

(3) O=Officer=높은 기준과 가치를 지키는 존재

'Officer'란 의사결정을 내리고 실행하는 과정에서 일정한 기준과 가치를 지켜야 하는 의무가 있는 사람이란 뜻이다. 동시에 자신의 이익보다는 타인과 조직의 성공을 위해 노력하는 책임을 지닌 사람이라 할 수 있다. 경찰이나 장교를 칭할 때도 우리는 officer란 단어를 사용한다. 타이타닉이나 버큰헤드의 선장이 진정한 리더가 될 수 있었던 가장 중요한 이유는, 배가 침몰하는 위기 상황에서 선장에게 요구되는 가장 중요한 원칙과 가치를 지키고 이에 따라 행동했기 때문이다.

리더가 원칙을 세우고 이에 따라 행동하는 모습을 보일 때 리더로서 권위가 선다. 아무리 평등과 수평적 소통이 중요해진 시대라지만, 리더로서 행동과 말에 권위가 없어진다면 부하들을 이끌어 나가는 건 불가능해진다. 그래서 리더는 부하들과 동고동락할지언정 자신만의 원칙을 지키며 심리적인 선을 어느 정도는 유지하는 게 좋다. 원칙과 가치를 지키기 위해 노력하고 때로는 이를 위해 목숨을 걸어야 하는 것은 리더이기 때문에 감수해야 할 고통인 동시에 부하들과 다른 존재라는 자부심의 원천이기도 하다.

(4) 평 가

세월호 선장은 리더로서 이 중요한 책임을 모두 망각했다. 승객들을 어떻게 탈출시킬 것인가란 의사결정을 내리지 않았고, 앞장서서 실행하기보다는 자기 한 몸 살리기에 급급했으며, 애초부터 승무원들과 차별화된 자신만의 원칙이나 자부심도 없었다. 결국 그는 리더라기보다 단순한 고용인이었다.

문제는 리더십 부재가 비단 세월호만의 문제가 아니라는 사실이다. 직원과 부하들에게 온갖 비윤리적 방법을 동원해 성과만 높이려 하는 경영자, 자리보전에만 급급해 사명감이나 영혼 없이 눈치나 보고 자기 실속만 차리려는 정부 관료, 표만 얻을 수 있다면 수단 방법 가리지 않고 무엇이든 하는 정치인…. 그래서 대한민국은 지금 총체적 리더십 부재의 위기 한가운데 있다.

4. 리더십과 영향력[93)]

어떤 사람은 영향력을 독점하면서 지배하는 역할만 맡고 어떤 사람은 복종하는 역

93) 국민안전처 사이버 콘텐츠 교안, op. cit.

할만 맡는 것이 아니라, 상대방에게 영향력을 발휘하면서 또 한편으로는 함께 동조하고 서로 밀어주고 이끌어가기도 하면서 조직 목표를 달성해야 한다.

진정한 리더[94]는 권위와 직책을 뛰어넘어 사람을 포용하며, 직위로 사람들을 압박하지 않고 인격적으로 많은 이들을 품는다. 따라서 리더의 영향력은 관계에서 비롯된다고 할 수 있다.

5. 리더십능력의 중요성

리더십이 신비롭고 무언가 특별한 것이라는 생각은 잘못된 것이다. 리더십은 카리스마와는 아무 관련이 없으며, 타고난 성격과도 무관하다. 또한 선택받은 소수만이 가질 수 있는 특권도 아니다.

조직을 둘러싸고 있는 다양한 기능들을 효율적으로 다루기 위한 것은 관리이다. 반면, 리더십은 변화에 대처하는 것이다. 특히 최근과 같이 급변하는 환경에서는 리더십능력의 함양은 필수적이다.

6. 사람을 변화시키는 능력

(1) 사 례

지호는 시골에 있는 고등학교 2학년 학생이다. 지호는 어느 날, 리더십에 관한 책을 읽고 감명을 받았다. 그 책에 의하면, 리더십이란 천하를 호령하는 제왕과 같은 지도력만을 의미하는 것이 아니라 어떤 사람이라도 지위 고하에 관계없이 주위 사람들에게 영향을 주어 사람들을 좋은 방향으로 움직이게 하는 능력을 의미한다는 것이었다. 지호는 학교에서 리더십을 발휘해보기로 마음먹었다. 목표는 자기 반 아이들이 현재 놓여 있는 형편에서 마음잡고 공부를 열심히 하는 분위기를 만드는 것이었다.

물론 지호는 반장도 아니고 공부를 제일 잘하는 학생도 아니며, 힘이 가장 센 학생도 아니었다. 그는 우선 반에서 영향력이 큰 친구 셋을 집으로 초대하였다. 미리 음악 교사인 고모에게 친구들이 오면 재미있게 놀 프로그램을 부탁해 두었던 것이다. 고모는 아이들에게 과자를 사주고 노래를 가르쳐 주었다. 한 소절씩 따라 부르게 하고 이중창도 해보고, 간단한 율동을 병행하는 방식으로 재미있게 진행하였다. 이렇게 하여 모두가 즐거워하며 호흡이 맞아서 친한 친구가 되었다. 지호는 이들에게 다음 달에 있을 학급별 노래경연대회에서 우리 반이 일등을 해보자고 제안했다. 지호의 제안에 대하여 반에서 영향력 있는 이들 세 친구가 적극 찬성하면서 앞장을 서자 반 전체가 한번 도전해보기로 결의하였다. 모두가 열심히 노래연습에 참여하였고 결

94) 리더의 길과 관련하여 [부록 4-1] 참조.

국 경연대회에서 1등을 차지했다. 이를 계기로 반에서는 협동하는 분위기가 살아나기 시작했다.

지호는 다시 가까운 친구들을 하나씩 만나 반장을 도와 반의 수업 분위기를 잡도록 하자고 설득하였다. 예전 같으면 반에서 힘센 아이들의 방해로 반장이 제구실을 하지 못했는데, 이들이 반장을 감싸고 편들어주게 되면서 반 분위기가 점차 달라지기 시작했고 이전과는 비교할 수 없을 만큼 좋아졌다.

(2) 사례 해설 및 시사점

지호는 반에서 반장도, 힘센 학생도 아닌 평범한 한 학생에 불과했지만, 분명한 목표를 세우고 열정과 아이디어로 친구들의 도움을 얻어가면서 자신이 속한 조직을 좋은 방향으로 변화시키는 훌륭한 리더십을 발휘할 수 있었던 것이다.[95]

리더십이란 특별한 비결이 필요하고 신비로운 사람만이 보유한 것이 아니라, 모든 조직구성원이 각자의 위치에서 가질 수 있는 것이다. 리더십이란 '조직의 공통된 목적을 달성하기 위하여 개인이 조직원들에게 영향을 미치는 과정'을 의미한다.

한편 리더와 관리자는 다른 개념으로서, 가장 큰 차이점은 비전이 있고 없음에 있다. 또한 관리자의 역할이 자원을 관리 및 분배하고, 당면한 과제를 해결하는 것이라면 리더는 비전을 선명하게 구축하고, 그 비전이 팀 멤버의 협력 아래 실현되도록 환경을 만들어 주는 것이다.

제2절 리더십 형태의 변화

리더십의 발휘 구도는 산업사회에서 정보사회로 바뀌면서 아래의 그림처럼 수직적 구조에서 전방위적 구조의 형태로 바뀌게 되었다.

과거에는 상사가 하급자에게 리더십을 발휘하는 수직적 형태를 띠었다. 그러나 오늘날은 리더십이 전방위적으로 발휘된다. 즉, 상사가 하급자에게 발휘하는 형태뿐만 아니라 조직원이 동료나 상사에게까지도 발휘하는 전방위적 형태인 것이다. 오늘날처럼 변화의 속도가 빠른 시기에는 각자의 위치에서 각각 신속하고 효율적인 의사결정을 내려야 하기 때문에 개개인마다 별도의 주체적인 리더십이 필요한 것이다(즉, 리더 혼자 변화에 대응 내지 대비하기가 어렵다).

훌륭한 리더는 직위가 없이도 사람들을 이끌 수 있는 무관의 리더(uncrowned

95) 각자 자신의 학창시절 동안 경험했던 리더십 사례를 생각해보자.

leader)이다. 남이 풀 수 없는 문제를 풀고 남이 하기 싫어하는 일을 스스로 맡아 하며 전문성과 지혜를 가지고 보이지 않는 영향력을 발휘할 수 있다면 그가 바로 무관의 리더인 것이다. 반면에 비록 지위가 높더라도 학습능력이 없이 과거의 업적과 영광에만 집착하는 사람은 리더십을 상실한 사람이다.

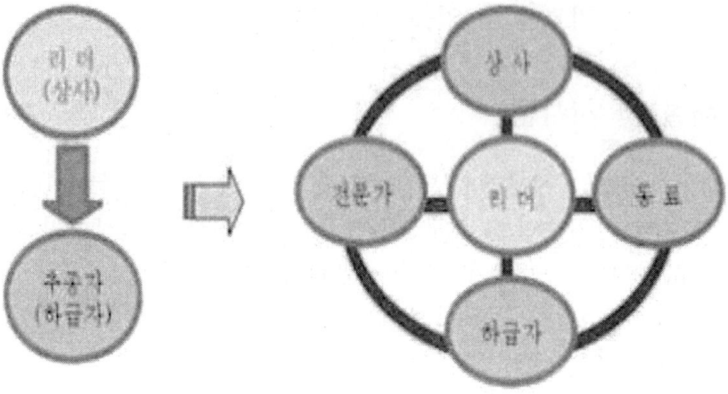

[그림 4-1] 리더십 발휘 구도의 변화

제3절 리더와 관리자, 리더와 보스의 차이

1. 리더와 관리자 96)

조직구조 속에서 과거에는 관리자의 역량만으로 충분하였던 상황이 최근에는 리더의 역량을 요구하는 경우가 많이 있다. 우리는 주변에서 '관리자' 또는 '리더'라는 이야기를 많이 듣는다. 어떤 차이가 있을까? 관리자와 리더 중 어느 것이 더 좋은 것일까?

일류 리더는 매니지먼트의 기술에 리더의 능력을 부가가치로 첨가하여 가지고 있는 사람이라고 생각한다. 다소 단순한 대비를 해보면, 리더와 관리자의 가장 큰 차이점은 비전이 있고 없음에 있다. 그리고 관리자의 역할이 자원을 관리·분배하고 당면한 문제를 해결하는 것이라면, 리더는 비전을 선명하게 구축하고 그 비전이 팀 멤버의 협력 아래 실현되도록 환경을 만들어 주는 것이다.

따라서 관리자의 관심사가 주로 사람이나 물건을 관리하는 것에 있는 데 비해, 리

96) 한국산업인력공단(2021), op. cit.

더는 사람의 마음을 중시하고 사람의 마음에 불을 지피는 사람(조직 내 구성원들의 자발적인 열정과 참여 속에 조직의 변화와 혁신을 이끌어내는 사람)이다. 또 관리자가 오늘의 구체적인 문제를 대상으로 삼는 데 비해, 리더는 미래를 향한 새로운 상황 창조자인 것이다.

〈표 4-1〉 리더와 관리자

리 더	관리자
새로운 상황 창조자	상황에 수동적
혁신 지향적	유지 지향적
내일에 초점	오늘에 초점
사람의 마음에 불을 지핀다	사람을 관리한다
사람을 중시	체제나 기구를 중시
정신적	기계적
계산된 위험을 취한다	위험을 회피한다
무엇을 할까 생각한다	어떻게 할까를 생각한다

또 하나 중요한 점은 관리자는 일을 '어떻게 할까? (How to do?)'에 초점을 맞추는 데 반해, 리더는 '무엇을 할까? (What to do?)'에 초점을 맞춘다. 바꾸어 말하면 관리자는 '올바르게 하는 것'에 주안점을 두는 대신, 리더는 '올바른 일을 하는 것'에 중점을 둔다는 것이다.

2. 리더와 보스97)

흔히들 쉽게 하는 오류 중 하나가 바로 리더와 보스의 개념을 동일시하는 것이다. 보스는 구성원들과 뜻은 같이 하지만 자발성 대신 명령이 앞선다. 그러나 리더는 구성원들과 함께 목표를 향해 자발적인 참여를 이끌게 한다. 리더는 '우리'라고 말하고 '가자'라고 말하지만, 보스는 '나'라고 말하며 '가라'라고 말한다. 사전의 뜻을 빌리면, 보스는 '실권을 쥐고 있는 책임자'이고, 리더는 '조직을 이끌어가는 중심적인 위치에 있는 사람'이다. 모든 보스가 리더를 의미하지는 않는다. 물론 리더십에 대해 끊임없이 고민하고 계발한 보스들은 좋은 리더일 확률이 높겠지만, 많은 보스들은 그저 직급이 높을 뿐일 수도 있다. 반면 리더는 앞장서서 팀원들을 이끌면서 임무를 완성한다.

보스와 리더의 차이를 부연 설명해 보면 다음과 같다.

97) 국민안전처 사이버 콘텐츠 교안, op. cit. https://m.blog.naver.com/mr16ms1/220211414841, 리더십의 종류와 사례 조사, 네이버 블로그, 2014.12.16.

(1) 보 스

① 명령하고 평가하기를 좋아한다.
② 조직을 움직이기 위하여 자극제로서 '두려움'을 사용한다.
③ 자신은 큰 그림을 그린다고 생각하지만 직접 나서는 경우가 드물다.
④ 구성원들에게 대우받기를 원한다.
⑤ 회의하거나 행사 참여 시, 동석자의 '급'에 대해 민감하다.
⑥ 최종 의사결정권자가 자신이라는 것을 모두에게 인식시키고자 노력한다.

(2) 좋은 리더

① 자신이 직접 일을 추진하고, 일이 잘 안되었을 때의 모든 책임을 자신에게 돌린다.
② 한 사람 한 사람이 조직을 위해 최선을 다하도록 열정을 불어넣는다.
③ 자신의 대우에 신경 쓰기보다는 팀원들의 마음이 불편한 것이 없는지 살핀다.
④ 구성원들의 결과에 대해, 잘못된 것을 지적하기보다는 합리적으로 교정해준다.

3. 사례로 바라본 CEO와 두목의 차이[98)]

창립 이래 단 한 번도 직원을 해고하지 않은 국내 메이저 여행사 여행박사와 일본 도요타자동차의 딜러 기업인 '넷츠도요타난고쿠'에는 한 가지 공통점이 숨겨져 있다. 두 회사 모두 직원을 수단이나 도구로 여기지 않고 '직원의 행복'을 목적으로 두고 있으며, 직원들이 회사의 이익이 아니라 스스로를 위해 일한다는 점이다. 직원들의 지적 창의성이 그 어느 때보다 중요한 생산수단이 된 지금, 우리는 이제 도구적 인간관에서 벗어나 '사람'에 집중해야 한다.

리더십과 신뢰에 대한 얘기를 말하기 위해 기업의 경영현장으로 옮겨보겠다. B 기업의 핵심 인재 A 부장에게 C 기업에서 유혹의 손길을 뻗친다. 어차피 B 기업에 계속 있어봤자 이용만 당하고 제대로 대접은 못 받을 거라고, 우리 C 기업으로 오면 고위 임원 자리를 보장하겠다고 말이다. 여기서 A 부장은 어떤 결정을 내릴까? 만약 A 부장이 평소 대표와 충분한 신뢰 관계를 구축한 상황이라면 C 기업의 유혹은 '소귀에 경 읽기'일 것이다. 그런데 B 기업의 대표가 달면 삼키고 쓰면 버리는 리더라면, 실제로 그렇게 버려진 직원들이 많다면 결론은 뻔하다. 회사가 나를 '목적'이 아니라 '수단'으로 여긴다면 직원도 회사를 그렇게 대할 수밖에 없다.

불황의 길고 긴 터널, 그 끝이 안 보이는 요즘이다. 그래서인지 여기저기서 구조조정의 칼바람이 매섭다. 사실 해고는 많은 기업들이 경영 위기 때마다 손쉽게 꺼내 드는 '전가의 보도'[99)]이다. 하지만 국내 메이저 여행사 중 하나인 여행박사에는 창립

98) 안병민(2017.07.), CEO와 두목은 뭐가 다를까, DBR 229호(2017년 7월 Issue 2). 참조.

이래 해고가 없다. 여행박사라고 위기가 왜 없었을까? "직원이 잘못해서 회사가 위기에 처했다는 말은 동의하기 힘들다. 그 직원은 누가 뽑았나? 그 직원이 했던 일은 누가 시킨 건가? 잘못이 있다면 모두 경영진의 잘못이다. 그런데 왜 직원들을 해고하나? 즐길 때 함께했던 것처럼 고통 또한 함께 나누면 이겨낼 수 있다." 경영진의 책임은 도외시한 채 애꿎은 직원들에게만 눈을 부라리던 수많은 기업들을 향해 여행박사 신창연 창업주는 일갈한다. 해고는 답이 아니라고, 꼭 해고해야 한다면 그 대상 또한 잘못됐다고 말이다.

여기 또 다른 사례가 있다. '넷츠도요타난고쿠'이다. 넷츠도요타난고쿠는 도요타의 딜러 기업으로 13년 연속 고객만족도 1위를 차지한 회사이다. 무려 300개가 넘는 도요타 딜러 회사들 사이에서 이룬 쾌거이다. 판매 실적도 항상 상위 10위권 안에 들 정도로 탁월하다. 이 회사 요코타 히데키 창업자가 이야기하는 비결은 단순하기 짝이 없다. 직원 만족을 통한 고객 감동이다. 사실 수많은 기업들이 내세우는 얘기다. 하지만 관건은 직원을 바라보는 관점의 차이다. 직원을 '도구'가 아니라 '목적'으로 대해야 한다는 이야기다. 요코타 히데키 회장은 회사의 목적은 이익이 아니라고 역설한다. 직원 한 사람 한 사람이 그들의 인생에서 승리자가 되도록 하는 게 경영의 목적이란다.

여기 중요한 포인트가 숨어 있다. 여행박사나 넷츠도요타난고쿠의 직원들은 회사를 위해 일하지 않는다는 것이다. 그들은 스스로를 위해 일하고 회사도 이를 권장한다. 여행박사 신창연 창업주나 넷츠도요타난고쿠의 요코타 히데키 회장의 경영철학은 그래서 '3.0'이다. '경영 1.0'은 산업화 시대, 나를 따르라는 카리스마로 무장한 리더들이 각종 규정과 방침, 통제로 회사를 경영하던 개념이다. 경영 1.0이 직선적이라면 '경영 2.0'은 은근하다. 스스로 열정을 불태울 수 있도록 직원들을 격려하고 사기를 진작시킨다. 무게중심이 채찍보다는 당근에 가 있다. 하지만 경영 2.0의 중심에도 1.0과 마찬가지로 '회사'가 있다. 회사의 매출과 수익을 제고하기 위한 방법으로서의 '버전 업'일 뿐이다. 하지만 '경영 3.0'에서의 중심은 '회사'가 아니라 '직원'이다. 회사 이전에 직원들을 먼저 행복하게 만들어 주자는 것이다. 경영 3.0, 위 두 기업의 사례를 보면 그 의미는 뚜렷해진다.

얼마 전 시중 기업들이 직원들의 행복 관리에 팔을 걷어붙였다는 기사를 접했다. 휴가 장려, 심리상담 도입, 스트레스 관리 등 반길만한 프로그램이 많다. 하지만 목적은 하나다. 실적 개선이다. 스트레스를 줄여주면 생산성이 올라갈 거라는 믿음 때문이다. 물론 안 하는 것보다는 훨씬 낫다. 하지만 문제는 여전히 직원을 수단으로

99) 전가(傳家)의 보도(寶刀)는 옛날에 '양반가에서 대대로 전해 내려오는 보검'을 뜻하는 말로 아들이나 아내가 불미스러운 일로 집안에 누가 되는 행동을 범했을 때 이를 처단하는 도구로 사용했다. 이에 따라 현대로 오면서 '전가의 보도'는 어떠한 단체/기관 등에서 비리에 대해 엄정히 대처/단죄하겠다는 뜻으로 사용하고 있다. '전가의 보도'는 오늘날 더 현실적으로 얘기하면, '만병통치약같이 아주 잘 듣는 해결책', '아무 때나 쓸 수 있는 매우 강력한 권한' 등을 의미한다.

대하는 '도구적 인간관'에 있다.

세상이 급변하고 있다. 과거 경영의 생산수단이 물적 요소들이었다면 지금은 지적 창의성이다. 과거 경영의 목적이 돈이었다면 이제는 사람이다. 인간이 더 이상 수단이 돼서는 안 되는 이유이다. '천망회회 소이불실(天網恢恢 疎而不失)'이라 했다. 사람이란 존재는 아무리 촘촘하게 그물을 쳐도 작정하면 다 빠져나간다. 하늘의 그물을 쳐야 한다. 관건은 신뢰와 자존감이다. 부하들을 늘 도구로 여기던 영화 속 조폭 두목들은 모두 파멸했다. 리더가 되시겠습니까, 아니면 두목이 되시겠습니까?

제4절 잭 웰치의 리더십

1. 존경받는 경영자로 선정된 리더십 비결[100)]

1999년 잭 웰치[101)] 회장의 한국 방문 시 한 경영자가 물었다. "세계에서 가장 존경받는 기업의 가장 존경받는 경영자로 선정된 리더십 비결이 무엇입니까?"

웰치 회장의 답변이 이색적이다. "딱 한 가지입니다. 나는 내가 어디로 가는지 알고 있고, GE의 전 구성원은 내가 어디로 가는지를 알고 있습니다." 이 구절을 볼 때마다 '역시 위대한 경영자이구나'하는 생각을 하게 된다. 그러나 사실은 한 가지가 아님을 알 수 있다. 하나는 미래에 대한 비전을 확실히 가진 것이고, 또 하나는 이를 자신만의 비전이 아닌 모두의 비전으로 만들었다는 점(비전의 공유)이 핵심 포인트이다.

잘 알다시피 비전은 미래에 대한 꿈과 희망을 제시해준다. 그리고 조직원에게 가치판단의 기준을 제공하며, 열과 성을 다해 헌신할 수 있도록 동기를 부여하는 역할을 한다. 그러나 경영자들은 실제 경영현장에서 오직 2.4%의 시간만을 미래 구상에

---

100) 머니투데이(2007.11.), 존경받는 경영자의 리더십 비결, 2007.11.05.

101) '세기의 경영자'(manager of the century)로 불리던 잭 웰치 전 제너럴 일렉트릭(GE) 회장 겸 최고경영자(CEO)가 84세로 별세했다. 2020년 3월 2일(현지시간) AP통신 등은 웰치 전 회장이 전날 집에서 부인과 가족들이 지켜보는 가운데 세상을 떠났다고 전했다. 사인은 신부전증이다. 1935년 철도기관사의 아들로 태어난 웰치 전 회장은 1981년 45세의 나이로 최연소 GE 회장에 올라 2001년까지 20년간 회사를 이끌었다. 웰치 전 회장은 재임 기간 구조조정과 인수 등을 통해 회사의 사업 영역을 확장시켰고, GE의 시가총액을 120억 달러에서 한때 4100억 달러로 키웠다. 그는 "GE의 모든 사업 부문은 시장의 리더가 돼야 한다"면서 "(그렇지 않다면) 개선하거나 문을 닫거나 매각해야 한다"고 말했다. 1999년 미 경제 전문지 포천은 그에게 '세기의 경영자'란 별명을 붙였다. 웰치 전 회장은 이 과정에서 감원 등 대규모 구조조정도 단행했다. 그는 자신의 저서에서 회장 취임 5년 만에 인력이 41만1000명에서 29만9000명으로 줄였다고 밝혔었다. 대규모 감원으로 인해 그에게는 '중성자 폭탄(neutron bomb)', '중성자탄 잭'이라는 별명이 생기기도 했다. 이와 관련하여 머니투데이(2020.03.03.), 잭 웰치 전 GE 회장 별세…향년 84세. 참조.

사용하고 있다(하버드대 존 코터 교수). 또한, 자신의 비전을 조직원 모두와 공유하기 위한 노력을 소홀히 하고 있다. 잭 웰치는 '10번 이상 얘기한 것이 아니면 한 번도 얘기 안 한 것과 같다'고 비전의 공유를 위한 커뮤니케이션을 강조하고 있다. 다른 조사에 의하면 구성원들은 같은 얘기를 7번 반복해서 들어야 겨우 비전을 이해하기 시작한다고 한다.

조직원 모두의 가슴을 울렁거리게 할 수 있는(공감할 수 있는) 크고 대담한 미래 비전(공허하거나 허황된 비전이 아닌)을 창출, 모든 조직 구성원들이 이를 공유하여 한 방향으로 매진함으로써 보통 사람들은 꿈조차 꿀 수 없는 위대한 성과를 창출하는 경영자와 조직이 많이 나오기를 기대해본다.

2. 최악 상황 대비한 '플랜B' 마련이 중요 102)

지난 2020년 3월 1일 미국의 경영잡지 '포천'이 20세기 최고의 경영자(CEO)로 선정한 잭 웰치가 84살의 나이로 생을 마감했다. 그의 사망 후 도널드 트럼프 미국 대통령은 트위터에 "잭 웰치와 같은 리더는 이 세상에 없다. 그는 영원히 기억될 것이다"라며 애도를 표했고, 월스트리트저널(WSJ)도 "20년 동안 비교 불가능한 성장과 변화로 제너럴일렉트릭(GE)을 이끌며 미국 기업의 풍경을 바꾸었던 전설적인 CEO 잭 웰치가 사망했다"라는 기사를 내며 그의 삶을 재조명했다.

잭 웰치만큼 말도 많고 탈도 많았던 CEO도 흔치 않을 것이다. GE의 CEO로 재임하는 기간 내내 변화와 혁신의 상징으로 추앙받았지만, 그의 강인하고 직설적인 스타일로 인해 퇴임 후 독선적인 '구시대의 리더십'을 상징하는 인물로도 여겨졌다. 하지만 그가 보여주었던 위기관리에 대한 탁월한 역량은 WSJ의 표현처럼 '비교 불가능'하고, 현 경제 상황에서 가장 필요한 리더십이기에 간단히 소개해 본다.

잭 웰치는 1981년 4월 GE의 CEO로 부임한 직후 각 계열사를 돌며 현황 파악을 시작한다. 하루는 당시 GE의 대표적 사업 중 하나이고, 그래서 많은 엘리트 직원들이 일하고 있던 원자력 사업부를 방문한다. 명문대학에서 MBA를 마친 임원들이 새로 부임한 웰치 앞에서 앞으로 매해 원자로를 3기씩 수주하고 이를 바탕으로 연 20% 이상씩 성장하겠다는 야심 찬 보고를 끝마쳤다. 임원들 머릿속에는 이런 긍정적인 사업계획을 들은 신임 CEO가 칭찬과 격려를 하며 화기애애하게 회의를 마무리 짓는 장면이 들어 있었을 것이다.

하지만 잭 웰치는 잠시 침묵에 잠긴 후 냉정한 말투로 '불과 2년 전인 1979년에 스리마일섬에서 끔찍한 사고가 발생한 사실을 벌써 잊었느냐'면서 앞으로 미국 내에서 원자로 주문을 하나도 받지 못할 수도 있다는 가정하에 계획을 다시 수립하라는 지시를 내렸다. 매년 높은 성장을 하겠다는 임원들에게 냉정한 목소리로 성장 가능

102) 정동일(2020.04.), 위기 때 빛났던 잭 웰치의 리더십, 세계일보, 2020.04.24.

성 제로에도 살아남을 수 있는 전략을 수립하라는 웰치를 보며 임원들은 불만을 갖게 되었지만, 신임 CEO의 서슬 퍼런 지시에 전략을 수정하기 시작했다.

GE의 원자력 사업부는 어떻게 되었을까. 잭 웰치의 예상대로 스리마일섬 재난 이후 미국 연방정부는 원자력 발전에 대한 의존도를 줄여나가기 시작했고, GE는 이후 20년 동안 신규 원자로를 불과 4기만 수주했는데 그것도 미국 내 수주는 전무한 실적이었다. 전략회의에서 보고했던 임원들의 계획대로 매해 20%씩 성장하겠다는 장밋빛 전망에 사로잡혀 신입직원들을 대규모로 채용하고 비용을 늘렸다면 재앙 수준의 위기가 발생할 수 있었던 상황이 벌어진 것이다.

하지만 원자력 사업부는 웰치의 협박(?) 덕분에 마지못해 수립한 플랜B를 착착 실행할 수 있었다. 플랜B에는 직원 수를 2410명에서 160명으로 축소하고 원자로 건설 설비 대부분을 매각하고 건설과 판매 중심의 비즈니스 모델에서 기판매한 72기 원자로에 연료 공급과 서비스를 제공하는 서비스 중심의 비즈니스 모델로 전환한다는 계획이 포함되어 있었다.

위기가 찾아오면 많은 리더가 보고 싶고 듣고 싶은 것들만 선별적으로 선택해 의사결정을 내리는 우를 범하는 경우가 자주 발생한다. 하지만 요즘 같은 위기상황에서는 잭 웰치 사례에서 보듯 현실에 대한 냉철한 판단과 혹시 모를 최악의 상황에 대한 플랜B를 마련하는 것이 위기관리의 가장 중요한 첫 단추란 사실을 잊지 말자.

제5절 리더십 유형[103)]

직장생활 중 다양한 상황에서 리더십을 효과적으로 발휘할 수 있는 방법은 무엇인지 사례를 통해 알아보도록 하자.

1. 유형별 사례[104)]

(1) 사례 1

기획부장 K씨는 부하직원들의 생각을 듣기보다는 자신의 생각에 도전이나 반항 없이 순응하도록 요구한다. 이에 따라 부하직원들은 자신에게 주어진 업무만을 묵묵히 수행하며, 조직에 대한 정보를 잘 알지 못하고 있다. 〈사례 1〉은 '독재자 유형'의

103) 여기에서 언급하고 있는 리더십 유형 이외의 내용과 관련하여 [부록 4-2] 참조.
104) 한국산업인력공단(2021), op. cit.

리더십에 관한 것으로서, 기획부장 K씨는 부하직원들에게 도전이나 반항 없이 묵묵히 순응할 것을 요구하고 있다.

(2) 사례 2

팀장 L씨는 아침마다 정규 직원회의를 개최한다. 직원회의에서 그녀는 그 날의 협의 내용에 대한 개요자료를 부하직원들에게 나누어준다. 그러면 직원들은 자신의 의견을 제시하거나 완전히 새로운 안을 제시할 수도 있다. L은 이러한 부하직원들의 생각에 동의하거나 거부할 권한을 가진다. 〈사례 2〉는 '민주주의에 근접한 유형'의 리더십에 관한 것으로서, 팀장 L씨는 아침마다 직원회의를 개최하여 부하직원들에게 자신의 의견을 제시할 것을 요구하고 있다.

(3) 사례 3

팀장 J씨는 자신은 팀원 중 한 명일 뿐이라는 생각을 가지고 있다. 이에 따라 자신이 다른 팀원들보다 더 비중 있다고 생각하지 않으며, 모든 팀원들은 팀의 성과 및 결과에 대한 책임을 공유하고 있다. 〈사례 3〉은 '파트너십 유형'의 리더십에 관한 것으로서, 팀장 J씨는 자신은 팀원 중 한 명일 뿐이며, 모든 팀원들과 성과 및 결과에 대한 책임을 공유하고 있다.

(4) 사례 4

팀장 P씨는 그동안 자신의 팀이 유지해온 업무수행 상태에 문제가 있다고 생각하고 있었다. 이를 개선하기 위해 그는 팀에 명확한 비전을 제시하고, 팀원들로 하여금 업무에 몰두할 수 있도록 격려하였다. 〈사례 4〉는 '변혁적 유형'의 리더십에 관한 것으로서, 팀장 P씨는 팀이 처한 문제를 개선하기 위해 명확한 비전을 제시하여 팀원들이 업무에 몰두할 수 있도록 이끌고 있다.

2. 유형별 구분

성공적인 리더는 이끌고 나가야 할 집단에 따라 아마도 리더십의 한 가지 유형을 엄격히 고수하거나 여러 상황에서 다양한 유형의 리더십을 혼용할 것이다. 일반적으로 리더십 유형은 독재자 유형, 민주주의에 근접한 유형, 파트너십 유형 그리고 변혁적 리더십 등으로 구분할 수 있다.

(1) 독재자 유형

독재형은 정책 의사결정과 대부분의 핵심적 정보를 그들 스스로에게만 국한하여 소유하고 고수하려는 경향이 있다.

1) 특 징

전형적인 독재자 유형의 특징은 다음과 같다.

① 질문은 금지 : 독재자는 집단의 규칙하에 지배자로 군림하고, 동료에게는 그의 권위에 대한 도전이나 반항 없이 순응하도록 요구하며, 개개인들에게는 주어진 업무만을 묵묵히 수행할 것을 기대한다.

② 모든 정보는 내 것이다 : 독재자는 '지식(정보)이 권력의 힘'이라고 믿는다. 이러한 까닭으로 대부분의 구성원들과 조직에 대한 핵심정보를 혼자 독점하고 유지하려고 애쓰며, 다른 구성원들에게는 기본적 수준의 정보만을 제공한다.

③ 실수를 용납하지 않음 : 독재자 유형은 언제 어디서나 가장 최고의 질적 수준을 요구한다. 실수는 결코, 용납되지 않으며, 한 번의 실수는 곧 해고로 이어지거나 다른 형태의 징계로 이어진다.

2) 평 가

독재자 유형은 특히 집단이 통제가 없이 방만한 상태에 있을 때 혹은 가시적인 성과물이 보이지 않을 때 사용한다면 효과적일 수 있다. 이러한 경우 독재자 유형의 리더는 팀원에게 업무를 공정히 나누어주고, 그들 스스로가 결과에 대한 책임을 져야 한다는 것을 일깨울 수 있다.

(2) 민주주의에 근접한 유형

민주주의에 근접한 유형의 리더십은 독재자 유형의 리더십보다 관대한 편이다. 리더는 그룹에 정보를 잘 전달하려고 노력하고, 전체 그룹의 구성원 모두를 목표 방향 설정에 참여하게 함으로써 구성원들에게 확신을 심어주려고 노력한다. 예컨대, 팀장은 회의 때 회의자료를 준비하여 부하직원들에게 나누어주고 그들의 의견을 구하고 경우에 따라 새로운 제안을 받기도 한다. 팀장은 부하직원들의 의견을 수렴하여 팀원들의 참여 속에서 의사결정을 한다.

1) 특 징

민주주의에 근접한 유형의 특징은 아래와 같다.

① 참여 : 리더는 팀원들이 한 사람도 소외됨이 없이 동등하다는 것을 확신시킴으로

써 비즈니스의 모든 방면에 종사하도록 한다.

② 토론의 장려 : 리더는 경쟁과 토론의 가치를 인식하여야 하며, 팀이 나아갈 새로운 방향의 설정에 팀원들을 참여시켜야 한다.

③ 거부권 : '민주주의에 근접한'이라는 말에서 알 수 있듯이, 이 유형의 리더들이 비록 민주주의적이긴 하지만 최종 결정권은 리더에게만 있다.

2) 평 가

민주주의에 근접한 방식은 당신이 혁신적이고 탁월한 부하직원들을 거느리고 있고, 또 그러한 방향을 계속적으로 지향할 때 가장 효과적이다. 기발하고 엄청난 아이디어를 가졌다고 할지라도, 양적인 것이 항상 질적인 것까지 수반하는 것은 아니다. 리더에게는 옳고 그름을 결정할 책임이 있다.

(3) 파트너십 유형

파트너십은 위에서 논의한 리더십 형태와 다른 형태의 리더십이다. 독재자 유형과 민주주의에 근접한 유형은 리더와 집단 구성원 사이에 명확한 구분이 있다. 하지만 파트너십에서는 그러한 구분이 희미하고, 리더가 조직에서 한 구성원이 되기도 한다.

1) 특 징

파트너십 유형의 특징은 아래와 같다.

① 평등 : 리더는 조직구성원들 가운데 한 명일 뿐이다. 리더는 다른 조직구성원들보다 경험이 더 풍부하겠지만 다른 구성원들보다 더 비중 있게 대우받아서는 안 된다.

② 집단의 비전 : 집단의 모든 구성원들은 의사결정 및 팀의 방향을 설정하는 데 참여한다.

③ 책임 공유 : 집단의 모든 구성원들은 집단의 행동에 따른 결과 및 성과에 대해 책임을 공유한다.

2) 평 가

파트너십 유형은 소규모 조직이나 성숙한 조직에서 풍부한 경험과 재능을 소유한 개개인들에게 적합하다. 신뢰와 정직, 구성원들의 능력에 대한 믿음이 파트너십 유형의 핵심요소이다.

(4) 변혁적 유형

변혁적 리더는 개개인과 팀이 유지해온 이제까지의 업무수행 상태를 뛰어넘고자 한다. 변혁적 리더는 전체 조직이나 팀원들에게 변화를 가져오는 원동력이다.

1) 특 징

변혁적 유형의 특징은 아래와 같다.

① 카리스마 : 변혁적 리더는 조직에 명확한 비전을 제시하고, 집단 구성원들에게 그 비전을 쉽게 전달할 수 있다.

② 자기 확신 : 변혁적 리더는 뛰어난 사업수완 그리고 어떠한 의사결정이 조직에 긍정적으로 영향을 미치는지 예견할 수 있는 능력을 지니고 있다.

③ 존경심과 충성심 : 변혁적 리더는 개개인에게 시간을 할애하여 그들 스스로가 중요한 존재임을 깨닫게 하고, 존경심과 충성심을 불어넣는다.

④ 풍부한 칭찬 : 변혁적 리더는 구성원이나 팀이 직무를 완벽히 수행했을 때 칭찬을 아끼지 않는다. 사람들로 하여금 한 가지 일에 대한 성공이 미래의 여러 도전을 극복할 수 있는 자극제가 될 수 있다는 것을 깨닫게 한다.

⑤ 감화[105) : 변혁적 리더는 사범이 되어 구성원들이 도저히 해낼 수 없다고 생각하는 일들을 구성원들로 하여금 할 수 있도록 자극을 주고 도움을 주는 일을 수행한다.

2) 평 가

변혁적 유형은 조직에 있어서 현상을 뛰어넘어 획기적인 변화가 요구될 때 사용하면 효과적이다. 변혁적 유형인 변혁적 리더십에 관해 좀 더 살펴보기로 하자.

(5) 변혁적 리더십

1) 변혁적 리더십이란

변혁적 리더십(transformational leadership)[106)]은 카리스마적 리더십[107)]과 상호 교환적으로 사용되기는 하지만 변화와 혁신을 추구하는 리더십 이론으로 그 위치를 확고히 잡아가고 있는 새로운 형태의 리더십 이론 중의 하나이다. 변혁적 리더십 이론은 급변하는 기업환경 속에서 조직의 생존과 경쟁력 강화를 위해 조직의 변화를 유발할 수 있는 리더의 능력에 초점을 두고, 변화와 혁신을 이끌어 나갈 수 있는 리더像과 리더가 변화를 어떻게 시작하고 전개해야 하는지에 대한 방안을 제시하고 있다.

변혁적 리더는 강한 자기 확신과 이념적 신념을 보유하고 있으며, 부하들에게 높은 기대감을 부여하고 확신감을 심어주며 또한 개별적 배려를 하여 줌으로써 부하를 변화시켜 나갈 수 있다. 따라서 변혁적 리더는 부하들의 동기, 가치관, 신념 등에 강력한 영향을 미치며, 리더 자신의 이념적 몰입과 가치관을 통해 부하들의 기본적 신

105) 사전적 의미 : 좋은 영향을 주어 생각·감정이 바람직하게 변화하도록 함.
106) 여기서 변혁(transform)은 사물의 상태나 본질 그 자체의 변화 혹은 깊은 내면의 변화를 의미한다.
107) 이와 관련하여 [부록 4-2] 참조.

념을 변화시키며 강화시킬 수 있다.

변혁적 리더십은 부하들의 업적과 관련되어 있으며 부하들이 가진 잠재력을 최대한 개발하는 것과도 관련되어 있다. 변혁적 리더십을 발휘하는 사람은 대부분 일련의 강한 내적 가치관과 이상(궁극적 목표)을 가지고 있으며, 그들은 부하들이 그들 자신의 이익보다는 먼저 공동체의 이익을 위해 행동(헌신)하도록 만드는데 뛰어난 자질을 보인다.

2) 변혁적 리더십이 필요한 이유

거래적 리더십의 한계를 지적하며[108] 등장한 개념이 변혁적 리더십이다. 변혁적 리더십이란 구성원들의 의식을 한 차원 높게 끌어올려 그들을 변화시키는 리더십이다. 패배 의식에 빠진 구성원들을 '할 수 있다'는 정신으로 일어서게 하거나 과거의 폐단을 근절시키는 등 직원들에게 바람직한 변화를 이끌어내는 것이 변혁적 리더십의 핵심이다.

변혁적 리더들은 카리스마를 지니면서도 부하직원들에게 지적 자극을 주며 구성원에 대한 개별적 고려를 한다.[109] 조직에서도 사명과 목적을 중시하고 가치를 공유하려고 애쓰는 것은 조직원들과 이익을 주고받는 거래적 리더십에서 벗어나 변혁적 리더십을 추구하기 때문이다.

3) 변혁적 리더십의 사례[110]

내가 변혁적 리더인지 알고 싶다면 간단한 질문을 스스로에게 해보면 된다. '사람들이 나와 함께 함으로써 더 나은 사람이 되었는가?' 여기에 '예'라고 대답할 수 있

---

108) 거래적 리더십(transactional leadership)은 리더가 부하에게 교환적 의도를 갖고 접근하는 것으로서, 리더가 가지고 있는 어떤 가치를 부하가 가지고 있는 어떤 가치와 교환하여 거래이익을 얻고자 하는 리더십 유형이다. 많은 학자들에 의해 주장된 대부분의 리더십 모형들은 일반적으로 공통된 것이 하나 있는데, 그것은 리더십 모형들이 모두 '어떻게 하면 리더가 부하들을 복종하게 하고 그들의 협력을 얻을 수 있을 것인가'에 도움을 주는 것이었다. 즉 리더십은 한 개인이 어떤 행위나 보상, 인센티브를 사용해서 다른 사람들(조직구성원)로부터 바람직한 행동을 일으키는 과정으로 알려져 왔다. 이 과정의 핵심은 리더와 부하 사이에 교환(exchange)이나 거래(transaction)가 일어난다는 것이다. 이때 리더의 거래적 역할을 거래적 리더십이라 한다. 거래적 리더십이 꼭 나쁜 것이라고는 할 수 없다. 부하직원에 대한 기대 사항을 분명히 밝히고 농기부여를 시키는 데 매우 유용하기 때문이다. 다만 서로 주고받는 교환이란 속성 때문에 일방이 아웃그룹(거래적 리더십은 리더와의 관계의 질(質)에 따라 관계가 좋은 인그룹과 관계가 먼 아웃그룹으로 나뉨)이 되어 교환관계를 포기해 버리면 전혀 작동되지 않는다는 문제가 있다. 이와 관련하여 고현숙(2012.05.), [고현숙의 HR 컨설팅] 내 사람만 챙기는 '거래적 리더십'은 '조폭 리더십', 조선경제, 2012.05.10. 참조.

109) 반면에 거래적 리더는 부하들의 욕구를 개별화하지 않고, 부하들의 개인적 발전에도 주의를 기울이지 않는 점이 변혁적 리더와 그 궤를 달리한다. 거래적 리더십에서는 부하와 자신의 일상적인 일정을 추진하기 위해 업적의 달성과 그에 따른 대가를 주고받는 거래적 교환이 이루어진다. 거래적 리더가 영향력이 있는 것은 리더가 원하는 대로 하는 것이 부하에게 최대의 이익을 가져다주기 때문이다. 이와 관련하여 Kuhnert, K.W.&Lewis, P.(1987), Transactional and transformational leadership: A constructive/developmental analysis, Academy of Management Review, 12: 648-657. 참조.

110) 고현숙(2012.05.), op. cit.

다면 그는 변혁적 리더이다.

과거 히딩크 감독의 리더십은 변혁적 리더십에 가깝다. 그 이유는 우선 히딩크 감독은 특유의 카리스마를 통해 갖은 외압에도 불구하고 자신만의 방식으로 선수들을 훈련시키는 동시에 자율적인 분위기를 조성하여 선수들로 하여금 자신감이 충만할 수 있도록 지원하였기 때문이다. 그리고 당시 한국 축구에서는 생소하였던 히딩크 감독 스타일인 창의성을 바탕으로 한 공격축구에 대해 부임하자마자 이를 공유하였고, 이런 스타일에 잘 적응할 수 있도록 히딩크 감독은 전폭적으로 선수들을 지원하였기 때문이다. 마지막으로 히딩크 감독은 선수들에게 창의성이 가미된 플레이를 강조하였기 때문이다. 이를 통해 월드컵 4강 진출이라는 전대미문[111]의 성과를 창출하였다.

4) 거래적 리더십과 변혁적 리더십의 차이

거래적 리더십에서 한 단계 업그레이드된 형태가 변혁적 리더십이라고 할 수 있다. 두 유형은 서로 상반된 것이라기보다는 거래적 리더십을 갖춘 다음 단계에 변혁적인 리더십을 발휘할 수 있다.[112] 그리고 변혁적 리더가 거래적 리더보다 훨씬 더 높은 성과를 내고 구성원들 역시 높은 직업만족도를 느끼고 이직률도 낮아지는 등 탁월한 결과를 보여주었다. 각 멤버들의 직업만족도를 올리고, 작업성과를 높이고자 하는 리더에게 기존의 거래적 리더십에서 탈피, 보다 더 고차원적인 변혁적 리더십을 발휘할 것을 권고할 수 있다.

3. 최고의 CEO는 '소통형 리더'[113]

최고경영자(CEO)가 갖춰야 할 리더십에 대해 직원과 CEO 모두 '소통 능력'을 1위로 꼽은 것으로 나타났다. 평생교육 전문기업 휴넷이 직원 567명, CEO 135명 등 직장인 총 702명을 대상으로 CEO 리더십에 대해 조사한 결과를 2020년 3월 27일 발표했다.

직원 58%, CEO 73.3%가 '소통형 리더'를 최고의 CEO 리더십 유형으로 꼽았다. '소통형 리더'란 직원들과 함께 아이디어를 고민하고 의사결정에 적극적으로 참여하는 리더를 말한다. 이하 순위는 직원과 CEO 간 선호도 차이가 나타났다.

직원들은 2위로 구성원을 존중하고 섬기는 '서번트 리더(25.9%)', 3위는 강한 카리스마와 거대한 존재감을 바탕으로 구성원을 이끄는 '카리스마 리더(8.6%)', 4위는 직원에게 권한을 위임하고 의사결정을 맡기는 '위임형 리더(6.2%)', 5위는 다수결 원칙

111) 전대미문이란 '지난 시대에는 들어 본 적이 없다'는 뜻이다.
112) 두 리더십은 상반된 관계가 아니라 목표 달성에 서로 필요한 보완적 관계로 인식. 즉 리더십은 거래적이거나 변혁적으로 발휘될 수도 있고, 병행하여 발휘 가능하다.
113) 뉴스핌(2020.03.), 최고의 CEO는? 직원·CEO 모두 '소통형 리더' 한목소리, 2020.03.27.

에 따라 행동하는 '민주형 리더(1.2%)'를 꼽았다. 반면, CEO들은 '소통형 리더' 다음으로 '위임형 리더(13.3%)', '서번트 리더(11.1%)', '카리스마 리더(2.2%)'를 꼽았다.

CEO가 반드시 갖춰야 할 능력 역시 '소통 능력'이 1위를 차지했다. 이어 통찰력, 의사결정 능력, 추진력, 경영철학 순이었다. 직원과 CEO 간 응답률의 차이는 있었으나, 순위는 동일했다.

최악의 리더는 직원과 CEO 모두 말과 행동이 다른 '언행불일치형 리더(직원 40.7%, CEO 55.6%)'를 가장 많이 꼽았다. 이어 명령과 복종을 강요하는 '권위형 리더(직원 25.9%, CEO 26.7%)'가 2위를 차지했다. 3위부터는 구성원 간 차이를 보였다. 직원들은 3위 '불신형 리더(22.2%)', 4위 '공사 불균형 리더(7.4%)', 5위 '성과제일주의 리더(3.7%)'로 나타났다. CEO들은 공동 3위로 '공사 불균형 리더(8.9%)'와 '성과제일주의 리더(8.9%)'를 꼽았으며, '불신형 리더'는 응답자가 없었다.

한편 직원들이 매긴 현 직장 CEO의 점수는 5점 만점에 평균 3.1점으로 집계됐다. 반면 CEO들은 CEO로서 스스로 평균 3.8점을 줬다.

CEO들에게 리더십 계발을 위한 가장 효과적인 방법을 묻자(복수 응답) '독서, 교육 등 자기계발(55.6%)', '주변 CEO들과 만남(53.3%)'이 많았다. '실무와 현장 경험(37.8%)', '직원들과의 교류(35.6%)', '전문가 컨설팅(24.4%)'이 그 뒤를 이었다.

부록 4-1 : 리더의 길

☑ 이상적 리더 114)

손자병법에는 상산에 사는 솔연(率然)이라는 뱀이 나온다. 이 뱀을 잡고자 머리를 치면 꼬리가 달려들고, 꼬리를 치면 머리가 달려든다. 틈을 노려 가운데를 공격하자니 이번엔 머리와 꼬리가 함께 달려들어 당해낼 자가 없다. 이상적인 조직은 솔연과도 같아서 구성원이 한 몸처럼 뭉쳐 위기에 적극 대응하고 목표를 위하여 각자 해야 할 일을 분명히 알고 움직인다.

구성원들이 임무 앞에 스스로 살아 움직이는 조직을 만들고 구성원들이 리더 개인에 대한 충성이 아니라 조직에 대한 충성을 하게 하는 자가 바로 탁월한 리더일 것이다. 이를 위해 리더는 구성원과의 신뢰와 솔선수범의 자세를 갖추는 것이 가장 중요하리라 생각한다.

공자님께서는 신뢰가 없이는 조직이 올바로 설 수 없다고 보아 신뢰를 리더십의 요체로 보았다. 구성원 서로 간 믿음을 쌓아야 하고 리더가 올바른 원칙에 따라 행동할 것을 구성원이 믿어야 조직이 안정될 수 있다. 또한 '기소불욕, 물시어인(己所不欲, 勿施於人)', 자신이 하기 싫은 일은 다른 사람에게도 시키지 말라는 솔선수범의 가르침을 주셨다. 어려운 일은 나부터 실천하며 모범을 보여야 구성원의 공감을 이끌어낼 수 있지 않을까? 이를 되새기며 소중한 우리의 조직을 위해 각자 자신이 먼저 바뀌어 가야겠다고 다짐해보면 어떨까 싶다.

☑ 직장인에서 CEO가 된 사람들의 성공 비결 115)

평범한 사원에서 CEO가 될 수 있었던 비결은 무엇이었을까? 승신을 위해서는 무엇보다도 '일 잘하는 사람'이 되어야 한다. 전문성을 키우기 위해 지속적으로 학습하고 능력을 개발하려는 노력이 필요하다.

자신을 대체 불가능한 인력으로 만드는 게 가장 우선시 되어야 한다. 하지만 '일 잘하는 직장인'을 넘어 '조직의 리더'가 되려면 본인 업무에 대한 전문성뿐만 아니라 특별한 리더십이 필요하다. 리더십이 뛰어난 사람들의 공통점에는 어떤 것이 있을까?

먼저 팀원들과의 적극적인 소통이 중요하다. 조직 관리 전문가들은 꼭 필요한 말이라면 리더가 적극적으로 목소리를 내야 한다고 조언한다. 동료 혹은 상사의 미움을 살까 두려워 의견을 분명하게 피력하지 못한다면 정체될 수밖에 없다.

동료들과 신뢰를 쌓는 것도 중요하다. 상사와 팀원이 의사소통을 활발히 나누고 발전적인 피드백을 주고받을 수 있어야 한다. 어려움을 겪는 동료를 돕거나 새로운 팀원에게 멘토가 되는 것도 좋은 방법일 수 있다. 단, 사내정치에 과도하게 끌려다니지 않도록 유의해야 한다.

또 업무 효율을 위해 리더가 앞장서서 빠르고 유연하게 결정을 내려주면 팀의 불필요한 에너지 소모를 막을 수 있다. 특히 남들이 기피하는 어려운 임무를 맡는 것은 책임감과 도전 의식을 보여줄 수 있는 기회가 될 수 있다.

---

114) 김교태(2014), 솔연-이상적 리더, 매일경제, 2014.12.17.
115) 매일경제(2020.10.), 평범한 직장인에서 출발해 성공한 CEO가 된 6인, 2020.10.13.

이에 대해 월마트 CEO 맥밀런은 "잘되지 않는 일을 둘러보세요. 어려운 임무를 맡는 것은 배움의 기회이며, 당신에게 더 나은 가능성을 제공할 수 있습니다"라고 말한 바 있다. 더 큰 업무를 수행하기 위해 자신이 얼마나 준비되어 있는지 보여주는 것이 중요하다.

아울러 목표 관리 또한 리더의 중요한 덕목이라고 할 수 있다. 팀원들의 의욕을 고취하기 위해 보상체계를 투명하게 하고 세부적으로 목표를 세우는 게 중요하다. 명확한 목표를 정했으면 그에 따른 결과를 체계적으로 도출해 내야 한다. 목표를 달성하는 과정을 정직하고 투명하게 공유해야 긍정적인 시너지를 낼 수 있다는 게 전문가들의 조언이다.

부록 4-2 : 기타 리더십 유형

☑ 카리스마 리더십(charisma leadership)

경제가 어려워지고 기업의 성과가 떨어질 때 조직에서 원하는 리더는 어떤 리더일까? 변화무쌍한 경영환경에서 조직은 어떤 리더를 원할까? 뭔가 파격적이고 새로운 바람을 일으켜 조직에 에너지를 불어넣고 성과를 창출할 수 있는 리더를 찾는 것이 어쩌면 당연한지도 모른다. 사회적 분위기는 바르고 착하고 따뜻한 진성 리더를 원하지만 어쩌면 기업이라는 비즈니스 속성을 들여다보면 허울 좋은 포장과 같은 착한 리더보다는 성과를 내는 카리스마 리더를 원하는 것이 팩트다. 리더에게 카리스마는 가장 중요한 요소 중 하나이다. 그런데 카리스마만 있어서는 안 된다. 여기에 긍정적이란 전제가 필요하다. 긍정적 카리스마를 가진 리더가 필요하다.

1. 카리스마 리더십의 의미와 관점 [116)]

'카리스마(Charisma)'의 의미는 기적을 행하거나 미래의 사건을 예언할 수 있는 능력과 같이 '하늘이 부여한 재능'이라는 의미를 가진 희랍어이다.[117)] 저명한 사회학자 막스 베버(Max Weber, 1968)[118)]에 따르면, 사회적 위기에서 리더가 해결책으로 근본적인 비전을 제시하고 그 비전을 믿은 부하의 마음을 사로잡을 때 카리스마가 나타나게 된다고 한다. 그 카리스마는 비전을 달성하는 데 중요한 역할을 하게 되고, 부하들은 비전 달성과 함께 그 리더를 비범한 존재로 인식하게 된다. 사회가 혼란스럽고 경제가 어려워질수록 사람들은 믿고 따를 수 있는 리더를 더 찾게 된다. 어디로 가야 할지 잘 모르는 상황에서 명확한 방향을 알려주기를 원하기 때문이다.[119)]

막스 베버는 카리스마를 가진 리더를 다음의 4가지 관점으로 설명했다.

첫째, 카리스마 리더는 항상 숭고한 사명을 내세우며 다른 사람들로 하여금 그를 믿도록 하는 능력이 뛰어나다. 조직의 방향이 정해지면 방향성을 명확하게 설명하고 왜 우리가 그 방향으로 가야 하는지, 전략을 설정하고 목표를 실행할 수 있도록 설득한다. 방향성에 대한 의지가 명확하기 때문에 조직원들은 그 강렬함과 열정에 자연스럽게 이끌리게 된다.

둘째, 카리스마 리더는 비범한 성과나 사건을 만들어냄으로써 자신의 카리스마를 조직원들에게 수시로 입증해야 한다. 흔히 카리스마가 강한 리더들을 살펴보면, 실제보다 부풀려진 이미지를 가지고 있는 경우가 많다. 따라서 그런 이미지를 불식시키려면 실제로 자신이 말한 미션을 따르고 목표에 대한 성과를 이뤄내야 한다. 그러한 실행이 없이 강렬한 말만 계속한다면 카리스마는 독선적이고 강압적으로 변질된다.

셋째, 카리스마 리더가 이끄는 조직의 구성원들은 리더에 준하는 카리스마를 갖게 된다. 실제 리더와 일을 하면서 리더의 모습을 따라가게 되는 현상인데 자신이 리더와 동일시되는 현상이다. 그리고 리더의 말을 믿고 추종하며 그와 같이 되고 싶어하는 욕망을 갖게 된다.

넷째, 카리스마는 가치 중립적이다. 카리스마의 결과는 긍정적일 수도 있고 부정적일 수도 있다. 간디, 알렉산더와 같이 긍정적인 리더도 있지만, 히틀러 · 무솔리니와 같은 부정적인 리더들도 카리스마 리더에 포함되기 때문이다. 따라서 카리스마를 어떻게 사용하느냐에 따라 좋은 리더, 나쁜 리더로 나눠질 수가 있다.

2. 부정적 & 긍정적 카리스마 리더 120)

카리스마 리더에 대한 다양한 시각이 존재하는 것은 사실이다. 물론 리더가 카리스마를 부정적으로 사용했을 때의 부작용도 많다. 그러나 부작용보다는 강점을 잘 살려 리더십을 발휘하는 지혜가 필요하다. 어떤 리더십이든 완벽한 것은 없다. 강점과 약점이 있고 중요한 것은 강점을 잘 살리는 일이다. 조직의 성공과 성과 창출을 위해서는 리더가 가진 강점을 극대화해야 한다. 리더가 발휘하는 리더십은 결국 자신의 신념에서 나온다. 어떤 리더십을 선택하든 명확하게 설명할 수 있고 결과에 대해서 책임을 질 수 있으면 된다. 그리고 그것이 진정 누구를 위한 것인가에 대한 답에 본인이 답을 할 수 있으면 된다.

너무나 빠르게 변화하는 조직에서 리더의 역할은 그 어느 때보다 중요해졌다. 이렇게 복잡한 시대에는 자신과 조직에 가장 적합한 리더십을 발휘하고 가시적 성과를 내는 것이 중요하다. 그리고 성과보다 중요한 것은 조직원들에게 긍정적인 카리스마 리더로서 얼마나 신뢰와 인정을 받고 있느냐는 것이다.

한편 카리스마 리더에 대한 부정적인 시각이 많은 것도 사실이다. 따라서 학자들은 '긍정적인 카리스마 리더'와 '부정적인 카리스마 리더'를 구분하는 것에 대해 많은 연구를 해왔다.

가장 좋은 접근방식은 조직원들에게 미치는 결과를 검토하는 것인데, 대부분의 리더들은 조직원들에게 긍정적인 영향력과 부정적인 영향력을 모두 가지고 있었다. 그러나 긍정적인 영향력이 더 큰 리더들이 조직의 성과에 더 크게 기여한다는 연구결과가 많다.

---

116) 유경철(2019), 긍정적 카리스마 리더는 세상을 변화시킨다, 품질경영(2019년 2월호), 2019.01.31.
117) 그리스어인 카리스마(Charisma)는 원래 '신(神)으로부터 부여받은 재능'을 가리키는 말
118) Weber, M.(1968), Economy & Society (vol.1 : originally published in 1925), New York, edminster.
119) 카리스마적 리더는 태어나는가? 만들어지는가? 카리스마적인 특성을 가지고 태어나는 사람도 있지만, 훈련을 통해 갖출 수도 있음. 긍정적인 관점을 고수하고, 욕구를 촉매제로 하여 열정을 쏟아낼 수 있도록 훈련. 남들이 추종하도록 하게 만드는 단단한 결속을 맺음으로써 그들이 다가오도록 함. 부하직원들의 감정적인 면을 이해함으로써 그들이 가지고 있는 잠재력을 끌어내도록 함. https://www.hansung.ac.kr/.../4?p..., [PDF] 카리스마 리더십 이론, 2016.05.02. 참조.
120) 유경철(2019), op. cit.

그렇다면 어떻게 긍정적인 카리스마 리더와 부정적인 카리스마 리더를 구분할 것인가? House & Howell(1992)[121]의 연구결과에 따르면 리더가 가진 가치와 성격에 의해서 구별된다고 한다.

(1) 긍정적인 카리스마 리더[122]

먼저 긍정적인 카리스마 리더는 사회화된 권력지향을 가지고 있다. 이들은 자신에게 헌신하기보다는 조직에 헌신할 것을 강조한다. 권한을 위임하고 정보를 공개적으로 공유하고, 결정에 참여하도록 격려하며, 조직의 사명과 목표에 일치하는 행동에 보상을 해준다. 이러한 리더의 행동은 설령 성과가 좋게 나오지 않더라도 조직원들에게는 롤모델(role model)이 될 수 있다. 또한, 긍정적인 카리스마 리더와 일을 하게 되면 심리적인 성장을 경험하고 자신들의 역량을 개발할 것이며, 조직은 역동적이고 치열한 경쟁에도 잘 적응하게 된다.

(2) 부정적인 카리스마 리더

반면 부정적인 카리스마 리더는 개인화된 권력지향을 가지고 있는데, 이들은 이상보다는 자신에게 헌신할 것을 의도적으로 강조한다. 카리스마를 권력을 획득하기 위해 사용하고 리더의 개인적 목표를 위해 조직원들에게 충성을 요구한다. 그들을 약하게 만들어 리더에게 의존하게 함으로써 조직원들을 지배하고 복종시키려고 애쓴다. 중요한 결정에 대한 권한은 리더에 집중되고, 보상과 처벌은 부하를 조종하고 통제하기 위해 사용한다. 이러한 리더들의 결정은 조직원들의 복지보다는 자기 미화와 권력 유지에 더 큰 관심을 갖게 된다.[123]

☑ 서번트 리더십(servant leadership)

1. 등장 배경

우리는 리더가 필요한 시대에 살고 있다. 그리고 많은 사람들이 리더가 되고 싶어한다. 리더가 되고 싶은 많은 이들은 리더의 사회적 책임과 의무를 생각하기보다는 보수가 높고 권력을 갖게 되는 측면 때문에 리더가 되고자 하는 경우가 많다. 실제로 우리가 경험한 리더들도 이런 권력형 리더들이 대부분이다. 그래서 우리가 떠올리는 리더십은 카리스마 있고 위기대처 능력이 탁월하며 좋은 학벌에 압도적인 존재감을 가진 그런 인물이 대부분이다. 그들의 성과는 탁월할지 모르나 그에 따른 부작용과 어두운 면들이 점점 수면 위로 올라오고 있다.

리더십은 사람을 변화시키는 영향력이다. 진정한 리더는 '스스로 리더'라고 주장하기보다는 다른 사람의 인정을 통해 검증되는 것이다. 함께 움직이는 리더야말로 진정한 리더라고

121) House, R. J., & Howell, J. M.(1992), Personality and charismatic leadership, Leadership Quarterly, 3:81-108.

122) 긍정적 카리스마 리더는 세상을 변화시킨다. 최근 베트남 축구에 신드롬을 일으키며 베트남의 영웅이 된 박항서 감독은 기존의 틀을 깨고 긍정적 카리스마로 수평관계에서 선수들과 높은 신뢰를 형성한 것을 베트남 축구를 변화시킨 핵심으로 꼽았다.

123) 카리스마 리더십의 단점에 해당되는 사항임. 즉 개인의 목표를 회사의 목표 달성보다 더 중요시함(자아도취 or 나르시시즘). 부하직원들을 설득하여 조직 전체를 잘못된 길로 접어들게 할 수도 있음.

4장

할 수 있는데, 리더의 새로운 패러다임이 바로 '서번트 리더십'이다. 서번트 리더십이란 인간 존중과 사람에 대한 사랑을 바탕으로 다른 사람을 섬기는 자세, 즉 '섬기는 리더십'이라고 할 수 있다.

전통적인 리더십들이 권위를 가지고 조직을 이끄는 주도자의 역할에 초점을 두었다면 서번트 리더십은 리더의 섬김과 신뢰를 바탕으로 한 조직구성원들 간의 공감과 소통이라고 할 수 있다. 공감이란 상대방의 입장에서 생각해보는 것이라고 할 수 있는데 구성원의 입장에서 상황과 견해를 이해하려고 노력하는 행위라고 볼 수 있다. 또한, 경청은 서번트 리더의 가장 기본적인 자질이고 부하에 대한 존중과 수용적 태도로 구성원의 의견을 주의 깊게 잘 듣는 태도라 할 수 있다. 인간존중을 바탕으로 다른 구성원들이 창의성과 잠재력을 발휘할 수 있도록 도와주고 이끌어 줄 수 있는 리더십이 바로 서번트 리더십이다.[124)]

2. 서번트 리더십이란[125)]

서번트 리더십(Servant Leadership)은 미국 학자 로버트 그린리프(Robert K. Greenleaf)가 1970년대 처음 주창한 이론으로 '다른 사람의 요구에 귀를 기울이는 하인이 결국은 모두를 이끄는 리더가 된다.'는 것이 핵심이다. 즉 서번트 리더십은 인간존중을 바탕으로 구성원들이 잠재력을 발휘할 수 있도록 앞에서 이끌어주는 리더십이라 할 수 있다.

다시 말해 서번트 리더십(servant leadership)이란 부하에게 목표를 공유하고 부하들의 성장을 도모하면서,[126)] 리더와 부하 간의 신뢰를 형성시켜 궁극적으로 조직 성과를 달성하게 하는 리더십이다. 서번트 리더십은 리더가 부하를 섬기는 자세로 그들의 성장 및 발전을 돕고 조직 목표 달성에 부하 스스로 기여하도록 만든다.[127)]

서번트 리더십이 기업의 철학이 된 기업들은 조직 내에 리더와 구성원 간의 신뢰 관계를 구축하고 공동체 의식을 높여 기업에 대한 신뢰구조를 만들어낸다. 이러한 선순환 과정을 통해 궁극적으로 기업의 경쟁력을 지속적으로 확보할 수 있는 일터를 만들어내는 것이다.

버지니아 주립대의 에드워드 교수(Edward D. Hess)에 따르면 그가 만난 섬기는 리더(Servant leader)들은 실제로 구성원들을 존중했고 직장 내 일이 그들 인생에서도 의미 있는 일이 될 수 있도록 독려했다. 이끌고 강요하는 방식보다는 상대의 필요를 먼저 살피고 존중해 주며 이런 방식의 기업 문화는 직원들이 회사에 대한 충성도(Loyalty)와 생산성 증대(Productivity)를 이끄는 주요한 요인이 된다. 이렇게 직원들의 기업에 대한 만족도는 다시 고객의 만족도와 상관관계가 높은 결과로 나타나기도 한다.

또한 섬기는 리더(Servant leader)들은 그들 스스로 조직 내에서 엘리트주의를 내쫓고자 노력한다. 구성원이 범접할 수 없는 화려하고 고압적인 인테리어로 그들의 방을 꾸미고 문턱을 높이기보다는 방에 창문을 없애거나 아예 사무 공간을 공유하는 리더들도 있다.

124) 강혜련(2015). 서번트 리더십이란?. 홍주일보. 2015.11.14.
125) 웹진 와(www.wasuwon.net/90445). 서번트 리더십. 조직과 구성원 상호 신뢰의 배경. 수원시 평생학습관. 2015.08.25. 위키백과. 서번트 리더십. 참조.
126) Greenleaf, R. K.(1970). The servant as leader. Indianapolis: The Robert K. Greenleaf Center.
127) Graham,J.W.(1991). Servant leadership in Organizations: Inspirational and moral. Leadership Quarterly, 2(2), 105-119.

자신을 그룹에서 제일 나은 사람이라고 생각하지 않고, 다만 가장 나은 사람의 능력을 고용해 일을 하는 사람이라고 생각한다. 이들은 올바른 가치를 가진 공동체와 기업 문화를 만들어 주면 어떤 일반적인 사람도 가장 최고의 성과를 낸다고 생각한다.

한편 서번트 리더십으로 경영에 성공한 기업의 예도 많다. 포춘(Fortune)지가 매해 선정하는 "일하고 싶은 세계 100대 기업(Best companies to work)" 안에서도 당당히 17개 기업이 포함돼 기염을 토하기도 했다.[128)]

이렇게 대기업들에서도 앞을 다투어 선택하고 있는 서번트 리더십은 최근에는 사회적 기업(Social Enterprise)의 기본이 되는 철학으로 자리 잡고 있다. 사회적 기업이 지향하는 기업가정신(Entrepreneurship)은 많은 면에서 서번트 리더십과 닮아 있다. 다만 차이라면 서번트 리더십이 기업 내 직원들과 리더와의 관계에서 필요한 양상이라면, 사회적 기업가(Entrepreneur)[129)]는 기업이 사회에 미칠 수 있는 긍정적 변화나 영향과 관련이 있다.

"좋은 리더는 리더에 대해 신뢰와 확신을 갖도록 할 수 있으나, 훌륭한 리더는 사람들이 그들 스스로에 대해 확신과 자신감을 갖도록 이끈다"라는 말이 있다. 섬기는 리더(Servant Leader)를 이야기했지만 본질적으로 이 시대에 우리에게 필요한 것은 '리더' 자체보다는 '섬김의 자세를 가진 개인'이 아닐까? 상대의 말에 귀 기울여주고 필요한 것을 알아서 찾아 해결해주며, 내 안에 있는 가능성과 가치를 인정해 주는 사람. 나보다 남을 낫게 여기고 배려할 줄 알며 내가 다 옳다는 마음까지도 내려놓고 상대를 받아줄 수 있는 사람. 몇몇 섬기는 리더(Servant leader)가 이끄는 사회가 아닌 모든 개인이 이런 자질을 갖추기 위해 노력하는 사회가 된다면 정말 이 사회는 따뜻한 사회가 될 것이다.

☑ 진정성 리더십(authentic leadership)[130)]

1. 등장 배경

많은 사람들은 영웅적 리더가 나타나기를 기대한다. 어떤 문제도 어려움 없이 해결하고 위기 시에도 강력한 카리스마로 난국을 타개하는 것을 바람직한 리더의 역할로 여긴다. 그래서 많은 리더들이 약점도 없고 실수도 저지르지 않는 '완벽한 인간'인 척하며 살았다. 이런 영웅적 리더십은 높은 성과 창출에 대한 강한 집착을 불러왔다. 뒤틀린 리더십은 급기야 2000년대 초반 엔론, 월드컴 사태 등 조직 전체에 파멸을 초래한 기업 스캔들로 이어지기도 했다.

진정성 리더십(혹은 진성 리더십)은 바로 이런 배경에서 출발했다. 즉 카리스마로 대변되는 리더십이 각광받던 1990년대까지만 해도 리더십을 마치 배우가 무대에서 청중들을 위해 보여주는 연극(acting)이라고 생각한 학자들이 많았다. 그러나 2000년대 들어 엔론(Enron), 월드컴(WorldCom) 등 잇따른 기업 스캔들이 터지면서, 사람들은 새로운 형태의 리더십을 갈구하기 시작했다. 이때 등장한 리더십 이론이 바로 '진정성 리더십'이다.

---

128) http://modernservantleader.com/servant-leadership/fortunes-best-companies-to-work-for-with-servant-leadership/. Fortune's Best Companies to Work For 2011 with Servant Leadership. 참조.

129) 프랑스어로 '무엇인가를 떠맡은 사람'이라는 의미인 사회적 기업가(Entrepreneur)는 장 밥티스트 세이((Jean-Baptiste Say)가 "낮은 영역에서 나온 경제자원을 보다 높은 영역의 자원으로 전환시키는 사업을 일으키는 사람"이라는 표현으로도 정의했다.

130) 정동일(2011.02.), '참된 나'를 찾아라, '진정성 리더십'이 온다, DBR 75호(2011년 2월 Issue 2).

진정성 있는 리더는 성과 창출 결과뿐 아니라 과정 역시 중시한다. 다른 이의 리더십 스타일을 맹목적으로 답습하기에 앞서, 철저한 자아 인식(self-awareness)을 바탕으로 자신의 강점은 물론 약점까지 조직원들과 공유해 신뢰와 존경, 자발적 헌신을 이끌어낸다. 창조와 혁신을 화두로 하는 21세기 지식경제시대는 바로 이런 진정성 있는 리더를 원하고 있다.

2. 진정성 리더십이란

진정성 리더십의 근간이 되는 단어인 '진정성(authenticity)'은 '너 자신 그대로(To thine own self be true)'라는 그리스 철학에서 유래한다. 즉 진정성(authenticity)이란 단어에는 '너 자신 그대로(to thine own self be true)'가 되라는 핵심 메시지가 담겨 있다. 진정성 리더십의 출발도 자신에 대한 성찰에서부터 시작한다.

성찰을 통해 진정한 자아를 인식하고 이를 바탕으로 가식 없는 타인과의 관계를 형성해 나가는 것을 중시하는 철학적 사고였다. 소크라테스의 '너 자신을 알라'라는 말도 궁극적으로는 자기 인식(self-awareness)을 통해 내적인 자아(private self)와 타인에게 보여지는 외적인 자아(public self)와의 일치를 강조한다고 할 수 있다.

진정성이란 단어가 리더십과 같이 처음 쓰이기 시작한 것은 경영학에서가 아니라 사회학에서였다. 미국의 사회학자 시만은 특정한 역할로부터 기대되는 행동(예를 들면 'CEO라면 모름지기 이래야 돼'라는 식으로 사람들이 CEO에 대해 가지고 있는 기대)에 지나치게 몰입하거나 자신을 과대 포장하려는 행위를 통틀어 '비진정성(inauthenticity)'이라고 이야기했다.

하지만 경영학에서 진정성이란 단어가 쓰이기 시작하고 진정성 리더십이란 리더십 이론이 본격적으로 개발되기 시작한 것은 미국에서 기업 스캔들이 터지기 시작한 2000년대 이후다. 그리고 이론의 초점도 사회학에서처럼 진정성이 결여된 리더의 행동에 맞춰진 게 아니라 긍정심리학(positive psychology)에 바탕을 둔 리더의 진실성에 초점이 맞춰졌다.

21세기 들어 진정성 리더십이 리더십 학자들의 관심이 된 배경에는 앞에서 언급한 많은 리더들의 비윤리적 행동에 원인이 있었다. 화려한 모습과 좌중을 휘어잡는 카리스마를 이용해 자신의 이익을 챙기는 기업의 CEO들에 배신감을 느낀 사람들은 진정성 있는 리더를 찾기 시작했다. 카리스마로 대변되는 리더십이 각광을 받았던 1990년대까지는 리더십을 마치 배우가 무대에서 청중들을 위해 보여주는 연극(acting)이라고 생각하는 학자들이 많았다. CEO들은 좀 더 긍정적이고 멋있는 이미지를 '연출'하기 위해 이미지 메이킹에 많은 시간과 노력을 투자했다. 이에 따라 CEO들이 직원과 대중들에게 보여주는 행동과 일상생활에서의 행동에 많은 괴리감이 있었다.

진정성 리더십은 아직 완전히 정립돼 있지 않은 이론이기 때문에 연구하는 학자마다 개념에 대한 정의가 조금씩 상이하다. 하지만 여러 연구를 종합해 보면 진정성 리더십을 다음과 같이 정의해도 무방할 것 같다.

"진정성 리더십이란 명확한 자기인식을 바탕으로 확고한 가치(values)와 원칙(principles)을 세우고 투명한 관계를 바탕으로 내적인 자아(private self)와 외적인 자아(public self)의 격차를 최소화해 주위 사람에게 긍정적인 영향을 끼치는 능력이다."

☑ 수평적 리더십 [131)]

카리스마 리더십은 리더의 특성(초인간적 또는 비범한 능력)에서 나오는 힘과 부하들이 리더와 동일시하는 심리적 과정을 통해 영향력이 발휘된다. 1920년대 독일의 사회학자 막스 베버가 카리스마의 개념을 발전시켰고, 1980년 이후 미국 기업들이 외국기업들과의 경쟁에서 생존하기 위해 조직변환의 관점에서 카리스마 리더의 필요성을 인식하여 경영학 분야에서 본격적인 연구가 시작되었다. 이러한 카리스마 리더십을 발휘한 대표적인 경영자로서는 미국의 잭 웰치, 스티브 잡스, 일본의 경우 마쓰시타 고노스케, 이나모리 가즈오, 한국의 경우는 이병철, 정주영 회장 등을 들 수 있겠다.

이러한 카리스마 리더십은 환경 변화에 따라 팔로워의 역할이 보다 강조됨에 따라 변혁적 리더십, 그리고 서번트 리더십으로 발전하게 된다. 그러나 겸손과 구성원에 대한 존중, 그리고 조직에 대한 헌신을 강조하는 서번트 리더십조차도 소수의 리더를 중심으로 한 패러다임하에 있다.

미래의 리더십의 가장 큰 특징은 리더들이 조직의 전 계층에 존재한다는 것이다(그레첸 M. 스프라이처와 토마스 G. 커밍스, '퓨처 리더십'). 전통적으로 리더는 조직의 최고 경영자층으로 간주되어 왔다. 그러나 점점 복잡해지는 조직의 상황 속에서 리더십은 반드시 조직 전체를 통해 살아있어야 하며, 단지 임원들 수준에서 그치는 것이어서는 안 된다는 점이 큰 차이점이다. 따라서 앞으로의 조직은 조직 전반에 걸쳐 두터운 리더층을 준비하지 않으면 도태되고 말 것이라는 점이다.

따라서 미래의 리더십은 조직의 전 계층에서 발휘되어야 하며, 리더십이 상사중심이 아니라, 상사와 부하, 동료 간의 보다 수평적인 파트너십의 관점에서 이해하는 것이 중요하다. 이러한 관점에서 미래의 리더십을 '수평적 리더십'이라고 부를 수 있겠고 수평적 리더십의 키워드는 셀프 리더십과 코칭 리더십, 그리고 이 둘의 조화라고 정의하고 싶다.

미래 환경의 특징이 불확실성과 복잡성이라고 한다면, 이러한 환경하에서는 소수의 리더가 방향을 정하고 구성원이 따라가는 식으로는 성공할 수가 없다. 구성원들이 전략적 의도는 공유하되 각자가 자율(자기결정권)과 아울러 파트너십을 가지고 협업을 해 나가는 것이 중요하게 된다.

1. 셀프 리더십 [132)]

먼저 구성원 각자가 셀프 리더십을 갖추어야 한다. 셀프 리더십이 필요한 이유는 자신을 진실로 리드할 수 있는 것은 바로 자기 자신뿐이기 때문이다. 다른 사람들을 효과적으로 리드하기 위해서는 자신을 먼저 리드할 줄 알아야 한다. 셀프 리더십은 우리 스스로 자신을 리드하여 참된 자신의 리더가 되는 것을 실현시키는 것이다.

셀프 리더십은 '자기 스스로를 동기화시켜 주도적으로 무엇인가를 실천하려는 마음'이다.

131) 김병헌(2017.11.), 미래의 리더십, 코칭 경영원 (https://www.coachingi.com/bbs/board.php?bo_table=letter&wr_id=210...5), 2017.11.29.

132) 김철수(2009), 셀프 리더십이란?, 한국인재개발센터, 2009.06.04.
가은정(2013), '셀프 리더십'이란?, 다음 블로그 (blog.daum.net/_blog/BlogTypeView.do?blogid=0EubU&articleno=3342679), 2013.06.03.

셀프 리더십은 누구나 어느 정도는 발휘하고 있다. 다만 그것이 생활을 주도하고, 자신의 삶에서 많은 부분을 차지하지 못하고 있을 뿐이다. 셀프 리더십은 특정 부문의 사람들에게만 필요한 것이 아니고 모든 사람들에게 다 필요한 것이다. 그리고 학습을 통해 얻어지기도 하고, 선천적으로 타고나기도 한다.

그렇다면 셀프 리더십이 발휘되려면 어떻게 해야 하는가. 셀프 리더십이 제대로 발휘되기 위해서는 '자기설정 목표'가 있어야 한다. 즉 자기 스스로 어떤 목표를 설정하는 것은 셀프 리더십을 발휘하는 데 있어서 무엇보다 중요한 요소이다.

목표를 설정할 때는 최고의 효과를 얻기 위해서 도전적이고, 의욕적이어야 하겠지만 달성 가능한 목표이어야 하고 구체적으로 기술되어야 한다. 결국, 셀프 리더십을 발휘하기 위해서는 일에 대한 철학, 환경 변화에 대한 성찰, 그리고 자기결정권이 중요한 요소이다. 이러한 셀프 리더십이 확립될 때 비로소 자발적 몰입과 창의성 발휘가 가능해지게 된다.

2. 코칭 리더십

코칭 리더십은 파트너십을 바탕으로 존중, 소통, 협업이 근간이 되어야 하겠다. 따라서 코칭 리더십은 구성원들이 파트너의 관점을 가지고, 개인의 잠재력에 대한 인정과 상호존중의 조직문화가 정착되고, 경청, 강력한 질문, 효과적 피드백과 같은 소통 스킬이 필요하며, 모두가 함께 아이디어를 내고 힘을 합치는 협업문화가 정착되어야 한다.

GE 같은 지극히 전형적인 대기업도 이제는 '125년차 스타트업'으로 불리기를 원하는 것도 이런 배경 때문이다.[133] 우리나라 최고기업 중 하나인 삼성의 경우도 2016년 3월 '스타트업 삼성 문화 혁신' 선포식을 개최하여 스타트업 기업의 실행력과 수평적 소통문화를 조직 전반에 뿌리내리겠다고 선언했다. GE와 삼성 같은 최고기업들의 이런 움직임은 미국 스탠포드 대학의 에릭 리스 교수가 그의 저서 '린 스타트업'[134]에서 스타트업 방식을 받아들이는 대기업만이 미래의 수혜자가 될 것이라고 주장한 것과 맥을 같이하는 것이다.

3. 밀레니얼 세대의 특성 반영

대학생 멘토링에 참여하여 이들과 함께 이야기를 나누다 보면, 그들에게 주는 것 못지않게 밀레니얼 세대에 대해 배우는 것도 많아 큰 즐거움을 얻는다. 과거와는 달리 많은 학생들이 여러 가지 다양한 직무 경험과 사업체험을 대학 시절에 이미 하고 있고, 자존감이 매우 높다는 것을 느끼게 된다. 이러한 밀레니얼 세대의 특성을 잘 반영하지 못하는 기업은 어떤

133) GE의 경우 조직의 계층화를 줄이고, 민첩하게 만들기 위해 린 스타트업 방식을 맞춤형으로 응용한 '패스트웍스'를 시작했다. 연례 인사고과도 지속적인 피드백을 통한 역량개발 기회로 전환했다.

134) 린 스타트업(Lean Startup): 단기간 동안 제품을 만들고 성과를 측정해 제품 개선에 반영하는 것을 반복하며 시장에서의 성공 확률을 높이는 경영 방법론의 일종이다. 일단 시제품을 제조해서 시장에 내놓고 반응을 살펴 제품을 수정해 나가는 것이 핵심이다. 일본 도요타자동차의 린 제조 방식을 본뜬 것으로 미국의 벤처기업가 에릭 리스가 만들어 낸 개념이다. 린 스타트업은 '제조-측정-학습'의 과정을 반복하면서 꾸준히 혁신해 나가는 것을 주요 내용으로 한다. 에릭 리스가 쓴 동명의《린 스타트업》이라는 저서는 2011년 미국에서 출판된 후 실리콘밸리에서 큰 인기를 끌었다. 2012년 11월 국내에서도 번역서가 출간돼 스타트업 뿐 아니라 대기업 임직원과 벤처투자자 사이에서 필독서가 되었다. 이와 관련하여 <네이버 지식백과> 린 스타트업(Lean Startup) 참조.

조직이라도 민첩성의 상실과 우수 인재의 이탈로 쇠락의 길로 갈 수밖에 없다는 점을 인식하고 수평적 리더십을 근간으로 한 조직문화와 사업방식의 변화를 서둘러야 할 것 같다.

3. 밀레니얼 세대의 특성 반영

대학생 멘토링에 참여하여 이들과 함께 이야기를 나누다 보면, 그들에게 주는 것 못지않게 밀레니얼 세대에 대해 배우는 것도 많아 큰 즐거움을 얻는다. 과거와는 달리 많은 학생들이 여러 가지 다양한 직무 경험과 사업체험을 대학 시절에 이미 하고 있고, 자존감이 매우 높다는 것을 느끼게 된다. 이러한 밀레니얼 세대의 특성을 잘 반영하지 못하는 기업은 어떤 조직이라도 민첩성의 상실과 우수 인재의 이탈로 쇠락의 길로 갈 수밖에 없다는 점을 인식하고 수평적 리더십을 근간으로 한 조직문화와 사업방식의 변화를 서둘러야 할 것 같다.

☑ 포용의 리더십과 공유의 리더십, 그리고 개방적 리더십[135)]

향후 10년간의 조직 변화 모습을 예상할 때 가장 관심을 끄는 화두는 '소셜미디어'와 'Y세대'다. 소통 방식과 조직 구성 모습을 바꾸고 있는 이 두 가지 요소로 인해 미래 조직은 새로운 리더십을 요구하고 있다. 선택된 소수의 리더가 다수를 이끈다는 개념의 전통적 리더십은 더 이상 조직에 잘 들어맞지 않을 가능성이 높다. 이에 주목받는 미래형 리더십으로 제시되고 있는 것이 바로 포용의 리더십과 공유의 리더십이다. 포용의 리더십은 이해와 수용을 기반으로 구성원들의 차이를 잘 인식하고, 이러한 차이가 잘 통합되어 작용할 수 있도록 해주는 리더십을 의미한다. 공유의 리더십은 구성원 모두가 리더가 될 수 있다는 의식을 공유하고 함께 문제를 해결해 나가는 조직 리더십을 구축하는 것을 말한다. 포용의 리더십과 공유의 리더십 모두 구성원 전체를 더 중요시한다는 공통점을 가지고 있다. 모든 구성원이 주도적으로 리더십을 발휘하려고 노력하는 기업은 한두 사람의 리더가 조직의 운명을 좌우하는 기업보다 미래 변화에 유연하게 대응할 수 있다. 미래에도 지속적으로 살아남고 성장하기 위해서는 변화의 패턴을 정확하게 잡아내고 대응할 수 있는 미래형 리더십 준비가 더욱 중요해지고 있다.

소통 방식의 변화와 조직 구성의 다양성 심화가 요구하는 미래형 리더십은 어떤 모습일까? 최근 많은 사람들이 주목하는 리더십 대안으로 '포용의 리더십'과 '공유의 리더십'이 있다. 여기에 포용의 리더십에서 한 걸음 더 나아간 개방적 리더십이 있다.

1. 포용의 리더십

미래 조직의 모습에서 가장 확실하게 말할 수 있는 것 중 하나는 '다양성(Diversity) 심화'이다. 세대 다양성 외에도 글로벌화에 따른 인종과 국적의 다양화, 여성 인력의 확대, 신체 장애자의 고용 확대 등 다양성의 범위와 깊이가 점점 더해지고 있다. 아직 우리 기업들에게는 낯선 이슈일 수 있으나 해외 글로벌 기업들은 직원들의 성(性) 정체성까지도 필수적인 다양성 이슈로 다루고 있다.

다양성이 심화될수록 리더십에서는 조정보다 포용(Inclusion)이 더 중요하다. 조정은 지시

---

135) 주로 강진구(2010.09.), 모두를 주인공으로 만드는 미래형 리더십, LG경제연구원. 2010.09.07. 참조.

와 통제가 중시되는 반면, 포용은 이해와 수용에 기반을 두는 개념이다. 경영 컨설팅 기업인 알티머그룹의 CEO 챨린 위는 최근 저서 「Open Leadership」을 통해 "미래의 리더는 잘 조정하는 사람이 아니라 잘 포용하는 사람이다"라며, "다양한 생각을 잘 수용하는 것은 잘 조정하는 것보다 훨씬 더 많은 노력이 필요하다"라고 강조한다.

포용의 리더십이 단지 세심한 배려나 이해, 관용의 개념에 머무른다면 기존의 서번트 리더십 등과 큰 차별화가 없을 것이다. 인사조직 분야의 글로벌 경영컨설팅사인 휴잇어소시엇츠의 다양성 최고 책임자(Chief Diversity Officer) 안드레 타피아는 "포용은 사람들 사이의 차이를 인정하는 데서 그치지 않고, 그 차이를 탐구하는 방법을 아는 것이며 그 차이들이 잘 혼합되어 작동할 수 있도록 해주는 것이다"라고 말한다.

포용의 리더십을 잘 보여준 사례는 남아공 월드컵에서 16강의 감동을 선사해준 축구 국가대표팀의 주장 박지성 선수이다. 노장 선수의 경험을 존중하고 가장 나이 어린 선수의 의견도 끝까지 경청함은 물론 팀의 목표를 향해 말이 아닌 행동으로 솔선수범함으로써 모두가 자발적으로 팀에 기여할 점을 찾아 움직이게 만들었다. 박지성 선수는 강력한 카리스마 발휘를 통한 팀 장악을 중시하는 과거 방식이 아닌, 포용의 리더십을 발휘함으로써 신·구가 조화된 뛰어난 팀워크를 창출해 내었다.

2. 공유의 리더십

지식과 정보가 리더에 의해 독점되지 않고 구성원들의 주도적 성향이 증가할수록 리더십 발휘는 어려워진다. 경영 코치전문가인 마샬 골드스미스는 "지금까지는 통합적 사고, 비전 제시 등 리더 개인의 역량이 리더십 발휘의 주요 요소로 작용했다면, 앞으로는 모든 구성원들이 리더십을 얼마나 효과적으로 공유하는지가 더 중요해질 것이다"라고 말한다.

구성원들이 리더십을 공유할 때, 리더십은 더 이상 리더 개인의 이슈가 아니다. 과연 리더십의 공유는 가능한가? 그리고 가능하다면 그 결과로 나타나는 조직은 어떤 모습일까?

오르페우스 챔버 오케스트라(Orpheus Chamber Orchestra)는 1972년 설립된 지휘자 없는 관현악단이다. 지휘자가 없다 보니 연주곡목의 선정이나 리허설 진행 과정에서 모든 단원들이 의견을 제시하고 결과에 강한 책임감을 가진다. 매번 진행을 담당하는 리더는 동료들에 의해 선출된다. 연주 준비는 일반 오케스트라보다 약 3배의 시간이 더 걸리지만, 음악에 대한 이해와 해석에서 모두가 리더십을 가지고 참여하기 때문에 음악에 모든 단원의 영혼이 들어 있다는 자부심이 대단하다.

앞서 언급하였던 포용의 리더십 관점에서 보면 전통적인 지휘자는 독재자로 불려야 마땅한 최악의 리더이다. 아무리 뛰어난 단원이라도 오직 지휘자가 요구하는 음악만을 강요받으며 음악적 해석이나 기교에서 자신의 주장을 조금도 펼칠 수 없기 때문이다. 오르페우스는 이런 점에서 새로운 시도를 하였다. 구성원들의 음악적 재능과 지식이 존중되고 공동의 목표에 대한 다양한 의견이 수용될 때 더 가치 있는 음악적 성과가 나올 수 있다고 믿었기 때문이었다. 오르페우스는 단원 모두가 리더십을 공유하는 민주적 조직 운영방식을 통해 뛰어난 연주를 이루어내며 성공함으로써 미래형 수평 조직의 모델로 연구 대상이 되고 있다.

오르페우스의 사례가 기업 현실과 동떨어진 이야기라고 생각될지도 모르겠지만 혁신 기업의 대표 주자 고어사는 리더십 공유가 일반 기업에도 적용될 수 있음을 보여준다. 고어사에는 호칭이나 보스, 심지어 공식 직급체계도 없다. 동료들로부터 인정을 받으면 누구나 프로젝트를 주도할 수 있으며 평가도 동료들에 의해 실시된다. 수많은 기업들의 조직 운영방식을 연구한 미래경영학자 게리 하멜은 "위대한 리더를 채용하거나 키우는 것만이 미래를 대비하는 유일한 길은 아닐 수 있다. 오히려 완벽하지 못한 리더와 함께 성장할 수 있는 조직과 시스템이 더 중요하다"고 말한다. 리더십을 위원회나 협의회 형태로 분산시킴으로써 독점되지 않도록 하고 있는 시스코의 존 챔버스 회장은 "이제는 소수의 선택된 리더가 아니라 모든 종업원의 집단 지성을 활용하는 협업 DNA가 기업을 성공으로 이끄는 시대이다"라고 강조한다.[136)]

3. 개방적 리더십[137)]

포용적 리더십에서 한 걸음 더 나아간 것이 개방적 리더십이라고 부를 수 있다. 개방적 리더십은 적어도 두 가지 의미를 지닌다. 첫째는 리더가 개방적 사고, 특히 세계화 시대에는 세계의 흐름을 파악하고 국제적 마인드를 가진다는 뜻이다. 한국은 세계에서 가장 대외의존적인 경제를 가지고 있으며, 지정학적으로도 명확한 판단을 해야만 생존할 수 있는 위치에 있다. 리더십의 개방적 사고가 그 어느 나라보다도 필요한 경우라는 뜻이다.

한국은 미국과 중국에 많은 수의 유학생을 파견하여 개방적 리더십의 형성에 어느 정도 앞서 있다. 다만 아쉬운 점은 많은 사회 영역에서와 같이 너무 한쪽으로의 쏠림 현상이 강하게 나타난다는 사실이다. 한 바구니에 모든 달걀을 담고 움직이는 일은 매우 위험하다. 특히 한국 엘리트는 매우 국제화되어 있고 개방적이지만 미국 중심의 사고와 지향성을 갖고 있다는 한계를 안고 있다. 우수한 인재는 미국뿐 아니라 중국이나 인도와 같은 떠오르는 세력, 그리고 유럽과 같이 오랜 문화적 전통을 가진 지역으로 분산할 필요가 있다.

개방적 리더십이 점차 더 필요한 이유는 세계화 현상이 한국 사회에도 그대로 반영되어 나타나기 때문이다. APEC회의, 동아시아 관련 회의, G20 회의 등 국가지도자들의 국제적 포럼은 늘어나고 있으며, 중요한 사안들이 국제적으로 결정되는 경향을 나타낸다. 국가 원수의 회동을 동반하는 장관 및 관료의 회의도 점점 늘어나는 추세다. '우물 안 개구리'의 인식과 사고방식으로 21세기를 이끌어 가는 것은 이제 불가능해졌다. 대통령에서 말단 관료까지 국제적 마인드의 개방적 리더십이 요구된다는 뜻이다.

또한 한국의 기업이 해외에 투자하거나 해외기업을 인수함으로써 국제적 경영과 관리가

---

136) 공유 리더십 개념을 적용한 미국 기업들은 팀 성과는 물론 혁신적인 아이디어, 조직몰입, 소속감 증진, 개인의 학습과 성장 등에 효과가 있다고 보고하고 있다. 대표적인 사례로 아웃도어 의류 원단인 고어텍스로 잘 알려져 있는 미국의 원단제조 회사인 W. L. 고어 앤 어소시에이츠(이하 '고어')를 들 수 있다. 고어는 우수한 기업 문화와 선진적 HR 제도로 유명하며, 포춘에서 선정하는 '일하기 좋은 100대 기업'에 1998년부터 2017년까지 연속으로 20년간 선정된 훌륭한 기업이다. 조직구조에 대해서는 다음과 같이 명시돼 있다. "고어에는 전통적인 계층 구조는 없지만 그렇다고 완전히 평평한 조직(Flat organization)은 아닙니다. 고어의 래티스(The Lattice : 격자무늬 조직)는 우리가 어떻게 함께 일하고 의사소통하는지 보여줍니다. 래티스를 통해 고어의 모든 직원들은 일을 잘 수행하기 위해 필요한 모든 사람과 소통합니다." 이와 관련하여 박종규(2017), 밀레니얼 세대의 새로운 조직문화-공유 리더십의 시대, HR Insight (2017년 11월호 vol. 750), 2017.10.27. 참조.

137) 조홍식(2014), 미래 한국사회의 리더십, 2014 미래전략 포럼, POSTECH 박태준 미래전략연구소, 2014.12.09.

필요한 상황이 늘어나고 있다. 개방적 사고와 국제적 마인드가 없는 리더십은 외국에서 문화적 반발을 일으킬 것이고, 경제적 부작용도 커질 위험이 있다. 심지어 선교와 같은 국제활동, 가난한 나라에 도움을 주기 위한 개발 협력 등의 분야에서조차 개방적 리더십은 필수적인 조건이 되는 것이다.

개방적 리더십의 둘째 의미는 외부에서 리더를 영입함으로써 열린 조직으로 운영한다는 뜻이다. "고인 물은 썩는다"는 진실은 21세기의 상식에 속한다. 우선은 우수한 해외의 인재들이 한국에서 적극적으로 활동하고 활약할 수 있도록 제도를 강화하는 것이 필요하다.

한국의 발전은 국내의 인재를 키워서 가능했다. 하지만 한국이 여기서 한 걸음 더 나아가 세계 최고의 수준으로 성장하기 위해서는 국제적 인재의 보고(寶庫)로 발전해야만 한다. 이런 점에서 한국은 아직 싱가포르나 홍콩에 많이 뒤지는 것으로 판단된다. 여전히 과거의 동질성을 추구하는 배타적 문화가 남아 있는 것으로 보이고, 외국인들이 이를 피부로 느끼는 것 같다.

다음은 중요한 자리에 리더로 외국인을 임명하는 일이다. 축구에서 히딩크 감독의 역할은 한국을 월드컵 4강이라는 상상조차 하기 어려웠던 결과를 낳았다. 모든 외국인 리더가 이 같은 최상의 결과를 낳기는 어렵겠지만 히딩크류의 실험은 사회의 여러 영역에서 다양하게 진행될 가치가 있다. 과거 많은 제국에서 노예나 환관, 외국인 등이 중용되었던 이유는 가족이나 족벌, 학연이나 지연 등 챙겨야 할 소속 집단이 없었기 때문에 상대적으로 자신의 임무에 충실할 수 있었기 때문이다. 히딩크가 한국에서 성공했던 이유와 유사하다.[138)]

☑ 민첩한 리더십(agile leadership)[139)]

과연 하나의 리더십으로 한 사람의 리더십을 규정할 수 있을까? 그렇다면 "당신은 어떤 리더십을 가지고 있는가?"라는 질문이 잘못된 것은 아닐까? 질문을 조금 수정하면, "당신은 현재 어떤 리더십을 추구하고 있습니까?"라던가 "당신은 과거에 어떤 리더십을 주로 보여주었습니까?"라는 질문이 조금 더 적절하지 않을까도 싶다. 결과적으로 이야기한다면 리더십은 계속 변화하고 진화한다는 것이다.

과거에는 하나의 결정을 내리는데, 오랜 심사숙고를 통해 이루어지고, 이러한 결정을 끝까지 흔들림 없이 밀고 나가는 추진력이 있는 리더십이 각광을 받았었다. 굳이 예를 들자면 예전 현대그룹의 고 정주영 회장이 대표적인 사례가 아닐까 싶다. 이러한 전통적인 리더십은 당시의 산업구조에 많을 영향을 받았을 거라 쉽게 생각할 수 있다. 농업부터 제조업 위주의 성장을 거듭하던 산업구조에서 어떤 상품을 제조하기로 결정했으면 공장에 생산라인부터 포장, 마케팅까지 일사분란하게 준비를 하고 그 제품을 팔아야만 하는 것이다. 중간에 문제가 생긴다고 해서 제품을 포기하는 게 아니라 그 문제를 해결하면서 앞만 보고 가는 것이다.

---

138) 조홍식(2014)은 21세기 리더십의 공통된 요구 사항은 적어도 민주성, 도덕성, 포용성과 개방성이라는 네 가지 기둥을 바탕으로 만들어져야 한다고 말하면서, 이것은 효율성의 문제이자 생존을 위한 선택임을 강조하고 있다. 이러한 요구는 세계 어느 나라의 리더십이나 동일하게 적용될 수 있는데, 이를 종합적으로 가장 잘 대표하는 리더 집단을 가진 국가가 세계적 경쟁에서 제일 선두에 설 가능성이 높다고 보았다.
139) 선배의 노하우(2017), 리더십의 진화: 유연하고 민첩한 리더십, 브런치, 2017.12.11.

하지만 지금 현재의 산업구조는 이러한 제조업 혹은 농업 위주의 형태가 아니다. 4차 산업혁명이라 일컬어지는 다양한 기술의 발전에 따라 급속도로 변하며, 이러한 변화를 따라가기 위해서는 끊임없이 계획을 수정하고, 새로운 것을 반영해야 하는 시기가 온 것이다. 그렇기에 오랜 시간 심사숙고를 할 시간적 여유도 갖기가 어렵고, 한번 결정한 내용은 쉽사리 뒤집어지는 게 현실이다. 이러한 구조에서 필요한 리더십은 뚝심 있는 리더십보다는 유연성(flexibility)이 있는 리더십이 더 중요하다. 변화를 신속히 받아들이고, 남들보다 먼저 결정을 해야 하는 것이다. 내 이전의 의사결정이 쉽사리 변경될 수 있으며, 더 중요한 것은 새로운 의사결정을 더 신속하게 더 신속하게 내려야 하는 것이다. 4차 산업혁명의 주된 축이 되는 3D 프린팅, 인공지능, 사물인터넷 등의 발전 속도는 어마어마한 정도이다. 예전에는 3D 프린팅만을, 인공지능만을, 사물인터넷만을 개발하고 적용하는 기업들이 변화를 주도해 왔다면, 지금은 이러한 것들을 어떻게 융합하여 새로운 서비스와 기술을 창출해 내느냐가 화두가 되고 있는 것이다.

나만의 것을 신념처럼 옳게 믿고 가는 시기는 이미 오래전에 지났고, 다른 사람의 것을 얼마나 빨리 받아들일 수 있는 유연성을 가지느냐가 리더십의 중요한 포인트가 되었다. 그리고 이렇게 정신없이 빠르게 발전하는 기술 속에 적응해 나가기 위해 민첩성(agility)이라는 가치가 리더십에 더해지면 더욱 금상첨화일 것이다.

이러한 측면에서 다시금 스티브 잡스가 대단하게 느껴지기도 한다. 새로운 형태의 스마트폰과 앱스토어를 개발하면서 그 가능성에 대한 의문부호를 뚝심 있게 헤쳐 나간 전통적인 리더십부터 새로운 기술을 선도적으로 접목시키면서 시장의 트렌드를 주도해 나가는 유연성과 민첩성을 함께 갖추고 있었으니 말이다. 그것도 단지 기술만을 다루는 것이 아닌 디자인의 영역까지 그 능력을 확장하기까지 했다.

☑ 밀레니얼 리더십(Millennial Leadership)

'밀레니얼 모먼트가 도래하고 있다'는 최근 파이낸셜타임스의 특집 기사가 있었다. 20대부터 30대 중반인 밀레니얼 세대가 가장 큰 소비자 집단이자 가장 큰 노동인구의 집단이 됐다는 뜻이다. 그러나 급속히 늙어가는 우리나라에선 밀레니얼 세대가 사실상 주류가 되지 못했다. 우리나라를 이끌어가는 리더십은 빠르게 늙어가고 있지만, 미래 흐름을 내재한 당사자들은 아직 미래에 대한 결정권을 충분히 누리지 못하고 있다.[140] 따라서 고령화되고 있는 X세대와 신세대인 밀레니얼 세대 간 갈등과 리더십 문제를 해결하기 위한 소위 밀레니얼 리더십(혹은 스마트 리더십)이 주목받고 있다.

1. 밀레니얼 리더십의 방향성[141]

관리자로서 밀레니얼 세대를 이해하며, 성과까지 내려면 어떻게 해야 할까?

140) 제현주(2019), "리더십 빠른 속도로 노쇠화…밀레니얼 세대 주목해야", 조선일보, 2019.04.02.
141) 협업툴 플로우 공식 블로그(post.flow.team/leadership), 밀레니얼 세대-우리는 이런 관리자를 원한다, 2018.09.20.

(1) 착한 리더는 NO, 신뢰감을 주는 리더는 YES

회식 자리에서 직원들의 불만을 듣고 싶어하는 관리자, 그는 정말 배려 깊은 것일까? 밀레니얼 세대들은 가식적인 친절함보다 신뢰를 주며 진정성 있는 리더를 원한다. 실수를 했다면 은근슬쩍 넘어가지 말고 솔직히 인정하라. 준비해온 계획이 무산되었다면, 앞뒤 상황과 타당한 이유를 말해서 납득할 수 있게 해주어라. 약속한 여름휴가는 꼭 보내주도록 하라.

평상시 구성원들을 인간적으로 대한다면, 그들은 따끔한 조언에 대해서도 받아들이게 된다. 오히려 관리자의 피드백을 통해 개선해야겠다는 생각을 한다. 팀(조직) 구성원들이 관리자를 신뢰하게 되면, 해당 조직은 업무 생산성이 높아지고 안정감이 느껴진다. 그런 조직의 구성원들일수록 더 혁신적인 시도를 할 가능성이 높아질 수 있으니 진정성 있게 대해 주도록 하라.

(2) 일과 기회는 타당하게, 인정할 건 쿨하게

"000가 뭘 잘 알겠어?"라고 말하는 권위주의형 관리자들은 보통 회사 정보, 권한, 목표를 독점한다. 독단적인 명령보다는 과정을 공유하여 구성원들의 역량을 강화시켜주는 게 좋다. 업무 권한을 위임하는 스케줄 관리를 통해 직원이 스스로 헤쳐 나갈 수 있도록 하라. 다만 권한 위임과 일을 떠넘기는 것의 차이를 알아야 한다. "00씨, 이거 0시까지 해서 000에게 전달해줘"라고 말하기보다는 업무의 목적, 취지, 맥락 설명을 통해 타당성을 부여시켜야 한다.

피드백과 칭찬도 중요하다. 각자가 맡은 업무에 대한 가치를 느낄 수 있게 결과를 공유해 주도록 하라. 물론 개개인의 역량평가는 냉정해야 한다. 그래야만 구성원들이 각자의 역량을 최대치로 발휘할 수 있는 업무를 배분할 수 있다. 이런 선순환이 반복된다면, 개인의 만족도는 물론 회사도 동반성장 하지 않을까?

(3) 4차 산업혁명 시대에 필요한 스마트 업무 환경의 조성

이제는 근면성보다 효율성을 따져야 한다. 글로벌 기업 S사조차 '자율출퇴근제도'를 운영하며 창조적 파괴(Creative destruction)[142]를 시도하고 있다. 생산성을 떨어뜨리는 불필요한 야근 문화, 이제는 IT 기술로 극복할 수 있다.

스마트 업무 환경, 막상 시도하게 되면 다른 세상의 이야기로 느껴질 수도 있다. 업무관리용 툴을 사용하는 것도 해결책이 될 수 있다. 예를 들어 협업툴 '플로우'에서는 업무과정을 공유하여 불필요한 회의, 결재 시간을 줄일 수 있다. 팀원들은 각자 맡은 업무들의 우선순위를 파악할 수 있어 업무 생산성은 증가하게 된다. 밀레니얼 세대가 많은 팀의 관리자라면, 이러한 업무 환경을 조성하여 팀 전체의 생산성을 향상시켜 보기 바란다.

2. 밀레니얼 세대 잡는 리더십[143]

컨설팅 회사 딜로이트는 2016년에 29개국 7,700명의 밀레니얼 세대 젊은 직장인을 인터뷰

142) 창조적 파괴: 오스트리아의 경제학자 조지프 슘페터가 1912년 '경제발전론'에서 주장한 이론이다. 기술의 혁신으로 낡아진 것은 파괴하고, 새로운 것을 창조하여 변혁을 일으키는 과정을 말한다. 그는 기술의 혁신이 생산성을 향상시켜 생산비는 낮추고, 새로운 수요를 창조한다고 보았다.

143) 정동일(2017.04.), "氣를 살려주세요" 떠나려는 부하직원 잡을 비법, 조선비즈, 2017.04.15.

해 보고서를 발간했다. 보고서 내용을 보면, 이들 중 25%는 1년 안에 직장을 옮길 계획이 있었고 2년 내에 이직할 계획이 있는 비율은 44%로 더 높았다.

평생직장이란 개념이 완전히 사라지고 있다. 처음 취업했던 회사에서 은퇴를 생각했던 세대들에게는 이렇게 '항상 떠날 준비'를 하고 직장생활을 하는 후배들이 생소하고 이해가 되지 않을 수 있다. 그렇다고 이들에게 서운한 감정을 갖고 원망만 할 수는 없다. 이끌어야 할 대상의 가치가 변했다면 이끄는 방법을 바꾸어야 성공한 리더가 될 수 있기 때문이다. 젊은 직장인을 열광하게 하는 가장 중요한 것은 무엇일까.

첫째, 다름을 인정하는 것이 스마트한 리더십의 시작임을 잊지 말자. 불필요한 갈등이 시작되는 이유 중의 하나가 자신이 가진 기대치를 상대에게 일방적으로 요구하려 하기 때문이다. '나는 저 나이에 이렇게 했는데 저 친구들은 왜 이럴까?' 하는 생각에서 벗어나 '이 친구들은 나와 완전히 다른 사람들이야'라고 다름을 쿨하게 인정해 보자. 이제까지 보이지 않았던 그들의 장점과 가능성이 보이기 시작할 것이다.

둘째, 리더십을 자신의 관점에서만 보고 있지는 않은지 고민할 필요가 있다. '멀티플라이어'란 책에 다음과 같은 내용이 나온다. "사람들은 영국 수상인 윌리엄 글래드스턴을 만나면 누구나 '수상이 세상에서 가장 똑똑한 사람'이라는 생각을 가지고 돌아갔다. 하지만 그의 경쟁자인 벤저민 디즈레일리를 만나면 사람들은 '내가 세상에서 가장 똑똑한 사람'이란 생각을 하며 방을 나섰다." 후배들은 어떤 상사와 같이 일하길 원할까. 벤저민 디즈레일리처럼 나에게 확신을 주고 나를 돋보이게 해주는 상사와 일하고 싶다는 생각을 할 것이다.

셋째, 모두 성장시키겠다는 생각을 버려야 한다. 직원 육성에 실패하는 가장 큰 이유는 모두를 다 키워야 한다고 생각하기 때문이다. 공정해야 한다는 생각에 사로잡혀 시간과 관심을 골고루 나눠주다 보면, 정작 관심을 쏟아야 할 사람에게 충분한 도움을 주지 못할 수 있다. 따라서 지금 A급은 아니지만, 나의 관심과 격려가 있으면 A급으로 성장할 잠재적 가능성이 큰 직원에게 초점을 맞춰야 한다.

넷째, 내게 없는 장점을 가진 직원들 위주로 성장시키자. 대부분의 리더는 자신과 비슷한 유형의 직원을 키우고 싶어한다. 그들에게서 자신의 옛 모습을 발견하고 친근함과 편안함을 느끼기 때문이다. 하지만 이런 유형은 인간적으로 정이 갈지는 몰라도, 업무적으로 더 좋은 성과를 만드는 데 도움이 되지 않을 수 있다. 나의 단점을 보완해줄 사람을 영입한다는 마음으로 실천해보자. 예컨대 스스로 '나는 전체적인 방향 설정은 잘하는 것 같은데, 디테일을 챙기는 게 좀 부족해'라는 생각이 든다면, 내가 성장시켜야 할 직원은 디테일을 꼼꼼하게 챙기는 유형이다.

다섯째, 잔소리가 아닌 코칭과 질문, 그리고 높은 목표 설정을 통해 성장시키는 것이다. 직원을 잘 키우는 리더를 관찰해보면 잘못된 행동을 지적하고 잔소리로 가르치려 드는 게 아니라, 높은 목표를 정해주고 질문을 통해 스스로 깨우치게 하려는 경우가 많다. 글로벌 기업의 대부분이 핵심 인재의 리더십 개발을 위해 코칭을 가장 중요한 수단으로 활용하고 있다. '지금 이 업무 방식보다 더 효율적인 방법이 없을까?'와 같은 질문을 수시로 던져보는 것도 아끼는 후배를 위한 좋은 자극이 된다.

제 1 장	대인관계능력
제 2 장	팀워크능력 Ⅰ
제 3 장	팀워크능력 Ⅱ
제 4 장	리더십능력 Ⅰ

제5장 리더십능력 Ⅱ

제 6 장	리더십능력 Ⅲ
제 7 장	리더십능력 Ⅳ
제 8 장	갈등관리능력 Ⅰ
제 9 장	갈등관리능력 Ⅱ
제 10 장	협상능력 Ⅰ
제 11 장	협상능력 Ⅱ
제 12 장	고객서비스능력 Ⅰ
제 13 장	고객서비스능력 Ⅱ

제1절 동기부여 방법

동기는 무엇인가를 성취하고자 하는 의욕이다. 따라서 동기부여는 어떤 행동을 하는 데 있어 열정과 지속성을 유발하는 내적 혹은 외적인 힘을 의미한다. 그렇기에 동기부여가 된 사람은 직무 만족도는 물론 생산성도 높다. 그러므로 리더는 구성원들에게 업무 동기를 부여해 조직의 목적을 성공적으로 달성할 수 있도록 노력해야 한다.[144] 이로써 구성원들은 동기부여가 되지 않은 구성원들보다 더 성과를 높일 수 있으며, 조직을 향한 애착심도 강해 이직률도 감소한다.

1. 생각해보기

(1) 히딩크 리더십과 정정용 리더십

지리멸렬했던 한국 축구 국가대표팀을 이끌고 월드컵 4강 신화를 일구었던 히딩크

144) 성과와 목표의 실현은 동기부여의 직접적인 결과라고 해도 과언이 아니다. 팀의 리더는 구성원들이 좋은 성과를 내도록 동기부여 할 수 있는 능력을 반드시 갖추어야 하며, 또한 자신도 동기부여 할 수 있어야 한다.

리더십의 원동력은 무엇이라고 생각하는가?[145] 한편, 무명 선수로 은퇴한 뒤 한국축구의 미래를 조련해 온 정정용 감독. 정 감독이 이끄는 한국 20세 이하(U-20) 대표팀이 폴란드 루블린에서 열린 2019 국제축구연맹(FIFA) U-20 월드컵 대회에서 한국 남자 축구 역사상 최고의 성적인 준우승을 하였다. 이를 두고 정정용 감독의 리더십이 세간의 주목을 받고 있다. 정 감독의 리더십을 통해 진정한 리더와 리더십이란 무엇인지 생각해보기로 하자.[146]

(2) 루퍼트 머독의 지적

미디어계의 거장 루퍼트 머독(Rupert Murdoch)은 '조직원 스스로 조직의 일원임을 느끼도록 일깨우는 것만큼 좋은 것은 없다'는 말을 하였다. 여기서 동기부여의 핵심은 조직원들의 마음과 가슴으로 들어가는 것임을 알 수 있다. 직장생활 중 직장동료나 상사 혹은 부하에게 동기를 부여하기 위한 방법은 무엇일지 생각해보자.

(3) 동기부여와 리더십[147]

요즘 아침에 신문 보는 게 두려운 국민들이 많을 것 같다. 우리나라뿐만 아니라 아마 세계의 많은 인구들이 비슷한 심정으로 경제난국의 아침을 맞이할 것이다. 주가가 폭락하고 환율이 급등하는 현상이 국민들을 궁지로 몰고 있다. 이런 난국을 슬기롭게 헤쳐나가기 위해 우리에게 필요한 게 과연 무엇일까. 바로 참다운 리더와 리더십이다.

그렇다면 우리가 바라고 상상하는 참다운 리더십의 모습은 어떤 것일까. 무릇 사회의 발전과 희망은 이를 구성하는 각 조직의 움직임과 성과에 따라 만들어진다. 당연히 개별조직원들의 역할 하나하나가 매우 중요하며, 이에 절대적인 영향을 주는 관리자의 동기부여 제도 역시 필수불가결하다. 동기부여는 '자극을 줌으로써 생활체[148]로 하여금 행동을 하게 만드는 일'이라는 사전적 의미를 담고 있다. 각 조직은 저마다 동기부여 방식을 통해 구성원들이 조직단위의 목표를 이룰 수 있게끔 한다.

---

145) 다음과 같은 사항을 생각해 볼 수 있을 것이다. 첫째 자신의 철학이 명확히 존재하였는데, 히딩크 축구의 본질은 체력과 스피드로 혹독한 훈련을 요구했으며 사심이 없었다. 즉 선수 선발과 기용에서 공정했으며, 동시에 민주적 리더십을 발휘(스태프의 의견 수용)하였다. 둘째 긴박감을 조성하였다. 즉 끊임없는 경쟁과 평가를 통해 선수들을 적재적소에 배치하였다. 셋째 해야 할 일과 해서는 안 될 일에 대한 명확한 규칙을 갖고 강력한 기강을 구축하였다. 넷째 인간적인 관심과 배려로 구성원들의 마음을 사로잡아 이들의 협력을 이끌어냈다.

146) 다음과 같은 사항을 생각해 볼 수 있을 것이다. 첫째 신뢰와 긍정의 리더십, 그리고 자율적 헌신, 둘째 이해와 믿음의 리더십, 셋째 겸손과 소통의 리더십, 넷째 칭찬과 배려의 리더십, 다섯째 정정용표 밀레니얼 리더십 등을 들 수 있다.

147) 이우영(2008), 동기부여와 리더십, 인천일보, 2008.10.30.

148) 생활하는 개체로서의 생물체

이런 동기부여는 본질적 요소와 부대적 요소로 크게 나뉜다. 먼저 부대적 요소를 바탕으로 한 동기부여 제도로는 장려임금제도를 들 수 있다. 경영학에서도 성과급제도를 바탕으로 한 성과급 지급방식을 가장 효과적인 동기부여 방법 가운데 하나로 보고 있다. 이는 제일 현실적인 방법으로서 가시적인 효과를 기대할 수는 있지만, 조직에 이윤이 발생하지 않는다면 진행될 수 없다는 단점이 있다. 얼마 전 국정감사에서 지적된 교원 성과급제도의 문제점에서도 부분적으로 확인되고 있다. 반면 본질적인 동기부여 요소는 부대적 요소와는 평행선을 긋는다. 직접적이기보다 간접적인, 다시 말해 성과급이 아닌 목표의식을 직원들에게 심어주는 것이다. 물론 성과가 뛰어난 이들에게는 성과급을 지급하는 방식도 좋지만, 전반적인 동기부여 방법이 돈이 돼선 안 된다. 또 그 방법이 돈이 될 수밖에 없다 하더라도, 그 안에서 뚜렷한 목표의식과 충분한 성취감을 반드시 인식시켜야 한다. 금전적 보상이 중요한 현실 자체는 외면할 수 없다 하더라도, 더 중요한 목표의식과 성취의식을 끊임없이 제공해 줘야 한다. 동기부여 제도는 뭔가를 성취할 것이라는 목표의식과 기대심리가 동시에 작용할 때 극적인 힘을 발휘한다. 금전적인 목표만을 위해 정진하는 구성원들에게는 조직에 대한 충성심과 애틋함을 느낄 수 없으며, 결국 이들에게선 창의적인 아이디어를 기대할 수 없다. 분명 우리가 지향하는 바람직한 방향은 아닐 것이다.

그렇다면 우리가 지향하는 본질적인 동기부여는 어떻게 이뤄져야 할까. 구성원들의 뚜렷한 목표의식과 그 목표의식을 함께 세워주고 제시해 줄 수 있는 리더십이 필수적이다. 리더는 개개인이 조직에서 이룰 수 있는 목표가 뭔지, 그 일을 함으로써 어떤 성과와 발전을 이룰 수 있는지 충분히 제시해 줄 수 있어야 한다. 이는 개개인 인생의 가치관에도 영향을 줄 수도 있다. 한 사람의 인생을 바꿀 수도 있는 것이다. 조직에 대한 충성심 및 신뢰도뿐만이 아닌 자신에 대한 자부심 역시 바로 이때 형성되는 것이다. 무한의 효과를 얻을 수 있는 조직과 개인 간의 윈윈전략인 셈이다. 사회를 구성하는 우리들은 관리자의 위치에 이미 있거나, 대부분 언젠가는 그 자리에 오를 생각을 가지고 있다. 동기부여는 리더십의 가장 중요한 부분 중 하나이자 조직 운영의 극대화를 이루는 요소다. 잘 쓰면 약이고 못 쓰면 독이 되는 금전적 혜택도 물론 필요하겠지만, 앞서 말했듯이 구성원의 목표의식을 불러일으키는 동기부여 능력이야말로 이 시대가 간절히 표현하고자 하는 리더십일 것이다.

(4) 동기는 부여하는 것이 아니라 일깨우는 것이다[149)]

리더들이 자주 하는 질문이 있다. "어떻게 구성원들에게 동기를 부여해야 하나요?" 인텔의 CEO였던 앤드류 그로브는 이에 대해 매우 '쿨'하게 답한다. "누군가 동

149) http://www.ttimes.co.kr/view.html?no=2020110418167770758, 동기는 나의 책임이지 누군가 주는 것이 아니다, 신수정, 2020.11.05.

기부여를 위해 회사나 상사의 도움이 필요하다면 그 사람은 프로가 아니다. 프로는 스스로 동기부여를 한다. 리더는 진심으로 설명하되 그래도 구성원이 스스로 동기를 찾지 못한다면 어쩔 수 없다. 동기부여는 상사와 회사의 문제가 아니라 개인의 문제다." 물론 인텔 같은 큰 회사야 대체 가능한 인력이 줄을 서 있기에 이렇게 할 수 있겠지만, 그렇지 않은 회사에서는 이렇게 하기 어렵다고 말할 수도 있다. 그래도 이 말에는 중요한 통찰이 있다. 동기는 '자신의 책임'이지 누군가 주는 것이 아니라는 것이다.

누군가 주는 동기에 의해 하루하루 살아간다면 오래가지 못한다. 좋은 영상이나 글, 좋은 설교나 말, 또는 처벌이나 포상은 동기의 보조제가 될 수 있을 뿐 근원이 될 수는 없다. 그것에 의해서만 동기가 생긴다면 매일 약을 먹는 것처럼 평생 타인이나 외적인 것에 의존할 수밖에 없다. 프로라면 스스로 내적인 근원을 통해 동기부여가 되어야 한다. 그렇다면 스스로 지속 가능한 동기부여의 비결은 무엇일까?

다름 아닌 '목적'과 '가치'다. 자신이 일하는 목적과 의미, 삶에서의 진정한 가치를 찾는 것이 동기부여의 가장 강력한 비결이라는 것이다. '내가 왜 일을 하는가?' '내가 지향하는 삶의 가치는 무엇인가?'가 자신을 움직이는 동력이다. 주위의 격려와 코칭, 훌륭한 글이나 영상은 이런 동력을 잊어버릴 때, 혹은 힘이 빠져 지칠 때 지원하는 역할일 뿐이다.

그렇다면 리더는 구성원이 스스로 동기를 가질 수 있도록 아무것도 하지 않고 가만히 있으라는 것인가? 그것은 아니다. 리더의 역할은 구성원들이 자신의 동기를 발견할 수 있도록 돕는 것이다. 사실 많은 리더가 보상과 처벌의 수단을 통해 구성원들을 움직이려 한다. 그래서 리더십 교육이라는 명목하에 이와 관련된 많은 스킬을 익힌다. 그러나 리더들이 그것만을 통해 자기 뜻대로 상대를 움직이려 한다면 그것은 '심리 조종'일 가능성이 크다.

물론 보상과 처벌도 사용할 필요가 있지만, 리더의 진정한 역할은 구성원들이 자기 일의 의미와 목적, 가치를 찾고 그것을 조직의 방향과 정렬시키도록 돕는 것이다. 이를 통해 구성원들 스스로가 동기부여 되어 움직이도록 지원하는 것이다. 그런데도 안 된다면 기다리거나 그의 가치에 맞는 곳으로 보낼 수밖에 없다. 다음의 문구를 기억하시라. "동기는 부여하는 것이 아니라 일깨우는 것이다."

2. 동기부여 사례150)

지역총판의 매니저인 강수는 매 분기별로 빠짐없이 판매 실적을 검토하고 실적이 부진한 직원은 해고하겠다고 으름장을 놓았다. 직원들은 뒤에서 그를 양치기 소년이

150) 한국산업인력공단(2021), op. cit.

라고 쑥덕거렸다. 그는 자주 얼굴을 붉히고 길길이 날뛰면서 책상을 주먹으로 내리치곤 했다. 안타깝게도 회사 직원들은 강수의 이러한 주기적인 장광설[151]에 대하여 순전히 협박으로 여기게 되었고, 진정으로 귀를 기울이는 사람이 아무도 없었다. 지난 몇 년 동안 강수의 드라마에 진저리치며 퇴사한 영업사원이 한 둘이 아니었다. 그 바람에 회사는 여러 명의 우수한 인재를 잃게 되었다. 이러한 강수의 부정적인 동기부여는 단기적으로는 실적 향상에 다소 효과를 낼 수 있었지만, 장기적으로는 팀 전체를 위험에 빠뜨리고 부작용만 낳게 되었다.[152]

데일 카네기[153]는 하늘 아래에서 다른 사람에게 어떤 일을 하게 만드는 유일한 방법은 그가 그 일을 하고 싶도록 만드는 것이라고 지적했다. 그는 줄곧 긍정적인 동기부여가 최고로 중요하다는 것을 강조하였다. 다시 말해, 직원들을 해고하겠다고 위협하면 그들은 적어도 당분간은 협력할지 모른다. 하지만 이런 원초적인 방법으로는 지극히 바람직하지 못한 반발과 저항만 불러일으킬 뿐이란 것이다.

3. 동기부여의 의미

어떤 생활체를 활동하도록 자극하여 의도하는 목표로 향하게 하는 것, 사람은 무엇을 하고자 하는 욕구가 일어날 때 일하려는 동기, 즉 동인이 생기며 그 환경에서의 사물은 유인(주로 외적 요인에 의해 행동이 활성화됨)의 성질을 가진다. 이에 따라 행동으로 옮겨 목표를 달성하게 되면 욕구는 충족되고 동인은 사라진다. 이와 같은 욕구-동인-유인의 기능적 관계를 통틀어 동기부여 또는 동기유발이라고 한다.

4. 동기부여는 리더십의 핵심

'동기부여'는 리더십의 핵심 개념이다. 이루고자 하는 성과와 목표의 실현은 동기부여의 직접적인 결과라고 해도 결코 지나치지 않다. 팀의 구성원으로서 일을 하든 다른 사람의 지도를 받지 않고 자기 소신껏 일을 하든 간에 일을 멋지게 처리하도록 자기 자신에게 동기를 부여해야만 좋은 결과를 얻을 수 있다. 더군다나 팀의 리더라면 구성원들이 좋은 성과를 내도록 동기부여를 할 수 있는 능력을 반드시 갖추어야 할 뿐만 아니라, 자기 자신에게 동기를 부여할 수 있어야 한다.

---

151) 장광설 : 길고 넓은 혀, 즉 길게 늘어놓는 말을 비유하는 말이다.
152) 공포의 리더십은 결국 실패한다. 단기적 관점에서 보면 공포 분위기로 직원들이 일을 적극적으로 할 수도 있지만, 장기적으로는 공포감 조성이 오히려 팀 전체를 위험에 빠뜨릴 수 있다. 리더가 직원 개개인에게 세심한 관심을 기울일 때, 직원들 스스로 분발하고 노력하게 된다.
153) 인간경영과 자기계발 강좌로 유명하며, 작가와 강사로 활동하였다.

5. 동기부여의 중요성[154)]

(1) 생산성 향상

동기부여는 우리가 보통 때보다 더 열심히 일할 수 있도록 만들어 준다. 또한, 동기부여를 증가시킴으로써 회사의 생산성과 산출량(output), 그리고 종업원 개개인의 만족을 증진시키는 결과를 가져온다. 대체로 윈-윈(win-win) 상황을 창조한다.

(2) 불만의 최소화

낙천주의는 동기부여를 가속화하는 연료이다. 동기부여가 된 종업원들은 자신의 힘든 업무가 그에 합당한 결과를 산출해낼 것이라고 믿게 된다. 종업원들이 동기부여가 되면 미래에 대한 불확실성과 불만이 줄어들 것이다.

(3) 기술, 재능의 최대화

동기부여된 종업원은 자신의 기술과 재능의 전 영역을 망라하여 사용 가능하다. 이러한 기술의 지속적인 연마는 고용자들의 능력을 발전, 한층 강화시킬 것이다.

5장

6. 동기부여의 핵심요소

(1) 강도, 방향, 지속성[155)]

동기(motivation)는 '인간이 일정한 행동을 하도록 움직이게 하는 근원'의 의미를 갖고 있다. 이를 동기의 일반화된 모형으로 설명하면, 개인의 욕구 · 욕망 · 기대가 신념(brief)과 관련되어 있으면, 개인은 내적 불균형 상태를 겪게 된다. 이러한 불균형 상태를 감소시키기 위해 개인은 목표에 이르는 행동을 한다는 것이다. 조직 행동론은 '동기'의 이러한 관점을 '목표를 향한 노력'에서 '직무 관련 행동'에 더 초점을 맞춘다. 동기부여는 '조직이 원하는 방향(direction)으로 개인의 노력 강도(intensity)를 지속(persistence)시키는 것'이다. 이를테면 강도 · 방향 · 지속성은 동기부여의 3가지 핵심요소이다.

(2) 자율성, 숙련, 목적[156)]

하나의 조직을 이끄는 팀의 리더로서 팀장의 주요 역할 중 하나는 팀원들 개개인

154) mafra-win.korcham.net › consult_20140322120547, 동기부여의 이점.
155) http://m.blog.naver.com › hfeel [네이버 블로그], 동기부여 개념과 이론, 2017.02.04.
156) http://m.blog.naver.com › exc1994 [네이버 블로그], 동기부여 3가지 요인, 2019.09.06.

의 동기부여를 통해 성과를 극대화하는 것이다. 그렇다면 어떻게? 해야 하는가.

첫번째는 자율성(Autonomy)이다. 팀원들이 동기부여를 통해 팀의 성과에 기여하기를 원한다면, 먼저 그들에게 자율성을 부여하라. 통제하기보다는 스스로, 주도적으로 일을 처리하도록 이끌어주어야 한다.

두번째는 숙련(Mastery)이다. 전문성을 확보하도록 해주어야 한다. 현재 하고 있는 일을 통해 스스로 성장하고 전문가가 될 수 있도록 환경과 조건을 마련해 주어야 한다. 그렇게 하면 그 과정 속에서 몰입이 일어나고, 몰입을 통해 스스로 삶의 윤택함을 느끼고 자연스럽게 조직의 성과는 높아질 것이다.

세번째는 목적(Purpose)이다. 명확한 목적 동기를 제공해주어야 한다. 내가 왜 이 조직에 있는지, 이 조직을 통해 무엇을 만들어내고 공헌하는지 명확히 알도록 도와주어야 한다. 이럴 경우, 팀장은 팀원의 성장과 행복, 조직의 성장과 성과 달성의 두 마리 토끼를 모두 잡을 수 있을 것이다.

7. 종업원들의 동기부여 저해요소

(1) 사기저하

회사 혹은 자신에 대해 좋은 감정을 가지지 못하는 종업원은 동기부여 되지 못하는 경향 있다. 관리자는 좋지 않은 감정의 이유를 파악하고 종업원들이 요구하는 동기유발 요인을 제공함으로써 사기를 진작시킬 수 있다. 어떤 종업원이 작업 환경에 매우 불만을 가지고 있다면, 다른 동료들도 자신들의 환경에 관해 그리 편하게 느끼지는 못할 것이다.

(2) 흥미 부족

종업원이 그들의 직업에 흥미를 느끼지 못할 때, 그들은 열심히 일하려는 동기유발이 안 될 것이며 따라서 생산성도 떨어질 것이다. 관리자는 더 많은 생산성 향상을 위한 동기유발 증진을 위하여 적당히 도전성이 있는 일과 종업원들을 연결(match)시켜야 한다.

(3) 분 노

분노는 직업, 개인, 또는 가족과 관련된 주위 환경으로부터 유래한다. 종업원의 사생활을 침해하지 않고 분노의 이유를 발견하도록 노력하라. 화가 난 고용인과 이야기할 때는 분노가 개인적인 성향과 관련이 있기보다는 고용인의 능력과 관련이 있다는 데 초점을 맞추는 것이 중요하다. 분노는 당연한 인간의 감정이다. 화가 일에 부정적인 영향을 주는 방식으로 표출되면 관리자의 책임은 화 자체를 해소하는 것이 아니라 유발 결과를 최소화하거나 제거하는 것이다.

(4) 분 쟁

종업원이 스스로 온당한 대접을 받지 못한다고 느낄 때, 그들의 적개심은 분쟁의 형태로 나타날 수 있다. 회사에 대한 적개심은 동료들 간의 사소한 개인적 차별에 대한 인내도 어렵게 한다.

(5) 가정문제

가정문제는 작업 환경에 영향을 끼칠 수도 있고 작업에 대한 근로자의 동기유발에 부정적인 영향을 주기도 한다. 주위 상황을 꼬치꼬치 캐내려 하지 말고 부정적인 행동의 원인에 대해 어떠한 가정도 피하라. 조언을 줄 수 있는 제3자의 입장에서 그 문제를 해결하는 데 도움을 주고자 대화를 이끌어가야 한다.

(6) 의기소침

개인적인 문제를 넘어선 의기소침은 종업원과 그 동료들 양쪽 모두의 동기유발에 부정적인 영향을 줄 수 있다. 만약 직장에서 자신의 요구가 충족되지 않는다면 의기소침은 더 심화될 수 있을 것이며, 종업원은 희망이 없다고 느낄 수도 있다. 회사가 제공하는 보조 프로그램을 이용하거나 외부의 도움을 받도록 종업원에게 조언하는 것도 방법이다. 의기소침을 극복해 주려고 하지는 말고 동기부여와 관련된 일을 하는 관련 기관을 제공해주는 선에서만 끝내라. 관리자의 책임 부분은 슬럼프 자체가 아니라 그로 인한 종업원의 생산성에의 부정적 영향을 제한하는 데 있다.

8. 동기부여 되지 않은 종업원들이 조직에 끼치는 영향

(1) 결근 증가

동기부여가 제대로 되어있지 않은 종업원들은 높은 결근율을 보이는 경향이 있다. 이는 동료들과 작업 일정에 책임이 있는 상관에게 좋지 않은 결과를 가져온다.

(2) 태업[157] 발생 가능

동기부여가 되어있지 않고 회사가 그들의 요구를 들어주지 않는다고 생각하는 종업

157) 표면적으로는 작업을 하면서 집단적으로 작업능률을 저하시켜 사용자에게 손해를 주는 쟁의행위(노동관계 당사자가 그 주장을 관철할 목적으로 행하는 행위와 이에 대항하는 행위로서 업무의 정상적인 운영을 저해하는 것)를 말한다.

원들은 매우 화를 내거나 적개심을 품을 가능성이 있다. 이런 종업원들은 회사 기물, 정보, 공적인 관련 기관에 치명적인 해를 가하여 회사에 태업(sabotage)할 수 있다.

(3) 동맹 파업 발생 가능

동기부여가 되어있지 않은 종업원들은 그들의 작업 조건에 대한 불만의 표시로 파업을 할 수도 있다. 이러한 불만족은 만약 동기부여가 뚜렷하게 되지 않은 상황에서는 타 종업원에게 파급되기 쉽다.

(4) 생산성 하락

회사의 목표는 이윤 창출이다. 동기부여의 수준을 올림으로써 더 많은 이윤 창출이 가능하다. 왜냐하면, 고용인들이 더 효과적이고 생산적으로 일을 할 수 있도록 유도할 수 있기 때문이다. 동기가 결여된 고용인들은 생산성의 수준을 지속적으로 높게 유지할 만한 힘이 부족하다. 시장에서 경쟁력의 우위를 지키기 위해 회사는 공격적인 경쟁자들의 변화에 적응하기 위한 재빠른 생산력 향상에 대비한 노동력을 갖추고 있어야 한다.

(5) 우수 인력 이직

야망 있고 성실한 종업원들은 경력발전과 인정받는 기회를 요구한다. 동기부여를 하지 않고 이러한 종업원들을 격려하지 않는 조직은 그들을 잃게 될 것이며, 그 직책에 맞는 인원을 다시 구하여 교육도 시켜야 할 것이다.

9. 동기부여의 이점

(1) 종업원 측면

개인은 근본적으로 경제적인 이유로 일을 하지만, 또한 다양한 개인적·사회적 욕구를 만족시키기 위하여 일을 가진다. 동기부여가 된 종업원들은 욕구를 만족시킴으로써 외부적으로는 조직에 의해서 보상받고 내부적으로는 개인적인 성취감을 느낄 수 있다는 점에서 보상을 받는다. 조직이 그들의 요구에 지속적으로 부응해 주는 한, 종업원들은 생산적인 방향으로 동기부여가 될 것이다.

(2) 조직 측면

1) 생산성 향상

종업원들이 동기부여가 되어있으면, 생산성은 눈에 띄게 향상될 것이다. 이것은 조직의 판매와 총경비에 긍정적인 영향을 가져올 것이다. 종업원들 개개인이 자신의 직업에 자부심을 갖고 만족을 느낄 때 양질의 생산이 가능한 것이다.

2) 직원의 이직감소

사람들은 자신의 가치를 인정받는 곳에서 일하고자 한다. 고용안정은 오늘날 근로자 간에 가장 가치 있는 기준이 되었다. 근로자의 사기와 동기부여의 수준이 높을수록 이직율도 줄어들 것이며, 또한 신입직원들을 교육시키는 비용을 절감할 수 있게 된다.

3) 신뢰 구축

직장 내에서 신임을 얻고 가치 있는 일을 맡았던 직원은 동료나 상사와 함께 일처리를 하는 데 있어서 신뢰감이 구축되는 방향으로 동기부여가 될 것이다. 직원의 동기유발과 사기가 높을 때 회사의 관심과 자기 자신의 관심이 연결될 수 있고, 정직한 의견을 주고받을 수 있게 될 것이다.

4) 인재 고용 기회 증가

직원들의 동기유발이 높다고 알려진 회사는 가장 능력 있고 재능 있는 근로자들의 관심을 끌기 마련이다. 이러한 개인들은 그들의 요구가 받아들여지기 쉽다는 것을 알고 있다.

10. 상황별 효과적인 동기부여 방법[158)]

(1) 상황 1

1) 상황 설명

팀의 프로젝트 진행에 문제가 생겨서 일정이 지연되고 있다. 팀원인 미숙은 프로젝트를 일정 안에 끝내기 위해 밤늦게까지 일에 매진하고 있다. 그녀는 조금도 불평하지 않은 채, 최선을 다해 프로젝트를 수행하고 있다. 그녀의 노력에 힘입어 프로젝트는 예정된 일정대로 무사히 마무리되었고, 기대 이상의 좋은 결과도 얻었다. 당신은 어떻게 행동할 것인가?

2) 해결책

팀원인 미숙에게 프로젝트를 뛰어나게 수행했다는 점과 그녀에 대해 높이 평가하

158) 한국산업인력공단(2021), op. cit.

고 있다는 점을 알려야 한다. 프로젝트에 임하는 미숙의 태도를 훌륭한 본보기로 삼아 팀원들에게 동기부여 하는 것만큼 좋고 유익한 것은 없다.

미숙에게 여러 가지 방법으로 고마운 마음을 전할 수 있다. 이를테면 유급휴가를 줄 수도 있고, 최고급 식당에서 식사할 수 있는 식사권을 선물로 줄 수도 있으며, 미숙 본인이 차기 프로젝트를 직접 선택하게 해서 책임을 맡길 수도 있다.

(2) 상황 2

1) 상황 설명

미라의 업무 속도가 점점 나빠지고 있다. 그녀는 업무에 눈곱만큼도 관심이 없는 것 같고, 업무 자체를 지겨워하는 것처럼 보인다. 당신은 이 상황을 어떻게 해결할 것인가?

2) 해결책

미라의 업무를 대신할 직원을 새로 채용하기보다는, 그녀에게 새로운 업무를 맡겨서 업무 속도를 변화시키도록 유도하는 것이 좋다. 그리고 미라에게 새로 입사한 직원을 직접 교육시킬 수 있는 기회를 부여한다. 그녀에게 다른 팀의 직원들과 함께 일하도록 해서 자신감을 불어넣는 업무를 맡겨보는 것도 좋다. 또한 팀의 업무 생산성에 대해 기탄없이 말하도록 하고, 생산성 향상을 위한 의견도 적극적으로 말해보도록 한다. 변화를 주도록 이끌거나 자신감을 갖도록 유도한다.

(3) 상황 3

1) 상황 설명

상택은 부서에서 최고의 성과를 올리는 영업사원으로 명성이 자자하지만, 서류 작업을 정시에 마친 적이 한 번도 없다. 그가 서류 작업을 지체하기 때문에 팀 전체의 생산성에 차질이 빚어지고 있다. 당신은 이 상황을 어떻게 해결할 것인가?

2) 해결책

서류 작업을 지체함으로써 팀 전체의 생산성에 어떠한 차질을 빚고 있는지, 상택에게 자세히 설명하고, 이 문제와 관련해 최소한 두 가지 정도의 해결책을 스스로 찾아내도록 격려한다. 그가 실행 가능한 해결책을 찾지 못할 경우, 업무 및 진행 절차를 재분석해서 새로운 전략을 찾아본다(원인분석을 하라). 어쩌면 상택은 자신이 진행하고 있는 서류 작업이 단조롭고 재미가 없기 때문에 늑장을 부리는 것이며, 그로 인해 서류 작업들이 계속 쌓여가는 것인지도 모른다. 이렇게 되면 상택은 머지않아 누적된 업무에 압도당하고 말 것이다. 또한, 업무를 능숙하게 처리하는 직원과 상택을 한팀으로 구성하는 것도 좋다.

(4) 상황 4

1) 상황 설명

기용은 2년간 당신의 부하직원으로 일했는데, 업무 능력이 대단히 뛰어났다. 최근 들어 당신은 그에게 회사 뉴스레터를 새로 디자인하라고 지시했는데, 결과물은 의외로 좋지 않았다. 깔끔하지 못했고 아마추어 분위기가 심하게 났다. 당신은 이 상황을 어떻게 해결할 것인가?

2) 해결책

다시 한번 커뮤니케이션의 중요성을 생각해야 한다. 먼저 기용에게 뉴스레터 업무를 어떻게 처리했냐고 물어본다. 그가 뉴스레터를 만들기 위해 필요한 레이아웃[159] 프로그램을 익숙하게 다루는 데 시간이 턱없이 부족했다는 사실을 알고 놀랄 수도 있다. 이런 경우라면 프로그램을 능숙하게 다루는 직원을 기용과 함께 일하도록 해야 한다. 그것이 가능하지 않다면 외부 전문가에게 의뢰해 기용이 그 기술을 충분히 익히도록 지원해야 한다.

11. 동기부여를 위한 리더의 자세

조직원들은 누구나 자신의 이익과 목표를 실현하고자 하는 욕망에서 프로젝트 완수의 동기를 얻는다. 즉 조직원들은 자신의 욕망(재미, 성취감, 자존심, 권력, 존경, 인정 등)을 실현하고자 프로젝트에 최선을 다하는 것이다. 따라서 리더는 조직원들이 금전적인 보상이나 편익, 승진에 의해서만 동기를 부여받을 것이라는 단순한 생각(이러한 리더는 거래적 리더에 해당)으로 그들을 대해서는 안 된다. 물론 이러한 외적인 동기유발제가 일시적으로 효과를 낼 수도 있다. 하지만 인간관계에서 이러한 전술은 기대한 만큼 먹혀들지 않는다.

이 같은 보상이 단기간에 좋은 결과를 가져오고 직원들의 사기를 끌어 올릴 수 있지만, 그 효과는 오래가지 못한다. 즉 금전적인 보상이나 스톡옵션[160] 등의 외적인

159) 광고나 편집, 인쇄 등에서 문자, 그림, 기호, 사진 등을 시각적 효과와 사용 목적을 고려하여 제한된 공간 안에 효과적으로 구성하고 배열하는 일을 말한다.

160) 주식매수선택권이라고 하는데, 기업에서 임직원에게 일정 기간이 지난 후에 자사의 주식을 미리 약정한 가격에 살 수 있는 권리를 부여하는 것을 말한다. 회사의 성장에 기여한 직원들에 대

동기유발제는 조직원들에게 멋진 혜택일 수 있지만, 그들이 지속적으로 최선을 다하도록 동기를 부여하는 데는 충분하지 않다는 뜻이다.

조직원들이 지속적으로 자신의 잠재력을 발휘하도록 만들기 위해서는 외적인 동기유발제(포상, 승진 등) 그 이상을 제공해야 한다. 사실 모든 조직원들의 욕구를 만족시킬 수 있는 이상적인 근무환경을 만들기란 쉽지 않다. 그러나 이러한 환경이 마련된다면 조직원들은 돈이나 편익 등 비본질적인 요인이 아닌, 자기 내면의 순수한 욕망에 의해 동기를 부여받을 것이다.

12. 리더의 동기부여 강화 방법 : 이상적인 근무환경의 조성[161)]

(1) 긍정적 강화법을 활용한다

목표 달성을 높이 평가하여 조직원에게 곧바로 보상하는 행위를 '긍정적 강화'라고 한다. 긍정적 강화법은 조직원들의 동기를 부여하는데 더없이 효과적이다. 높은 성과를 달성한 조직원에게는 곧바로 따뜻한 말이나 칭찬으로 보상해주는 것이 필요하다.[162)]

(2) 새로운 도전의 기회를 부여한다

환경 변화에 따라 조직원들에게 새로운 업무를 맡을 기회를 준다면, 팀에는 발전과 창조성을 고무하는 분위기가 자연스럽게 조성된다. 즉 조직원들은 매일 해왔던 업무와 전혀 다른 일을 처리하면서 새로운 도전이 주는 자극과 스릴감을 톡톡히 맛볼 것이다. 나아가 자신의 능력을 인정받았다는 뿌듯함과 성취감을 느끼며, 권한을 가지게 되었다고도 생각한다.

(3) 창의적인 문제 해결법을 찾는다

직장생활 중 자유롭게 의사결정을 하지 못하고 자신의 소신대로 업무를 진행하지 못할 경우, 조직원들은 자칫 피해의식에 사로잡혀 사사건건 다른 조직원들을 비난할 수도 있다. 창의적인 문제 해결법은 조직원들이 자신의 실수나 잘못에 대해 스스로 책임지도록 동기를 부여한다. 리더는 조직원이 문제를 해결하도록 지도하고 개입할 수는 있지만, 실질적인 해결책만큼은 조직원 스스로 찾도록 분위기를 조성해주는 것이 바람직하다.

한 보상의 한 방법으로 채택하고 있다.

161) 한국산업인력공단(2021), op. cit.

162) ▲일을 잘 했다는 것과 높이 평가하고 있다는 것을 반드시 알려야 한다. ▲보상해준다. 금전적 보상이나 중요한 과업을 할 수 있는 기회를 준다. ▲신뢰하고 있음을 보여준다.

(4) 책임감으로 철저히 무장한다

자신의 잘못에 대한 책임을 다른 직원에게 전가하는 직원처럼 리더를 화나게 하고 좌절하게 하는 것은 없다. 직원들이 자신의 실수나 잘못에 대해 책임은 지지 않고, 오히려 다른 직원들에게 책임을 전가하는 일이 지속된다면 팀의 근무환경은 현저히 나빠지게 마련이다. 하지만 자신의 업무에 책임을 지도록 하는 환경 속에서 일하는 직원들은 오히려 자신의 위치에서 안정감을 느낄 뿐 아니라, 자신이 의미 있는 일을 하고 있다는 긍지를 갖는다. 또한 어떤 어려움이든 극복하겠다는 의지가 강하며, 달성 가능한 목표점을 계속해서 높여간다. 이러한 팀에서는 리더와 부하직원들이 의기투합해 의사결정과 문제 해결방법을 함께 찾아간다.[163]

(5) 코칭을 한다

코칭은 상당히 폭넓게 사용된다. 일반적으로 코칭은 문제 및 진척 상황을 직원들과 함께 자세하게 살피고 지원을 아끼지 않으며, 지도 및 격려를 하는 활동을 의미한다. 직원들을 코칭하는 리더는 직원 자신이 권한과 목적의식을 가지고 있는 중요한 사람이라는 사실을 느낄 수 있도록 이끌어주어야 한다. 또한, 직원들이 자신만의 장점과 성공 전략을 활용할 수 있도록 적극 도와야 할 것이다.[164]

(6) 변화를 두려워하지 않는다

'안전지대(Comport Zone)'란 모든 것이 친숙하고 위험 요소가 전혀 없는 편안한 상황을 의미한다. 더욱 높은 목표를 달성하고자 한다는 것은 이러한 안전지대를 떠난다는 것을 의미한다. 그것은 위험을 감수한다는 말과 같다. 변화에 대한 두려움은 리더나 구성원들을 정신적 고통에 직면하게 할 수 있다. 그럼에도 불구하고 리더는 부하직원들이 안전지대에서 벗어나 더욱 높은 목표를 향해 나아가도록 격려해야 한다. 위험을 감수해야 할 이유가 합리적이고 목표가 실현 가능한 것이라면 직원들은 기꺼이 변화를 향해 나아갈 것이며, 위험을 선택한 자신에게 자긍심을 가지며 좋은 결과를 이끌어내고자 지속적으로 노력할 것이다.

(7) 지속적으로 교육한다

리더는 직원들에게 지속적인 교육과 성장의 기회를 제공함으로써 직원 자신이 상

---

163) 리더는 직원들의 업무와 관련하여 긍정적인 피드백을 제공하고, 업무에 필요한 것을 지원하며 성장의 기회를 제공해야 한다.

164) 업무지시에서 무엇을 기대하는지 명확하게 설명해주어야 하고, 직원들이 성과를 잘 낼 수 있도록 가능한 한 많은 조언을 해야 한다. 그리고 정해진 시간에 슈퍼비전(supervision, 상담에 대한 이론적 지식과 상담경험이 풍부한 전문가가 상대적으로 이러한 부분이 부족한 전문가를 도와 그의 상담능력의 발전을 촉진해 주는 것)을 제공한다.

사로부터 충분히 인정받고 있으며 일부 권한을 위임받았다고 느낄 수 있도록 동기를 부여해야 한다. 팀원들 개개인이 자신의 능력에 확신을 갖는다면 팀의 업무성과가 몰라보게 좋아진다. 모름지기 리더는 직원들의 일에 대한 열망과 의지를 간과해서는 안 된다. 그뿐 아니라 리더가 명확한 지침을 제공하고 적절한 교육을 하며 필요한 자원을 아낌없이 지원해 줄 때 직원들은 직장생활을 성공적으로 해 나간다는 사실을 알아야 한다.

(8) 평 가

모든 종류의 동기부여가 그 나름 효과가 있겠지만, 부정적인 동기부여는 여러 가지 문제를 낳을 수 있다. 예컨대 회사가 제시한 목표를 달성하지 않으면 감봉, 강등, 해고 등의 불이익을 주겠다고 하면, 직원들이 단기적으로는 그 일에 주의를 기울일 것이다. 그러나 부정적인 동기부여를 받은 사람은 장기적으로는 심각한 한계상황을 초래하게 된다. 때로는 공포 분위기가 동기유발제의 역할을 할 수도 있지만, 공포의 리더십은 결국 실패하고 만다. 회사 내에서 공포가 업무를 처리하는 수단으로 항상 활용되면, 직원들은 사기가 떨어지고, 상사의 눈치만 살피면서 회사를 떠날 기회만 엿볼 것이기 때문이다. 이와 반대로 칭찬과 격려 속에서 긍정적인 동기부여를 받은 직원들은 업무에 열의를 가지고 더욱더 노력하게 되므로 더 큰 성과를 얻게 되는 것이다.

한편 리더 역시 자신에게 끊임없이 동기를 부여해야 한다. 즉 리더는 자신이 동기부여의 역할모델이 되어야 한다. 리더가 자신에게 스스로 동기부여 할 수 있는 방법[165]은 다음과 같다.

① 과거의 성공에 집중한다.
② 가장 강하게 동기부여를 받았던 때를 떠올린다. 힘써 일을 하도록 자신을 움직였던 것이 무엇이었는지, 그와 같은 내면의 변화를 이끌어낸 요인이 무엇이었는지를 찾는다.
③ 자신의 업무를 관리 분야로 집중하고, 권한 위임을 두려워하지 않는다.
④ 쥐고 있던 업무를 분산시켜라.
⑤ 직원들의 비판을 자세히 살피고, 개선 방법들을 찾는다.
⑥ 직원들의 비판을 두려워하지 말고, 그들에게 개선에 필요한 조언과 제안을 부탁한다.
⑦ 자신의 노력을 스스로 인정한다.
⑧ 장점을 강화하고 약점은 보완한다.
⑨ 다양한 관점에서 사태를 파악한다.
⑩ 휴가를 즐기고, 좋아하는 활동을 한다.

165) 스스로에게 동기부여 하는 가장 쉬운 방법과 관련하여 [부록 5-1] 참조.

⑪ 리더 자신이 동기를 부여받을 때, 부하직원도 동기를 부여받는다는 사실을 명심한다.

13. 종업원 동기부여 촉진방법

(1) 종업원을 신뢰하라

상황을 보다 잘 경험하고 있는 사람의 판단을 믿어야 한다. 상황에 가장 근접한 사람은 가끔 문제의 원인과 여파에 대한 독특한 통찰을 갖고 해결방법을 알고 있다. 종업원들은 자신의 판단을 당신이 신뢰할 때 당신의 결정을 더욱 존중할 것이다.

(2) 솔직하라

종업원은 자신의 상관이 똑바르고, 정직하며, 솔직한 것을 고마워한다. 당신이 이런 매너로 종업원을 대하면, 그들은 필요에 의해 독점적 정보를 보호해야 하는 당신의 요구를 알아차리고 존중할 것이다. 솔직함이라는 능력은 회사의 흥미에 자신의 그것을 연결하고자 하게끔 종업원들을 동기부여 할 수 있다.

(3) 실수를 인정하라

실수했을 때는 감추려 하거나 비난이 종업원에게 가도록 하지 말라. 실수를 받아들이고, 가능한 한 수정하고 진행하라. 실수에 대한 책임을 용납하는 이러한 행동은 종업원들에게 동일하게 행동하도록 동기부여 할 것이다.

(4) 개인적으로 행동을 징계하라

종업원들이 실수했을 때 그들을 본보기 대상으로 만들지 말라. 그들은 이미 실수로 인해 당황했고, 동료들 앞에서 창피를 주는 것은 그들을 방어적이고 분개하게 만든다. 개인적으로 그들을 징계하고 가능한 한 건설적으로 하라. 그럼으로써 그들이 실수의 원인을 제거하도록 동기유발 할 수 있다. 만약 종업원이 실수를 깨닫지 못한다면, 가능한 한 사건 직후 그들에게 개인적으로 말해 주고 그들이 당신으로부터 그것을 처음 듣도록 하라.

(5) 상호 협조를 유도하라

종업원들이 당신을 위해서라기보다 당신과 함께 일한다는 개념을 유도하라. 그들을 동등하게 대하여 당신의 생각과 목표를 지원하려는 동기를 부여하라. 그들에게 업무수행에 필요한 정보와 도구를 제공하여 동기부여하고 지속적으로 학습을 격려하라. 그들의 역할이 참여 팀원임을 강조하라.

(6) 업무의 혁신을 촉진하라

종업원은 당신의 목표와 자신의 것이 동일하다고 깨닫는 순간, 당신이 그들을 직접 관리하지 않더라도 그들은 열심히 일하려고 할 것이다. 동기부여된 종업원은 업무에 확신을 가지므로 확인할 필요가 없다.

(7) 명확한 비전을 가져라

당신은 회사 비전의 의미를 알고 종업원에게 전달해야 한다. 당신은 회사가 어디에 있고자 하는지, 대외적 이미지는 어떠해야 하는지, 종업원의 노력이 어떻게 기여하는지, 업무가 어떻게 만족할 만 해져야 하는지 등을 말해 주어야 한다. 비전의 전달목적은 목표 달성을 위해 종업원들이 일하도록 동기부여하고 고무(힘을 내도록 격려하여 용기를 북돋움)해야 한다.

(8) 자료가 아닌 정보를 공유하라

기초 자료는 그것이 포함된 정보가 만들어지고, 검증되고, 평가되고, 수행될 때 유용하다. 종업원이 자료를 정확하게 읽을 지식, 경험이 없다면 그들은 오해할 가능성이 있다. 자료가 들어간 평가된 정보를 정확하고 적시에 공유하여 그들이 생산적으로 그것을 사용하도록 동기부여 할 필요가 있다.

(9) 자주 일징을 피드벡하라

종업원은 적시적이고 지속적으로 피드백을 받아야 한다. 짧고 잦은 강화(수준이나 정도를 높이거나 세력이나 힘을 더 강하고 튼튼하게 함)는 공식적인 평가 시간을 기다리는 것보다 동기부여적 효과를 유지한다. 피드백 제공을 위해 종업원을 너무 오랫동안 기다리게 하는 것은 당신이 종업원의 노력이나 그들에 대해 그다지 고려하지 않는 것을 암시한다.

(10) 훈련 · 교육 · 지도를 제공하라

훈련과 생산성은 매우 관련이 있다. 종업원들이 잘 하고 있고 훈련은 그들을 더 학습하도록 도와준다는 믿음을 그들에게 조성하라. 훈련이 사실과 방법을 제공하는 것인 반면, 교육은 지식을 성과 향상에 응용하는 것이다. 효과적인 지도는 가치 있는 피드백을 성과에 부여하는 데 유용하다.

(11) 바쁜 업무로 종업원의 시간을 낭비하지 마라

바쁜 업무는 종업원과 당신의 시간을 모두 낭비한다. 생산적이고자 하는 종업원들은 불필요한 업무를 기뻐하지 않는다. 효율성과 좋은 시간 관리는 쓸모없는 바쁜 업무의 부여에 대해 보상을 하지 않는다. 종업원들이 일정보다 빨리 주어진 업무를 끝낼 때, 그들을 축하하고 그들에게 중요한 무엇인가를 확보하는데 남은 시간을 사용하도록 고무해야 한다.

(12) 종업원의 걱정을 공감하라

종업원들의 걱정을 기꺼이 경청하고 공감하라. 당신이 그들을 동의하지 않을 수도 있으나 중요한 것은 그들의 감정에 대해 당신이 경청한다는 것이다. 드물지만 때로는 그들의 근심에 대해 공감하는 청중을 갖는 것은 어려운 상황을 해결하는 데 충분한 것일 수 있다.

(13) 종업원을 정중하게 대하고 존중하라

직급, 부서, 상황에 상관없이 모든 종업원들은 정중하게 대우받고 존중되어야 한다. 당신이 종업원을 이렇게 대할 때, 그들도 정중하게 대하려고 할 것이다.

부록 5-1 : 스스로에게 동기부여를 하는 가장 쉬운 방법

우리가 일을 미루는 이유는 무엇일까? 일할 동기를 찾지 못하기 때문이다. 일할 동기를 만들 수 있는 가장 쉬운 생각 방법을 알아보자. 역설적으로 들리겠지만, 우리 마음은 지나치게 부담이 큰 상황뿐 아니라 지나치게 부담이 작은 상황에서도 일을 거부한다. 부담이 너무 크면 도저히 할 수 없을 것 같다고 포기해 버리고, 부담이 너무 작으면 그 일을 해야 하는 의미를 모르겠다면서 일할 동기를 찾지 못하는 것이다.

중요하다고 생각하지 않는 마음은 행동을 이끌어낼 수 없다. 앞으로의 결과가 충분히 노력할만한 가치가 있다고 느껴져야 우리의 마음은 움직인다. 그런데 문제는 성과가 장애물보다 작게 느껴지기 쉽다는 것이다. 우리는 보통 장애물에 더 초점을 맞추기 때문이다.

예를 하나 들어 보자. 당신은 다이어리를 매일 작성해야 하지만 그러지 않고 있다. 이런 상황에 문제를 느꼈다면 당신은 쓰지 않는 이유에 대해서 초점을 맞추었을 것이다. 시간이 없거나, 다이어리에 적을 만큼 중요한 일을 하지 않았다거나 혹은 그냥 귀찮음을 느낀다는 것이다. 이렇듯 자연스레 안 할 수 있었던 이유를 찾게 된다. 이제 부정적인 곳에 초점을 맞추지 말고 긍정적인 이유를 찾아본다. 내가 왜 다이어리를 쓰기로 결정한 걸까? 오늘의 일정을 정리하는데 정말로 15분을 투자하는 게 어려운 일인가? 안 할 이유가 아니라 할 이유에 초점을 맞추고 그 이유에 대해서 고민을 한다면 의욕이 생기는 경우가 많다.

이렇듯 정기적으로 하기로 한 일들을 자꾸 미루게 되는 경우가 많이 생긴다면 결심대로 잘 해냈을 때 어떤 느낌이 들지 미리 상상해보자. 물론 하지 않는 것은 선택 사항도 아니라는 단호한 태도도 필요하지만, 우리의 마음은 단호한 결심만으로 행동을 지속하기에는 정말 통제하기 어렵다. 우리에게는 기본적으로 내일이 늘 온다는 생각이 있기 때문이다.

나중에 언제든 할 수 있다는 생각은 가장 위험하면서 유혹적이다. 흔히 기회가 언제든 우리를 기다려 줄 것이라고 믿고, 우리가 원할 때 그것을 잡을 수 있으리라 믿는다. 스스로 준비가 된 미래에도 여전히 건강하고 시간과 돈이 그럭저럭 뒷받침해 주리라 생각하는데 사실 그렇지 않다는 건 당신도 알고 있다.

우리 삶이 언제든 끝날 수 있다는 사실을 게을러질 때마다 기억한다면, 당신의 시간은 더 이상 당연하게 여겨지지 않을 것이다. 다음에 또다시 새로운 경험 앞에서 망설이게 된다면 지금부터 1년 후에는 무엇이 더 중요하게 여겨질까? 이 질문을 생각하자. 그냥 머뭇거리며 하지 않는 걸 칭찬하게 될까? 아니면 내게 주어진 시간을 최대한 활용한 것을 기뻐하게 될까? 우리 몸은 늘 기꺼이 움직일 준비가 되어있지만, 마음만 우리가 행동하는 걸 가로막는다는 걸 기억하자. 1년 뒤 나를 어떻게 생각할지 생각하는 것, 그러면 미루지 않고 행동할 수 있다.

- https://tnsgud.tistory.com/474 [Soon Gud Story], 스스로에게 동기부여를 하는 가장 쉬운 방법, 2018.09.19. -

제 1 장	대인관계능력
제 2 장	팀워크능력 Ⅰ
제 3 장	팀워크능력 Ⅱ
제 4 장	리더십능력 Ⅰ
제 5 장	리더십능력 Ⅱ
제6장	**리더십능력 Ⅲ**
제 7 장	리더십능력 Ⅳ
제 8 장	갈등관리능력 Ⅰ
제 9 장	갈등관리능력 Ⅱ
제 10 장	협상능력 Ⅰ
제 11 장	협상능력 Ⅱ
제 12 장	고객서비스능력 Ⅰ
제 13 장	고객서비스능력 Ⅱ

제1절 코칭 활동

코칭 활동은 직원들의 능력을 신뢰하며 확신하고 있다는 사실에 기초한다. 코칭은 조직의 지속적인 성장과 성공을 만들어내는 리더의 능력이라고 말할 수 있다. 또한 직원들에게 질문을 던지는 한편 직원들의 의견을 적극적으로 경청하고, 필요한 지원을 아끼지 않아 생산성을 높이고 기술 수준을 발전시키며, 자기 향상을 도모하는 직원들에게 도움을 주고 업무에 대한 만족감을 높이는 과정이라고 말할 수 있다.

1. 코칭이란 166)

코칭(Coaching)이란 스포츠에서 코치를 통해 운동선수들의 실력을 향상시키고 지도해주는 것을 뜻한다. 더 자세하게는 개인의 잠재력을 최대로 발휘케 하여 목표를 달성할 수 있도록 도움을 주는 것을 말하다. 이런 코칭이라는 말이 최근 경영인들과 리더십을 발휘하는 리더들, 그리고 기업에 적용해야 한다고 목소리를 높이는 사람들이 많

166) http://www.kscoaching.kr › leadership-coaching, 리더십 코칭, 한국상담코칭진흥원, 서우경 코칭연구소. 참조.

다. 최근 기업에서는 이러한 코칭이 기업의 성공에 필요한 것이라고 대두되고 있다.

① 코칭은 변화와 성장을 가져다주는 대화기술이다 : 누구나 변화와 성장을 원하지만, 그것을 실제로 성취해내는 사람은 많지 않다. 코칭은 이처럼 생각과 바람에만 머물 수 있는 변화와 성장이 현실에서 이뤄지도록 돕는 대화기술이다.
② 코칭은 목적이 있는 대화이다 : 일상에서 이루어지는 대화와 다르게 코칭에서 이루어지는 대화는 목적이 있는 대화이다. 코칭 대화를 마친 후 코치이(코칭을 받는 사람)는 '변화'와 '성장'이라는 목적을 이룰 수 있게 된다.
③ 코칭은 최고의 성과를 가져다준다 : 최고의 성과를 이루어낸 스포츠 선수들 뒤에는 반드시 훌륭한 코치가 있다. 코치들은 선수들의 잠재 역량을 잘 파악해 훈련시키며 선수들이 마음껏 기량을 뽐낼 수 있도록 돕는다. 이처럼 코칭이란 사람들의 잠재력을 최대한 끄집어내서 일과 조직에서 최대의 성과를 내도록 도와주는 기술이다.
④ 코칭은 융합학문의 꽃이다 : 인간의 성장과 조직의 성과를 다루는 학문은 오랜 시간 동안 여러 영역에서 변화·발전해 왔다. 오늘날 코칭은 경영, 상담, 심리, 컨설팅, 교육 등 모든 학문의 통합을 넘어 융합학문의 새로운 지평을 여는 데 공헌을 하게 되었다.
⑤ 코칭은 경청과 질문으로 이루어진다 : 경청과 질문은 코칭의 핵심 대화법으로 '경청'은 상대방의 말을 주의 깊게 귀 기울여 듣는 것이다. 경청을 통해 코치이의 현재 상황과 감정, 욕구(real want)를 파악할 수 있다. '질문'은 상대방을 발견하는 것을 목적으로 하며, 상대방이 질문 의도를 명확히 알 수 있도록 간결하게 묻는 것이 중요하다. 좋은 질문을 하기 위해서는 잘 경청하고 그다음에 질문해야 한다. 코치이는 코치의 질문에 대답하며 스스로 내면의 문제와 답을 찾아낼 수 있다.

2. 코칭의 정의

① 국제코치연맹(ICF, International Coach Federation) : "전문적인 코칭이란 인생, 경력, 비즈니스와 조직에서 뛰어난 결과를 달성할 수 있도록 도와주는 지속적이며 전문적인 관계를 말한다."
② 사단법인 한국코치협회 : "개인과 조직이 잠재력을 극대화하여 최상의 가치를 실현할 수 있도록 돕는 수평적 파트너십이다."
③ CCU(Corporate Coach University) : "코칭은 코치와 발전하려고 하는 의지가 있는 개인이 잠재 능력을 최대한 개발하고, 발견프로세스를 통해 목표설정, 전략적인 행동 그리고 매우 뛰어난 결과의 성취를 가능하게 해주는 강력하면서도 협력적인 관계이다."
④ 에노모토 히데타케 : "코칭은 개인의 자아실현을 서포트 하는 시스템이다."

⑤ 마샬 쿡(M. Cook) : "코칭은 스스로 보고, 배울 수 있도록 돕고 참여를 통하여 성과를 높이도록 하는 것이다."
⑥ 게리 콜린스(Gary R. Collins) : "코칭은 한 개인이나 집단을 현재 위치에서 그들이 원하는, 보다 능력 있고 만족스러운 목표지점까지 나아가도록 인도하는 기술이자 행위이다."
⑦ 존 휘트모어(John Whitmore) : "개인 지도와 일방적 교육을 통해 정보 전달을 강조하는 것과는 대조적으로, 코칭은 한 사람이 잠재력을 발휘하여 생산성을 극대화하게 하는 것이다."
⑧ 호먼 & 밀러(Homan & Miller) : "개인발전, 목적 지향적 액션, 그리고 향상을 위한 환경을 창출하기 위해 초점 있는 대화(focused conversations)를 사용하는 계획적 과정이다."
⑨ 콜(Cole) : "과거의 패턴을 깊이 탐구하고 오늘 있는 곳에 집중하는 심리치료와는 달리 목표를 어떻게 이룰 수 있을지에 대한 행동 지향적인 파트너십이다."
⑩ 와트(Watt) : "코치이(코칭을 받는 사람)가 협의 사항을 정하고, 코치는 변화의 매개자, 적극적인 질문자와 전념하는 경청자로서 서비스하는 하나의 협력이다."
⑪ 필립스(Philips) : "조직원들이 최대의 성과를 올릴 수 있도록 영향력을 발휘하는 것이다."
⑫ 서우경 : "개인과 조직의 변화와 성장을 가져오게 하는 체계적인 대화기술이다."

3. 코칭으로 팀워크를 강화하라[167)]

코칭은 닦달하는 지시가 아니고, 단지 업무 일정을 관리하는 것도 아니고, 직원이 아무리 설명해도 이해하지 못한다고 포기해 버리는 것도 아니다. 코칭은 직원들의 능력을 신뢰하며 확신하고 있다는 사실에 기초한다. 코칭과 관리가 '다르다는 사실'을 인식하는 것이 중요하다. 그 차이는 커뮤니케이션을 하기 위해 취하는 접근법에 있다.[168)] 즉 관리는 통제 및 지도를 통해 목적을 실현하려고 하는 것인 반면, 코칭은 리더십을 통해 목적을 실현하려고 한다.

4. 코칭 기술[169)]

직장생활 중 조직원들에게 도움을 주고 업무에 대한 만족도를 높이기 위해서 코칭 기술을 활용해보자.

167) https://jaeildream.tistory.com/160?category=667528 [ㄱㅈㄱㅈ], 3장 코칭, 꿈 전재일, 2016.09.29.
168) 슈퍼비전과 업무지시를 구분해야 하는 것과 비슷하다.
169) 한국산업인력공단(2021), op. cit.

① **코칭 기술은 언제 필요한가** : 코칭은 커뮤니케이션 과정의 모든 단계에서 활용할 수 있다. 직원들과 함께 의견을 나누고 공유하게 해 효과적인 해결책과 빠른 성과를 이끌어낸다. 예를 들어 판매량이 급증되는가 하면 품질이 뛰어난 제품을 생산하도록 팀에 동기를 부여하고, 구성원들의 사기를 드높이기도 한다.
시간이 지날수록 코칭은 모든 사람을 팀에 관여하도록 하고, 프로젝트 또는 업무를 훌륭하게 수행하도록 하는 데 기여한다. 또한, 실수나 비효율적인 방법을 사전에 파악해서 개선하게 하므로 업무성과를 높이고 직원들 간의 관계를 돈독하게 할 뿐 아니라, 직원 개개인이 강한 자신감과 자긍심을 갖도록 이끌어준다.

② **코칭은 관리가 아니다**170) : 코칭과 관리는 대표적인 커뮤니케이션 도구이다. 그러나 둘은 전혀 다른 접근법을 특징으로 한다. 관리의 도구로 활용되는 전통적인 접근법에서는 리더가 지식이나 정보를 하달하며 의사결정의 권한을 가지고 있는 것이 당연하게 받아들여진다.
코칭은 이와 같은 전통적인 접근법과는 거리가 멀다. 리더는 이를 깊이 인식해야 하며, 자신이 가지고 있는 통제 권한을 기꺼이 버려야 한다. 코칭 활동은 다른 사람들을 지도하는 측면보다 이끌어주고 영향을 미치는 데 중점을 두기 때문이다. 코칭은 지침보다는 질문과 논의를 통해, 통제보다는 경청과 지원을 통해 상황의 발전과 좋은 결과를 이끌어낸다. 코칭의 결과를 믿고 익숙해지는 과정이 필요하다.

③ **코칭이 개인에게 주는 혜택** : 코칭은 문제가 발생하기 전에 이루어지는 커뮤니케이션(Proactive Communication)에 기초하는 것 말고도, 영향 및 리더십에 기초하고 있다. 코칭은 관리 도구가 아닌 관리 스타일이다. 코칭을 하는 과정에서 리더는 직원들을 기업에 값진 기여를 하는 파트너로 인식하게 된다. 한편 성공적인 코칭을 받은 직원들은 문제를 스스로 해결하려고 노력하는 적극성을 보인다.171) 리더는 위험감수와 관련해 직원들에게 적절한 정보나 지원을 제공해야 한다.

④ **코칭이 조직에게 주는 혜택** : 코칭을 실천하고 있는 조직들은 다음과 같은 혜택과 결과를 누린다. 첫째 동기를 부여받은 자신감 넘치는 노동력, 즉 자신감 넘치는 구성원이 된다. 둘째 높은 품질의 제품 생산이 가능해진다. 셋째 구성원들의 책임의식이 강해진다. 넷째 전반적으로 효율성의 상승 및 생산성의 향상을 도모한다.

---

170) 관리와 슈퍼비전의 차이를 이해하는 것이 필요한 것 같다. 관리자로서는 업무를 지시하고, 그것이 단시간 내에 자신이 원하는 시점에, 자신이 원하는 결과를 기대한다. 그러나 슈퍼바이저는 업무지시가 아닌, 방향을 제시하고, 슈퍼바이지가 스스로 할 수 있도록 돕는다. 그리고 그 기한과 결과를 슈퍼바이지가 결정할 수 있도록 돕는다.

171) 물고기를 잡아서 주는 것보다, 물고기를 낚는 법을 가르치라는 말이 생각난다. 가끔 리더 자신이 기다림을 견디지 못해, 참견하고 자신이 직접 해버리는 경우가 있다. 이런 과정을 자주 겪게 되다 보면, 직원들이 수동적이 되어 버리는 것을 경험한다. 또 그렇다고 해서, 너무 기다리고만 있을 수는 없다. 때론 리더 자신을 보면, 사실 기다리고 있어서가 아니라 방관하고 있었던 것을 아닐까 하는 반성을 하게 된다.

5. 코칭의 기본원칙[172)]

① **관리는 만병통치약이 아니다** : 코칭의 기본은 서로가 자유롭게 논의할 수 있고 제안할 수 있어야 한다는 점이다. 리더는 '부하직원들의 창조성과 통찰력을 결코 간과해서는 안 된다'는 것을 중요시해야 한다. 문제에 좀 더 가까이 있고 직접적으로 연관되어 있는 사람은 직원들이기 때문이다. 결국, 일하고 해결하는 사람들은 직원이다. 그렇기 때문에 직원들의 사고 과정을 자세하게 살피고, 질문하는데 필요한 기술을 개발하는 것이야말로 리더가 해야 할 중요한 임무이다.[173)]

② **권한을 위임한다** : 리더는 직원들이 어떠한 일이든 자신의 업무에 책임의식을 갖고 완전히 책임질 수 있도록 이끌어야 한다. 어떤 직원에게 프로젝트를 부여한 뒤 업무를 수행하는 동안 모든 결정을 스스로 하도록 권한을 준다면, 그 직원은 자연적으로 주인의식을 갖게 된다.

③ **훌륭한 코치는 뛰어난 경청자이다** : 코치인 리더는 적극적인 경청자답게 잡념을 떨쳐버리고 직원에게만 모든 관심을 집중해야 한다. 적극적인 경청을 통해 리더는 직원이 말하려고 하는 바를 이해하는 능력과 직원들이 느끼는 바가 무엇인지 헤아리는 능력을 향상시킬 수 있다. 리더는 부하직원들을 섣불리 판단하지 않아야 하고, 코칭하는 동안 특별한 반응을 보여서도 안 된다. 또한, 부하직원들이 말하고자 하는 요점과 표현 방식에 대해 최선의 결정을 내릴 수 있도록 피드백[174)]을 적극적으로 제공해야 한다. 말투에서 '그런데'보다 '그러나'를 사용하면 전달하고자 하는 메시지를 직원들이 훨씬 잘 이해할 수 있다고 한다.[175)]

④ **목표를 정하는 것이 가장 중요하다** : 리더는 서로 다른 기술과 능력을 가지고 있는 직원들에게 어떤 목표를 정해줄 것인지 확실히 판단해야 한다. 이 말은 곧 업무를 깔끔하게 처리하는 적절한 방법을 직원 스스로 개발하도록 도와주기 위해 리더 자신이 여러 가지 기술을 발휘해야 할 뿐 아니라, 직원마다 어떤 강점이 있고, 어떤 기술을 가지고 있는지 정확히 파악하고 있어야 한다는 것을 의미한다.

---

172) Ibid.

173) 정말 많이 간과하는 내용이다. 못 미더울 때가 많고, 이유가 있기 때문이라고 생각한다. 그러나 사실 깊이 생각해보면, 꼭 그렇지는 않다. 직원의 강점을 찾는 노력을 많이 해야 할 것 같다. 결국, 직원이 못하는 것은 그 직원 탓 이상으로, 리더의 탓도 있음을 무시할 수 없다.

174) 코칭을 하는 데 있어서 가장 중요한 것은 피드백이다. 피드백이란 잘못된 것이나, 잘하고 있으나 이렇게 하면 어떨까? 라는 생각 등을 말하는 것이다. 코칭에서 중요한 것이 대화인데, 대화의 일부분이 바로 피드백이라고 할 수 있다. 피드백을 잘 하기 위해서는 지금 가고 있는 길을 확실하게 알 필요가 있다. 그리고 피드백이 필요한 팀원을 확실하게 알 필요도 있다. 만약 지금 가고 있는 길을 확실하게 모르고 피드백이 부족하다면 성과나 목표에 도달하는 시간이 길어질 것이다. 제대로 된 피드백을 위해서는 상황을 알고, 상대를 잘 파악하고 주제를 명확하게 할 필요가 있다. 코칭을 하면서 자신의 문제점 역시 팀원들에게 피드백을 받는 것도 중요하다. 자신이 제대로 가고 있는지, 팀원들은 나를 어떻게 생각하고 있는지를 피드백 받는 것도 중요하다. 그렇게 해야 자신의 상황을 정확하게 알고 팀원들에게 명확한 피드백이 가능하기 때문이다. 이와 관련하여 긍정 정멘토(2020), 코칭의 중요성과 필요한 이유, 2020.03.17, 참조.

175) 한마디로 리더가 직원들이 최선의 결정을 할 수 있도록 도와야 한다는 것이다.

6. 코칭의 진행 과정[176)]

코칭 모임을 준비할 경우, 어떤 활동을 다룰 것이며 시간은 어느 정도 소요될 것인지에 대해서 직원들에게 구체적이고 명확하게 밝혀야 한다. 지나치게 많은 지시와 정보로 직원들을 압도하는 일이 없도록 하고, 질문과 피드백에 충분한 시간을 할애한다.

① **시간을 명확히 알린다** : 시간을 알려주면, 직원들이 미리 자료를 준비할 수 있다.
② **목표를 확실히 밝힌다** : 코칭 모임의 목표를 밝히고 직원들의 의견을 수렴해서 합의를 한다.
③ **핵심적인 질문으로 효과를 높인다** : 코칭 모임에서 논의할 문제나 프로젝트와 관련된 사항을 직원들이 단번에 파악할 수 있도록 핵심적인 질문으로 시작한다.
④ **적극적으로 경청한다** : 판단하려고 하지 말고, 다른 사람이 생각하고 느끼는 바를 귀담아들어야 한다.
⑤ **반응을 이해하고 인정한다** : 인정이 곧 동의를 의미하지는 않지만, 논의에 관심을 갖고 있다는 점은 보여주어야 한다.
⑥ **직원 스스로 해결책을 찾도록 유도한다** : 생각을 발전시키려는 방향으로 논의를 지속적으로 몰고 가야 한다. 질문을 활용한다. 이 과정은 리더 자신에게 깨달음을 주는 과정이 되기도 한다.
⑦ **코칭 과정을 반복한다** : 원하는 결과를 실현할 때까지 코칭 과정을 반복한다.
⑧ **인정할 만한 일은 확실히 인정한다** : 새로운 것을 배우려 하고 창조적인 아이디어를 내놓는 자세와 향상된 능력을 인정한다.
⑨ **결과에 대한 후속 작업에 집중한다** : 코칭은 지속적인 헌신이다. 성공적인 코칭을 위해서는 리더와 직원 모두 결과에 대한 후속 작업에 집중해야 한다.

7. 코칭은 어떤 사람들에게 필요한가?

전통적으로 코칭은 리더나 관리자가 직원들을 코치하는 관점에서 활용되었다. 하지만 이제는 상황이 바뀌었다. 코칭은 모든 사람들에게 성공적인 커뮤니케이션 수단이다. 즉 모든 사람들에게 코칭이 필요한 시대가 되었다.[177)] 코칭은 자신과는 다른 다양하고 값진 의견을 받아들이기 위한 방법이다. 즉 관계된 사람들을 모두 참여하게 만들고, 코칭을 하는 사람이나 받는 사람이 서로 의사소통을 할 수 있도록 만드

---

176) Ibid.

177) 코칭은 이제 직장뿐만 아니라 판매자, 고객 등을 통틀어 광범위하게 활용된다. 이를테면 판매자는 새롭고 효율적인 해결책을 설계해 진행 및 실현하는 데 코칭을 활용한다. 또한 고객은 고객 만족에 대한 문제를 해결하고, 장기적인 수익을 실현하는 데 코칭을 활용한다. 이처럼 코칭은 자신과는 다른 다양한 의견을 받아들여 그것을 더욱 가치 있게 흡수하는 과정이다.

는 커뮤니케이션 절차이다.

일례로 직원들은 코칭의 과정에서 리더가 자신의 의견과 제안을 들어준다고 느끼는데, 이러한 이유 때문에 코칭은 직장 내에서 직원들의 사기를 진작시키고 신뢰감을 형성하는데 필요한 커뮤니케이션 수단으로 늘 활용된다. 리더 역시 코칭 활동을 통해 직원들의 자발적이고 생산적인 의견을 경청함으로써 보다 합리적인 의사결정을 하는 데 도움을 준다.

8. 코칭 기술의 핵심[178)]

코칭은 명령을 내리거나 지시를 내리는 것보다 많은 시간이 걸리고 인내가 필요한 활동이다. 하지만 코칭이 이루어졌을 때 팀 전체가 실현하는 결과는 이루 헤아릴 수 없을 정도로 엄청나다. 코칭은 자신의 이미지에 대해 불안하게 생각하고, 쉽게 통제력을 잃는 리더들에게는 위협적인 것으로 여겨질 수 있다. 리더가 코칭을 통해 직원들의 성장과 발전에 도움을 줄 경우, 직원들은 보다 적극적인 자세로 업무에 임하게 된다.[179)]

9. 코칭 리더십[180)]

21세기 들어서 사회적 변화의 내용을 보면 과거에 비해 조직구성원들의 자발적 참여와 자율성이 지속적으로 강화되고 있는 추세다. 게다가 지식 정보산업과 네트워크의 발달, 개인주의의 심화 그리고 고용환경에 따른 업무 방식의 변화는 종전의 리더를 중심으로 하는 지시-통제형 리더십에 대한 재고를 불러일으키게 한다.

종전의 리더십은 일상 업무 유지와 조직구성원들에 대한 지시·명령, 조직구성원들에 대한 단점의 질책과 통제에 주요 목적이 있었다. 그러나 새로운 리더십은 일상 업무에 변화와 개혁을 추구하고 있다. 조직구성원들이 자발적인 방법으로 목표를 달성하도록 동기를 부여해주며, 조직구성원의 장점을 살리고 강점을 개발하도록 노력해야 한다.

갈수록 환경의 변화가 빨라지고, 빠른 환경에 대응하여 수평적 조직구조로 탈바꿈하는 현시점에서 변화를 수용할 새로운 리더십이 요구되고 있다. 이러한 관점에서 코칭 리더십은 새로운 리더십의 대안으로 제시되고 있다.

178) https://jaeildream.tistory.com/160?category=667528, op. cit

179) 생각해보면, 불안해한다고 해결되는 것도 없다. 쉽지는 않더라도 믿어보는 것이 의심하고 걱정하는 것보다는 더 좋은 방법인 것 같다. 경험해보면, 직원들이 생각보다 더 능력 있고, 더 열정이 있다는 것을 깨달을 때가 있다.

180) 박주현(2019), 코칭 리더십으로 새 시대를 대비하자, 경제포커스, 2019.05.08.

코칭 리더십은 리더 우선의 지시-통제형이 아니라 구성원 위주의 새로운 리더십 패러다임을 핵심으로 하고 있어서 경영학 연구와 실무에서 주목을 받게 되었다. 즉, 코칭 리더십은 조직 내에서 조직구성원에게 조직이 지향하는 방향을 제시해주며, 조직구성원의 직무수행능력 함양을 위한 개발, 조직원들의 과업수행 수준과 평가를 위한 수행평가, 구성원 간의 개방적이고 신뢰적인 관계 등을 통하여 조직의 목표를 달성하는 새로운 조직 관리의 시각을 제공해 준다.

조직에서 리더의 코칭 행동은 방법과 목적에 따라 3가지 측면에서 의미가 있다. 첫째 대화와 프로세스 관점에서 잠재능력 개발자의 역할이다. 둘째 학습과 역량개발의 관점에서 지원자의 역할이다. 셋째 성과 및 목표 달성의 관점에서 촉진자의 역할이다.

이러한 코칭 리더십은 관리자와 구성원 상호 간의 신뢰와 존중을 바탕으로 할 때 효과적으로 발휘되는데, 코칭 리더십에서 리더는 일방적으로 리더십을 발휘하거나 서두르지 않고 구성원의 마음을 열고 리더를 신뢰할 때까지 기다리며 양방향 커뮤니케이션을 실현하려고 한다.

Stowell(1986)은 코칭 리더십은 상대방과의 대화를 통해 방향 제시, 역량개발, 수행평가, 관계 등의 구체적인 행동으로 나타나는 프로세스라고 주장했다.

이처럼 코칭 리더십은 상사와 조직구성원 간의 양방향 커뮤니케이션을 통하여 조직구성원 스스로가 목표 인식을 명확히 하고 목표를 달성하기 위한 자기 역량을 개발하며, 목표 수행에 대한 철저한 점검과 평가 및 자기개발을 함과 동시에 조직성과를 위한 수행평가를 할 뿐만 아니라 조직구성원과의 개방적이고 신뢰적인 인간관계 형성을 통한 조직의 성과 창출은 물론 동기부여를 통해 조직 몰입을 향상시킨다.

코칭 리더십의 중요성이 커지는 이유는 리더가 코칭을 통하여 조직구성원들이 자발적으로 동기부여가 되어 조직에 몰입할 수 있기 때문이다. 리더의 코칭 역할 수행은 조직구성원의 직무 만족, 조직 몰입 등에 긍정적인 영향을 주는 것으로 보고되고 있다. 이런 점이 소셜미디어, 모바일, 사물인터넷, 클라우드, 빅데이터 등 5대 핵심기술로 대변되는 4차 산업혁명 시대를 이끌어 나갈 리더가 자발적 참여와 자율성을 근간으로 하는 코칭 리더십으로의 무장이 필요한 이유다.

10. 기업 사례로 보는 코칭 효과[181)]

① **닛산 자동차** : 일본의 닛산 자동차는 코칭의 효과를 본 기업 사례로 유명하다. CEO로 취임한 카를로스 곤은 1999년 6천844억 원의 적자기업이던 닛산을 1년 만에 3천311억 원의 흑자기업으로 성장시켰다. 카를로스는 닛산의 이러한 대전

181) 이토 아키라(2005), 코칭대화기술, 김경섭 옮김, 김영사, 2005.11.18.

환 뒤에 '코칭'이 있었음을 공공연하게 밝혔다. 그는 스스로를 '코치'라 부르며 중견 간부 600여 명을 대상으로 3개월간 일대일로 코칭을 실시했고, 중간관리자 2천 500명에게도 정기적으로 코칭 연수를 밟게 했다. 기업 전체적으로 구성원 간 일대일 코칭을 실시하도록 장려했음은 물론이다. 그 결과 닛산 구성원들의 잠재 능력이 최대한 발휘될 수 있었고, 흑자기업이 되는 발판도 마련될 수 있었다. 닛산의 사례는 코칭의 효과를 뚜렷하게 보여주는 사례이다.

② **맥도날드** : 일본 맥도날드사는 일본 최초로 코칭을 도입한 기업이다. 창립 때부터 직원 교육에 노력해왔지만 패스트푸드 산업 특성상 아르바이트나 비정규 직원의 비율이 점차 높아져 일괄적인 직원 관리에 어려움을 겪었다. 또한, 각 점포 매니저들이 매출이나 매장 관리에 집중하고 매장 직원들에 대한 매니징 스킬을 습득하지 못한 경우가 많아 협업이나 의사소통에 크고 작은 문제가 생기기 시작했다. 이에 맥도날드는 코칭 교육을 도입하기로 결정했다. 매니저들을 대상으로 집중적인 코칭 교육을 실시한 결과 이전보다 협업이나 의사소통이 원활해지는 긍정적인 결과를 얻을 수 있었다.

제2절 임파워먼트

1. 임파워먼트의 개념182)

임파워먼트(Empowerment)는 1940년대 정치학, 사회학 분야에서 최초 사용된 개념으로 시민 권리 운동, 흑인 투표권 저항운동, 노조 활동, 민권운동 단체, 여성해방운동 등 주로 참여 행동 변화와 함께 등장하였다. 임파워먼트는 급변하는 환경 속에서 조직구성원의 주도성, 혁신성, 창의성 등을 배양하고 능력을 신장시켜 궁극적으로 조직 효과성을 향상하는 핵심 개념으로 인식되면서, 산업 및 서비스 조직 등에서 경영의 핵심 주제가 되었다. 특히 미국 기업 내 만연하던 구성원의 무력감을 해소하고 변화와 성과를 추구하게 하여 기업혁신과 성장의 핵심 개념으로 주목받게 되었다.

임파워먼트에 대한 연구는 관계적 측면과 동기부여 측면의 두 가지 관점으로 이루어졌다. 관계적 측면에서는 임파워먼트를 권한을 사이에 두고 상사와 부하 간에 진행되는 상호작용 과정이라는 견해를 보인다. 조직구성원에게 권한을 부여하는 것으로 조직 차원의 분석에서 주로 정의되며, 구조적 임파워먼트 혹은 관리적 임파워먼트라

---

182) https://edumon.tistory.com, 임파워먼트란?, 애듀몬, 2021.01.16.

고 한다. 동기부여 측면은 임파워먼트를 부하가 직무를 잘 수행할 수 있도록 해주는 과정으로 개인 차원의 분석에서 주로 정의된다. 따라서 조직구성원들이 스스로 파워를 창출하고 느끼도록 하는 것을 의미하는 심리적 임파워먼트로 개념화되고 있다.183)

최근 들어 임파워먼트의 개념이 zero-sum 관점에서 positive-sum 관점으로 변화하고 있다. 권한의 크기는 일정하고 무엇으로 구성되었는지에 초점을 둔 zero-sum 관점을 넘어 권한의 크기 자체를 증진시켜야 한다는 positive-sum 관점이 대두되고 있다. 임파워먼트의 내용은 조직 내 구성원의 역량을 키우고 최대한 활용한다는 것이며, 목적은 구성원의 능동적 자세를 이끌어내 조직의 목표에 긍정적 영향을 주는 것이다. 또한, 임파워먼트는 직무역량과 의욕이 증진된 조직구성원 간 상호작용을 촉진시킴으로써 조직 전체의 파워 확대로 연결되는 과정을 통해 이루어질 수 있으며, 궁극적으로 조직의 성과 향상으로 나타날 것으로 예상할 수 있다.

2. 임파워먼트의 효과184)

임파워먼트는 특히 고객 접점이 빈번한 서비스산업에서 고객의 만족을 위해 빠른 피드백을 줄 수 있는 구조를 확립하기 위해서 많이 도입되고 있다. 이러한 임파워먼트의 실행을 통해 얻을 수 있는 효과는 다음과 같다.

① **비용 절감** : 지시, 점검, 감독, 감시, 조정 등에 필요한 노력과 비용이 줄어들기 때문에 비용이 절감된다.
② **빠른 피드백** : 고객 접점에서의 응대가 보다 신속하고 탄력적으로 이루어진다.
③ **업무 몰입도 향상** : 구성원들의 능력을 최대한 발휘하게 하고 그들의 업무 몰입도도 극대화할 수 있다.
④ **품질 및 서비스 수준 제고** : 업무 수행상의 문제점을 가장 잘 알고 있는 실무자들이 고객들에게 적합한 응대를 하게 됨으로써 품질과 서비스 수준을 제고할 수 있게 된다.

---

183) 임파워먼트는 과업수행 시 자기효능감을 향상하도록 도와주는 과정이다. Thomas와 Velthouse(1990)는 동기부여 측면을 더욱 확대하여 내적직무 동기로 확장시켰다. 그들은 임파워먼트의 의미를 권한을 위임하는 것 이상으로 판단하여 동기부여의 특정 형태로 바라보고, 과업평가를 통해 내면적으로 동기부여를 증가시키는 상태로 보았다. 궁극적으로 임파워먼트를 내적직무 동기가 발휘되도록 조직구성원에게 부여해주는 과정으로 정의하였다. Spreitzer(1995)는 Thomas와 Velthouse(1990)의 연구를 검증하였으며 심리적인 관점으로 임파워먼트를 바라보았다. 그는 심리적 임파워먼트를 네 가지 인지적 요소로 구분하였으며, 구성원의 내재적 동기부여에 초점을 두고 있는 구조라고 보았다. 임파워먼트는 단순히 권한 또는 권력의 위임이나 배분을 넘어 역량감, 역할 의미성, 영향력, 자기 결정력 등을 지각하는 심리적 수준을 의미한다. 자신의 임파워먼트 수준을 강화하고 타 구성원과 상호작용을 할 때 임파워먼트의 효과가 더욱 강하게 나타나고, 이는 조직 전체의 조직력을 증대시키고 성과 향상에 기여한다. 이와 관련하여 [부록 6-1] 참조.

184) 권인아·오정주(2020), 대인관계능력 & 의사소통능력, 한올, 2020.08.

3. 생각해보기[185)]

(1) 후진 양성에 인색한 우리 사회의 풍토

대개 지도급 인사의 경우, '나 아니면 안 된다'고 하는 생각에 사로잡혀 있다. 이러한 풍토는 우리 사회의 발전을 저해하는 요인이다. 이러한 풍토를 개선할 수 있는 방안에 대해 생각해보자.

(2) 권한위임에 대한 사례 연구

마이크로소프트사 회장인 빌 게이츠는 '21세기에는 다른 사람에게 권한을 위임하는 사람이 뛰어난 리더로 성공할 것이다'라고 말한 바 있다. 한편 미국 아이오와 대학교 스콧 시버트 교수팀이 '직장의 심리적 권한위임'에 대한 사례 연구논문 140여 편을 검토한 결과에 따르면, 직원들에게 적절히 권한을 위임하면 직원들의 만족도가 상승함은 물론 이직율과 스트레스도 줄어든다고 한다. 다만 권한위임(empowerment)을 한다면서 일의 위임(delegation)에 그치지 않도록 해야 한다. 일의 위임은 리더가 권한과 감독권, 책임을 보유하는 것이다. 반면에 권한위임은 권한 수령자에게 힘과 책임까지 넘겨주는 것이다. 즉 해당 업무를 수행할 권한과 그 과정에서 수반되는 결정권을 함께 위임하는 것이다. 리더가 권한을 적절히 활용하는 것은 반드시 필요하지만, 지나치게 많이 움켜쥐고 이를 사용하려 한다면 리더에게는 과부하가 걸리고 조직원들은 쇠약해질 수밖에 없을 것이다. 사실 처음부터 조직원에게 권한위임을 해줄 수는 없다. 처음에는 일의 위임을 통해 호흡을 맞춰가다가 점점 권한위임 쪽으로 보폭을 확장시켜 가는 것이 바람직할 것이다.[186)]

4. 권한위임[187)]과 업무위임의 차이

단순히 업무만을 위임하는 것보다 업무와 함께 권한을 위임하는 것이 더욱 효과적이다. 업무위임은 해당 직원에게 업무 스트레스와 함께 상사에 대한 불만과 불평을 유발시킴으로써 결과적으로 기대에 미치지 못하는 업무성과로 귀결될 가능성이 크다. 반면에 권한을 위임하게 되면 해당 직원은 자신에 대한 상사의 신뢰를 바탕으로 무거운 책임의식을 갖고 효과적인 해결책을 만들어 낼 가능성이 크다. 즉 리더가 구성원에게 책임감을 느끼게 하고 업무를 결정하는 데 중요성을 느낄 수 있도록 권한과 업무를 위임했느냐가 중요하다. 효과적인 리더라면 구성원으로 하여금 자신의 일방적

185) 신장섭 외(2016), op. cit.
186) 조우성(2015), 일의 위임 vs 권한의 위임, 브런치(https://brunch.co.kr), 2015.09.19.
187) 권한위임에 관한 부연설명은 [부록 6-2] 참조.

지시에 의해 단순히 업무를 수행하게 만드는 것이 아니라 구성원 스스로 자율적으로 생각하고, 책임감과 성취감을 느낄 수 있도록 임파워먼트 리더십을 발휘하는 것이 중요하다.

5. 조직의 의사소통

조직의 효율적인 의사소통의 일환으로 효과적인 조직운영의 가장 기초가 되는 것이 임파워먼트, 즉 권한위임이다. 조직 내 모든 업무가 현장에서 잘 일어날 수 있도록 권한을 위임하는 것이 중요하다.

6. 임파워먼트의 의미

임파워먼트란 조직구성원 개개인에게 권한위임과 동기부여를 통해 성과 제고와 능력개발을 촉진하여 조직의 역량을 강화하는 도구이다. 업무수행에 필요한 책임과 권한 등을 개인에게 최대한 부여하고 개인의 잠재 능력을 극대화할 수 있도록 코칭하고 배려하는 과정이다. 1980년대 이후 경기침체를 극복하기 위한 조직 활성화 전략으로 조직구성원의 몰입도와 역량개발 노력을 촉진함으로써 조직 차원의 변화와 성과를 추구하는 경영 혁신의 주요 수단으로 부각되어 왔다. 리더가 혼자서 책임지고 지시하고 강요하는 시대는 지났다. 이제 개개인의 잠재 능력을 향상시켜서 더욱 좋은 조직을 만들고 성과를 만들어내는 시대가 되었다.188)

어떻게 하면 구성원들이 과업을 보다 의미 있게 느끼고 자율적으로 조직에 헌신하도록 만들 수 있을까? 임파워먼트의 일차적 의미는 자신이 공적으로 부여받은 권한을 위임하는 것을 말한다. 이를 광의적으로 해석한다면 자신의 권한을 부하직원들에게 위임하여 직원들의 역량을 최대한 끌어내기 위해 업무 권한을 위임하는 것을 말한다. 임파워먼트를 잘 하게 되면 조직구성원의 역량과 창의력 발휘를 통해 조직의 성과가 상승한다.

리더십의 핵심 개념 중 하나로 임파워먼트는 한마디로 '권한위임'이라고 할 수 있다. 즉 구성원들과 권한과 권위를 공유 내지 위임하는 정도를 말한다. 임파워먼트란 '조직의 구성원들을 신뢰하고 그들의 잠재력을 믿으며, 그 잠재력의 개발을 통해 고성과 조직이 되도록 하는 일련의 행위'로 정의할 수 있다. 직원들에게 일정 권한을 위임함으로써 훨씬 수월하게 성공의 목표를 이룰 수 있을뿐더러 존경받는 리더로 거듭날 수 있다. 안타까운 점은 많은 리더들이 직원들에게 권한을 위임하지 않는다는 것이다.

---

188) https://sb.pe.kr/1648 [SB리치패밀리], 임파워먼트란, 2012.07.31.

(1) 관계구조적 의미

권한을 알맞은 사람에게 적절히 배분하여 업무를 수행하는 데 힘을 주는, 즉 적절한 파워 이동을 통한 파워의 균형을 이루는 과정으로 해석한다. 그래서 조직이 규정한 범위 안에 있는 권한을 적당한 구성원에게 적절히 배분해 그 구성원이 업무를 수행하는 데 힘을 더한다. 이로써 하위 구성원들은 권한이 부여된 구성원에게 순종하게 된다. 그러면 조직의 목표는 순조롭게 달성할 수 있다.

(2) 동기부여적인 의미

개개인의 자신감에 대하여 마음의 상태를 증대시키는 것으로 개개인의 역량과 에너지를 극대화시키는 내적직무 동기과정으로 해석한다.

7. 임파워먼트, 왜 필요한가?

조직 규모가 크고, 복잡한 업무환경 구조를 가지고 있는 고급조직의 리더일수록, 업무의 성과 달성과 조직의 효율적인 운영을 위해 임파워먼트는 적절히 행사되어야 하고, 임파워먼트의 방법과 형태도 다양하게 확대될 필요가 있다. 조직의 외부 환경에 지향된 탄력적 조직(최근 민첩한 조직으로 번역된 애자일(agile) 조직이 부각되고 있음)을 위해 보다 분권화되고 자율화된 조직 운영과 경영이 요구된다. 이에 따라 임파워먼트 리더십이 중요해지고 있다. 권한위임의 리더라면 임파워먼트를 통해 부하들이 성장하고 성공하도록 도와주어야 한다.

8. 임파워먼트의 이점[189)]

성공적인 리더들은 단순히 임파워먼트를 해주거나 시행하지 않는다. 대신 그들은 임파워먼트가 성장할 수 있는 여건을 조성해준다. 임파워먼트를 하면 생산성이 향상되고 구성원들로 하여금 자율성 부여라는 좋은 기회를 통해 큰 기대(일례로 창의적 혁신)를 하게 유도함으로써 진보적이고 성공적인 조직을 만들 수 있다.

임파워먼트가 잘 되어 고성과 조직이 되면 나타나는 이점은 다음과 같다. 첫째 나는 매우 중요한 일을 하고 있으며, 이 일은 다른 사람이 하는 일보다 훨씬 중요한 일이다. 직무 몰입도와 책임감이 증대된다. 둘째 일의 과정과 결과에 나의 영향력이 크게 작용했다. 셋째 나는 정말로 도전하고 있고 계속 성장하고 있다. 넷째 우리 조직에서는 아이디어가 존중되고 있다. 다섯째 내가 하는 일은 항상 재미가 있다. 여섯째 우

189) 한국산업인력공단(2021), op. cit.

리 조직의 구성원들은 모두 대단한 사람들이며, 다 같이 협력해서 승리하고 있다.

상기와 같은 분위기의 조직 내지 팀을 상상해보라. 한 마디로 임파워링(부하에게 권한을 부여하는 것)을 통해 리더는 부하의 열정을 이끌어낸다.

9. 임파워먼트의 충족 기준[190)]

진정한 임파워먼트는 혁신성과 자발성을 이끌어내고 조직 전체의 목적에 헌신하도록 유도함으로써 방향감과 질서의식을 실제로 창출하게 한다. 즉 최상의 목표를 향해 한 방향으로 구성원들을 정렬하게 해서 최고의 성과 및 시너지를 창출하게 한다.

진정한 임파워먼트를 위해서는 다음의 3가지 기준이 반드시 충족되어야 한다.

① **여건의 조성** : 사람들이 자유롭게 참여하고 기여할 수 있어야 한다.

② **재능과 에너지의 극대화** : 사람들의 재능과 욕망을 최대한으로 활용할 뿐만 아니라 더 나아가 이것을 확대시킬 수 있어야 한다.

③ **명확하고 의미 있는 목적에 초점이 맞춰져야 한다** : 사람들이 분명하고 의미 있는 목적과 사명을 위해 최대의 노력을 발휘하도록 해주어야 한다.

10. 임파워먼트를 위한 환경 조성

조직구성원들을 임파워먼트 시키기 위해 리더나 경영자가 해야 할 일은 자신의 권한을 위임하는 것 못지않게 그들이 능력을 최대한 발휘할 수 있도록 제반 여건과 환경을 조성해주는 것이다.

① **명확한 지침과 원칙의 제시** : 조직구성원들이 상사의 지침 없이도 스스로 업무를 추진하고 조직 성과와 개인의 능력을 향상시킬 수 있도록 구성원들의 재량권 한계를 확실하게 인식시킬 필요가 있다. 이러한 가이드라인이 없으면 혼란을 초래한다.

② **인적 자산을 중시하는 조직문화** : 자신들이 존경받고 있으며 정당하게 대우받고 자신들의 의견이 존중되고 있으며 조직의 일원이라고 스스로 느낄 수 있을 때 더욱더 직무에 몰입한다. 이 경우 직장은 단순히 돈을 버는 장소가 아니라 자신의 꿈을 이루는 꿈터의 역할을 하게 된다.

③ **실패에 대한 격려** : 임파워먼트는 새로운 행동방식과 아이디어를 실험케 함으로써 위험이 수반되게 마련이다. 실패에 대한 제재는 새로운 업무수행을 가로막고 구성원들의 창의력을 저해시킨다.

---

190) Ibid.

④ **공정한 보상과 인센티브** : 노력의 결과와 성공에 대한 적절한 보상과 인센티브 제공은 생산성을 향상시키고 조직에 대한 관심과 직무몰입을 촉진시킨다. 즉 조직을 활성화시킨다.

⑤ **능력과 리더십의 조화** : 실무자의 신뢰와 능력의 정도에 따라 임파워먼트의 수준과 범위 및 방법이 차별적으로 적용되는 것이 마땅하고 그래야만 리더의 적절한 지도와 후원이 뒷받침될 수 있다.

11. 임파워먼트의 여건

효과적인 리더는 각 사람들이 자신의 능력을 발휘할 수 있도록 조직 내의 임파워먼트 여건을 창출해야 한다. 임파워먼트 여건들은 사람들을 성장하게 하고, 의미 있는 목적을 성취하기 위해 그들이 가진 잠재력과 창의성을 최대한 발휘하게 한다. 임파워먼트 환경에서는 사람들의 에너지, 창의성, 동기 및 잠재 능력이 최대한 발휘되는 경향이 있다. 그러나 반(反)임파워먼트 환경은 사람들이 현상을 유지하고 순응하게 만드는 경향이 있다.

높은 성과를 내는 임파워먼트 환경의 특징은 다음과 같다. 첫째 도전적이고 흥미있는 일을 수행한다. 둘째 학습과 성장의 기회를 제공한다. 셋째 높은 성과와 지속적인 개선을 가져오는 요인들을 파악하여 이를 통제(컨트롤)할 수 있다. 넷째 성과에 대한 지식이 습득될 수 있다. 다섯째 긍정적인 인간관계가 형성된다. 여섯째 구성원들이 조직에 공헌하며 업무 자체에 스스로 만족한다는 느낌이 있다. 일곱째 상부로부터의 지원이 있다.

12. 임파워먼트의 장애 요인[191)]

리더는 임파워먼트에 장애가 되는 요인들에 대하여 알고 대처할 수 있어야 하는데, 임파워먼트 장애 요인을 정리하면 다음과 같다.

① **개인 차원** : 개인에게 문제가 있으면 임파워먼트에 장애가 된다. 즉 주어진 일을 해내는 역량의 결여, 동기의 결여, 결의(혹은 열정)의 부족, 책임감 부족, 의존성 등이 해당한다.

② **대인 차원** : 고객 및 팀원들과의 관계에 문제가 있으면 어렵다. 즉 다른 사람과의 성실성 결여, 약속 불이행, 성과를 제한하는 조직의 규범, 갈등처리 능력 부족, 승패의 태도 등이 해당한다.

191) Ibid.

③ **관리 차원** : 리더의 리더십에 문제가 있으면 어렵다. 즉 통제적(혹은 지시적) 리더십 스타일, 효과적 리더십 발휘 능력 결여, 경험 부족, 정책 및 기획의 실행 능력 결여, 비전의 효과적 전달능력 결여 등이 해당한다.
④ **조직 차원** : 조직 자체에 문제가 있으면 어렵다. 즉 공감대 형성이 없는 구조(소통 부족 등)와 시스템, 제한된 정책과 절차 등이 해당한다.

13. 임파워먼트 리더십192)

임파원먼트 리더십은 셀프 리더를 양성하는 데 반드시 필요하다. 대부분의 기업들이 자율 경영을 바탕으로 구성원들의 자발적인 참여를 유도하며, 기업을 유지하고 또 성과를 창출한다. 이때 임파워먼트 리더십이 유용하다.

임파워먼트 리더십은 첫째 자율적으로 행동하고 살아갈 수 있도록 자기 자신을 능력의 소유자로 만들 수 있다. 둘째 자율적으로 일하며, 책임감과 성취감으로 부여된 과업을 달성하며 살아갈 수 있도록 다른 구성원을 능력의 소유자로 만들 수 있다. 셋째 자신이 속한 조직의 분위기를 개선해 자율적인 조직으로 변화시킬 수 있는 능력을 기를 수 있다.

192) 이에 관한 실무 사례는 [부록 6-3] 참조.

부록 6-1 : 집단 임파워먼트와 조직 임파워먼트

자기 임파워먼트를 추구하여 타인의 역량까지도 키우는 것이 전체 임파워먼트 과정에서 일어나는 그다음 단계인데, 이것이 바로 타인 또는 집단 임파워먼트이다. 집단 임파워먼트는 중위 수준(meso)의 관점으로 전체적인 추구 방향은 타인과 자신의 동시 역량증대, 권한 이전 등 상호작용 맥락에 치중하였다.

집단 임파워먼트는 자기 임파워먼트를 기반으로 타인의 임파워먼트까지 증가시키는 것이다. 즉 키워진 자기의 능력과 자기 신뢰감을 바탕으로 타인을 임파워하는 과정이다. 집단 임파워먼트의 핵심내용은 팀 중심, 과정과 학습 중시, 의사소통 증진, 참여적 의사결정, 상호신뢰 및 존경 등이다. 집단 임파워먼트에 대해 초점을 두고 연구한 대표적 학자로 Kanter의 이론을 들 수 있다. 그는 구성원 간에 공유된 파워가 조직 파워로 변형된 형태를 나타낼 수 있고 그것은 조직 효과성 및 구성원의 높은 만족과 성과로 나타난다고 제시함으로써 파워 공유의 효과성을 주장하였다. 이것은 정해진 파워의 크기를 서로 나누어 갖는다는 전통적인 접근(zero-sum)이 아니라 파워의 공유를 통해 집단, 조직으로 그 파워의 크기가 충분히 확장될 수 있다는 것을 의미한다. 즉 시너지의 의미를 내포한 파워의 개념이 나타난 것으로 공유된 파워가 단지 지배와 통제 의미를 지닌 차원이 아닌 효능감과 역량의 의미를 내포하고 있다는 사실이다. 이런 의미에서 Kanter의 파워 내용은 임파워먼트가 추구하는 의미와 같다고 볼 수 있다. 또 다른 이론을 주장한 학자로 Katz, Burke, Block, House 등이 있는데 이들은 리더십 유형에 따라서 임파워먼트 되는 정도가 달라진다고 하였으며, 비전 제시형인 변혁적 리더십이 임파워먼트에 영향을 미친다고 하였다.

조직 임파워먼트는 자기 임파워먼트와 집단 임파워먼트가 잘 이루어져야 함은 물론, 조직의 제도나 구조에 의해서도 적극적으로 뒷받침되어야 조직 전체가 능동적 경영을 할 수 있다. 개별 구성원이나 집단의 임파워먼트 의향과 행동이 조직의 제도나 구조에 의해 제약을 받는다면 절대로 임파워먼트가 성공할 수 없다. 따라서 집단 임파워먼트가 조직 전반에 확산되면서 조직 내 제도나 구조의 변화를 통한 임파워먼트 의향이나 행동이 정착되어야 하며, 이를 조직 임파워먼트라고 한다.

거시수준(macro)의 관점으로 전체적인 추구 방향은 집단 임파워먼트의 조직 확산이다. 조직 임파워먼트의 핵심은 기존의 피라미드식의 계층 구조를 팀제 및 네트워크 구조로 바꾸면서 각종 관리제도나 관행을 변경하는 데 초점을 두었다. 그동안 많은 기업과 조직체에서 팀제로의 전환을 시도하였지만 성공적이지 못하였다. 그 이유 중의 하나는 구조 및 제도적으로는 팀제로 전환하였지만, 수년간 유지해온 계층조직과 그 속에서 굳어온 조직구성원의 인식이 미처 변화하지 않았기 때문이다. 아무리 개인과 집단 수준의 임파워먼트가 이루어지더라도 조직 차원의 구조 및 제도적 뒷받침이 없다면 진정한 변화가 불가능하다는 것이다.

조직 임파워먼트에 초점을 두고 연구한 대표적 학자는 Vogt & Murrell이다. 그는 임파워먼트를 자기에서 출발하여 집단, 조직수준까지 확대시킨 변혁의 과정이라고 설명하고 있으며, 집단 내 임파워먼트를 위해서는 우선 자기 자신과 동료와의 관계에서 신뢰와 확신이 밑바탕이 되어야 한다.

또한 개인은 몰입하고 자신의 전문지식을 이용함으로써 조직에 기여해야 하며, 자신의 발전과 조직의 발전을 목적으로 팀을 구성하여 공동작업을 해야 한다고 하였다. 그 결과 개인과 집단 모두 임파워될 수 있으며 조직의 활성화가 될 수 있다. 따라서 이 이론은 지속적인 성장과 발전을 위해서는 개인, 집단, 조직의 세 수준이 서로 끊임없이 상호작용하는 변혁의 과정이 내포되어야 할 것이다.

임파워먼트가 된 조직구성원은 긍정적 사고와 자기 및 타인 신뢰감의 증진을 바탕으로 지속적으로 자신의 역량을 증대하고 책임과 영향력을 키우면서 과업을 중요하게 여기고, 직무능력을 지니며, 타인과 원만한 일을 처리함은 물론, 자신의 일에 도전적이고 일 자체에 관심을 가지며 흥미 있는 일을 발견하려고 한다. 이는 곧 구성원이 조직 내에서 삶의 의미를 발견하고 자기 성장을 가져와 조직의 활성화에 기여하고, 이를 바탕으로 신나는 일터의 형성이 이루어진다는 것이다. 조직의 측면에서는 조직 활성화와 더불어 조직 제반의 내용에 변화가 유발되어 품질향상과 고객 만족이 초래되고, 결과적으로 수익증대와 지속적 조직성장이 가능하게 된다는 것이다.

조직 차원에서의 임파워먼트 효과로 반드시 강조되어야 하는 것은 조직 내 창의성과 스피드의 증진이다. 즉 자율성을 바탕으로 한 창의성과 보다 고객에게 빨리 다가갈 수 있는 스피드(speed) 증진이 임파워먼트의 대표적 효과이다. 추가적인 임파워먼트의 효과는 다음과 같다.

첫째, 자긍심 증진으로 남에게 파워를 이전하려면 남을 신뢰해야 하는데 그 이전에 스스로를 신뢰해야 한다. 임파워먼트가 되면 자신을 긍정적으로 여기게 되고, 자신의 삶에 능동적 · 적극적이 되는 길을 걷게 될 것이다.

둘째, 스트레스와 무기력감 감소로 일일 업무에 대한 즐거움이 증가되어 행복이 증진된다. 그리하여 신바람 나는 일터의 분위기를 창출할 수 있다.

셋째, 대인관계 능력증진으로 자신의 삶에 긍정적이고 자신이 넘치는 사람이라도 의사소통과 협력에 문제가 있다면 성과를 기대하기 어렵다. 임파워먼트가 되면 대인관계가 증진되고 이와 더불어 팀워크가 증진될 것이다.

넷째, 시장 환경에 대한 탄력성의 증대로 자율성이 부여됨에 따라 시장요구에 신속하고 세심한 대응이 가능해지며 현장정보의 창조적인 변환능력을 기대할 수 있다.

다섯째, 조직경쟁력의 확보로 직무담당자의 일에 대한 주인의식은 핵심적인 역할을 수행하여 상하의 역할 충실화 및 업무의 질 향상에 결정적인 역할을 할 것이다.

여섯째, 임파워먼트를 통해 주체적이고 책임 있는 행동을 하게 됨과 동시에 일에 대한 구성원의 사기가 증가하게 된다. 또한, 매사에 긍정적이고 협조적인 업무 자세를 견지하게 될 것이다.

- 방희봉(2019), 집단 임파워먼트와 조직 임파워먼트, 충청신문, 2019.03.06. -

부록 6-2 : 직원은 리더가 믿어주는 만큼 성장한다

세계적 경영사상가 게리 해멀(Gary Hamel)은 그의 저서 〈경영의 미래〉에서 기업이 지속적인 성과 창출을 하기 위한 조건으로 '끊임없는 혁신'을 꼽았다. 그러기 위해서는 리더가 구성원들을 통제하는 대신 권한을 위임해야 한다고 강조했는데, 여기서 권한위임이란 도대체 무엇이며, 또 지금의 KT CS(KT 그룹의 고객센터 전문기업)에 이것이 시사하는 바는 무엇인지 알아보자.

☑ 고객가치 창출의 열쇠, 실무자

권한위임을 단순히 '리더의 일을 팀원에게 분배하거나 내려 주는 것'으로 생각하기 쉽지만 진정한 의미에서의 권한위임은 그렇지 않다. 권한위임이란 구성원들의 역량을 진단하여 성과를 잘 낼 수 있는 업무에 배치하고, 이를 실행함에 있어 자율성을 부여하는 것을 말한다. 특히 KT CS에 있어 '임파워먼트', 즉 권한위임의 중요성은 재차 강조해도 지나침이 없다. KT CS는 고객 접점에 선 실무자들이 성과 창출의 핵심역할을 수행하기 때문이다.

고객의 욕구 수준은 날이 갈수록 다양화되고 높아졌으며 기술 발달과 공급과잉 현상이 가속화되면서 KT CS는 차별화된 경쟁력을 요구받고 있다. 고객의 니즈를 선제적으로 파악하여 제품과 서비스에 녹여내야 하는 데, 이러한 열쇠를 쥐고 있는 핵심이 바로 실무자들이다. 따라서 KT CS가 업계 1등 기업이 되기 위해서는 현장에 힘을 실어주는 조직 문화가 선행되어야 하며 구성원 역시 스스로를 '리더'로 인식하고 자율적으로 업무를 추진하는 자세를 갖춰야 할 것이다.

또한 구성원들이 창의적인 전략으로 성과를 창출하기 위해서는 과거의 성공 경험에 기반을 둔 업무 방식을 버리고 현재 고객과 현장 상황에 맞춰 혁신해야 한다. 여기서 강조되는 것이 바로 '커뮤니케이션'이다. 지금의 업무 환경은 디지털화되고, 전문화된 데다 업무추진 과정도 복잡해져 부서 간 업무 진행사항을 알기 어렵다. 능동적인 커뮤니케이션으로 부서 간의 벽을 허물어야 구성원의 시야가 넓어질뿐더러 업무에 대한 자신감도 높일 수 있다.

☑ 리더의 역할

구성원의 자율성과 책임감을 높이기 위해서는 리더의 역할 또한 중요하다. 권한위임의 대상은 리더 자신이 해야 할 업무나 과제가 아니라, 구성원들이 성과를 창출하기 위한 '전략'과 능동적으로 실행하기 위한 '의사결정 권한'이다. 만약 KT CS의 경영목표가 '고객 감동 최우선'이라면 리더는 이런 조직의 가치를 구성원과 충분히 공유하되, 구성원이 고객 감동을 실현하기 위한 A부터 Z까지의 전략을 세우고 이를 실천할 수 있도록 자율성을 보장해야 한다.

결국 성과 목표를 달성하기 위해 구성원이 선택한 전략과 방법을 리더가 인정해 줄 때 비로소 제대로 된 권한위임이 이루어졌다고 볼 수 있다. 이밖에도 리더가 권한위임이라는 역할 수행을 제대로 실천하기 위한 실천 사항은 다음과 같다.

첫째, 리더는 자신이 기대하는 성과 목표를 구성원들에게 명확하게 알려 주었는지 확인해야 한다.

둘째, 목적지를 명확하게 이야기해 주었으면 그다음에는 어떻게 실행할 것인지에 대한 논의가 있어야 한다. 이때 구성원들의 맹목적인 실천 의지에만 의존하지 말고 실제로 구성원들이 공략해야 할 타깃이 무엇이고 어떤 실행 방법으로 실천에 옮길 것인가에 대해 코칭하는 작업이 필요하다.

셋째, 이 모든 과정이 선행되었다면 실행에 대한 모든 의사결정 권한을 전적으로 구성원에게 넘기고 성과가 나올 때까지 믿고 맡겨야 한다. 어떤 일을 할 때에도 어느 정도의 위험을 감수하고, '사람은 자신을 믿는 사람에게 믿음을 준다'는 금언을 상기하며 권한위임을 과감하게 실천해야 한다.

리더의 바람직한 권한위임은 구성원으로 하여금 자신의 성과 목표를 명확하게 인식하게 하고 자율적이고 창의적으로 실행 방법을 결정함으로써 결과에 대해서도 책임지게 할 수 있다. 이것이 자율책임경영의 토대라 할 수 있다. 따라서 리더는 앞으로 일어날 일을 미리 그려 보고, 성과 책임과 실행에 대한 권한 범위를 목표 설정 단계부터 명확하게 함으로써 구성원 스스로 자율책임경영을 추진할 기본 바탕을 마련해야 할 것이다.

- https://www.ktcs.co.kr › ktcs2014 › sub02 › pdf, 임파워먼트-직원은 리더가 믿어주는 만큼 성장한다, 류랑도, 2014.03.04. -

부록 6-3 : 실무 사례 - 임파워먼트

☑ 리더의 권한을 분산하라

코칭을 통해 직원들이 어느 정도 권한을 갖게 되었으면, 일정한 권한을 위임한다. 그러면 리더는 직원들과 더불어 훨씬 수월하게 성공의 목표를 이룰 수 있게 된다. 리더는 모든 비즈니스 운영 절차에 직원들을 적극 참여시켜야 한다. 임파워먼트는 모든 직원이 성장할 수 있는 능력을 키워주고 좋은 경험과 결과를 주지만, 리더는 그들이 더 큰 권한을 위임받을 수 있는 위치에 올라가도록 지속적으로 이끌어주어야 한다. 도움을 주는 일은 힘이 들기 때문에, 리더는 꾸준한 인내와 한결같은 마음으로 이러한 과정을 슬기롭게 이겨내야 한다.

☑ 팀원의 잠재력을 활용하라

리더로서 성공하려면 직원들이 가진 잠재력을 최대한 활용할 줄 알아야 한다. 직원들 개개인의 가치를 인정해야 하며, 직원들이 각기 다른 전략과 약점을 가지고 있지만, 조직에서 자신이 맡은 역할은 충분히 감당할 수 있다는 사실을 명심한다. 리더는 아래의 질문을 던져, 자신이 직원을 위해 환경을 조성하고 있는지 확인한다.

- 직원들이 업무를 자신의 일처럼 생각하고, 마치 자신이 회사의 주인처럼 생각하며 최선을 다할 수 있도록 환경을 만들고 있는가?
- 직원들이 책임감을 갖고 일할 수 있는 환경을 만들고 있는가?
- 직원들이 자신이 처리한 업무 결과를 꼼꼼하게 살필 수 있는 환경을 만들고 있는가?
- 직원들이 회사 내에서 자신의 가치가 어느 정도인지, 그리고 자신이 어떻게 일하고 있는지 파악할 수 있는 환경을 만들고 있는가?
- 직원들이 문제 해결 과정에 참여하는 환경을 만들고 있는가?
- 직원들이 업무를 마무리 짓는 방법에 대해 직접 의견을 제시할 수 있는 환경을 만들고 있는가?
- 직원들이 언제나 웃고 지내는 환경을 만들고 있는가?
- 직원들이 도움이 필요한 경우, 다른 직원들에게 거리낌 없이 도움을 청하는 환경을 만들고 있는가?

그리고 다음의 질문을 자신에게 하고 답변을 면밀하게 살펴본다.

- '그 일은 내가 했어야 했는데'라고 계속해서 생각하는 경우가 많은가?
- 직원들이 당신에게 직접 보고를 하는 경우가 많은가?
- 회사 창립부터 또는 오랜 시간에 걸쳐 얼마나 많은 직원들과 인간관계를 맺고 있는가?

- 직원들이 실제로 아프지 않은데도 자주 결근하는가?
- 당신이 직접 관리한 부하직원 중 지금도 함께 일하고 있는 직원은 몇 명인가?
- 퇴사한다면 당신을 따라 다른 회사로 옮길 직원은 있는가?

위의 질문들을 분석해보면, 최종적으로 리더가 권한을 누구에게, 얼마나, 어떻게 위임하는가 등의 문제로 귀착된다. 모든 사람들이 환경을 긍정적으로 받아들이고 만족하도록 만들 수 있는 권한은 바로 리더 자신에게 있기 때문이다.[193)]

☑ 권한위임과 업무위임의 상황별 차이

[상황 A]
리더 T는 와이어트에게 지난 몇 달 동안의 판매 수치를 정리해 달라고 요청했다. 또한, 데이터베이스를 업데이트하고, 회계부서에서 받은 수치를 반영해서 새로운 보고서로 만들라는 지시를 내렸다. 그런데 와이어트는 전혀 열의를 보이지 않은 채 업무를 처리했다. 리더 T는 그가 업무에 관심을 보이지 않는 이유가 무엇인지, 판매 개선에 필요한 뛰어난 아이디어를 어째서 생각해내지 못하는지 이상하게 생각했다. 사실 와이어트 입장에서 보면, 리더 T가 맡긴 업무는 누구나 손쉽게 처리할 수 있는 사소한 것이다. 어떤 면에서 그는 자신이 회사에서 중요한 존재가 아니며, 전혀 인정을 못 받고 있다고 느낄 수도 있다. 와이어트에게 위임한 업무와 리더가 그의 능력을 신뢰하고 있다는 것은 서로 연결고리를 만들지 못한다. 따라서 와이어트는 리더 T로부터 권한을 위임받았다는 생각을 전혀 갖고 있지 않은 것이다.

[상황 B]
리더 T는 와이어트에게 지난 몇 달 동안의 판매 수치를 정리해 달라고 요청했다. 그는 정확하게 업무를 처리했지만, 눈에 띌 정도로 열의 없이 업무를 처리했다. 리더 T는 그와 함께 판매 수치를 자세하게 살핀 다음, 판매 향상에 도움이 될 만한 마케팅 계획을 개발하도록 그를 격려했다. 와이어트는 비로소 막중한 책임감을 느꼈다. 그는 새로 맡은 프로젝트에 대해 책임감을 갖는 한편, 자신의 판단에 따라 효과적인 해결책을 만들 수 있게 되었다.

상황 A가 업무를 위임하는 상황, 상황 B가 권한을 위임하는 상황이다. 상황 B의 분위기를 만들기 위해서는 인내심이 필요하다.

193) 조직이 잘 운영되지 않다고 느낄 때, 리더십에 대한 한계를 느끼게 된다. 자신의 역량을 의심하기도 하지만, 그렇게 될 경우에 화가 더 나기 때문에, 곧 직원 탓을 하게 되는 경우가 있다. 그러다 보면 조직은 더 엉켜진 실타래같이 된다. 그리고 나중에는 도저히 풀지 못하는 상황에 이르게 되고, 잘라버려야 할 때가 생긴다. 그렇다면 가장 중요한 것은 리더가 자책과 남 탓보다는, 해결점을 모색하기 위한 방법을 강구하는 것이 맞을 것이다. 그리고 직원들을 신뢰하는 마음이 중요한 것 같다. 그 신뢰가 진심으로 전해질 때, 직원들의 충성도는 분명 높아질 것이다.

모두가 임파워먼트를 실현하기 위해서 매진해야 한다고 말한다.[194] 직원들이 책임감을 갖고 적극적으로 참여하는 팀을 만들기 위해서는 다음의 지침을 명심하라고 한다.

- 모든 사람들이 명확하게 이해할 수 있는 완벽한 커뮤니케이션 절차를 만든다.
- 모든 직원들이 각자 자신의 목표를 확실하게 알도록 한다.
- 적절한 교육이나 정보 및 시스템 등을 제공해서 직원들 모두가 자신에게 맡겨진 업무를 잘 처리할 수 있도록 한다.
- 직원들 개개인의 책임을 평가할 수 있는 기준은 명확하게 정의하고 만든다.
- 유연한 지침으로 직원들을 관리한다.
- 지속적으로 격려하고 지원을 아끼지 않으며, 명확한 피드백을 제공한다.
- 직원들이 팀을 이루어 일할 기회를 제공한다.
- 직원들끼리 진심으로 서로를 칭찬하는 분위기를 만든다. 다른 직원들이 힘들게 이룬 결과를 진심으로 이해하고 인정하도록 한다.
- 직원들을 신뢰한다.

리더는 임파워먼트를 제대로 실현하기 위한 촉매자로서, 그리고 그것을 추진하는 힘의 원천으로서 행동해야 한다. 이를 위해 직원들에게 좀 더 많은 기회를 주어야 한다. 또한, 많은 시간을 할애해서 직원들에게 리더의 비전을 알려야 한다. 그리고 업무를 완료하는 데 소요되는 시간과 사용 가능한 자원, 그들이 힘들게 일하지 않으면서도 리더를 도울 수 있는 방법이 어떤 것인가를 차근차근하게 설명해야 한다. 임파워먼트 절차를 천천히 진행하고 직원들이 책임감과 권한을 공유하도록 하는데 전력을 기울인다면, 임파워먼트는 성공적으로 이루어질 것이다.[195]

☑ 삶의 노하우를 직장에서 활용하도록 자극하라

직원들은 직장 밖에서도 활동하는 개별적인 인격체로 인식해야 한다. 리더는 직원들이 일터로 나왔을 때, 일상적인 업무를 처리하는 능력에 문제가 생기는 이유는 무엇인가?

---

194) 리더의 입장에서 왜 나만 참아야 해라고 생각할 수 있을 것 같다. 우리는 긍정적인 경험을 참 많이 못한 것 같다. 그러나 보니 어디까지 믿어야 되고, 언제까지 기다려줘야 하는가를 생각하게 된다. 상담에서도 좋은 상담은 경청하는 거고, 침묵을 두려워하지 말아야 한다고 하지 않는가. 그런 것처럼, 일에서도 가끔은 인내하고 기다려주는 것, 그리고 그것이 믿음을 주고 있다는 것을 전달할 때, 권한위임이 조금씩 이뤄질 수 있지 않을까 생각한다. 직원들의 열정을 키워주는 것엔 적어도 리더 몫이 50%는 있는 것 같다.

195) 내용을 정리하다 보니, 고민이 된다. 아마도 이런 생각을 할 수 있을 것 같다. "누가 권한주고 싶지 않아서 안주는 줄 알아? 여유가 없어. 비전에 대해서 이야기하고 소통하고 싶은데, 직원들이 너무 바빠." 리더의 길은 참 어렵다. 리더 자신도 가끔 미션과 비전, 방향성 등을 소통하고 싶어서 엄청 간절할 때가 있다. '이렇게 그냥 흘러가면 안 되는데' 하면서 주위를 보고, 일정들을 보면, 모일 시간이 없다. 그리고 직원들이 부담스러워하는 경우가 있다. 그래서 업무에 여유를 주고(예를 들면, 어느 기간동안은 어떤 사업도 하지 않는) 함께 소통의 시간, 결정의 시간을 만들어보는 건 어떨까 하는 생각을 해보기도 한다.

6장

가정생활을 슬기롭게 꾸려나가고 평소 중요한 결정을 내리는 능력이 매우 뛰어난 사람들이 왜 회사에 오면 잘 처리하지 못하는가? 의 문제에 직면해 있다고 한다.[196)]

☑ **맡기고 신뢰하라**

권한이란 어떤 일을 처리하거나 행동할 수 있는 능력을 말한다. 지식이 곧 권한이라고 말할 수 있다. 지식이 곧 권한이라는 점을 받아들인다면, 지식을 나누는 것이 권한을 나누는 것과 같다는 것을 이해할 수 있다. 능력이 뛰어난 감독과 부하직원일수록 권한을 공유한다. 경영진은 직원들이 일터로 가져오는 기술을 값진 것으로 여기며 지원을 아끼지 말아야 한다.

☑ **리더십의 2가지 신념**

첫째, 해결책을 내놓지 못한다면 리더 역시 문제가 있다. 둘째, 어느 누구도 우리보다 뛰어나지는 못하다. 이 신념은 모든 직원들이 저마다 자신의 업무를 책임지고 완수하는 능력을 갖추고 있다는 것은 직장 내에서 리더십이 잘 발휘되고 있다는 것을 의미한다. 권한과 경험에 대한 신뢰를 바탕으로 직원들은 서로 협력해서 생산성을 제고하고 이직률을 낮추며, 기업이 직면한 여러 가지 문제를 멋지게 해결할 수 있다. 궁금한 것은 무엇이든지 알고 싶어하고, 자신의 능력을 향상시키기 원하며, 어떤 어려움과 마주쳐도 반드시 극복하고자 하는 등의 욕구가 인간의 내면에 뿌리 깊게 내려앉아 있다. 그렇기 때문에 직원들을 신뢰하면서 비즈니스 파트너로 활용할 수 있는 방안을 반드시 강구해야 한다.

☑ **권한 분배를 확실히 하라**

인사이동(혹은 구조조정) 등의 조정이 있을 경우 리더는 첫째, 미래의 비전을 제시한다. 비전을 실현하기 위해 직원들이 리더와 함께 일을 하도록 용기를 불어넣어 주고 지원을 아끼지 않는다. 둘째, 끊임없이 커뮤니케이션 한다. 커뮤니케이션은 아무리 강조해도 지나치지 않다. 셋째, 의사결정에 모든 직원들을 참여시킨다. 기업이 직원 개개인의 의견을 반기고 존중한다는 사실을 직원들이 알게 한다. 넷째, 기업이 계획한 목표 이상의 성과를 이룬 직원에게는 반드시 보상한다. 리더는 직원에게 어떤 업무를 수행하도록 권한을 줄 것인지 확실히 판단할 수 있어야 한다.[197)]

---

196) 개인적으로는 자유의지가 보장되느냐, 그렇지 않느냐의 차이인 것 같다.

197) 여러 조직을 경험해보면, 권한이 확실하지 않다는 것을 경험한다. 위임전결 규정이 있다고 하더라도, 자신의 권한이 어디까지인지, 어떤 것을 어디까지 보고해야 하는지, 결재를 받아야 하는 것인지, 내가 결정해야 하는 것인지? 등에 대해서 혼란스러워한다. 그러다 보면, 모든 것을 보고하고, 모든 것의 결정은 리더가 한다.라고 해버리는 경우가 있는데, 확실한 방법일 수는 있지만, 처리 시간이 오래 걸리고, 직원들이 수동적으로 변하며, 리더 역시 모든 것을 감당할 수 없게 된다. 정말 소통하면서, 권한에 대해서 명확하게 이야기하는 것이 필요한 것 같다. 만약에 조직화 사업을 하면, 주민 만나기 등에 대해서는 일일이 보고하지 말며, 타 팀의 협업이 필요하다면, 먼저 그 팀과 이야기하고, 조율이 안 된다면 리더에게 보고하라.

☑ 성공적인 임파워먼트를 위한 전략

1. 80:20의 법칙

직원의 노동력으로 최고의 결과를 가져오게 하려면, 리더는 전체 대화 시간의 20% 정도만 말해야 한다. 직원이 80%의 말을 하도록 하고, 리더는 그것을 귀담아듣는다. 단지 귀담아듣는 것만으로도 여러 가지를 얻을 수 있다.

2. 직원들에게 열정을 불어넣어 준다

명확하게 정의된 목표와 목적을 가지고 있다면 성공할 가능성이 높다. 여기에 열정을 공유하고 있는 직원들이 있다면 더 커질 것이다. 상승효과란 독립된 개인이 협력하여 일함으로써, 개인의 능력을 모두 합한 것 이상의 총체적인 효과를 불러오는 것을 말한다. 열정적인 직원은 기업이 비전을 실현할 수 있도록 늘 최선을 다하며, 열정에 불타는 단 한 사람의 직원이 수많은 직원의 마음을 움직일 수 있다.

☑ 성공적인 임파워먼트를 위한 조언

1. 권한위임의 한계를 명확히 한다

직원에게 지나칠 정도로 많은 권한을 위임하는 것은 옳지 않다(예를 들어, 조직의 정책, 성패에 영향을 미칠만한 권한). 리더는 기획한 프로그램의 지침 및 변수를 뚜렷하게 밝혀야 한다. 모든 프로그램 및 계획에서 임파워먼트의 한계는 필요하다. 리더가 먼저 그 한계를 정해야 한다.

2. 임파워먼트의 배경을 명확히 설명한다

권한을 주었을 때, 모두가 반기는 것이 아니다. 그 책임을 어려워하고 무서워하는 직원도 있을 것이다. 그렇기 때문에 리더는 실제적인 상황에서 논의를 해야 할 필요가 있는데, 권한을 받는 것을 어려워하지 않는 직원과 그렇지 않은 직원들을 같이 팀을 섞어주는 것도 하나의 방법이 될 것이다. 그리고 경험이 많은 직원들이 저항할 경우, 충분히 설명해주고 존중하고 있음을 보여주어야 한다.

3. 지속적으로 임파워먼트를 수행한다

임파워먼트 과정은 일단 시작하면 되돌릴 수 없다. 지속적으로 수행해야 한다. 리더가 임파워먼트의 진가를 깨닫는 순간, 직원들은 자신의 능력을 재확인할 뿐 아니라 업무에 더욱 매진하려 할 것이다. 리더는 미래에 대한 비전이나 계획 등의 준비를 단단히 해야 한다.

- https://jaeildream.tistory.com/162 [ㄱㅈㄱㅈ], 4장 임파워먼트, 꿈, 전재일, 2016.09.30. -

제 1 장	대인관계능력
제 2 장	팀워크능력 Ⅰ
제 3 장	팀워크능력 Ⅱ
제 4 장	리더십능력 Ⅰ
제 5 장	리더십능력 Ⅱ
제 6 장	리더십능력 Ⅲ

제7장 리더십능력Ⅳ

제 8 장	갈등관리능력 Ⅰ
제 9 장	갈등관리능력 Ⅱ
제 10 장	협상능력 Ⅰ
제 11 장	협상능력 Ⅱ
제 12 장	고객서비스능력 Ⅰ
제 13 장	고객서비스능력 Ⅱ

제1절 리더십의 효과적인 변화관리

성공적이고 효과적인 리더라면 주도적으로 조직의 변화를 이끌 수 있어야 한다. 효과적으로 변화에 대처하는 최상의 방법은 먼저 적극적으로 자기 자신을 변화시키는 것이다. 리더는 구성원들에게 변화에 더 잘 대처할 경우 생기는 이익을 확인하도록 해준다. 그러고 나서 변화가 있기 전 상황으로 혹시 그들이 돌아가고자 하는 유혹을 받는다면, 현재의 어려운 상황을 생각하는 대신 변화가 가져올 긍정적 결실에 초점을 맞추도록 그들을 이끌어야 한다.

1. 변화관리의 개념198)

변화란 외적 또는 내적 압력이나 세력에 대한 계획적 또는 비계획적 반응을 의미한다. 조직과 조직의 구성원으로서 개인은 내·외적인 변화에 작용하거나 대응함으로써 변화 과정을 거친다. 르윈(Lewin)은 물리학적 개념을 사용하여 변화의 과정을 다음과 같이 설명하였다. 먼저 변화란 시스템의 행동을 안정적으로 유지하는 힘이 바

198) 이재희 외(2018), op. cit.

꿔는 것이라 하였다. 원하는 미래 상태로 나아가기 위해서는 현재 힘이 이루고 있는 균형을 깨뜨려서 원하는 상태로 이동한 다음, 그 지점에서 균형을 유지해야 한다고 변화의 과정을 설명하였다. 그는 변화 과정을 해빙(unfreezing), 변동(moving), 재결빙(refreezing)의 3단계로 보았다.

(1) 해빙 단계

변화의 필요성을 인지하는 단계이다. 그리고 미래에 필요한 가치, 태도 및 행동을 위해서 현재 사용하는 것들의 강도를 감소시킴으로써 현상을 교란시킨다. 해빙의 근본적인 목적은 변화의 필요성과 동기를 유발하고 개인 또는 집단이 변화를 위한 준비를 갖추도록 하는 데 있다. 변화의 필요성을 강조하기 위하여 개인이 갖고 있는 힘을 재편성하여 변화를 준비하는 과정이다. 이 해빙 과정에서는 개인에게 익숙한 관습, 풍습 및 전통, 즉 일을 처리하는 낡은 방식을 무너뜨리고 새로운 행동 양식을 받아들이기 위한 준비를 하는 과정이다.

(2) 변동 단계

변동 단계는 새로운 가치, 태도, 행동의 개발을 통해 구체적으로 변화가 발생하는 활동 지향적 단계이다. 일단 해빙 단계에서 변화 인지가 이루어지면 개인은 변화에 대한 동기부여가 나타나 새로운 행동 패턴을 받아들일 준비를 하게 된다. 이 과정은 동일시(identification)[199]와 내면화 혹은 내재화(internalization)[200]에 의해 나타난다. 변동 단계는 행태, 과업, 기술 및 구조를 변경함으로써 변화를 실행하는 단계이다.

(3) 재결빙 단계

재결빙 단계에서는 일어난 변화를 안정시키는 단계이다. 변동에서 일어난 변화 상태가 유지·지속되어 현상으로 나타나는 것을 말한다. 즉 새로이 나타나는 행동이 개인의 인지, 성격과 같은 정서 부분과 함께 정형화되어 굳어지는 과정을 재결빙이라 한다.

2. 변화관리의 필요성과 중요성[201]

변화관리(Change Management)는 조직에서 변화를 다루는 분야를 말한다. 르윈(Lewin)은 변화관리의 목표는 조직의 현재 상태에서 변화에 소요되는 기간과 노력을

199) 집단과의 관계가 만족스럽고, 자아의 일부로서 받아들일 때 나타남.
200) 내재적 보상, 자신의 가치 체계에 부합하거나 받아들여질 때 동일화 혹은 동일시보다 훨씬 더 심층적인 것임.
201) 이재희 외(2018), op. cit.

최소화하고, 조직구성원들의 저항을 최소화하여 미래의 목표를 최대화하는 것이라고 하였다. 조직은 고정적이고 정태적인 실체가 아니기 때문에 변화를 필요로 하고, 변화를 통해 성장할 수 있다. 이 과정에서 조직은 내·외에서 갈등을 겪을 수 있으며 위기에 처하기도 한다.

세상은 끊임없이 변화하고 있다. 1700년대만 하더라도 전 세계 인구의 98%가 농업에 종사하고 자급자족 경제와 물물교환 경제 속에서 자연에 순응하는 삶을 살았다. 그러나 최근 과학기술의 발전으로 생활이 편리해짐과 동시에 인간의 노동력이 다른 기술들로 대체되고 있으며 세계는 무한경쟁의 시대로 접어들었다. 지식이 주요 생산수단이 되는 시대에 경쟁력을 갖추기 위해서 개인과 조직이 모두 부단히 노력하고 있다. 빠르게 변화하는 시대의 흐름에 적응하고 트렌드를 읽을 수 있는 능력이 강조되고 있다. 효과적으로 변화에 대처하려는 최상의 방법은 적극적으로 자기 자신을 변화시키는 것이다. 그러나 변화 앞에서 우리는 불편함과 두려움을 느낀다. 심지어 변화를 거부하거나 의미를 두지 않으려 한다.

3. 효과적으로 변화에 대처[202] 할 때 자신에게 생기는 이점

(1) 직업안정

직업안정은 2가지 면에서 이점이 된다. 우선 융통성 있고 변화에 대처를 잘하는 회사가 번창한다. 기업이 번창하면 일반적으로 직업은 더 안정적이 된다. 둘째 변화에 능통하면, 회사에서 생각하는 자신의 이미지가 십분 개선된다. 즉 유능한 직원으로 인정받게 된다.

(2) 커리어 발전

변화에 개방적이고, 다른 사람들이 변화를 거부하지 않도록 도와주는 능력이 있다면, 새로운 변화를 위한 프로젝트 발전 및 실행에 일조하는 셈이다. 즉 커리어 향상에 도움이 되어 결국 관련된 조직에서 승진에 유리하다.

(3) 자신의 '몸값' 향상

자신의 이미지가 융통성 있고, 새로운 것을 시도하려는 성향이 강하다고 비춰지면, 이미 회사 내에서 막강한 위치에 있는 것이다. 반면 변화에 인색하고, '기존의 방식'에 연연해한다면, 회사 외부에서 자신을 스카우트하려는 기회가 급격히 줄어든다.

---

202) 성공적이고 효과적인 리더라면 앞을 내다보는 안목이 있어야 한다. 일례로 처칠과 드골의 경우를 들 수 있는데, 당대의 리더라면 반드시 지녀야 할 리더십 덕목 중 하나가 아닐 수 없다.

(4) 직업만족도 향상

변화를 위해 사전에 준비하고 계획하면 무방비 상태보다 항상 더 수월하다. 따라서 효과적으로 변화에 대처하는 법을 배운다면, 직업과 관련된 스트레스, 개인적인 스트레스를 감소시키고, 자신감을 키우며, 자가발전을 위한 기회를 늘리는 데 도움이 될 것이다. 이 모든 것들은 직업만족도를 향상시키는데 한몫을 한다.

4. 비즈니스와 직업 세계에서 맞이하는 변화의 상황들에 대하여 효과적으로 대처하기 위한 12가지 전략

① 변화에 관한 다양한 질문(5가지 행동의 선택에 관한 질문)을 통해 변화에 대한 이해의 폭을 넓히고, 더 나아가 변화를 좀 더 새롭고 긍정적으로 인식하라.

- 우리가 이 변화를 활용해야 할 이유는 무엇인가?
- 이 변화는 언제 일어날 것인가?
- 어떻게 이 변화를 다룰 것인가?
- 다른 사람에게 이 변화는 무엇을 의미하는가?
- 이 변화는 어떤 사람에게 영향을 미치는가?

② 변화에 대처하는 속도를 높여 변화에 빠르게 대처하라 : 늦은 반응은 기업과 개인의 경력에 도움이 되지 않는다.

③ 신속히 의사결정을 하라 : '망설이면 뒤처진다'라는 말이 요즘처럼 실감 나는 때는 없다. 정확한 정보를 수집하고 능력을 최대한 발휘해 수집한 정보를 현실과 업무에 신속하게 적용해라.

④ 업무를 혁신해라 : 뒤처지지 않으려면 변화에 따라 끊임없이 조직을 혁신하고 업무를 재편해야 한다.

⑤ 자기 자신을 책임져라 : 누구도 변화에 자유롭지 않다. 새로운 기술을 습득하고 남보다 열심히 변화에 적응하려는 노력을 기울이며 새로운 역할과 기회를 놓치지 않도록 항상 준비해야 한다.

⑥ 상황을 올바로 파악해 제어할 수 있고 타협할 수 있는 부분을 정해라 : 변화를 인정하지 않으면서 시간을 허비해서는 안 된다. 또 현실적으로 변화할 수 있는 것과 그렇지 못한 것들을 구별할 수 있는 지혜를 가져야 한다.

⑦ 가치를 추구해라 : 변화에 대처하면서 손실보다 기여를 많이 하도록 노력해라. 변화를 회피하면서 현재 지위를 유지하려 하지 말고 기여할 부분이 무엇인지 생각하라. 즉, 필요한 변화를 위해 기여할 부분을 찾아 행동하라.

⑧ 고객 서비스기법을 연마해라 : 향후 고객의 요구가 어떠할지 미리 예상하고, 고객의 변화를 면밀히 관찰하면서 고객의 의견을 수렴해야 한다. 앞선 직원은 스스로

해야 할 일을 찾아서 한다.

⑨ 빠른 변화 속에서 자신을 재충전할 시간과 장소를 마련해라 : 이러한 재충전은 해변을 거닐거나 정원을 가꾸기, 친구와 차 마시기, 독서 하기 등 다양한 방법으로 자신을 재충전할 기회를 가져야 한다.

⑩ 스트레스를 해소하라 : 일할 때와 쉬어야 할 때를 분명히 구분하고, 적당한 휴식을 통해 쌓인 스트레스와 피로를 해소하고 관리할 수 있어야 한다.

⑪ 의사소통을 통해 목표와 역할, 직원에 대한 기대를 명확히 해라 : 자신뿐만 아니라 직원들도 변화에 적절히 대처할 필요가 있다. 회사 직원들이 변화 때문에 스트레스를 받고 있다면 회사 자체가 위험에 처한다. 구성원 모두 각자 나아가야 할 역할, 목표 등에 대하여 분명한 방향설정을 하라. 그리고 리더는 이러한 조직구성원들의 입장과 상황을 정확히 인식한 후 맞춤형 대처를 할 필요가 있다.

⑫ 주변 환경의 변화에 주목하라 : 새로운 추세나 행동 양식의 변화가 무엇인지 세심하게 살펴야 한다. 무엇이 변하고 있는지 그 징후를 포착해야 한다. 새로운 추세를 파악하면 그 추세를 활용할 기회가 생긴다.

5. 효과적인 변화관리 3단계

현대 비즈니스의 특징은 끊임없이 변하고 유동적이라는 점이다. 따라서 변화관리는 리더에게 있어서 매우 중요한 자질로 부각되었다. 변화를 관리하는 기술을 연마하는 데는 여러 가지 방법이 있다. 특히 리더는 열린 커뮤니케이션(수평적이고 민주적인 경청의 리더십 발휘), 역지사지(다른 사람의 입장에서 생각하라)의 자세, 신뢰감 형성, 긍정적인 자세, 직원의 의견을 받아들이고 그들에게 창조적으로 권한을 위임하는 방법 등에 관심을 기울여야 한다.

리더가 효과적인 변화관리를 하기 위해서는 다음과 같이 변화 이해, 변화 인식, 변화 수용의 3단계로 설명할 수 있다.

(1) 변화관리 1단계 : 변화를 이해하라

리더는 변화와 관련한 몇 가지 공통 기반을 마련하고 변화 과정에 어떤 것들이 있는지를 파악해야 한다. 먼저 변화의 실상을 정확하게 파악한 다음, 익숙했던 것들을 버리는 데서 오는 감정과 심리적 상태를 어떻게 다룰 것인가(관리해 나갈 것인가)에 대해 심사숙고해야 한다. 즉 리더와 구성원들은 현재 상황을 정확히 분석하여 변화에 대처하는 방안을 도출해야 한다.

① **변화가 왜 필요한가** : 변화가 일어나고 있다는 사실만은 부인할 수 없다. 변화는 발전을 더욱 가속화시킨다. 변화를 긍정적으로 이해하라. 변화는 필연적이다. 속

도가 다를 뿐이다.

② **무엇이 변화를 일으키는가** : 경쟁에서 살아남도록 외부에서 자극을 주는 것으로부터 변화는 시작된다. 즉 경쟁에서 살아남기 위해서 변화가 시작된다. 변화는 가히 역동적이다. 조직 내부에서는 일반적으로 위에서 아래로 이루어지며(아래로부터 이루어질 수도 있음), 지위 고하를 막론하고 모두(조직 전체)에게 영향을 미친다.

③ **변화는 모두 좋은 것인가** : 한마디로 말하면 그렇지 않다. 변화를 단행하기 전에 반드시 현재 상황과 변화와 관련되는 사항들을 면밀히 검토해야 한다. 이렇게 단계적으로 진행해가면 변화를 서둘러 실패를 초래하는 위험을 막을 수 있으며, 직원들이 변화를 자신의 일처럼 생각하게 된다.

(2) 변화관리 2단계 : 변화를 인식하라

변화가 일어나면 모든 직원들이 눈치를 채기 마련이다. 불확실하고 의심스러운 분위기가 조성되면 직원들은 두려움과 스트레스에 시달리며, 사기는 땅으로 떨어진다. 그러므로 리더가 할 수 있는 최고의 결정은 직원들에게 변화와 관련된 상세한 정보를 제공하는 것이다. 무엇보다 직원들의 감정을 세심하게 살핀 후 변화로 인해 이익이 발생할 수 있다는 가능성을 느끼게 해야 한다. 뿐만 아니라 변화에 적응할 수 있도록 충분한 시간을 제공해 구성원들이 새로운 업무에 집중할 수 있도록 자극하며, 긍정적인 목표를 달성할 수 있도록 여건을 조성하는 게 무엇보다 중요하다.[203]

1) 변화에 대한 저항에 대처하라

변화가 일어나면 사람들은 자신의 현재 상황을 객관적으로 파악하기보다는 거부감을 나타낸다. 이럴 때 새로운 상황에 적응하고 새로운 경험을 쌓기 위해서는, 먼저 편안하고 익숙했던 것을 떨쳐내야 한다는 사실을 이해하고 받아들여야 한다. 변화가 왜 필요한가? 그 이유를 제대로 헤아리지 못해 변화의 필요성과 변화를 받아들이는 자세를 제대로 설명하지 못하는 리더는 리더십이 형편없는 사람으로 낙인찍힌다. 분명 변화에는 어느 정도의 시간이 걸린다. 하지만 직원들을 현재의 위치에서 새로운 계획에 참여시킬 수 있고, 긍정적인 미래를 향해 매진하도록 하는 데 있어 직원들에게 변화의 필요성을 설명하는 데 리더는 시간을 할애해야 한다. 그리고 변화를 적극적으로 추진하기 위해서는 강력한 인사관리도 필요하다.[204]

---

203) 변화가 오는 것을 직원들이 먼저 느낄 수 있다. 그렇기 때문에 리더는 직원들에게 변화와 관련된 상세한 정보를 제공하는 것이다. 이를 위해서는 리더가 열린 마음으로 변화를 받아들이는 선행이 필요하다. 변화의 속도는 점점 빨라진다. 즉 변화를 거부하기보다는 받아들이고 반기는 방법을 찾는 것이 중요하다. 무엇보다 직원들 자신이 변화를 직접 주도하고 있다는 마음이 들도록 이끌어야 한다. 직원들은 자신에게 조언이나 요청도 하지 않은 채 무조건 변화만을 강요하는 리더에게는 분개하며, 저항하는 방법의 하나로 변화에 전혀 신경을 쓰지 않게 된다.

204) https://jaeildream.tistory.com/178 [ㄱㅈㄱㅈ], 8장 변화관리, 2016.10.12.

이제 변화에 저항하는 직원들을 성공적으로 이끄는 데 도움이 되는 방법에 대해 살펴보기로 하자.

① **개방적인 분위기를 조성한다** : 직원들에게 되도록 많은 사실을 알려준다. 직원들이 거리낌 없이 질문하게 하고, 이에 솔직하게 답변하도록 한다. 즉 변화에 대한 직원들의 궁금증을 질문하게 하고, 그것에 대해서 솔직하게 답한다.

② **객관적인 자세를 유지한다** : 변화를 수행하는 것이 힘들더라도 변화가 필요한 이유를 직원들이 명확히 알도록 한다. 변화의 유익성을 밝힐 수 있는 객관적인 수치 및 사례를 직원들에게 직접 확인시켜줄 필요가 있다.

③ **직원들의 감정을 세심하게 살핀다** : 사람은 본능적으로 안정을 추구하기 때문에 자신의 안전을 해칠 것으로 생각되는 것들은 거부하려는 성향이 있다. 따라서 변화가 이루어지면 자신에게 도움이 될 만한 이익이 생기는 한편, 자신이 중요하게 여기는 것을 잃거나 포기해야 할 수도 있다는 점을 직원들에게 알려야 한다. 이는 상당히 어려운 일이기 때문에 직원들의 인격과 감정을 세심하게 살펴야 한다.

④ **변화의 긍정적인 면을 강조한다** : 직원들이 변화의 긍정적인 측면을 인식하도록 돕는다. 또한, 변화를 긍정적으로 받아들이는 방법을 찾도록 용기를 준다. 변화의 잠재적인 문제점을 최소화하고 긍정적인 면을 최대한 드러냄으로써, 직원들 스스로 변화가 주는 긍정적인 영향을 깨닫게 한다.

⑤ **변화에 적응할 시간을 준다** : 직원들에게 적응하는 시간을 충분히 주는 것이 중요하다. 리더는 기존의 업무를 바탕으로 직원들이 새로운 진로에 집중하도록 자극하며, 긍정적인 목표를 달성하도록 이끌어 새로운 방식을 즐기게 하고, 새로운 경험을 통해 지식을 얻을 수 있도록 한다.

2) 현실적인 문제부터 해결하라[205)]

① **구조조정 문제** : 변화를 통해 구조조정이 발생한다면, 사전에 해당 직원에게 알려야 한다. 그렇지 않으면 좋지 않은 소문이 조직 내에 퍼질 수 있다. 리더는 변화의 필요성을 설명하고, 직원이 구조조정으로 인해 불확실한 상황에 미리 대비하도록 돕는다.

② **부서이동 문제** : 리더는 부하직원과 적극적인 경청 기술로 부하직원의 입장에 서서 대화를 나누어야 한다. 그리고 개인의 성장과 발전에도 좋은 기회가 될 것이라는 격려를 해준다.

③ **새로운 변화 다루기** : 변화가 회사에 상당히 좋은 결과를 가져올 것이라는 점을 부하직원이 확신할 수 있도록 이끌어야 한다. 리더는 솔직하고 중립적인 답변으로 대처한다.

---

205) Ibid.

(3) 변화관리 3단계 : 변화를 수용하라

리더에게는 변화를 수용하고 변화의 방향을 개발할 시간이 필요하다. 변화를 받아들이도록 이끄는 방법은 다양하다. 직원들은 리더가 자신들이 모르는 것을 알려주는 한편 긍정적이고 신뢰하는 태도로 대한다고 느낄 때, 리더의 방식을 신뢰하며 따른다. 그러므로 리더는 왜 변화가 일어나야 하는지를 직원들에게 상세하게 설명하고, 변화를 위한 직원들의 노력에 아낌없이 지원해야 한다.

한편 리더는 변화가 일어나는 동안에는 직원들에 대한 경계를 늦추는 일이 없도록 한다. 변화에 대해 부정적인 행동을 보이는 직원이 있다면 리더는 개별 면담을 통해, 늘 관심 있게 지켜보고 있다는 사실과 언제든지 대화를 나눌 수 있다는 점을 주지시킨다. 그럼으로써 그 직원의 부정적인 인식을 최소화시켜야 한다. 물론 변화에 스스로 대처하려는 직원들에게는 많은 도움을 주어야 한다. 스스로 동기를 부여하도록 '당신은 할 수 있다'와 같은 신념이 담긴 말을 들려준다면, 변화와 성공의 가능성이 더욱 높아진다.

무엇보다도 성공적인 변화관리를 위해서는 리더와 직원들 간의 커뮤니케이션이 무엇보다 중요하다. 변화의 성격에 따라 리더는 정기적인 회의를 하고, 부하직원과의 면담 등을 통해 변화에 대처하는 직원들의 반응을 계속 살펴야 한다. 즉 리더는 시간을 내어 변화와 관련해 자주 논의하고, 직원들이 자신의 생각이나 제안을 직접 말할 수 있는 분위기를 만드는 데 최선을 다하는 것이 중요하다.

결론적으로 조직의 변화를 이끌어내려면 구성원들의 자발적인 참여와 협조가 절대적으로 필요하다. 이를 위해 리더는 구성원과의 수평적이고 민주적인 커뮤니케이션을 통해 그들의 의견을 경청하며 때로는 이해와 설득으로, 때로는 적극적으로 그들의 의견을 업무 및 기업경영에 반영함으로써 조직 내 구성원 모두의 결집된 에너지를 통해 지속적인 고성과 조직을 창출해낼 수 있는 것이다. 이것이 바로 변화에 적확하게 대처하여 경쟁 우위를 선점하고 혁신을 창출하는 변화 지향적 리더십[206]의 본질이다.

6. 성공하는 변화관리, 실패하는 변화관리[207]

그러면 왜 수많은 변화관리의 노력들이 성공하거나 실패하는가?

(1) 성공하는 변화관리의 공통점

첫째, 먼저 최고 경영자가 과거로부터 본인을 단절시킨다. 본인이 어느 부서에서

206) 변화 지향적 리더십의 구체적 설명과 관련하여 [부록 7-1] 참조.
207) http://nym2jcho.blogspot.com › 2015/09 › blog-post_35, 성공하는 변화관리와 실패하는 변화관리, 최정규, 2015.09.20.

왔던, 어떠한 지연, 혈연, 학연 관계를 지니고 있던 변화를 위해서는 스스로 과거로부터 본인을 자유롭게 만든다. 이는 다른 말로 표현하면 공사의 구분은 명확히 하되 조직 내에 친소구분은 불명확해야 한다는 것이다. 누가 최고경영자의 심복이고 누가 편애를 받고 있는지가 알려져서는 안 되며 공평성을 유지해야 한다. 이는 인위적인 공평성이 아니라 원칙과 철학에 입각한 공평성으로서 누가 무엇을 하든 간에 원칙을 지키는 것이 중요하다.

둘째, 최고경영자 본인 스스로 철저하게 결과를 관리해야 한다. 매주 또는 격주간 PMO 조직[208]에서 올라오는 보고서를 검토하고 어디에서 성과가 우수하며 어디에서 성과가 저조한지, 어떠한 지원을 해 주어야 하는지 본인이 깊숙이 이해하고 직접 현장에서 대처해 나가야 한다.

셋째, 모든 목표는 100% 달성을 그 지향점으로 해야 한다. 어렵고 힘들기 때문에 조금씩 타협하면 조직의 성과는 곱하기이지 더하기가 아니므로 전체적인 성과가 너무 저조하여 도대체 왜 변화를 추진하는지 알 수 없게 되기 때문이다.

넷째, 최고경영자 스스로가 변화에 확신을 갖고 일관된 커뮤니케이션을 해야 한다. 본인 스스로가 확신을 갖지 못하고 조직 내에 그러한 감정을 표현하면 모든 조직원이 흔들리게 된다. 변화를 앞장서서 추진하는 세력들이 다치고 험담의 대상이 되며 변화를 거부하는 조직이 득세하게 된다. 특히 변화 거부 세력들은 일반적으로 바뀌고 싶어하지 않는 인간의 심리에 편승하고 과거의 영광과 편하던 시절을 그리워하는 인간의 본성에 호소하므로 빠른 속도로 세력을 취합하게 된다. 결국, 악화가 양화를 몰아내는 그레샴의 법칙(Gresham's law)이 너무나도 쉽게 퍼지게 된다.

다섯째, 임원들은 팀워크를 이루어야 한다. 임원진 내에서는 변화의 문제를 진지하게 토론하고 숨김없이 상의해야 하겠지만 조직원들 앞에서는 한목소리로 변화의 전도사가 되어야 한다.

여섯째, 임원들이 변화 앞에서 겸손함을 보이고 바꾸고자 하는 의지를 행동으로 보여주어야 한다. "우리가 이미 이 정도면 잘하고 있고 나름대로 세계적인 수준인데 도대체 무엇을 바꾸라는 것이냐"라든가 "우리 사업부는 잘하고 있으므로 바뀌어야 하는 곳은 타 부분"이라고 하면 이 같은 내용이 쉽게 전파되어 누구도 바뀌지 않고 남의 탓만 하는 경향이 생긴다. 결국, 내 탓에 바뀌어야 하는 것이고 안 되는 부분은 나 때문에 미진한 것으로 인정해야 조직의 힘이 모여서 바뀌게 되는 것이다.

일곱째, 임원진의 솔선수범이 핵심이다.

여덟째, 모든 변화관리 프로그램에 직접 풀타임(full-time)으로 참여하는 직원들은 가장 우수한 직원들이어야 한다. 현업 때문에 빼내기 가장 힘든 직원들만 골라서 배

---

208) PMO는 프로젝트 관리 본부(Project Management Office)를 뜻한다. 프로젝트를 관리하고 담당하는 조직을 의미한다. PMO는 비용을 절감하고 동시에 품질과 프로젝트 관리의 효율성을 높이기 위해 반드시 필요한 조직이다.

치하면 된다. 역으로 남는 직원들 또는 현업에서 빼내더라도 별로 지장이 없는 직원들로 구성하는 변화관리는 반드시 실패한다. 작업의 질도 나쁘지만, 조직원의 신뢰를 얻지 못하기 때문이다.

아홉째, 이러한 직원들은 적극적이고 긍정적인 사고를 가진 사람들이어야만 한다. 또한, 이들 풀타임 직원들은 최고를 향한 열망이 강한 직원들이어야 한다. 거만하거나 독불장군인 직원을 배치하면 변화가 역행하는 현상이 생긴다. 이들 직원들이 최고를 향한 끊임없는 열망을 가져야만 변화 과정상의 고통이나 장애를 극복할 만한 추진력이 생긴다.

열번째, 원칙에 철두철미한 직원들로 구성해야 한다. 원칙에 철두철미하다는 것은 고지식한 것과는 다르다. 일단 추진하기로 한 내용은 반드시 달성하는 것을 원칙으로, 그리고 끊임없는 대화와 설득 그리고 조직원들의 견해에 대해 겸허하게 받아들여 가면서 현실적 어려움에 쉽게 타협하지 않는 자세를 의미한다.

(2) 실패하는 변화관리의 공통점

첫째, 아직 바뀔 필요가 명확하지 않으므로 위기가 가시적일 때 바꾸자는 조직은 바꾸기에 너무 늦어서 망하는 것을 보면서 망하게 된다. 위기가 정말 느껴질 정도가 되면 우수한 직원들은 다른 직장을 알아보는데 시간을 쓰게 되고, 그렇지 못한 직원들은 조직이 망한 이후에 할 일을 찾기 위해 조직 내의 정보를 챙기거나 자기 사업을 구상하는데 더 시간을 쓰지, 조직을 살리는 데에는 시간을 적게 쓰게 된다. 또한 위기가 느껴질 정도면 외부에서도 느끼기 시작하고 이에 따라 채권단의 자금회수, 증시에서의 압력 등 현안 과제가 급속히 늘어나서 매일 매일의 급한 불을 끄는 데에 정력을 투입해야 하므로 근본적인 체질 개선에는 시간을 쓰기 어려워진다. "마지막 황제"라는 영화에서 내시들이 중국 황실의 보물들을 몰래 빼돌리는 것을 마지막 황제가 발견하고 엄중히 처벌하겠다고 하자 내시들이 보물창고에 불을 지르고 도망을 간다. 위기가 느껴지면 이미 너무 늦은 경우가 많다.

둘째, 변화에 실패하는 기업들의 또 다른 공통점은 하다가 잘못되면 혼나지만 아무 일도 하지 않은 것에 대한 책임이 없다는 것이다. 이렇게 되면 나서서 일하는 사람들이 손해를 보므로 아무 일도 안 하는 것이 조직원의 생존 법칙이 되고 만다. 누군가가 무엇인가 해야 바뀌는데 주어진 일만 하고 스스로 일을 찾아서 하지 않는 조직은 변화에 실패한다. 아무리 정교하게 설계된 변화관리 프로그램도 현장의 적극적인 참여와 추가적인 아이디어 및 실행이 있어야만 그 빛을 발하게 된다. 석유 가격이 오르면 손실을 보는 회사에서 헤징(Hedging)[209]을 통해 관리하다가 유가가 하락

209) 헤징이라는 용어는 '울타리를 쳐서 안전하게 투자관리를 한다'는 뜻이다. 농부들이 경작 시점에 미리 수확 시점의 가격을 정함으로써, 재배기간 동안의 농산물가격 변동을 회피하는 데서 유래되었다. 따라서 헤징의 목표는 이익의 극대화가 아니라 가격변화에 따른 위험을 최소화하는 것이다.

하여 손실을 보면 혼나지만, 아무런 헤징도 하지 않고 있다가 유가가 올라서 손실을 보면 시장 상황 탓만 해도 된다면 이러한 기업의 장기적인 생존은 불투명할 것이다. 유가 하나가 아니라 조직의 모든 구성원들이 아무도 나서서 개선하고자 하지 않기 때문이다.

셋째, 변화에 실패하는 조직들은 대부분 교만하고 방어적이고 회피적이다. 또한, 내가 아는 동네에서는 내가 제일 최고라는 근거가 확실하지 않은 자만심이 강하다. 지금 잘하는 데 굳이 왜 바뀌어야 하는가, 배가 너무 빨리 방향을 바꾸면 뒤집어진다는 등 변화를 거부하는 논리와 목소리가 크다.

넷째, 모든 목표를 100% 달성하려 하지 않고 조직 곳곳에서 타협이 발생한다. 앞서 논의한 바대로 조직의 성과는 곱하기이다. 예를 들어 모두가 90점씩 하면 다섯 부분의 총 결과는 0.90의 5승, 즉 약 60%의 성과만을 달성하게 된다.

마무리하기 전에 변화관리의 주요 포인트를 정리하자. 압축해서 정리하면 변화관리를 위해서는 Head, Heart, Hand의 3H가 필요하다. 즉 왜 바뀌어야 하는가에 대한 논리적인 이해, 현실적 상황에 대한 공유가 Head라면, 어떠한 인센티브와 페널티가 있고 변화된 이후의 모습에 대한 감정적인 공유, 변화의 공감대 등이 Heart에 속할 것이다. 그리고 도와주는 부분과 철두철미하게 관리하는 부분이 Hands(손은 두 개이므로)에 해당할 것이다.

전략/비전, 운영 효율성 개선, 조직구조, 성과관리, 인재 육성 등이 개별적인 분야의 예술이라면 변화관리는 종합적인 예술이라고 할 수 있다. 각 구성요소에 대해서 도 잘 이해해야 하지만 전체를 아우르고 이해하며, 특히 조직의 행태와 심리적인 부분, 정성적인 부분을 이해하는 것이 중요하다.

(3) 사례 210)

DEC(Digital Equipment Corp)211)나 노키아와 같은 기업은 한때 시장의 상당 부분을 차지한 공룡기업이었다. 하지만 기존의 성공에 취해 변화를 감지하지 못하다 이제는 과거의 뒤안길에 서게 됐다. 이처럼 수없이 많은 기업들이 변화관리에 실패했는가, 성공했는가에 따라 존폐가 갈렸다.

1) 변화관리에 실패한 DEC와 노키아

DEC는 1990년대 초까지 컴퓨터 업계에서 IBM 다음으로 세계 두 번째 규모의 초

---

210) 이규형(2018), 성공하는 변화관리 VS 실패하는 변화관리, 사람인, HR 시리즈, vol. 2, 2018.04.02.

211) 디지털 이큅먼트 코퍼레이션(Digital Equipment Corporation, 줄여서 DEC)은 컴퓨터 산업을 주도하는 미국 회사였다. DEC라고 줄인 것은 공식적으로 회사 자체에서 사용한 것이지만, 상표명은 언제나 디지털(DIGITAL)이었다. PDP, VAX 제품들이 1970년대와 1980년대 사이에 과학/공학 분야에서 가장 잘 알려진 미니컴퓨터로 이름을 남기었다. DEC는 1998년 6월에 컴팩(컴팩은 뒤에 휴렛 패커드에 2002년 5월에 병합됨)에 인수되었다. 2007년에 이 제품 계열은 HP라는 이름으로 판매되고 있다.

우량 기업이었다. 당시 컴퓨팅 기술은 대형 컴퓨터에서 개인용 PC로 급격히 변화하고 있었다. 소수 전문가의 전유물인 대형 컴퓨터 위주의 시장에 개인용 PC라는 혁신적인 기술변화의 파고가 몰려오고 있던 것이다. MIT 출신의 컴퓨터 엔지니어로 회사의 설립자이자 CEO인 켄 올슨(Kenneth Olson)은 기존 기술의 성공에 빠져 새로운 기술로 이행하고 있는 시장의 변화에 둔감했다. 기술변화의 쓰나미가 몰려오고 있는데도 공룡은 위기의식을 느끼지 못했다. 대형 컴퓨터 중심의 경영 문화나 기술인력은 PC 기술의 진보를 경시했다. 소위 전문적 기술 집단인 컴퓨터 엔지니어들은 대형 컴퓨터 기술에만 집착해 PC를 컴퓨터로 보지 않고 장난감처럼 얕잡아 봤다. 그러나 PC 기술은 하루가 다르게 발전했고 시장은 빠르게 PC가 장악하게 됐다. CEO의 위기의식 부재와 조직의 저항으로 결국 DEC는 PC 중심의 컴퓨팅 시대에 뒤처지고 말았다. 1997년 DEC는 PC 기업인 Compaq Computer사에 인수합병(M&A) 당해 40년 역사의 종말을 맞았다.

노키아의 경우도 피처폰(Feature Phone) 휴대전화의 성공에 취해 스마트폰으로의 패러다임 변화를 감지하지 못하고 과거를 답습하다가 망한 것으로 잘 알려져 있다. 200년대 중반까지 노키아는 세계 휴대전화 시장의 40%를 차지하는 절대 강자였다. 그러나 2007년에 시장에 나타난 애플의 아이폰은 휴대전화의 패러다임을 바꾸고 있었다. 바야흐로 휴대전화는 덤폰(Dumb Phone)에서 똑똑한 스마트폰으로 변한 것이다. 기존 피처폰 시장에서 성공했던 노키아는 스마트폰이 급성장해 대중화되고 있다는 사실을 2009년까지도 실감하지 못했거나 무시했다. 새로운 패러다임이 시장을 주도하기 시작한 2009년과 2010년에도 기존 제품의 생산에 매달렸다. 뒤늦게 오픈 소스[212] 기반의 운영체제인 심비안을 개발하며 스마트폰으로 전환하려 했지만 이미 타이밍을 놓쳤다. 위기의식의 부재와 패러다임 변화에 저항하는 비대조직의 관성으로 제때 변화와 혁신을 이루지 못한 노키아는 급격히 추락했다. 결국, 변화를 가로막는 승자의 저주는 피처폰의 왕국 노키아도 무너뜨렸다.

2) 변화관리에 성공한 삼성

이와는 반대로 변화관리에 성공해 세계적 기업으로 우뚝 선 기업이 있다. 1987년의 삼성은 그룹 전체의 시가총액이 1조에 불과한 초라한 국내기업이었다. 그룹 총수에 취임한 이건희 회장은 그룹의 위기상황을 직원들에게 알리고 세계적인 명품 제품을 생산하기 위해 변화와 혁신을 주장했다. 하지만 수년이 지나도록 기대한 수준의 변화는 이뤄지지 않았다. 휴대폰 시장에서 삼성제품은 품질 문제로 어려움을 겪고

212) 오픈 소스(Open-Source) : 어떤 소프트웨어 프로그램을 개발하는 과정에 필요한 소스 코드나 설계도를 누구나 접근해서 열람할 수 있도록 공개하는 것을 말한다. 보통 소스가 공개된 소프트웨어를 '오픈 소스 소프트웨어'라고 하고, 소프트웨어 말고도 개발 과정이나 설계도가 공개되는 경우 하드웨어에도 오픈 소스 모델이 적용될 수 있으며, 글꼴과 같은 데이터에도 오픈 소스 개발 모델이 적용되는 경우가 있다.

있었다. 원하는 만큼 품질이 개선되지 않았다. 변화에 대한 저항을 극복하기 위해 이 회장은 극단적인 처방을 내렸다. 1995년 150억 원 상당의 무선전화기 15만대를 삼성전자 직원들이 보는 가운데 화형식을 치른 것이다. 심지어 '마누라와 자식 빼고 모두 바꿔라'며 변화를 요구했다. 순혈주의 인사정책을 포기하고 외부의 인재를 적극 받아들였다.

삼성은 변하기 시작했다. 변화와 혁신에 대한 리더의 의지, 위기의식을 공감하고 변화에 동참한 직원들은 기적 같은 결과를 만들어냈다. 삼성의 반도체, 스마트폰, 가전제품은 세계시장의 최고 제품으로 자리매김했고, 삼성은 한국을 넘어 세계적인 기업으로 우뚝 섰다. 2017년 삼성그룹의 시가총액은 460조 원을 넘고 브랜드 가치는 세계 6위, 삼성전자만의 매출이 201조 원(2016년 기준)에 달하는 글로벌 기업으로 탈바꿈한 것이다.

기업이 변하지 않으면 안 되는 원인과 성공적인 변화관리 전략은 무엇인가? 기업조직을 둘러싼 내외의 환경은 늘 변화한다. 변화하는 환경은 기업조직으로 하여금 변화에 적응할 것을 요구한다. 변화할 것인가 아니면 도태될 것인가. 선택지는 이렇게 좁혀져 있다. 기업은 변화하는 환경에 적응해야 살아남는다. 적자생존의 원리는 시장이란 정글에도 작용한다. 변화에 적응하는 것은 기업의 생존을 위해 피할 수 없다.

제2절 마무리 : 핵심 체크

☑ 리더십이란 조직의 공통된 목적을 달성하기 위하여 개인이 조직원들에게 영향을 미치는 과정이다.

☑ 리더와 관리자의 최대의 차이점은 비전이 있고 없음에 있다. 그리고 관리자의 역할이 자원을 관리 · 분배하고, 당면한 문제를 해결하는 것이라면 리더는 비전을 선명하게 구축하고, 그 비전이 팀 멤버의 협력 아래 실현되도록 환경을 만들어 주는 것이다. 따라서 관리자의 관심사가 주로 사람이나 물건을 관리하는 것에 있는 데 비해, 리더는 사람의 마음을 중시하고, 사람의 마음에 불을 지피는 사람이다. 또 관리자가 오늘의 구체적인 문제를 대상으로 삼는 데 비해, 리더는 미래를 향한 새로운 상황 창조자인 것이다.

☑ 일반적으로 리더십 유형은 크게 독재자 유형, 민주주의에 근접한 유형, 파트너십 유형, 변혁적 리더십 유형 등 크게 4가지로 구분할 수 있다.

☑ 동기유발의 7가지 방법에는 ① 긍정적 강화법 활용, ② 새로운 도전의 기회 부여, ③ 창의적인 문제 해결법 찾기, ④ 책임감으로 철저히 무장, ⑤ 몇 가지 코칭하기, ⑥ 변화를 두려워하지 않는 것, ⑦ 지속적인 교육 등이 있다.

☑ 코칭 활동은 직원들의 능력을 신뢰하며 확신하고 있다는 사실에 기초한다. 코칭은 조직의 지속적인 성장과 성공을 만들어내는 리더의 능력이라고 말할 수 있다. 또 한 직원들에게 질문을 던지는 한편 직원들의 의견을 적극적으로 경청하고, 필요한 지원을 아끼지 않아 생산성을 높이고 기술 수준을 발전시키며, 자기 향상을 도모하는 직원들에게 도움을 주고 업무에 대한 만족감을 높이는 과정이라고 말할 수 있다.

☑ 임파워먼트란 '조직구성원들을 신뢰하고, 그들의 잠재력을 믿으며, 그 잠재력의 개발을 통해 고성과 조직이 되도록 하는 일련의 행위'로 정의할 수 있다.

☑ 일반적인 변화관리의 3단계는 변화 이해하기, 변화 인식하기, 변화 수용하기이다.

부록 7-1 : 변화 리더십

조직이 지속적으로 성장한다는 것은 '지속적으로 변화하는 것'이라고 말할 수 있다. 변화하지 않으면 성장도 할 수 없기 때문이다. 따라서 이러한 변화를 이끌 수 있는 리더십은 리더가 갖춰야 할 요소 중에 가장 중요한 요소이다. 성공적인 변화를 위한 '변화 리더십'에 대해 살펴본다.

리더의 가장 중요한 능력 중 하나를 꼽으라면 '변화관리' 능력을 꼽을 수 있다. 급변하는 시장 환경에서 변화관리를 잘 해야지만 지속적인 성장을 이끌 수 있고, 리더로서 가장 객관적인 평가를 받을 수 있기 때문이다. 변화관리에 뛰어난 조직이 더 빠르게 성장하고 시장을 선도할 것은 당연한 사실이다. 최근에 유행하고 있는 애자일(Agile) 문화·조직·리더십도 이러한 이유 때문이다. 따라서 '변화 리더십'의 의미는 불확실하고 어려운 환경에 적응하고 살아남기 위해 구성원들이 함께 노력하도록 촉진하고 격려하고 이끄는 것을 말한다.

☑ 조직에서의 변화 유형

리더는 변화 저항자를 '변화 주도자'로 전환시킴으로써, 그들이 조직 내 다른 사람에게 변화에 대한 비전을 전파하게 해야 한다.

조직에서 변화에 대한 구분은 태도를 변화시키려는 노력과 역할을 변화시키려는 노력, 그리고 구조와 절차 사이에서 생긴다(Beer, Eisenstat, & Spector, 1990). 역할 중심의 접근은 업무 역할을 변화시키기 위해 업무의 흐름을 재구성하고, 업무평가 기준과 절차, 보상체계 등을 바꾸는 것이다. 반면 태도 중심의 접근은 설득적 호소, 훈련 프로그램, 팀 빌딩과 같은 프로그램을 사용하여 태도와 가치를 변화시키는 것이다. 이 두 가지는 양립되는 것이 아니며 서로 지 지하고 보완함으로써 더 좋은 변화관리를 진행할 수 있다.

변화의 다른 접근방식은 기술을 변화시키는 것이다. 인적자원 정보체계, 업무 네트워크, 판매프로세스 등이 그 예이다. 또한, 전략도 중요한 조직 경쟁전략을 변화시키는 유형이다. 일례로 신제품이나 서비스를 도입하고, 새로운 시장에 진입하고, 새로운 마케팅 방식을 사용하는 방법 등이 있다.

조직의 내부적인 변화는 경제적 요인이나 인간적인 요인도 있다(Beer & Nohria, 2000). 경제적인 접근은 다운사이징, 재구조화, 보상이나 인센티브의 조정 등과 같은 변화를 통해 재무적인 성과를 향상시키는 것이고, 인간적인 접근은 개인이나 조직 학습을 증가시키고 유연성과 혁신을 유지시켜 주는 문화적 가치를 확고히 하는 것이다. 사람들이 성장할 수 있도록 환경을 만들어 줌으로써 사람들의 능력, 헌신, 창조성을 변화시키는 것도 중요하다.

☑ 변화 과정의 이론과 단계

초기의 변화 과정 이론은 Lewin(1951)의 '힘의 장' 모형이다. 그는 변화 과정을 해빙, 변화, 재동결의 세단계로 구분했다.

해빙 단계에서 사람들은 낡은 업무수행 방식이 더 이상 필요하지 않다는 것을 인식하고, 변화단계에서는 새로운 업무 방식을 모색하며 가능성 있는 접근방식을 선택한다. 그리고 재동결 단계에서는 새로운 접근방식을 실행하고 안정화시키게 된다.

이 세단계 모두는 변화의 성공을 위해 매우 중요하다. 해빙 단계를 거치지 않고 변화단계로 바로 가려고 하는 것은 직원들의 무관심이나 강력한 저항을 맞을 수 있다. 또 변화단계에서 체계적으로 문제를 해결하지 않으면 불충분한 변화계획이 만들어지게 된다. 마지막으로 재동결 단계에서는 서로 협력하여 의견을 합의하지 않으면 변화가 실행되고 나서 오래지 않아 원래 상태로 돌아갈 수도 있다.

리더가 변화관리를 위해서 취해야 할 두 가지 행동 조치가 있는데, 한 가지는 인센티브를 높이거나 직위 권력을 사용하여 변화의 추진력을 높이는 것이고, 다른 한 가지는 잘못될 것이 라는 상실의 공포를 감소시키거나 반대하는 사람들을 참여시키거나 제거해 변화에 대한 저항을 유발하는 저항력을 낮추는 것이다. 리더는 이 두 가지 행동을 상황에 맞게 진행해야 한다.

☑ 변화에 대한 대응 단계

리더는 조직 내 사람들이 그들에게 부과된 변화에 어떻게 반응하는지에 대한 것도 확인해야 한다(Gebert et al. 2003; Jick, 1993; Krause, 2004; Woodward & Bucholz, 1987).

반응패턴은 부정, 분노, 비탄, 적응의 네 단계로 구성된다. 처음에 나타나는 반응은 변화가 필요하다는 것을 부정하는 것이다. 다음 단계에서는 분노하고 비난할 누군가를 찾는다. 동시에 익숙해진 업무방식에 대한 변화를 거부한다. 세 번째 단계에서 사람들은 변화할 수밖에 없다는 것을 인정하고 슬픔에 빠진다. 마지막 단계에서는 변화를 통해 개인의 삶을 영위할 필요가 있다는 것을 수용한다.

이러한 단계를 이해하는 것은 리더들에게 매우 중요하다. 각각의 단계마다 적절한 리더십을 발휘하여 슬기롭게 어려움을 극복하고 조직이 원하는 결과를 향해 나아갈 수 있도록 지원해야 하기 때문이다.

☑ 변화에 대한 거부와 순응

조직에서 변화를 실행하려고 할 때 실패하는 가장 큰 이유는 변화에 대한 저항이다. 개인과 조직에서 변화에 저항하는 일은 자주 일어나는 현상이며, 이 저항은 상호 배타적이지 않은 몇 가지 이유로 발생하기도 한다(Connor, 1995; Fe dor, Ca ldwel l, & Herold, 2006).

먼저 제안된 변화가 불필요하다고 인식하는 경우이다. 변화를 정당화시킬 만한 명백한 증거가 없는 경우로, 이때는 문제가 파악될 때마다 현재의 전략을 일부 수정하는 식으로 대응해야 한다. 또 제안된 변화가 실현 불가능하다고 인식하는 경우이다. 변화가 성공적으로 실행될 수 없다는 생각이 강한 경우로, 이때는 새로운 변화관리 프로그램에 대한 신뢰를 높이는 데 중점을 두도록 한다.

변화의 효율성도 저항을 일으키는 원인이다. 변화로부터 얻는 이익이 이를 수행하기 위해 드는 비용보다 작다는 인식이 강한 경우로, 이때는 변화를 통해 얻게 되는 이익을 구체적으로 제시해야 한다. 변화가 특정 개인에게는 손해가 될 것이라는 인식이 큰 경우에도 저항에 부딪히게 된다. 변화가 일어나면 개인이나 조직의 지위와 권력이 이동되는 것은 당연한 결과이다. 하지만 그 명분이 명확하지 않으면 오히려 저항만 가중시키게 된다. 따라서 변화에 대한 목적과 명분을 명확히 수립하는 것이 필요하다.

마지막으로 변화를 제안한 리더의 신뢰가 낮을 경우, 저항을 가져오게 된다. 따라서 변화를 추진하기에 앞서 신뢰를 쌓는 일이 우선되어야 한다.

☑ 성공적 변화를 위한 7가지 리더십

변화를 성공적으로 실행하기 위해서는 직원들의 지원과 적극적인 지지가 필요하다. 이를 위해서는 변화를 이끌 수 있는 리더십이 필요하다(Beer, 1988; Conner, 1995; Jick, 1993; Kotter, 1996).

첫째 '변화 필요성에 대해 긴박감을 일으켜라.' 변화가 필요한 이유를 설명하고 긴박감을 불러일으켜야 한다. 변화하지 않는 것이 변화를 실행하는 것보다 더 많은 비용이 든다는 것을 명 확하게 인지시켜야 한다.

둘째 '변화를 반대하거나 지지하는 사람, 그리고 저항 이유를 파악하라.' 여러 가지 질문을 통해 사람들을 파악해야 한다. 얼마나 많은 저항이 누구에 의해 일어날 것인가, 저항을 극복하는데 필요한 것은 무엇인가, 저항하는 사람들을 어떻게 지지자로 바꿀 것인가, 누가 지지하려 할 것인가 등의 질문을 통해 지원들을 분석하고 생각해야 한다.

셋째 '변화를 지지해 줄 연합세력을 구축하라.' 변화를 이뤄낸 회사는 변화를 지지하고 그것을 촉진하는 것과 관련된 기술을 소유하고 있는 중간관리자가 다른 회사보다 많다. 지지하는 직원들을 통해 변화 문화를 확산해야 한다.

넷째 '핵심직위를 유능한 변화관리자로 채워라.' 변화를 실행하는데 직접적인 책임을 지는 사람, 변화를 이행하는 핵심직위에 있는 사람의 헌신을 얻는 일이 중요하다. 변화관리자들을 행동으로 지지해 주어야 한다.

다섯째 '변화의 어려움과 스트레스에 대처하도록 도움을 주어라.' 급진적인 변화는 사람들에게 큰 고통을 준다. 그래서 그 변화에 대한 고통을 이겨낼 수 있도록 조직에서 끊임없이 도와줘야 한다.

여섯째 '초기 성공기회를 제공해서 신뢰감을 구축하라.' 초기 단계나 목표가 성취되면 사람들은 성공을 경험하고 자신감을 얻는다. 그 후에 더 큰 성취를 위해 노력하고 더 많은 자원을 노력에 투자하려고 한다.

일곱째 '변화에 대한 지속적인 헌신과 낙관을 제시하라.' 마지막까지 의미 있는 헌신을 보여주고, 낙관적인 결과를 제시해야 한다. 사람들은 리더에게 변화 목표와 비전에 대한 계속적인 헌신을 발견하려 한다. 끝까지 이것을 지키겠다는 다짐을 직원들에게 보여야 한다.

- 유경철(2019), 조직의 효율적 변화를 위한 '변화 리더십', 품질경영, 2019.07. -

제 1 장	대인관계능력
제 2 장	팀워크능력 Ⅰ
제 3 장	팀워크능력 Ⅱ
제 4 장	리더십능력 Ⅰ
제 5 장	리더십능력 Ⅱ
제 6 장	리더십능력 Ⅲ
제 7 장	리더십능력 Ⅳ
제8장	**갈등관리능력 Ⅰ**
제 9 장	갈등관리능력 Ⅱ
제 10 장	협상능력 Ⅰ
제 11 장	협상능력 Ⅱ
제 12 장	고객서비스능력 Ⅰ
제 13 장	고객서비스능력 Ⅱ

제1절 갈등관리의 의의와 중요성

직장은 언제나 갈등이 일어날 소지가 있는 곳이다. 그 갈등을 얼마나 효과적으로 해결할 수 있는가에 따라 팀의 생산성과 비전이 결정될 수도 있다. 리더는 갈등의 원인을 빨리 파악하고, 어떤 문제가 가장 심각한지, 그리고 그것의 근본 원인이 어디에 있는지 알아야 한다. 또한 갈등의 영향을 받는 직원들과 함께 문제를 능동적으로 해결해야 한다.

1. 갈등관리란

갈등관리란 갈등이 긍정적인 효과를 발휘하도록 갈등의 수준을 감속시키거나 증가시키는 행위(Robey, 1982)를 말한다. 갈등관리는 개인과 조직의 목표 달성을 이루기 위해 필요한 요소로 효과적인 관리가 중요하다.

〈표 8-1〉 갈등관리의 관점

관 점	가 정	접근법
전통적 관점	갈등은 나쁜 것이다	갈등 제거
인간관계론적 관점	갈등은 자연적인 것이며 피할 수 없다	갈등 수용
상호작용적 관점	갈등은 긍정적인 것이며 필요하다	갈등 조장

2. 갈등관리의 중요성

인생은 'B'와 'D' 사이의 'C'이다. 이는 철학자 장 폴 사르트르가 한 말로 '인생은 삶과 죽음 사이의 선택이다'라는 뜻이다. 갈등은 그 자체보다 갈등을 어떻게 관리하는가에 따라 결과가 달라지기 때문에 갈등을 해결하기보다 갈등을 관리하는 방법을 더 선호한다. 갈등은 바람직하지 못한 것으로, 제거되거나 해결되어야 한다는 시각으로 출발하여 조직의 생산성 향상을 위해 불가피한 일이라는 사회현상으로 설명된다. 더 나아가 상황에 따라 생산적 갈등이라면 조장되거나 유지 관리되어야 한다고 본다.

제2절 갈등의 의미와 원인

1. 생각해보기213)

(1) 한국, 갈등관리 능력 OECD 국가 34개국 중 27위

한국의 '갈등해결능력' 수준이 경제협력개발기구(OECD) 국가 가운데 최하위인 것으로 나타났다. 한국보건사회연구원의 보건복지포럼 2015년 3월호에 발표된 '사회갈등지수 국제비교 및 경제성장에 미치는 영향'(정영호 보사연 연구위원 · 고숙자 보사연 부연구위원) 보고서에 따르면, 한국의 '사회갈등관리지수'는 2011년을 기준으로 했을 때, OECD 34개국 중 27위였다.

'사회갈등관리지수'란 각 국가에서 발생하는 갈등을 정부 · 행정 · 제도가 얼마나 효율적으로 관리하느냐에 대한 수치적 접근이다. 연구팀은 각국 정부의 효과성, 규제의

213) 데일리안(2015.03.), 한국의 '갈등해결능력' OECD 국가 중 최하위, 2015.03.24.

질, 부패 통제, 정부 · 소비자 지출 등을 기반으로 지수를 산출했다.

그 결과 사회갈등관리지수가 높은 국가는 덴마크(0.923), 스웨덴(0.866), 핀란드(0.859), 네덜란드(0.846) 등 북유럽 국가들이었다. 한국(0.380)은 영국(0.677), 일본(0.569), 미국(0.546)보다 낮았으며, 한국보다 낮은 국가들은 멕시코(0.068), 터키(0.151), 그리스(0.206), 헝가리(0247) 등 7개 국가였다.

이어 연구팀은 '사회갈등요인지수'도 발표했다. '사회갈등요인지수'란 갈등이 나타날 가능성을 수치로 나타낸 것으로 정치(공공서비스의 정치적 비독립성, 정보 접근 제한, 언론자유 제한 등), 경제(소득 불평등, 소득분포), 사회문화(인구 이질성, 인구구조적 스트레스) 영역의 지표가 지수 산출에 사용됐다. 여기에서 한국은 OECD 24개국 가운데 칠레, 이스라엘, 터키에 이어 4위를 차지했다.

그 결과 한국은 '사회갈등관리지수'를 '사회갈등요인지수'로 나눠 계산한 '사회갈등지수'에 대해서도 24개국 중 상위에 있었다. '사회갈등지수'는 실제 갈등의 크기를 나타내는 것으로, 높은 순위를 차지할수록 갈등관리능력은 낮지만, 갈등이 언제든 발생할 여지가 큰 국가라는 의미이다. 한국은 5번째 순위로 터키, 그리스, 칠레, 이탈리아가 각각 1위~4위에 머물렀다.

보고서는 "한국의 사회갈등 수준은 조사대상 국가의 상위 20% 수준으로 높은 편"이라며 "갈등관리가 경제성장에 긍정적인 영향을 미치는 만큼 갈등을 치유하고 관리하는 노력이 중요하다"고 강조했다.

(2) 갈등은 나쁜 것인가?[214]

상사뿐만 아니라 동료, 부하직원과 갈등 없이 지내고 싶다는 임원이 무척 많다. 조직 생활하는 그들의 희망이다. 하지만 현실에서는 갈등이 무척 많다는 것이 모 대기업 임원의 하소연이다. 얼마 전 필자가 그와 코칭 대화를 하면서 "갈등은 무조건 나쁜 것이라 생각하시는지요?"라고 질문했다. 그는 "당연히 나쁘지요"라고 대답했다. 과연 그럴까?

갈등(葛藤)이란 칡(葛)과 등나무(藤)가 합쳐진 단어이다. 국어사전에 보면 갈등(葛藤)이란 칡(葛)과 등나무(藤)가 서로 복잡히게 얽히는 것과 같이 개인이나 집단 사이에 의지나 처지, 이해관계 등이 서로 달라 적대시하거나 충돌을 일으킴을 이르는 말이라고 되어있다.

갈등은 주체에 따라 개인 내 갈등, 개인 간 갈등, 집단 간 갈등, 개인과 집단이나 조직간 갈등, 그리고 조직간 갈등 등으로 다양하다. 그러나 조직 경영에서 중요하게 취급되는 갈등은 개인 간 갈등과 집단 간 갈등이 대표적이다. 한 연구결과에 따르면 조직 내 관리자들은 갈등관리에 자신의 총 활동 시간의 21%를 소비하고 있는 것으

214) 김영헌(2018.10.), 갈등은 나쁜 것인가?, 한국경제, 2018.10.30.

로 나타났다.

갈등 관련 초기 연구들은 갈등은 무조건 부정적인 것으로 여겼다. 여기서는 갈등이 주로 의사소통의 단절, 상호신뢰의 부족, 상대방 무시 등에서 비롯된다고 생각하고 갈등을 사전에 예방하려고 했다. 그 후 점차 긍정적인 측면도 있다고 인정하게 되었다. 즉, 조직 내에서 어느 정도 갈등은 필요하며 활력소가 될 수 있다는 견해다. 특히 과업수행과 관련해서 생기는 갈등은 지나치지만 않는다면 상호 경쟁과 혁신을 일으켜 성과 향상에 도움이 된다고 본다. 예를 들면 다음과 같다.

① 갈등으로 인하여 자신의 취약점을 발견할 수 있다.
② 개인이나 집단이 갈등상태에 있게 되면 무사안일을 탈피하여 경쟁에서 승리할 수 있다.
③ 갈등을 극복하여 환경에 잘 적응하려는 충동에너지가 발산되어 변화에 적응 능력이 향상된다.
④ 외부와의 갈등은 집단 내부의 응집력을 향상시켜 더 많은 정보소통을 통한 효율적 의사결정을 할 수 있다.

갈등의 강도와 조직의 성과를 연구한 학자들에 따르면 갈등의 부재는 지리멸렬하고, 갈등이 지나치게 많으면 혼란과 자멸이 이루어져 부정적 결과를 낳는다고 한다. 그러나 적당한 갈등은 활력을 주어 긍정적 결과를 낳는다는 것이다. 이는 스트레스와 성과의 관계를 연구한 여키스와 닷슨의 주장과 유사하다. 즉 적정수준까지 스트레스를 증가시키면 성과가 개선된다는 것이다. 그러나 적정수준이 넘으면 성과는 다시 감소했다. 물론 개인마다 적정 스트레스 수준이 다르다는 점을 유념할 필요가 있다.

갈등과 관련하여 많이 회자되는 메기와 미꾸라지의 이야기가 있다. 양식장의 미꾸라지들이 자꾸만 병에 걸리고 죽어 나가자 주인이 어느 날 메기를 몇 마리 잡아서 넣었다. 메기를 넣은 지 얼마 되지 않아 미꾸라지들이 전보다 튼튼하게 자랐다. 왜 이렇게 되었을까? 주는 사료만 먹고 빈둥거리던 미꾸라지들이 메기가 들어오면서 마구 헤엄치고 활동량이 많아 먹이도 잘 먹고 튼튼하게 된 것이다. 안전지대가 늘 좋은 것은 아니다.

로빈스는 갈등을 순기능적 갈등과 역기능적 갈등으로 나누었다. 전자는 조직의 목표달성에 도움이 되고 조직의 성과를 높이는데 큰 기여를 하는 것이다. 후자는 조직의 성과를 저해하는 불필요한 갈등이다. 이와 비슷한 개념으로 건설적 비판과 파괴적 비판이 있다. 예를 들면 사람 자체에 대해 비판을 하는 것은 파괴적 비판이고, 그 사람의 행동에 초점을 맞추면 건설적 비판이 된다. 모든 비판이 다 갈등이 되는 것은 아니다. 건설적 비판은 사람의 행동 변화를 가져올 수 있고 갈등을 해소할 수 있다.

그렇다면 갈등을 해소하려면 어떻게 해야 할까?

첫째, 갈등의 원인을 명확히 인식해라. 우리가 느끼는 갈등의 원인은 크게 3가지다. 먼저 개인적 요인으로 상반된 가치관, 지나친 기대감이나 경쟁심, 다른 사람의 마음을 상하게 하는 말이나 행동이 그것이다. 그다음은 업무상 요인으로 불명확하거나 중복되는 업무, 공동 책임의 업무, 무리한 업무 시간의 압박 등이다. 마지막은 조직상의 요인으로 제한된 자원이나 의사소통 결핍, 만장일치 요구 등이 있다. 갈등의 원인을 잘 파악하고, 이에 따라 대응하는 것이 중요하다.

둘째, 상황에 맞게 관리해라. 라힘은 갈등관리의 유형을 다섯 가지로 구분했다. 타인에 대한 관심의 정도와 자신에 대한 관심의 정도에 따라 협력형, 배려형, 지배형, 회피형 그리고 중간지대의 타협형으로 나누었다. 예를 들면, 위급상황에서 단호한 행동이 필요할 때, 조화와 안정이 무엇보다 중요할 때, 현재 문제가 다른 문제와 연관이 있을 때. 시간 압박으로 일단 해결점에 도달해야 할 때 등 상황이 다르면 갈등관리 기법도 다르게 선택하는 것이 현명하다.

셋째, 공동의 목적설정과 관심사를 강조해라. 특히 개인이나 집단 간 공동의 목적을 재설정하거나 쌍방 간 더 큰 목적을 설정하는 것은 갈등 해소에 큰 도움이 될 수 있다. 또 하나는 구동존이(求同存異) 대동소이(大同小異) 전략도 도움이 된다. 즉 차이는 남겨놓고 공통점을 추구한다면 같은 것은 점점 커지고 차이점은 작아지는 것이다. 같은 점이 커지고 차이점이 점점 작아지면 갈등 해결에도 도움이 되지만, 협상하는 데 있어서도 아주 효과적인 기법이다.

조직 생활시 필자 상사가 늘 강조한 이야기가 있다. “서로 갈등 없이 일하라” 물론 맞는 말이다. 그러나 현실에서는 갈등의 발생이 필연적으로 나타나고, 또한 일정 부분 긍정적이다. 따라서 우리는 갈등의 긍정적인 측면을 북돋우고 부정적인 측면은 억제하려는 자세를 갖는 것이 중요하다.

2. 갈등의 의미와 갈등관리능력의 필요성

목표를 달성하기 위해 노력하는 조직이라면 갈등[215]은 항상 일어나게 마련이다. 갈등이 없다면 그것은 한마디로 죽은 조직이다. 다시 말해 경직적이고 수동적인 구성원들로 구성된 채 그들의 의견 개진이 이루어지거나 반영될 여지가 전혀 없는 비민주적이며 후진적인 조직이다. 갈등은 본래 팀 내 구성원 간 의견 차이 때문에 발생하지만, 그 결과가 항상 부정적인 것만은 아니다. 갈등은 새로운 해결책을 만들어 주는 기회를 제공해 줄 수도 있다.

직장생활에서 조직구성원 사이에 갈등은 왜 발생하는 것일까? 갈등을 의미하는 영어단어인 ‘conflict’는 ‘con’과 ‘flict’가 조합된 것이다. 여기서 ‘con’은 ‘together(서로, 함께)’를 의미하며, ‘flict’는 ‘strike(충돌하다)’를 의미한다. 따라서 갈등(conflict)이란

215) 갈등의 어원은 갈(葛)을 뜻하는 칡나무와 등(藤)을 뜻하는 등나무가 덩굴이 도는 방향이 서로 반대라 마치 매듭처럼 얽혀있는 모습에서 비롯되었다.

말은 '서로 충돌하다'라는 말뜻을 가지며, 명사로 사용될 경우에는 서로 충돌상태라는 말뜻을 가진다. 즉 갈등이란 당사자 간에 가치, 규범, 이해, 아이디어, 목표 등이 서로 불일치하여 충돌하는 상태를 의미한다.

이러한 갈등을 즉각적으로 다루지 않는다면 나중에는 곪아 터진다. 그렇게 되면 갈등은 팀 성공을 저해하는 강력한 장애물이 될 것이다. 그러나 갈등이 존재한다는 사실을 인정하고 해결을 위한 조치를 취한다면, 갈등은 성공을 위한 하나의 기회로 전환 시킬 수 있을 것이다.

갈등을 해결하고자 한다면 갈등의 의미를 알고, 갈등이 존재한다는 사실부터 인정하는 것이 중요하다. 아무리 관리가 잘되고 있는 조직이라 할지라도, 많은 사람들이 섞여 있는 조직은 언제나 갈등이 일어날 소지가 있다. 때로는 갈등을 얼마나 효과적으로 해결할 수 있는가에 따라 조직의 생산성과 비전이 결정될 수도 있다. 즉 갈등이 조직성과 창출의 결정요인이 될 수 있다는 것이다.

결국, 갈등이 해결되지 않고 방치된다면 조직의 발전을 저해할 수 있지만, 잘 관리한다면 합리적인 의사결정을 이끌어낼 수 있다. 따라서 갈등의 원인을 파악하고, 갈등의 영향을 받은 조직원들과 함께 문제를 능동적으로 해결하기 위해서는 갈등관리능력의 함양이 필수적이다.

3. 갈등 발생의 원인[216)]

먼저 갈등의 요인으로는 자원의 부족, 목표의 차이, 지각의 차이, 역할 모호성, 가치관의 대립, 의사소통의 왜곡, 급격한 변화, 경제적 침체 등의 외적 요인 등을 들 수 있다. 이제 갈등이 발생하는 원인에 대해 좀 더 자세히 살펴보기로 하자.

(1) 다름의 충돌

퇴근 준비를 서두르던 당신. 그때 옆 팀의 팀장이 들이닥치더니 "오늘 팀장들 회식이 있어. 오랜만에 한 번 뭉치는 거야. 오케이?"라며 술 한잔하러 가자고 당신을 잡아끈다. 바쁘다는 핑계로 얼굴 보기도 힘들었던 동료 팀장들끼리 모인다는 소식에 기꺼이 회식에 참석한 당신. 하지만 너나없이 외쳐대는 "건배" 소리에 당신은 머리가 지끈거리기 시작한다. 당신에겐 소주 한 잔이 다른 이들의 양주 한 병과 다름없기 때문이다.

당신에겐 체질적으로 알코올 분해 효소가 없다. 당연히 술이 체질에 전혀 안 맞다. 동료들이 좋아 참여한 회식 자리지만 술을 강권하는 회식은 고문이나 마찬가지다. 그래서 "내일 오전 7시에 중요한 회의가 있다"며 술을 거절해 보지만 상대는 "나는

216) 최철규 외(2013), 갈등, 원인을 알아야 정답 찾는다, DBR 129호(2013년 5월 Issue 2).

오전 6시에 미팅이 있다"며 술을 자꾸 권한다. 서로의 체질이 다르기 때문에 오는 갈등, 이런 게 바로 '다름의 충돌'이다.

이렇게 말하면 어떤 이들은 반문할지 모른다. "그래도 그 정도는 맞춰줘야 하는 것 아니냐"라고. 물론 그렇게 생각할 수도 있다. 하지만 이런 문제는 누가 누구에게 맞춰주고 말고 할 문제가 아니다. 손바닥 뒤집듯 바꿀 수 있는 게 아니기 때문이다.

이런 성향의 차이는 업무 스타일에서 나타나기도 한다. 어떤 이에겐 '빠른 업무 처리'가 무엇보다 중요하다. 하지만 어떤 이는 일 처리가 좀 늦어지더라도 '정확하게 마무리하는 것'을 철칙으로 여긴다. 누가 맞고 누가 틀렸다고 할 수 있을까? 그저 다를 뿐이다. 이때 한쪽에만 무조건적인 적응을 요구한다면 그 사람은 나가떨어질지 모른다.

다름의 충돌을 확장하면 가치관의 문제와도 연결된다. 많은 가정에서 겪는 갈등이 바로 '제사' 문제다. 유교 문화권에서 지낸 사람들에게 제사는 당연한 행사다. 제사라는 '의식'을 치르기 위해 음식을 준비하고 돌아가신 선친께 절하는 과정을 통해 예를 갖추는 게 중요하다고 믿는다. 하지만 기독교 신자들에게 이건 전혀 다른 문제다. 이들에겐 제사를 지내기 위한 '제물'로 음식을 만들어 제사상에 올리고 하나님이 아닌 누군가에게 '절'을 한다는 건 있을 수 없는 일이다. 이런 다름을 이해하지 못하면 제삿날이 돌아올 때마다 집은 시끄러워진다.

다름의 차이. 여기서 누가 맞고 틀리고는 없다. 자신의 성향이나 가치관, 혹은 믿음에 따라 판단하고 행동할 뿐이다. 당신과 자꾸 부딪히는 상대를 떠올려 보라. 혹시 그와 당신이 전혀 다른 지도를 보고서 같은 길을 찾고 있는 건 아닐까?

(2) 구조의 충돌

행복하게 결혼 준비를 하던 예비부부. 하지만 결혼 날짜가 다가올수록 다툼이 점점 잦아진다. 그러다 어느 날, 예비 신부가 잔뜩 화가 난 채 말한다. "결혼하는 걸로 한몫 뽑으려는 거야?" 이 말에 예비 신랑이 발끈한다. "우리 식구들이 우스워?"

자, 무슨 일이 생긴 걸까? 그렇다. 바로 '예단' 문제가 벌어졌다. 이 때문에 수많은 예비 부부들의 사랑에 급브레이크가 걸리곤 한다.

예단으로 인한 갈등에서 신부와 신랑 중 누가 더 잘못이 큰 걸까? 자세한 얘기를 들어봐야 판단할 수 있겠다고? 신부 측이 준비한 금액이 얼마인지 알아야 누구 잘못인지 알 수 있다고? 그럴 수도 있다. 하지만 진짜 문제는 이들에게 있는 게 아니다. 바로 그들이 대한민국에 살고 있다는 게 문제다. 신부 측이 신랑 측에 일정 금액의 돈을 보내고 그중 일부를 신부 측에게 다시 돌려주는 '독특한' 예식 문화 덕분에 이런 일이 생기는 것이다. 다른 나라에서 '혼수' '예단' 등의 문제로 행복했던 한 쌍이 갈라섰다는 얘기를 들어본 적이 있는가? 비로 이런 갈등을 '구조의 충돌'이라고 말한다. 갈등하고 있는 양측에 잘못이 있는 게 아니라 이들이 싸울 수밖에 없도록 만들어져 있는 시스템 자체가 문제라는 뜻이다.

살인 사건으로까지 비화되는 층간 소음 문제도 마찬가지다. 우리나라 사람들만 집 안에서 유독 시끄럽게 생활하기 때문에, 혹은 한국인들이 너무 예민하기 때문에 이런 문제가 사회적 이슈가 되는 걸까? 아니다. 우리에게 너무나 익숙한 아파트 문화 때문이다. 그리고 아파트가 지어질 당시 층간 소음에 대해 심각하게 생각하지 않아 소음이 이웃집으로 전달될 수밖에 없도록 만들어졌기에 이런 문제가 생긴 것이다. 층간 소음 문제에 취약하게 지어진 아파트에 살 수밖에 없는 대한민국 국민이기에 겪어야만 하는 문제다.

이와 같은 구조적 충돌은 많은 조직에서도 심심치 않게 나타난다. 가장 자주 벌어지는 것이 팀 간에 상충되는 KPI(핵심성과지표), 즉 전혀 다른 방향을 지향하는 목표를 갖고 있을 때다. 예를 들어보자. 공장을 운영하는 CEO가 생산 1팀 공정을 보더니 팀장을 불러 이렇게 얘기한다. "1팀장, 생산량이 너무 적은 거 아냐? 주문도 밀리는데 생산 속도를 좀 높여!" 그리고 다음 날엔 생산 2팀 공정을 보러 간다. 그리고는 불량률 자료를 살펴보고 버럭 화를 낸다. 그러면서 이렇게 지시한다. "2팀장! 이거 불량률이 왜 이렇게 높지? 품질 관리에 신경 좀 써야겠어!"

자, 그럼 이제 어떤 일이 생길까? 1팀의 팀장은 무조건 '빨리' 만들라고 지시한다. 2팀의 팀장은 '잘' 만들어야 한다고 한다. 이렇게 되면 1팀과 2팀 간엔 묘한 갈등이 생길 수밖에 없다. CEO의 상충된 업무지시로 애꿎은 조직원들만 힘들어지는 것이다.

영업팀에는 매출액을 늘리라는 지시를 하고 재무팀에는 이익률을 높이라고 지시할 때도 비슷한 문제가 생긴다. 매출액이라는 영업 실적을 채우기 위해 싼값으로라도 팔아야 하는 영업팀. 하지만 이익률을 높이기 위해선 최대한 비싸게 팔도록 해야 하는 재무팀. 결국, 두 팀은 가격 정책 얘기만 나오면 으르렁거릴 수밖에 없다. 이들 중 누구의 잘못이라 탓할 수 있을까? 각자 자신이 맡은 '책임'을 다하고 있을 뿐인데, 갈등은 이처럼 '자신의 자리에서 최선을 다하기 때문에' 생길 수도 있다. 당신을 힘들게 하는 갈등 상대도 어쩌면 그가 할 수 있는 가장 필요한 행동을 하고 있는 것일지도 모른다, 단지 그 방향이 당신이 지향하는 것과 정반대일 뿐이다.

(3) 이해관계의 충돌

회사 업무 프로세스 개선을 위한 태스크포스팀(TFT)을 맡은 당신. 하지만 일주일째 멤버도 제대로 못 꾸리고 있다. 다른 팀장들이 협조를 해주지 않는 게 가장 큰 문제다. 인력 차출 문제에 대한 담판을 짓고자 마케팅팀장을 찾아간다. "팀장님, TFT에 마케팅팀의 유 과장이 꼭 필요합니다. 협조 부탁드릴께요." 하지만 돌아오는 건 싸늘한 대답뿐이다. "마케팅팀 일이 많아서 지금 인력으로도 팀 운영 빡빡한 거 아시잖아요. 그런데 저희 팀 핵심 인재인 유 과장을 내놓으라뇨? 절대 안 됩니다. 대신, 최 대리 보내드릴께요."

모든 팀이 이런 식이다. TFT에 꼭 필요한 인재는 팀에서도 중요하다는 핑계로 절대 내놓지 않는다. 핵심 인재를 서로 갖겠다고 벌어진 팀장 간의 갈등. 이런 문제가 조직에서 종종 벌어지는 전형적인 '이해관계의 충돌'이다. 내가 원하는 것과 상대가 원하는 것이 충돌할 때 이런 유형의 갈등이 생긴다.

사실 이런 유형의 갈등을 우리 주변에서 가장 많이 볼 수 있다. 대표적으로 님비(NIMBY) 현상 같은 것을 예로 들 수 있다. 님비란 쓰레기 처리장이나 핵폐기물 처리장처럼 '혐오 시설'이나 '위험 시설'이 근처에 들어오는 것을 반대하는 현상을 말한다. 멀리서 찾을 것 없이 개개인의 가정에서도 이런 유형의 갈등은 자주 일어난다. 용돈을 올려달라는 아이와 안 된다는 부모와의 갈등이 전형적인 이해관계의 충돌이라고 할 수 있다.

조직에선 이런 일도 생길 수 있다. 갑자기 떨어진 새로운 업무를 누가 맡을 것인가에 대해 팀원들 간, 혹은 팀장과 팀원 사이에 묘한 갈등이 생기곤 한다. 팀장은 본부장의 지시를 받은 중요한 일이라 유능한 A 팀원에게 맡기려 한다. 하지만 A 팀원은 현재 맡고 있는 일이 너무 많아 새로운 일까지 하게 되면 기존의 일도 제대로 못하는 건 아닐까 불안감이 생겨 힘들 것 같다고 말한다. 이처럼 누군가 꼭 해야 할 일을 놓고도 상충된 입장이 부딪힐 수 있다.

사람은 누구나 '이기적'인 본성을 갖고 있다. 그래서 이해관계의 충돌이 생기지 않는 관계는 거의 없다. 심지어 '무한 사랑'을 베풀어 주는 부모와 자식 관계에서까지도. 상대에게 '이타적으로 생각하라'고 강요할 순 없다. 새로운 답을 제시하는 것, 이해관계의 충돌에서는 그게 핵심이다.

(4) 해석의 충돌

우리나라 예능을 양분했던 두 MC, 유재석과 강호동. 당신은 '강호동'을 떠올리면 어떤 생각이 드는가? 그는 분명 재치 있고 말 잘하는 재능 있는 예능 MC다. 그러니 연말 연예대상 시상식에서 상도 받고, 사회적 물의를 빚기도 했지만 1년 만에 성공적으로 복귀를 할 수 있었을 것이다. 하지만 어떤 이들은 강호동이 나오면 TV 채널을 돌려버린다고 한다. 시끄럽게 소리만 지른다고 생각하기 때문이다. 이런 것을 갈등관리에서는 '해석의 충돌'이라고 한다. 같은 사람, 같은 행동에 대해서 전혀 다른 해석을 하는 사람들 간에 갈등이 생길 수 있다.

해석의 충돌 때문에 사회적 이슈가 되기도 한다. 광화문에 동상을 세우는 문제를 놓고 치열한 논쟁이 있었다. 바로 이승만 대통령에 대한 해석 충돌 때문이었다. 이승만 전 대통령의 동상 건립을 주장하는 이들은 말한다. "대한민국 초대 대통령으로 민주화의 초석을 닦았다" "시장 경제를 도입한 선구자다"라며 그의 공은 충분히 인정받을 만하다고. 하지만 어떤 이들의 생각은 전혀 다르다. '미국의 힘을 빌려 정권을 차지한 독재자'라거나 '부정 선거와 불법 정치 공작을 일삼은 부패 정치인'이라고 비판한다. 그래서 양측이 만나면 다툴 수밖에 없다.

해석의 충돌로 인한 갈등이 자꾸 생긴다면 내가 상황을 해석하는 '틀'에 대해 생각해 볼 필요가 있다. 이런 상황을 한번 생각해보자. 주말 오후, 막히는 길에서 운전을 하고 있는 당신. 그런데 갑자기 인터체인지 바로 앞에서 차 한 대가 끼어든다. 이때 어떤 생각이 들까? 당연히 짜증이 난다. 나는 기껏 기다렸는데 갑자기 끼어드니까. 그래서 경적을 울리고 혼자 씩씩거린다. 그래도 분이 안 풀리면 따라가 창문을 내리고 한바탕 욕을 퍼부을 수도 있다. 하지만 똑같은 상황을 겪어도 전혀 갈등을 안 일으키는 사람도 있다. 이들은 갑자기 끼어든 운전자에게도 별로 화를 내지 않는다. 그는 '저 사람에겐 아주 급한 일이 있나 보구나' 혹은 '초행길이라 운전이 서투르구나'라고 생각하기 때문이다. 같은 행동에 대한 전혀 다른 반응. 결국, 해석의 충돌로 인한 갈등을 자주 겪는 것 같다면 내가 갈등 상황을 '어떻게' 받아들이느냐를 곱씹어 보는 게 아주 중요하다.

아는 만큼 보인다고 했다. 갈등 상황에서 역시 마찬가지다. 본인이 아는 한도 내에서만 생각하게 되고 그 생각하에서 판단한다. 그때 가장 많은 영향을 미치는 게 바로 '경험'이다. '해봐서 아는데'라며 상대의 의견을 판단하는 것. 그런데 그것은 전적으로 '나만'의 경험이고 생각일 수 있다. 나의 경험만 생각할 때 해석의 충돌로 인한 갈등은 늘어날 수밖에 없다.

제3절 갈등의 정의[217)]

인간은 개인의 내적 갈등에서부터 가족 내 갈등, 조직 내 갈등, 지역사회 내 갈등, 더 나아가 국가 간 갈등을 비롯하여 수많은 갈등 속에서 살아가고 있다. 이러한 갈등은 환경이나 상황에 따라 매우 다르게 나타나기 때문에 갈등을 한마디로 정의하기란 쉽지 않다.

그럼에도 갈등을 정의해 본다면 대개 다음과 같다.

첫째, 집단이 가지고 있는 두 가지 이상의 목표나 정서들이 서로 충돌하는 현상을 말한다.

둘째, 일반적으로 조직을 구성하는 개인과 집단 · 조직 간에 잠재적 또는 현재적으로 대립하고 마찰하는 사회적 · 심리적 상태를 말한다.

217) 갈등이란 조직의 자원과 권력상의 불균형으로 인해 야기되는 개인 간 또는 집단 간의 현상으로 조직 내에서 둘 또는 그 이상의 당사자들이 과업을 달성하고 의사결정을 하고 목표를 달성하거나 문제를 해결하기 위해 상호작용해야 하는 상황에서 각 당사자들의 이해가 충돌하거나 한 당사자의 행동이 상대방에게 부정적인 반응을 일으키거나 이것을 해결할 수 없는 당사자들이 상호 비난할 때 발생하는 것이다.

셋째, 조직 내 목표의 양립, 자원과 업무 배분의 비합리성, 지각(혹은 인식)의 차이 등으로 행동 주체 간에 일어나는 대립적 내지 적대적 교환 작용을 말한다.

제4절 갈등의 속성 및 이해

1. 갈등의 속성

① 갈등이란 피할 수 없는 것이며 여러 가지 징표에 의하여 갈등의 발생 가능성을 알 수 있다.
② 갈등의 부재는 갈등의 심화만큼이나 비생산적인 것이다.
③ 갈등을 해결하기 위한 최선의 방법이란 있을 수 없다.

2. 갈등의 이해

우리는 흔히 갈등을 '피해야 할 나쁜 일'이라고 생각하지만, 갈등이 우리에게 꼭 나쁜 것만은 아니다. 갈등은 목표를 달성하는 데 있어 다양한 견해를 통합하여 새로운 해결책을 내놓을 수 있기도 하며 타인과의 상호작용을 유도하는 원동력이 될 수 있기 때문이다. 따라서 갈등이란 '피하는 것이 상책'이라는 부정적 시각에서 벗어나 긍정적 인간관계 수립이나 개인의 발전 도구로 활용될 수 있다는 사고의 전환이 필요하다.

중요한 것은 갈등에 어떻게 반응하느냐 하는 것이다. 갈등이나 의견의 불일치는 불가피하며 본래부터 좋거나 나쁜 것이 아니라는 점을 인식하는 것이 중요하다. 결국, 당신과 조직이 갈등을 어떻게 관리하느냐에 따라 결과는 달라진다.

3. 갈등의 종류

소모적 갈등과 생산적 갈등의 차이는 갈등 자체의 속성에 따른 것이 아니라 이를 어떻게 해결하고 관리하는가에 의해 구분된다. 갈등은 개인적인 차원에서 심리적, 인격적으로 한층 성숙할 수 있는 계기가 될 수 있다.

① 소모적 갈등 : 갈등은 관리되지 않으면 당사자 간의 질시와 반목 등 부정적인 감정 표출을 유발시켜 소모적 갈등으로 변질된다.

② 생산적 갈등 : 구성원들의 회사에 대한 애착과 기대에서 비롯되어 개인의 욕구보다 조직 전체의 이익을 위해 의견이 대립되는 경우는 생산적 갈등에 해당한다.

제5절 갈등과 조직성과 사이의 관계

갈등수준이 전혀 없거나 낮을 때에는 조직 내부는 의욕이 상실되고 환경 변화에 대한 적응력도 떨어져 조직성과는 낮아지게 된다. 그러나 갈등수준이 적정할 때는 조직 내부적으로 생동감이 넘치고 변화 지향적이며 문제해결능력이 발휘된다. 그 결과 조직성과는 높아지고, 갈등의 순기능이 작용한다. 마지막으로 갈등수준이 너무 높으면 조직 내부적으로 혼란과 분열이 생기고 조직에 비협조적이 된다. 그 결과 조직성과는 낮아지며, 갈등은 역기능을 하게 된다.[218]

조직적 차원에서 갈등의 발생은 문제의 시작이 아니라 해결을 위한 첫걸음이다. 효과적인 조직과 비효과적인 조직의 가장 큰 차이점은 갈등을 회피하는 게 아니라 갈등을 인정하고 이를 해결하는 능력에 달려있다. 갈등을 적극적으로 해석하여 조직에 대한 요구의 표출이나 조직의 발전을 위한 기회로 삼는 지혜가 필요하다. 갈등이 거의 없는 조직이라면 오히려 혁신과 변화가 촉진되지 않는다. 기업의 여건에 맞는 갈등의 최적 수준을 파악하여 적정수준의 갈등을 유지하는 것이 보다 현실적이라고 할 수 있다.

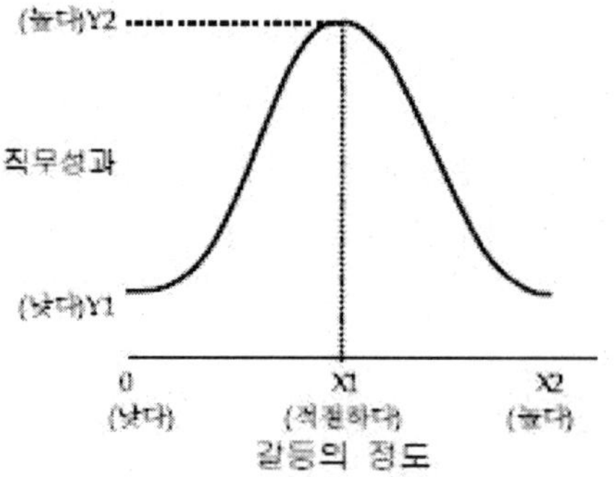

[그림 8-1] 갈등과 조직성과

218) 갈등과 집단(조직)의 유효성과 관련하여 부연 설명하면 다음과 같다. 갈등수준이 충분하지 못하거나 지나치게 과도할 때 구성원의 만족도가 저하되고, 결근과 퇴직률이 높아지며, 생산성이 낮아지는 등 조직의 효율성이 떨어진다. 반면에 갈등이 적정수준을 유지할 때 자기만족이 높아지고 무관심이 최소화되며, 일을 보다 재미나게 할 수 있는 도전적인 환경이 조성됨으로써 동기가 증대된다.

제6절 갈등의 기능[219)]

앞서 언급된 갈등과 조직성과 사이의 관계를 일반화시켜 갈등의 기능이란 관점에서 좀 더 살펴보고자 한다. 갈등이 일어나지 않으면 좋은 점도 많이 있지만, 반대로 구성원들 간에 무관심, 창의적인 아이디어의 결핍, 결정을 타인한테 넘기고, 업무에 대한 긴장감이 별로 나타나지 않는다. 이러한 결과는 환경 변화에 적절히 대응하지 못하며 매너리즘에 빠져 혁신하지 못함으로써 좋지 못한 결과를 가져온다. 특히 과거에 별 어려움 없이 성장, 발전하여 온 조직의 경우 환경 변화에 대응하지 못하고 과거의 성공에 도취 되어 어려움을 겪는 경우가 많이 발생할 수 있다.

이러한 조직에서는 갈등이란 곧 기존의 질서에 대한 도전을 의미하므로 건설적인 갈등조차도 용납하지 않는 문화를 갖는다. 반면에 지나치게 심한 갈등을 겪고 있는 조직은 조직 내의 권력의 획득을 목적으로 한 분쟁, 혼란, 불만족, 팀워크의 상실, 그리고 이직 등을 유발하여 조직의 성과를 떨어뜨리게 된다.

갈등이나 의견의 불일치는 대인관계에서 나타날 수 있고, 본래부터 좋거나 나쁜 것이 아니라는 점을 인식하는 것이 중요하다. 갈등이 해결되지 않고 방치된다면 팀의 발전을 저해할 수 있지만, 잘 관리한다면 갈등을 통해 합리적인 의사결정을 이끌어낼 수 있다.

〈표 8-2〉 갈등의 긍정적, 부정적 기능

긍정적인 기능(순기능)	부정적인 기능(역기능)
• 창의력을 고취시킨다. • 의사 결정을 질적으로 개선한다. • 집단응집력 및 충성심을 고양시킨다. • 도전적인 분위기와 혁신풍토를 조성한다. • 갈등은 조직의 어느 곳에서 문제가 있는가에 대한 정보를 제공한다. • 갈등은 새로운 화합의 계기가 된다. • 갈등은 조직의 혁신과 변화를 유도한다. • 갈등은 조직으로 하여금 갈등을 관리하고 방지 할 수 있는 방법을 배우게 한다.	• 목표 달성의 노력을 약화시킨다. • 파벌의식 및 편견을 증가시킨다. • 불필요한 에너지의 소모가 생긴다. • 독재자 출현의 빌미가 될 수 있다. • 갈등은 개인의 이익을 위해 전체 조직을 희생할 수 있다. • 개인 간의 오랜 갈등은 정서적으로나 신체적으로 해롭다. • 갈등은 목표 달성에 필요한 시간과 자원을 낭비한다. • 갈등으로 재정적인 비용이 소요되고, 당사자들 간에 감정적인 고통을 겪게 한다.

219) 이재희 외(2018), op. cit.

<표 8-3> 갈등수준에 따른 영향

갈등수준	낮 음	이상적	높 음
영 향	역기능	순기능	역기능
조직 유효성	낮음	높음	낮음
집단행동	의욕상실	적극적 목표 달성	비협조적
	무사안일	변화 지향적	분열
	새로운 아이디어 결여	창의적	혼란
	침체적	활발한 문제 해결	목적의식 결여

적당한 갈등은 목표를 향한 적극적인 도전, 혁신과 변화, 문제 해결 탐색, 창의성 증진, 환경 변화에 대한 신속한 적응 등 조직에 오히려 긍정적인 결과를 가져다준다. 따라서 갈등은 효과적으로 관리하면 시너지 창출의 건강한 촉매 역할을 할 수 있다. 순기능적 갈등이란 조직의 목표 달성에 도움이 되고 조직성과를 높이는 데 큰 기여를 하는 필요한 갈등 형태이며, 반면에 역기능적 갈등은 조직의 성과를 저해하는 불필요한 갈등의 형태이다. 이같이 갈등에는 순기능적 갈등과 역기능적 갈등이 동시에 존재한다. 갈등의 효과적 관리가 중요한 이유이다.

제7절 갈등의 단서

우선 조직 내에 갈등이 존재하는지를 파악하고 깨닫는 일이 중요하다. 갈등을 파악하는 데 도움이 되는(갈등을 확인할 수 있는) 몇 가지 단서들은 다음과 같다.

① 지나치게 감정적으로 논평과 제안을 한다.
② 타인의 의견발표가 끝나기도 전에 타인의 의견에 대해 공격한다.
③ 핵심을 이해하지 못한 데 대해 서로 비난한다.
④ 편을 가르고 타협하기를 거부한다.
⑤ 개인적인 수준에서 미묘한 방식으로 서로를 공격한다.

제8절 갈등을 증폭시키는 원인

갈등을 관리하고 해소하는 방법을 보다 잘 이해하기 위해서는 갈등을 증폭시키는 원인이 무엇인지 알 필요가 있다. 일반적인 원인 세 가지는 다음과 같다.

① 적대적 행동 : 팀원을 적으로 생각한다. 팀원들은 '승 · 패의 경기'를 시작한다. 팀원들은 문제를 해결하기보다는 '승리하기'를 원한다.
② 입장 고수 : 팀원들은 공동의 목표를 달성할 필요성을 느끼지 않는다. 팀원들은 각자의 입장만을 고수하고, 의사소통의 폭을 줄이며, 서로 접촉하는 것을 꺼린다.
③ 감정적 관여 : 팀원들은 자신의 입장에 논리적이고 이성적이며 합리적인 접근을 하지 않고 감정적으로 묶인다.

제9절 갈등의 쟁점 및 유형

실제로 갈등을 파악하는 일은 보기보다 매우 어렵다. 핵심적인 문제들이 대부분 갈등의 밑바닥에 깔려있기 때문에, 이러한 문제부터 해결하는 것이 필요하다. 즉 핵심문제를 파악하고 있다면 갈등이 증폭되는 것을 방지할 수 있다. 실제로 존재하는 갈등을 파악하기 위해서는 먼저 자신의 패러다임(자신의 입장 및 자세)을 점검하는 것이 중요하다. 어설픈 선입관[220]은 가능한 것, 현실적인 것, 필요한 것에 대한 관점을 제한하기 때문에 갈등을 올바르게 파악하는 데 걸림돌이 된다.

따라서 어떠한 갈등이 생긴다면 이를 무턱대고 해결하려 하기 전에, 자신의 사고방식을 점검하도록 한다. 갈등을 잘 해결하려면 사고방식, 즉 패러다임을 전환할 수 있어야 한다. 여기에서는 일반적으로 대립에 직면하는 상황에 대한 패러다임(대립에 어떻게 대처할 것인지), 자신만의 극복 노하우에 대한 패러다임(해결은 어떻게 할 것인지)에 대해 생각해보게 한다. 이를 통해 갈등을 성공적으로 해결하는데 발목을 잡는 자신만의 편견[221]에는 어떤 것들이 있는지 짚고 넘어갈 수 있을 것이다.

부정적인 패러다임을 버리고, 더 긍정적인 것으로 바꾸는 데 도움이 되는 세 가지 테크닉은 생각의 전환, 역지사지[222]의 정신, 긍정적인 태도로 요약된다. 이러한 기술

220) 선입관 : 이미 가지고 있는 굳은 생각
221) 편견 : 공정하지 못하고 한쪽으로 치우친 생각
222) 역지사지 : 다른 사람의 처지에서 생각하라는 뜻

을 발전시킨다면 정신적으로 폐쇄된 관점에서 벗어나 더욱더 개방적인 관점으로 향할 수 있다. 개방적이 되면 윈윈전략으로 갈등 해결에 성공할 확률이 높아질 수 있다.

1. 갈등의 두가지 쟁점

갈등을 효과적으로 해결하기 위해서는 갈등을 부지런히 탐색(파악)하여야 한다. 갈등은 핵심적인 문제나 감정적인 문제들에서 생겨나게 된다. 모든 갈등에는 두 가지 쟁점들이 교차한다. 주된 갈등이 어떤 일을 하는 방법(핵심적인 문제)에 기인한 것이라고 할지라도, 자존심을 위협하거나 질투를 유발하는 것과 같은 감정적인 문제들이 갈등의 강도를 높일 수 있다.

핵심적인 문제들(예 역할의 모호성, 업무과제 즉 목표-절차-책임-가치 등에 대한 불일치)은 대부분 갈등의 밑바닥에 깔려 있는 반면에, 감정적인 문제들은 갈등을 복잡하게 만든다. 예를 들어, 어느 한 사람이 특정 과제(핵심문제)를 맡았을 때 다른 사람은 조직이 자신을 알아주지 않는다고 느끼고 화가 날 수 있다(감정적 문제). 갈등을 해결하기 위해서는 핵심적인 문제부터 해결해야 한다.

2. 갈등의 두가지 유형

갈등에는 두가지 유형이 있다. 두가지를 명확히 구별하고 그 유형들을 각기 독립적으로 다루면, 문제를 훨씬 수월하게 해결할 수 있다.

(1) 불필요한 갈등

첫번째 유형은 '불필요한 갈등'이다. 개개인이 저마다 문제를 다르게 인식하거나 정보가 부족한 경우(오해 등), 편견 때문에 발생한 의견 불일치로 적대적 감정이 생길 때 불필요한 갈등이 일어난다. 불필요한 갈등은 다른 사람 때문에 해결되지 못한다고 느낄 때 생기는데, 다음과 같은 상황에서 일어날 수 있다.

① 근심 걱정, 스트레스, 분노 등의 부정적인 감정
② 잘못 이해하거나 부족한 정보 등 전달이 불분명한 커뮤니케이션
③ 편견, 변화에 대한 저항, 항상 해오던 방식에 대한 거부감 등에서 나오는 의견 불일치

관리자의 신중하지 못한 태도로 인해 갈등이 발생했을 때, 불필요한 갈등이 심각한 수준에 이를 수 있다. 리더들조차 이러한 갈등을 해결하지 못할 때가 많다. 이러한 갈등을 예방하고 줄이고 통제할 수 있는 방법들을 반드시 찾아야 한다. 리더는

갈등의 원인을 먼저 확인하고 해결할 방법을 결정한 다음, 상황을 어떻게 마무리할 것인가를 정한다(리더의 역할이 중요).

(2) 해결할 수 있는 갈등

두번째 유형은 '해결할 수 있는 갈등'이다. 목표와 욕망, 가치, 문제를 바라보는 시각과 이해하는 시각이 다를 경우에 일어날 수 있는 갈등이다. 즉, 두 사람이 정반대되는 욕구나 목표, 가치, 이해에 놓였을 때는 해결 가능한 갈등이 일어난다. 이러한 갈등은 상대를 먼저 이해하고, 서로가 원하는 것을 만족시켜 주면 저절로 해결된다. 대표적인 예로, 같은 팀에 몸담고 있지만 다른 부서 출신인 두 명의 직원이 문제의 원인에 대해 서로 다른 견해를 가지고 있는 경우를 꼽을 수 있다. 두 사람 모두 상대방에게 문제에 대한 책임이 있다고 생각할 것이다. 이러한 상황에서는 리더가 통제해야 하며, 다음과 같은 10단계의 문제해결접근법이 유용하다.[223)]

① 감정을 드러내거나 비난하지 않으며, 판단도 일절 하지 않은 채 문제만을 말한다.
② 정반대되는 의견을 말해달라고 부탁하고, 적극적으로 경청을 해서 상대방이 원하는 것이 무엇인지를 정확하게 파악한다(판단을 일체 배제하고 귀담아듣는다).
③ 자신의 생각을 명확하게 말하고, 상대방도 완전히 이해하도록 한다(명확한 메시지를 전달하고 상대방이 검토하게 한다).
④ 자신과 상대방이 원하는 관점에서 문제를 확실하게 파악한다.
⑤ 양자가 동의할 수 있는 목표나 조건을 함께 만들어본다.
⑥ 있을 법한 차선의 해결책들을 브레인스토밍 한다(좋은 아이디어가 나왔다면, 일반적인 해결책보다는 훨씬 혁신적이면서도 실행 가능한 해결책들을 선택한다).
⑦ 두 사람이 원하는 바를 만족시킬 가능성이 제일 많은 해결책을 택한다.
⑧ 실질적인 목표를 향해 계획을 세우고, 그것을 언제 어떻게, 누가 할 것인지를 정한다(해결책이 제대로 기능하는지, 평가 기준을 세워서 진척 상황을 모두가 확인할 수 있게 한다).
⑨ 계획을 수행한다.
⑩ 공동 목표에 따라 해결책의 성공 여부를 평가한다.

3. 개인 내 갈등, 개인 간 갈등, 그리고 집단 간 갈등[224)]

갈등의 유형을 개인 내 갈등, 개인 간 갈등, 그리고 집단 간 갈등으로 구분할 수도 있다.

---

223) https://jaeildream.tistory.com/173?category=667528 [ㄱㅈㄱㅈ], Leadership, 7장 갈등관리, 2016.10.07.
224) https://www.sangji.ac.kr › cmm › fms › FileDown, 제12장 조직 갈등.

① 개인 내 갈등(intrapersonal conflict) : 개인의 심리적 갈등, 목표 갈등과 역할 갈등 등이 이에 해당한다.
② 개인 간 갈등(interpersonal conflict) : 개인 간 갈등은 둘 이상의 개인이 동일한 문제, 한정된 직위, 한정된 자원에 대해 서로 양립할 수 없는 기대, 요구, 희망 등을 가질 때 발생한다.
③ 집단 간 갈등(intergroup conflict) : 흔히 부서 간에 발생하는 것으로 상호 업무협조와 과업활동의 조정과 통합이 어렵게 되고 조직 분위기가 나빠진다. 집단 간 갈등으로 다음과 같은 변화가 초래된다. 첫째 적대감과 부정적 태도의 증가이다. 둘째 부서 이기주의가 팽배하게 된다. 셋째 집단 간 의사소통의 감소이다. 넷째 다른 집단 활동에 대한 엄격한 감시이다. 다섯째 집단 내 집단 응집성(group cohesiveness)이 증가한다. 여섯째 권위적이고 강력한 리더십 스타일을 요구하게 된다.

제10절 갈등의 과정

갈등은 한순간에 발생하여 끝나는 것이 아니다. 사수한 문제라고 생각했던 것이 생각지 않게 큰 문제가 되어 어려움을 겪기도 한다(교우 관계, 부부 관계 등). 갈등의 과정은 다음과 같이 몇 가지 단계를 거치면서 진행된다.

① 의견 불일치 : 서로 생각이나 신념, 가치관이 다르고 성격도 다르기 때문에 다른 사람들과 의견의 불일치를 가져온다. 많은 의견 불일치는 대화를 나누다 보면 오해가 사라지고 더 좋은 관계로 발전할 수 있지만, 사소한 오해로 인한 사소한 갈등이라도 그냥 내버려 두면 심각한 갈등으로 발전하게 된다.
② 대결 국면 : 의견 불일치가 해소되지 않으면 대결 국면으로 빠져들게 된다. 일단 대결 국면에 이르게 되면 양보를 완강히 거부하는 상태에까지 이르게 된다. 즉, 상대방의 입장은 부정하면서 자기주장만 하려고 한다. 서로의 입장을 고수하려는 강도가 높아지면서 서로 간의 긴장은 더욱 높아지고 감정적인 대응이 더욱 격화되어 간다.
③ 격화 국면 : 격화 국면에 이르게 되면 상대방에 대하여 더욱 적대적인 현상으로 발전해 나간다. 설득을 통해 문제를 해결하려고 하기보다는 강압적, 위협적인 방법을 쓰려고 하며, 극단적인 경우에는 언어폭력이나 신체적인 폭행으로까지 번지기도 한다. 상대방에 대한 불신과 좌절, 부정적인 인식이 확산되면서 다른 요인

들에까지 불을 붙이는 상황에 빠지기도 된다. 이 단계에서는 상대방의 생각이나 의견, 제안을 부정하고, 상대방은 그에 대한 반격으로 대응함으로써 자신들의 반격을 정당하게 생각한다.

④ 진정 국면 : 시간이 지나면서 정점으로 치닫던 갈등은 점차 감소하는 진정 국면에 들어선다. 계속되는 논쟁과 긴장이 귀중한 시간과 에너지만 낭비하고 이러한 상태가 무한정 유지될 수 없다는 것을 느끼고 점차 흥분과 불안이 가라앉고 이성과 이해의 원상태로 돌아가려 한다. 그러면서 협상이 시작된다. 협상 과정을 통해 쟁점이 되는 주제를 논의하고 새로운 제안을 하고 대안을 모색하게 된다. 이 단계에서는 중개자, 조정자 등의 제3자가 개입함으로써 갈등 당사자 간에 신뢰를 쌓고 문제를 해결하는 데 도움이 되기도 한다(중재자, 즉 리더의 역할이 중요).

⑤ 갈등의 해소 : 진정 국면에 들어서면 갈등 당사자들은 문제를 해결하지 않고는 자신들의 목표를 달성하기 어렵다는 것을 알게 된다. 물론 경우에 따라서는 결과에 다 만족할 수 없는 경우도 있지만, 어떻게 해서든지 서로 일치하려고 한다.

제11절 갈등관리의 핵심 포인트

1. 잠재적 갈등 요소를 점검하라

구성원의 불만을 최소화하기 위한 제도를 고안하고 공정하게 운영함으로써 갈등의 발생을 사전 예방한다.

[사례 1]

미국의 항공우주산업 회사인 휴즈사의 경우, 직원의 업무 능력을 감안한 적절한 업무 분배와 업무성과에 상응하는 공정한 보상시스템을 마련하여 업무 배분과 평가 과정에서 발생할 수 있는 갈등을 사전에 최소화하는 전략을 채택하고 있다. 업무 배분과 평가 제도의 공정성 확보에 특히 중점을 두고 있는데, 이는 제도의 공정성이 의심을 받게 된다면 그 제도의 시행 자체가 심각한 갈등을 유발하는 원인이 되기 때문이다.

부서 간 갈등의 주요 원인이 될 수 있는 회사 내부의 전략과 목표는 시장 여건의 변화를 감안하여 수시로 점검해 보아야 한다.

[사례 2]

신용카드 회사는 회원의 수를 늘리고 카드 이용률을 증가시켜 시장점유율을 높이는 동시에, 카드사용 대금 회수율을 높임으로써 연체를 줄이는 노력을 한다. 이러한 목표들은 서로 상치됨으로써 유관 부서 간 갈등을 일으킬 수 있다. 즉 영업 목표를 위해 회원 자격을 완화하거나 사용 한도를 높이면 이 정책은 곧 부실 채권의 증가라는 부메랑이 되어 돌아오는 것이다. 반대로 부실 채권을 막기 위해 회원 자격을 엄격하게 적용하고 사용 한도를 축소시키면 매출 확대에 지장을 받아 영업 부서의 반발을 야기할 수 있다. 이 경우 시장의 상황에 맞게 각 부문의 영업 활동을 탄력적으로 조정하는 것도 부서 간 갈등을 줄이는 방법이 될 수 있다.

2. 관리자 역량을 강화하라

유능한 관리자라면 구성원들 간의 갈등에 대해 객관적이고 공정한 해결방안을 제시해주는 능력을 갖추어야 한다. 갈등 발생 징후를 보일 때 누구나 거리낌 없이 리더에게 상담을 할 수 있는 분위기를 만들어 주는 것이 갈등관리의 시작이다.

[사례 3]

IBM에서는 비슷한 유형의 갈등에 대한 반복적인 상담이 관리자들의 업무 효율을 저하시킨다는 판단으로 비효율적인 상담을 줄여주기 위해 코칭 프로그램을 운영하고 있다.

3. 신속하게 대처하라

갈등을 관리하지 않고 방치할 경우 시간이 지날수록 상황이 더욱 악화되는 소위 '눈덩이 효과(Snow Ball Effect)'가 발생할 수 있다.[225]

225) 눈덩이 효과를 조심해야 한다. 큰 문제가 아니더라도 그대로 방치하면 눈덩이처럼 불어나 나중에 처리하기 어려운 일이 된다. 이러한 문제점들은 커뮤니케이션을 제대로 하지 못하고, 동기부여가 부족하며, 임파워먼트를 제대로 하지 못하는 등의 문제에서 시작된다. 작은 문제라 할지라도 문제가 생길 때마다 그 자리에서 곧바로 해결해야 눈덩이가 눈사태로 발전하는 심각한 피해를 미연에 방지할 수 있다.

[사례 4]

미국 플로리다에 있는 의료회사인 Blue Cross & Blue Shield라는 회사는 자주 발생하는 내부적인 의견 불일치를 조기에 해결하기 위해 '구축이냐, 구매냐 아니면 제휴냐?(Build, Buy, or Ally?)'라는 간단하고 독특한 의사결정 방식(Trade-off Tool)을 운영하고 있다. 동 회사는 전략적 업무 제휴에 따른 기간 설비의 확보 방안에 대해 관련 부서 간에 이견이 생기는 상황을 효율적으로 타개하기 위해 이 제도를 활용하고 있다. 시스템을 자체 구축할 것인지, 외부에서 구입할 것인지, 또는 제휴를 통해 사용권만을 확보할 것인지를 결정하기 위해 회사는 의사결정을 위한 설문지 형태의 일련의 공통 기준들을 제공한다. 관련된 부서들의 구성원들은 단지 각각 제공된 기준에 맞추어 본인들의 생각과 주장을 적어 제출한다. 이 과정에서 나온 결과물은 각각의 방법에 대한 장단점 형태로 공유된다.

조직과 구성원 모두 각 상반된 주장들의 격렬한 충돌을 피할 수 있다. 또한 최종적으로 어떤 결정이 내려지더라도 확보된 정보를 활용함으로써 효과적인 실행으로 이어질 수 있다는 것이다.

4. 갈등 해결의 열쇠는 '신뢰'

생산적 갈등에 대해서는 누군가의 잘못이 아니라 서로 생각이 다를 뿐이라는 사실을 이해할 때 일시적인 갈등은 더 깊고 발전적인 협력 관계로 전환될 수 있다.

제12절 갈등관리에 필요한 4가지 언어[226)]

중학생들에게 물었다. "제일 싫어하는 사람이 누구니?" 답이 무엇이었을까? 괴롭히는 친구? 공부하라고 간섭하는 선생님? 아니다. 1등은 '부모'였다. 먹여주고 재워주는 부모가 중학생들이 평균적으로 가장 싫어하는 사람이라니… 놀라운가? 이유는 더 충격적이다. 부모가 싫은 이유는 흔히 생각하듯 '잔소리를 많이 해서'가 아니다. '나를 이해해 주지 않아서'와 같이 철학적 이유 때문도 아니다. "다 맞는 얘기인데 말을 너무 밉게 해서"라고 한다.

---

226) 최철규 외(2013), 질문? 경청? 대화? 사과? 갈등을 푸는 '매직워드4', DBR 142호(2013년 12월 Issue 1).

부모의 말이 다 맞는 얘기라는 걸 아는데 싫어하는 아이들의 심리. 이는 인간의 본성과 관련 있다. 우리는 인간이 이성의 판단을 따르는 합리적 존재라 생각한다. 이성의 존재 때문에 인간이 동물과 다르다고 믿는다. 하지만 인간은 흔히 생각하는 것만큼 이성적이지 않다. '이유는 모르겠지만…'이라면서 하게 되는 일들이 너무 많다. 이성에 앞서 힘을 쓰는 '감정'을 이해하지 않고서 사람의 행동을 온전히 이해할 수 없다.

대화에서도 마찬가지다. 상대가 하는 말이 어떤 메시지인가를 '이성과 합리'로 판단하기 전에 '감정 운동'이 먼저 일어난다. 결국, 내가 전달하고자 하는 메시지의 내용보다 그 내용이 '어떤 그릇'에 담기느냐, 즉 표현이 더 중요하다. 갈등 상황에서도 마찬가지다. 말을 어떻게 하느냐에 따라 별 것 아닌 갈등이 큰 싸움으로 번질 수도, 큰 다툼이 훈훈한 화해로 이어질 수도 있다. 갈등이 드러나는 것도, 부드럽게 해결되는 것도 모두 '말' 때문이다. 그래서 갈등관리에 필요한 4가지 언어를 기억해야 한다.

1. 질문하라

많은 갈등은 상대가 '왜' 그렇게 행동하는지 몰라서 생긴다. 이유를 모르니 나 스스로 판단해 '소설'을 쓰게 되고 그러다 보니 갈등이 생겨난다. 이를 막기 위한 가장 쉬운 방법은 물어보는 것이다. "왜 그렇게 생각하십니까"라고 질문해 상대의 입을 열고 대화를 시작하는 게 갈등 해결의 출발이다.

하지만 사람들은 잘 묻지 않는다. 질문을 하게 되면 상대가 답을 할 동안 말을 하지 못하기에 대화의 주도권을 빼앗긴다고 생각해서다. 하지만 이는 착각이다. 상대가 말하는 내용은 내가 묻는 것에 대한 답변이다. 결국, 대화를 이끌어 가는 것은 말을 많이 하는 상대가 아닌 상대가 말하도록 질문한 사람이다.

그럼 질문은 어떻게 해야 할까? 예를 들어보자. 설계팀의 자료를 받아 고객사와 미팅을 해야 하는 당신. 아침 10시까지 건네받기로 한 자료가 점심시간이 되도록 소식이 없다. 오후 2시가 다 돼 도착한 자료. 내용을 훑어보는데 고객사가 원하던 방향이 아니다. 화가 난 당신이 설계팀 담당자를 찾아가 묻는다. "일 처리를 이렇게 하면 어떻게 합니까?" 만약 당신이 이런 질문을 받았다면 어떤 대답을 할까? "뭐가 문제라는 거냐"라고 맞받아치며 싸우지 않을까?

커뮤니케이션학에선 이런 질문을 '부정 질문'이라고 한다. 상대의 행동을 부정적인 것으로 판단한 상태에서 그 이유를 묻는다. 회의 도중 누군가의 새로운 제안에 "그게 말이 된다고 생각해요?"와 같이 묻는 것도 부정 질문의 하나다. 이런 질문을 받은 상대는 '방어 기제'가 작동한다. 그래서 자신의 발언이나 행동을 옹호하기 위한 변론을 하게 된다. 질문을 통한 생산적 대화가 아닌, 옳고 그름을 따지는 싸움이 될 확률이 커진다.

이를 막으려면 '중립 질문'을 해야 한다. 주관적 판단을 버리고 상대의 생각을 묻는 것이다. "그 제안의 장단점이 뭐라고 생각하시나요?"라는 식이다. 이런 질문을 받으면 상대는 객관적인 입장에서 자신의 아이디어를 평가하게 된다. 그리고 대화를 통해 단점은 보완하고 장점을 강화하는 제안으로 함께 만들어 나갈 수 있다.

앞서 제시한 설계팀과의 대립 상황에선 어떤 중립 질문이 필요할까? "설계를 이렇게 하신 이유가 있으신가요?"라고 물으면 어떨까? 질문을 이렇게 하면 당신은 미처 몰랐던 이유를 파악할 수 있다. 고객사와 커뮤니케이션을 통해 설계의 방향을 바꿨을 수도 있고, 고객의 요구사항에 큰 결함이 있어 어쩔 수 없이 바꾼 것일 수도 있다. 이런 상황을 알면 소모적 논쟁에서 건설적 해결책 찾기로 대화가 바뀐다.

우리는 흔히 '나는 다 알고 있다'는 착각을 한다. 특히 리더일수록 더욱. 하지만 누구도 상대의 속내를 정확히 알 수는 없다. 그렇기에 물어야 한다. 질문, 갈등 해결 커뮤니케이션의 시작이다.

2. 경청하라

두 사람이 마주 앉아 대화를 한다. 한 사람이 말을 하고 있다면 다른 한 사람은 뭘 하고 있을까? 너무 뻔한 질문이라고? 당연히 '상대의 말을 듣는 것'이란 답이 떠오르는가? 미안하지만 틀렸다. 답은 '말을 하기 위해 기다리고 있는 것'이다. 갈등 상황에서 이런 성향은 더욱 심해진다. 나와 다른 생각을 하고 있는 사람의 말을 들으며 '반박할 거리'를 찾는 게 어쩌면 당연한 행동이다.

하지만 이런 태도는 갈등 해결에 전혀 도움이 되지 않는다. 주장하는 내용이 다른 것도 모자라 서로의 말도 제대로 들어주지 않는다면 서로에 대해 '말이 통하지 않는 사람'이란 낙인을 찍어 버릴 수도 있다. 그래서 잘 듣는 게 중요하다. 그럼 그 방법은 뭘까?

커뮤니케이션 전문가들은 듣는 데에도 '레벨'이 있다고 말한다. 가장 아래, 하수의 듣기는 '배우자 경청'이다. 예를 들어보자. 퇴근하고 돌아온 남편. 마침 TV에선 그날의 스포츠 하이라이트가 방송 중이다. TV에 집중하고 있는 남편에게 아내가 말한다. "오늘 학부모 모임이 있어서 학교 갔는데 담임 선생님이…" 아내는 한참 동안 아이의 학교생활에 대해 말한다. 남편은 고개를 끄덕이며 무언가를 찾는다. TV 리모컨이다. 그리곤 TV의 볼륨을 점점 높인다. 여전히 고개는 끄덕이면서. 바로 이게 배우자 경청이다. 듣는 것 같지만 전혀 듣지 않는 것. 갈등 상황에서 이런 모습은 갈등 해결은커녕 갈등을 키울 뿐이다.

이보다 한 단계 나은 것을 '수동적 경청'이라 한다. 어느 날 부인이 말한다. "여보, 쓰레기통이 꽉 찼네?" 무슨 말일까? 쓰레기 좀 버려달라는 말이다. 하지만 이 말을 듣고 어떤 남편은 이렇게 대꾸한다. "그러니까 처음부터 좀 큰 걸 사자고 했잖아. 그리고 분리수거 좀 잘해, 무조건 쓰레기통에 버리지 말고." 아내가 "왜" 그 말을 하는

8장

지, 상대가 진짜로 말하고 있는 메시지는 관심 밖이고 그저 고막을 울리는 '소리'만 듣는 것이다.

그럼 어떻게 들어야 잘 들을 수 있을까? 답은 '적극적 경청'에 있다. 적극적 경청이란, 말하는 사람의 느낌, 감정, 생각까지 헤아리면서 듣는 것이다. 조직의 상황으로 생각해보자. 일이 너무 힘들다며 팀장을 찾아온 부서원. "팀장님, 요새 너무 힘드네요." 하수인 배우자 경청을 하는 리더는 이렇게 말한다. "난 더 힘들다. 직장생활이 다 그런 거지 뭐." 수동적 경청을 하는 리더는 '힘들다'고 말하는 상대의 말만 생각한다. "힘들어? 그럼 휴가 쓰고 좀 쉬어." 그럼, 적극적 경청을 한다면? "그래, 요즘 힘들지? 일이 너무 많아서 그런 거야? 아니면 맡은 일이 어려워서 그런 거야? 내가 뭘 도와주면 좋을까?"

적극적 경청을 위해서는 세 가지를 기억해야 한다. 첫째, 섣불리 판단하지 말 것. 상대의 말을 듣는 중간에 옳고 그름을 얘기하지 말라는 뜻이다. 많은 사람들은 갈등을 빨리 해결하려면 듣기보다 해결책을 만들어야 한다는 강박관념을 갖는다. 그래서 "무슨 말인지 알겠는데"라고 말하며 상대의 말을 끊고 자신의 의견을 얘기한다. 이런 일이 반복되면 상대는 더 이상 먼저 입을 열지 않는다. 의견을 말해봤자 상대가 끝까지 듣지도 않고 미리 결론을 내버릴 거라 생각하기 때문이다. 잘 들으려면 일단 상대가 말을 계속 이어가도록 해 주는 게 중요하다.

이를 위해서는 두 번째 방법, 백트래킹(Back Tracking)이 필요하다. 상대의 말에 "그렇군요!" 같은 '추임새'를 넣거나 "그러니까 이렇게 생각한다는 말씀이시죠?"처럼 '바꿔 말하기'가 백트래킹의 기본이다. 상대의 말에 맞장구를 치고 상대가 느끼는 감정에 적극적으로 공감만 해주면 된다. 이를 통해 내가 상대의 말을 잘 듣고 있음을 보여줄 수 있다.

마지막 세번째는 '비언어적 경청'이다. 쉽게 말하면 듣는 자세의 문제다. 말하는 상대와 눈맞춤을 하는 것, 팔짱을 끼거나 뒤로 기대지 않고 상대를 향해 몸을 기울여 듣는 것과 같은 작은 행동들이다. 별 것 아닌 것 같은 사소한 행동이지만 갈등 상대에겐 '나에게 집중해 주는구나'라는 생각을 갖게 만들 수 있는 경청 방법이다.

어떤가? 갈등 상황에서 거창한 답을 줄 필요도 없으니 얼마나 쉬운가. 하지만 이건 무엇보다 어렵다. 사람은 상대의 말을 듣는 것보다 그 말이 끝나기 무섭게 내 얘기를 하고 싶어하는 본성이 있기에. 하지만 그래야 갈등관리 커뮤니케이션이 이어질 수 있다. 그래서 갈등 대화는 어렵다.

3. 대화의 '마중물'을 부어라

집보다 더 오랜 시간을 보내는 직장. 그래서 직장 내의 껄끄러운 인간관계는 조직생활을 힘들게 하는 주된 이유 중 하나다. 특히 리더의 입장에서 부하직원이 자신을 피하려 한다거나 부하직원들 사이에 문제가 있는 걸 알게 되면 답답하다. 불러다 놓고 야단칠 수도 없고, 그렇다고 모른 채 넘어가기도 찜찜하고. 이럴 때는 대화의 마중물이 필요하다. 마중물이란 펌프질을 시작할 때 물을 쉽게 끌어올리기 위해 부어주는 한 바가지 정도의 물을 말한다. 대화가 끊긴 갈등 상황에서는 이런 마중물이 필요하다.

마중물 대화법은 3단계로 이뤄진다. 첫번째, 상대의 감정 읽기. 앞서 얘기한 것처럼 사람에게는 감정이 먼저다. 상대를 이해한다는 신호를 보내는 건 상대편 마음의 문을 여는 노크와 같다. 두번째, 질문하기. 갈등 해결을 위해선 원인을 정확히 알아야 한다. 문제라고 느끼는 이유는 사람마다 모두 다르다. 그러니 질문해라. 그래야만 알 수 있다. 세번째, 마중물 붓기. 방법은 간단하다. 나 스스로 상대와 나의 관계를 힘들게 한 이유를 추측해 물어보는 것이다.

예를 들어보자. 갑자기 업무가 많아져 지쳐 있는 한 직원. 표정도 어둡고 팀장인 당신을 피하는 듯하다. 첫째, 감정 읽기. "지난주에도 나흘이나 야근을 했지? 요즘 일이 많아져 힘들어 보이는 것 같아." 둘째, 질문. 섣불리 판단하지 말고 물어라. "어떤 점이 제일 힘들어? 뭐가 좀 바뀌면 나아질 것 같아?" 하지만 여전히 답이 없는 상대. 마지막으로, 마중물을 부어라. "혹시 내가 너무 무리하게 일정을 끌고 간다고 생각하나?" 그럼 적어도 상대는 이에 대해 "Yes or No"의 답은 할 것이다. 그리고 그 답이 앞으로의 대화를 끌고 나가는 불씨가 된다.

혹시 눈치챘는가? 마중물을 부어주려면 엄청난 고민이 필요하다. 상대와 나의 관계가 껄끄러워진 이유가 무엇일지 내 입장에서 충분히 고민해야만 마중물을 부어줄 수 있다. 나와 갈등하고 있는 동료가 있는가? 그 사람이 왜 날 피하는지, 나에 대한 불만이 뭔지 듣고 해결하고 싶은가? 그러면 내가 먼저 고민하라. 그게 갈등 해결의 실마리가 돼 줄 것이다.

4. 제대로 사과하라

갈등 상황에서 한쪽이 100% 잘못인 경우는 흔치 않다. 정도의 차이만 있을 뿐 양측 모두 일정 부분 갈등에 대한 책임이 있다. 하지만 사람들은 자신의 잘못을 쉽게 인정하지 않는다. 그러다 보니 '미안하다'는 사과는 먼 나라 얘기가 되곤 한다. 특히 남자들 사이의 대화에선 더더욱.

그 이유가 뭘까? 이에 대해 흥미로운 해석이 있다. 남자와 여자는 대화에 대해 다르게 해석한다는 것이다. 여성들은 '이 대화가 우리를 가깝게 하는가, 더 멀리 떼어놓는가'를 생각한다. 반면 남성들은 '이 대화로 내가 상대보다 높은 위치로 올라가는가, 불리한 자리로 떨어지는가'를 생각한다. 다시 말해 남성들은 사과를 하면 '내가 졌다'고 생각하기 때문에 쉽게 사과하지 않는다는 것이다.

하지만 사과하는 것은 지는 게 아니다. 사과를 통해 기분이 좋아지는 사람은 사과를 '하는' 사람이다. 잘못을 용서받고 마음이 편해지기 때문이다. 결국 사과란 상대가 아닌 나를 위한 행동이다. 그래서 제대로 된 사과법을 아는 게 필요하다.

연애할 때를 생각해보자. 이유는 잘 모르겠지만 애인이 나 때문에 화가 났다. 서먹한 분위기가 싫어 사과했다. "내가 다 잘못했어!" 이 말을 들은 상대는 화가 풀어질까? 아니다. 그날은 일찌감치 각자의 집으로 돌아가게 될 것이다. 문제가 뭘까? 상대가 '왜' 화가 났는지를 몰랐기 때문이다. 결국 사과를 위해 가장 중요한 건 '상대가 나의 어떤 잘못 때문에 화가 났는지 아는 것'이다. 그리고 그것을 고치겠다는 약속을 해야 한다. 이것이 사과의 첫번째 요소다. 자신의 잘못에 대해 구체적으로 이해하고 앞으로 똑같은 실수를 하지 않겠다고 약속해야 한다.

그다음도 중요하다. 많은 사람들이 "그런데 내가 이번에 그렇게 할 수밖에 없었던 건…"이라며 자신을 변호한다. 이해한다. 충분히 그럴만한 상황이라는 걸 인정받고 싶을 것이다. 하지만 이런 말은 상대로 하여금 사과의 진정성을 의심하게 만든다. 변명으로 이해하기 때문이다. 사과의 두번째 요소가 이것이다. 불필요한 접속사는 필요없다는 것. "하지만 사실은…" "그런데 이건 좀 이해해 줘…"와 같은 사족은 빼라. 혹, 꼭 필요한 얘기라면 상대가 당신의 사과를 받아들인 '다음'에 해야 한다. 변명에도 타이밍이 필요하다.

세번째, 조건부 사과는 피하라. "네가 화가 났다면 미안해"와 같은 사과다. 이 말은 '내 생각엔 그렇게 기분 나쁠 일은 아닌데 속이 좁은 넌 화가 났구나. 그랬다면 사과할게'라는 의미를 품고 있다. 어디에도 '내 잘못'은 없다. 문제를 상대에게 떠넘기는 비겁한 행동이다. 많은 사과에서 이런 표현은 쉽게 발견된다. "적절치 않은 점이 있었다면" "저로 인해 상처를 받았다면"과 같은 것이다. 기억하라, 진짜 사과를 하려면 일단 내 잘못이 뭔지를 명확히 알고 밝혀야 한다. 그리고 그 사실을 상대에게 얘기하고 용서를 구해야 한다.

누군가에게 사과한다는 게 민망한가? 창피한가? 그럴 수 있다. 하지만 메사추세츠 의과대학에서 수십 년간 창피함에 대한 심리연구를 하며 〈사과 솔루션〉을 쓴 아론 라자르 교수는 이렇게 말한다. "창피함을 느끼는 건 스스로가 더욱 분발해 살아야 함을 알려주는 긍정적 신호다. 누구나 잘못을 저지를 수밖에 없는 세상, 우리는 부끄러움 없이 살기보다 부끄러움을 느끼며 사는 게 나을 것이다." 사과는 무능함의 표현이 아니다. 자신의 잘못을 인식하고 개선하겠다는 책임감을 나타내는 말이다. 사과를 두려워하지 않는 것, 그것이 갈등관리 커뮤니케이션의 핵심이다.

"말하지 않아도 알아요." 유명 과자의 광고 카피다. 하지만 현실은 광고 속 세상과 다르다. 말하지 않으면 알 턱이 없다. 오히려 말을 해도 제대로 못 알아들을 때가 많다. 그래서 '말'은 중요하다. 이는 갈등 상황에서도 마찬가지다. 제대로 말하고 제대로 듣는 것, 쉽지만 어렵다.

제13절 사회적 갈등의 구체적 유형

1. 세대 갈등227)

동서고금을 막론하고 기성세대와 신세대 간 의견충돌과 갈등은 늘 있었다. 하지만 최근의 세대 갈등은 곧잘 상호 비방으로 이어지는 등 악화 일로를 걷는다. '말 안 통하는 꼰대', '노력은 하지 않고 불만만 많은 아이들' 등 온라인상에 펼쳐지는 서로를 향한 비난은 가정에서부터 일터에 이르기까지 이어지고 있다. 기성세대의 가르침을 존중하는 '온고지신', 젊은 세대의 성취를 기뻐하는 '청출어람' 등 서로를 존중하던 문화는 옛말이 됐고, 그 빈자리는 단절된 소통에 따른 외면과 무시로 채워지고 있다.

2017년 한국보건사회연구원에서 발간한 '사회통합 실태 및 대응방안(3)-사회통합 국민 인식' 보고서를 보면, 2016년 전국 19~75세 국민 3669명을 대상으로 한 조사에서 '고령자와 젊은이 간의 갈등'은 62.2%로 지난 2014년 56.2%와 비교해 6%p 증가했다. 10년 후 고령자와 젊은이 간 갈등이 더 심해질 것이라는 응답자는 약 50%에 달했다. 연구진은 "세대 갈등이 주요한 사회갈등 유형으로 부상하고 있다"고 지적했다.

심화 되는 세대 갈등 속에서 젊은 층과 고령층은 서로를 어떻게 바라보고 있을까?

젊은 층에게 고령층은 '청년세대의 아픔과 어려움을 공감하지 못하는 세대'라는 인식이 강하다. 특히 '우리는 더 힘든 시대를 살았는데, 좋은 때에 태어나서 이 정도도 극복하지 못하느냐'는 고령층의 생각에 예민하게 반응한다. 대학 졸업 후 3년간 취업 준비를 하고 있는 이모(28 · 창원시)씨는 "왜 너희는 그것밖에 못 하냐는 식으로 나오는 것이 갈등의 화근이 된다"며 "기성세대는 불과 10~20년 전만 해도 교육대학을 나오면 무조건 교사가 됐다. 지금은 시험에 붙어도 대기 발령으로 2~3년을 기다려야 한다. 취업은 호락호락하지 않고 젊은 세대가 노력하지 않는 것도 아니다"라고 말했다.

'요즘 젊은이들은 편한 일만 하려 하고, 진득하게 일할 줄 모른다'는 인식에 대해 9급 공무원시험을 준비하는 홍모(29 · 하동군)씨는 "아무 곳에 취업해 열심히만 하면 미래가 보장되던 시대는 지났다. 아무리 발버둥 쳐도 기성세대만큼의 임금과 정년을 보장받을 수 없는 것이 지금의 현실이다"라고 반박했다.

이 같은 젊은 층의 반응에 기성세대도 할 말이 많다. 1980년대 10%대 경제성장률, 1995년 1인당 국내총생산(GDP) 1만 달러를 넘는 호황기를 누린 세대라는 평가가 있지만, 당시 짊어져야 했던 책임의식도 만만치 않았다는 것. 그래서 외환위기(IMF 체제)와 글로벌 금융위기의 고통을 경험한 기성세대에게 젊은 층은 '고생에 취

227) 경남신문(2018.01.01.), 사회갈등, 해결방안 없을까 (1) 세대 갈등, 2018.01.01.

약한 세대'로 보인다.

6.25전쟁 중 태어난 박모(66 · 김해시)씨는 "대학을 졸업하면 취업은 할 수 있었지만, 대신 부모세대를 부양해야 한다는 책임의식도 같이 따라왔다. 하지만 정작 우리는 자식들에게 부양받지 못하게 된 첫 세대다"며 "기성세대는 경제를 일으키기 위해, 민주화를 이루기 위해 피땀 흘린 세대다. 소변 참아가며 13시간씩 일했다. 케케묵은 '꼰대'라고 여기면 안 된다"고 반박했다.

집안의 장남으로 부모를 봉양하며 세 자녀를 키우고 있는 박모(51 · 창원시)씨는 "회사 내 젊은 직원들은 어서 돈을 모아 집을 장만해 결혼할 준비는 안 하고 노는데 돈 쓰면서, 월급 적다고 불평하는 것은 이해하기 어렵다"라고 했다.

전문가들은 역사적 경험, 나이(생애주기), 문화적 경험 등 다른 환경에서 발생한 차이에 따른 갈등은 당연한 현상이지만, 이처럼 갈등이 심해져 세대 간 소통 자체가 단절되는 것은 경계해야 한다고 지적한다.

박재흥 경상대학교 사회학과 명예교수는 "서로를 기피해 대화가 단절되면 함께 살아가야 하는 사회에서 공동의 활동 자체가 끊기게 된다"며 "내가 제일 힘들다는 식으로 자기 삶이 잣대가 돼 타인을 평가하는 것은 자제해야 한다. 상대 세대를 깊이 이해하기 위한 별도의 교육이 필요하다"고 말했다. 취재진과 인터뷰를 한 다른 이들도 '꼰대', '철부지'라며 손가락질하면서 서로를 이해하려는 노력조차 하지 않는 것은 문제 해결에 도움이 되지 않는다고 입을 모았다. 또 박 교수는 저임금, 비정규직 양산 등 현 사회의 구조적인 문제에 따른 불만이 세대 갈등으로 비화되는 것도 옳지 않다고 강조했다. 박 교수는 "기성세대가 일자리와 높은 임금을 독식하고 있어 젊은 세대가 피해를 보고 있다는 식으로, 서로 뺏고 뺏는 제로섬 관계로 다루는 것은 문제를 악화시킬 뿐이다"며 "신자유주의식 경쟁체제 하에 저성장경제로 진입한 구조적인 문제가 본질이고, 이를 해결하는 과정에서 청년들에 대한 사회안전망 확보를 최우선으로 다뤄야 한다"고 조언했다.

2. 지역갈등

한국 사회에서 지역갈등은 지역주의에 기초하여 갈등이 표출되고 있다. 지역갈등은 둘 이상의 지역 간에 정치 · 경제적 이해관계가 상충되면서 생기는 갈등으로 환경, 계층, 정치권력 등과 결합되면서 복잡한 모습으로 나타나 국가균형발전을 지연시키기도 한다. 관련 사례로는 지역 간 정치갈등, 지역 불균형 발전으로 이어지는 경제갈등, 산업 시설이나 환경 시설에 대한 입지갈등 등이 있다. 그런데 지역 개발과 관련해서 발생하는 갈등에는 대부분 타당한 이유가 있으므로, 단순히 지역 이기주의 자체를 비판하는 것은 바람직하지 않다. 한편 지역갈등 해결방안으로는 객관적인 시각에서 갈등의 원인을 규명한 후 관련 당사자들의 이해관계를 충분히 검토해야 한다. 일례로 기피 시설과 관련된 갈등 해결을 위해서는 공공의 이익과 개인의 이익이 조화를 이룰 수 있도록 개발 사업에 대한 투명한 공개가 필요하다. 환경 빅딜, 적절한 직 · 간접 보상, 독립적이고 공정한 중재 기관의 설치, 주민과의 대화 등 타협하는 과정이 매우 중요하다.

3. 계층갈등[228)]

계층은 사회적 지위 수준의 서열에 맞춰 동질적인 사회적 배경을 가진 비슷한 사람들을 층화시켜 놓은 것을 지칭한다. 여러 사회갈등 중 계층갈등의 기저에는 사회경제적 양극화가 자리 잡고 있다. 특히 한국 사회는 1997년 IMF 외환위기와 2008년 세계금융위기를 겪으며 소득, 직업, 재산, 학력, 생활 수준의 양극화가 더욱 벌어지고 이에 따른 불평등이 심화되는 양상이 여러 지표에서 나타나고 있다.

날로 심화되고 있는 계층갈등을 해소하기 위해서는 무엇보다 계층갈등을 낳는 요인인 소득 불균형과 사회경제적 불평등 문제를 개선하는 것이 시급하다는 목소리가 나오는 이유다. 전문가들은 비정규직 문제 해결과 최저임금 인상 등 소득 양극화를 해소하기 위한 노동시장 대책과 함께 소득 재분배 효과를 누릴 수 있도록 복지제도의 손질도 필요하다고 주문한다.

8장

(1) 빈부 격차가 점점 커진다

우리 사회의 계층 간 빈부 격차는 더욱 커지고 소득 불평등 정도도 심화된 것으로 나타났다. 통계청 · 한국은행 · 금융감독원이 지난달 공동 발표한 2017년 가계금융·복지조사에 따르면 2016년 가처분소득(명목소득에서 세금 등 비소비지출을 뺀 소득) 기준으로 지니계수, 소득 5분위 배율, 상대적 빈곤율이 모두 전년 대비 악화된 것으로 드러났다. 지니계수는 0.357로 전년보다 0.003 높아졌고, 소득 5분위 배율은 7.06배로 전년보다 0.05배 포인트, 상대적 빈곤율은 17.9%로 전년보다 0.1%포인트 상승했다.

지니계수는 소득분배의 불평등 정도를 보여주는 지표로 0에서 1 사이의 값으로 매겨지며 1에 가까울수록 불평등이 심각함을 뜻한다. 2014년 0.302에 비해 지표가 더 악화됐다. 소득 5분위 배율은 가구소득 상위 20%(5분위)의 평균소득을 하위 20%(1분위)의 평균소득으로 나눈 값인데, 소득 상위 20% 계층이 하위 20% 계층에 비해 7.06배 격차를 보이고 있음을 뜻한다. 이 지표 역시 지난 2014년 5.41배에 비해 큰 폭으로 격차가 벌어졌다. 전체 인구에서 중위소득 50% 미만인 계층이 차지하는 비율인 상대적 빈곤율 지표 역시 악화됐다. 2015년 국민대통합위원회 '한국 사회 계층갈등과 해소방안 연구' 보고서를 보더라도 외환위기와 세계금융위기를 거치면서 소

228) 경남신문(2018.01.07.), 사회갈등, 해결방안 없을까 (3) 계층갈등, 2018.01.07.

득분배가 악화돼 불평등이 심화되고 있고, 그 결과로 중산층 감소 현상이 나타나고 있다고 분석하고 있다. 1989년 갤럽조사에서 스스로를 중산층으로 생각하는 응답자는 75%에 달했지만, 국민소득이 과거보다 높아진 지난 2013년 기준으로 중산층이라고 답한 비율은 20.2%에 불과했다. 심상완 창원대학교 사회학과 교수는 "중산층이 감소한다는 것은 계층갈등의 완충 영역이 줄어들어 여러 사회갈등을 흡수하지 못한다는 점에서 심각한 문제다"고 설명했다.

(2) 임금 격차 어느 정도 나는가?

빈부 격차가 더욱 벌어지는 이유로 전문가들은 노동시장 내 불평등에 따른 임금 양극화를 꼽고 있다. 한국경제연구원이 지난달 발표한 '정규직과 비정규직의 임금 격차 추이 분석과 요인 분해' 보고서에 따르면 2016년도의 경우 정규직과 비정규직 간의 월 임금 격차는 166만 원 차이 나고, 이 가운데 14%인 23.3만 원은 차별적 임금 격차인 것으로 분석됐다. 한국고용정보원이 지난해 11월 발표한 고용 동향을 살펴보면 노동시장 내 불평등과 양극화 심화에 있어 대규모 사업체와 중소규모 사업체 사이의 임금 격차도 중요한 원인으로 작용하고 있는 것으로 나타났다.

300인 이상 대규모 사업체에 종사하고 있는 임금근로자의 월 임금 총액은 495만 4000원인 반면 300인 미만 중소규모 사업체 임금근로자의 월 임금 총액은 251만 원 수준으로 대규모 사업체 임금근로자의 절반 수준인 50.7%에 머무는 실정이다. 시간당 임금 수준도 2015년 48.5% 수준으로 하락해 중소규모 사업체 근로자는 1시간 노동의 대가로 대규모 사업체 근로자 절반 수준의 보상을 받는 것으로 나타났다.

(3) 최저임금 인상 어떻게 바라봐야 하나?

소득 양극화에 따른 계층갈등을 해소하는 출발점으로 정부는 최저임금 인상을 먼저 꼽는다. 최저임금 인상으로 소비성향이 높은 저소득 가계의 소득이 개선돼야 심화되고 있는 불평등을 완화할 수 있다는 이유에서다. 그러나 인상 부담에 따른 기업의 인력감축 등 부작용도 만만치 않아 최저임금을 둘러싼 논란은 뜨겁다. 정부는 오는 2020년까지 최저임금을 1만 원으로 올리겠다고 공약했고, 2018년 올해 최저임금을 7530원으로 전년 대비 큰 폭(16.4%)으로 인상했다.

노동계는 최저임금이 물가수준에도 미치지 못한다는 점에서 반발하며 최저임금 1만 원 조기달성을 요구하고 있고, 재계는 오히려 일자리가 없어지면 누가 인상된 최저임금을 받겠느냐며 비현실적인 인상 폭이라고 반박하고 있다. 당장 7530원의 최저임금이 적용된 연초부터 도내 중소기업을 시작으로 유통·외식·편의점 등 자영업자에 이르기까지 곳곳에서 대규모 감원에 나서고 꼼수로 최저임금 인상을 피하는 등 후폭풍이 일고 있다.

(4) 전문가 의견

상·하위 계층 간 벌어진 소득 격차에 따라 사회 불평등과 계층갈등이 심화되는 만큼 전문가들은 임금 격차 해소로 소득분배와 사회경제적 불평등 문제를 개선하는 것이 시대적 과제라고 입을 모은다. 이정우 인제대 사회복지학과 교수는 "외환위기와 금융위기를 겪으며 노동시장에서의 소득 양극화 심화가 '저연금 퇴직자'들이 증가하는 사회보장의 양극화 심화로 이어지며 계층갈등이 심각한 양상으로 흘러왔다"며 "가장 먼저 노동시장에서 대기업과 중소기업, 정규직과 비정규직의 임금과 근로 여건 격차를 줄여나간 이후 사회보장제도의 손질을 통해 계층 간 소득 격차를 좁혀 나가도록 정부가 유도해야 한다. 이러한 측면에서 우리 사회가 최저임금 인상 필요성에 대해 긍정적으로 바라봐야 한다"고 주문했다. 심상완 창원대학교 사회학과 교수는 "현 정부가 시행하고 있는 비정규직의 정규직화와 더불어 불가피하게 비정규직을 쓰더라도 임금이나 수당 등 근로조건에서 합리적인 이유 없이 불리하게 처우하지 못하도록 하는 장치를 마련해 근로조건의 격차도 없애야 한다"고 언급했다.

4. 노사갈등[229)]

한국의 대립적·투쟁적 노사관계는 각종 지표에서 최저 수준으로 평가받고 있다. 외환위기 이전의 노사갈등은 주로 임금인상이 이슈였으나 그 이후에는 단체협약체결과 관련한 이슈가 높은 비중을 차지하고 있다. 관련 사례로는 산별 노조와 산별 교섭 구조, 노동 유연성과 비정규직 문제 등이 있다.

그동안 노사갈등이 장기화되고 극한 대립으로 이어진 사업장의 특징은 임금 등 근로조건 때문이 아니라 무리한 정리해고가 갈등의 일차적인 원인이었다. 경영상 어려움이 있으면 해고가 가능하지만 이때 중요한 것은 노사가 끝까지 의견을 나눠 피해를 최소화하는 원칙을 가져야 한다는 것이다. 경영이 어려워지면 희망퇴직 등은 불가피하더라도 고용은 최대한 보장할 필요가 있다. 필요하면 임금을 삭감해서라도 고용을 유지하고, 경영이 회복되면 다시 희망퇴직자를 우선 채용한다든지, 노동조건을 향상한다든지 하는 조치를 취하는 유연성을 노사가 가져야 한다.

노사갈등이 장기화된 대부분의 사업장 사례들은 희망퇴직을 실시한 이후 희망퇴직에 동의하지 않는 노동자들을 일방적으로 정리해고하여 노사 간 교섭을 어렵게 만드는 데에서 출발한다. 그 후에도 행정당국 등이 노사에 대해 적극적인 중재를 하지 않으면서 결국 노사갈등이 장기화되고 극한투쟁 등이 일어난다. 따라서 경영이 어렵더라도 해고를 최대한 피하고 함께 양보하여 일자리를 지키려는 노사의 노력이 필요

229) 정흥준(2019), 장기 노사갈등 사업장의 합의타결 사례와 시사점, 월간 노동리뷰, 한국노동연구원, 2019년 6월호.

하다. 행정당국도 정리해고 사안에 대해선 사후 중재에 앞서 선제적으로 관심을 갖고 지원을 하는 새로운 매뉴얼을 개발해야 한다.

장기 노사갈등은 해당 사업장만의 문제가 아니라 사회적 긴장과 갈등을 높여 결과적으로 해결을 위한 사회적 비용도 적지 않게 요구한다. 따라서 사전에 갈등의 장기화를 피하기 위한 예방적 노력들이 요구된다. 무엇보다 경영진들은 정당성을 의심받을 수 있는 정리해고에 대해선 특별한 주의를 기울여야 한다. 정리해고의 정당성을 인정받으려면 충분한 근거가 존재해야 한다. 그렇지 않을 경우 내부 구성원들의 동의를 받기가 어렵기 때문이다. 정당성이 부족하게 되면 무리한 조치들이 뒤따르게 되어 더 큰 문제를 만들어내기도 한다. KTX 여승무원, 쌍용차, 콜텍의 경우 모두 처음부터 정리해고의 정당성을 둘러싼 논란이 많았던 사례였다. 처음부터 투명하게 진행되었더라면 정리해고로 인한 극단적인 선택과 노사갈등은 예방할 수 있었을지 모른다.

장기 노사갈등을 근본적으로 개선하기 위해선 지금까지의 노사관계와 다른 질적 변화가 필요하다. 과거 우리의 노사관계는 힘의 논리에 기초한 강압적 노사관계가 지배적이었다. 회사가 힘이 있으면 노동조합을 굴복시키고, 반대로 노동조합이 힘이 있으면 회사를 굴복시키는 방식이었다. 그러나 이제는 달라져야 한다. 노동존중 시대로 나아가기 위해서는 포용적 노사관계로의 전환이 필요하다. 회사는 노동자들의 권리를 존중하고, 특히 노동자의 고용안정을 최우선으로 고려하는 태도를 가져야 하며 노동조합은 회사가 어려울 때 양보해야 한다.

5. 환경갈등

환경갈등은 주로 생태보존과 개발의 이념 갈등으로 전개되는 것으로 사람의 건강과 생태계의 균형에 장기적·누적적 영향을 미칠 수 있다. 관련 사례로는 직접적인 자기 이해와 관련된 갈등, 경제적·생명적 가치 등에 대한 가치관의 차이, 오염 원인과 피해자 사이의 환경갈등, 인간 중심과 생태 중심주의의 가치관 차이 등이 있다.

한국은 국가주도 경제성장 정책의 결과 세계가 놀랄 만큼 빠른 기간 내에 경제 강국으로 발돋움하였다. 그러나 급격한 산업화와 도시화로 상징되는 경제발전으로 인하여 다양한 영역에서 환경파괴가 진행되었다. 그럼에도 불구하고 국민들은 경제발전을 위해서는 환경 훼손은 어느 정도 감내해야 하는 것으로 치부하였다. 반면 1987년 민주화 이후 국민들은 삶의 질 향상을 추구하게 되었고 환경보전에 대한 중요성을 인식하기 시작하였다. 이로 인하여 개발 논리와 환경보전 논리가 충돌하면서 환경갈등이 급증하게 되었다. 한국 사회의 환경갈등은 1990년 이후 매년 0.24건씩 증가하고 있는데, 구체적으로 특징을 살펴보면 첫째, 환경갈등은 정부의 국책사업, 특히 비선호시설 건설과 관련하여 주민들의 반대로 발생하면서 유형별로는 민/관 갈등, 성격별로는 이익/가치갈등이 다수를 차지하고 있으며, 행정집행에 의해 종료되는 비율이 가장 높게 나타나고 있다. 둘째, 환경갈등은 다른 공공갈등보다 시민단체의 참여 비율이 월등하게 높으며, 갈등의 평균 지속 일수도 가장 긴 것으로 분석되고 있다. 환경은 한 번 파괴되면 회복하기가 매우 어려우며 오랜 시간을 필요로 한다. 따라서 한국의 경제시스템이 기술집약적 산업사회로 변화된 만큼 환경의 가치를 소중히 여기면서 경제발전을 모색해야 할 것이며 환경갈등을 합리적으로 해결하기 위한 다양한 갈등관리시스템이 개발되어야 할 것이다.[230]

갈등을 해결하기 위한 공식화한 방법들은 사법적, 행정적 접근이 있고, 그 구체적 방법과 제도로 공청회, 환경영향평가제도, 각종 위원회 등이 있다. 그런데 이러한 기존의 접근들은 첨예화, 상습화, 고착화하고 있는 현상의 문제를 돌파하지 못하고 있으며, 주체와 내용의 다양성을 다룰 만큼 신중하지 못하고, 다양한 상호작용을 포함할 만큼 유연하지 못하다.

갈등은 갈등의 해당 당사자들이 어떻게 그 과정을 통과하느냐에 따라 파괴적인 과정이 될 수도 있지만, 역으로 생산적이고 혁신적인 과정이 될 수도 있다. 갈등을 통해 적극적 주체, 또는 주체들 간 관계가 형성되기도 하고, 새로운 내용 또는 가치가 정책영역으로 투입되기도 하며, 문제 해결의 양식이 혁신되기도 한다. 환경갈등의 경우에도 마찬가지다. 특히 환경갈등의 경우 갈등의 내용 자체가 공적이며 동시에 지방적인 경우가 많기 때문에, 그 갈등의 당사자가 되는 주체들이 그 과정을 어떻게 통과하느냐에 따라 해당 지방 또는 지역 나아가 국가 차원의 공적 가치가 새롭게 구성되고 유사한 갈등을 다루는 능력이 증가하게 될 수 있다.[231]

6. 평 가

일반적으로 갈등을 해결하기 위한 현실적이고 구체적인 방법으로는 사안별로 갈등조정협의회를 구성, 관련 기관(민간 및 공공기관)과 이해당사자, 시민 등이 참여하여 대화와 협의를 통해 갈등을 원만하게 조정할 수 있도록 해야 한다. 최근의 사례로 공론화 조사위원회를 구성하여 탈원전 갈등문제를 해결하려고 시도한 것을 들 수 있다. 그렇지만 국가 간(미·중 간 무역갈등, 한일 간 여러 갈등 등) 및 국내의 각종 사회적 갈등문제는 여전히 해결이 쉽지 않은 난제임에 틀림없다.

따라서 갈등관리 해결방안 및 갈등관리기법의 신장을 위한 심층적 연구(이를 통한 사회적 합의도출)는 지속적으로 이루어져야 할 것이며 무엇보다도 사회구성원 각자 지니고 있는 시대에 맞지 않은 편향되고 잘못된 인식의 전환이 하루속히 선행되어야만 일단의 진전을 기대해 볼 수 있을 것이다.

---

230) 임재형(2016), 한국 사회 환경갈등의 발생원인과 특징에 관한 연구, 분쟁해결연구 제14권 제2호, 단국대학교 분쟁해결연구센터, 2016.
231) 김지현 외(2003), 환경정책과정에서 갈등 해결에 관한 연구, 서울대학교 환경대학원, 2003. 06.

제1절 갈등 해결방법 모색

갈등을 효과적으로 해결하기 위한 방법에 대해 각자 생각해보자. 이러한 과정을 통해서 우리는 끊임없이 갈등을 겪지만, 서로의 입장을 공유하고 개방적인 마음으로 의사소통을 하면 보다 손쉽게 갈등을 해결할 수 있음을 이해할 수 있을 것이다. 또한 스스로 갈등 해결방법을 생각할 수 있는 분위기를 조성하는 능력을 기를 수 있을 것이다.[232)]

1. 생각해보기

갈등을 해결하기 위한 효과적인 방법에 대하여 생각해보자. 특히 학교생활 혹은 직장생활 중 발생하는 갈등을 해결하기 위한 방법을 함께 모색해 보자.

(1) 대인관계 갈등 해결방법[233)]

대인관계 갈등의 핵심은 타인을 얼마나 받아들일 수 있느냐에 달려 있다. 왜냐하

232) 이와 관련하여 [부록 9-1] 참조.
233) 한국경제(2015.06.), 대인관계 갈등 해결방법, 2015.06.08.

면, 엄밀한 의미에서 우리는 자신 외에는 누구도 변화시킬 수 없기 때문이다. 이 '타인 받아들이기'는 타인에 대한 자신의 '태도'를 의미하며, 이 '태도'가 곧 관계에서의 질적 수준을 결정한다. 대인관계에 있어서 갈등의 원인 또한 바로 이 태도에 달려있다고 할 수 있다. 좀 더 풀어서 살펴보도록 하자. 타인과의 관계에서 갈등이 일어나는 이유는 크게 세 가지다.

첫째, 우리가 서로 다르다는 사실 그 자체보다는 서로 다름을 인정하지 않거나 다르다는 사실을 잊어버렸기 때문이다.

둘째, 겉으로 드러내지는 않더라도 내 생각이 옳다고 믿기 때문이다. 현재 지구에 사는 70억이 넘는 사람 중 같은 사람은 단 한 명도 없다. 생김새도 다르지만 지닌 성품이나 기질, 생각과 관심사, 좋아하는 것이나 싫어하는 것도 완전히 다르다. 저명한 산업 심리학자인 데이비드 메릴(David Merrill) 박사에 의하면, 사람들은 사고를 다르게 하며, 결정을 다르게 하고, 시간을 다르게 쓰며, 일하는 속도와 의사소통 방식도 다르다고 한다. 또한, 감정조절이나 스트레스 관리, 어긋나는 의견을 조율하는 방식도 서로 다르다. "어떻게 그렇게 느낄 수 있지?" "어떻게 그런 말을 할 수 있어?" "난 그런 네가 이해가 안 돼!" 우리는 좀처럼 이해되지 않는 상대방의 어떤 행동을 보고, 얼마나 이렇게 얘기하곤 하는가? 하지만 상대방 또한 당신이 하는 그 말을 들었다면, 십중팔구 이렇게 대답했을 것이다. "나야말로 네 행동이 이해가 안 돼!"

타인과 갈등을 일으키는 마지막 이유는 자신은 그대로 있으면서, 상대방이 바뀌기를 바라거나, 상대방을 바꾸려 드는 데서 비롯된다. 상대방을 내 마음대로 바꾸려 하는 생각의 바탕에는 '내 생각이 옳다는 믿음'이 깔려있다. 내 생각과 판단에 상대방이 일치하지 않으면 다른 게 아니라 '틀렸다'고 생각한다. 그러나 나와 상대방은 단지 다를 뿐, 결코 상대방이 틀렸다고 단정할 수 없다. 물론 누구나 이 사실을 알고 있다. 머리로 이해하는 수준에서는. 하지만 막상 자신의 문제로 다가오면 인지하지 못하는 경우가 대부분이다. 게다가 그 다름을 배척하기도 한다.

갈등의 진짜 원인과 자신의 문제점을 알 수 있는 하나의 팁을 알려주고자 한다. 다음의 세 가지 질문에 답해보자. 첫째, 갈등이 일어나는 원인, 즉 상대방과 나의 차이는 무엇인가? 둘째, 주변에 나를 힘들게 하는 사람들이 있다면 그 이유는 무엇이며, 그 괴로움이 내게 주는 교훈적 메시지는 무엇인가? 셋째, 나는 진정으로 상대를 존중하며, 있는 그대로 인정하고 수용하는가?

이 질문을 통해 지금의 상황이 내게 주는 메시지를 깨달을 때, 갈등의 진짜 원인과 자신의 문제점을 자각할 수 있게 된다. 현대 사회를 살아가는 우리는 타인과의 관계에서 자유로울 수 없다. 얽히고설켜 살아가는 이 사회에서 여전히 많은 사람이 대인관계에서 오는 스트레스로 힘들어하고 있다. 그 스트레스가 폭식으로 이어지는 경우도 적지 않다. 딱히 배가 고프지 않아도 상처받고 화가 나고 괴로워서 먹는다. 어쩌면 살이 계속 찌는 건 타인이 주는 상처로부터 나의 마음을 지키기 위한 나름의 수단인지도 모른다. "당신이 접하는 정보가 곧 당신의 운명을 결정합니다!"

(2) 성공적인 갈등 해결방법

나만이 옳다는 생각, 내 생각에 동의하지 않는 남들은 틀렸다는 생각, 배타적 민족주의, 에고이즘(자기중심주의로서 이기주의 및 개인주의와 유사), 독선, 국수주의 등은 갈등 해결과는 거리가 먼 용어이다. 갈등을 효과적으로 해결하기 위해서는 각자의 입장을 탐색하고 의사소통 채널을 개방하며, 다른 사람들을 참여시키는 것이 중요하다. 특히 갈등을 성공적으로 해결하기 위해서는 쟁점의 양 측면을 모두 이해하는 것이 중요하다.

갈등을 성공적으로 해결하기 위해서는 쟁점의 양 측면을 모두 이해하는 것이 중요하며, 대립적인 상황에 대한 사고방식을 바꾸기 위해서는 자신이 그 사람의 입장이라면 어떠할지 머릿속으로 그림을 그려 보는 것이 중요하다. 그러면 감정이입이 되고, 그 사람의 입장에서 상황을 보게 된다. 역지사지(易地思之)는 감정이입을 요한다. 상대방의 느낌을 느껴야 하고, 상대방의 시각으로 바라보아야 한다. 익히기에 쉽지는 않지만, 연습하면 확실히 도움이 될 것이다.

(3) 직장 내 세대 갈등 해결방안[234)]

'워라밸'은 일과 개인의 삶 사이의 균형을 뜻하는 말로 2010년대 초반에 등장한 직장 세계의 신조어다. '베이비부머(한국전쟁 이후 1955년에서 1963년 사이에 태어난 세대)'가 일선에서 물러나고 1980년부터 1995년 사이에 출생한 'Y세대'가 사회의 주요 계층으로 성장하면서 나타난 현상이다. Y세대가 사회의 주요 구성원이 됐다고 해도 아직도 직장에선 베이비부머가 차장, 부장으로 혹은 임원으로 자리하고 있다. 그들에겐 '워라밸'같은 신조어가 좋게 보이지 않을 수도 있다. 베이비부머 시대 직장인들은 조직과 회사를 위해 평생을 바쳐 왔고, 직장동료를 가족과 같이 여겨왔다. 하지만 그러한 문화가 사라져가는 요즘, 일명 '꼰대'가 되지 않기 위해 베이비부머 시대 직장인들은 Y세대 직원들의 눈치를 보기도 한다.

대한상공회의소가 지난 2020년 4월 발표한 '한국기업의 세대 갈등과 기업문화 종합진단 보고서'에 따르면 직장인 63.9%가 세대 차이를 느끼고 있다고 답했다. 20, 30대의 체감도는 각각 52.9%, 62.7%인 반면 40, 50대는 각각 69.4%, 67.3%로, 윗세대로 갈수록 세대 차이를 크게 느끼고 있는 것으로 파악됐다.

20, 30대 직장인인 '아랫세대'는 업무와 일을 연장선에 두지 않고, 회사의 발전보다는 자신의 삶을 더 우선시하는 경향이 많다. 반면, 50∽60대로 구성된 '윗세대'는 워라밸이라는 게 존재하지 않던 사회에서 살아왔고, 회사의 발전과 조직의 안녕이 삶의 우선순위였기 때문에 그 가치관의 흔적이 아직 남아 있는 것으로 보인다.

---

234) 연합뉴스(2020.09.), 같은 공간 다른 생각, 직장 내 세대 갈등 해결방안은?, 2020.09.30.

> "우리 세대는 일과 삶이 분리돼야 한다는 인식이 있는 반면에 상사들 중에 이런 인식이 없는 분들이 많아서 밤늦은 시간에 연락해서 일을 시키는 경우가 잦아 고통스러웠다. 휴식이 보장돼야 할 때, 전화하고 업무를 주는 모습을 보니 일과 삶에 대한 가치관이 다른 느낌이다."
>
> \- 초보 직장인 A씨
>
> "급한 업무여도 업무 시간 외에 전화하기 눈치 보인다. 요즘 세대들은 오롯이 자신의 밥벌이만 걱정할 뿐, 조직의 발전에 대한 생각이 전혀 없어 오히려 능률이 떨어지는 느낌이다."
>
> \- 50대 대기업 부장 B씨

대한상의 박준 기업문화팀장은 이 문제에 대해 "직장 내 세대 간 서로에 대한 이해와 인식도 중요하지만, 조직 차원의 변화가 우선적"이라며 "더는 가족 같은 회사가 아닌 프로팀 같은 회사로 바뀌어야 한다"며, 조직도 시대의 변화에 발맞춰야 한다고 말했다. 조직에 대한 무조건적인 헌신을 요구하는 것이 아닌, 직원들이 가치 있는 헌신을 할 수 있는 환경을 조성할 수 있게 전환하는 것이 중요하다고 본 것이다. 또한 서열 중심의 관계에서 상호 존중하는 수평적인 관계로 변화하고 합리적인 보상이 주어지는 환경이 조성됐을 때 조직경쟁력이 높아질 것이라고 판단한 것이다.

수평적인 관계, 합리적인 보상은 단순히 젊은 세대가 원하는 것이 아니라 직장인 모두가 원하는 이상적인 조직문화이기도 하다. 비대면 사회가 길어짐에 따라 조직이 더욱 경쟁력을 잃어가고 있는 현 상황에서 기업은 조직개편을 시도하려는 노력을 필히 보여야 할 때다.

(4) 갈등사회와 해결의 조건[235)]

신뢰가 약한 우리 사회는 갈등이 증폭되기 좋은 조건이다. 법을 만들어 갈등을 줄이자는 이야기가 있다. 게임의 규칙을 정한다는 점에서 법은 필요하다. 하지만 가장 중요한 것은 법이라는 그릇이 아니라 그 안에 담을 합의라는 음식이다. 합의에 기초하지 않은 법은 형식에 불과하고 억압을 통해 더 큰 갈등을 불러온다.

갈등 해결의 시작은 의견을 묻는 것이다. 청와대 신문고나 공론화위원회도 그중 하나이다. 팩트(fact)는 갈등 해결의 열쇠이다. 개인의 가치는 다를 수 있지만, 팩트는 하나이기 때문이다. 갈등의 안으로 들어가 보면 누군가는 불리해서 팩트를 숨기거나, 또 다른 누군가는 팩트를 알면서도 왜곡하는 경우들을 쉽게 찾아볼 수 있다. 따라서 정확한 사실을 알리는 것은 문제 해결의 시작이다. 침묵하는 다수를 객관화

---

235) 최승필(2018), 갈등사회와 해결의 조건, 한국일보, 2018.11.26.

된 다수로 바꿀 경우 모두가 원하는 합의를 이끌어낼 수 있다. 그간의 고정관념도 깰 필요가 있다. 예컨대, 모든 노동조합이 약자일 것이라는 생각, 님비현상은 이기적이라는 생각들이다. 노조도 급여 수준과 교섭력에 차이가 있으며, 내 이웃에 혐오 시설이 들어오는 경우라면 불만에 대해 비난보다 보상해주는 것이 당연하다.

합의의 과정에서 이해당사자의 참여는 필수적이다. 권리간 투쟁에서의 정의는 균형이다. 어느 한 편의 옳고 그름의 문제가 아니라 양 당사자 모두 나름 정당화된 권리를 주장하기 때문이다. 그 균형은 당사자 스스로가 어느 정도까지 이익을 내놓을 것인지, 또는 가질 것인지를 자유의사에 의해 결정할 수 있을 때 달성된다.

갈등을 바라보는 대중의 시각은 누가 이기는지에 집중된다. 그간의 우리 역사가 편과 집단을 중심으로 이루어져 왔기 때문이다. “줄을 잘 서야 해”가 이를 대변한다. 그러나 이제는 편의 프레임에서 벗어나야 한다. 노사 중 누가 이길지가 아니라 우리 삶 속에서 어떠한 노동이 옳은지, 원자력과 태양광 중 어떤 것을 선호할지가 아니라 어떠한 에너지가 우리를 지속 가능하게 할 것인지, 우버와 택시가 아니라 어떤 교통체계가 안전한 이동의 자유를 보장해줄 것인 지 등으로 사고 프레임이 전환되어야 한다.

갈등(葛藤)은 칡과 등나무를 일컫는다. 서로 엉켜있는 형국이라면 얼마나 답답할지 상상이 된다. 그러나 만약 이 두 가지를 잘 엮는다면 그 무엇도 끊을 수 없는 단단한 것들을 만들 수 있다. 갈과 등을 엮어 새로운 쓰임을 만들기 위해 이제는 우리 모두 마음을 열어야 한다.

2. 갈등 해결방법의 5가지 유형

대인 간의 갈등에 대응하는 갈등 당사자들의 행동 유형을 Ruble과 Thomas(1976)[236]는 협력성(cooperativeness)과 독단성(assertiveness)의 2차원 모형으로 구분하여 경쟁, 회피, 타협, 협력, 및 양보(혹은 수용)의 다섯 가지로 나누었다. 여기에서 협력성이란 갈등 당사자 한편에서 상대방의 관심사를 충족시켜 주려는 정도를 말하며 독단성이란 갈등 당사자 입장이 자신의 관심사만을 충족시키려는 시도를 말한다. 이러한 두 가지 차원들은 5가지 갈등처리 기법들을 만들어낸다. 이러한 기법 가운데 어느 것을 택하는 것이 좋은가 하는 것은 갈등의 상황 요인에 따라 달라진다. 갈등의 상황 요인으로서는 결정의 중요성, 갈등 당사자들의 권력, 조직에서의 지위 등을 들 수 있다. 각각의 갈등관리방식에 적절한 상황을 다음과 같이 제시하고 있는데, 각 기법들의 개념과 조치상황을 정리하면 다음과 같다(Thomas, 1976).[237]

---

236) Ruble, T. L. & Thomas, K. W.(1976), “Support for a Two Dimensional Model of Conflict Behavior”, Organizational Behavior and Human Performance, 16, pp. 143-145.

237) Thomas, K. W.(1976), “Conflict and Conflict Management, in M. D. Dunnette (ed.)”, Handbook of Industrial and Organizational Psychology, Chicago, IL, Rand McNally, pp. 889-935.

(1) 회피형(avoiding)[238)]

회피형은 자신과 상대방에 대한 관심이 모두 낮은 경우로서, 갈등 상황에 대하여 상황이 나아질 때까지 문제를 덮어두거나 위협적인 상황에서 피하고자 하는 경우를 말한다. 회피형은 개인의 갈등 상황으로부터 철회 또는 회피하는 것으로, 상대방의 욕구와 본인의 욕구를 모두 만족시킬 수 없게 된다. 이 전략은 '나도 지고 너도 지는 방법(I lose-You lose)'이다.

"난 싸우는 게 싫어" 회피 유형은 갈등을 완전히 피하는 경우다. 갈등 상황 자체에 불편함을 느끼고 일단은 자리를 피한다. 이 유형도 개인 성격에서 비롯될 수도 있다. 이런 사람은 갈등이 생기면 동굴 속으로 숨어버린다. 갈등을 피해 도망친 동굴 속 토끼를 나오게 하려면 동굴 밖에서 계속 소리칠 것이 아니라 생각할 시간을 주고 스스로 걸어 나와 갈등 해결에 참여하게 만들어야 한다. 하지만 성격과 별개로, 갈등 주제에 대해 더 생각해 볼 시간이 필요할 때, 갈등 자체가 너무 사소하여 왜 싸우는지 이해가 되지 않을 때, 이길 가능성이 없어 보일 때 등 다양한 조건 하에서 '회피' 유형이 나타난다.[239)]

> ㉠ 전자기기 AS센터이다. 화가 난 고객이 뭐가 안 된다고 하며, 자기가 사용설명서대로 다 했는데도 안 된다고 불만을 표시한다. 직원이 들어보니 아주 간단한 문제다. 그때 그 고객과 "이 절차는 하셨어요? 이걸 하지 않으시면 잘 안 되는데..." 하며 논쟁할 필요도 없다. 그냥 고객 앞에서 올바른 절차대로 제품을 다루고 정상적으로 작동한다는 것을 보여주기만 하면 된다. 화가 난 고객은 대화가 길어질수록 손해이고, 어차피 대화 중에 "아, 내가 잘못했군요" 하는 고객은 거의 없다. 고객 실수라는 것을 말이 아닌 행동으로 보여준다면 고객은 순순히 물러날 것이다.

238) 회피형(avoiding)이란 양 당사자들이 갈등문제를 다루지 않겠다는 기법으로서 의견이나 관심사가 반영될 기회가 없다고 생각할 때, 해결이 되는 것보다 그대로 두는 것이 유리할 때, 상대방의 흥분을 식히고 이성을 회복하도록 할 때에 사용한다. 이하의 유형별 그림은 다음을 참조.
http://www.hsg.or.kr › bbs › board [HSG 휴먼솔루션 그룹], 나와 성향이 다른 상대와의 갈등, 어떻게 해결할까?, 2019.09.17.

239) 이하 내용은 주로 다음을 참조. https://intent-raise-money.tistory.com. [젠티탱의 건강한 삶], 5가지 갈등관리 유형 사례로 알아보자, 2021.04.03.

(2) 경쟁형(competing)[240)]

경쟁형은 지배형(dominating)이라고도 하는데, 자신에 대한 관심은 높고 상대방에 대한 관심은 낮은 경우로서 '나는 이기고 너는 지는 방법(win-lose)'을 말한다. 경쟁형은 상대방의 목표달성을 희생시키면서 자신의 목표를 이루기 위해 전력을 다하는 전략이다. 이 방법은 제로섬(zero sum) 개념을 의미한다.

"내가 이겨야 해!" 확고하게 내 입장을 고수해야 하고, 양보할 여지가 없을 때 '경쟁' 전략을 취한다. 갈등이 너무 장기화되어 강제적으로라도 끝내야 할 때, 상대방 주장이 터무니없고 끔찍할 때, 양보하면 손해가 극심할 때 '경쟁'이 된다. 절대 양보할 수 없는 가치나 주장이라면 경쟁형도 좋은 타입이다. 내 주장이 확실하게 맞는데도 어쩔 수 없이 포기하는 건 나중에 더 큰 피해로 돌아온다.

> ⓔ 홍보마케팅을 할 때 논란이 있는 모델, 유머, 밈[241)] 등을 사용하려 한다. 또는 유해 성분을 원가가 저렴하다는 이유로 첨가하려 한다. 윤리적 가치에 맞지 않거나 회사 경영에 문제가 될 것이 분명한 것에는 타협하지 말고 끝까지 경쟁해서 이겨내는 것이 필요하다.

(3) 호의형 혹은 수용형(accommodating)[242)]

수용형은 자신에 대한 관심은 낮고 상대방에 대한 관심은 높은 경우로서 '나는 지고 너는 이기는 방법(I lose-You win)'을 말한다. 이 방법은 상대방의 관심을 충족시키기 위하여 자신의 관심이나 요구는 희생함으로써 상대방의 의지에 따르는 경향을 보인다. 이 방법은 상대방이 거친 요구를 해오는 경우에 전형적으로 나타나는 반응이다.

---

240) 경쟁형(competing)이란 자신의 관심사를 충족시키기 위해 상대방을 압도해 버림으로써 갈등을 처리하는 기법으로서 ① 양보할 수 없는 대단히 중요한 문제일 때, ② 신속하게 단호한 결정을 해야 하는 비상시, ③ 조직의 질서유지에 필수적인 법규의 시행 시 사용한다.

241) 밈(Meme)은 모방을 통해 습득되는 문화요소라는 의미를 담고 있다. 대중문화계에서는 인터넷에서 유행하는 문화를 모방, 재가공한 콘텐츠를 가리키는 말로 쓰인다.

242) 양보형(또는 호의형) 혹은 수용형(accommodating)은 자신의 관심사는 버려두고 상대방의 관심사를 충족시키는데 주력하는 기법으로서 ① 상대에게 압도되어 손실을 극소화할 필요가 있을 때, ② 화합과 안정이 특히 중요할 때, ③ 상대자가 잘못을 알게 하여 발전시킬 필요가 있을 때 사용한다.

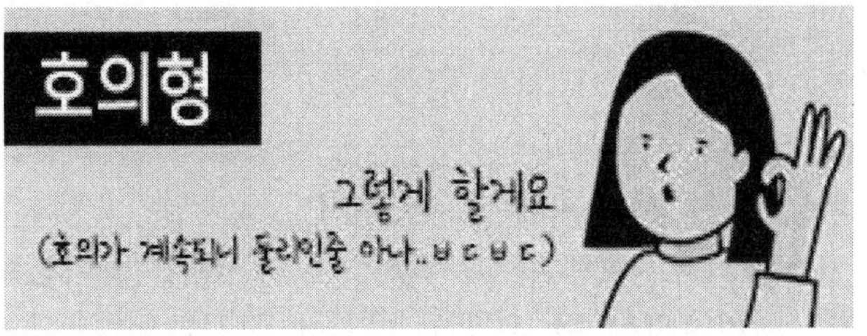

"모든 건 네 뜻에 따르게." 수용형은 다른 사람의 의견과 업무 방향에 전부 동의하는 경우다. 이슈에 대해 별 의견이 없을 수도 있고, 중요하다고 느끼지 않을 수도 있다. 처음엔 A라고 생각했으나 상대방의 추가자료, 정보, 설득 등으로 B로 선택을 바꿀 수도 있다. 성격상 남과 대립하는 것이 불편하여 대부분의 상황에서 '수용'을 택하는 경우도 있다.

> ㉮ 화가 난 환불 고객을 다룰 때
>
> 매장에 긴 줄이 있고 화가 난 고객이 환불을 하러 왔다. 상표도 떼놓고 영수증도 가져오지 않았다. 하지만 그 제품은 우리 것이 맞고, 당장 환불하라고 소리를 치고, 다른 소비자들은 매우 불편해한다. 이 경우 환불 정책에 맞지 않아 환불이 어렵겠지만 과연 그렇게 하는 것이 회사에 이득입니까? 소리치는 불편한 고객이 있을 때, 다른 소비자들은 매장을 떠나고 싶어한다. 안 좋은 간접경험은 기업 이미지를 손상시킨다. 매니저는 화난 고객을 설득할 것 없이 '수용'하여 100% 환불해 주고 빨리 매장에서 그 사람을 쫓아내는 것이 가장 현명하다.

(4) 타협형(compromising)[243)]

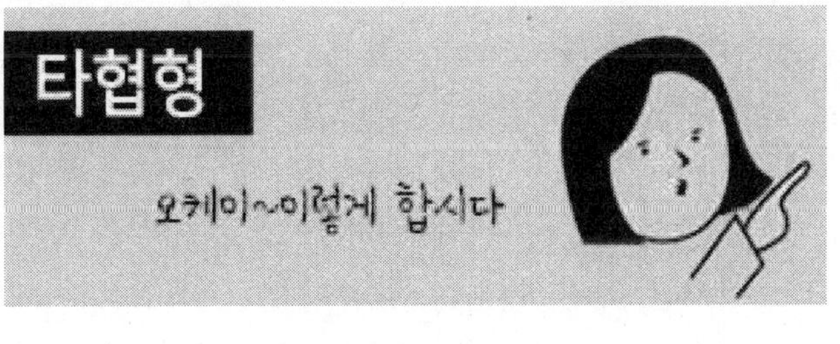

타협형은 자신에 대한 관심과 상대방에 대한 관심이 중간 정도인 경우로서, 서로가 받아들일 수 있는 결정을 하기 위하여 타협적으로 주고받는 방식(give and take)

243) 타협형(compromising)은 양측이 상호희생을 통하여 부분적으로 만족을 얻는 독단적이고 협력적인 기법으로서 가장 보편적인 갈등관리기법이라고 할 수 있다. 타협은 세력이 비슷한 쌍방이 상호 배타적인 목표달성에 종사하게 될 때, 복잡한 문제를 임시로 해결하려 할 때, 시간에 쫓기어 편법을 강구할 때에 사용한다.

9장

을 말한다. 즉, 갈등 당사자들이 반대의 끝에서 시작하여 중간 정도 지점에서 타협하여 해결점을 찾는 것이다. 갈등 당사자 간에 불신이 클 때에는 이 방법은 실패한다.

"서로 조금씩 양보하자." 갈등 참여자들이 부분적으로 만족시킬 해결책을 찾는 것이다. 서로 조금씩 손해를 보기 때문에 솔루션이 훌륭하기보다는 어쩔 수 없이 '타협'하는 것이다. 갈등을 해결하는 것 자체가 더 중요하거나, 마감일이 빠르게 다가오고 있거나, 더 이상 해결방안이 안 보이는 난관에 봉착했거나, 일시적인 솔루션이 필요할 때 적합하다.

> ㉮ 미용실에서 고객이 원하는 머리 스타일이 제대로 안 나왔다. 복구도 안 되는 상황이다. 이럴 때 타협을 할 수밖에 없다. 고객은 화가 나도 어쩔 수 없이 그 머리로 당분간 지낼 수밖에 없고, 미용실에선 1회 무료이용권을 주거나 고급 헤어제품 제공 등으로 수습을 해야 한다. 양쪽 다 손해를 보면서 갈등을 해결한다.

(5) 협력형 혹은 통합형(integrating)[244)]

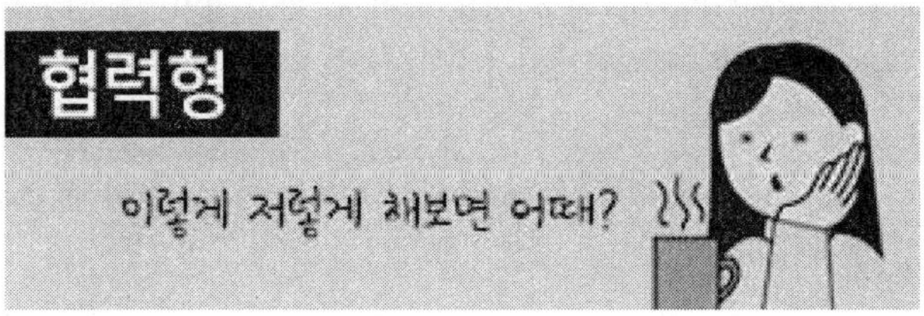

통합형은 협력형(collaborating)이라고도 하는데, 자신은 물론 상대방에 대한 관심이 모두 높은 경우로서 '나도 이기고 너도 이기는 방법(win-win)'을 말한다. 이 방법은 문제 해결을 위하여 서로 간에 정보를 교환하면서 모두의 목표를 달성할 수 있는 윈-윈 해법을 찾는다. 아울러 서로의 차이를 인정하고 배려하는 신뢰감과 공개적인 대화를 필요로 한다. 통합형이 가장 바람직한 갈등 해결유형이라 할 수 있다.

"윈윈전략을 찾자." 모든 당사자의 요구를 충족할 솔루션을 찾는 방법이다. 중간 수준의 솔루션을 찾는 '타협'과는 다르게 실제로 모든 사람을 만족시키는 윈윈전략으로 가장 바람직해 보이지만 가장 어려운 방법이기도 하다. 당사자가 서로 너무 중요하면서 동시에 아주 중요한 이슈일 때, 마감이 시급하지 않은 문제일 때 여러 방안을 비교하고 '협업' 전략을 선택한다.

---

244) 통합형 혹은 협력형(collaborating)은 양측의 관심사를 모두 만족시키는 가장 이상적인 기법으로서, 여러 사람의 견해와 통찰력을 모아야 할 때, 의견을 통합함으로써 관계자들의 협력을 얻을 수 있을 때, 쌍방의 관심사가 모두 고려되어야 할 정도로 중요하여 통합의 해결책을 마련해야 할 때에 사용한다.

> ㉥ 직원의 연봉협상에서 갈등이 생긴다. 이때 성과에 따른 인센티브를 주는 것도 '협업'에 해당할 수 있다. 판매액에 따른 일정 비율을 직원에게 그대로 준다면, 직원은 판매 성과를 높이려 노력할 것이고, 기업도 성과를 높일 수 있다.

〈표 9-1〉 5가지 갈등관리 유형의 비교

유 형	목 적	자 세	논리적 배경	예상 결과
회피형	갈등을 회피하는 것	"나는 그것에 대해 중립적이야. 생각 좀 해 볼께"	의견 불일치 긴장을 유발하기 때문에 근본적으로 좋지 않다.	대인 간의 문제는 해결되지 않은 채 다방면에서 더 큰 괴로움을 주는 원인이 된다.
경쟁형	자기 방식을 취하는 것	"뭐가 옳은지 알고 있어. 내 판단과 권위에 대해 더 이상 묻지마!"	내가 가신 입상을 포기하는 것보다 몇 가지 괴로운 느낌을 주는 것이 차라리 낫다.	나는 해냉했다고 생각하지만 다른 사람들은 "패배했다", "모욕당했다"고 생각한다.
수용형 (순응형)	다른 사람을 화나게 하지 않는 것	"이 문제에 관해서 어떻게 하면 기분이 좋도록 해줄 수 있을까? 내 입장은 우리 사이에 기분 나쁜 느낌을 계속 가져야 될 만큼 중요하 지 않다"	조화로운 관계를 유지하는 것이 최우선 과제이다.	다른 사람들이 결국 나를 이용한다.
타협형	신속히 합의에 이르는 것	"상호 동의할 만한 해결책을 찾아보자"	질질 끄는 갈등은 사람들을 혼란케 하고 괴로운 느낌을 일으킨다.	참여자들이 신속한 해결책을 찾도록 조건을 형성해준다.
협력형 (통합형)	문제를 함께 해결하는 것	"내 입장은 이런데 당신은? 나는 최선의 해결책을 꼭 찾고 싶소"	당사자 양쪽의 입장이 똑같이 중요하다. 결과의 질과 과정의 공정성이 동등하게 강조되어야 한다.	문제 해결의 가능성이 가장 높다. 양쪽 다 공정하게 취급받는 데 대하여 만족하며 해결책을 찾는데 몰두한다.

〈표 9-2〉 갈등관리 유형과 적절한 상황

유 형	상 황
회피형 avoiding	• 한 논제는 사소하고 다른 논제가 더 긴급한 경우 • 나의 관심사를 만족시킬 수 있는 가능성이 전혀 없는 경우 • 당사자들을 진정시키고 생각을 가다듬어야 하는 경우 • 즉시 결정을 내리기보다는 정보를 더 수집해야 하는 경우 • 제3자가 갈등을 더욱 효과적으로 해결할 수 있는 경우
경쟁형 competing	• 비상시와 같이 신속하고 결단력 있는 행동이 중요한 경우 • 비용 절감이나 규칙 준수와 같이 인기 없는 조치의 시행이 필요한 경우 • 의사결정자가 생각하기에 조직 전체의 생존을 위해 반드시 필요한 경우
수용형(순응형) Accommodating	• 다음 단계의 문제 해결을 위해 상대방의 신뢰성 획득이 필요한 경우 • 논제의 중요성이 상대방에게 훨씬 큰 경우 • 상대방과의 조화가 특히 필요한 경우 • 상대방이 시행착오를 통하여 올바른 방향을 스스로 찾도록 하려는 경우
타협형 compromising	• 복잡한 사안에 대한 잠정적 해결을 얻으려고 하는 경우 • 목표 달성은 중요하지만, 더욱 강압적인 방법을 사용함으로써 나타날 부정적인 효과가 너무 큰 경우 • 동등한 협상력을 가진 상대방이 상호 배타적인 목표를 달성하기 위하여 노력하는 경우 • 임기응변적인 해결안이 필요한 경우
협력형(통합형) Collaborating	• 양측의 관심사가 너무 중요해서 타협을 보기 어려운 상황에서 통합적 해결안을 발견해야 하는 경우 • 갈등 해결의 목적이 상대방의 입장을 배우려고 하는 경우 • 양측의 관심사를 통합하여 몰입을 얻으려고 하는 경우 • 관계 형성의 걸림돌이 되는 감정상의 문제를 극복하려고 하는 경우

(6) 평 가

갈등을 성공적으로 해결하기 위해서는 쟁점의 양 측면을 모두 이해해야 한다. 내성적이거나 자신을 표현하는데 서툰 팀원을 격려해주는 것이 중요하며, 이해된 부분을 검토하고 누가 옳고 그른지에 대해 논쟁하는 일은 피하는 것이 좋다.

또한 갈등이 사람들의 업무수행에 어떻게 영향을 미치는지를 토의해 보는 것이 좋다. 느낌이나 성격이 아니라 사실이나 행동(갈등의 본질)에 초점을 두어야 한다. '비난'의 행동은 감정을 야기하여 사람들이 이에 주목하게 만든다. 비난을 피하기 위해 조직원들이 차이점보다는 유사점을 파악하도록 도움을 주는 것이 필요하다. 유사점을 강조하면 갈등의 당사자들이 공통의 토대 위에서 만날 수 있게 된다. 차이점이 있다면 차이의 본질에 대해 이해하는 것이 필요하다.

제2절 사례1 : 갈등 해결방법

1. 다름의 충돌 시[245)]

나에겐 너무 불편한 것이 상대에겐 당연한 것이 될 수 있다는 사실이다. 이를 우리는 '성향'의 문제라 말한다. 태어날 때부터 기질적으로 가지고 있는 게 바로 성향이다. 성향이란 '짜장면'을 좋아하다가 '짬뽕'을 좋아하게 되는 것과 같은 취향의 문제가 아니다. 손바닥 뒤집듯 바꿀 수 있는 게 아니라는 뜻이다. 그래서 상대의 성향이 나와 다르다고 그를 비난할 순 없다. 받아들여야 한다. 그리고 그 속에서 맞춰나가야 한다.

(1) 상대의 성향에 따른 갈등 해결의 궁합을 맞춰라

사람의 성향은 다양한 상황에서 무의식적으로 드러난다. 특히 갈등 상황에서 그 모습이 극명하게 나타난다. 갈등 상황에서의 성향별 대처 유형에 대한 대표적인 연구가 토마스(Kenneth W. Thomas)와 킬만(Ralph H. Kilmann) 박사가 제안한 5가지 갈등대처 유형이다. 이들은 사람들의 갈등대처 방식을 '상대에 대한 협력 정도'와 '내 목표 달성 의지'라는 2가지 축에 따라 5가지 유형으로 구분했다. 회피형, 호의형(수용형), 타협형, 경쟁형, 협력형(통합형)이 그것이다.

회피형은 갈등 상황 자체를 피하려고 한다. 부부 사이에서 생길 수 있는 간단한 예로 풀어보자. 일주일 내내 술을 마시고 늦게 들어오는 남편. 불만이 머리끝까지 쌓인 부인. 토요일 아침 느지막이 일어난 남편에게 부인이 쏘아붙인다. "당신한텐 여기가 하숙집이야?" 부인의 잔소리가 시작되려 할 때, 회피형 남편은 전광석화 같은 속도로 일어나 집을 나선다. 그가 향하는 곳은 사우나. 회피형은 갈등이 생기면 혼자만의 여유를 즐기기 위한 안식처를 찾는다. 조직에선 회의 시간에 첨예한 의견 갈등이 생기면 슬며시 자리를 피하는 사람이 이런 유형이다. 이들이 이런 행동을 하는 건

245) 최철규 외(2013), 尊異求同: 다름을 인정하고 해법 찾아라, DBR 131호(2013년 6월 Issue 2).

갈등 상황 자체를 두려워하기 때문이다. 갈등 이슈에 대한 정보가 충분하지 않거나 중요한 일이 아닐 때는 이런 유형의 접근이 의미 있다. 하지만 그 사람의 의견을 반영하는 게 꼭 필요한 상황이라면 끌어들여야만 한다. 그렇다고 강제로 갈등 상황에 집어넣는 건 바람직하지 않다.

회피형의 사람과 만났을 때 '동굴 속에 숨어 있는 곰'을 생각하면 된다. 곰을 동굴 밖으로 나오게 하겠다고 밖에서 소리를 지르거나 물을 뿌리면 그 곰은 더 깊이 숨는다. 회피형도 마찬가지다. 이들에겐 '시간'과 '정보'가 필요하다. 지속적인 정보 제공과 기다림, 그래서 스스로 '움직이겠다'고 느끼도록 만들어주는 것이 중요하다.

호의형은 이른바 '예스맨(Yes man)' 같은 사람이다. 앞에서 살펴본 부부 사이의 예로 빗대 설명해 본다면 호의형 남편의 경우 부인에게 "미안해, 다신 안 그러도록 노력할게"라고 곧장 사과한다. 이유는? 호의형은 치열한 논쟁을 통해 대안을 만들어내기보다 상대와 내가 좋은 관계를 유지하는 데 더 큰 가치를 둔다. 또한, 호의형은 남들에게 '좋은 사람'으로 인식되길 원한다. 만약 당신의 부하직원이 호의형이라면 함께 일하기는 참 편할 것이다. 어떤 지시를 해도 "네, 알겠습니다"라는 대답이 나올 테니까. 하지만 호의형은 '한 방'이 있다. 밝게 열심히 일하다가 어느 날 갑자기 찾아와 "더 이상 힘들어서 회사 못 다니겠습니다"라고 말할 수 있는 게 호의형이다.

그럼 호의형 부하직원이 갑작스레 폭발하지 않고 꾸준히 일하도록 하려면 어떻게 해야 할까? 먼저 이들의 "Yes"가 진짜가 아닐 수도 있다는 걸 항상 감안해야 한다. 액면 그대로 받아들여 '괜찮구나'라고 짐작하는 건 위험하다는 뜻이다. 호의형 사람들의 "Yes" 뒤에는 셀 수 없는 '참을 인(忍)'이 숨겨져 있다. 그래서 꾸준한 스트레스 관리가 필요하다. 따라서 호의형과 함께 일을 할 때는 지속적인 관심과 인정이 필요하다. 이를 통해 상대가 '내가 가치 있는 일을 하고 있구나'라고 느끼도록 해야 한다. 그리고 이들에겐 "이번 일에선 A안을 추진하려고 하는데 어떤 것 같아?" 같은 주관식 질문보다는 "A, B, C 3가지 대안이 있는데 어떤 게 좋을 것 같아?"라는 식으로 객관식의 보기를 제시하는 게 좋다. 이를 통해 업무상 간접적으로나마 부하직원의 의견이 반영되도록 해야 한다. 혹시 당신의 배우자가 갈등 상황에서 "미안해"라는 말을 습관적으로 하고 있다면 한번 생각해보자. 그의 스트레스 지수가 안전한 수준인지 생각해야 한다.

타협형에게 가장 중요한 가치는 '빨리' 끝내는 것이다. 그래서 서로 공정하게 양보해 해결하는 것을 선호한다. 술을 좋아하는 타협형 남편의 행동도 간단하다. "오케이, 다음 주부터는 일주일에 월, 수 이틀은 양보할게. 대신 나머지 3일은 간섭하지 마!" 타협형의 대응은 제한 시간 내에 결정해야 할 땐 아주 효과적이다. 하지만 결과에 아무도 만족하지 못한다는 문제가 생길 수 있다. 어느 한쪽도 '온전한' 만족감을 느낄 수 없기 때문이다. 타협형을 만났을 때에는 '줄 건 주고, 받을 건 받자'는 생각이 필요하다. 그래서 내가 쉽게 양보할 수 있는 것과 꼭 얻어야만 하는 것을 명확하게 구분해 둘 필요가 있다. 이들은 '기브앤테이크(give and take)'가 가장 합리적인 방법이라고 믿기 때문이다.

경쟁형은 본인의 생각을 강하게 주장하는 유형이다. 그래서 남편이 경쟁형이라면 부인의 잔소리가 엄청난 '재앙'으로 번질 수도 있다. 이들은 자신의 의사를 관철시키는 걸 무엇보다 중요하게 생각한다. 자신이 옳다고 생각하는 행동에 반대 의견을 들으면 '공격' 받았다고 느낀다. 이렇게 설명하면 경쟁형은 마치 '독불장군'인 것처럼 비춰질 수도 있다. 하지만 어떤 경우엔 경쟁형이 수많은 사람의 목숨을 살리기도 한다. 대표적인 사례가 있다. 2011년 3월 동일본 대지진 사건 당시 이와테현의 수많은 사람들이 쓰나미 직격탄을 맞았다. 그런데 이와테현에서 피해를 입지 않은 유일한 마을이 있었다. 바로 후다이 마을이다. 비결은 마을 앞에 세워진 높이 15.5m의 방조제와 수문이었다. 이것은 1960년대 촌장이었던 와무라 유키에(和村幸得)가 만든 것이었다. 당시 유키에 촌장이 수문 건설 계획을 발표하자 주민들의 반발이 엄청났다. 온 마을 주민들이 36억 엔이라는 막대한 예산을 쏟아 부어가면서까지 15m 이상의 수문을 쌓아야 하느냐며 집단 반발했기 때문이다. 하지만 이런 갈등 상황에서도 유키에 촌장은 물러서지 않았다. 더욱 강하게 밀어붙였다. 이유는? 과거 이 마을에서 두 차례나 쓰나미가 발생해 439명이 목숨을 잃었던 기록이 있었기 때문이다. 결과적으로 유키에 촌장의 고집 덕분에 수많은 사람들이 목숨을 건질 수 있었다. 갈등 상황을 피하거나 양보하지 않았기에 가능했던 일이다. 이처럼 확실한 정보가 있고 절대 양보할 수 없는 중요한 일이라면 경쟁형도 꼭 필요하다.

협력형은 아무리 갈등이 심해도 적과 아군을 구분하지 않는다. 대신 갈등 당사자 모두 참여해 의견을 조율하길 원한다. 그래서 계속해서 새로운 아이디어를 내놓으며 갈등 상황을 다른 관점에서 풀어보려 시도한다. 그럼 부인의 잔소리에 대응하는 협력형 남편의 태도는 뭘까? 예를 들면 이런 식이다. "당신은 내가 집에 일찍 오길 바라지? 좋아, 그럼 일주일에 이틀은 밖에서 술을 마시고, 나머지 3일은 당신이 술상을 차려주면 집에 와서 마실게. 어때?" 이렇게 갈등 상황에서 뭔가 그럴싸한 아이디어를 내야만 직성이 풀린다. 협력형은 이처럼 기존에 없던, 그리고 양측 모두 만족할 만한 해결책을 찾는 데 집중한다. 이런 유형은 새로운 대안을 만들어 낼 확률은 높지만, 시간이 많이 걸린다는 단점이 있다.

어떤 유형이 좋고 나쁘다고 말할 순 없다. 모두 장단점이 있다. 문제는 상대의 갈등대처 유형이 뭔지 모른 채 상대의 행동을 자신의 관점에서만 판단할 때다. 예를 들어, 회피형과 타협형이 만났을 때를 생각해보자. 회피형은 자신이 '준비'가 다 되지 않으면 갈등 해결에 뛰어들지 않는다. 반면 타협형은 자기 것을 양보해서라도 '빨리' 문제를 해결하고 싶어한다. 그래서 타협형은 회피형을 만나면 기분이 나쁘다. 타협형인 나는 양보와 대화를 통해 문제를 '빨리' 풀고 싶은데 회피형인 상대는 나를 외면하며 '시간을 끌기' 때문이다. 급기야 상대가 날 무시한다고 생각하게 될 수도 있다.

호의형과 협력형이 만났을 때도 문제가 복잡해질 수 있다. 호의형은 '양보'를 해서라도 빨리 갈등 상황에서 벗어나려 한다. 그런데 협력형은 양보를 얻어내는 것보다 '양측 모두' 만족할 만한 대안을 찾고자 계속 시도한다. 이 때문에 호의형은 협력형을 만나면 힘들다. 양보하고 또 해도 계속 뭔가 새로운 걸 요구하기 때문이다. '제대로 된' 문제 해결을 꿈꾸며 접근하는 협력형의 시도가 '더 많은 양보를 얻어내는 나쁜 행동'으로 오해되는 순간이다.

사람에겐 누구나 자신에게 익숙한 행동 유형이 있다. 그걸 틀렸다고 말할 순 없다. 갈등을 줄이기 위해 무조건 상대에게 맞출 수도 없다. 다만 상대의 유형을 알고 이해하라. 그럴 때 상대방이 왜 그렇게 행동하는지 납득할 수 있다. 기억하라, 어떤 것도 정답은 아니다.

(2) 톨레랑스가 필요하다

상대와 나의 갈등대처 유형이 다르다는 건 이해했다. 하지만 그게 끝은 아니다. 뭔가 답을 찾아야 한다. 이런 상황을 생각해보자. 업무를 하다 보면 어쩔 수 없이 주말을 앞둔 금요일 오후에라도 급한 일을 시켜야 할 때가 있다. 어떤 리더에겐 성과를 내서 조직에서 인정을 받는 게 아주 중요하다. 그래서 주말이라도 일을 하는 건 당연하게 생각한다. 하지만 그 일을 받아서 해야 하는 어떤 팀원의 생각은 다르다. '주말엔 좀 쉬게 해 줘야지, 미리미리 안 시키고 왜 꼭 이런 날에 일을 시키실까?' 이런 지원의 머릿속엔 '주말은 가족과 함께 보내는 시간'이라는 생각이 많다. 이런 경우, 리더와 부하직원 간에 드러나진 않지만, 갈등이 숨어 있게 된다. 이 두 사람, 누가 맞고 누가 틀린 걸까? 어느 한 사람의 손을 들어주긴 쉽지 않다.

이런 것을 '가치'의 차이라고 말한다. 그리고 이런 가치의 차이도 '다름'의 문제다. 20세기 주요 정치 이데올로기의 하나인 파시즘. 이들은 가치에 있어서도 우월한 게 있고 열등한 게 있다고 믿었다. 그리고 이것이 '나치즘'과 같은 형태로 변형돼 전 세계를 전쟁터로 만들었다. 게르만 민족은 절대 선이고 유대인은 열등하고 악이라고 믿은 히틀러 때문에. 이렇게 '가치'의 차이를 우열의 기준으로 보는 건 정말 위험하다.

비즈니스에서도 종종 이런 생각을 갖고 있는 사람들을 만나게 된다. 밑바닥에서 시작해 어느 정도의 성공 경험을 쌓아놓은 분들. 이런 분들은 직원들에 대한 불만이 아주 많다. "애들 보면 항상 정신을 못 차려. 6시 땡 하면 집에 가. 열심히 일해서 성공할 생각을 해야지, 요즘 애들은 정신력이 부족해"라고 한탄한다. 그러나 이건 누구의 옳고 그름의 문제가 아니다. 다를 뿐이다. 사장에게 중요한 가치는 성공과 돈이다. 그러나 부하의 가치는 돈보다는 가정, 직장생활과 개인 생활의 균형(work & life balance)일 수도 있다. 이를 받아들이지 않으면 자칫 '폭군'으로 돌변할 수도 있다.

가치의 충돌이 아주 드라마틱하게 나타난 상황이 있다. 바로 축구 경기장, 그것도 월드컵 결승전의 한 장면이다. 축구팬이 아니라도 대한민국 국민이라면 2002년 월드컵 4강 신화 정도는 기억하고 있을 것이다. 하지만 축구팬이라면 그것만큼 강렬하게 기억되는 장면이 있다. 2006년 독일 월드컵, 프랑스와 이탈리아의 결승전에서 벌어진 '사건'이다. 1대1로 팽팽히 맞서 결국 연장전까지 가게 된 두 나라. 사건은 연장전 후반 3분에 벌어졌다. 프랑스의 주장 완장을 차고 결승전에서 선제골까지 넣는 등 맹활약을 보이던 지단 선수가 공이 아닌 상대 팀인 마테라치 선수의 가슴에다 헤딩을 하고 퇴장당한 것.

많은 사람들은 지단의 행동을 이해할 수 없다고 했다. 축구 선수에게 월드컵 결승전만큼 중요한 경기는 또 없을 텐데 그 경기를 망쳐버렸으니까. 게다가 지단은 그 경기를 마지막으로 국가대표 은퇴까지 선언한 상태였다. 많은 언론이 지단 사건의 배후를 알아봤다. 그리고 상대 선수가 지단의 '가족'에 대한 험담을 했다고 보도했다. 그렇다. 지단에겐 축구 선수로서의 영광보다 가족을 아끼고 지켜주고 싶은 마음이 더 컸던 것이다.

이렇게 말해도 우리는 지단의 행동을 이해하기 힘들다. 축구 선수에게 승리, 선수로서의 명예보다 중요한 가치는 없다고 생각하기 때문이다. 이렇게 사람들은 나에게 중요한 가치는 상대도 중시할 거라 생각한다. 이를 조직심리학에선 비양립성 오류라고 한다. 이런 오류에 자주 빠지는 사람일수록 다른 사람들과 갈등이 많다. 그런데 안타깝게도 이런 현상은 리더, 특히 성공 경험이 많은 리더에게 자주 나타난다. 이들은 자신과 다른 가치를 추구하는 사람을 보면 '저 사람은 진짜 중요한 걸 모른다'고 생각한다. 특히 자신이 중시하는 가치에 대한 확신이 크면 클수록, 상대보다 지식이나 경험이 많다고 자신하는 경우 더 심해진다. 그래서 "네가 무슨 생각을 하는 진, 알겠는데 그건 당신이 진짜 중요한 게 아직 뭔지 몰라서 그래"라며 상대를 가르치려 한다.

하지만 사람들이 중요시하는 가치는 제각기 다르다. 그리고 무엇이 옳고, 그른지는 아무도 판단할 수 없다. 지단처럼 가족을 중시하는 건 고상한 것, 성공 지향적인 태도는 속물적인 것도 아니다. 그저 다를 뿐이다.

이를 잘 반영하고 있는 개념이 톨레랑스(tolerance)다. 홍세화 씨가 〈나는 파리의 택시운전사〉에서 "일본을 지배하는 사회정신이 사무라이 정신, 영국을 지배하는 정신이 기사도 정신이라면 프랑스는 톨레랑스다"라고 이야기하며 부각된 개념이다.

그럼 톨레랑스를 실천한다는 것은 뭘까? 이렇게 물어보면 어떤 이들은 나와 상대의 다름을 '이해하는 것'이라고 말한다. 맞는 얘기다. 하지만 조금 부족하다. 진정한 톨레랑스는 '이해'하는 것을 넘어서서 상대의 모습 자체를 '받아들이는 것'이다. 박치기를 할 수밖에 없었던 지단의 상황을 그대로 받아들이는 것, 그것이 톨레랑스다.

당신이 리더라면 부하직원들에게 스스로를 설명할 수 있는 키워드가 무엇인지 물어보라. 그다음, 그것들 중에 절대 포기할 수 없는 게 뭔지 다시 한번 확인해 보라. 그리고 그냥 받아들여라. 비록 당신이 중시하는 것과 정반대의 것을 추구한다고 하더라도 말이다. 만약 그것이 조직 전체가 추구하는 핵심가치와 다르다면? 그래서 능력이 뛰어남에도 인정받지 못해 안타깝다면? 그래도 그 가치를 바꾸려 애쓰지 마라. 부하직원은 현재로도 충분히 만족하고 있을지 모른다. 그도 당신도 틀린 게 아니다. 그냥 다른 것이다.

(3) 다름의 충돌, 존이구동(尊異求同)하라

톨레랑스의 철학을 통해 상대를 받아들였다. 하지만 여전히 뭔가 아쉽다. 다름의 차이를 극복하기 위한 솔루션이 필요하다. 그게 바로 '존이구동(尊異求同)'이다. 핵심은 간단하다. 서로의 차이는 인정하되 공통점을 찾아 해결책을 함께 만들어가는 방식이다. 쉬운 예로 존이구동을 적용시켜 보자.

7살짜리 아이가 있는 당신. 금요일 저녁, 녹초가 된 몸을 이끌고 퇴근했다. 그런데 아이가 당신 옆에 바싹 붙어 앉아 얘기한다. "이번 주말엔 어디 놀러 갈 거예요?" 그 순간 당신의 머릿속은 복잡해진다. 야근하느라 지쳐 주말엔 좀 쉬면서 내 시간을 갖고 싶었는데 간절하게 쳐다보는 아이의 부탁을 거절하기 힘드니까.

놀러 가고 싶은 아이와 혼자만의 시간이 필요한 부모. 어떻게 존이구동이 가능할까? '키즈카페' 같은 곳엘 가면 어떨까? 그곳에서 아이는 또래 아이들과 재미있게 놀 수 있다. 부모는? 다치진 않는지 한 번씩 보면서 자기만의 시간을 보낼 수 있다. 이게 아주 쉬운 '존이', 서로 원하는 것을 인정하고, '구동', 즐거운 시간을 보내는 사례다.

이번엔 조금 더 심각한 갈등 상황을 존이구동으로 풀어보자. 종교의 차이에 따른 제사 문제다. 종교적 신념이 달라 제사 음식을 만들고 절을 하는 게 못마땅한 기독교 신자. 하지만 돌아가신 선친에게 예를 갖추는 건 당연한 도리라고 생각하는 사람들. 이들은 먼저 '존이', 제사에 대한 서로 다른 인식을 인정해야 한다. 제사상에 올라갈 음식을 만들고 절을 하는 것을 누군가에게 강요해선 안 된다는 뜻. 그럼, 이들이 공통적으로 추구할 것, '구동'은 뭘까? 선친이 돌아가신 날 가족들이 모여 돌아가신 분들에 대해 생각하고 이야기를 나누는 것, 이건 모두에게 가치 있는 일이다. 그래서 제사 음식을 만들진 않아도 친지들이 식사하고 나온 설거지와 뒷정리는 충분히 함께할 수 있다. 결국, 제삿날에 같이 가느냐, 안 가느냐가 문제가 아니라 함께할 수 있는 일을 찾으면 문제가 자연스럽게 풀릴 수도 있다.

어떤가? 이런 간단한 원리가 미국의 대표적 사회갈등인 낙태 문제 해결의 실마리가 되기도 했다. 폭력사태가 발생할 정도로 살벌하게 대립하고 있던 낙태 허용론자와 금지론자. 낙태를 허용하는 측은 여성의 선택권을 중시한다. 원치 않는 임신의 경우 낙태는 필요하다는 주장이다. 하지만 낙태 반대 측은 태아의 생명권을 말한다. 낙태 행위는 살인과 같다는 입장이다.

팽팽히 맞선 두 진영의 갈등은 '존이구동'을 통해 실마리가 풀렸다. 낙태 허용론자와 반대론자의 대표자가 만난 자리에서 공통점 찾기, 즉 '구동'을 했기 때문이다. 둘

사이의 공통점은 바로 인간(여성과 태아)의 존엄성과 행복에 대한 존중이었다. 이를 알게 된 두 진영은 인간의 존엄성과 행복을 지키기 위한 방법을 함께 찾기 시작했다. 낙태 예방 운동을 함께했다. 성교육과 피임 도구를 보급하기 시작했다. 그리고 입양 장려 캠페인, 미혼모 자녀 지원사업에도 힘을 모았다. 낙태 찬성과 반대라는 각자의 신념을 유지하면서도 서로 함께할 수 있는 일을 찾은 셈이다. 물론 이것으로 낙태와 관련한 양측의 갈등이 100% 해결된 건 아니다. 하지만 이런 노력이 본격화된 1997년 이후 낙태 찬반을 둘러싼 양측의 폭력 충돌은 이전보다 절반 가까이 줄어드는 성과가 나타났다.

존이구동. 말은 쉽지만 실천은 어렵다. 하지만 상대와 내가 다름을 인정하고 서로의 공통점을 찾을 때 갈등 해결의 실마리를 발견할 수 있다. 오케스트라는 자기 파트만 완벽하게 연주해서는 안 된다. 다른 연주자의 소리를 귀담아들어야 한다. 하지만 지나치게 자기를 깨뜨려서도 곤란하다. 그러면 음악은 아주 지루해지기 때문이다. 갈등도 마찬가지다. 상대와 맞추기 위해 나를 버릴 필요는 없다. 나를 세우면서도 튀지 않는 것, 그것이 다름의 충돌을 해결하기 위한 핵심이다.

2. 구조의 충돌 시[246)]

규칙과 시스템 등으로 인해 발생하는 갈등을 구조의 충돌이라고 한다. 구조의 충돌은 갈등하고 있는 양측에 잘못이 있는 게 아니라, 이들이 싸울 수밖에 없도록 만들어져 있는 시스템 자체가 문제이기 때문에 발생한다. 따라서 좋은 리더는 갈등이 생길 때 그 문제의 원인을 '사람'으로부터 찾기 전에 어떤 제도(Rule) 때문에 사람들이 이렇게 행동하는지를 먼저 고민한다. 그리고 그 룰이 과연 옳은지 생각하고, 가능하면 룰을 바꿀 방법을 찾아본다.

(1) 조직에서 생기는 '룰'에 의한 갈등, 해법은?

조직에서도 상당히 많은 '잘못된 룰'이 존재한다. 이 때문에 불필요한 갈등도 생긴다. 영업팀과 재무팀 간에 흔히 생길 수 있는 상황을 살펴보자. 신제품 출시를 앞두고 생긴 영업팀과 재무팀이 다툰다. 먼저 영업팀장이 포문을 연다.

"현재 책정한 가격은 경쟁사 제품과 비교해 비싼 편입니다. 매출성장률을 높이려면 가격을 더 낮춰야 합니다. 요즘 영업 현장이 얼마나 치열한지 아십니까? 가격을 올리면 매출 증가는커녕 오히려 떨어질 겁니다."

이 말을 듣고 재무팀장이 발끈한다.

246) 휴먼솔류션그룹(HSG)) 블로그, 제도/규칙 때문에 생기는 갈등과 해법은?, 2019.09.17.

"많이 팔기만 하면 뭐 합니까? 요즘 영업 이익률 점점 떨어지는 거 모르세요? 그러니 신제품 가격은 좀 더 올려서 이익률을 높여야 합니다."

매출성장률을 높이려면 가격을 최대한 낮춰야 한다는 영업팀장, 하지만 반대로 영업 이익률을 올리려면 가격을 올려야 한다는 재무팀장. 이 둘은 왜 이렇게 다투는 걸까? 그것은 이 두 사람이 서로 상충 되는 목표치(KPI)[247]를 갖고 있기 때문이다. 그래서 CEO가 아무리 영업팀장과 재무팀장을 불러 '사이좋게 지내라'고 설득해도 갈등이 안 생길 수가 없다.

이때는 '룰', 즉 목표치를 바꿔줘야 한다. 예컨대 CEO가 "영업 이익 총액을 높여라"라는 걸 두 팀의 KPI로 지시하면 어떻게 될까? 그러면 영업팀은 단지 매출성장률만 높이기 위해 터무니없이 낮은 가격으로 싸게 팔 수 없다. 덤핑하듯이 싸게 많이 팔면 매출액은 늘릴 수 있다. 하지만 개당 영업 이익은 낮다. 결국 CEO가 지시한 영업 이익 총액을 늘리기엔 한계가 있는 것.

재무팀은 어떨까? 재무팀 주장대로 비싸게 팔면 개당 판매금액에 따른 이익률은 높아질 수 있다. 하지만 가격이 비싸 소비자들이 관심을 덜 갖게 되면 전체적으로는 팔리는 양이 줄어든다. 그럼 영업 이익 총액을 늘리기엔 한계가 있다. 그렇기에 무조건 비싸게 팔자고 주장할 수 없게 된다. 매출성장률과 영업 이익률이라는 상충된 목표치를 영업 이익 총액으로 바꿔 문제가 해결되는 것이다.

그리고 이젠 매일 싸우던 두 본부의 수장이 모여 싸움이 아닌 토론을 하게 된다. 영업팀장은 시장에서 원하는 가격 구조를, 재무팀장은 원가 구조를 파악해서, 시장에서 많이 팔리면서 이익도 많이 남는 지점을 두 팀장이 같이 고민하게 된다는 것. 이처럼 둘이 경쟁자가 아닌 파트너가 될 수 있다. 이것이 구조를 바꾸는 것의 힘이다.

워크숍을 진행하기 위해 조직에서 벌어지는 갈등에 대해 조사해 보면, 상당수의 조직이 이러한 구조적 문제로 골치 아픈 갈등을 겪는다고 말한다. 리더는 특히 이런 문제에 주목해야 한다. 말로만 협업하라고 할 게 아니라, 협업을 할 수밖에 없는 제도를 만들어 주는 것, 그게 리더의 역할이기 때문이다.

(2) '환경'을 바꾸면 갈등이 줄어든다!

조직에서 어쩔 수 없이 생기는 상하 관계에서의 갈등. 이 중 조직원들이 가장 불만을 갖는 건 '상사의 수시 호출'이다. 업무에 집중하려고 하면 크고 작은 일로 자꾸 귀찮게 하는 것. 이를 제도적으로 방지해 쓸데없는 갈등을 해결할 수 있다. 바로 'Max 2'라는 제도다. 이 제도의 핵심은 상사가 부서원을 '호출'할 수 있는 시간을 2시간으로 정해두는 것이다.

예를 들면 오전 10시부터 11시, 오후 3시부터 4시, 이 두 시간 동안에만 부서원을

247) KPI는 Key Performance Indicator를 말하는 것으로 '핵심성과지표'라고 번역할 수 있다.

불러 업무를 지시하고 피드백하도록 하는 것이다. 이렇게 되면 부서원들은 상사의 잦은 호출에서 벗어날 수 있고, 리더들은 좀 더 효율적인 업무지시를 위해 더 많은 고민을 하게 된다. 작은 제도 변화를 통해 '쓸데없는 호출'로 인한 상하 관계에서의 갈등을 줄일 수 있는 것이다.

제도 변화를 통해 인사이동 시기에 생기는 소모적 갈등도 줄일 수 있다. 많은 조직에서 인사이동 시기를 앞두고 예민해진다. 우리 팀의 '일꾼', 소위 엘리트 직원을 다른 팀에서 빼가진 않을까 긴장하기 때문. 팀의 실적을 올려야 하는 리더 입장에선 당연히 할 수 있는 고민이다. 하지만 이 때문에 리더들 간에 쓸데없는 갈등이 생긴다면 바로잡아야 한다.

"한국에서 가장 일하고 싶은 기업"으로 손꼽히는 회사 중 하나인 현대카드는 이 문제를 '제도'를 활용해 해결했다. 바로 '커리어 마켓'이라는 제도다. 직원들은 이 제도를 활용, 본인이 하고 싶은 일을 찾아갈 수 있다. 부서장들은 사내에 올라온 이력서를 보고 본인 팀에 필요한 인재를 스카우트해 올 수 있다. 일방적 인사 명령이 아닌, 인사 시스템에도 시장 논리를 도입한 것.

이렇게 되면 리더들은 우수한 인재를 우리 팀에 붙잡아 두기 위한 쓸데없는 일에 힘을 뺄 필요가 없다. 대신 팀원들이 열심히 일할 수 있는 환경을 만들기 위해 애쓴다. 마찬가지로 직원들은 하기 싫은 일을 억지로 하며 타 회사로의 이직을 고민할 이유도 줄어든다. 더 좋은 성과를 내서 조직 내에서 인정받아 원하는 일을 하기 위해 노력한다. 이처럼 인사이동에 대한 갈등도 '구조'를 바꿔 해결할 수 있다.

내 주변에서 생기는 갈등들을 가만히 들여다보자. 그리고 그 속에 숨겨진 '룰'이 뭔지 따져보라. 그 제도를 살짝만 비틀면, 갈등이 오히려 즐거운 게임이 될 수도 있다.

3. 이해관계의 충돌 시[248)]

뉴스에서 매일같이 다양한 사건 사고가 등장한다. 송전탑을 지어야 한다는 쪽과 절대 허용할 수 없다고 맞서는 지역 주민들. 핵폐기물 처리장은 꼭 필요하다는 측과 절대 받아들일 수 없다고 맞서는 주장 등. 이런 유형의 충돌을 이해관계의 충돌이라고 부른다. 양측이 서로 원하는 것이 달라 생기는 마찰이다.

조직에서는 어떨까? 핵심 인재를 서로 갖겠다고 리더들 간 갈등이 벌어지거나, 갑자기 떨어진 업무를 누가 맡을 것인가로 팀원들 간, 혹은 팀원과 팀장 사이에 묘한 갈등이 생기곤 한다.

이렇게 이해관계가 충돌할 때에는 어떻게 갈등을 해결할 수 있을까? 세 가지 방법을 자세히 살펴보자.

248) 최철규 외(2013). "Why" 니즈를 파악해야 갈등 풀린다. DBR 135호 (2013년 8월 Issue 2).

(1) "why"를 알아야 갈등이 풀린다

이해관계의 충돌을 해결하기 위해서는 협상학의 중요 개념을 이해해야 한다. 협상을 접한 독자들에겐 너무나 익숙한 개념인 요구(position)와 욕구(needs)에 대한 이야기다.[249] 서로 이해관계가 달라 갈등하고 있는 상황에서 양측이 표면적으로 달라고 주장하는 것이 바로 '요구'다. '쓰레기 처리장 건설은 불가능하다', '송전탑 건설은 필수적이다'와 같은 것들이다. 하지만 이런 요구만 생각하면 갈등 해결은 점점 더 어려워진다. 갈등 상대는 나와는 정반대의 '요구'를 하기 때문이다. 그래서 요구의 아래에 깔려 있는 '욕구'를 파악해야 한다.

남극에 떠 있는 빙산을 생각해보자. 수면 위로는 작은 얼음조각 하나만 보일지 몰라도, 수면 아래에는 어마어마한 크기의 얼음덩어리가 숨어 있다. 그래서 빙산을 옮기고 싶으면 수면 아래의 것을 밀어야 한다. 갈등 상황에서도 마찬가지다. 상대가 주장하는 건 빙산의 '일각'일 때가 많다. 문제를 해결하고 싶으면 상대의 니즈, 즉 빙산의 아랫부분을 움직여야 한다.

(2) 이해관계 충돌의 해법, 통합하라!

양측의 이해관계가 충돌하고 있다면 서로의 욕구(needs)를 통합해야 한다. 이를 통해 새로운 해결책을 만들어 낼 수 있다. 지난 2016년 개통된 울산-포항 고속도로. 처음 설계 계획이 발표될 당시 인근 아파트 단지 주민들의 거센 항의가 있었다. 도시계획상 설계가 변경되면서 아파트 단지 근처로 고속도로가 지나게 되었던 것.

주민들은 요구했다. '고속도로가 완공되면 차량 통행 때문에 소음 걱정이 많으니 방음 터널을 지어달라'는 것. 하지만 기존 설계가 법적 기준은 물론, 소음 기준에 어긋나지 않기 때문에 방음 터널을 짓는 건 시공사 입장에서는 예산 낭비였다. 다툼이 길어지자 중간에 낀 지자체도 속이 타들어 갔다. 정부 예산까지 받아 놓은 상태에서 예정대로 진행되지 않으면 고속도로 건설 자체가 물 건너갈 수 있었기 때문.

이 상황에서 시공사와 주민들의 니즈(욕구)는 각각 무엇일까? 아파트 주민들이 방음 터널 설치를 원하는 이유는 바로 '도로 건설로 인한 소음 및 분진 피해 방지',

---

249) 쉬운 예로 요구와 욕구가 무엇인지 생각해보자. 당신은 작은 슈퍼를 운영하고 있다. 어느 날 20대 초반의 청년이 땀을 뻘뻘 흘리며 뛰어들어와 외친다. "사장님, 콜라 주세요." 그런데 안타깝게도 당신 슈퍼엔 콜라가 다 팔리고 없다. 이때 장사를 못하는 주인은 이렇게 말한다. "콜라 없는데?" 주인의 얘기를 듣고 청년은 "무슨 슈퍼에 콜라도 없어"라고 불평하며 빈손으로 가게를 나간다. 그런데 유능한 사장님은 이렇게 말한다. "많이 덥지? 이렇게 더울 땐 콜라 말고 이온 음료를 마시는 게 더 나아. 시원한 게 있는데 줄까?" 여기서 이 두 슈퍼 주인의 차이가 뭘까? 앞의 사장님은 상대의 요구, 즉 포지션만 생각한다. 청년의 요구인 '콜라'만 생각하니까 문제가 안 풀린다. 반대로 두 번째 사장님은 욕구, 즉 니즈에 초점을 맞춘다. 더운 여름날 콜라를 찾는 청년의 니즈는? 바로 '갈증 해소'다. 그러니 콜라는 없더라도 '얼음 생수'나 '이온 음료'와 같은 또 다른 해결책을 제시할 수 있다. 결국, 작은 차이가 전혀 다른 결과를 이끌어낸다. 그래서 협상학자들은 말한다. 포지션은 니즈가 앞에 내세운 대리인, 즉 심부름꾼일 뿐이라고. 결국 포지션이 아닌 상대가 진짜 원하는 것, 즉 니즈에 집중하는 것이 많은 문제 해결의 출발이다.

'도로 건설로 인한 집값 하락 우려' 등일 것이다. 그럼, '방음 터널은 불가능'이라고 주장하는 시공사의 욕구는? 예상치 않았던 추가적인 비용을 줄이는 것이다.

자, 그럼 이들의 이해관계를 모두 만족시킬 수 있는 방법에는 뭐가 있을까?

첫째, 비용이 많이 들어가는 방음 터널 대신 '아치형 방음벽'을 시공한다. 이렇게 되면 '소음 피해 방지'라는 주민의 욕구나 '추가적인 비용 지출 줄이기'라는 기업의 욕구가 어느 정도 만족 된다.

둘째, 방음벽 주변에 나무를 심어 숲을 만들어 준다. 나무는 소음을 흡수하는 기능이 있기 때문. 그럼 주민들은 '소음 피해'를 줄이는 것뿐만 아니라 단지 근처에 녹지 공간이 생기는 추가적인 혜택을 얻을 수도 있다.

셋째, 아파트 근처로 도로가 지나는 것에 대한 보상으로 단지 주변에 운동 시설을 설치해 준다. 이를 통해 시공사는 적은 비용으로 주민과의 갈등을 해결할 수 있고, 주민들은 좋아진 주변 환경 덕분에 집값 하락 걱정을 덜 수 있다. 바로 이것이 통합 해법의 힘이다.

언뜻 보면 간단해 보이는 '통합' 해법이다. 하지만 실제 현장에서 이러한 대안을 만들어내기는 쉽지 않다. 앞서 살펴본 고속도로 방음벽 건설 갈등도 3~4년의 세월이 걸려서야 완성이 됐다. 서로의 '욕구'를 파악하기부터 쉽지 않기 때문이다. 결국, 서로가 얼마나 마음을 터놓고 '문제 해결'을 위해 힘을 모을 수 있느냐가 갈등 해결의 출발이다.

(3) 통합이 어렵다면 분해하라

양측의 니즈를 통합할 만한 대안이 떠오르지 않을 때가 있다. 그럴 땐 문제 자체에 집중하면 해결책이 보이기도 한다. 갈등을 일으키는 '문제'의 속성을 분해하는 것이다.250)

많은 리더가 이런 고민을 한다. "잘하는 직원에게만 일이 몰려서 걱정이에요."

마찬가지로 일 잘하는 S급 인재들은 이런 생각을 한다. "새로운 일이 생기면 무조건 저한테 맡기려고 해요. 몸이 2~3개도 아닌데…"

자, 조직에서 끊임없이 생기는 새로운 업무나 프로젝트. 이를 누가 맡을 것인가에 대해 팀장과 팀원 사이에 묘한 갈등이 생기곤 한다. 예를 들어보자. 위에서 내려온

250) 이런 상황을 생각해보자. 두 아이가 딱 하나밖에 없는 레몬을 두고 서로 갖겠다고 싸우고 있다. 이를 본 부모님이 한마디 한다. "싸우지 말고 서로 반씩 나눠 가져!" 하지만 둘 다 절대 그럴 수 없다고 버틴다. 어떻게 해결할 수 있을까? 갈등관리가 되는 부모는 아이들에게 물어본다. "레몬 하나를 다 가져야 하는 이유가 뭐니?"라고. 그러자 한 아이는 말한다. "레몬차를 만들어 먹으려면 하나가 다 필요해요"라고. 다른 아이는 이렇게 말한다. "내일 학교에서 레몬 방향제 만들기를 하는데 그 준비물이 레몬 하나예요"라고. 이 얘기를 듣고 현명한 부모는 레몬 하나가 가진 속성을 쪼갠다. 즉, 레몬을 내용물과 껍질로 나누는 것이다. 레몬차를 만들기 위해 껍질은 필요 없다. 그래서 이 아이에겐 껍질을 까서 내용물만 준다. 그리고 다른 아이에겐 껍질만 준다. 방향제를 만드는 데 필요한 건 껍질뿐이기 때문이다. 이렇게 되면 서로 싸울 필요가 없다. 바로 이것이 쟁점을 '분해해서' 해결하는 방법이다.

중요한 일이 내려왔다. 팀장은 이를 팀 내 가장 일 잘하는 A 팀원에게 맡긴다. 하지만 A 팀원은 너무 힘들다. 일이 너무 많아 기존에 하던 일까지 제대로 못 하는 건 아닐까 불안하기 때문이다.

이럴 땐 '신규 업무'라는 걸 쪼개보면 어떨까?

하나의 업무라도 기획 단계부터 실행, 결과 보고, 후속 조치 등 수많은 단계가 있을 수 있다. 이 가운데 급하게 해야 할 일이 무엇인지 쪼개어 일을 나눌 수 있다. 혹은 업무를 어디까지 책임져야 하는가를 기준으로도 나눠볼 수 있다. 팀장이 일을 시키면서 '실행까지 자네가 해야 한다' 든지 '자네는 관리 업무만 하고 실행은 다른 직원을 시켜도 괜찮아'라든지 등을 알려 일의 '무게'를 줄여줄 수 있다.

좀 더 확장하면 '일' 자체를 분해할 수도 있다. 신규 업무를 맡는 대신, 기존에 하고 있던 일을 다른 부서원이 하도록 업무를 조정해 주는 것이다. 이처럼 '하나의 일'이라도 그 업무가 가진 다양한 속성을 쪼개보면, 일에 대한 부담을 줄일 수 있다.

나와 다른 것을 원해 갈등이 생기는 '이해관계의 충돌'. 저 사람은 왜 그러냐고 불평하지 말자. 각자 처한 상황이 다르기에 서로 다른 것을 원할 수밖에 없다. 핵심은 '왜'를 묻는 것이다. 상대가 '왜' 그것을 원하는지, 나는 '왜' 그것을 받아들일 수 없는지. 이유를 알면 문제는 풀린다.

4. 해석의 충돌 시[251)]

한가로운 주말 오후. 머리를 좀 식히려 교외로 향하는 기차에 올랐다. 느긋한 마음으로 책을 펼쳐 들 찰나 아빠와 아들로 보이는 부자가 차에 오른다. 얼마나 지났을까, 아이 녀석은 세상모르고 소리를 지르며 기차 안을 뛰어다닌다. 슬슬 짜증이 나는 당신. 하지만 그 아이의 아빠는 창밖만 멍하니 내다보고 있다. 그 모습을 보니 버럭 화가 난다. 그래서 참다못해 한마디 쏘아붙였다. "애 좀 조용히 시키세요." 그제야 정신이 든 듯 당신을 바라보는 아빠. 하지만 그 아빠의 입에서 나온 말을 듣고 당신은 오히려 미안해졌다. 시끄럽게 뛰는 아이를 조용히 시키라는 말을 하고도 머쓱해진 당신. 도대체 무슨 일이 있었던 걸까?

(1) 사실은 하나지만 스토리는 여러 개다

당신에게 두 아이가 있다. 공부 잘하는 아주 착한 딸과 말썽꾸러기 아들. 어느 날 당신이 딸 아이를 데리고 마트에 간다. 착한 딸이 마트에 있는 물건들이 신기한지 이것저것 만진다. 이 모습을 보고 당신은 사람들에게 뭐라고 얘기할까? "아이가 참

---

251) 최철규 외(2013), 나를 감시하나? vs. 내가 중요한가? Re-Story 하기 따라 성과가 바뀐다. DBR 138호 (2013년 10월 Issue 1).

호기심이 많아요. 관찰력도 좋고." 어느 날은 말썽꾸러기 아들을 데리고 마트에 간다. 아들 녀석은 이것저것 만져 보기 바쁘다. 이 모습을 본 당신의 반응은? "얌전히 좀 있어! 아주 산만해 죽겠어!" 자, 무슨 상황인가? 딸과 아들, 이 둘이 한 행동은 하나다. 하지만 그 행동에 대한 반응은 전혀 다르다. 왜 이런 일이 생기는 걸까?

또 다른 상황을 보자. 마케팅팀장인 당신. 어느 날 당신 팀의 핵심 인재가 찾아와 말한다. "팀장님, 제가 계획하고 있는 프로모션252)을 진행하려다 보니 지원금이 좀 필요합니다. 승인 부탁드릴게요." 이 말을 들은 당신은 그 직원이 기특하다. 항상 아이디어가 넘치더니 또 한 건 하려나 싶어 서둘러 결재를 해 준다. 다음 날, 당신 팀의 애물단지 같은 직원이 찾아와 얘기한다. "팀장님, 진행 중인 프로모션에 예산이 좀 부족한데요…." 하지만 당신은 부서원의 말이 끝나기도 전에 말을 잘라 버린다. "너는 돈으로 일하니? 고민을 좀 더 해 봐! 무조건 예산만 달라고 하지 말고!" 여기에 한마디 덧붙여 면박을 주는 것도 잊지 않는다. "돈 쓰고 안 되는 게 어디 있냐?"

두가지 에피소드의 공통점이 뭔가? 마트에서 뭔가를 만지는 것과 성과를 내기 위해 추가 지원금을 요청하는 것 모두 행동은 하나였다. 하지만 그 행동에 대해 두 가지의 상반된 반응이 나왔다. 무슨 뜻일까? 나의 반응을 결정하는 데 상대의 행동은 중요치 않다는 뜻이다. 그 행동을 받아들이는 내 감정이 핵심이다. 추가 지원금을 요청하는 것(행동)에 대해 '기특하다'(감정)고 생각하면 '지원'(반응)을 해 주게 되고 '어처구니없다'(감정)라고 생각하면 '퇴짜'(반응)를 놓는 것처럼. 그런데 여기서 더 중요한 게 있다. 상대의 행동과 감정 사이에는 '나의 해석(Story)'이 자리 잡고 있다. 내 감정을 만들어내는 건 상대의 행동 자체가 아니라 내가 그것을 해석하는 '스토리'라는 뜻이다.

마트에서의 행동을 '착한 딸의 호기심에 의한 것(Story)'이라 생각하면 '대견함(감정)'이, '말썽꾸러기 아들의 장난(Story)'이라 해석하면 '짜증(감정)'이 생긴다. 결국, 내가 어떤 스토리를 쓰느냐에 따라 하나의 행동에 대해서 좋은 감정이 생길 수도, 나쁜 감정이 생길 수도 있다. 진짜 핵심은 감정을 만들어내는 '나의 스토리'인 셈이다.

스토리로 인한 갈등을 우리는 '해석 충돌'이라고 이야기한다. 내가 기존에 가지고 있던 지식, 경험만을 근거로 상대를 일방적으로 판단하기 때문에 생기는 갈등이다. 조직에서 해석 충돌로 인한 갈등이 심심치 않게 벌어진다. 쉬운 예로 영업 본부와 지원 본부 간의 충돌을 생각해보자.

현장에서 뛰어야 하는 영업직원들은 좀 더 편하게 영업할 수 있도록 비용 지원 등의 제도가 바뀌길 원한다. 하지만 지원 본부 직원들은 생각이 다르다. 회사 '규정'이라는 걸 영업사원 편하자고 마음대로 바꿀 순 없다고 맞선다. 이때 영업직원들은 어떤 스토리를 쓸까? '사무실에 앉아서 펜이나 굴리니까 현장이 얼마나 힘든지 모른다'고 생각하면서 지원 본부 사람들에게 나쁜 감정을 갖게 된다. 반대로 지원 본부는

252) 프로모션(promotion)이란 제품 판매를 위한 선전이나 판촉활동을 의미한다.

어떨까? '영업하기 조금만 힘들면 제도나 바꿔 달라고 하나? 그렇게 쉽게만 일하려고 하니 매번 실적이 그 모양이지'라면서 영업직원들을 불평불만 꾼으로 생각한다. 이렇게 상대의 행동에 대해 나쁜 쪽으로 스토리를 쓰게 되면 팀 간의 갈등은 점점 더 심해진다.

자, 영업 본부와 지원 본부 간의 갈등은 누구의 잘못인가? 어느 한쪽을 틀렸다고 말할 수도, 어느 한쪽의 손을 들어줄 수도 없다. 양쪽 모두 각자의 입장에서만 해석을 하고 있기 때문에. 그래서 갈등학에선 항상 이렇게 묻는다. "당신은 상대에 대해 어떤 스토리를 쓰고 있습니까?"

(2) 스토리를 다시 써라

결국 해석 충돌을 줄이려면 스토리를 제대로 쓰는 게 중요하다. 이를 리스토리(Re-Story)라고 말한다. 기존에 갖고 있는 스토리를 '새롭게' 써본다는 의미다. 그럼 리스토리를 하려면 뭐가 필요할까?

심리학자들은 말한다. 어린아이들은 '내가 보는 세상'과 '남이 보는 세상'이 같다고 믿는다고. 그래서 숨바꼭질을 할 때 본인이 술래를 보지 못하면 술래도 자신을 볼 수 없을 것이라고 생각한다. 머리만 숨기고 다 숨었다고 생각하는 어리석은 꿩처럼. 그러던 아이들이 만 4세가 지나면서부터 달라진다고 한다. 관점 전환(Perspective taking), 즉 나에게 보이는 세상 말고도 또 다른 세상의 모습이 있음을 이해하게 된다는 뜻이다. 이러한 관점 전환이 리스토리를 위한 핵심요소다. 상대의 관점이 있음을 알고 그 시각에서 사물을 바라보려고 노력해야 한다.

관점 전환을 쉽게 설명하면 이런 것이다. 오늘 저녁 7시에 약속이 있었다. 그런데 차가 꽉 막혀서 좀 늦을 것 같다. 어쩔 수 없이 6시 50분쯤에 상대에게 문자를 보낸다. '죄송한데 차가 막혀서 조금 늦을 것 같습니다.' 자, 만약 당신이 이런 문자를 받았다면 어떻게 답장을 보내겠는가? 대부분의 사람은 '천천히 오세요. 괜찮습니다'라고 할 것이다. 그러나 관점 전환이 아주 잘 되는 사람들은 이렇게 답을 한다. "회의가 길어져 나도 조금 늦을 것 같네요"라고. 어디서? 이미 식당에 앉은 채로 말이다. 늦어서 조급해하고 있을 상대의 관점에서 그를 안심시키기 위한 태도, 바로 이것이 관점 전환이 됐을 때의 행동이다.

그런데 슬프게도 사람들은 나이를 먹어갈수록, 그리고 성공 경험이 쌓이면 쌓일수록, 관점 전환 능력이 오히려 퇴행한다. 그래서 우리는 의식적으로 상대의 관점을 찾으려 노력해야 한다. 대표적인 것이 '부부 상담' 프로그램 등에서 진행하는 '역할 바꾸기' 실험이다. 방법은 간단하다. 남편이 부인의 역할을 하고 전문가가 남편의 역할을 맡는다. 그래서 남편은 부인의 입장이 돼 자신이 상대에게 했던 잔소리를 전문가로부터 똑같이 듣는다. 반대의 경우도 마찬가지다. 부인 역시 남편의 입장이 돼 자신이 남편에게 퍼부었던 얘기를 그대로 듣는다. 이를 통해 자신이 상대에게 준 상처를 본인이 스스로 느껴본다. 실험의 반응은? 대부분의 부부들이 눈물을 흘리며 말한다. “내가 이렇게 심하게 말하는 줄 몰랐다”고, “미안하다”고. 내 입장에서만 보면 답답한 것투성이다. 하지만 관점을 조금만 넓히면 많은 것들이 달라진다.

관점 전환을 통한 리스토리가 어떤 힘이 있는지 다음 상황으로 설명해 보자. 상사가 일을 시켜놓고 30분에 한 번씩 불러서 어떻게 되고 있는지를 묻는다. 이런 상사의 행동에 대해 부하 직원은 어떤 기분이 들까? 많은 사람들이 짜증난다고 말한다. 왜일까? ‘상사가 내가 일하는 걸 믿지 못해서, 나의 능력을 의심하니까 자꾸 불러서 확인하는 거야’라는 스토리를 쓰기 때문이다. 이런 상태에선 상사가 시킨 일을 마지못해 하게 된다. 그럼 부하직원 입장에서 스토리를 어떻게 다시 쓸 수 있을까? 상사가 자꾸 확인하는 ‘행동’에 대해 만약 ‘나에게 정말 중요한 일을 맡기신 건가? 이 일이 꼼꼼하게 챙겨야 하는 중요한 일인가 보구나’라고 스토리를 쓰면 어떻게 될까? 나의 능력을 믿고 일을 맡겨준 것에 대해 고맙다는 ‘감정’이 들 수 있다. 그러면 실수하지 않고 적극적으로 업무 처리를 하려고 노력하게 된다. 똑같이 ‘간섭’이라는 상사의 행동에 대해 어떤 스토리를 쓰느냐에 따라 전혀 다른 행동이 나올 수 있다. 바로 이것이 리스토리의 힘이다.

나와 갈등하는 상대방, 혹시 당신이 상대에 대해 습관적으로 ‘나쁜 스토리’를 쓰고 있진 않은가? 자주 부딪히는 상대가 있다면 내가 그에 대해 갖고 있는 스토리를 다시 쓰는 연습을 해 보자. 작은 변화 하나로 많은 것이 달라진다.

(3) 리스토리를 해야 내 마음이 편하다?

갈등관리 워크숍을 진행하면서 리스토리에 대해 얘기를 하면 어떤 사람들은 이런 반응을 보인다.

‘결국, 내 마음 편하자고 좋게 생각하자는 거네요.’ 이 질문에 대한 답은 미안하지만 ‘NO’다. 나를 위해서, 내 마음 편하자고 리스토리하는 것은 진정한 의미의 관점 전환, 리스토리가 아니다.

다음 이야기를 보자. 배고픈 여우가 있다. 먹을 걸 찾다가 나무에 걸린 포도송이를 발견했다. 기쁜 마음에 점프를 해 보지만 안타깝게도 입이 닿질 않는다. 몇 번을 도전했을까, 결국 포기하고 만다. 그러면서 하는 말. “저 포도, 분명 맛이 없을 거야. 안 먹길 잘했어.” 그리곤 고픈 배를 움켜쥐고 다른 먹거리를 찾아 나선다. 자, 여우의 판단은 리스토리일까? 아니다. ‘맛없는 걸 거야’라고 말하며 포기해 버린 여우의 행동은 자위, 자기만족일 뿐이다.

리스토리는 자기만족이 아니다. 세상을 바라보는 인식의 폭을 넓히기 위한 방법이다. 심리학에선 이를 성숙함이라 표현한다. 세상을 내 입장에서만 보는 것이 아니라 나의 생각과 다른 행동도 받아들일 수 있는 유연함이 성숙함의 척도인 것이다. 결국

리스토리는 성숙한 존재가 되기 위해 거쳐야 할 관문인 셈이다. 이를 통해 내가 세상을 바라보는 인식의 폭을 넓힐 수 있다.

우리 선조 중에 리스토리의 '대가'가 있다. 바로 조선 시대의 황희정승이다. 어느 날 황희가 집에 가니 여자 종 2명이 싸우고 있었다. 왜 싸우냐고 물어보니 여종 한 명이 이야기를 한다. 그 얘기를 다 듣고는 황희가 "네 말이 맞구나"라고 말한다. 그러자 옆에 있던 다른 여자 종이 "그게 아닙니다. 제 잘못이 아니라…"라고 본인 입장에서 변명을 한다. 그 이야기를 다 듣고는 "네 말이 맞다"라고 한다. 그러자 그 옆을 지나가던 부인이 황희를 보고 이렇게 말한다. "영의정이란 사람이 왜 그렇게 줏대가 없느냐"고. 그러자 황희정승이 부인을 보고 말한다. "당신 말도 맞구려." 자, 황희정승이 바보라서 그런 걸까? 아니다. 그는 그만큼 인식의 전환이 잘된다는 의미다. 그리고 이러한 유연함, 성숙함이 있어야 해석 충돌을 줄여나갈 수 있다.

많은 조직이 부서 간 이기주의 때문에 갈등을 겪는다. 이게 심해지면 다른 부서와 담을 쌓고 내부 이익만 추구하는 '사일로 효과'가 생긴다. 이 문제도 리스토리를 통해 해결할 수 있다. 현대카드에서 진행하는 '마켓 플레이스(market place)'. 이 행사는 한 달에 한 번, 임원진 약 50명이 본사 10층 강당에 모여 함께 일하는 시간이다. 이 하루의 행사를 위해 수많은 직원들이 투입돼 PC는 물론 전화기 등 임원들의 업무에 필요한 각종 업무 보조재를 설치해야 한다. 하지만 이걸 계속하는 이유가 있다. 임원들이 하루를 투자해 서로 대화하고 업무를 묻고 나면 다른 부서의 업무에 대한 이해도가 확연히 높아지기 때문. 거래처와 통화하는 데에 하루의 절반 이상을 보내는 영업 상무의 모습을 보며 지원 본부 임원이 영업의 고충을 이해하게 된다. 효율적인 예산 집행을 위해 숫자와 씨름하는 지원 본부의 모습을 보며 마케팅 임원이 내근 부서의 입장에 공감한다. 서로에 대한 이해 덕분에 불필요한 오해나 마찰이 줄어든다. 대신 그 자리엔 생산적인 아이디어가 자리를 잡는다. 결국 시작은 '서로를 아는 것'이다. 그리고 이를 유연하게 받아들이려고 노력하는 것, 바로 이것이 해석 충돌을 줄이기 위한 가장 쉽고 빠른 방법이다.

이제 맨 처음의 얘기로 다시 돌아가 보자. 기차 안에서 뛰어다니는 아이를 조용히 시켜 달라고 말했다가 머쓱해진 당신. 아이의 아빠에게서 당신이 들은 말은 "오늘 아침, 아이의 엄마를 하늘에 보내고 왔다"였다. "철모르는 아이는 마냥 신나 저러고 있다"며 미안하다고 했다. 그 말을 듣고 아이를 다시 보니 왼쪽 가슴에 노란 리본이 달려있다. 아빠도 검정색 상복을 입고 있는 게 눈에 들어왔다. 당신이 되레 죄인이 돼 버린 것이다. 내가 겪고 있는, 혹은 나를 힘들게 하고 있는 갈등 상황도 혹시 이런 건 아닐까. 내가 모르는 무언가 때문에, 혹은 나만의 판단에 의해 '이상한' 스토리를 쓰고 있는 건 아닐지. 기억하자, 나의 해석(Story)을 바꾸면 전혀 다른 세상을 볼 수 있다는 것을.

제3절 사례2 : 갈등의 원인과 해결방법[253)]

1. 갈등의 원인 5가지

서로 성격도 다르고 생각도 다양한 사람들이 함께 살아가는 세상에서 크고 작은 갈등이 없을 수는 없다. 따라서 갈등 자체를 만들지 않으려고 노력하기보다 갈등이 생겼을 때 그 원인과 극복하는 방법을 알고 대처하는 것이 바람직한 인간관계를 만드는 데 더 도움이 될 것이다.

(1) 자존심

우리의 성격 중에서도 거만함과 자존심은 그 어떤 요소보다도 많은 말썽을 일으키는 주범이다. 따라서 갈등에 휘말리기 전에 당신을 그 갈등 속으로 밀어 넣는 힘이 어디에서 오는지 살펴보라. 당신의 자아를 만족시키고 스스로를 내세우려는 것은 아닌지, 공격당하는 자아를 방어하려는 것을 아닌지 돌아보라는 것이다. 우리는 아무것도 아닌 일을 가지고 서로를 공격해 대는 부부를 자주 볼 수 있으며 자녀에게도 똑같은 방식으로 대하는 사람들이 많다. 그러나 자존심을 지키기 위한 목적으로 유치한 논쟁을 벌여서는 안 된다.

(2) 분 노

논쟁은 필요에 의해서 일어나는 경우보다 어느 한쪽이 화가 났을 때 일어나는 일이 더 많다. 더욱이 이 분노가 논쟁과 전혀 연관성이 없는 경우도 많다. 평소에 분노를 품고 다니는 사람이라면 먼저 분노가 사라지지 않는 근본 원인을 제거할 필요가 있다. 분노 때문에 인생의 중요한 관계들이 끊어질지도 모른다. 풀리지 않는 분노를 늘 품고 다니는 사람이 있다면 그와 함께 하는 시간을 줄이는 한이 있더라도 그 사람의 분쟁 속에 휘말리지 않도록 하라.

(3) 불쾌한 말

싸움을 일으키는 데에는 불쾌한 말과 상처를 주는 말 몇 마디면 충분하다. 하지만 이것은 싸움에 대한 정당한 이유도, 또 싸움을 하는 제대로 된 방법도 아니다. 갈등을 불러일으키는 불쾌한 말들 대신 긴장감을 잠재울 수 있는 친절하고 다정한 말을 하라.

253) https://bonlivre.tistory.com/616 [봉리브르], 갈등의 원인 5가지와 갈등을 극복하는 방법 7가지, 2015.09.16.

(4) 충동과 반발

싸움은 보통 충동적으로 시작된다. 만일 충분히 생각할 시간을 갖는다면 싸움이 시작되지는 않을 것이다. 하지만 충동에서 시작된 논쟁과 갈등은 결국 상처로 남을 뿐이다. 이런 일이 벌어지면 일단 멈춤을 하고 문제를 해결할 다른 방법을 찾아보라.

(5) 참 견

사태를 전부 이해하지 못한 상황에서 어느 한쪽 편을 든다면 재앙이 시작될 게 뻔하다. 누군가 자신들의 분쟁을 거들어달라고 부탁할지라도 깊이 생각하고 많은 조언을 구하기 전까지는 섣불리 끼어들지 마라. 거절하기를 두려워하지 말고, 용기를 내어 당사자들에게 당신이 그 싸움과 전혀 상관이 없다는 것을 알리는 것이 적절한 행동방침이다.

2. 갈등을 극복하는 방법 7가지

(1) 갈등이 초래하는 결과를 똑똑히 이해하라

솔로몬은 “모욕당한 사람의 마음은 요새보다 정복하기 어렵다”고 말했다. 따라서 싸움과 논쟁에 휘말렸을 때 다가올 결과를 미리 깨달을 수 있어야 한다. 한번 깨어진 신뢰와 헌신은 회복하기가 불가능하다. 싸움을 뛰어넘을 수 없는 장벽을 만드는 것이다. 그렇다고 정당한 대립을 피하라는 말은 아니다. 다만 결정을 내리기 전에는 반드시 다가올 결과가 어떤 것인지 신중하게 생각해보라는 것이다.

(2) 싸움을 벌이기 전에 조언을 구하라

싸움의 목적을 알아야 그 싸움에서 가능한 한 최상의 결과를 끌어낼 수 있는 법이다. 따라서 그 목표에 도달하기 위한 최상의 방법은 논쟁과 관련되지 않은 사람들로부터 객관적인 조언을 구하는 것이다.

(3) 싸움의 목적을 잊지 마라

갈등의 진짜 목적은 상황을 호전시키기 위한 것이지 악화시키는 것이 아니다. 즉 우리의 목표는 ‘나에게 좋은 결과’가 아니라 갈등에 속한 ‘모든 사람들에게 가장 좋은 결과’를 얻어내는 것임을 잊어서는 안 된다.

(4) 어리석은 사람의 공격에 똑같이 대응하지 마라

논쟁과 갈등은 잘해봐야 유치한 짓, 최악의 경우 미련한 짓일 뿐이다. 따라서 공격해 오는 사람과 똑같은 수준으로 추락해서는 안 된다. 누가 욕을 하거나 인신공격을 퍼붓는다고 해서 그대로 되갚지도 마라. 미련한 사람이 어리석은 말을 할 때에는 그 허점을 지적해야지 그 사람을 공격해서는 안 된다. 상대방이 당신의 비판을 받아들이지 않는다면 그냥 그렇게 놔둬라. 그는 자신의 아둔함으로 고통을 자초할 것이다.

(5) 비밀을 누설하지 마라

논쟁 중에는 스스로의 입장을 보강하기 위해 저도 모르게 다른 사람의 주장이나 말을 인용하게 된다. 그러다 보면 다른 사람의 비밀스러운 이야기도 누설하게 된다. 갈등 상황에서 비밀을 누설하는 것은 비밀을 지키겠다는 약속을 파기하는 것이다. 논쟁 중에 다른 사람의 비밀을 누설한다면 당신의 명예와 인간관계에 지울 길 없는 흉터와 후회를 남길 것이다.

(6) 논쟁을 격화시키지 마라

논쟁에서는 누구나 마지막 말로 결정타를 날리고 싶어 한다. 그러나 솔로몬은 결코 이 본성에 굴하지 말라고 경고한다. 부드러운 대답은 분노를 가라앉히지만 거친 말은 화를 돋울 뿐이기 때문이다. 반면에 내가 먼저 부드러운 목소리, 친절한 말, 건설적인 말을 시작하면 긴장과 대립을 쉽게 가라앉힐 수 있다. 땔감이 다 떨어지면 불이 꺼지듯 남의 말을 잘하는 사람이 없어지면 다툼도 그치는 법이다.

(7) 용서는 서둘러라

미움은 다툼을 일으키지만 사랑은 모든 허물을 덮어준다. 누군가로부터 상처를 받는 것은 그에게 용서와 사랑을 베풀 수 있는 절호의 기회라고 생각하라. 용서하는 마음보다 상냥하고 사랑스러운 것은 없다. 깊은 상처일수록 그것을 용서하는 마음은 더욱 값지고 아름다운 법이다. 우리의 용서가 값질수록 우리에게는 고귀함과 관대함이 더해질 것이다. 마크 트웨인은 "용서는 제비꽃이 자신을 밟는 발꿈치에 남기는 향기"라고 말했다.

제4절 갈등 해결방법 모색시 명심해야 할 사항

1. 해야 할 일

① 다른 사람들의 입장을 이해한다.
② 어려운 문제는 피하지 말고 맞선다.
③ 자신의 의견을 명확하게 밝히고 지속적으로 강화한다.
④ 사람들과 눈을 자주 마주친다.
⑤ 마음을 열어놓고 적극적으로 경청한다.
⑥ 타협하려 애쓴다.
⑦ 어느 한쪽으로 치우치지 않는다.
⑧ 논쟁하고 싶은 유혹을 떨쳐낸다.
⑨ 존중하는 자세로 사람들을 대한다.

이렇게 각자의 입장을 탐색하고 의사소통 채널을 개방하며, 다른 사람들을 참여시켜서 개방적으로 토의하게 되면 가능한 대안과 정보의 폭을 넓힐 수 있다. 또한 토의에 참여하는 사람들은 보다 신뢰할 수 있고, 건강한 관계를 형성할 수 있을 것이다. 조직원들이 갈등을 해결하기 위한 방법을 논의한 다음에는 한가지 해결책을 정하게 된다. 이때 조직원들은 가능하면 모두가 편안한 마음으로 해결책을 얻을 필요가 있다. 따라서 모임도 공동으로 문제를 해결하는 회합이 되어야 한다. 즉 어느 누구도 다른 사람에게 문제 해결방법을 지시해서는 안 된다. 합의를 강요할 수는 없는 것이다.

문제 해결을 위해 서로의 관점과 공동의 책임을 수용하도록 하는 한 가지 방법은 팀원들에게 서로의 역할을 바꾸어서 수행해 보도록 하는 것이다.

2. 하지 말아야 할 일

① 상대방의 감정이나 관심사를 가볍게 여긴다.
② 스스로 모순되는 행위를 한다.
③ 직접 대면하지 않으려고 대충 넘어간다.
④ 상대방을 깔보는 듯한 자세를 가진다.
⑤ 필요한 정보보다 부족한데도 아무렇지 않게 받아들인다.
⑥ 쓸데없는 충고를 한다.
⑦ 자신을 방어하듯 말하거나 상대방을 비방한다.

제5절 윈-윈 갈등관리법의 의미

사람들은 대부분 일상에서 벌어지는 갈등을 피하거나 타협으로 예방하려고 한다. 이러한 접근법은 상당히 효과적이다. 하지만 문제를 근본적으로 해결하는 것이 가장 좋다. 갈등과 관련된 모든 사람으로부터 의견을 받고자 노력한다면, 문제의 본질적인 해결책을 얻을 수 있다.[254] 이를 '윈-윈(Win-Win) 관리법'이라고 한다. 서로가 원하는 바를 얻을 수 있기 때문이다. 이 방법은 성공적인 업무 관계를 유지하는 데 매우 효과적이다.

윈-윈 해결책에 도움이 되는 갈등 해결방식에는 몇 가지 모델이 있다. 각각은 상호 대립적인 상황을 만족스럽게 해결하기 위해 밟아야 할 구체적인 단계를 설명해주고 있다. 어떤 모델을 적용할지 미리 결정하는 것보다 팀 내에서 대립이 있을 때마나 적절한 모델을 적용하는 것이 더 중요하다.

팀에서 특정한 모델을 사용하기로 동의하면, 사람들은 어떻게 상호작용이 진행될지 예상할 수 있다. 이미 합의된 절차를 취하기로 한 것이기에, 생소함에서 오는 두려움은 줄어든다. 각 단계마다 발생하는 문제만 잘 처리하면 되는 것이다. 대립 당사자들은 지향점, 즉 상호 만족하는 해결책을 알고 있고, 각 단계 절차를 숙지하고 있다. 팀에서 특정한 갈등 해결모델을 사용하는 데 서로가 동의할 때 팀 내의 갈등이 감소하게 마련이다.

1. 갈등 해결모델

다음은 한가지 모델에 대한 개요이다.

① 1단계 : 충실한 사전 준비
- 비판적인 패러다임(사고방식) 전환
- 자신의 위치와 관심사 확인
- 상대방의 입장과 드러내지 않은 관심사 연구

② 2단계 : 긍정적인 접근방식
- 상대방이 필요로 하는 것에 대해 생각해보았다는 점을 인정
- 자신의 '윈-윈 의도' 명시

254) 이것은 문제에 맞서는 방법이다. 관리자는 문제 해결에 도움이 되는 방법들이 절대적으로 필요하다. 왜냐하면, 자신이 겪고 있는 갈등을 부하직원이나 다른 관리자, 그리고 외부의 고객이나 판매상과 함께 해결해야 하며, 부하직원들이 문제를 해결하도록 도와야 하기 때문이다.

- 윈-윈 절차, 즉 협동적인 절차에 임할 자세가 되어있는지 알아보기

③ 3단계 : 두 사람의 입장을 명확히 하기
- 동의하는 부분 인정하기
- 기본적으로 다른 부분 인정하기
- 자신이 이해한 바를 점검하기

④ 4단계 : 윈-윈에 기초한 기준에 동의하기
- 상대방에게 중요한 기준을 명확히 하기
- 자신에게 어떠한 기준이 중요한지 말하기

⑤ 5단계 : 몇 가지 해결책을 생각해내기

⑥ 6단계 : 몇 가지 해결책 평가하기

⑦ 7단계 : 최종 해결책을 선택하고, 실행하는 것에 동의하기

2. 평 가

그러나 당사자들이 윈-윈 해결책을 모색하려 하지 않으면, 어떤 모델도 효과가 없다. 다시 말해서 대립을 조정할 수 있으면 효과를 본 것이고, 이전과 다름없으면 헛수고인 셈이다. 팀 리더의 영향력과 좋은 의도를 가진 동료 간의 압력은 협동 정신을 토대로 문제를 해결하는 데에 동기부여가 될 수 있다.

지향해야 할 것은 장기간의 대인관계에 해가 되지 않도록 하는 과정을 통해 상호 만족할 만한 해결책을 모색하는 것이다. 그 과정에서 자신의 주장만 밀고 나간다면, 대립전에서 승자가 될지는 모르지만 결국에는 패하게 된다. 자신의 관심사를 직시하고, 상대의 관심사를 경청할 용의가 있으며, 상호 만족할 만한 해결책을 모색하려는 굳건한 자세가 윈-윈 전략에 요구된다.

제6절 조직의 갈등을 줄이는 방법

조직의 갈등을 다루는 가장 생산적인 접근방식은 갈등이 발생하기 전에 그것을 예방하는 것이다. 직장생활 중 갈등을 줄이기 위하여 스스로 할 수 있는 일에는 어떠한 것들이 있을지 생각해보자.

1. 생산적인 접근방식

팀 갈등을 다루는 가장 생산적인 접근방식은 갈등이 발생하기 전에 그 잠재력을 줄이는 조치를 취하는 것이다. 팀은 팀원 상호 간에 서로의 성격 특성을 민감하게 인식하거나, 직무에 대한 서로의 관점을 이해하기 위해 교차훈련을 실시하거나, 또는 팀 행동에 대한 지침, 즉 '기본 원칙(업무지침, 행동요령 등)'을 설정하는 등 여러 가지 방법을 사용할 수 있다. '기본원칙'을 설정하는 것은 간단하면서도 매우 성공적인 방법이 될 수 있으며, 팀원들이 자신의 팀에 대한 기본원칙을 알고 이해하며 동의한다면 팀은 보다 효과적으로 운영될 것이다.

2. 갈등을 최소화하기 위해 고려할 수 있는 기본원칙

갈등을 최소화하기 위해 고려할 수 있는 기본원칙으로는 다음과 같은 것들이 있을 것이다.

① 먼저 다른 팀원의 말을 경청하고 나서 어떻게 반응할 것인가를 결정하라.
② 모든 사람이 대부분의 문제에 대해 나름의 의견을 가지고 있다는 점을 인식하라.
③ 의견의 차이를 인정하라.
④ 팀 갈등 해결모델을 사용하라.
⑤ 여러분이 받기를 원치 않는 형태로 남에게 작업을 넘겨주지 말라.
⑥ 다른 사람으로부터 그러한 작업을 넘겨받지 말라.
⑦ 조금이라도 의심이 날 때에는 분명하게 말해줄 것을 요구하라.
⑧ 자신의 책임이 어디서부터 어디까지인지를 명확히 하라. 또한, 다른 팀원의 책임과는 어떻게 조화되는지를 명확히 하라.
⑨ 자신이 알고 있는 바를 알 필요가 있는 사람들을 새롭게 파악하라.
⑩ 다른 팀원과 불일치하는 쟁점 사항이 있다면 그 당사자에게 직접 말하라.

9장

제7절 갈등 해결전략

누구나 갈등을 겪는다. 갈등이나 의견 차이에 대한 불만을 긍정적으로 받아들이는 것이 갈등 해결에 상당한 도움이 된다. 항상 공정하게 맞서며, 충동적이거나 감정적으로 대응하기보다는 직접 해결하려고 노력하는 자세가 무엇보다 중요하다. 갈등은 일반적으로 끊임없이 이어지는 불평불만, 시간이 갈수록 심해지는 스트레스, 필요 이상의 경쟁, 고의적인 결근, 목표량에 훨씬 못 미치는 성과, 보복, 팀원들끼리 서로를 비방하는 말 등의 표식을 보인다.

갈등에 관련된 사람들은 문제 해결을 위한 의지를 보여야 한다. 리더는 8장 9절 2항의 '(2) 해결할 수 있는 갈등'에서 기술한 10단계 과정을 밟아가면서 문제를 해결하도록 한다. 갈등을 해결하는 데 있어 갈등이 일어나지 않도록 과감하게 행동하는 것처럼 좋은 방법이 없다는 사실을 기억하기 바란다. 개별적으로 또는 팀원 전체를 자주 만날수록 갈등의 원인을 정확하게 파악할 수 있다. 그리고 양방향 커뮤니케이션, 적극적 경청 자세, 열린 커뮤니케이션을 잊지 말자.[255]

1. 갈등 해결의 3가지 전략

① 경청으로 갈등 해결

② 피드백(타인의 행동에 대해 자신의 반응을 상호 솔직하게 이야기해 주는 과정)으로 갈등 해결

③ 윈-윈(양측의 목표를 모두 달성) 갈등 해결 : 문제의 본질적인 해결책 모색

갈등이 없는 조직은 살아있는 조직이라 할 수 없다. 갈등이 없다는 것은 아무런 목표도 의욕도 주장도 없는 것과 같다. 그렇다고 갈등이 너무 깊은 것도 지양해야 한다. 갈등을 적정수준으로 관리하기 위해서는 첫째 각자의 차이를 인정할 것, 둘째 상대방의 입장에서 생각할 것(즉 역지사지의 자세를 취할 것), 셋째 건전한 토론 문화의 조성, 넷째 다양한 대안을 제시할 수 있는 교육 등이 필요하다.

결론적으로 갈등관리기법에 따라 결과가 달라지므로 상황에 맞는 갈등관리 기법을 통해 조직의 갈등을 원만히 해결하여 개인과 집단의 성공을 이끄는 것이 중요하다.

255) https://jaeildream.tistory.com/173?category=667528 [ㄱㅈㄱㅈ], op. cit.

제8절 생각 쉼터[256)]

1. 문명의 공존 vs 문명 간 충돌

2001년 9.11 테러[257)] 이후 미국이 중심이 되어 테러와의 전쟁을 수행하고 있지만, 상황은 좀처럼 나아질 기미가 보이질 않는다. 많은 학자들이 새뮤얼 헌팅턴의 '문명충돌론(문명 간 충돌로 인한 전쟁을 의미)을 신제국주의 이데올로기로 규정하면서 문화상대주의적 관점에 선 에드워드 사이드나 노엄 촘스키의 고언에 귀 기울일 것을 요구하고 있다. 사이드는 동서 문화의 조화와 발전을 주장('문명의 공존')하면서 헌팅턴의 '문명충돌론'은 서구 대 비서구의 대결 구도를 조장함으로써 서구 지배의 당위성을 유지하려는 제국주의적 음모라고 주장하였다.

갈등을 해결하는 방법은 우선 차이를 존중하는 데서 찾을 수 있을 것이다. 헌팅턴에 따르면 냉전 시기의 갈등 구조는 이념을 중심으로 나타난 반면, 탈냉전 시기의 갈등은 종교를 기반으로 하는 문명 간 갈등으로 나타난다는 것이다. 후쿠야마는 탈냉전 국제질서가 안정성을 띨 것으로 본 반면에 헌팅턴 등 탈냉전 질서를 다극질서로 이해하는 구조적 현실주의자들은 탈냉전 질서가 양극적(미-소) 세력 균형체제였던 냉전체제에 비해 불안정해졌다고 보고 있다.

2. 속담의 재해석

우리 속담에 '사공이 많으면 배가 산으로 간다'는 말이 있다. 기존 해석은 다음과 같다. 즉 이견이 너무 많아 결정을 내리기 힘들 때 쓰는 말로서 결국 배가 엉뚱한 곳으로 가게 된다는 것이다(물로 가지 않고 산으로 가버리는 꼴임). 반면에 이를 긍정적으로 해석하면 다음과 같다. 여러 사람의 의견 중에서 가장 좋은 의견을 찾는다면 아무리 어렵고 복잡한 일도 잘 해결할 수 있다는 것이다. 다시 말해 여러 사람이 의견을 모아 협력하면 배를 산으로 끌고 갈 수도 있다는 뜻으로 해석할 수 있다.[258)]

256) 신장섭 외(2016), op. cit.
257) 9.11 테러 : 미국과 IS, 즉 기독교와 이슬람의 충돌로 볼 수 있는데, 서구 기독교 문명은 특히 이슬람과 중화권의 결탁을 제일 두려워하고 있다.
258) 이와 관련하여 [부록 9-2] 참조.

제9절 마무리 : 핵심 체크

☑ 갈등이란 상호 간에 의견 차이 때문에 발생하게 된다. 목표를 달성하기 위해 노력하는 팀이라면 갈등은 항상 일어나게 마련이다. 그러나 이러한 의견 차이는 항상 부정적인 것만은 아니다.

☑ 갈등을 확인할 수 있는 단서에는 ① 지나치게 감정적인 논평과 제안, ② 타인의 의견발표가 끝나기도 전에 타인의 의견에 대해 공격, ③ 핵심을 이해하지 못한 것에 대해 서로 비난, ④ 편을 가르고 타협하기를 거부, ⑤ 개인적인 수준에서 미묘한 방식으로 서로를 공격하는 것 등이 있다.

☑ 갈등을 증폭시키는 원인에는 ① 적대적 행동, ② 입장 고수, ③ 감정적 관여 등이 있다.

☑ 갈등의 두 가지 쟁점은 핵심적 문제와 감정적 문제로 구분할 수 있다.

☑ 갈등의 두 가지 유형은 불필요한 갈등과 해결할 수 있는 갈등으로 구분할 수 있다.

☑ 갈등 해결방법 모색 시 명심해야 할 사항(해야 할 일)으로는 ① 다른 사람들의 입장 이해하기, ② 어려운 문제는 피하지 말고 맞서기, ③ 자신의 의견을 명확하게 밝히고 지속적으로 강화하기, ④ 사람들과 눈을 자주 마주치기, ⑤ 마음을 열어놓고 적극적으로 경청하기, ⑥ 타협하려 애쓰기, ⑦ 어느 한쪽으로 치우치지 않기, ⑧ 논쟁하고 싶은 유혹을 떨쳐내기, ⑨ 존중하는 자세로 사람들을 대하기 등이 있다.

☑ 윈-윈(Win-Win) 관리법이란 갈등과 관련된 모든 사람으로부터 의견을 받아서 문제의 본질적인 해결책을 얻는 것을 의미한다.

☑ 조직의 갈등을 줄일 수 있는 방법(생산적인 접근방식)으로는 ① 다른 팀원의 성격 특성에 민감할 것, ② 교차훈련을 실시할 것, ③ 조직의 기본원칙을 설정할 것 등이 있다.

부록 9-1 : 갈등 해결의 지혜를 찾아보자

갈등에는 언제나 상대방이 있다. 서로 원하는 것이 충돌하여 갈등이 된다. 나와 상대방 간의 관계가 팽팽하게 긴장되고 금이 가고 끊어진 것이 갈등이다. 이 상황에서는 자신의 목표에만 몰두하면 원하는 것을 얻기 힘들다. 자신이 원하는 것을 얻기 위해서는 먼저 상대방에게 눈을 돌려야 한다.

상대가 우려하는 것이 해소되도록 해주면 상대방은 움직이게 되어있다. 인간적으로 다가가자. 상대방이 우려하는 점을 이해하는 자세로 먼저 이야기를 해 본다. 상대방의 인간성을 회복하도록 해 준다. 상대방과 자신이 마음 깊이 이어진다면 인간적으로 연결되는 셈이다. 서로 인간적으로 통하는 것이 상생적 문제 해결의 토대가 된다. 서로가 진정으로 원하는 것과 필요한 것이 무엇인지를 알아내고, 거기에 초점을 맞춤으로써 해결책을 찾게 된다. 이것이 갈등 해결의 지혜이다.

갈등이 잘 풀리지 않는 데는 갈등 당사자들이나 주위 사람들에게 공통적으로 나타나는 현상이 있다. 문제가 뭔지 모른 채 성급히 해결책만 찾으려 한다는 것이다. 왜? 라는 물음을 통해 서로를 진정으로 이해하고, 갈등의 본모습이 드러나야만 문제 해결의 길이 열린다. 복잡한 사안에 감정까지 얽히고설켜 풀기 힘든 갈등이 더 많은 게 우리 삶이다.

갈등을 해결하기 위해서는 각자가 원하는 것을 함께 담아낼 수 있는 새로운 그릇이 필요하다. 그것이 통합적 해결이다. 갈등 관계에 놓인 당사자들이 각자 원하는 것, 우려하는 것이 다를 때는 양쪽을 연결해 통합적인 해결책을 찾으면 된다. 하나의 사물을 볼 때 오로지 '하나'라고 생각하는 고정관념에서 벗어나야 한다. 진정으로 원하는 것, 필요한 것, 우려하는 것이 무엇인지 정확히 알아내 거기에 초점을 맞춰야 한다. 그래야만 효과적으로 분해의 해법을 찾을 수 있다.

"나는 당신의 견해에 동의하지 않는다. 하지만 누가 당신의 그런 견해 때문에 당신을 억압한다면 나는 기꺼이 당신 편에 서서 싸울 것이다."라고 볼테르는 말했다. 의견이나 신념, 성향, 가치관이 다를 때 어떤 자세로 임해야 하는지를 보여주는 경구다. 다름과 틀림을 구분하는 것, 서로의 차이를 받아들이고 다양성을 존중하는 자세는 우리의 삶을 평화롭고 윤택하게 해 준다. 서로의 차이는 존중하되, 같은 것을 찾아 함께 노력하고, 공동의 문제를 해결해 나가는 자세가 중요하다.

갈등 해결의 과정은 곧 대화의 과정이다. 대화를 통해 서로를 진정으로 이해하고, 문제가 무엇인지 파악하여 함께 해결책을 만들어 갈 수 있다. 대화의 원칙에는 진정한 대화로 의견을 교환하고, 자기주장만 내세우지 말며, 상대방의 말을 자르고 끼어들지 말아야 한다. 그리고 다른 사람의 말을 주의 깊게 들으면서 자신의 생각은 명료하게, 솔직하게 표명하면서 대화해야 한다. 개인 간 갈등의 원인은 대부분 서로가 알고 있는 사실관계나 근거 기준이 달라서이거나 불신 때문일 수 있다. 우리 삶은 온갖 문제의 복합체이다. 어떤 식으로든 문제를 처리하면서 살아가는 것이 인생 역정이다.

- 조현서(2019), 갈등 해결의 지혜를 찾아보자, 안양신문, 2019.01.26. -

부록 9-2 : 사공이 많으면 배가 산으로 간다

사공이 많으면 배가 산으로 간다. 말 그대로 한 가지 일에 여러 사람이 관여를 하다 보면 배가 목표했던 항구에 다다르지 못하고 엉뚱하게도 바다가 아닌 산으로 가게 된다는 뜻의 속담이다. 어떤 일을 추진하면서 구성원들의 의견이 서로 달라서 자기주장만 관철시키려 한다면 계획했던 의도와는 전혀 다른 정반대의 결과를 얻게 된다는 말로 우리에게는 부정적인 메시지를 전해주는 속담이다.

모든 속담이 우리에게 주는 교훈은 현대를 살아가는 우리에게 시사하는 바가 크지만 필요하다면 이를 뒤집어서 그 의미를 되새기며 현실에 맞게 재구성해보는 것도 매우 유의미한 일일 것이다.

가정이건 단체이건, 사적이건 공적이건, 어떠한 의사결정을 하는 과정은 공개적이고 투명하며 구성원들의 사소한 의견일지라도 무시당하지 않고 존중받는 시스템의 마련이 반드시 필요할 것이다. 어떤 과제의 기본방향에 위배되지 않는다면 구성원들의 다양한 의견이 민주적으로 수렴될 때 사업의 정당성이나 결과에서도 모든 이들의 공감을 얻을 수 있을 것이다.

결과의 성패가 무엇보다 중요하겠지만 절차와 과정도 그에 못지않은 가치가 있기 때문이다. 더 나아가 민주적인 의사결정과정이야말로 예상하지 못한 뜻밖의 성과를 거둘 수도 있을 것이다. 이에 속담을 재구성해보겠다. "사공이 많아야 배를 산으로 옮길 수 있다"

- 구자평(2020), "사공이 많으면 배가 산으로 간다", 음성뉴스, 2020.04.25. -

제 1 장	대인관계능력
제 2 장	팀워크능력 Ⅰ
제 3 장	팀워크능력 Ⅱ
제 4 장	리더십능력 Ⅰ
제 5 장	리더십능력 Ⅱ
제 6 장	리더십능력 Ⅲ
제 7 장	리더십능력 Ⅳ
제 8 장	갈등관리능력 Ⅰ
제 9 장	갈등관리능력 Ⅱ

제10장 협상능력 Ⅰ

제 11 장	협상능력 Ⅱ
제 12 장	고객서비스능력 Ⅰ
제 13 장	고객서비스능력 Ⅱ

제1절 협상의 의미

우리의 생활은 협상의 연속이며, 협상을 통해 의사결정을 하게 된다. 예컨대 일상에서 흔히 일어날 수 있는 경우인 저녁 외식에서 무엇을 먹을 것인가에 관한 자녀와의 의견대립이 있는 상황도 협상을 통해서 해결하게 된다. 협상은 시·공간을 초월하여 끊임없이 발생하고 있으며 가정에서, 회사에서, 정부에서 또는 국가에서 어느 시간, 어느 공간에서도 협상은 전개될 수 있다. 특히 상사와 부하 사이에서 끊임없이 의사결정을 해야 하는 직업인에게 협상능력의 함양은 필수적이다.

우리는 살아가면서 수많은 난관에 부딪히고 또 극복해간다. 그리고 우리는 이러한 난관을 만날 때마다 좌절하지 않고, 이를 극복하기 위해 누군가와 논의를 하고, 해결책을 찾기 위해 많은 노력을 기울인다. 여기서 해결책을 찾는 노력, 즉 문제가 제시되면 해결책을 도출함으로써 극복하는 것이 바로 협상이다.

협상은 갈등상태에 있는 이해당사자들이 대화와 논쟁을 통해서 서로를 설득하여 문제를 해결하려는 정보전달과정이자 의사결정과정을 의미한다. 다시 말해 협상이란 어떠한 목적에 부합되는 결정을 하기 위해 다수 의사결정 주체들이 이익을 조율하여 특정 대안을 찾아가는 정보전달과정 및 의사결정과정을 말한다.

제2절 생각해보기

1. 한국 경영자, 협상능력 떨어진다 259)

한국인 경영자들의 협상을 주도하는 능력이 다른 국가 경영인들에 비해 뒤진다는 조사 결과가 나왔다. 2007년 12월 12일 코트라가 글로벌 협상 분야의 전문가인 노스웨스턴대 진 브렛 석좌교수 등과 함께 한국, 중국, 일본, 미국, 독일, 프랑스 등 16개국 2천450 명의 경영자들을 대상으로 실시한 국적에 따른 협상 스타일 분석 결과에 따르면 한국은 협상 주도력 부문에서 가장 낮은 16위를 차지했다.

자발적 목표설정과 독립성, 창의성 등을 포괄한 협상 주도력에서 팔레스타인과 이스라엘 경영인들이 가장 높은 점수를 받았다. 한국은 또 협상 시 자신의 욕구를 더 많이 충족시키려는 이기심을 가장 강하게 표출하는 것으로 조사돼 협상에 임하는 자세와 방법에 많은 개선이 필요한 것으로 나타났다고 코트라는 설명했다.

한국인들은 이와 함께 협상 시 사회적 책임감을 중요시하는 측면에서도 13위를 차지했다. 진 브렛 교수는 "협상 시 자신의 이익만큼 상대방의 이익도 고려해야 한다"며 "서구문화권에서는 협상 결렬 시 즉각적인 대안의 제시 여부가 협상의 성공 여부를 크게 좌우한다"고 말했다.260)

2. 한국인은 왜 협상에 약할까 261)

작년 말 미국의 노스웨스턴대에서 세계 각국 CEO(최고경영자)들의 협상 능력을 조사했는데 한국은 16위를 차지했다. 그런데 노스웨스턴대가 조사한 나라 수는 정확히 16개였다. 16개 나라 중 16위. 다시 말해 한국의 협상 능력이 '꼴등'으로 확인된 셈이다.

왜 우리는 협상을 못할까? 아마도 3가지 이유 때문일 것이다.

첫째는 문화적 이유다. 어린 시절을 떠올려 보자. 학교 갈 때마다 대다수 어머니가

---

259) 홍경희(2007.12.), 한국 경영자-협상능력 떨어진다, 시사뉴스, 2007.12.12.

260) 한국인들은 협상할 때 상대방의 이익을 감안하지 않고 오로지 자신의 이익만 추구하는 습관이 있다. 협력적인 자세로 협상에 임해야 협상의 목표인 '윈-윈(Win-Win)', 즉 쌍방의 가치창출이 가능하다. 한국인들의 전통적 심리와 협상준비 자세도 문제다. 한국을 포함한 아시아 대부분 국가에선 기업이나 개인의 사회적 지위에 따라 협상 결과가 크게 좌우되는 특성이 있다. 즉 자신이 대기업 사람이거나 '갑'일 경우 협상력이 배가되는 반면, 상대적 약자인 중소기업이나 '을'의 관계일 경우엔 스스로 위축돼 협상력이 떨어진다는 얘기다. 또한, 협상이란 협상 결렬 시 얼마나 많은 대안을 가지고 있느냐에 성패가 달려있기 마련인데, 한국인들은 차선책을 마련하지 않고 협상 하나만 바라보고 달려드는 경향이 있다. 협상에 실패할 경우를 가정해 여러 가지 차선책을 가지고 협상에 임하면 그만큼 협상력이 커진다. 이와 관련하여 문화일보(2007.12.), "협상때 상대방의 이익도 고려해야", 2007.12.12. 참조.

261) 최철규(2008.06.), 한국인은 왜 협상에 약할까, 조선비즈, 2008.06.10.

하는 말씀은 다음과 같다. "선생님 말씀 잘 듣고 친구와 싸우지 마라." 잘 듣고, 싸우지 말고…. 한 마디로 '순응이 미덕'인 문화다. 나와 상대가 의견이 다를 때 이를 대화를 통해 풀어가는 데 익숙하지 않다. 그러다 보니 상대와 내가 서로의 이익을 위해 치열한 의사소통의 과정을 거쳐야만 하는 '협상'에 약할 수밖에 없다.

두번째 이유는 '기질' 때문이다. 한국 사람과의 협상을 앞둔 외국인들이 협상 교육을 받는다고 할 때 이들은 한국의 협상 특성에 대해 어떻게 배우고 협상 장소에 나타날까? 외국에서는 한국인의 협상 특성을 다음의 두 가지로 정의한다. '감정적'이고 '급하다'는 것이다. 협상에서 승자는 '시간적 제약'(데드라인)으로부터 자유로운 사람이다. 이번 쇠고기 협상에서 나타나듯 뭔가에 쫓기듯이 스스로 데드라인을 먼저 설정하는 사람은 상대에게 많은 것을 빼앗길 수밖에 없다. 감정조절 능력 역시 우리에게 부족한 부분이다. 협상이란 감정을 내세우는 게임이 아니다. 협상에서 필요한 것은 합리와 논리다.

세번째 이유는 협상에 대한 전문적인 교육이 부족하기 때문이다. 미국에서는 협상 교육이 리더십 교육만큼이나 대중화돼 있다. 이는 오늘날 미국이 협상 강국인 비결이기도 하다. 바꿔 말해 미국과의 협상에서 한국이 판판이 깨지는 이유이기도 하다.

미국의 경우 1980년대 이미 대학에 협상 과정이 개설돼 본격적인 교육을 시작했다. 미국 내 최대 협상전문스쿨(카라스) 한 곳에서만 1년에 3만 명 이상이 교육을 받는다. 이에 비해 우리는 1990년대 중반이 돼서야 대학에서 협상 교육을 하기 시작했으나, 그나마 교육 콘텐츠도 미국에 비해 떨어진다.

제3절 협상의 이해와 결정요인

1. 협상의 이해

협상이란 입장이나 의견, 이해관계가 서로 대립하는 쌍방이 문제해결을 위해 시도하는 커뮤니케이션이다. 협상은 누구라도 할 수 있으며 누구나 뛰어난 협상가가 될 수 있다. 그런데 협상은 딱 질색이라고 미리부터 도망치는 사람이 적지 않다. 그 첫 번째 원인은 협상 경험이 절대 부족하기 때문이다. 대립을 싫어하고 될 수 있으면 그런 자리를 피하다 보니 막상 남과 협상해야 할 때에는 도망쳐버리고 만다. 협상력은 실천에 의해 점점 발전하는 것이다. 따라서 다른 사람과 한 번이라도 더 많이 협상을 해보는 경험이 필요하다. 두 번째 원인은 협상을 밀고 당기는 테크닉, 고난도의 기술이라고 생각하기 때문이다. 말하자면 협상술이란 특별한 사람들에게 필요한 특별한 기술이라고 생각하기에 경원하게 되는 것이다.

협상이란 일상적으로 모두가 하게 되는 일이다. 협상은 기본적으로 사람과 사람이 날마다 서로 주고받는 평범하고 흔한 인생의 한 부분일 뿐이며 두려워하거나 피하기보다는 적극적으로 협상의 기술을 배워 크고 작은 협상을 성공으로 이끄는 것이 중요하다.

2. 협상이 필요한 이유

변화하는 환경에서 협상이 필요한 이유는 다음과 같다. 첫째 사회 곳곳에 존재하고 있는 갈등이 해결되지 않은 채 폐해가 속출하고 있다. 둘째 가치관과 패러다임의 변화, 특히 수평적 사회에서는 지시보다 협상과 설득이 더욱 중요하다. 셋째 비즈니스 거래에 있어서 상호 이익을 창출할 수 있는 원천으로서 작용하고 있다.

3. 협상 테크닉의 향상 요인

협상 기술을 향상시키는 요인은 다음과 같다. 첫째 협상 성공 여부의 80% 이상은 협상 당사자의 준비의 질과 양에 의해서 결정된다. 둘째 협상이 의도대로 이루어지기 위해서는 협상과 관련된 여러 가지 정보 및 상대방의 욕구와 기분까지도 밝혀낼 수 있어야 한다. 셋째 그 밖에 외적인 요인으로 적절한 시기와 올바른 장소의 선정이 중요하며, 내적인 요인으로는 부정적인 감정, 스트레스, 신체적 피로를 조절하여 평안한 마음의 상태를 유지해야 한다.

4. 협상력 결정요인[262)]

협상의 3요소는 흔히 정보, 힘, 시간이라고 하는데, 이들은 아주 밀접하게 연관되어 있다. 즉 상대에 대한 정보가 많으면 결국 자신에게 협상의 주도권(힘)이 있는 것이며, 시간 촉박을 드러내면 주도권을 상대에게 주는 것이다. 협상에 이기기 위해서는 더 많은 시간과 정보를 투자해야 한다. 한편 협상에서 좋은 결과를 얻기 위해서는 이들 3요소에 한 가지를 추가해서 4가지 요인이 있다고 하기도 하는데, 이를 'PIPI'라고 부른다. 즉 최초요구(Primary request), 정보(Information), 힘(Power), 시간(Time)을 말하는데, 협상에 직·간접적으로 영향을 주는 이들 4가지 요소를 다루는 실력이 곧 협상 결과에 그대로 반영되는 것이며, 결국 이들 요소를 다루는 실력이 협상력을 좌우하는 것이다.

262) 이재희 외(2018), op. cit.

(1) 최초요구(Primary request)

협상 당사자가 제시하는 최초제안이다. 협상에 있어서 '최초의 요구'는 그 중요성을 아무리 강조해도 지나치지 않다. 협상에서 차지하는 비중이 매우 크며, 협상 결과에 지대한 영향을 미치기 때문이다. 그렇다면 최초요구를 어떻게 할 것인가? 누가 먼저 할 것인가? 또한, 상대방의 최초요구에 어떻게 대응할 것인가? 협상 초반에 이러한 이슈들에 대해 전략적 고려와 대응방법을 준비하지 않으면 협상이 실패할 가능성이 높아진다. 최초요구에 대한 적절한 대응이 협상의 향후 방향과 협상 주도권에 지대한 영향을 주기 때문이다.

(2) 정보(Information) : 협상 당사자, 경쟁사, 협상 상황 등에 대한 정보

협상 당사자, 경쟁사, 협상 상황 등에 대한 정보이다. 상대에 대한 정보, 경쟁사에 대한 정보, 그리고 협상 상황에 영향을 주는 정보도 사전에 가능한 한 많이 입수해 두어야 한다. 그리고 상대에게 오픈해도 되는 정보와 오픈해서는 안 되는 정보를 미리 분류해 두어 오픈해도 좋은 정보는 우호적 협상 분위기를 위해 적극적으로 활용하되 노출해서는 안 되는 정보는 잘 보호해야 한다. 사전 정보가 준비되지 않은 상태에서 협상에 들어가지 않는 것은 협상가의 기본 상식이다.

(3) 힘(Power) : 통제력을 발휘

협상 당사자가 통제력을 발휘할 수 있는 영향력의 요인이다. 협상에서는 눈에 보이지 않는 여러 가지 힘이 작용한다. 이러한 힘의 실체를 미리 알고 있으면 내게 유리하게 이용할 수 있다. 실무 협상의 경우 관련 지식과 경험이 많은 사람이 있을 경우, 그 사람이 가진 지식만큼 협상에 유리해진다. 정찰제를 강조하지만, 백화점도 사실은 '관행의 힘'을 이용하고 있는 것이다. 고객이 가격을 흥정하려 할 때 점원이 가격이 인쇄된 라벨을 가리키며 "손님, 여기는 정찰제로 판매합니다."라고 말하면 대개는 포기하는 이유가 바로 그런 이유이다. 서류나 인쇄된 기록 등을 내보이며 '합법성의 힘'을 이용하는 경우도 많다. 이렇듯 협상에 영향을 주는 요소를 활용하여 유리하게 활용하는 것이 결과에 지대한 영향을 주는 것이다.

(4) 시간(Time) : 협상에 대한 시간 제약과 압력

협상에 대한 시간 제약과 압력으로 상대가 협상에 사용할 수 있는 협상 시한이 언제까지인지 알아두는 것도 협상의 중요한 요소다. 반대로 나의 협상 시한에 대해 상대가 알게 되면 협상이 불리하게 전개될 수도 있다. 내가 조직의 압력이나 시간의 제약, 엄격한 마감 등에 구속받고 있다면 상대도 마찬가지라는 사실을 꼭 알아두는 것이 필요하다. 협상의 시간을 최대한 확보한다. 협상 마감 시한을 연장할 수 있도록 유연성을 확보해야 하고, 협상 일정을 결정할 때 과연 어느 쪽이 시간을 더 많이 가지게 되는가를 예측하고, 가능하다면 일정을 조정한다.

제4절 협상의 차원

협상의 차원은 크게 의사소통 차원, 갈등 해결 차원, 지식과 노력 차원, 의사결정 차원, 교섭 차원에서 살펴볼 수 있다.

1. 의사소통 차원

의사소통 차원에서 볼 때, 협상이란 이해당사자들이 자신들의 욕구를 충족시키기 위해 상대방을 설득하는 커뮤니케이션 과정이다. 즉, 협상이란 자신이 얻고자 하는 것 때문에 다른 사람들 또는 집단들과 갈등상태에 있을 때 그들을 설득하여 자신이 원하는 것을 쟁취하기 위한 일련의 커뮤니케이션 과정이라고 할 수 있다. 예컨대 여러분이 사장과 임금문제로 갈등상태에 있을 때, 커뮤니케이션이 원활하고 상대방 설득이 원활하게 진행될 때, 임금협상도 원활히 진행되고 좋은 결과를 산출하게 될 것이다. 그러나 서로가 상대방에 대한 분노와 증오로 가득차 서로가 상대방을 적으로 단정하고 의사소통 과정을 차단하고 단절할 때 임금협상은 더 이상 진전되지 못할 것이다. 그러므로 협상이란 설득을 목적으로 하는 커뮤니케이션인 것이다.

2. 갈등 해결 차원

갈등 해결 차원에서 볼 때, 협상이란 갈등 관계에 있는 이해당사자들이 대화를 통해서 갈등을 해결하고자 하는 상호작용 과정이다. 즉 협상이란 갈등 관계에 있는 이해당사자들이 대화를 통해서 상반되는 이익은 조정하고 공통되는 이익을 증진시키는 상호작용 과정이라고 할 수 있다.

3. 지식과 노력 차원

지식과 노력 차원에서 볼 때, 협상이란 우리가 얻고자 하는 것을 가진 사람의 호의를 얻어내기 위한 것에 관한 지식이며 노력의 분야이다. 즉 협상이란 우리가 얻고자 원하는 것을 어떻게 얻을 수 있을 것인가 등에 관련된 지식이며 노력의 장이라고 할 수 있다.

4. 의사결정 차원

의사결정 차원에서 볼 때, 협상이란 둘 이상의 이해당사자들이 여러 대안들 가운데서 이해당사자들 모두가 수용 가능한 대안을 찾기 위한 의사결정과정이라 할 수 있다.

5. 교섭 차원

교섭 차원에서 볼 때, 협상이란 선호가 서로 다른 협상 당사자들이 합의에 도달하기 위해 공동으로 의사결정을 하는 과정이라고 할 수 있다. 또한 협상이란 둘 이상의 당사자가 갈등상태에 있는 쟁점에 대해서 주고받는 과정을 통해 합의점은 찾아서 그 쟁점을 해결하기 위한 과정이라고 정의될 수 있다.

6. 평 가

협상에 관한 이러한 주장들을 종합해 보면, 협상(negotiation)이란 갈등상태에 있는 이해당사자들이 대화와 논쟁을 통해서 서로를 설득하여 문제를 해결하려는 정보전달 과정이자 의사결정과정이다.

제5절 협상의 본질

펜실베니아대학교 외튼스쿨에서 협상 코스를 강의하고 있는 스튜어트 다이아몬드 교수의 협상의 본질[263]에 관한 이야기를 소개해 보고자 한다.[264]

1. 사람과의 관계

모두가 만족할 만한 협상법을 이끌어내고 싶다면, 그를 인간적으로 이해하려고 노

263) 스튜어트 다이아몬드(2011), 어떻게 원하는 것을 얻는가, 김태훈 옮김, 8.0(에이트 포인트), 2011.11.30.
264) 강일송(2020), 어떻게 원하는 것을 얻는가, 브런치, 2020.06.01.

력해야 한다. 언제나 당신은 협상에서 가장 덜 중요한 사람이고, 가장 중요한 사람은 바로 상대방이다. 협상의 진짜 효과적인 방법은 상대방에 초점을 맞추는 것이다. 상대방이 머릿속으로 어떤 그림을 그리고 있는지 파악해야 한다. 협상할 때 사람에 집중하면 훨씬 많은 것을 얻을 수 있다. 거래 관계에서 자신을 인간적으로 대하는 사람을 우선시하겠다고 대답한 비율이 설문의 90%에 달한다.

2. 진정한 의사소통이란

협상이 실패하는 가장 큰 원인은 의사소통의 실패다. 그리고 의사소통이 실패하는 가장 큰 원인은 바로 '인식의 차이'다. 인식의 차이는 동서고금을 막론하고 거의 모든 갈등의 주요 원인이다. 인식의 차이를 극복하는 것은 양측이 역지사지의 마음을 갖는 데서 시작한다. 이렇게 상대의 입장에서 상황을 바로 볼 수 있도록 돕는 것이 바로 '역할 전환'이다. 역할 전환은 아주 중요한 협상 도구로써 이를 통해 상대의 머릿속 그림을 보다 잘 그릴 수 있다. 진정한 의사소통이란 무조건 상대방의 말을 먼저 듣고 질문한다는 뜻이다. 협상에서는 당신의 말보다 상대방의 말이 더 중요하다는 사실을 절대 잊어서는 안 된다. 당신이 전달한 의미보다 상대방이 받아들인 의미가 더 중요하다. 일반적인 협상가와 뛰어난 협상가의 중요한 차이 중 하나는 뛰어난 협상가는 거슬리는 발언을 삼가고 창의적 선택 사항을 고려하며, 상대방을 비난하는 경우가 극히 드물다.[265)]

3. 가치의 교환

같은 대상이라도 사람마다 매기는 가치는 다르다. 양측이 대상에 부여하는 가치의 차이를 알면 적절한 선에서 교환할 수 있다. 이를 위해서는 역시 상대방의 머릿속을 그려 보는 것이 필요하다. 진정한 무형의 가치를 파악하기 위해서는 상대방의 감정적이고 비합리적인 니즈까지 파악하는 것이 좋다. 많은 비즈니스 협상에서 돈이 가장 중요한 사안은 아니라는 점을 명심하라. 물론 합리적인 선에서 돈 문제가 결정되어야 하는 것은 당연히 맞으나 최종적으로 협상을 성공시키려면 돈 문제보다 훨씬 많은 것들이 필요하다. 흔히 협상 테이블에 오른 사안들이 많을수록 협상이 어려워진다고 생각하는데, 이는 잘못된 상식 중 하나다. 사실은 그 반대다. 그만큼 교환할 대상이 늘어나기 때문에 훨씬 유리하다. 그래서 나 역시 가능한 많은 사안을 협상 테이블에 올리려고 한다.

---

265) 협상장에서 지켜야 할 3가지 대화법과 관련하여 [부록 10-1] 참조.

4. 협상의 정의

① 협상은 상대방이 특별한 '행동'을 하도록 만드는 과정이다 : 힘으로 강제하는 협상은 좋은 협상법이 아니다. 법정공방을 생각해보라. 얼마나 많은 비용과 시간이 드는지.

② 협상은 상대방이 특별한 '판단'을 하도록 만드는 과정이다 : 협상은 상대방이 내 제안에서 합리적 혜택을 얻을 수 있게 하는 일이다.

③ 협상은 상대방이 특별한 '인식'을 하도록 만드는 과정이다 : 바로 이 단계부터 상대방의 인식에 대한 고려가 이루어진다. 상대방의 인식을 바꾸는 방법을 찾아야 협상을 성공시킬 수 있다.

④ 협상은 상대방이 어떠한 '감정'을 가지도록 만드는 과정이다 : 상대방의 감정에 초점을 맞춘 협상법은 상대방의 자발적인 행동을 끌어내기 위함이다. 대부분의 사람들은 감정과 인식의 창을 통해 세상을 본다. 협상 내내 상대의 감정을 존중해 준다면 당연히 상대방은 당신의 이야기에 귀를 더 기울이게 되고 설득은 더 쉬워진다.

5. 협상론 6가지 실제

① 어떤 상황에서도 평정심을 유지하라. 감정에 휘둘리면 협상을 망칠 뿐이다.

② 주어진 시간이 단 5초 밖에 없다 해도 반드시 준비하고 말하라. 협상 전 자신의 생각을 정리하는 것은 상당히 중요하다.

③ 협상의 결정권을 쥐고 있는 결정권자를 찾아라.

④ 누가 옳은지 따지지 말고 목표에 집중하라.

⑤ 인간적으로 소통하라. 사람과의 관계는 협상의 성공 여부를 결정짓는 가장 큰 부분이다.

⑥ 상대가 가진 지위와 힘을 인정하고 이를 적극적으로 활용하라. 그러면 이따금 상대가 당신을 도와주는 경우가 생길 것이다.

6. 평 가

인간은 필연적으로 자기가 원하는 바를 다른 이들과 관계하면서 구해야 한다. 사실 거창하게 협상이라고 이름 붙여서 그렇지, 우리가 일상에서 주위 사람들과 마주하는 일들은 거의 넓은 협상의 범주에 들어간다고 볼 수 있다. 다이아몬드 교수의 말에는 큰 흐름이 있는데 그것은 바로 "인간의 마음"이었다. 모든 것이 인간 마음의 흐름을 알고 그 가고자 하는 방향을 알아야 내가 구하고자 하는 목표를 이룰 수 있다는 것이었다. 저자는 줄기차게 주장한다. 협상에서 가장 중요한 것은 내가 아니라 상대방이라고. 그리고 역지사지의 입장에서 모든 문제를 보아야 하고 상대방의 머릿속을 그려 보라고 여러 번 말한다. 또한, 진정한 의사소통을 하기 위해서는 우선 상대방의 말을 귀 기울여 들어야 한다고 한다. 사람들은 상대방이 나의 의견을 잘 경청하고 예의 바르게 행동하면 당연히 마음의 문이 열릴 것이고, 협상에서 양보가 가능해져 빠른 시간에 서로가 윈윈하는 지점을 찾을 것이라 생각한다.

제6절 실무협상에 대한 기본적 이해 266)

매일 우리는 자신과 다른 생각을 가진 사람들과 자신을 이해해 주려고 애쓰지 않는 사람들 틈에서 살아가고 있다. 지금의 시대는 상대방을 설득하여 자신이 원하는 것을 얻어내지 못하면, 낙오자가 되어 버리는 치열한 경쟁 사회이다. 따라서 각자 자기의 몫을 챙기며 살아가야 하는 현대 사회에서 협상력의 부재는 곧 생존 경쟁력의 상실과 같은 의미가 되었다. 협상력이 약한 국가나 사람들은 항상 당하며 살아가야 하는 현실임을 우리는 잘 알고 있다. 그래서 협상력을 높이는 일이 더욱 중요한 시대가 되었다. 그러나 협상의 중요성을 깨닫지 못함은 물론이고, 한편으로는 협상을 마치 속임수인 것처럼 잘못 이해하는 사람이나 기업도 있다. 미국 같은 사회에서는 협상력은 생존과 직결된 문제로 인식하고 있다. 되는대로 적당히 타협하는 것이 협상이라고 생각하는 우리와는 근본적으로 생각이 다르다. 그로 인해 일찍이 협상 기술이 발달했다. 제대로 하는 협상이 인생이나 사업의 성공에 얼마나 큰 영향을 끼치는가를 우리는 알아야 한다.

성공적인 협상을 위해서는 협상에 대한 기본적인 이해가 필수다. 협상은 철저한 준비가 가장 중요하다. 협상을 앞두고 마음이 불안하거나 상대에게 주도권을 빼앗기고 있다는 느낌이 드는 원인은 바로 이러한 준비상태의 미비 때문이다. 물론 협상의 성공에 대한 심리적인 부담과 상대의 예측 불가능한 반응을 예상할 수 없기 때문이기도 하다. 또는 협상의 폭과 기준을 정확히 세우지 못했기 때문일 수도 있다. 협상을 성공적으로 이끌기 위해서는 협상의 각 단계를 이해하고 이에 걸맞은 전략을 수립해야 한다. 그리고 성공적인 전략수립을 위해서는 우선 몇 가지 기본적인 이해가 필요하다.

협상에 대한 기본적인 이해는 다음과 같다.

---

266) https://goldenpig.tistory.com/395 [삶의 지혜(wisdom of life)], 제대로 된 협상능력을 배워야 한다, 지혜로운 삶, 2012.07.23.

① 자신의 전략에 대한 확실한 이해와 자신감
② 자신의 협상 스타일에 맞도록 적용하는 융통성
③ 협상 중에 일어날 수 있는 제반 상황을 예상하고 대응하는 순발력
④ 자만하거나 상대를 기만하지 않는 자세와 태도
⑤ 자신과 상대방의 파워를 파악하고 조절하는 판단력
⑥ 다양한 협상 스타일에 효과적으로 대응할 수 있는 전략수립
⑦ 상호 간의 기대치에 대한 갭을 조절할 수 있는 대안의 준비

이와 같은 기본적인 이해를 바탕으로 협상이 진행되어야 한다.

협상은 이렇듯 주거니 받거니 하면서 서로의 공동 이익을 모색해야 한다. 과거 자유무역협정을 위한 협상 결과를 두고 국회나 이익집단 간에 많은 이견이 있었으며 동시에 원망과 분노도 표출된 바 있다. 하지만 실제로 자신의 이익만을 주장하며 절대로 물러서지 않는 경우에는 협상 자체가 결렬되는 경우가 생긴다. 협상은 서로 다른 생각과 목적과 목표를 가진 사람들이 상호 조율을 통해서 좋은 결과를 얻어내는 일련의 과정이다. 무조건 자신에게 유리한 것만 주장하는 태도는 협상의 이해도가 낮다고 봐야 한다. 그렇다고 매사를 양보만 해서는 안 되는 것이 협상이다.

우리의 삶에 있어서 모든 일들이 협상의 선상에 있다고 봐야 한다. 부부간의 관계, 가족 사이의 관계, 상사와 부하, 동료 간, 이웃 간, 소비자와 판매자 간의 관계 등등 어느 것 하나 협상이 안 들어간 관계는 찾아보기 어렵다. 성공적인 협상[267]을 통해 삶을 풍부하게 하는 것이 현명한 삶의 방법이 될 것이다.

제7절 협상의 과정

협상 과정은 연구관점에 따라 다양한 형태로 언급될 수 있다. 협상 과정은 기본적으로 준비단계, 협상 단계, 합의 후 평가단계의 순서로 협상이 진행된다고 할 수 있다.

1. 5단계 구분[268]

협상 과정은 협상 시작, 상호 이해, 실질 이해, 해결 대안, 합의 문서 등의 5단계로 구분할 수 있다.

267) 서로 만족한 협상 결과를 이끌어내기 위한 일곱 가지 요소와 관련하여 [부록 10-2] 참조.
268) http://blog.matew.com, 성공적인 협상을 위한 프로세스 5단계, 2016.01.15.

(1) 협상 시작

협상에 있어서 무엇보다 중요한 것은 바로 상호 간의 신뢰를 형성하는 것이라 할 수 있다. 신뢰가 형성되지 않고서는 절대 서로가 윈-윈(Win-Win)할 수 있는 결과를 이끌어낼 수 없기 때문이다. 그래서 협상의 1단계는 협상 당사자들 간에 상호 친근감과 신뢰를 쌓고 상대방의 협상 의지를 확인하여 협상 진행을 위해 준비하는 단계라고 할 수 있다.

① 협상 당사자들 사이에 접촉 시도
② 간접적 방법으로 협상 의사를 전달
③ 상대방의 협상 의지를 확인
④ 협상 진행을 위한 틀 마련

(2) 상호 이해

2단계 상호 이해는 갈등문제의 진행 상황과 현재 상황을 점검하고 열린 대화와 적극적인 경청을 통해 상대방의 주장을 파악하고 자신의 주장을 제시하여 협상을 위한 안건을 결정하는 단계이다. 상대는 실버라고 말하는데 자신은 골드라고 잘못 이해하는 것처럼 협상에 있어서 경청은 매우 중요하다고 할 수 있다.

① 갈등문제의 진행 상황과 현재 상황을 점검
② 적극적으로 경청하고 자기주장 제시
③ 협상 대상 안건 결정

(3) 실질 이해

3단계 실질 이해에서는 겉으로 주장하는 것과 실제로 주장하는 것을 구분하여 실제로 상대가 무엇을 원하는지 파악하는 것이 중요하다고 할 수 있다. 특히 여러 안건에 대해서 협상할 경우 상대방이 정말 원하는 것과 그렇지 않은 것을 파악할 수 있어야만, 보다 효과적인 협상을 할 수 있다. 또한, 상대방이 올바르게 이해할 수 있도록 자신의 주장 또한 명확하게 제시하는 것도 중요하며, 이견이 있거나 궁금한 사항이 있다면 그 자리에서 바로 해결하는 것도 필요하다.

① 겉으로 주장하는 것과 실제로 원하는 것을 구분하여 실제로 원하는 것을 파악
② 분할과 통합 기법을 활용하여 이해관계 분석

(4) 해결 대안

4단계 해결 대안에서는 협상 안건에 대해서 대안을 마련하고 평가하여 최선의 대

안에 대해서 합의하고 선택하여 대안에 대한 실행계획을 수립한다.

① 협상 안건마다 대안 개발
② 개발한 대안들을 평가
③ 최선의 대안에 대해서 합의하고 선택
④ 대안 이행을 위한 실행계획 수립

(5) 합의 문서

5단계에서는 합의문 작성 및 합의문 상에서 합의 내용과 용어 등을 재점검하여 최종적으로 합의문에 서명을 한다. 여기까지 모두 완료되면 협상이 타결되었다고 볼 수 있다.

① 합의문 작성
② 합의문 상의 합의 내용, 용어 등을 재점검
③ 합의문에 서명

2. 3단계 구분

협상 과정은 협상 진행단계를 중심으로 협상 전 단계, 협상 진행단계, 협상 후 단계의 3단계로 구분할 수도 있다. 협상 전 단계는 협상을 진행하기 위한 준비단계이고, 협상 진행단계는 협상이 실제로 진행되는 단계이며, 협상 후 단계는 합의된 내용을 집행하는 단계이다.

(1) 협상 전 단계

① 협상기획 : 협상 과정(준비, 집행, 평가 등)을 계획
② 협상준비 : 목표설정, 협상 환경분석, 협상 형태파악, 협상팀 선택과 정보수집, 자기분석, 상대방분석, 협상 전략과 전술수립, 협상대표 훈련

(2) 협상 진행단계

① 협상 진행 : 상호인사, 정보교환, 설득, 양보 등 협상 전략과 전술 구사
② 협상종결 : 합의 및 합의문 작성과 교환

(3) 협상 후 단계

① 협의 내용 비준 : 비준

② 협의 내용 집행 : 실행
③ 분석평가 : 평가와 피드백

3. 4단계 구분

(1) 준비단계

많은 협상가들은 체계적인 협상준비를 소홀히 한다. 즉, 구체적인 계획을 제대로 수립하지 않고 우선 행동에 옮기는 경향이 많다. 이것은 적절한 협상 계획을 수립할 수 있는 능력이 부족하기도 하지만 협상을 준비하는 것이 귀찮고 지루하다고 느낄 수 있기 때문이다. 체계적인 준비야말로 협상의 가장 기본적 활동이라 할 수 있다.

(2) 도입단계

친근하고 부담 없는 화제로 말문을 열고 호의적인 분위기를 조성하여 상대방의 입장과 견해를 존중하려는 자세가 필요하다. 협상의 시작 단계에서 심층적인 정보에 기초하여 철저한 준비로 윈-윈을 추구하는 경우라면 협상 시작의 기준선과 자신의 제안을 먼저 제시하여도 좋다.

(3) 흥정단계

본격적인 설득 단계는 흥정의 범위를 조정하고 서로 간 차이점을 좁혀 문제를 해결하는 시기이다. 이 단계에서는 협상의 목표를 달성하기 위해 양보, 타협, 주고받기를 통해 최종 결정에 이르기 전 합의 사항을 도출한다.

(4) 종결단계

합의 사항은 반드시 문서화한다. 협상자(자신)에 의한 문서를 작성하는 것이 유리하다. 협상 후 상대방의 후회 가능성에 대한 대비가 필요하다. 마지막 장애물에 대한 예측과 대비도 필요하다(합의가 이루어진 뒤 숨어있는 장애물이 등장하기도 한다).

제8절 협상 역량을 높이기 위한 5원칙[269)]

사람들은 일상생활에서 자주 협상을 한다. 예컨대 가격흥정을 하거나 연봉을 정하는 것 등이 모두 협상이다. 협상능력은 사람들이 갖춰야 할 필수 능력이 됐지만 충분한 협상능력을 갖고 있는 사람은 많지 않다. 또한 협상을 잘못하고 손해를 감수하며 살거나 협상을 마치고 나서 항상 후회하는 사람들도 많다. 이들에게 도움이 될만한 책으로 권신일 에델만코리아 부사장 겸 에델만갈등관리연구소(ECCL) 대표가 쓴 '협상5'[270)]가 있다. 이 책은 미국과 북한의 북핵 협상 내용을 사례로 활용하면서 협상에 대해 설명하고 있다.

저자는 이 책에서 협상 역량을 높이기 위한 핵심 5원칙으로 준비, 근거, 노딜(no deal, 기다림), 라포(rapport, 인간관계)[271)], 대안(BATNA)[272)]을 제시하고 있다.

첫째 원칙은 철저한 준비다. 협상을 시작하기 전 준비 과정에서 상대방 생각의 밑바닥을 봐야 그들이 필요로 하는 것을 제시할 수 있다.

둘째 원칙은 근거다. 협상에 임해서는 누구도 거부하기 힘든 근거를 제시해야 상대방을 설득할 수 있다.

셋째 원칙은 노딜이다. 협상을 할 때는 서두르면 안 된다. 성급하고 감정적인 모습을 보이면 협상에서 불리한 입장에 서게 될 수 있다. 딜이라 해서 반드시 딜을 해야 하는 것이 아니기 때문이다. 노딜 또는 기다림이 중장기적으로 '굿딜'이 되기도 한다.

넷째 원칙은 라포다. 협상에선 테이블 맞은편의 상대방뿐만 아니라 여러 이해관계자들이 있다. 이들과 협력해서 우호적인 환경을 만드는 것이 중요하다.

269) 곽호성(2019), 협상 역량을 높이기 위한 5원칙, 머니투데이, 2019.09.23.

270) 권신일(2019), 협상5, 도서출판 시간의 물레, 2019.09.11.

271) 라포르(rapport), 래포, 라포 또는 라뽀는 사람과 사람 사이에 생기는 상호신뢰 관계를 말하는 심리학 용어다. 서로 마음이 통한다든지 어떤 일이라도 터놓고 말할 수 있거나, 말하는 것이 충분히 감정적으로나 이성적으로 이해하는 상호관계를 말한다[위키백과].

272) BATNA(Best Alternative To a Negotiated Agreement)는 협상에 의한 합의가 불가능할 경우 협상 당사자가 취하게 될 다른 대안을 의미하는데, 여기에는 협상중단, 다른 협상 상대방으로의 전환, 법원의 판결에 호소, 파업의 감행, 다른 형태의 연합 또는 제휴 형성 등이 포함될 수 있다[매일경제]. 가장 좋은 조건의 협상이 결렬되었을 때 가지고 있는 차선책을 말한다. 협상학에서는 배트나가 좋을 경우 무조건 상대에게 알려야 하는데, 이때는 간접적으로 알려야 한다. 나의 배트나가 좋고 상대의 배트나가 좋지 않을 경우 협상을 최대한 지연시켜 불안감을 느낀 상대가 더 양보하도록 하고, 내 배트나가 상대의 것보다 나쁠 경우에는 협상을 빠르게 진행하는 것이 유리하다[네이버 지식백과]. 배트나란 상대방과의 합의에 도달하지 못했을 때 선택할 수 있는 '최선의 대안'을 의미한다. 사전에 배트나를 분명히 해두면 협상 과정에서 의연하게 대처할 수 있다. 협상에 임할 때는 배트나를 항상 적어놓고, 최악의 경우에 나의 배트나보다 조금 더 나은 제안이 들어 온다면, 결렬시키기보다는 수락해야 하는 것이다. 협상에 임할 때는 나의 배트나 뿐만 아니라 상대방의 배트나도 예측해야 한다. 즉 상대가 협상을 결렬시키지 않고 받아들일 수밖에 없는 최저의 조건이 무엇인지 확인해야 한다는 것이다. 상대의 배트나를 알면 언제나 협상에서 당당하고 유리한 고지를 차지할 수 있다. 이와 관련하여 [http://www.nextdaily.co.kr/news/article.html?id=20160524800018] 참조.

다섯째 원칙은 대안이다. 대안이 없으면 끌려다니는 협상을 하는 처지가 될 수 있다. 그리고 어쩔 수 없는 상황이라면 대안으로 상대를 이끌어야 한다.

저자는 이 책에서 북한을 '협상을 가장 못 하는 나라'로 평가했다. 협상은 상호 이익 증진을 위해 하는 것으로 승패를 따지는 것이 무의미한데 북한은 자꾸 승패를 따지려 하기 때문이라는 것이다. 예컨대 북한은 상대방의 이익에는 관여하지 않고 늘 벼랑 끝 전술로 국제사회에 협박을 일삼아 왔다는 것이다.

제9절 협상에서 주로 나타나는 7가지 실수와 그에 대한 대처방안

① **준비되기도 전에 협상을 시작하는 것** : 상대방이 먼저 협상을 요구하거나 재촉하면 아직 준비가 덜 되었다고 솔직히 말한다. 협상준비가 되지 않았을 때는 듣기만 한다.

② **잘못된 사람과의 협상** : 협상 상대가 협상에 대하여 책임을 질 수 있고 타결 권한을 가지고 있는 사람인지 확인하고 협상을 시작한다.

③ **특정 입장만 고집하는 것(입장 협상)** : 협상에서 한계를 설정하고 그다음 단계를 대안으로 제시한다. 상대방이 특정 입장만 내세우는 입장 협상을 할 경우에는 서로 의견을 교환하면서 상대의 마음을 열게 한다.

④ **협상의 통제권을 잃을까 두려워하는 것, 즉 두려워하지 말라** : 협상은 통제권을 확보하는 것이 아니라 함께 의견 차이를 조정하면서 최선의 해결책을 찾는 것이다. 통제권을 잃을까 염려되면 그 사람과의 협상 자체를 고려해본다. 자신의 한계를 설정하고 그것을 고수하면 그런 염려를 하지 않게 된다.

⑤ **설정한 목표와 한계에서 벗어나는 것** : 한계와 목표를 잃지 않도록 그것을 기록하고, 기록된 노트를 협상의 길잡이로 삼는다. 그러나 더 많은 것을 얻기 위해 한계와 목표를 바꾸기도 한다.

⑥ **상대방에 대해서 너무 많은 염려를 하는 것, 즉 상대방이 너무 많은 것을 얻을까 염려하지 말라** : 상대방이 원하는 것을 얻을까 너무 염려하지 말고, 협상 타결 전에 자신과 상대방이 각기 만족할만한 결과를 얻었는지, 협상 결과가 현실적으로 효력이 있었는지, 모두 만족할만한 상황이 되었는지 확인한다.

⑦ **협상 타결에 초점을 맞추지 못하는 것** : 협상의 모든 단계에서 협상의 종결에 초점을 맞추고, 항상 종결을 염두에 둔다. 특정한 목적을 위해 협상을 하고 있기 때문에 목표가 가까이 왔을 때 쟁취하라.

부록 10-1 : 협상 3.0 - 공감은 하되 인정은 신중히

개인과 기업, 국가를 막론하고 협상능력에 따라 경쟁력이 달라지는 시대다. 갈수록 치열해지는 글로벌 경쟁 사회에서 협상의 중요성은 더욱 커져가고 있다. 경쟁의 강도가 치열해질수록 사회는 '불통(不通)'과 '분열(分裂)'로 치달을 가능성이 커진다. '소통(疏通)'에 대한 명확한 철학과 과학적 방법론이 절실한 때이다.

협상의 시작부터 끝까지 우리는 '말'을 한다. 그 '말'이 어떤 내용을 담고 있느냐에 따라 협상의 마무리가 반가운 인사가 될 수도, 불편한 인사가 될 수도 있다. 하지만 내용만큼 중요한 게 있다. 바로 '어떻게' 말하느냐, 그리고 상대의 말에 '어떻게' 대응하느냐다.

어떤 사람들은 내가 진심으로 대하면 상대가 그 진심을 알아줄 거라 믿는다. 미안한 얘기지만 이는 아름다운 착각이다. 상대는 초능력자가 아니다. 내 속마음을 투시해서 볼 수 없다. 단지 나의 입에서 표현되는 말로만 나의 진심을 판단할 뿐이다. 그래서 '어떻게' 말하고 반응하느냐가 중요하다. 성공적인 협상 3.0[273])을 위해 협상장에서 지켜야 할 3가지 대화법을 제시한다.

☑ 인정하지 마라, 그냥 공감하라

협상의 경우, 사람들은 내가 얘기를 많이 해야 한다고 생각한다. 그래야 정해진 시간 안에 내가 원하는 걸 최대한 얻어 낼 수 있다고 믿기 때문이다. 그런데 이렇게 하다 보면 문제가 생긴다. 상대도 나처럼 얘기를 많이 하려고 하면 어떻게 될까? 서로 각자의 주장만 하다 협상은 끝날지 모른다.

그럼 협상장에서 각자의 주장이 아닌 '논의'를 하려면 어떻게 해야 할까? 답은 '상대의 주장에 공감하며 듣는 것'이다. 감성 협상의 프로는 협상 상대의 말에 공감하는 능력이 탁월하다. 이렇게 얘기하면 사람들은 반문한다. "상대의 입장을 지지하지 않는데, 아니 상대의 생각에 반대하는데 어떻게 공감할 수 있습니까?" 옳은 지적이다. 하지만 이 생각은 틀렸다. 상대의 생각에 완전히 반대하더라도 충분히 공감해 줄 수 있다. 협상에서의 공감이란 상대가 요구하는 내용을 들어주겠다는 뜻의 인정이 아니다. 상대가 왜 그 말을 하고, 그런 요구 조건을 내세우는지에 대한 부분의 공감이다.

부부 사이에 벌어질 수 있는 간단한 협상 상황을 예로 들어 보자. 당신은 며칠째 계속되는 야근에 지쳐 있다. 금요일 저녁, 꼼짝없이 주말에도 출근해야겠다고 생각하며 집에 들어가 침대에 몸을 던진다. 이때 부인이 말한다.

"여보, 우리 이번 주말에 교외에 나가서 바람이나 쐬면 어떨까?"

당신이라면 어떻게 대답하겠는가?

"그게 야근하고 온 남편한테 할 소리야? 한가한 소리 하고 있네. 못 가!"

10장

---

273) 정해진 크기의 파이 안에서 내 것을 최대한 많이 챙기는 협상 1.0을 지나 파이를 키워 '서로' 많이 챙기는 협상 2.0의 시대가 이어졌다. 이제 상대의 '감정' '인식' '행동' 모두를 바꾸고 이를 통해 나와 전혀 다른 생각을 갖고 있던 사람과 진짜 파트너가 되는 협상 3.0이 필요한 시점이다.

혹시 이 대답이 가장 먼저 떠올랐다면 당신은 아주 솔직한 협상가다. 하지만 좋은 협상가는 아니다. 좋은 협상가는 이렇게 말한다.

"하루종일 집에만 있어서 답답하구나? 나도 주말엔 바람 좀 쐬고 싶다. 그런데 어쩌지? 나 주말에도 출근해야 되는데…."

어떤가? '주말에 교외에 갈 수 없다'는 결과는 같다. 하지만 어떻게 말하느냐에 따라 받아들이는 사람의 기분은 전혀 다르다. 상대의 의견에 일단 '공감'을 해주면 대화의 분위기가 믿을 수 없을 만큼 달라진다.

그럼, 비즈니스 협상에선 어떨까?

납품 조건을 결정하기 위한 협상. 이때 의도적으로 두 그룹으로 나눠 서로 다른 미션을 준다. 한 그룹에게는 '상대가 가격을 올려달라고 하면 절대 안 된다고 말하면서 상대 의견을 무시한 후 제안을 거절하라'는 미션을, 다른 한 그룹에게는 '상대가 힘들어하는 부분과 가격을 올려달라고 요구할 수밖에 없는 상황에 대해 공감한 후 제안을 거절하라'는 미션을 준다. 그리고 협상이 끝난 후 제안을 거절당한 사람들에게 협상 결과에 대한 만족도를 묻는다. 결과는 놀랍다. '제안이 받아들여지지 않았다'는 사실은 같지만, 협상 결과에 대한 만족감은 두 그룹이 천지차이다. 물론 후자, 자신의 의견을 공감받은 그룹의 만족도가 훨씬 높다. 바로 이것이 협상에서 '공감의 힘'이다.

협상 상대의 말에 공감해주기 위해 가장 쉬운 방법은 상대의 말을 반복하는 것이다. 이를 '백트레킹(Backtracking)'이라고 말한다. 상대가 "요즘 주문 물량이 많아 납품 일정을 당기긴 힘들 것 같습니다"라고 말하면 "생산 일정이 촉박해 일정 조정은 힘들다는 말씀이시군요"라고 얘기하고 "원자재 가격이 올라서 가격 인상이 필요합니다"라고 하면 "원자재 가격 인상 때문에 현재 가격으론 어렵다는 말씀이네요"라고 대응하는 식이다. 이를 통해 내가 상대의 말에 관심을 갖고 듣고 있음을 드러낼 수 있다. 하지만 이게 말처럼 쉽지 않다. 협상을 하다 보면 머릿속엔 수많은 하고 싶은 말이 떠오르기 때문이다. 하지만 그걸 표현하기 전에 먼저 상대의 말을 따라 해줘라. 그 작은 노력 하나가 상대의 마음을 열 수 있을 것이다.

사람들은 '공감'을 '인정'과 혼동한다. 인정은 '상대의 의견을 확실히 그렇다고 여기고 받아들이는 것'이다. 그래서 그렇게 하겠다는 약속이다. 하지만 공감은 다르다. 상대의 입장과 상황에 대해 '나 역시 그렇게 느낀다'는 점을 표현하는 것뿐이다. 나와 다른 의견을 인정하진 마라. 공감하라. 이를 통해 상대의 의견을 존중하고 있다는 것을 표현하는 것, 그것이 협상 3.0 대화법의 시작이다.

☑ "Yes, but" 대화법을 사용하라

뇌 과학자들은 말한다. 인간의 뇌는 우리가 생각하는 것보다 멍청하다고. 쉬운 예를 들면 이렇다. 누군가가 "레몬을 떠올려 보세요"라고 말을 하면 사람들의 입속엔 자연스레 침이 고인다. 뇌는 레몬이라는 단어를 '들은 것'과 레몬을 실제로 '먹은 것' 간에 차이를 인식하지 못하기 때문이다. 이렇게 우리의 뇌는 현실과 상상을 제대로 구분하지 못할 정도로 불완전하다.

이렇게 멍청한 우리의 뇌는 똑같은 강도의 자극이 와도 그 자극이 긍정적이냐 부정적이냐에 따라 기억하는 정도가 완전히 달라진다. 즉, 긍정적 감정과 기억은 쉽게 잊지만, 부정적 감정은 마음을 쉽게 떠나지 않는다. 이를 '쾌락의 불균형'이라고 말한다. 자신의 의견에 대해 "맞습니다"는 말을 들었을 때의 반응보다 "그렇지 않습니다"라고 반박하는 말에 훨씬 더 강하게 반응하고 기억한다. 그래서 반박하는 상대를 설득해 자신의 입장을 인정하도록 노력하게 된다.

이는 협상에서도 마찬가지다. 나와 다른 요구 조건을 갖고 있는 협상 상대방. 어쩔 수 없이 상대 주장을 반박할 수밖에 없는데 이때 상대를 쾌락의 불균형에 빠지지 않도록 말하는 게 필요하다. 이를 위해선 상대의 요구사항에 대처하는 방법을 알아야 한다.

협상을 하다 보면 상대가 너무 무리한 요구를 할 때가 있다. 생산을 하려면 적어도 일주일은 걸리는데 "3일 안에 납품해 주세요"라고 하거나 제조 원가가 올라 가격을 올려야 하는 상황임에도 "기존보다 가격을 10% 이상 낮추라"고 압박하는 등이다. 이런 요구를 들으면 많은 협상가들은 무의식적으로 "그건 좀 힘듭니다"라고 말한다. 그리고 그 조건을 왜 들어주기 힘든지에 대해 구구절절 설명하기 시작한다. 우리가 흔히 사용하는 이런 대화방식을 "No, because" 대화법이라고 말한다. 이런 대화법은 협상 진전에 아무런 도움도 되지 않는다. 자신의 제안에 대해 "No"로 시작하는 반박을 들은 사람은 일단 부정적 감정을 갖게 되고 그 주장을 공고히 하기 위해 더 강하게 맞서기 때문이다. 결국, 상대방에 대한 마음의 벽이 높아질 뿐이다. 이렇게 되면 양측이 원하는 것을 모두 만족시키기 위한 협상은 힘들어진다.

이 문제를 풀기 위해선 긍정적 대화법이 필요하다. 이를 "Yes, but" 대화법이라고 한다. 이에 대해 어떤 이들은 "그럼 상대의 무리한 요구사항에 대해서도 '알겠다'고 말하고 들어주라는 거냐"라고 반문하기도 한다. 물론 그건 아니다. 긍정적 대화라고 해서 무조건 "OK"를 외치라는 게 아니다. 현 상황을 탓하지 말고 문제를 해결할 방법에 초점을 맞춰 미래 지향적인 대화를 하라는 뜻이다. 몇 가지 예를 들어보자.

받아들이기 힘든 가격 조건을 요구하는 상대. 그 제안에 맞서 "말씀하신 가격 조건은 받아들이기 힘듭니다"라고 말하는 건 부정적이다. 그에게 "가격 조건만 합의가 된다면 좋은 거래가 될 수 있을 것 같습니다"라고 말하라. 이를 통해 상대와 나는 가격 조건이란 이슈를 '거래 성사를 위해 해결해야 할 공통의 문제'로 인식하게 된다. 상대가 갑자기 "납품 일정을 일주일 앞당겨 달라"고 요구한다면? 납품 일정을 당기기 위해선 생산직의 야근이 필수적이고 이렇게 되면 생산 단가가 올라갈 수밖에 없다. 이때 '그건 힘듭니다'라고 말하기보다 "이번 거래에서 납품 단가를 조정해 주시면 납품 일정을 앞당기는 것도 가능할 것 같습니다"라고 말하면 어떨까? 결과적으로 상대가 요구한 일정 조정을 받아들이지 않은 것은 똑같다. 하지만 딱 잘라 '힘들다'고 말하는 것보다 '이렇게 하면 가능하다'고 말하는 게 상대 입장에선 훨씬 받아들이기 쉬울 것이다.

기억하라. 협상은 왜 안 되는지를 설명하기 위한 자리가 아니다. 양측이 원하는 것을 이루기 위한 방법을 함께 찾아가기 위한 과정이 돼야 한다. 이를 위해서는 긍정적 말하기, 즉 "Yes, but" 대화법이 필요하다.

☑ 나-표현법(I-Message)으로 말하라

상대의 말을 충분히 듣고 어려운 요구사항에 대해서도 긍정적으로 얘기해 좋은 관계를 쌓았다. 하지만 한 가지, 가장 중요한 문제가 남았다.

내가 절대 포기할 수 없는, 꼭 지켜내야 하는 협상 안건에 대해서 상대가 "불가능하다"고만 대꾸한다면 어떻게 말해야 할까? 또는 내가 아무리 긍정적으로 말을 해도 "필요 없다"며 자신의 고집만 내세우는 상대에겐 어떻게 대응하는 게 좋을까? 이런 상황에선 자연스럽게 화가 솟구쳐 오른다. 내 앞에 있는 협상 상대가 '협상'을 하려는 마음이 있기는 한 건지 답답해질 수도 있다. 그럴 때 사람들은 흔히 두 가지 행동을 보인다. 싸우거나 도망가거나(fight or flight).

먼저 싸우는 사람들은 자신의 감정을 통제하지 못한 채 '튀어'버린다. 그래서 '최고의 결과를 만들어 내자'는 협상의 애초 목적을 잊고 '그럴 거면 협상하지 말자'라는 극단적인 자세로 돌변해 버린다. 이와 반대로 싸우지 못하는 사람들이 있다. 상대와의 관계가 너무 중요해 무슨 수를 써서든 이 협상을 마무리 지어야 하는 경우다. 이들은 그냥 도망간다. 협상장을 떠난다는 게 아니라 협상에서 벌어진 문제를 해결해야 한다는 생각에서 도망을 친다는 뜻이다. 그래서 이들의 선택은 '양보'다. 그리고 속으로 다짐한다. '다음엔 두고 보자'라고.

싸우거나 도망가는 두 가지 대처 방법 모두 바람직한 행동은 아니다. 그럼 어떻게 해야 성공적인 협상을 만들어 낼 수 있을까? 답부터 얘기하면 I-Message로 말하기다. 상대의 행동, 제안에 대해 비난하거나 나의 입장만을 옹호하는 게 아니라 협상 상황에 대한 나의 감정과 의도 등을 솔직하게 말해 건설적인 협상으로 이끌어내기 위한 말하기 방법이다.[274]

I-Message는 크게 5단계로 이뤄진다. 시작은 레이블링(Labeling)이다. "듣기에 껄끄러운 얘기일 수도 있는데 솔직하게 말해도 될까요"라고 물으며 이야기를 시작한다. 이를 통해 대뜸 나의 주장을 얘기하는 것보다 상대가 '마음의 준비'를 한 후 내 얘기를 듣도록 할 수 있다. 그리고 '질문'을 통해 상대의 동의를 이끌어냈기 때문에 앞으로 이어질 대화의 분위기를 우호적으로 만들 수도 있다.

두번째는 사실(Fact)을 말하는 것이다. 협상 상대가 주장하는 부분 중 잘못된 사실이 있다면 언급을 할 수도 있고 내가 이런 제안을 할 수밖에 없는 근거를 제시한다. 사실을 얘기할 때 주의해야 할 부분은 '논쟁'의 여지가 없는 내용이어야 한다는 점이다. 이를 위해선 통계 수치와 같은 정확한 자료가 좋다.

274) '나-표현법(I-Message)'을 사용하는 것이 도움이 된다. 보통 화가 났을 때 사람들이 대응하는 방법은 크게 소극적(passive), 공격적(aggressive), 중립적(neutral) 방법 등 세 가지로 나뉜다. 나-표현법은 이 중 중립적 방법에 해당한다. 마음속으로 화를 삭이는 소극적 방법도 아니고, 화를 참지 못해 감정적으로 반격하는 공격적 방법도 아니다. 현재 하버드대는 직장인이나 경영인들을 대상으로 나-표현법을 훈련하는 과정을 인기리에 운영하고 있다. 이 방식은 자기 자신을 문장의 주어로 삼는다. 가령, "당신은 왜 그 모양이오. 약속도 지킬 줄 모릅니까?"라고 말하는 대신 "당신이 약속을 안 지켜서 내가 난처했습니다"라고 표현하는 식이다. 상대방을 공격하거나 감정을 자극하지 않고 소통하기 위한 기술이다. 하버드대 연구결과에 따르면 다른 사람에게 불만이 있거나 갈등이 있을 때 그것을 표출하기만 해도 불만의 90%가 해소된다고 한다. 이는 불만의 원인 자체가 해결되지 않더라도 마찬가지다. 화가 나거나 다른 사람과의 관계에서 스트레스를 겪을 때, 무조건 참고 억제하기보다는 나-표현법으로 표출하는 게 낫다는 의미다. 이와 관련하여 김영기(2019), 질책할 땐 '당신' 대신 '나'를 주어로 말하라, 동아일보, 2019.01.30. 참조.

세번째는 감정(Feeling)이다. 협상 상대의 태도나 무리한 제안에 대해 내가 느끼는 감정을 솔직하게 말할 필요가 있다. 주의해야 할 점은 상대방의 제안에 대해 평가하거나 비난해선 안 된다는 것이다. 나 혹은 회사 차원에서 받게 될 느낌만 전달하는 게 중요하다.

네번째는 의도(Intention)다. 궁극적으로 내가 주장하는 내용이 무엇인지 밝히는 것이다. 상대의 제안 내용에 대해 반박하기 위한 게 아니라 양측 모두 만족할 해법을 찾아보자는 뜻을 전달할 수도 있다.

마지막은 상대의 피드백(Feedback)을 받는 것이다. '나의 제안에 대해 어떻게 생각하는지'를 질문하라는 뜻이다. 이를 통해 내가 일방적으로 통보하는 게 아니라 상호 간의 대화를 하겠다는 뜻을 전달할 수 있다. 그리고 질문에 대한 답을 통해 상대의 입장도 파악할 수도 있다.

그럼 협상 상황에서 I-Message로 어떻게 말할 수 있을까? 당신이 중견 기업의 영업 담당자라고 가정해 보자. 회사 전체 생산량의 절반 이상을 납품할 정도로 중요한 거래처인 대기업과 납품 단가를 결정하기 위한 협상장에 회사를 대표해 나섰다. 원자재 가격이 10% 이상 올라서 아무래도 납품 단가를 올려야만 하는 상황. 그런데 상대인 대기업 구매 담당자가 대뜸 이렇게 말한다.

"요즘 시장 상황이 너무 안 좋네요. 이번 납품 단가는 20% 낮춰 주시죠."

어처구니없는 상대의 제안. 여기서 '싸움'을 하면 "말도 안 되는 말씀 하지 마세요!"라고 대응할 것이고 '도망'을 치면 "중요한 거래처이니까 양보해 드리겠습니다. 하지만 다음번엔 꼭 단가를 올려 주시길 부탁드립니다"라고 고개를 숙일 것이다.

이런 상황에서 I-Message를 사용하면 이렇게 말할 수 있다. 먼저 레이블링. "꺼내기 어려운 얘긴데 납품 단가에 대해 제 입장에서 솔직히 말씀드려도 될까요?" 이를 통해 상대의 감정적 벽을 조금 낮출 수 있다.

둘째, 사실이다. "통계청에서 발표한 자료에 따르면 제품 생산에 사용되는 원재료 가격이 지난 분기에 비해 10% 올랐습니다. 그런데 납품가를 20% 내리게 되면 저희 입장에서는 30% 정도 가격이 깎이는 셈입니다." 수치를 이용해 논쟁의 여지를 줄이는 게 필요하다.

셋째, 나의 감정을 말한다. "30% 정도 가격이 낮아지게 되면 회사의 수익 구조가 급격히 나빠질 것 같아 염려됩니다." 네 번째는 의도다. "제가 이런 말씀을 드리는 이유는 적정한 가격을 보장해주실 때 납품 물건의 품질도 보장되고 길게 봤을 때 서로에게 더 이익이 될 것 같아서입니다." 상대의 요구 조건을 받아들이기 힘들다는, 진짜 당신이 하고 싶은 말을 전달하는 게 필요하다. 마지막으로 상대의 피드백을 받아야 한다. "너무 저희 입장만을 말씀 드린 것 같네요. 제 의견에 대해 어떻게 생각하십니까?" 어떤가? I-Message를 통해 상대의 감정을 '묘하게' 해치지 않으면서도 얼마든지 내 의사를 분명하게 전달할 수 있지 않은가?

어떤 이들은 이렇게 말할지도 모른다. "협상에서 내 요구사항 하나 말하는 데 뭐가 이렇게 복잡합니까?" 옳은 지적이다. 협상에서 상대를 '이기고' 싶거든 힘들게 I-Message를 할 필요 없다. 하지만 상대와 나의 가치를 모두 만족시키고 더 큰 가치를 만들어내는 협상 3.0을 하고 싶다면 I-Message는 꼭 필요한 무기다.

〈어린 왕자〉에 사막의 여우가 어린 왕자에게 이렇게 말하는 부분이 있다.

"세상에서 가장 어려운 일은 사람이 사람의 마음을 얻는 일이란다. 각각의 얼굴만큼 다양한 각양각색의 마음을… 순간에도 수만 가지의 생각이 떠오르는데 그 바람 같은 마음을 머물게 한다는 건 정말 어려운 거란다"

정말 어려운 사람의 마음을 얻는 것. 이를 위해선 먼저 상대를 이해해야 한다. 그리고 이를 표현해야 한다. 그 수단이 바로 '말'이다. 공자님께서도 이런 말씀을 남기지 않으셨는가. "말의 힘을 이해하지 못하면 인간을 이해할 수 없다"라고. 기억하라. 사람들은 표현되지 않는 나의 진심을 결코 알아주지 않는다. 어떻게 말하느냐, 그리고 상대의 말에 어떻게 반응하느냐. 그것이 사람의 마음을 얻기 위한 협상 3.0의 시작이다.

- 최철규 · 김한솔(2012.05.), 협상 3.0 : 공감은 하되 인정은 신중히, DBR 104호(2012년 5월 Issue 1). -

부록 10-2 : 협상의 7가지 요소

최고의 결과를 이끌어내는 협상은 어떤 것일까? 협상 참여자 모두를 만족시키는 윈-윈(Win-Win) 협상이 가장 좋다는 것은 모두 알고 있으나 무엇이 윈-윈 협상을 이끌어내는지를 아는 사람은 많지 않다. 어떻게 하면 협상에 성공할 수 있는지에 대해 협상의 7가지 요소를 살펴보면서 방법을 확인해 보려 한다.

협상은 표준(Standard), 실익(Interest), 합의안(Options), 대안(Alternatives), 의사소통(Communication), 약속/책임(Commitment), 상호 관계(Relationship)의 7개 요소로 구성된다. 이를 활용하는 능력에 따라 협상 결과는 완벽히 달라질 수 있다.

첫째, 객관적인 기준(Standard)부터 합의한다. 기준은 숫자를 산정하는 객관적이고 타당한 근거이며 원칙에 입각한 협상을 가능하게 해준다. 시장 가격(시세, 주가 등), 제3자의 결정(조정, 중재 등), 관례(업계 관례, 상도덕 등), 전례(법원의 판례, 이전 계약조건 등)가 이에 해당할 수 있다. 기준이 확립된 협상은 논리 싸움이 될 수 있고, 결과에 승복, 만족할 수 있다. 기준 잣대가 존재하므로 프리미엄/디스카운트 요구의 혼합이 가능하며 기준의 합의 결과가 곧 포지션(Position)이 되므로 포지션 논쟁을 할 필요가 없다. 또한, 합리적 논거를 많이 준비할수록 협상에서 이를 지렛대 역할로 활용할 수 있다.

둘째, 포지션(Position)에 얽매이지 말고 실익(Interest)을 탐색해야 한다. 더운 날씨에 콜라를 찾는 이유는 콜라만을 원하는 니즈도 있겠지만, 그 배경에는 갈증을 해소하는데 니즈의 원천이 있을 수도 있다. 손님에게 단순히 냉장고에 콜라가 없다고 피상적인 답변을 하여 손님을 내쫓을 이유는 없다.

셋째, 양측을 모두 만족시키는 창의적인 합의안(Creative Options)을 개발하여야 한다. 서로의 실익과 니즈가 맞닿는 창의적인 합의안이 필요하다. 일반적인 상거래에서는 앞의 예제와 같이 “콜라는 없지만 시원한 걸 원하신다면, 이런 것은 어떨까요? 콜라보다 갈증 해소에는 훨씬 더 좋습니다.”와 같은 답변이 필요하고, 판매자 입장의 비즈니스가 아니라면, 서로 양보하는 대안을 제시하는 것이 필요하다.

넷째, 질문하고 듣는 의사소통(Communication)을 해야 한다. 질문하는 것이 무지 또는 불평이라는 인식이 자리 잡고 있어 질문을 꺼릴 수 있으나, 실제 질문은 논리의 중요성을 알 수 있는 열쇠가 된다. 상대방의 의도를 파악하고 상대방의 요구와 논리에 입각한 협상을 하게 도와주며 상대방에게도 이해하려고 최선을 다하고 있다는 인상을 줄 수 있다. 질문 역시 열린 형태의 긍정적 질문이 필요하다. 또한, 가장 손해 보는 행위는 상대방의 말을 막는 것이다. 이는 유용한 정보의 수집을 막아버리는 행위이다.

다섯째, 좋은 인간관계를 협상의 토대로 삼아야 한다. 협상에서 제기되는 이슈와 인간관계를 분리하라는 의미로 이슈는 강하게 대응하되 인간관계는 부드럽게 대처하라는 의미이다. 인신공격을 금하며 가능하면 상대방을 명예로운 사람으로 만들어야 한다. 인간관계를 형성하기 위해서는 협상 시작 전 식사 또는 티타임을 갖거나 회의 시작 전에 가벼운 이야기를 나누고 회의가 종료되면 늦게 퇴장하여 접촉빈도를 늘리는 것이 중요하다. 또한, 논리나 지식면에서 상대방을 반드시 이기려고 하는 것도 추천하지 않는다. 특히, 가장 협상이 결렬되기 쉬운 경우는 상대방의 자존심을 건드리는 경우 가장 큰 문제가 된다.

여섯째, 상대방의 숨은 실익을 찾아내거나 제시하여 협상의 전체 규모를 키운다. 이는 Positive Game으로 전체 협상을 변화시키는 행위라고 할 수 있는데, 이것이 성공하면 윈-윈 협상을 이끌어내는 것이 매우 용이하다. 협상 대상이 경제적 이익만이라면, 상대방이 느낄 수 있도록 이에 따른 인정, 명예 등 상대방이 인식하지 못했던 실익을 취할 수 있음을 인지시켜주고 협상에 임해야 한다.

일곱째, 상대방의 배트나(BATNA, Best Alternative To Negotiated Agreement)를 발굴하고 활용한다. 배트나는 협상에서 ‘믿을 구석’의 역할을 한다. 상대방의 배트나를 조기에 간파하게 되면, 협상력 강화는 물론, 협상의 객관적 기준을 쉽게 정의할 수 있으며, 상대방에 대한 압박 역시 가능해진다. 자신의 배트나와 상대 제안을 비교하여 합의 여부를 결정하게 되는데, 배트나를 통해 협상의 종결 시점을 선택할 수 있고, 최선의 제안 선택을 할 수 있으며, 거래에 대한 판단기준을 확립할 수 있어 매우 중요하다. 예를 들어, 이사할 집을 찾는 사람들에게 가장 효과적인 배트나는 경쟁자의 존재이다. 대체할 수 있는 경쟁 상대가 많음을 알려주며, 시한을 정해 협상하는 것은 가장 효과적인 방법 중 하나이다.

마지막으로 상대방과의 협상 중 협상 주제, 포지션, 실익, 합의안, 기준, 배트나 등을 대안별로 정리, 비교하는 방법을 권하며, 합의문을 작성할 것을 추천한다. 이는 협상 주체의 약속과 책임(Commitment)을 담보하는 것으로 꼭 지켜야 할 것은 아니지만, 반대로 신중하게 선택했다면, 이행에 최선을 다해야 하기 때문이다.

- 장인호(2020), 협상의 일곱 가지 요소, 투이컨설팅, 2020.05.12.

제11장 협상능력 Ⅱ

제1절 협상 전략의 종류

협상에 사용될 협상 전략의 형태는 다양하다. 협상 당사자는 자신의 목적과 상대방의 목적, 그리고 상황적 요인에 따라서 다양하게 협상 전략을 구사할 수 있다. 대체로 협상 전략의 형태(혹은 기술)로는 문제해결 전략, 양보 전략, 무행동 전략, 경쟁 전략 등으로 구분할 수 있다. 이 중 문제해결 전략은 협력전략에, 양보 전략은 유화전략에, 무행동 전략은 회피전략에, 경쟁 전략은 강압전략에 해당한다.

1. 협력전략

협력전략(cooperative strategy)은 협상 참여자들이 협동과 통합으로 문제를 해결하고자 하는 협력적 문제해결 전략이다. 문제를 해결하는 합의에 이르기 위해서 협상 당사자들이 서로 협력하는 것이다. 협력적 문제해결은 "Win-Win" 전략, 즉 나도 잘되고, 상대방도 잘되어, 우리 모두가 잘되는 전략인 "I Win, You Win, We Win" 전략이다. 자신이 가지고 있는 것 가운데서 우선순위가 낮은 것에 대해서는 상대방에게 양보하는 협력적 과정을 통해서 문제해결을 위한 합의에 이르게 된다. 협력전략이 성공을 거두기 위해서는 협상 참여자들은 신뢰에 기반을 둔 협력을 진행해야 한다. 이를 신뢰적 협력전략이라고도 할 수 있다.

2. 유화전략

유화전략(smoothing strategy)은 양보 전략이며, 순응 전략이며, 화해전략이며, 수용전략이며, 굴복전략이다. 상대방이 제시하는 것을 일방적으로 수용하여 협상의 가능성을 높이려는 전략이다. 유화전략은 "Lose-Win" 전략이다. 즉, 당신의 승리를 위해서 나는 손해를 보아도 괜찮다는 전략인 "I Lose, You Win" 전략이다. 유화전략은 협상으로 인해 돌아올 결과보다는 상대방과의 인간관계 유지를 선호하여 상대방과 충돌을 피하고자 할 때 사용할 수 있다. 상대방과의 우호 관계를 중시하며 그 우호 관계를 지속하기 위해서 자신의 입장이나 이익보다는 상대방의 이익과 입장을 고려하여 상대방에게 돌아갈 결과에 더 큰 관심을 가지고 상대방의 주장에 순순히 따르는 전략이다.

3. 회피전략

회피전략(avoiding strategy)은 무행동 전략이며, 협상 철수전략이다. 즉, 협상을 피하거나 잠정적으로 중단하거나 철수하는 전략이다. 회피전략은 "Lose-Lose" 전략이다. 즉 나도 손해 보고 상대방도 피해를 입게 되어 모두가 손해를 보게 되는 전략인 "I Lose, You Lose, We Lose" 전략이다. 회피전략은 상대방에게 돌아갈 결과나 자신에게 돌아올 결과에 대해서 전혀 관심을 가지지 않을 때 사용할 수 있고, 자신이 얻게 되는 결과나 인간관계 모두에 대해서 관심이 없을 때 상대방과의 협상을 거절할 수 있다. 협상의 가치가 낮거나 협상을 중단하고자 하여 상대방에게 심리적 압박감을 주어 필요한 양보를 얻어내고자 할 때, 또는 협상 이외의 방법으로 쟁점 해결을 위한 대안이 존재할 경우에 회피전략을 사용할 수 있다. 또한 회피전략은 협상을 계속 진행하는 것이 자신에게 불리하게 될 가능성이 있을 때나 협상 상황이 자신에게 불리하게 전개되고 있을 때, 협상 국면을 전환시키고자 할 때 사용할 수 있다.

4. 강압전략

강압전략(forcing strategy)은 공격적 전략이며 경쟁 전략이다. 자신이 상대방보다 힘에 있어서 우위를 점유하고 있을 때 자신의 이익을 극대화하기 위한 공격적 전략이다. 상대방의 주장을 무시하고 자신의 힘으로 일방적으로 밀어붙여 상대방에게 자신의 입장을 강요하는 전략이다. 강압전략은 "Win-Lose" 전략이다. 즉 내가 승리하기 위해서 당신은 희생되어야 한다는 전략인 "I Win, You Lose" 전략이다. 명시적 또는 묵시적으로 강압적 위협이나 강압적 설득, 처벌 등의 무력시위 또는 카드 등을 사용하여 상대방을 굴복시키거나 순응시킨다. 자신의 주장을 확실하게 상대방에게 제시하고, 상대방에게 이를 수용하지 않으면 보복이 있을 것이며 협상이 결렬될 것이라는 등의 위협을 가하는 경우가 발생할 수 있다. 따라서 강압전략은 일방적인 의사소통으로 일방적인 양보를 받아낸다. 인간관계를 중요하게 여기지 않고 어떠한 수단 방법을 동원해서라도 자신의 입장과 이익 극대화를 관철시키는 것에만 관심이 있다. 협력전략과 반대로 강압전략은 합의도출이 어렵다. 상대방에 비해 자신의 힘이 강하고, 상대방과의 인간관계가 나쁘고, 상대방에 대한 신뢰가 전혀 없을 때, 자신의 실질적 결과를 극대화하고자 할 때 강압전략이 사용될 수 있다.

제2절 상대방 설득방법(설득전략 기술)

협상에서 상대방을 설득하여 문제를 해결하는 일은 매우 중요하다. 설득이란 상대방을 자신이 의도하는 방향으로 움직이게 하는 것이다. 협상에 있어 상대방을 설득시키는 일은 필수적이다. 상대방을 설득시키는 방법은 상대방에 따라, 상황에 따라 매우 다양하다.[275] 설득은 이성적인 요인도 있지만, 감정적인 요인도 작용하기 때문이다.[276]

---

275) 상대를 설득하는 방법과 관련하여 [부록 11-1] 참조.

276) 협상과 설득의 감정적 요인과 관련하여 다니엘 샤피로와 로저 피셔는 자신의 감정을 다스리고 상대의 감정을 움직일 수 있는 비법을 전하고 있다. 사업상 중요한 자리에서 감정에 휘둘려 낭패를 본 적이 있는가? 이성적으로 판단해야 하는 상황이나 미팅에서 감정을 다스리지 못한 적이 있는가? 아니면 모든 것이 순조로웠는데 갑자기 상대가 비이성적인 이유로 협상을 깬 적이 있지 않은가? 그 상황을 논리적이고 이성적인 이유로는 설명할 수 없었다면 남은 것은 감정이다. 그렇다. 모든 문제의 원인은 감정이다. 모든 일은 사람이 하는 것이기 때문에 상대와 나의 부정적인 감정은 잘 다스리고 긍정적인 감정을 이끌어낼 수 있다면 해결할 수 없는 문제는 없다. 그렇다면 어떻게 해야 내 감정을 다스리고 상대의 감정을 움직일 수 있을까? 하버드대학교에서 설득 협상 관련 강의를 담당했던 다니엘 샤피로와 로저 피셔는 감정의 원인을 유발하는 5가지 핵심관심을 알고, 이를 잘 활용해야 한다고 주장한다. 이들은 상대의 감정을 움직일 수 있는 요소로 인정, 친밀감, 자율성, 지위, 역할을 꼽는다. 상대를 인정하고, 친밀감을 강화하고, 의사결정의 자율성을 존중하고, 상대와 지위를 갖고 경쟁하지 말고, 성취감을 주는 역할(자신만 챙기지 말고 상대방도 어떤 혜택을 보도록 협상에 임하는 것이 바로 윈-윈 전략임)을 하라고 강조한다. 그러면 어떤 협상 테이블에서도 상대에게 긍정적인 감정을 유발해 원하는 것을 얻게 된다는 것이다. 이들은 협상에 나서는 모든 사람들에게 감정을 잘 다루는 강력한 '틀'을 제시하고 있는데, 감정을 잘 다루건 못 다루건 상관없이 감정은 협상에 중요한 영향을 미친다는 것이다. 협상을 할 때 지속적으로 바뀌는 수많은 감정들에 일일이 대처하지 않고도 앞서 언급된 5가지 핵심관심에만 전념해도 효과적이라는 것이다. 이러한 핵심관심들은 협상할 때 겪는 많은 감정적 문제들의 중심에 위치하며, 이들 5가지 핵심관심들을 잘 활용한다면 감정을 느낄 때 무기력해지지 않고 긍정적 감정을 자극하면서 부정적 감정을 극복할 수 있다고 제안하고 있다. 이와 관련하여 다니엘 샤피로·로저 피셔(2013), 원하는 것이 있다면 감정을 흔들어라, 이진원 옮김, 한국경제신문사, 2013.05.20. 참조.

1. 설득심리의 이해

대인관계에서 누군가를 설득해야 내가 원하는 것들을 쟁취할 수 있고, 원하는 바대로 상황이 이루어질 수 있다. 사람들의 설득심리는 어떤 경우에 더 쉽게 설득되는지 살펴볼 필요가 있다.

(1) 상호성의 법칙

'가는 말이 고우면 오는 말이 고울 확률이 높다'는 말이 있다. 평소에 친분이 있는 지인을 만날 때 간단한 선물이나 먹거리를 들고 방문할 경우 빈손으로 방문할 때보다 더욱 분위기가 밝아진다. 그 작은 선물 하나 때문에 당사자에 대하여 지인은 호의를 가지게 된다. 그러고 나서 다음에 급한 일이 생기거나 부탁을 할 경우가 발생할 때 과거 빈손으로 방문했을 경우의 상황보다는 좀 더 용이하게 부탁을 할 수 있게 된다. 내가 원하던, 원하지 않던 남에게 호의를 받으면 빚을 진 느낌이 든다. 물론 사람마다 다르겠지만, 상대방의 호의를 받을 때 호의를 단호하게 거절할 수 있는 사람들은 많지 않을 것이다.

누군가로부터 호의, 즉 선물이나 서비스를 제공받았다면 그것을 다시 돌려줘야 한다는 의무감을 느낀다는 것이다.[277] 친구의 파티에 초대를 받았다면 그 친구를 다시 초대해야 할 것 같은 의무감을 느끼게 되는 것이다. 사회적 의무라는 맥락에서 보면 자신이 빚진 사람에게 YES라고 답할 가능성이 커지게 된다.

이 상호성의 원칙은 레스토랑에서도 잘 나타난다. 레스토랑에 갔을 때 웨이터가 작은 선물을 줄 때가 있을 것이다. 아마도 계산서를 가져왔을 때쯤 될 것이다. 사탕 하나가 여러분이 남길 팁에 영향력을 행사할 수 있을까? 하지만 결과는 놀랍다. 웨이터가 사탕 하나를 주면 팁이 3% 증가했으며, 2개의 캔디를 주었을 땐 14%가 증가했다. 그리고 사탕 하나를 주고 "정말 좋으신 분들인 것 같은데 제가 사탕 하나를 더 드리고 싶습니다."라고 말했을 경우에는 23%가 증가했다.

상호성 원칙의 핵심은 먼저 주라는 것과 무엇을 주느냐가 아니라 '어떻게' 주느냐이다. 개인의 취향을 맞추고 예상치 못한 것을 주는 게 중요하다.

(2) 일관성의 법칙

'내가 생각하는 것이 옳다'고 생각하는 경우가 많은데, 만약 혼자 살고 있는 경우 고장이 난 냉장고를 교환하기 위해 방문한 가전센터에서 점원은 기능과 가격이 탁월한 제품을 소개하였지만, 혼자 살기에는 그렇게 큰 제품이 필요하지 않아 점원의 설

277) 고객들에게 도로 갚아야 할 작은 마음의 빚을 하나씩 만들어 주는 것이다. 작은 선물, 할인쿠폰, 정성스러운 손 카드 등.

11장

득에도 결국, 본인이 선택한 상품을 사게 되는 경우가 많다. 하지만 일관성에 개입이 들어오면 일관성을 상실할 수 있지만, 일관성을 유지하려는 심리가 있다.

사람들은 자신이 과거에 했던 행동이나 말과 일치된 모습을 보이려는 속성이 있다. 일관성의 원칙이 효과가 있으려면 설득 이전에 상대방을 작게라도 개입시키는 요소가 있어야 한다.[278]

전문가들이 실행한 유명한 연구를 살펴보도록 하자. 한 동네에서 소수의 사람만이 보기 흉한 안전운전 캠페인 표지판 설치에 동의했다. 하지만 인근 동네에서는 무려 4배나 많은 주민들이 이 흉한 표지판을 세우는 데 동의했다. 비결은 바로 열흘 전 집 앞 창문에 작은 안전운전 캠페인 지시카드를 붙이는 데 동의했기 때문이다. 즉 이 작은 카드가 바로 주민들을 먼저 개입시킨 요소가 된 것이다. 이는 주민 참여율 400% 상승이라는 엄청나고 일관성 있는 변화를 이끌어냈다.

따라서 일관성의 원칙을 활용하여 상대방을 설득할 때에는 자발적이고 적극적이며 공개적인 개입을 활용할 필요가 있다.

(3) 사회적 증거의 법칙

다른 사람이 웃으면 나도 모르게 웃는 경우가 있다. TV를 볼 때 개그 프로에서 웃음소리가 나오는 경우가 있다. 늘 오락프로에는 웃음소리와 박수가 나올 때 나도 모르게 따라 했던 기억이 있을 것이다. 혼자 집에서 공포영화를 보는 것보다 극장에서 공포영화를 보는 것이 주위 사람들의 반응에 의해 더욱 실감 나고 무서운 영화가 되는 것이다. 인간은 사회적 동물이기 때문에 타인이 느끼는 감정과 유사하게 느끼고, 설득되는 심리를 가지고 있다.

사람들은 확신이 없는 경우 다른 사람의 행동을 보고 자신의 의사를 결정한다. 호텔에 갔을 때 화장실에 작은 안내 카드를 걸어두고 객실 손님에게 수건과 침대 시트를 재사용하라는 문구를 본 적이 있을 것이다. 대부분의 호텔은 수건 재사용이 가져오는 환경보호 효과로 투숙객의 관심을 끌려고 노력하고 있다. 이는 사실상 매우 효과적이며, 수건 재사용률 35%를 이끌어냈다.

하지만 이보다 훨씬 효과적인 방법이 있다. 조사에 따르면, 4일 이상 투숙하는 고객 중 약 75%는 투숙 기간 어느 시점에는 수건을 재사용하는 것으로 나타났다. 그렇다면 이러한 사회적 증거를 활용해서 안내 카드에 간단한 내용 하나만 추가하면 어떨까? 즉, '투숙고객 중 75%는 수건을 재사용하고 있습니다. 고객 여러분께 협조 부탁드립니다.'라고 말이다. 이런 안내 카드 문구에 영향을 받지 않을 것 같지만, 결과적으로 보면 안내 카드 글자 몇 개 바꿔서 정직하게 알린 것이 재사용률을 33%

278) 사람들이 자신이 했던 행동이나 말을 지키려는 경향을 이용해야 한다는 것으로 상대방을 작게라도 개입시켜 자발적 참여를 유도해야 한다는 것이다.

증가시켰다.

여기에서 과학이 주는 메시지는 자신의 능력만으로 다른 사람을 설득하기보다는 다른 사람들이 이미 하고 있는 행동을 보여주는 것이 훨씬 더 효과적이라는 것이다. 특히 자신과 유사한 다수의 사람을 예로 든다면 더욱 효과적일 것이다. 작지만 실용적이고 비용이 들지 않으면서도 윤리적인 방법으로 여러분의 영향력을 높여 보기 바란다.279)

(4) 호감의 법칙

저렇게 예쁜데 설마 친절한 금자씨가 그런 행동을 하지 않았을 것이라고 생각하는 영화의 한 내용을 살펴보면, 누명으로 감옥에 간 금자씨는 아름다운 외모로 사람들의 환심을 얻는다. 이중적인 악녀지만 천사 같은 외모로 모든 사람에게 호감을 주는 금자씨는 복수와 관련된 도움을 너무나 쉽게 받을 수 있었다. 영화 '친절한 금자씨'를 보면 악녀였지만, 사람들은 외모를 보고 도움을 더욱 쉽게 주는 경향이 있다. 이러한 호감의 법칙은 일상생활에 적용할 수 있다. "오늘 옷이 너무 예쁘네요"와 같은 작은 칭찬들이 사람들에게 호감도를 높여 더욱 빨리 사람들과 친해질 수 있고, 더 쉽게 설득할 수 있는 분위기를 조성해 준다.

사람들은 자신이 호감을 갖고 있는 사람들에게 YES라고 답할 확률이 높아진다. 그럼 어떻게 하면 다른 사람이 나에게 호감을 가질 수 있도록 할 수 있을까? 여기에는 3가지 중요한 요소가 있다. 사람들은 첫째 자신과 비슷한 사람, 둘째 자신을 칭찬하는 사람, 셋째 자신과 협력해서 공통의 목표로 나아가는 사람에게 호감을 갖는다.

MBA 학생들을 대상으로 협상에 대한 연구를 진행했다. 첫번째 집단의 경우 '시간은 돈이다'라는 말을 하며 협상을 바로 시작하라고 지시했고, 그 결과 55%의 합의에 이른 반면, 두번째 집단의 경우 협상에 앞서 '개인적 정보교환, 서로의 공통점을 찾아내고 협상을 시작하라'고 지시했고, 그 결과 90%가 성공적 합의에 도달했다.

이렇듯 호감의 원칙을 잘 활용하려면 다른 사람과의 공통점을 찾아내고 진심 어린 칭찬을 건넨 후 비즈니스에 들어가기 바란다.280)

(5) 권위의 법칙

고장 난 핸드폰을 고치기 위해 서비스센터를 찾아간 경우, 직원들의 현란한 전문용어들로 인해 이미 기가 죽는 경우가 발생한다. 기존에 알고 있는 핸드폰의 결함에

279) 다른 사람들의 행동을 보고 자신의 행동을 결정하는 사람들의 심리를 활용하는 것으로 포인트 지급 등으로 구매평을 유도하여 소비자들의 관심을 끌고, 베스트 상품 등 인기 아이템들을 잘 묶어서 판매하는 전략 등을 예로 들 수 있겠다.

280) 다른 사람과의 공통점을 찾아내고 공감대를 형성한 후에 본격적인 비즈니스에 들어가야 성공확률이 높아진다는 것이다.

대해 서비스센터 직원들은 다른 문제라고 하여 전문가의 말을 믿고 부품교체를 하였으나 핸드폰은 여전히 고장 상태인 경우도 있다. 이처럼 나보다 많은 지식을 가지고 있는 사람은 무조건 옳다고 생각하는 경우가 있다. 가끔 전문가도 잘못된 생각이나 주장을 할 경우가 있지만, 사람들은 전문가의 의견을 맹신하는 경우가 있다.

불확실한 상황에서 사람들은 신뢰할 수 있는 전문가의 의견을 따르게 된다. 환자들이 물리치료사가 권장하는 운동을 더 잘 따르게 하려면 치료실에 자격증이나 면허증을 걸어두면 되고, 기계 대신 관리인이 주차요금을 받을 때 평상복보다 제복을 입으면 사람들은 조금 더 순순히 지불하게 된다는 것이다. 여기서 중요한 것은 설득을 시도하기 전에 여러분이 신뢰할만한 전문가라는 신호를 보내라는 것이다. 만약 그러기 힘들다면 자신의 똑똑함을 대신 전해줄 제3자를 만들면 된다.[281)]

과학적 연구 결과에 따르면 소개하는 사람이 여러분을 잘 알지 못하지만, 긍정적 소개를 통해서도 권위의 원칙은 작동한다. 한 부동산 중개업체는 '약간의 변화'를 통해 부동산 감정 건수뿐 아니라 계약 건수도 올라갔는데, 비법은 바로 고객 문의에 대한 리셉션의 응대 방식이었다. 즉 리셉션에서 먼저 직원들의 '전문성'에 대해 언급하고 나서 담당 직원에게 전화를 연결했던 것이다. 예를 들어 고객이 임대 건으로 문의를 하면 "센데라씨가 임대 분야 경력이 15년이 넘으니 잘 도와줄 것입니다. 연결해 드릴게요"라고 한다. 이렇게 전문성을 언급하는 응대 방식으로 고객 면담 건수 20% 상승, 계약 건수 15%가 증가했다고 한다.

(6) 희소성의 법칙

'얼마 안 남았습니다!'라는 홈쇼핑 쇼호스트의 매진을 알리는 목소리나 마트 직원의 마지막을 알리는 목소리에 고객들은 쉽게 흔들리고, 상품을 구매하게 된다. 마지막을 알리는 목소리나 선착순을 알리는 목소리에 당장 필요는 없지만, 싼값에 물건을 살 수 있다는 기대감과 얼마 안 남았다는 희소성에 의해 꼭 구입해야 할 것 같은 심리에 구매하게 된다. 희소성을 가지고 있다는 것에 구매해야 한다는 느낌을 받게 되고, 설득당하기 쉽게 된다.

사람들은 갖기 힘든 것을 더 갖고 싶어한다. 2003년 브리티시 항공사는 〈런던-뉴욕〉 간 콩코드 여객기 운항을 중단하겠다고 밝혔다. 돈이 안 되었기 때문이었다. 그런데 바로 그다음 날 콩코드 노선 매출이 폭발적으로 증가했다. 하지만 콩코드 여객기에는 아무런 변화가 없었다. 사람들은 이 여객기가 갑자기 희귀해졌기 때문에 더 원하게 되는 것이었다.

---

281) 자화자찬보다는 권위 있는 기관 또는 사람의 추천이나 소개로 인해 사람들의 마음이 움직인다는 것이다. 자신이 전문가라는 어필과 제3자의 추천, 이 두 가지가 모두 필요할 듯하다. 전문분야 블로거의 리뷰(review, 전체를 대강 살펴보거나 중요한 내용이나 줄거리를 대강 추려냄)나 전문 기자의 인터뷰 등을 활용하는 방법이 있겠다.

희귀성의 원칙을 사용할 경우 한 가지 더 기억해야 할 점은 누군가에게 상품과 서비스를 제안할 때 상대방이 얻게 되는 것만 이야기해서는 부족하다. 그 제안이 지닌 독특한 점뿐만 아니라 제안을 받아들이지 않을 경우 잃게 될 손실이 무엇인지 알려줘야 한다.[282)]

2. 설득전략

(1) See-Feel-Change 전략

설득전략으로 'See(보고)-Feel(느끼고)-Change(변화한다)' 전략을 사용할 수 있다. 협상 전략 관점에서, 'See' 전략은 시각화하고 직접 보게 하여 이해시키는 전략이며, 'Feel' 전략은 스스로 느끼게 하여 감동시키는 전략이며, 'Change' 전략은 변화시켜 설득에 성공한다는 전략이다.

See (시각화하여 이해시킨다)	➡	Feel (느끼게 하여 감동시킨다)	➡	Change (변화시켜 설득에 성공한다)

(2) 상대방 이해 전략

협상 상대방을 설득하기 위해서는 설득에 장애가 되는 요인들을 척결해야 한다. 즉 상대방에 대한 이해가 선행되어 있으면 갈등 해결이 용이하다는 것이다. 예컨대 상사가 부하를 설득하기 위해서는 부하에 대한 이해가 선행되어야 한다. 경영자가 근로자들을 설득하기 위해서는 근로자들에 대한 이해가 선행되어야 하며, 부서 간의 갈등에 있어서도 상대방 부서를 설득하기 위해서는 상대방 부서에 대한 이해가 선행되어야 한다.

(3) 호혜 관계 형성 전략

호혜 관계란 협상 당사자 간에 어떤 혜택들을 주고받은 관계가 형성되어 있으면 그 협상 과정상의 갈등 해결에 용이하다는 것이다. 평소에 호혜 관계(양측이 서로 특별한 편의와 이익을 주고받는 관계)를 잘 형성해 놓으면 차후에 어떤 정책을 추진할 때 다른 사람으로부터 협조를 잘 받아낼 수 있다.

282) 한정판, 타임 세일, 홈쇼핑의 '이번이 마지막 구성' 등. '지금' 이것을 구입하지 않으면 안 되는 이유를 만들어주어야 한다. 제품의 설명을 통해 이 제품이 없으면 경험할 수 없는 것들에 대한 언급(애플 광고가 이런 식임)으로 희귀성을 부여할 수도 있겠다.

(4) 헌신과 일관성 전략

헌신과 일관성이란 협상 당사자 간에 기대하는 바에 일관성 있게 헌신적으로 부응하여 행동하게 되면 협상 과정상의 갈등 해결이 용이하다는 것이다. 상사가 부하들에게 대하는 행동도 마찬가지로 적용된다. 상사가 헌신적이고 일관성 있게 부하를 대하게 되면 갈등 발생 시 부하와의 갈등 해결이 용이하다.

(5) 사회적 입증 전략

사회적 입증이란 어떤 과학적인 논리보다도 동료나 사람들의 행동에 의해서 상대방 설득을 진행하는 것이 협상 과정상의 갈등 해결이 더 쉽다는 것이다. 즉 과학적 이론보다 자신의 동료나 이웃의 말이나 행동에 의해서 쉽게 설득된다는 것인데, 예컨대 광고에서 말하는 소위 '입소문'을 통해서 설득하는 것이 광고를 내보내서 설득하는 것보다 더 효과가 있다는 것이다.

(6) 연결 전략

연결이란 협상 과정상의 갈등상태가 발생했을 때 갈등문제와 갈등관리자를 연결시키는 것이 아니라 갈등을 야기한 사람과 관리자(갈등을 야기한 사람과 우호적인 사람을 의미)를 연결하면 갈등 해결이 용이해진다는 것이다. 따라서 어떤 정책을 집행할 때 그 정책에 이해관계를 기진 집단들에게 우호적인 사람으로 하여금 집행하게 되면 그 정책으로 인해 발생하는 갈등을 용이하게 해결할 수 있다는 것이다.

(7) 권위 전략

권위란 직위나 전문성, 외모 등을 이용하면 협상 과정상의 갈등 해결에 도움이 될 수 있다는 것이다. 사람들은 자신보다 더 높은 직위, 더 많은 지식을 가지고 있다고 느끼는 사람으로부터 설득당하기가 쉽다. 계장의 말씀보다 국장의 말씀에 더 권위가 있고 설득력이 높다. 비전문가보다 전문가의 말에 더 동조하게 된다. 전문성이 있는 사람이 그렇지 않은 사람보다 더 권위가 있고 설득력이 있다.

(8) 희소성 해결전략

희소성이란 인적, 물적 자원 등의 희소성을 해결하는 것이 협상 과정상의 갈등 해결에 용이하다는 것이다. 사람들은 시간적으로 희소하고 사회경제적으로 희소한 것 등에 대해서 더 강력히 소유하고자 하는 큰 욕구를 가지고 있을 때 목숨을 걸 정도로 설득을 잘 당한다는 것이다(사람은 희소한 것에 약하다).

(9) 반항심 극복 전략

반항심이란 협상 과정상의 갈등관리를 위해서 자신의 행동을 통제하려는 상대방에게 반항한다는 것에 관련된 것이다. '로미오와 줄리엣 효과'는 희소성과 반항심리를 잘 묘사하고 있다. 부모들의 '하지 마라'라는 반대가 연인들로 하여금 반항심리를 불러일으켜 더 깊은 사랑을 하게 만든다. 부모들의 반대가 심화되면 될수록 로미오와 줄리엣에게 희소성이 더욱 강화되고 반항심을 더욱 자극하여 더 깊은 사랑에 빠지게 만들고 결국엔 자살로 이어진다는 것이다. 부하나 시민들을 설득하는데도 마찬가지이다. 억압하면 할수록 더욱 반항하게 될 가능성은 높아진다. 부하나 시민들을 비난하거나 부정하는 말이나 행동으로 설득시키려면 부하나 시민들로 하여금 반항심리를 유발시켜 설득에 실패하게 될 확률이 높다. 따라서 이를 피함으로써 협상을 용이하게 하는 전략이다.

제3절 협상 및 설득의 핵심 포인트

협상은 공동 목표 결정에 이르게 하기 위해(어떤 목적에 부합되는 결정을 하기 위해) 서로 의사를 주고받는 과정이다. 협상을 위해서는 우선 둘 이상의 의사결정 주체나 당사자가 있어야 하며, 협상 당사자가 원하는 구체적인 것이 있어야 한다.

한편 성공적 협상을 위해서는 다음의 사항이 요구된다.

① 상대가 진정으로 원하는 것이 무엇인지 정확하게 인식할 것
② 협상을 통해 얻어내고자 하는 본질을 구체적으로 설정(목표와 한계를 명확히 할 것)할 것
③ 가능한 대안을 준비할 것
④ 내가 줄 수 있는 것과 내가 협상하는 이유를 분명히 설성할 것
⑤ 감정보다는 냉정함을 유지, 다름과 틀림을 구분하면서 협상에 임할 것
⑥ 당당하게, 예의 있게, 유연하게, 그리고 끈질기게 협상을 진행할 것
⑦ 양측이 모두 윈-윈이 될 수 있도록 최선을 다할 것

제4절 협상의 실전전략

1. 공통관심사에서 시작하라[283)]

2012년 미국의 적자 감축 협상은 유난히 험난했다. 가장 큰 이유는 협상의 양 주체인 공화당과 민주당이 처음부터 극단적인 입장을 고수한 데 있었다. 공화당은 미국 최고 부유층에게도 증세는 절대 없을 것이라고 반복해서 공식적으로 발표했다. 그 대신 막대한 지출 삭감이 필요하다는 입장을 굽히지 않았다. 반대로 민주당은 최고 부유층에 더 많은 세금을 부과해야 하며 대규모 지출 삭감은 없을 것이라는 입장에서 조금도 물러나지 않았다. 애초에 완전히 상반된 입장을 내세운 탓에 양측 간 거리는 좀처럼 좁히기 힘들어 보였다.

이런 유형의 입장 흥정은 협상 진행을 어렵게 만든다. 한편이 완전히 이기고 상대방은 완패하는 구도다. 공화당과 민주당 역시 이런 구도에 빠지면서 양쪽 모두에 이익이 되는 협상안을 도출하기 위한 협력에 실패했다. 결국, 협상은 최종 기한을 코앞에 둘 때까지 제자리에 머물렀다. 2012년이 끝날 때까지 미 의회와 백악관이 합의에 도달하지 못하면 새로운 경기 침체로 이어질 수도 있는 재정절벽(fiscal cliff)이 불가피한 상황이었다.

협상이 답보에 빠지는 일을 막으려면 어떻게 해야 할까? 상대를 적으로 보는 대신 양측이 공유하는 문제를 먼저 생각하라. 그것을 해결하기 위해 어떻게 협력하면 좋을지 고민하라. 민주당과 공화당은 각자 내세우는 방법이 달랐을 뿐 연방 적자 규모가 줄어야 한다는 사실에는 공감하고 있었다. 협상을 시작할 때부터 공통적으로 갖고 있는 생각에 집중했더라면 금방 손을 잡을 수 있었을 것이다. 시간에 쫓기듯 막판까지 협상하는 일도 피할 수 있었을 것이다. 극단적인 쟁점을 내세워 갈등의 골을 깊게 하기보다는 공통의 관심사에서 출발해 양측 모두에 이로운 창의적 해결책을 찾는 데 주력해야 한다.

2. 요구 아닌 욕구를 파악하라[284)]

거래처와 연이은 미팅을 마치고 퇴근한 당신. 녹초가 된 몸을 소파에 누이려는데 당신의 아내가 말을 건다. "여보, 요즘 애들이 너무 말을 안 들어. 그리고 갑자기 추워져서 그런지 요새 머리가 너무 아파." '나도 힘들어 죽겠어'라는 말이 목구멍까지

283) 동아일보(2013.10.), 타결 불가능한 협상? 공통관심사에서 시작하라, 2013.10.09.
284) 최철규·김한솔(2012.10.), 요구 아닌 욕구를 파악하라, 덤까지 얻는다, DBR 115호(2012년 10월 Issue 2).

차올랐지만, 꾹 참고 이렇게 말했다. "그래? 내일 병원 가." '고마워'라는 말을 기대한 당신. 하지만 당신의 말을 들은 아내의 얼굴에서 당신을 향한 고마움은 눈을 씻고 봐도 찾을 수가 없다. 그 대신 부인은 "옷 갈아입고 얼른 씻기나 해. 그리고 내가 양말 뒤집어서 벗지 말라고 했지? 가방 좀 아무렇게나 던져 놓지 좀 말고!"라며 잔소리를 쏟아낸다. 당신의 대화, 뭐가 문제였던 걸까?

(1) 요구가 아닌 욕구에 집중하라

협상 테이블에서는 수많은 안건들이 오고 간다. 가격을 1%라도 낮춰서 사고 싶은 구매자와 1%라도 더 받고 싶은 판매자, 물건을 산 뒤에 2년 이상의 AS 기간을 보장받고 싶어 하는 구매자와 AS를 1년 동안만 제공하고 싶은 판매자 등 간단한 매매 협상에서도 여러 개의 협상 안건이 등장한다. 그리고 협상 도중 서로 상반된 주장을 하는 사람들 때문에 협상은 어렵다. 하지만 하나만 제대로 알면 협상을 풀어내기 위한 '빛'을 찾을 수도 있다. 바로 요구(Position)와 욕구(Needs)라는 개념이다.

요구, 즉 포지션이란 협상 테이블에 직접 등장하는 내용을 말한다. 앞에서 본 것처럼 구매자가 '단가 1% 인하' 'AS 기간 2년 보장'과 같이 직접 요구하는 내용이 포지션이다. 이러한 포지션에만 집착하면 협상을 풀기가 어렵다. 구매자의 이런 요구에 대해 판매자는 '단가 인상' 'AS 기간 1년' 등의 정반대의 포지션을 갖고 있기 때문이다. 이렇게 상반되는 포지션에만 집착해 협상을 진행 시키면 서로 자기주장만 반복하다 협상이 결렬되거나 '반반씩' 양보해 어느 누구도 만족하지 못하는 협상 결과를 만들어낸다.

이런 일이 생기지 않게 할 방법이 바로 포지션이 아닌 욕구, 즉 니즈(Needs)에 집중하는 것이다. 욕구란 한마디로 말해 '이유'다. 상대가 '왜' 그 포지션을 주장하느냐 하는 것이다. 욕구, 즉 니즈에 집중해 협상을 진행 시키면 상대가 요구하는 포지션을 받아들이지 않아도 협상을 타결시킬 수 있다.

그렇다면 이제 중요한 건 어떻게 상대의 니즈를 파악하느냐다. 상대의 니즈를 파악하기 위해 가장 많이 사용되는 3가지 방법을 소개한다.

(2) 욕구 파악을 위한 첫번째, 열린 질문을 던져라

협상을 잘하기 위해 가장 중요한 게 무엇일까? 다양한 협상 경험? 혹은 상대의 주장에 휘둘리지 않는 강심장? 아니면 상대의 마음을 바꿀 수 있는 화려한 화술? 그럴 수도 있다. 하지만 미국의 협상 전문가들의 답은 달랐다. 그들이 협상을 잘하기 위해 가장 중요한 요소로 꼽은 건 '철저한 준비'였다.

여기서 두번째 질문. 그럼 무엇을 준비해야 할까? 내가 이번 협상에서 무엇을 얻어낼 것인가를 정하는 것? 양보의 마지노선? 협상의 진행 순서? 그렇다. 이 모두가 필요하다. 하지만 여기서도 가장 중요한 게 빠졌다. 바로 '상대가 무엇을 중요하게 생각하느냐'하는 것이다.

협상은 나 혼자 계산해 정답을 맞추는 퀴즈쇼가 아니다. 파트너와 호흡을 맞춰 멋진 작품을 만들어 내는 스포츠 댄스처럼 협상 상대와의 끊임없는 커뮤니케이션 과정을 통해 양측 모두 만족하는 해결책을 만들어 내는 과정이 바로 협상이다. 그래서 내가 아닌 '상대'의 욕구를 파악하는 게 중요하다. 이를 위해 가장 빠르고 정확한 방법이 질문이다.

여기까지 얘기하면 사람들은 생각한다. "난 충분히 질문하고 있다"라고. 그럴 수 있다. 하지만 질문의 개수는 중요하지 않다. '어떤' 질문을 하느냐가 중요하다.

원재료의 납품 조건을 정하기 위한 협상 상황을 생각해보자. 상대가 이렇게 요구한다. "납기일은 월말로 지켜주세요. 가능하시죠?" 월말까지의 납기는 힘든 상황. 자, 당신이 이런 요구를 받았다면 어떤 질문을 던질 것인가? 혹시 "납기일을 꼭 월말로 해야 하나요?" 같은 질문이 생각났는가? 이런 질문을 커뮤니케이션학에서는 '닫힌 질문'이라고 한다. 상대가 "Yes or No"의 대답만 하게 하는 질문이란 뜻이다. "가격을 좀 낮춰 주시면 안 돼요?" "AS는 3년까지 가능하죠?"와 같은 질문들이 바로 닫힌 질문이다.

질문을 통해 상대의 욕구를 파악하기 위해서는 '열린 질문'이 필요하다. 납기일을 독촉받는 앞의 상황에서 열린 질문을 한다면 이렇게 할 수 있다. "납기일을 월말로 하지 않으면 어떤 점이 곤란하신가요?" 이런 질문을 통해 '납기일이 늦어지면 완성품 생산 일정에 차질이 생긴다'거나 '원재료 공급이 늦어지면 기계 운영을 멈출 수밖에 없어 비용 부담이 커진다'는 등의 진짜 이유를 파악할 수 있다. 그리고 이를 통해 원재료 납품이 늦어져도 문제를 해결할 수 있는 '또 다른 방법'을 찾을 수 있게 된다. 예를 들면 '기계가 지속적으로 돌아갈 수 있도록 최소 물량은 꾸준히 공급한다'는 식의 해결책이 가능하다. 이처럼 좋은 열린 질문 하나로 협상의 물꼬를 바꿀 수 있다.

혹시 짧은 협상 시간 안에 내가 원하는 것을 얻어내야 하는데 질문을 하는 건 시간 낭비라고 생각하는가? 짧은 시간을 투자해 상대의 정보를 얻어낼 수 있는 최고의 투자법이 바로 질문하기다. 괜히 질문했다가 협상의 주도권이 상대에게 넘어갈까 봐 걱정되는가? 상대는 당신의 질문에 답하면서 자신이 협상 주도권을 갖고 있다고 느끼게 될 것이다. 하지만 그 속에 숨겨진 진실은 협상의 진짜 주도권은 상대로부터 정보를 얻고 있는 당신이 쥐고 있다는 사실이다. 기억하라. 열린 질문이 핵심이다.

(3) 욕구 파악을 위한 두번째, 관점을 전환하라

한 가지 실험 얘기를 하려고 한다. 두 소녀가 있다. 한 아이는 샐리이고, 다른 아이는 앤이다. 두 아이가 유모차와 인형을 가지고 놀고 있다. 그러다 샐리가 유모차에 인형을 넣어 놓고 방을 나간다. 혼자 있던 앤이 잠시 후 유모차에서 인형을 꺼내 옆에 있던 나무 상자로 옮겨 놓는다. 그리고는 방을 나간다. 잠시 후 샐리가 다시 방으로 들어온다. 샐리는 인형을 찾기 위해 가장 먼저 어디를 찾을까?

답은 당연히 유모차다. 하지만 이 질문을 만 4세 이하의 아이에게 하면 많은 아이들이 '나무 상자'라고 답을 한다. 인형이 나무 상자로 옮겨졌다는 사실을 자신이 알고 있기 때문에 샐리도 당연히 그것을 알 것이라고 생각하기 때문이다. 학자들은 이런 능력을 '마음 이론(Theory of Mind)'이라고 부른다. 다른 사람의 마음과 입장을 헤아릴 수 있는 능력을 의미한다. 이런 능력은 만 4세가 지나면서부터 서서히 만들어진다. 그리고 마음 이론의 핵심에 관점 전환(Perspective Taking) 능력이 있다. 내가 보는 세상 이외에도 다른 시각이 있을 수 있음을 아는 게 바로 관점 전환이다.

협상 얘기를 하다 말고 왠 심리 실험 얘기냐고? 많은 사람들이 협상을 하다 보면 마음 이론이 아직 갖춰지지 않은 만 4세 이하의 어린아이처럼 행동하기 때문이다. 예를 들어보자.

공장 설비를 납품하고 싶은 당신. 어렵게 거래처 사람과의 미팅을 잡았다. 주어진 시간은 단 10분. 당신은 짧은 시간 안에 거래처 담당자의 마음을 얻기 위해 3가지 근거를 준비했다.

① 이 설비는 현재 시장에서 유통되는 것들에 비해 생산성이 15% 이상 높다.
② 불필요한 장치를 없애고 부품의 크기를 줄여서 설비의 크기를 최소화했다.
③ 설비 운영 중 생기는 문제에 대해 24시간 AS가 가능하다.

자, 여기서 질문. 이 협상가가 준비한 자료에 학점을 매긴다면 어떤 학점을 줄 수 있을까? 만약 이 협상가가 만난 사람이 공장장이라면 A+를 받을 수 있다. 공장장에겐 높은 생산성, 설비의 크기, 신속한 AS 등이 중요한 고려 요소이기 때문이다.

하지만 만약 이 협상가가 만난 사람이 구매 담당자라면 어떨까? 그렇다면 이번 협상은 F학점이다. 이유는? 구매 담당자에겐 생산성이나 설비의 크기보다 더 중요한 것이 있기 때문이다. 바로 가격 조건이다. 그래서 구매 담당자의 마음을 움직이려면 이 설비가 다른 것들보다 얼마나 더 싼지를 어필하는 게 더 효과적이다. 그의 욕구, 즉 니즈는 품질보다는 가격에 있다는 뜻이다. 결국, 그의 니즈와 전혀 상관없는 얘기만 한 셈이다. 그래서 이런 경우는 F학점을 줄 수밖에 없다.

그런데 안타깝게도 많은 협상가들이 F학점을 받을 만한 협상을 하고는 한탄한다. '이게 얼마나 좋은 건데 그 가치를 모른다'면서 말이다. 관점 전환 능력이 부족하기 때문에 이런 일이 생긴다. 사람들은 내가 아는 것을 상대도 알 것이라고 지레짐작한다. 내가 생각하는 장점을 상대도 가치 있게 여길 거라고 믿는다. 미안한 얘기지만 이건 혼자만의 착각일 뿐이다. 나에겐 당연한 것이 상대에겐 당연하지 않을 수 있고, 나에겐 최고의 가치를 주는 게 상대에겐 귀찮은 고민거리일 뿐일 수도 있다. 협상 고수들은 항상 상대의 입장에서 생각한다. 그 사람이 중시하는 건 무엇인지, 그의 마음을 움직일 수 있는 건 뭔지, 상대 관점에서 문제를 바라보는 것. 그것이 욕구 파악의 핵심이다.

(4) 욕구 파악을 위한 세 번째, 히든 메이커(Hidden Maker)를 파악하라

미국인들이 가장 좋아하는 스포츠로 흔히 NFL(미국 프로 풋볼 리그)을 꼽는다. NFL 경기 장소를 가만히 살펴보면 흥미로운 사실이 발견된다. 바로 NFL의 올스타전인 프로볼 경기가 열리는 지역이 하와이라는 사실이다. 1980년 이후 하와이 이외의 지역에서 프로볼 경기가 열린 적은 2010년(플로리다) 딱 한 번뿐이었다. 넓은 미국 본토를 두고 굳이 먼 하와이로 가서 올스타전을 여는 이유가 뭘까?

NFL은 몇 년째 프로볼 경기에 슈퍼스타들을 불러 모으지 못하고 있었다. 상금이나 출전비를 올려봤지만, 선수들은 움직이지 않았다. 이유는 간단했다. 100억 원 이상의 천문학적 금액을 연봉으로 받는 선수들에게 '고작' 몇 만 달러의 상금은 당근이 될 수 없었기 때문이다.

선수들이 출전을 꺼리는 이유는 또 있었다. MLB(메이저리그 야구)나 NBA(미국 프로 농구) 등 다른 스포츠 리그의 올스타전이 시즌 중간에 열리는 것과 달리 NFL의 올스타전인 프로볼은 정규 시즌이 끝난 뒤에 열린다. 그래서 많은 선수들, 특히 슈퍼스타들이 경기 참여를 꺼려했다. 시즌이 끝나 피로가 누적된 상태에서 성적과 아무 관련도 없는 경기에 나섰다가 부상을 당하면 손실이 너무 크기 때문이다.

고민이 깊어진 NFL의 프로볼 주최 측이 아이디어를 냈다. 프로볼 경기 장소를 하와이로 옮기고 하와이행 왕복 항공권과 최고급 호텔 숙박권을 제공하기로 한 것. 그러자 상황이 달라졌다. 스타 선수들이 하나둘 프로볼 참석 의사를 나타냈다. 비밀이 뭘까?

사실 억대 연봉을 받는 슈퍼스타들에게 하와이행 항공권이나 호텔 숙박권에 들어가는 돈의 액수는 아무것도 아니었다. 하지만 이들에겐 가족 혹은 애인과 함께할 수 있는 '시간'이 항상 부족했다. NFL의 프로볼 주최 측이 노린 게 바로 이 점이었다. '합법적인 휴가 기간'을 줘서 선수들이 평소 잘 챙겨주지 못했던 사람들과 행복한 시간을 보내도록 만들어 주겠다는 전략이었다. 바로 이것이 '히든 메이커(Hidden Maker)'를 활용해 상대의 욕구를 자극한 협상이다. 히든 메이커란 나의 협상 상대에게 영향력을 미치는 '주변 사람'이다. 앞의 협상에서는 스타 선수들의 가족과 애인이 히든 메이커였던 셈이다. 그래서 협상 고수들은 내 협상 파트너의 주변 사람이 누구인지 파악하기 위해 많은 노력을 한다. 히든 메이커의 말을 따르는 게 하나의 중요한 욕구이기 때문이다.

히든 메이커를 파악해 활용하는 건 실제 협상에서도 아주 유용하게 활용된다. 그 힘을 확인할 수 있는 가장 좋은 상황이 바로 노사협상을 할 때다.

이런 상황을 생각해보자. 올해 경영 실적이나 내년도 경제 전망 등에 의해 내년 평균 임금 인상률은 5%를 최대치로 생각하고 있는 경영층. 협상의 원리를 모르는 CEO는 노조 위원장과 노조원들이 모두 모인 자리에서 "내년 임금 인상률은 5%가 최대한입니다"라고 발표한다. 그리고 노조 위원장과의 협상 자리에서 다시 한번 강조한다. "아까 말한 것처럼 내년도 임금 인상률은 5%가 최대한입니다!"

하지만 협상의 원리를 아는 CEO는 모두가 모인 자리에서 "아시다시피 내년도 경제가 더 어려워질 것으로 예측돼 내년도 임금 인상률은 3%가 최대한입니다"라고 말한다. 그리고 노조 위원장과 만난 자리에서 이렇게 말한다. "3%가 최대한이라고 얘기했는데 노조 위원장을 봐서 제가 좀 양보하겠습니다. 임금 인상률은 5%가 최대한입니다."

이렇게 말하는 이유는? 바로 노조 위원장의 히든 메이커를 고려했기 때문이다. 무슨 뜻일까? 노조 위원장에게 가장 큰 영향을 미치는 사람이 누구인가? 바로 노조원들이다. 노조 위원장은 '연임'이라는 자신의 욕구, 즉 니즈를 달성하기 위해 노조원들의 지속적인 지지를 받는 게 아주 중요하다. 그럼 노조원들이 노조 위원장에게 바라는 건 뭘까? 간단하다. 회사와 협상을 잘해서 노조 측에 최대한 많은 것을 얻어내는 것이다. 결국, 회사 입장에서 노조 위원장과의 협상을 잘 풀어내기 위해서는 노조원들이 노조 위원장에게 긍정적 인상을 갖도록 하는 게 아주 중요해진다. 그리고 그 방법이 앞에서 본 협상을 아는 후자의 CEO가 사용한 방법이다.

공개적인 자리에서는 '3% 인상이 최대한이다'라고 말을 하고 실제 협상에서 '5% 인상'이라는, 처음 생각했던 안을 받아들이도록 하는 것. 이를 통해 노조원 입장에서는 '우리 노조 위원장이 협상을 잘해서 5%까지 올려줬구나'라고 생각하게 된다. 그리고 노조원들이 만족하는 데 노조 위원장 역시 회사 측의 제안을 거부할 필요가 없게 된다. 바로 이것이 히든 메이커를 활용한 협상의 힘이다. 협상장에서 내 앞에 있는 사람을 움직이도록 하기 위한 방법이 상대를 직접 자극하는 것만 있는 건 아니다. 그 사람에게 영향을 미칠 수 있는 사람을 활용해 관계에 대한 욕구를 자극하는 것, 이것이 바로 프로 협상가들이 사용하는 히든 메이커를 활용한 협상이다.

(5) 결 론

처음의 얘기로 돌아가 보자. '병원 다녀와'라고 말을 했지만, 오히려 잔소리를 쏟아내는 아내. 이제 그 이유를 알겠는가? 아내에게 '머리가 아프다'는 건 포지션일 뿐이었다. 진짜 원하는 것, 즉 니즈는 '하루종일 아이들에게 시달리며 집안일 하느라 너무 힘들었다'는 것을 남편이 알아주길 바랐던 것이다. 결국 "그래? 오늘 힘들었어?"라는 따뜻한 말 한마디면 해결될 일이었다. 기억하라. 행복한 가정을 꾸리기 위해서도 포지션이 아닌 니즈에 집중하는 건 아주 중요하다.

3. 마음의 장벽을 허무는 협상 전략 5단계[285)]

협상의 상대로부터 '노'라는 대답을 듣지 않으려면 자신의 반사적 반응과 상대의

285) https://bonlivre.tistory.com/1451 [봉리브르], 합의를 방해하는 장벽 5가지와 그 장벽을 허무는 협상 전략 5단계, 2019.02.12.

감정과 입장, 그리고 상대의 불만과 파워라는 5가지 장벽을 뚫고 합의에 도달할 수 있어야 한다. 이를 위해서는 정면으로 충돌하는 맞대결을 피하고 상대가 스스로 마음을 바꿀 수 있는 환경을 만드는 게 중요하다. 장벽을 알고 그 장벽을 허무는 방법까지 안다면 공동의 문제를 해결하고 양쪽 모두에게 더 나은 결과를 가져다줄 뿐만 아니라 불필요한 대립을 피해 시간과 에너지를 줄여줄 수 있을 것이다. 직장에서 뿐만이 아니라 모든 인간관계에서 문제 해결과 합의에 이르는 데 필요한 지침이 되어 줄 것이다.

(1) 1단계 : 반사적으로 반응하지 않는다

합의를 방해하는 첫 번째 장벽은 당신의 반사적 반응이었다. 따라서 마음의 장벽을 허무는 첫 단계는 당신의 반사적 반응을 억제하는 것이다. 이를 위해서는 심리적 안정을 되찾고 원하는 것을 얻는 것에 일관되게 초점을 맞출 필요가 있다. 예를 들면 협상 테이블이 내려다보이는 발코니에 서 있는 자신의 모습을 이미지로 형상화해 보는 방법도 좋다. 즉 심리적인 거리를 두고 제3자의 시선으로 현재 상황을 지켜보는 것이다.

(2) 2단계 : 논쟁하지 않고 상대의 입장에 선다

상대의 방어본능, 두려움, 의심, 적대감 같은 부정적인 감정들을 이겨내야 한다. 이런 감정들은 아차 하는 순간에 당신을 논쟁의 소용돌이 속으로 끌고 들어갈 수 있기 때문이다. 당신이 심리적 안정을 찾았다면 상대도 심리적 안정을 찾도록 도와줘야 한다. 이를 위해서는 상대의 말을 경청하고, 그의 주장과 감정을 이해하고 동의하며 존중하고 있다는 의사를 표시하는 것이 좋다.

(3) 3단계 : 거부하지 않고 게임의 틀을 바꾼다

상대가 자기 입장만 내세우고 일방적으로 당신의 양보를 얻어내려고 한다면 공동 문제해결은 쉽지 않다. 이럴 때 상대의 주장을 거부하고 싶은 마음이 드는 것은 당연하다. 하지만 당신이 그렇게 할수록 상대는 자기 입장에 더 집착하게 될 게 뻔하다. 이럴 경우에는 반대로 해봐라. 즉 상대가 하는 말은 무엇이든 다 수용하고, 그 후 상대의 요구를 문제를 해결하기 위한 시도로 재구성하라. 다시 말해서 상대의 입장에 서서 그런 주장 뒤에 감춰진 의도를 탐색해 보는 것이다. 이는 상대를 문제 해결을 위해 나서는 파트너인 것처럼 대함으로써 게임의 틀을 바꾸는 것이다.

(4) 4단계 : 몰아붙이지 말고 다리를 놓아준다

상대가 여전히 뭔가 못마땅해하고 합의에서 얻어질 이익에 대해 확신하지 못하고 있다면, 당신은 억지로라도 밀어붙이고 싶은 충동을 느끼게 될 것이다. 하지만 그럴수록 상대의 저항이 더 거세질 게 뻔하다. 따라서 이럴 때는 상대의 입장에서 서로 만족할 수 있는 이른바 '황금의 다리를 놓아주는' 전략을 써보자. 당신에겐 상대의 이해관계와 당신의 이해관계 사이의 격차를 해소할 고리가 필요하다. 이를 위해서는 상대가 체면을 유지하도록 해주고 협상 결과를 상대의 승리처럼 보이게 만들 필요가 있다.

(5) 5단계 : 내 힘을 상대에게 실어준다

당신이 최선의 노력을 기울이고 있지만, 상대는 파워게임으로 당신을 꺾을 수 있다고 여기며 여전히 협력을 거부할지도 모른다. 이럴 때 당신 역시 더 큰 힘으로 상대를 누르고 싶은 충동을 느끼고 위협도 하고 고압적인 태도로 맞서기도 하겠지만, 이래서는 협상이 결실을 맺기는커녕 쓸데없는 소모전으로 치달을 뿐이다. 이 경우 당신은 협상의 파워를 상대를 누르기 위해서가 아니라 다시 협상 테이블로 불러들이는 데 써야 한다. 즉 상대에게 누구도 혼자 힘으로 협상을 승리로 이끌 수는 없으며, 당신이 협력해야 문제를 해결할 수 있다는 사실을 상대에게 일깨워주는 것이다.

제5절 직장생활 속 협상의 기술[286)]

직장에서 활용할 수 있는 협상의 기술에 대해 살펴보기로 하자.

1. 협상의 5가지 요소

(1) 협상 전에는 철저한 자료조사

협상 전에는 충분한 사전조사가 필수이다. 상대방을 설득하기 위한 목적도 있지만, 상대방의 주장에 어영부영 이끌려가지 않기 위해서는 상대방 주장의 타당성을 파악할 수 있는 객관화된 자료를 미리미리 준비하도록 해야 한다.

(2) 첫 만남에서 상대방의 호감을 사자

서로 다른 목적을 가지고 만났다고 해서 으르렁거리며 서로를 경계할 필요는 없다.

286) 휴비스 공식 블로그(blog.huvis.com), 협상? 남의 일이 아니에요! “직장생활 속 협상의 기술!”, 2018.06.14.

고래도 춤추게 하는 칭찬으로 분위기를 풀어보는 건 어떨까? "ㅇㅇㅇ씨에게 이야기 많이 들었습니다. 업무 능력이 좋으시다고 칭찬을 아끼지 않더라고요!" "메일로(통화로) 업무를 보다가 이렇게 뵙게 되어 너무 영광입니다!" 위와 같은 간단한 멘트로 초반 협상 분위기를 편안하게 만들면 협상의 자리 또한 훈훈하게 흘러가지 않을까?

(3) 질문을 던져라

유능한 협상가들은 협상 시 질문을 많이 던진다고 한다. 질문을 던지고 돌아오는 대답 속에서 협상의 열쇠를 얻는다고 한다. 또한, 질문을 던질 때는 구체적인 선택지를 주는 것이 협상을 유리하게 이끌 수 있다. 가령 점심 메뉴를 제시할 때, "오늘 점심 뭐 드시겠습니까?" 보다는 "오늘 점심으로 일식과 중식 중 어떤 것이 더 좋으세요?"라고 질문하여 본인이 생각하는 최선과 차선 중 선택할 수 있도록 제시하게 될 경우, 최악의 선택이 차선이 되는 결과를 이끌어낼 수 있다.

(4) 경청은 언제나 옳다

상대방이 주장할 때 경청할 경우 상대방으로 하여금 존중받는 느낌을 줄 수 있다. 또한, 긍정적인 이미지 전달뿐만 아니라 상대방의 말을 경청하다 보면 설득에 필요한 빈틈을 찾을 수도 있다. 상대가 무심코 취하는 행동이나 말들을 모두 놓치지 않고 경청하면서 상대방의 주장을 역으로 이용할 수 있는 내용을 찾아 유리한 쪽으로 협상을 이끌어 보라.

(5) 배트나(BATNA)를 준비하라

협상이 결렬되었을 때 갖고 있는 차선책! 배트나(Best Alternative to Negotiated Agreement, BATNA)[287]라고 한다. 내가 제안한 안이 받아들여지지 않을 때 차선책을 가지고 있다면 더욱 협상의 폭이 넓어지고 주도권을 가질 수 있게 된다. 예를 들어 부동산 중개업자가 매수자에게 집을 보여줄 때, 부동산 중개업자는 여러 명의 매수를 원하는 사람을 갖고 있을 경우 지금 집을 보러온 사람과 계약이 되지 않아도 덜 아쉽겠죠? 이럴 때 중개업자가 협상의 주도권을 갖게 된다. 부동산 중개업자는 슬쩍 이렇게 말하겠죠? "오전에도 이 집을 보고 가신 분이 두 분이나 계셔요." 이 말을 듣는다면? 아휴~ 초조해~

287) 직역하면 '협상된 계약의 최선의 대안' 정도가 된다.

2. 적용 사례

앞서 협상의 5가지 중요 요소를 알아보았다. 거창한 협상이 아닌 당장! 오늘 저녁 회식에서 내가 먹고 싶은 메뉴를 티 나지 않게 끌어내는 방법! 지금 바로 적용해보기로 하자. “나는 오늘 회식 때 기필코 삼겹살을 먹을 테야~ 목표를 잡았다. 무엇을 먼저 준비해야 할까?”

(1) 회식 장소 정보조사

회식 장소로 적합한 주변 맛집과 가격을 차근차근 조사한다.

(2) 팀장님께 뻐꾸기 날리기

회식 장소 결정에 강한 입김을 발휘하시는 팀장님께 기분 좋은 멘트를 날린다. “팀장님 요즘 너무 헬쓱하세요~ 몸 건강을 위해 고기 좀 드셔야 할 것 같습니다”

(3) 팀장님의 취향 저격 질문 날리기

질문은 구체적일수록 좋다. “기름과 지방이 적당한 이베리코 돼지가 좋으세요? 껍질이 바삭바삭한 제주도 흑돼지가 좋으세요?” “돼지고기에 아미노산이 많아 피로회복에 좋다고 하더라구요~”

(4) 팀장님의 의견을 경청

질문을 던진 후 팀장님의 의견을 경청한다. 존중의 눈빛을 가득 담아

(5) 차선책 준비

팀장님의 몸 건강을 생각해주는 부하직원의 의견을 보통 들어주시긴 하지만~ 만약의 경우 대안도 생각해야 한다. 예를 들어 팀장님이 해산물을 드시고 싶다고 하면 “쭈꾸미 삼겹살은 어떨까요?” 하고 다른 메뉴를 제안한다. 이외에 오삼불고기(오징어+삼겹살), 차돌삼합(차돌+관자+버섯), 굴보쌈 등 여러 가지 대안을 제안해 보는 것도 방법이다.

제6절 마무리 : 핵심 체크

☑ 협상이란 갈등상태에 있는 이해당사자들이 대화와 논쟁을 통해서 서로를 설득하여 문제를 해결하려는 정보전달과정이자 의사결정과정이다.

☑ 협상 과정은 관점에 따라 다양한 형태로 언급될 수 있다. 협상 과정을 5단계로 구분하면 ① 협상 시작, ② 상호 이해, ③ 실질 이해, ④ 해결방안, ⑤ 합의문서 등으로 구분할 수 있다. 또한, 협상 과정을 협상 진행단계를 중심으로 구분하면 ① 협상 전 단계, ② 협상 진행단계, ③ 협상 후 단계 등으로 구분할 수 있다.

☑ 협상에 활용되는 전략은 다양하다. 대체로 협상 전략은 ① 협력전략, ② 유화전략, ③ 회피전략, ④ 강압전략 등으로 구분할 수 있다. 협력전략은 "Win-Win" 전략, 유화전략은 "Lose-Win" 전략, 회피전략은 "Lose-Lose" 전략, 강압전략은 "Win-Lose" 전략으로 요약할 수 있다.

☑ 협상에 있어 상대방을 설득시키는 일은 필수적이다. 상대방을 설득시키기 위해 활용할 수 있는 전략으로는 ① See-Feel-Change 전략, ② 상대방 이해 전략, ③ 호혜 관계 형성 전략, ④ 헌신과 일관성 전략, ⑤ 사회적 입증 전략, ⑥ 연결 전략, ⑦ 권위 전략, ⑧ 희소성 해결전략, ⑨ 반항심 극복 전략 등이 있다.

부록 11-1 : 상대를 설득하는 4가지 방법

상대를 설득하고 싶다면 크게 두 가지를 확보해야 한다. 나에 대한 인간적인 신뢰와 내 얘기에 대한 공감. 둘 다 이성보단 감성에 가깝다. 논리가 전부가 아니다. 설득은 이성이 아닌 감성을 공략하는 게 핵심이다. 머리보단 마음을 먼저 움직여야 한다.

☑ 호감을 확보하라

상대가 나를 싫어한다면 애초에 설득을 포기하는 게 낫다. 어떤 논리적이고 옳은 말을 해도 나를 따르지 않는다. 겉으론 동의할 수 있으나 실질적 효과가 없으니 의미 없다. 상대가 내 말을 받아들이려면 나 자체가 매력적이어야 한다. 설득에선 호감의 대상이 되는 게 그 무엇보다 중요하다.

☑ 상대를 파악하라

좋은 관계라 할지라도 상대의 성향과 전혀 맞지 않는 방식으로 말하면 공감할 수 없다. 설득하려는 내용 그 자체보다 말하는 스타일을 상대에게 맞춰야 한다. 같은 말도 말하는 방식에 따라 받아들이는 느낌에 차이가 크다. 어떻게 말하는 게 효과적인지 파악하려면 상대방을 자세히 관찰해라.

☑ 공감을 끌어내라

설득은 상대를 넘어뜨리는 게 아니다. 상대가 공감할 수 있게 마음을 끌어내는 게 핵심이다. 머리로 이해 못 하더라도 마음으로 받아들이게 하는 것이 설득이다. 그러려면 전체적인 흐름이 논리적이더라도 중요한 지점에선 감성적이어야 한다. 우리는 결정을 이성으로 하지 않고 감성으로 한다.

☑ 완벽을 포기하라

급하게 강요하지 마라. 어느 정도 반응이 있다면 지켜보며 기다릴 필요가 있다. 상대가 당장 내 말을 따라주길 원하면 그만큼 마음의 여유가 없다. 조급하면 될 일도 안 된다. 무슨 일이든 완성되려면 시간이 필요하다. 설득도 마찬가지다. 상대방 마음이 변할 수 있게 기다려 주는 여유가 중요하다.

상대의 말을 주의 깊게 들어야 상대를 잘 파악할 수 있고 그걸 바탕으로 공감대를 형성해야 마음을 움직일 수 있다. 항상 집중해서 듣고 공감하는 표정으로 대화해라. 이것이 설득의 가장 기본적인 태도다. 설득은 이해가 아니라 공감이 핵심이다.

- http://moneyman.kr › archives, 상대를 설득하는 4가지 방법-머니맨, 2016.12.16. -

11장

제 1 장	대인관계능력
제 2 장	팀워크능력 Ⅰ
제 3 장	팀워크능력 Ⅱ
제 4 장	리더십능력 Ⅰ
제 5 장	리더십능력 Ⅱ
제 6 장	리더십능력 Ⅲ
제 7 장	리더십능력 Ⅳ
제 8 장	갈등관리능력 Ⅰ
제 9 장	갈등관리능력 Ⅱ
제 10 장	협상능력 Ⅰ
제 11 장	협상능력 Ⅱ
제12장	**고객서비스능력 Ⅰ**
제 13 장	고객서비스능력 Ⅱ

제1절 서비스의 7가지 의미

과거의 서비스 개념은 신분, 소득, 직업의 차이에 따라 일방적으로 한쪽에서만 상대방을 기쁘게 만족시키는 것이고, 따라서 서비스를 제공하는 사람은 굴욕감이나 비하감을 느끼게 되는 것으로 이해됐다. 그러나 진정한 서비스는 상대방과 나 자신을 동시에 기쁘게 하는 수단이 된다는 점이다. 베푼 사람이나 받은 사람이나 서로에게 기쁨과 보람이 되는 것, 이것이 바로 서비스의 참모습이다. 따라서 친절서비스의 특징은 상대방의 입장이 되어 상대방을 위하는 마음의 자세이며, 친절은 상대방을 위한 것이다. 또한, 친절은 표정이나 행동으로 나타나는 것이며 자연스럽고 나날이 발전하는 것이다. 친절은 바로 나 자신의 일이다. 친절은 자기 나름의 철학이 있어야 하며 친절은 서비스 제공자의 마음이 담긴 것이다.[288)]

① S(Sincerity, Smile & Speed) : 서비스는 성실, 미소와 함께 신속하게 하는 것
② E(Enthusiasm, Emotion) : 서비스는 열정을 갖고 감동을 주는 것

288) 세미나비즈(http://www.seminarbiz.kr), 치과 첫인상은 5초에 80%가 결정된다, 2020.08.31.

③ R(Revolutionary, Respect) : 서비스는 혁신적으로 고객을 존중하는 것
④ V(Value) : 서비스는 고객에게 가치를 제공하는 것
⑤ I(Impressive, Image) : 서비스는 고객에게 감명 깊게 좋은 이미지를 심어주는 것
⑥ C(Communication, Courtesy) : 서비스는 원활한 의사소통을 위해 예의를 갖추고 정중하게 하는 것
⑦ E(Esteem, Excellence) : 서비스는 상호존중하면서 고객에게 탁월하게 제공되어야 하는 것

제2절 서비스와 기업경영의 관계

서비스는 인간관계의 기본이자, 기업을 경영함에 있어서의 핵심요소이다. 이에 고객서비스는 한 기업에서 생산되는 제품의 이미지를 결정하는 데 주요한 요인이 되고, 기업이 성장할 수 있는 원동력이 되고 있다. 품질이 우수한 제품을 출시하여 소비자들로부터 좋은 인지도를 유지했던 기업들도 고객서비스의 불만이 가중되고 이것이 고객들에게 알려지게 되면 고객들은 언제든 떠나게 된다.

고객[289]의 선호도에 따라 기업의 가치가 좌우될 수 있다. 그렇기에 기업들은 우수한 제품을 생산하는 것에 그치지 않고, 더 나아가 고객서비스에 많은 관심을 두게 된다. 여기에서 훌륭한 고객서비스의 중심은 바로 사람이고, 사람이 고객을 상대로 서비스를 제공하기 때문에 최상의 서비스를 제공하기 위해서는 우수한 고객서비스 능력을 갖춘 인재가 필요하다.

---

289) 초기의 고객 개념은 상인으로부터 물건이나 서비스를 구매하는 사람이었다. 비즈니스 모델이 진화하면서 고객 개념은 확장되어왔다. 자본주의 경제를 떠받치는 역할을 하는 보험회사의 고객 개념이 가장 포괄적이다. 하나의 보험 상품에는 보험료를 내는 사람, 보험의 담보가 되는 사람 또는 물건, 보험금을 타는 사람 등이 각각 다를 수 있다. 이들을 한마디로 당사자 또는 관련자로 표현한다. 기업이 수익을 창출하는 데 영향을 미치는 모든 외부 경제 실체로 정의할 수 있다. 디지털 경제에서는 새로운 고객 개념을 필요로 한다. 네트워크 효과를 기반으로 하는 플랫폼 비즈니스 모델에서는 판매자, 구매자, 소비자 등의 개념은 그다지 중요하지 않다. 플랫폼 비즈니스 기업의 주 활동은 판매가 아니라 매칭이다. 에어비엔비는 자산 보유자와 자산 이용자를 연결해줌으로써 수익을 창출한다. 플랫폼 비즈니스 기업의 고객은 네트워크 참여자인 것이다. 고객으로부터 어떻게 수익을 창출할 것인가는 기업들의 중요한 관심사였다. 고객만족경영, 고객관계관리, 고객경험관리 등이 시대에 따라서 등장하여왔다. 바뀌지 않은 것은 기업의 존속에 결정적인 영향을 미치는 요인이 고객이라는 점이다. 이와 관련하여 http://www.2e.co.kr › news › articleView [투이컨설팅], 고객만족-고객관계관리-고객경험-고객상호작용, 김인현, 2020.02.12. 참조.

제3절 고객서비스의 의미

1. 생각해보기

(1) 얌체 고객 대응방안

최근 우리 사회에서 '갑질'이 사회적 문제로 대두(대한항공 사례 등)된 바 있다. 한편 기업 간 경쟁이 과열되면서 소비자 확보 경쟁 역시 치열하게 전개되고 있다. '소비자는 왕이다'라는 인식이 팽배하면서 블랙슈머[290]나 체리피커[291]와 같은 얌체 고객 또한 증가하고 있다. 이러한 문제를 해결하면서 기업의 이익을 극대화할 수 있는 고객서비스 방안에 대하여 각자 생각해보자.[292]

(2) 고객 불만 AI 자동분석[293]

신동빈 롯데그룹 회장이 신년사를 통해 고객 교감 중요성을 강조한 가운데, 롯데백화점이 고객 컴플레인을 정형화하는 인공지능(AI) 분석 시스템을 전격 도입한다. 고객의 소리(VOC)에 쌓인 데이터를 유의미한 형태로 변환해 내부 경영에 적극 활용한다는 계산이다.

2020년 1월 9일 업계에 따르면 롯데백화점은 고객 컴플레인에서 추출한 데이터를 현업에 활용하는 'VOC 데이터 랩' 시스템 개발을 완료하고 이달 내 전 직원에 배포할 예정이다. 비정형 텍스트 데이터를 정제해 경영에 활용하는 것은 백화점 중 롯데가 처음이다.

해당 시스템은 시각 기법을 활용해 데이터를 직관화했다. 위험어 감지와 신규 불만 접수 알림 기능을 탑재해 업무 활용도를 높였다. 중복접수된 고객 불만은 실시간 검색어 순위처럼 표현된다. PC는 물론 모바일 애플리케이션(앱)도 개발해 현장 직원의 접근성을 높였다.

---

290) 블랙슈머(또는 블랙컨슈머) : 악성 민원제기 소비자로서 악성을 뜻하는 블랙(black)과 소비자를 뜻하는 컨슈머(consumer)의 합성어이다. 일례로 상품을 구매하여 일정 기간 사용 또는 즉시 상품의 하자를 주장하고 제품의 교환 또는 보상을 요구하는 것. 심한 경우 의도적으로 제품에 이물질을 넣거나 고의적인 파손으로 민원을 제기하거나 협박을 가해 기업으로부터 배상 또는 과도한 보상을 요구하는 형태가 있다. <출처 : 블랙컨슈머, 시사경제사전>

291) 체리피커(cherry picker) : 기업의 상품이나 서비스를 구입하지 않으면서 자신의 실속만을 차리는 고객을 말한다(각종 혜택이나 무료서비스에만 관심을 두는 고객임). 기업 입장에서는 비용만 갉아먹는 얌체족이다. 신 포도 대신 체리(버찌)만 골라 먹는 사람이라는 뜻으로, 본래는 크레디트카드 회사의 특별한 서비스 혜택만 누리고 카드는 사용하지 않는 고객을 가리킨다. <출처 : 체리피커, 두산백과>

292) 이와 관련하여 [부록 12-1] 참조.

293) 전자신문(2020.01.), 롯데百, 고객 불만 AI 자동분석-경영 밑거름으로 쓴다, 2020.01.09.

이번 시스템은 고객 불만 글의 핵심과 의도를 자동으로 파악하고, 글에서 나타나는 여러 의미를 통계적으로 분석해 현장 업무 개선에 필요한 메시지를 추출하는 것이 핵심이다.

롯데백화점 VOC 시스템에는 전국 점포와 온라인을 통해 접수된 불만과 제안 등 연간 2만 건 이상 글이 등록된다. 그러나 텍스트 형태로 저장된 민원 대부분이 형식과 내용이 제각각인 비정형 데이터로 이를 체계적으로 활용하는 데는 한계가 있었다.

롯데는 불만 유형 세분화에 따른 고객서비스 강화와 고객 잠재 니즈 확보를 통한 영업·마케팅 고도화에 중점을 두고 1년 넘게 이번 프로젝트를 이끌어왔다. 2018년 말부터 AI 기반 빅데이터 전문기업 코난테크놀로지와 협업해 수만 건 고객 글을 대상으로 사전 테스트를 진행했다. 유통업과 통계학, AI·빅데이터에 특화된 직원 5~6명으로 구성된 태스크포스(TF)도 별도로 꾸렸다.

해당 팀은 고객이 남긴 민원 글을 분석하는 텍스트 분석(TA) 기술을 통해 고객 반응과 관심사를 유관 부서에 효과적으로 전달하는 데 중점을 뒀다. 이번 VOC[294] 분석 시스템 도입으로 감정 지수 평가, 핵심 키워드 추출, 의미연결, 중요도 계산, 시각적 공유, 통합검색 등 모든 과정을 AI가 대체하게 된다.

롯데 관계자는 "기존 VOC 시스템은 고객 불만을 분류하려 해도 수작업에 의존해야 하고 관리자 주관이 개입될 여지도 있었다"면서 "상담 창구에서 처리하고 방치됐던 수만 개 컴플레인이 이번 시스템을 통해 비즈니스 가치가 있는 데이터로 재탄생한 것"이라고 말했다.

롯데백화점은 이번 'VOC 데이터 랩'을 통해 현장 업무 역량이 획기적으로 개선될 것으로 보고 있다. 고객 개인 취향이 반영된 의견이나 경쟁사와 비교 등 단순 상담 처리 후 방치했던 데이터가 영업·마케팅·상품기획 등 다양한 부서에서 미래전략을 구축하는데 요긴하게 쓰일 수 있다는 기대다.

김근수 롯데백화점 AI팀장은 "과거에는 크게 활용되지 않았던 데이터도 AI를 기반으로 한 데이터 처리기술의 혁신으로 의미 있게 사용할 수 있게 됐다"면서 "앞으로도 다양한 비즈니스 흔적을 데이터화해 활용할 계획"이라고 말했다.

2. 노드스트롬의 고객서비스

(1) 사 례

1901년 미국 시애틀의 구두 상점으로 시작한 노드스트롬은 출발부터 고객에 대한

294) VOC(고객 목소리, Voice Of Customer)는 기업의 경영 활동에 있어서 고객들이 기업의 서비스에 반응하는 각종 문의, 불만, 제안 등을 의미한다. 이러한 VOC를 구성하고 있는 데이터는 주로 콜센터 등에서 사용하는 CRM의 고객지원 시스템을 통해 확보할 수 있는 상담원의 고객 상담메모, 고객지원 게시판이며, 최근에는 블로그, 트위터, 커뮤니티 사이트의 다양한 채널을 통해 확보가 가능한 고객 제품, 서비스의 반응 등 데이터를 포괄적으로 포함한다.

사랑이 남달랐다. 매장에는 고객이 신발을 신고 벗기 편하도록 일반 의자와는 달리 약간 높게 제작한 가죽 소파와 의자를 배치했다. 이처럼 남들은 생각하지 못한 세심한 부분까지 고객에 대한 배려를 아끼지 않았다. 그 후 구두 가게는 노드스트롬이라는 백화점으로 성장해 나갔다.

노드스트롬은 '머리가 아닌 서비스'로 조직을 경영하고 철저한 고객서비스 정신으로 오늘날 세계적인 백화점을 일구어냈다. 노드스트롬은 고객들 앞에서 '무릎을 꿇는 법'을 가르치기 위해 손자들을 모두 백화점의 신발 매장에서 일하게 했다. 이것이 오늘날 노드스트롬의 고객서비스 정신의 밑거름이 되었다.

노드스트롬이 100년 동안 고객의 사랑과 신뢰를 받는 세계적인 백화점으로 성장할 수 있었던 원동력은 바로 아래에 명시된 '노드스트롬의 규칙'에서 확인할 수 있다.

> 우리들이 가장 중요한 목표로 하고 있는 것은 "최고의 고객서비스를 제공한다"는 것입니다. 자, 당신도 당신 자신과 직장에서의 목표를 높게 가지십시오.
> 당신이 그것을 달성할 능력을 갖고 있다고 우리들은 확신합니다.
>
> **[노드스트롬의 규칙]** 제1조 어떤 상황에서도 자신이 판단하여 고객에게 좋다고 생각되는 것을 실행할 것. 그 이외의 규칙은 없습니다.

인간에 대한 배려와 조직구성원을 중요하게 대우하는 관행은 그들에게 자율적인 업무 환경을 제공하는 형태로 나타났다. 노드스트롬은 모든 직원에게 자율성과 권한을 부여하여 직원이 자신의 권한으로 상황에 맞게 일을 처리한다. 고객을 위해 기다리게 하지 않고 고객을 배려하는 정신이다. 노드스트롬의 직원에 대한 강한 믿음과 후원은 직원 만족을 가져다주고, 이는 궁극적으로 고객 만족으로 이어지는 것이다. 그리하여 노드스트롬 백화점은 대형 할인점의 가격파괴로 경쟁력을 잃어 갈 수 있는 어려운 상황에서도 고객서비스로 경쟁 우위를 확보할 수 있었다.

미국 백화점 업계의 살아있는 고객서비스의 신화로 불리는 노드스트롬은 어렵고 힘든 상황이라도 고객에게 절대로 'No'라고 얘기하지 않는 것으로 유명하다.

어느 날 누더기를 걸친 한 여인이 백화점 안으로 들어갔다. 경비원에게 쫓겨나지 않을까 불안해 보였던 이 여인은 누가 봐도 비바람이나 피하기 위해 백화점에 들어간 노숙자였다. 이 여인은 에스컬레이터를 타고 2층으로 올라가 매우 호화로운 특별 매장으로 갔다. 판매원은 상냥한 목소리로 '무엇을 도와드릴까요'라고 물었다. 여인은 판매원에게 축제에 입고 갈 드레스를 사고 싶다고 말했고, 판매원은 우아한 드레스를 찾아주었다. 누더기 차림의 여인은 판매원에게 잠시 옷을 보관해달라고 부탁하고 백화점을 떠났다. 이 과정을 유심히 지켜봤던 사람이 판매원에게 물었다. "실례합니다만, 내 눈에는 아까 그 여인이 도무지 노드스트롬의 고객으로 보이지 않거든요. 당신은 정말로 그녀가 옷값을 지불하러 다시 올 것으로 생각합니까?" 그러나 판매원은 이렇게 대답했다. "저는 누가 노드스트롬의 고객인지 판단하는 일을 하지 않습니다. 다만 찾아주신 손님들을 친절과 봉사로써 모시는 것이 임무입니다." 이 판매원의 일화는 〈뉴욕 타임스〉의 특집 기사를 통해 고객에 대해 섬김과 봉사를 실천하는 사례로 소개되면서 널리 알려지게 되었다.

(2) 사례 해설

노드스트롬의 경우, 남들은 생각하지 못한 세심한 부분까지 고객에 대한 배려를 아끼지 않았다. '머리가 아닌 서비스'로 조직을 경영하고 철저한 고객서비스 정신으로 세계적인 백화점을 일구어냈다. 노드스트롬의 규칙은 다음과 같다. 어떤 상황에서도 자신이 판단하여 고객에게 좋다고 생각되는 것을 실행할 것. 그 이외의 규칙은 없다. 노드스트롬은 모든 직원에게 자율성과 권한을 부여하여 직원이 자신의 권한으로 상황에 맞게 일을 처리한다. 직원에 대한 강한 믿음과 후원은 직원 만족을 가져다주고, 이는 궁극적으로 고객 만족으로 이어지는 것이다. 직원 만족이 우선이고 그 후 고객 만족이다.

일례로 누더기 차림의 고객(축제에 입고 갈 드레스 구입을 위해 호화로운 특별 매장 방문)을 대하는 직원의 태도가 다음과 같다. "저는 누가 노드스트롬의 고객인지 판단하는 일을 하지 않습니다. 다만 찾아주신 손님들을 친절과 봉사로써 모시는 것이 임무입니다." 한편, 어느 날 한 중년의 부인이 노드스트롬 백화점에서 옷을 한 벌 구입한 후 비행기를 타러 공항으로 나갔는데 공항에 가서 보니 비행기표가 없었다. 비행기표를 노드스트롬 백화점 의류 매장에 놓고 온 것이다. 잠시 후, 누군가 다가와 여인에게 비행기표를 건넸다. 그 사람은 백화점 의류 매장의 여직원이었다. 중년 부인은 그 여직원의 놀라운 친절과 배려에 감동하고 노드스트롬 백화점의 평생 고객이 되었다.

3. 고객서비스란

고객서비스는 기업의 생존을 위해 필수적이다. 무조건 친절이나 베푸는 것이 고객서비스는 아니다. 그것은 서비스의 한 방법일 뿐이다. 고객과의 신뢰를 구축하여 고객을 유지하고 매출액을 향상시킬 수 있는 기본원칙이 있어야 한다.

고객서비스란 다양한 고객의 요구를 파악하고, 대응법을 마련하여 고객에게 양질의 서비스를 제공하는 것을 의미한다. 좀 더 구체적으로 말하면 고객서비스란 다양한 고객의 요구를 파악하고, 고객에게 만족을 주고, 대응법을 마련하여 고객에게 양질의 서비스를 제공하여 고객과의 우호적인 관계를 장기적으로 유지하면서 고객을

조직화하는(끌어모으는) 일련의 활동을 말한다.[295]

(1) 고객서비스의 역사[296]

고객서비스의 중요성과 변화하는 특성을 더 잘 이해하려면 단일 채널에서 다채널 고객서비스로의 전환을 비즈니스 성공의 핵심요소로 이해하는 것이 좋다.

전화가 널리 사용되기 전에 고객서비스는 주로 직접 또는 우편을 통해 제공되었다. 전화의 발명은 조직이 전화를 통해 더 빠르고 더 나은 고객서비스를 제공함으로써 경쟁에서 돋보일 새로운 기회를 제공했다.

1960년대에 최초의 콜센터가 개발되어 고객서비스 부서로 발전했다. 전담 고객서비스 부서를 통해 조직은 고객과 상호작용하는 모든 직원에게 일관된 교육을 제공하는 등 최신 고객서비스 기술 및 전략을 따라갈 수 있었다.

1990년대와 2000년대 초까지 인터넷은 더 많은 고객서비스 기회 또는 채널을 창출했다. 고객은 질문이 있어 전화할 수 있을 뿐만 아니라 회사 웹사이트로 이동하여 이메일을 보내거나 결국 챗봇[297]과 같은 최신 기술과 상호작용할 수 있다.

지난 10년 동안 Facebook 및 Twitter와 같은 소셜미디어 사이트는 고객이 비즈니스와 상호 작용할 수 있는 또 다른 채널로 등장했다. 최근에는 AI 및 사물인터넷(IoT)과 같은 신흥 기술이 고객서비스 기회를 빠르게 확대하고 있다.

광의의 고객서비스는 고객 경험(CX),[298] 영업, 마케팅, 교육, 협의의 고객서비스 등을 포함하여 고객이 회사와 맺은 모든 터치 포인트의 합계를 나타내는 보다 광범위한 용어다.

(2) 고객서비스의 비즈니스 가치

고객이 다른 기업이든 최종 소비자이든 고객과 직접 상호 작용하는 조직에 대한 고객서비스의 영향과 중요성을 과장하기는 어렵다. 긍정적인 고객서비스 경험의 이점은 다음과 같다.

① 브랜드 옹호자 만들기 : 행복한 고객은 충성스럽고 단골고객인 경향이 있다. 추가

295) 고객서비스란 조직이 제품 또는 서비스를 구매하거나 사용하기 전 또는 후에 고객에게 제공하는 지원을 의미한다. 고객서비스에는 제품 제안 제공, 문제 및 불만 해결 또는 일반적인 질문에 대한 응답과 같은 조치가 포함된다. 각 고객서비스의 상호작용은 비즈니스를 성장시킬 수 있는 기회이다. 훌륭한 고객서비스는 브랜드 충성도와 인지도를 높이는 경쟁 차별화 요소라 할 수 있다.

296) 이하 내용은 https://www.oracle.com › ... › 고객 경험 › 서비스 [오라클], 고객서비스란 무엇입니까?. 참조.

297) 챗봇(chatbot) 혹은 채터봇(chatterbot)은 음성이나 문자를 통한 인간과의 대화를 통해서 특정한 작업을 수행하도록 제작된 컴퓨터 프로그램이다.

298) 고객 경험(Customer eXperience, CX)이란 "여러 접점을 통해 고객과 기업이 관계를 이어가면서 사용자가 경험하는 모든 체험"을 말한다. 이와 관련하여 [부록 12-2] 참조.

적 이점은 탁월한 고객서비스를 제공하여 기존 고객을 유지하는 것이 일반적으로 신규 고객을 유치하는 것보다 훨씬 저렴하다는 것이다.

② 수익증대 : 더 나은 고객서비스는 고객이 더 많은 제품과 서비스를 구매하도록 유도하여 수익을 높일 수 있다.

③ 브랜드 차별화 촉진 : 일부 조직은 개인화되고 관련성 있는 놀라운 고객서비스를 제공함으로써 동등한 제품을 제공하더라도 경쟁업체와 차별화된다.

이러한 비즈니스 이점만큼이나 중요한 것은 양질의 고객서비스 경험을 제공하지 않는 데 따른 높은 비용이다. 느린 온라인 경험, 질문에 명확하고 간결한 답변을 얻지 못하거나 나쁜 조언을 받는 것과 같이 고객에게 나쁜 경험이 하나라도 있으면 신뢰와 고객 충성도를 잃을 수 있다. 고객은 해당 조직에서 다시 구매하지 않고 경쟁사의 충성도 높은 고객이 될 수 있다. 고객이 실망스러운 고객서비스 상호작용에 대해 소셜미디어에 게시하면 조직의 브랜드가 더욱 손상되어 더 큰 손실을 입을 수 있다. 미국 소비자를 대상으로 진행한 한 설문조사에 따르면, 1/3은 한 번의 열악한 고객서비스 경험 후 회사 전환을 고려하고, 50% 이상이 형편없는 서비스로 인해 계획된 구매 또는 거래를 중단했다고 한다.

(3) 고객서비스가 성공의 열쇠

고객에게 “큰 감동”을 주려면 고객의 기대를 뛰어넘는 탁월한 고객서비스 경험을 제공해야 한다. 고객은 적어도 다음의 다섯 가지 작업이 가능하길 기대한다.

① 모든 고객 상호작용 연결[299] : 고객 여정 전반에서 디지털 채널, 고객 상담 센터, 현장 상호작용 등 모든 서비스접점을 완벽히 연결한다.

② 참여 선택지 제공 : 고객이 언제 어디서나 원하는 방식으로 귀하와 소통할 수 있도록 다양한 선택권을 제공한다.

③ 탁월한 경험 제공 : 고객 중심의 콜센터 상담원을 통해 기대치를 뛰어넘어야 한다.

④ 맞춤 응답 제공 : 동급 최고의 지식 관리나 자동화된 개인별 조언을 통해 하나의 올바른 납변을 제공한다.

⑤ 프로세스 및 상호작용의 자동화 : 자동화와 인텔리전스[300]를 사용하여 고객 경험을 예측하고 개선 및 강화한다.

12장

---

299) 고객상호작용관리와 관련하여 [부록 12-2] 참조.

300) 맥락이 없는 정보는 Information이고, 맥락이 있는 정보는 Intelligence(인포메이션+맥락)라고 한다. 한편 비즈니스 인텔리전스(BI)라고 하면 운영을 개선하기 위해 회사 데이터를 분석하는 프로세스를 말한다. 비즈니스 인텔리전스(BI)에는 조직이 좀 더 데이터 기반의 의사결정을 하도록 지원하는 비즈니스 분석, 데이터 마이닝, 데이터 시각화, 데이터 도구, 인프라, 모범 사례가 모두 포함된다. 실제로는 조직의 데이터에 대한 종합적인 뷰를 갖고 그 데이터를 사용하여 변화를 주도하고 비효율성을 제거하고, 시장이나 공급 변화에 신속하게 대응하고 있다면 최신 비즈니스 인텔리전스를 이미 갖춘 것이다.

조직은 서비스를 자동화하고 개인화하는 최신 기술을 제공하고 모든 고객 접점에서 통합되고, 원활한 경험을 제공하여 지속적으로 높은 수준의 고객서비스를 제공해야 한다.

(4) 클라우드 기반 고객서비스 솔루션의 장점

여전히 레거시 고객서비스 솔루션에 의존하는 조직은 더 많은 플랫폼과 채널에서 점점 더 빠른 액세스에 대한 증가하는 고객 요구에 보조를 맞추는 것이 점점 더 어려워지고 있고 비용도 많이 들고 있다. 이것이 바로 많은 조직이 이미 클라우드 기반 CRM[301] 플랫폼 및 제공하는 기타 클라우드 기반 고객서비스 솔루션으로 전환한 이유이다.[302]

① 간단한 관리를 위해 모든 부서 및 고객 장치에 통합
② 비즈니스만큼 빠르게 성장할 수 있는 클라우드 플랫폼의 확장성
③ 지속적인 자본 투자가 필요 없는 최신 기능 및 기술
④ 비용이 저렴하므로 사용한 만큼만 지불
⑤ 고객 요구, 선호도 및 행동에 대한 심층적인 통찰력을 통해 제공하는 서비스를 지속적으로 개선 가능

통합 클라우드 기반 플랫폼의 특히 중요한 이점 중 하나는 고객서비스 경험 전체에 고객 피드백 기회를 주입할 수 있다는 것이다. 예를 들어, 기업은 구매 전, 구매 중 또는 구매 후 긍정 또는 부정과 같은 자동화된 피드백 요청을 삽입할 수 있다. 그런

---

301) CRM(고객관계관리, Customer Relationship Management)은 고객과의 관계를 관리하는 소프트웨어 시스템이다. CRM 시스템은 대부분 영업 팀과 연관이 있다. 시간이 지남에 따라 이러한 솔루션은 범위를 확장했으며 이제 마케팅, 상거래, 서비스 등 여러 부서에 반드시 필수적인 요소가 되었다. 이와 관련하여 [부록 12-2] 참조.

302) 디지털 혁신 시대로 접어들면서 기업들은 빠르게 변하는 시장과 고객 요구에 대응하기 위해 IT 활용도를 높이고 있다. 이에 따라 기업 IT 인프라스트럭처(Infrastructure)는 더 신속하고 안정적인 서비스를 제공하기 위한 엔터프라이즈 플랫폼으로 진화하고 있다. IT 환경의 중심축이 시스템을 직접 운영하는 온프레미스(On-Premise)에서 제3자 서비스 프로바이더(Service Provider)로부터 데이터 리소스를 제공받는 클라우드(Cloud)로 이동하면서 신속한 규모 확장이 가능해졌을 뿐 아니라 글로벌 가용성도 보장받게 되었다. 클라우드 서비스의 형태는 IaaS(Infrastructure as a Service)를 시작으로 PaaS(Platform as a Service), SaaS(Software as a Service) 등으로 구체화하면서 편리하고 효율적인 자원 사용이 가능해졌다. 또한, 애플리케이션의 형태도 모놀리식(Monolithic) 아키텍처에서 각 기능이 작은 단위로 세분되어 독립적으로 관리되는 마이크로서비스(Microservices) 아키텍처로 발전하여 고객의 요구에 더욱 빠르게 대응할 수 있게 되었다. IT 현대화(System Modernization)는 기업의 노후화된 IT 자원을 최신 버전으로 업그레이드하거나 새로운 시스템을 도입하는 것을 말한다. 앞서 설명한 인프라 환경의 변화에 비추어 보면 온프레미스 기반에서 운영하던 모놀리식 애플리케이션을 클라우드 환경의 마이크로서비스 아키텍처로 대체하는 것에 해당한다. 소프트웨어뿐 아니라 HW, 네트워크 등 IT 전 영역을 포괄한다. 레거시 시스템(혹은 구형 시스템)을 폐기하고 신규 시스템을 도입하는 것만을 의미하는 건 아니며 최신 기술로 레거시 시스템을 보완하는 것도 IT 현대화에 해당한다. 이와 관련하여 https://www.samsungsds.com › it_modernization, 레거시 시스템의 새로운 비즈니스 가치창출-IT 현대화(Modernization) 방안과 사례, 김지명, 2020.05.11. 참조.

다음 해당 피드백을 분석하여 고객만족도를 결정할 수 있으며, 문제를 신속하게 식별하고 고객서비스 경험의 모든 측면을 개선할 수 있는 새로운 기회로 이어진다.

(5) 고객서비스의 미래

고객서비스의 미래는 빠르게 다가오고 있으며 조직이 경쟁에서 차별화하고 수익과 고객 충성도를 높일 수 있는 새로운 기회를 제공한다.

Oracle과 ESG에서 465명의 고객 경험 담당 임원을 대상으로 한 최근 글로벌 설문조사에 따르면, 설문조사에 참여한 기업의 66%는 변화하는 고객 취향을 수용하고 혁신적이고 차별화된 브랜드를 창출하며 디지털 전환을 가능하게 하기 위해 다음 4가지 새로운 기술 중 하나 이상을 사용한다.

1) AI(인공지능)

AI는 수집한 정보를 기반으로 스스로 개선함으로써 인간의 지능을 모방하는 시스템을 말한다. 예를 들어, 전자 상거래 회사는 AI 지원 챗봇을 사용하여 과거 고객서비스 상호작용에서 미래의 고객 질문에 더 정확하고 효율적으로 답변하는 방법을 배울 수 있다. 4가지 신흥 기술 중 AI는 고객서비스의 미래에 가장 큰 영향을 미칠 것으로 예상되며, 이를 통해 조직은 고객 문제를 신속하게 해결하기 위해 더 개인화된 제안과 더 많은 예측 대응을 제공할 수 있다.

2) 가상 현실(VR) 및 증강 현실(AR)

가상 현실(virtual reality, VR)은 컴퓨터 등을 사용한 인공적인 기술로 만들어 낸 실제와 유사하지만, 실제가 아닌 어떤 특정한 환경이나 상황 혹은 그 기술 자체를 의미한다. VR은 일반적으로 헤드셋을 통해 제공되는 컴퓨터 생성 환경으로 몰입형 환경을 만든다. 증강 현실(augmented reality, AR)은 가상 현실(VR)의 한 분야로 실제로 존재하는 환경에 가상의 사물이나 정보를 합성하여 마치 원래의 환경에 존재하는 사물처럼 보이도록 하는 컴퓨터 그래픽 기법이다. 한 마디로 증강 현실은 사용자가 눈으로 보는 현실 세계에 가상 물체를 겹쳐 보여주는 기술이다. 둘 다 고객이 제품을 미리 보고 사용자 지정하고, 제품 데모[303] 및 교육 세션에 참여하고, 새로운 제품 경험과 엔터테인먼트를 탐색할 수 있도록 하는 데 사용된다. VR 및 AR은 더 나은 고객 참여를 제공함으로써 조직이 고객 문제를 해결하고 경쟁업체와 차별화하는 데 도움이 될 것으로 기대된다.

303) 제품 데모 또는 데모는 주로 영어단어 Demonstration의 약자로 쓰인다. (사용법 등의) 시연, 시범을 뜻한다. 마케팅에서 제품이 잠재 고객에게 시연되는 프로모션(홍보·판촉 활동)이다. 이러한 데모의 목표는 고객이 해당 항목을 구매하도록 유도하기 위해 제품을 소개하는 것이다. 이 데모 중에 샘플로 제공되는 제품에는 신제품, 기존 제품의 새 버전 또는 최근에 새로운 광고에 소개된 제품이 포함될 수 있다.

3) 지능형 음성 어시스턴트

웹사이트를 통해 제공되는 자동화된 디지털 어시스턴트[304]를 포함한 지능형 음성 어시스턴트는 구두 명령을 기반으로 작업 또는 서비스를 수행한다. 이를 통해 고객이 쉽고 편리하게 질문할 수 있으며, 고급 인텔리전스를 사용하여 고객에게 관련 제품 및 제안을 안내하고 주문 상태 또는 계정 정보의 변경 사항을 알릴 수 있다. 지능형 음성 어시스턴트는 운영 비용을 낮게 유지하고 차별화된 고객서비스 경험을 제공하면서 기업이 고객 문제를 더 빨리 해결하도록 도울 수 있다.

4) 사물인터넷(IoT)

IoT 기술은 온라인 장치를 서로 연결한다. IoT 센서는 스마트폰, 웨어러블 장치, 가전제품, 자동차, 제조 장비 등 거의 모든 것에 내장될 수 있다. 연결은 조직에 고객 행동 및 선호도에 대한 실시간 데이터와 인텔리전스를 제공한다. 예를 들어 제품에 내장된 IoT 센서는 조직이 제품의 상태와 성능을 지속적으로 모니터링할 수 있는 원격 측정 데이터를 제공할 수 있다. 제품의 성능이 떨어지기 시작하면 조직은 고객이 문제가 있음을 알기 전에 고객서비스 계약을 시작할 수 있다. 이러한 실시간 제품 성능 모니터링, 제품 품질 보증 및 고객이 모바일 앱을 사용하여 제품을 관리할 수 있는 능력은 IoT의 고객서비스 이점 중 일부에 불과하다.

이러한 신흥 기술은 모두 고객서비스를 자동화하는 데 사용될 수 있으며 직원들은 보다 개인화된 서비스를 제공하고 가장 까다롭고 시간이 많이 걸리는 고객 문제를 해결할 수 있다. Oracle 및 ESG 설문조사에서 위에 나열된 4가지 신흥 기술 중 2개 이상을 사용하는 기업의 설문조사를 확인했다.

① 95%가 시장점유율을 충족하거나 증가시킨다.
② 90%는 고객 유지 목표를 충족하거나 초과한다.
③ 73%가 고객 만족 목표를 충족하거나 초과한다.

제4절 고객중심 기업의 특성

세계적인 기업이 되기 위해서는 고객서비스가 탁월해야 한다. 적당히 서비스를 제

304) 예측 챗봇이라고 하는 디지털 어시스턴트는 일반적으로 인터넷을 통해 사용하는 사람들과의 대화를 시뮬레이션하는 고급 컴퓨터 프로그램이다. 디지털 어시스턴트는 고급 인공지능(AI), 자연어 처리, 자연어 이해 및 머신 러닝을 사용하여 이동하면서 학습하고 개인화된 대화형 경험을 제공한다.

공하는 것만으로는 고객을 다소 만족시킬 수는 있어도 그를 자사의 열렬한 전도자로는 만들 수 없다.

일반적으로 고객 중심 기업의 일반적 특성은 다음과 같다.

① 내부고객과 외부고객 모두를 중요시한다. 노조의 활성화와 노사갈등에 직면하여 기업들이 내부직원에 대한 불만 해소책으로 내부직원도 고객이라는 생각이 확산되면서 일반화되기 시작하였다. 이는 실무적으로 형성된 개념이다.
② 고객 만족에 중점을 둔다.
③ 고객이 정보, 제품, 서비스 등에 쉽게 접근할 수 있도록 한다.
④ 보다 나은 서비스를 제공할 수 있도록 하는 기업정책을 수립한다.
⑤ 기업의 전반적 관리시스템이 고객서비스 업무를 지원하도록 구축돼 있다.
⑥ 기업이 실행한 서비스에 대해 계속적인 재평가를 실시함으로써 고객에게 양질의 서비스를 제공하도록 서비스 자체를 끊임없이 변화시키고 업그레이드한다.

고객서비스를 통해서 기업의 성장을 이루는 과정은 우선 고품위의 고객서비스를 제공하면 고객은 감동을 받고, 이로 인해 회사에 대한 충성도, 즉 애착이 생기게 된다. 이로 인해 기업에 대한 선호도가 고객들 사이에 높아져 성장과 이익을 달성할 수 있는 것이다.

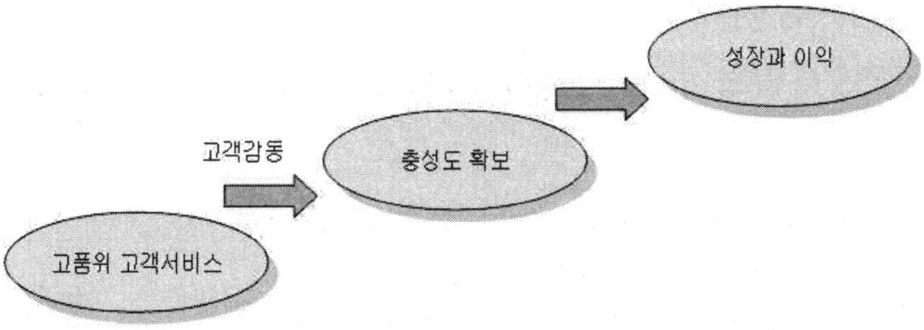

[그림 12-1] 고객중심의 기업

12장

제5절 고객서비스의 특징

기업의 제품은 유형의 물체로 고객에게 제공되고 있으나 서비스는 고객의 편익이나 만족을 목적으로 하는 무형의 가치이다. 고객을 대상으로 하는 서비스는 일반적으로 다음과 같은 특징을 갖는다.

① **무형성** : 제품은 유형적이지만 고객서비스는 형체가 없는 무형적이다. 눈으로 보거나 손으로 만질 수 없으므로 서비스 그 자체가 중요하고, 서비스를 제공하는 사람의 활동을 통해 전달되어 고객이 편익을 얻게 된다.

② **동시성** : 서비스를 생산하는 "제공"과 서비스를 전달받고 소비하는 "수요"가 동시에 이루어진다. 일반 제품은 제조된 시점과 소비된 시점의 시기 차이가 있지만, 서비스는 사전에 준비되는 것이 아니므로 항상 고객과의 접촉이 이뤄지는 현장에서 직접 제공하게 된다. 어떠한 경우에도 고객서비스의 생산과 소비를 분리할 수 없으며, 생산과 소비가 동시에 이루어지게 된다.

③ **다양성** : 각 고객이 바라는 서비스는 고객마다 다르기 때문에 일률적으로 서비스 상품을 만들기가 어렵다. 각 고객이 요구하는 서비스를 맞춤으로 제공해 줘야 고객 만족이 향상된다.

④ **소멸성** : 말 그대로 사라진다는 의미로 고객서비스가 생산되면 소비자에게 전달되고 소멸되는 특징을 갖는다. 또한, 판매되지 않는 서비스 역시 사라져 없어지게 된다.

⑤ **지속성** : 서비스가 현장에서 생산되면 그에 대한 고객의 반응은 즉각 나타나지만, 서비스의 효과는 서비스가 전달된 후 시간이 경과하면서 나타나게 된다. 만족된 고객서비스는 더 오래 고객에게 유지되는 효과가 있을 것이다.

제6절 고객서비스 기술 향상방법[305)]

고객과의 관계를 개선하기 위해 할 수 있는 가장 중요한 일은 무엇일까? 이에 대한 답은 너무 당연해서 모두 무심코 지나갈 정도이다. 바로 고객서비스를 개선하는 것이다. 제품이 얼마나 뛰어나든 직원들이 얼마나 재능이 있든 관계없이 고객들이 가장 잘 기억하는 것 중 한 가지는 회사와 직접적으로 갖는 교류이다. 기본적으로 회사의 고객서비스 팀은 회사의 얼굴이며 고객의 경험은 고객들이 받는 지원 정도와 질로 그 좋은 정도가 결정된다.

탄탄한 회사는 이미 고객과 좋은 관계를 형성하고 있다. 하지만 현명한 회사는 '무엇이 양질의 고객서비스인가'를 항상 묻는다. 양질의 고객서비스는 고객이 필요로 하고 요구하는 바를 신중하게 경청하고 충족하는 것을 기반으로 한다. 고객서비스를 개선할 수 있는 기회를 포착하기 위해 항상 지켜보는 태세를 갖추어야만 고객과의 관계가 꾸준히 향상될 수 있다.

---

305) https://ko.surveymonkey.com [SurveyMonkey], 팀의 고객서비스 기술을 향상하기 위한 6가지 핵심 사항 : 고객서비스 팀이 고객을 잘 이해하고 공감할 수 있는 능력을 갖추게 하는 방법. 참조.

다음은 고객들에게 더 좋은 서비스를 제공할 수 있는 방법을 파악할 수 있는 고객서비스 팁이다.

1. 고객서비스 기술 강화

우선, 고객서비스 팀이 고객들이 필요로 하는 바를 제대로 관리하는 데 적절한 기술을 갖추고 있는지를 확인해야 한다. 제아무리 CRM(고객관계관리) 소프트웨어가 많고 좋다고 한들 적절한 능력을 제대로 갖추지 못한 서비스 팀을 보완할 수는 없다. 그렇다면 고객서비스 담당자들이 갖추어야 할 기술은 무엇일까?

① **공감, 인내성 및 일관성** : 매우 심하게 노한 고객들이 있는가 하면 끊임없이 질문을 하는 고객들도 있다. 어떤 고객들은 그저 대화를 하려고 한다. 이러한 모든 유형의 고객들을 어떻게 상대하는지를 알고 항상 같은 수준의 서비스를 제공해야 한다.

② **적응성** : 고객들은 모두 다르다. 이들 중 어떤 고객은 또 한주마다 다른 태도를 가지는 듯이 보이기도 한다. 예상하지 못한 상황을 다룰 줄 알아야 하며 고객의 기분을 알아차리고 이에 맞추어 대응할 줄 알아야 한다. 이는 또한 배우려는 의지를 포함한다. 훌륭한 고객서비스를 제공하는 것은 곧 지속적인 배움의 과정을 뜻한다.

③ **명확한 의사소통** : 고객들에게 전달하고자 하는 내용을 정확하게 전달했음을 확인해야 한다. 고객이 제품 50%를 더 받는 것에 대해 50%를 할인받는 것으로 생각하는 상황이 발생해서는 안 된다. 진솔하게 긍정적인 언어를 사용하며, 언제나 어떤 상황에서라도 쾌활한 태도를 유지하고, 고객이 만족했음을 반드시 확인한 후에 대화를 마치도록 한다.

④ **직업윤리** : 고객들은 자신이 가진 문제를 끝까지 붙잡고 해결해주는 담당자들에게 고마운 마음을 가진다. 동시에 시간 관리 기술을 갖도록 하여 다른 고객들이 기다리는 동안 단 한 명의 고객을 위해서만 시간을 너무 할애하지 않도록 주의해야 한다. 적절한 균형을 유지하기 위하여 목표에 집중하도록 해야 한다.

⑤ **지식** : 고객들은 제품에 대한 지식을 얻기 위해 고객서비스 담당자에게 의존한다. 항상 정보를 습득하여 대부분의 문의에 응답할 수 있도록 하며 질문이 너무 상세해지거나 기술적으로 되는 상황에서는 그 질문을 누구에게 전달해야 하는지를 알아야 한다. 그렇다고 "잘 모르겠습니다만"이라는 말을 하는 것을 두려워할 필요는 없다. 고객들은 정직한 것을 좋아하며 답을 찾기 위해 담당자가 기울이는 노력에 감사해한다.

⑥ **동요하지 않는 자세** : 고객은 항상 옳다. 맞지요? 자존심을 누르고 원망이나 부정적인 피드백을 수긍할 수 있는 능력은 고객서비스 담당자에게 매우 중요하다. 귀

사의 팀이 고객들과 직접 일하든, 소셜미디어에서 피드백을 찾든지 간에 담당자들은 항상 고객의 만족을 염두에 두어야 한다.
담당자들이 올바른 고객서비스 기술을 갖추고 있는지 잘 모르겠다면, 고객들을 상대로 설문조사나 인터뷰를 수행하여 서비스 팀이 이러한 각각의 특성을 보이고 있는지 파악하라. 판매 시점이나 고객에게 청구서를 보낼 때 CRM(고객관계관리) 프로그램을 통하여 고객 피드백 설문조사를 수행하는 것은 팀의 고객서비스 능력을 파악하고 어느 부분을 개선해야 하는지를 이해할 수 있는 훌륭한 방법이다.

2. 모든 고객 접점 관찰

고객 생애 동안 그 어느 시점에서라도 고객이 가진 부정적인 경험은 고객과 회사의 관계를 망가뜨릴 수 있다. 적절한 서비스 기술을 갖추고 있는지 확인하는 것에 더하여 이러한 기술이 일관성 있게 시행되고 있는지를 확인해야 한다. 핵심 접점에 가장 많은 주의를 기울이되 고객 체험에 대한 완전한 상을 가져야 한다. 그렇지 않은 경우 서비스에서 사업에 해가 될 수 있는 실수가 발생할 수 있다.

3. 고객과의 교류 향상

담당자들이 필요한 모든 기술을 갖추고 있는 경우엔 아무 걱정을 할 필요가 없다. 하지만 이렇게 우수한 담당자들도 고객들을 이해할 줄 알아야 한다. 다음은 고객서비스가 갖추어야 할 모든 면을 갖추고 있으며 고객이 이를 제대로 받아들였는지를 확인할 수 있는 몇 가지 팁이다.

① **담당자들에게 돕고 있는 고객과 공통관심사 등의 공통점을 찾아보라고 한다** : 이러한 유대를 형성하는 것은 관계를 인간화하여 갈등을 더 쉽게 극복할 수 있도록 하며 고객들로 하여금 담당자(궁극적으로는 회사 자체)에게 더욱 친근감을 느낄 수 있도록 한다.

② **경청하는 기술을 연습하여 고객들로 하여금 그들이 하고자 하는 말이 모두 경청되었음을 느낄 수 있도록 한다** : 고객이 하는 말을 명료화하고 다시 반복하여 고객을 이해했음을 확인한다. "속상하셨겠네요" 또는 "왜 기분이 언짢으실지 충분히 이해됩니다"와 같은 말을 하여 고객과 공감하고 이해했음을 전달한다.

③ **고객이 발견하기 전에 먼저 발견했을지라도 실수를 인정한다** : 실수를 먼저 인정하는 것은 신뢰를 구축하며 자신감을 회복시킨다. 이는 또한 상황을 조정하고 고객의 주의를 환기시키며 문제를 해결할 수 있도록 해준다.

④ **문제를 해결한 후에는 다시 연락을 취한다** : 문제가 해결된 상태로 유지되었는지

또한 고객이 서비스에 만족했는지를 확인한다. 이메일, 심지어는 피드백 설문조사를 보내는 것은 고객들로 하여금 고객에게 얼마나 관심을 쏟고 있는지를 알려줄 수 있는 좋은 방법이다.

4. 고객서비스 전략 강화

고객서비스 담당자는 모든 서비스 기술을 갖추고 있고 고객들을 어떻게 상대해야 하는지를 잘 알고 있을 수도 있다. 하지만 어떤 조직적인 전략을 수행하여 고객을 만족시킬 수 있는가? 고객이 문제점에 대해 귀사에 연락을 취하기 전에 고객을 만족시킴으로써 능동적인 고객서비스를 실천하라. 방법은 다음과 같다.

① **개인화** : 고객은 로봇이나 FAQ[306)]가 아닌 사람과 직접 교류하길 원한다. 자동화된 이메일 응답보다 더 성의 있는 서비스를 제공해야 하며 자동 전화 응답이나 웹사이트로 인해 고객이 실제 고객 담당자에게 연락하기 힘는 상황이 되어서는 안 된다. 소셜미디어(Facebook, Twitter 및 Yelp 등)가 줄 수 있는 모든 혜택을 완전히 활용하여 고객이 회사 페이지에 무언가 게시할 때는 반드시 응답하도록 한다. 웹사이트에 사진이나 직원들의 경력 소개 등을 게시한다. 이렇게 함으로써 고객은 자신이 실제 누군가와 교류하고 있음을 확인할 수 있다.

② **항시 연락 가능** : 개인화의 일부는 고객들이 쉽게 연락을 취할 수 있도록 하는 것이다. 예를 들어 사업이 온라인상으로만 주로 이루어진다면, 지역 고객들과 직접 미팅을 하거나 더 멀리 거주하는 고객들에게는 화상 통화(㉑ Skype)를 제공할 수도 있다. 고객들이 서로 다른 시간대에 있는 경우에는 특히, 더 일찍 업무를 시작하고 더 늦게 업무를 종료하라. 고객에게 실제 주소를 제공하는 것도 신뢰를 구축하고 회사가 인터넷만이 아닌 실제 세계에도 존재한다는 것을 상기시켜 주는 계기가 된다.

③ **고객의 요구 충족** : 고객의 요구가 완전히 충족되었는지 항상 확인한다. 특정 고객에게 담당자를 배정하여 이 고객들과 관계를 형성하도록 한다. 최고의 고객들에게는 특별 우대를 제공하여 이 고객들에게 감사의 마음을 전달한다. 고객들이 어떤 특별 서비스를 좋아할까? 포커스 그룹[307)]을 설정하거나, 고객을 인터뷰하

306) FAQ(Frequently Asked Questions의 준말)는 '자주 묻는 질문'이라는 뜻이다. 많은 사람이 자주 물어보는 질문과 그에 대한 답을 정리해 놓은 문서를 말한다.

307) 우리는 어떠한 영역에 대한 심층적인 정보를 얻기 위해 주로 면담을 활용한다. 이러한 면담에는 형태와 방법에 따라 개별 면담, 심층 면담 등의 다양한 유형으로 나눌 수 있는데, 주로 질적 연구에서 많이 활용하는 것이 초점집단인터뷰(FGI)이다. 초점집단인터뷰에서 초점은 타게팅을 한다는 의미이며 따라서 초점집단이라 함은 연구자가 얻고 싶은 분야와 관련된 전문가 또는 집단을 의미한다. 초점집단인터뷰는 영문으로 Focus group interview로 부르며, 이를 줄여서 흔히 FGI, 또는 포커스그룹인터뷰라고 부른다. 초점집단인터뷰(FGI)는 그룹 면담을 통해 기본적으로 사람들의 의견에 귀 기울이고 그들로부터 배우는 방법이다. 이와 관련하여 에듀몬, 포커스그룹인터뷰(FGI)에 대한 이해, 2019.07.01. 참조.

거나 설문조사를 수행하여 이에 대한 아이디어를 얻는다.

④ **커뮤니티 조성** : 고객들을 커뮤니티의 중요한 일원으로 대우한다면 고객으로서 여겨지는 가치에 대해 매우 흡족해할 것이다. 웨비나, 인터랙티브 웹사이트, 소셜 미디어, 무역 박람회 및 컨벤션 등과 같이 다양한 행사를 계기로 여러 고객들을 한자리에 모이게 할 수 있다. 또한, 고객들이 정보를 습득하기 위해 이러한 포럼에 참여하는 중에 회사들 또한 고객들로부터 고객들만큼 또는 오히려 고객보다 더 많이 배울 수 있다는 것을 염두에 둘 필요가 있다.

5. 담당자의 깊은 몰입도

전 세계에서 최고의 고객서비스 기술과 최고의 교육 시스템을 갖추고 있더라도 담당자들이 몰입하지 않으면 아무런 소용이 없다. 직원 몰입도를 향상하는 것은 고객들이 만족할 수 있도록 하는 또 다른 방법이다. 불만족한 직원은 자신이 가지고 있는 문제에 대해 솔직하게 말하지 않을 확률이 높기 때문에 익명의 제안함을 만들거나 직원 몰입도 설문조사를 수행하여 무엇이 직원들을 만족시킬 수 있는지 파악하라. 고객서비스 팀의 직원들이 근무환경, 급여, 승진 기회, 교육 및 동료들에 대해 어떤 생각을 하는지 알아보아야 한다.

6. 고객이 피드백을 줄 수 있는 방법 제공

얼마나 능동적이냐에 관계없이 모든 고객의 문제를 미리 앞서 해결하는 것은 불가능하다. 고객이 의견을 주기 위해 수월하게 접근 가능한 방법을 고안하여 고객들의 경험 중 좋은 점, 나쁜 점, 흉한 점 등을 반드시 배우도록 한다.

서비스 통화 마지막의 전화 설문조사, CRM 도구로부터 직접 보내는 이메일 설문조사, 또는 웹사이트의 '문의하기' 페이지 양식 등 고객들이 피드백을 남길 수 있는 방법을 마련해 두는 것은 어느 부분을 개선해야 하는지를 파악할 수 있는 좋은 방법이다. 이는 또한 소셜미디어 페이지와 같이 많은 사람들이 쉽게 접할 수 있는 곳에 고객들이 불만족을 표현하는 것을 방지해 준다.

어떠한 방법을 사용하든 피드백이 고객만족도에 차지하는 중요성을 항상 염두에 두어야 한다. 회사의 장점과 단점이 무엇인지 잘 모르겠다고요? 왜 회사 실적이 떨어지는지 알 수 없다고요? 고객은 물론 담당자들에게 더 가깝게 다가가도록 노력해 보라. 개선이 필요한 고객 접점과 기술을 발견하는 것은 물론, 고객들은 최고의 능동적인 고객서비스를 제공하는 고객 접점과 고객 담당자들을 접하게 된다.

제7절 고객의 불만 표현 유형 및 대응방안

1. 고객 유형별 응대의 중요성

기업은 최상의 고객서비스를 통해 고객의 욕구를 만족시키고, 그러한 만족을 통한 충성고객들을 통해 매출 증대의 이익을 극대화하고자 한다. 따라서 질 높은 고객서비스를 만들어가기 위해서는 고객의 특성에 맞춰 응대해 나가는 관리가 이루어져야 한다.

일반적으로 고객 관리는 이용자의 이용 상황이나 기호 등의 정보를 모아서 관리하고, 다양한 형태의 서비스 실현이나 마케팅을 활용하여 고객의 만족도를 높이기 위한 활동이다. 고객의 특성이나 유형에 따른 대응으로 고객에게 만족감을 고취시켜 구매심리를 자극하고 판매를 유도하여 매출을 올리는 일은 고객 관리 과정에서 수행해야 할 업무이다. 따라서 다양한 고객의 유형을 파악하여 상황에 따라 적절하게 고객을 응대해야 한다.

2. 고객의 불만 표현에 대한 4가지 유형

고객서비스의 향상을 위해서는 고객의 불만을 해소하는 것이 매우 중요하다. 그러나 고객들이 불만을 표현하는 유형은 매우 다양하다.

① **거만형** : 백화점 의류 매장에 한 손님이 옷을 사기 위해 방문했다. 그는 매장에 진열된 옷들이 너무 싸구려 같다고 불평하면서 고급스런 옷을 보여 달라고 하였다.
② **의심형** : 한 학생이 노트북을 사기 위해 전자매장을 찾았다. 이 학생에게 상담원이 친절하게 설명을 해주었지만, 이 학생은 그의 말을 믿지 않고 계속 의심을 품었다.
③ **트집형** : 레스토랑을 찾은 한 손님이 레스토랑의 서비스가 마음에 들지 않는다고 불만을 토로했다. 매니저가 다가가 시정해 주었지만, 그 손님은 이것저것 또 트집을 잡으면서 계속 불평을 하고 있다.
④ **빨리빨리형** : 더운 여름날 한 고객이 에어컨을 구입하려고 가전제품매장을 찾았다. 하지만 그 매장을 찾은 고객이 많아서 상담이 조금 지체되자 자신에게 상담을 빨리해 주지 않는다고 거칠게 불만을 터뜨렸다.

3. 고객의 불만 표현 유형별 대응방안

고객서비스 능력을 향상시키기 위해서는 불만족 고객을 다룰 줄 아는 것이 매우 중요하다.

① **거만형** : 자신의 과시욕을 드러내고 싶어하는 사람으로, 보통 제품을 폄하하는 사람이다. 첫째 정중하게 대하는 것이 좋다. 둘째 자신의 과시욕이 채워지도록 뽐내든 말든 내버려 두는 것이다. 셋째 의외로 단순한 면이 있으므로 일단 그의 호감을 얻게 되면 여러 면으로 득이 될 경우가 많다.

② **의심형** : 직원의 설명이나 제품의 품질에 대해 의심을 많이 하는 사람이다. 첫째 분명한 증거나 근거를 제시하여 스스로 확신을 갖도록 유도한다. 둘째 때로는 책임자로 하여금 응대하는 것도 좋다.

③ **트집형** : 사소한 것으로 트집을 잡는 까다로운 고객이다. 이야기를 경청하고, 맞장구치고, 추켜세우고, 설득해 가는 방법이 효과적이다.
㉠ '손님의 말씀이 맞습니다. 역시 손님께서 정확하십니다.' 하고 고객의 지적이 옳음을 표시한 후 '저도 그렇게 생각하고 있습니다만…'하고 설득한다. 잠자코 고객의 의견을 경청하고 사과를 하는 응대가 바람직하다.

④ **빨리빨리형** : 성격이 급하고, 확신 있는 말이 아니면 잘 믿지 않는 고객임. "글쎄요?", "아마...", "저..." 하는 식으로 애매한 화법을 사용하면 고객은 신경이 더욱 날카롭게 곤두서게 된다. 따라서 만사를 시원스럽게 처리하는 모습을 보이면 응대하기 쉽다.

4. 고객 불평을 좋은 방안으로 활용하기 위해 알아야 할 사항

고객의 불평은 서비스를 개선하기 위해 매우 중요한 정보가 된다. 불평에 대하여 잘못된 인식을 하지 않고, 좋은 방안으로 활용하기 위해 꼭 알아야 할 사항을 정리하면 다음과 같다.

① 불평하는 고객은 사업자를 도와주려는 생각에서 불평을 하는 경우가 많다. 따라서 고객의 불평을 감사하게 생각해야 한다.

② 고객의 불평은 종종 거친 말로 표현된다. 그러나 그것은 꼭 불만의 내용이 공격적이기 때문에 그런 것은 아니다. 고객의 불평을 감내하거나 이해하라. 그리고 수용하려고 노력해라.

③ 대부분의 불평 고객은 단지 기업이 자신의 불평을 경청하고, 잘못된 내용을 설명하고 제대로 고치겠다고 약속하면서 사과하기를 원한다.

④ 미리 들을 준비를 하고 침착하게 긍정적으로 고객을 대하면 대부분의 불평은 빠르게 큰 고통 없이 해결된다.

부록 12-1 : 체리피커와 블랙컨슈머

☑ 체리피커

직장인 김 모씨(32)는 최근 재킷을 사기 위해 백화점을 찾았다. 대출이자 상환 등으로 빡빡해진 생활을 생각하니 비싼 가격이 부담스럽게 느껴졌다. 김씨는 백화점 할인 행사장으로 발길을 돌렸다. 마음에 드는 재킷을 골라 가격표를 보니 브랜드 매장에서 봤던 제품보다 족히 10만 원은 쌌다. 김씨는 누가 채갈세라 급히 카드를 꺼내 결제를 했다. 19일 업계에 따르면 경기침체에 따른 소비위축으로 '체리피커(Cherry picker)'족이 급증하면서 새로운 소비 트렌드로 뜨고 있다. 체리피커는 '골라먹는 사람'이라는 뜻의 경제용어로 '실속을 잘 챙기는 소비자'를 말한다. 기업 입장에서는 최소 비용에 최대 혜택을 챙겨가는 얌체 고객이지만 소비자 입장에서는 그야말로 똑똑한 소비를 하는 이들이다. 체리피커의 특징은 브랜드 충성도가 낮다는 것이다. 브랜드에 얽매이지 않고 상황에 따라 여러 브랜드를 옮겨 다닌다. 구매 시점에 머리에 떠오르거나 눈에 띄는 브랜드 중 조건에 따라 선택하는 것이다.

김국태 LG경제연구원 책임연구원은 이와 관련해 "제품 경쟁이 심화되면서 소비자의 선택권이 넓어지고 정보기술(IT)의 발달로 제품에 대한 정보 입수가 수월해지면서 능동적으로 새로운 가치를 찾아 브랜드를 옮겨 다니는 소비자들이 늘고 있다"고 말했다.

체리피커들은 경제 상황에 영향을 받아 브랜드 선택에 있어 '가격'을 중시한다. 특히 가격 대비 품질이 높은 '실속형 상품'을 선호한다. 또 같은 제품이라도 최대한 저렴하게 구매하기 위해 발품을 파는 수고도 마다하지 않는다. - 출처 : 아시아투데이 2012년 6월 20일 -

☑ 블랙컨슈머

한편 기업들이 늘어나는 블랙컨슈머로 몸살을 앓고 있다. 목소리 큰 소비자와 기업들이 이미지 때문에 적극 대응하지 못하는 사정을 악용한 블랙컨슈머 사이의 경계도 갈수록 모호해지고 있어서다.

블랙컨슈머가 증가하는 것은 불황, 소비자 주권의식 향상, 정부의 소비자 보호 강화, SNS 확산 등이 원인으로 꼽힌다. 백화점 홈쇼핑처럼 소비자와 밀접한 유통, 패션, 식품업체 등에 머물던 블랙컨슈머들은 이제 휴대폰과 가전제품, 자동차, 금융 등 업종을 가리지 않는다.

대한상의 조시에 따르면 적정수준을 넘어서는 과도한 보상요구, 규정에 없는 환불 · 교체 요구, 보증기한이 지난 후의 무상수리 요구 등 소비자로부터 불합리한 요구를 경험했다고 답한 기업이 최근 1년 새 61.1%에서 87.1%로 급증했다. 인터넷과 SNS의 발달은 블랙컨슈머 확산에 기름을 부었다. 블랙컨슈머들은 기업 이미지나 상품에 악영향을 미치는 정보가 SNS를 타고 급속히 확대, 재생산될 수 있다는 점을 악용하고 있다.

지난해 휴대폰을 전자레인지에 넣고 가열 · 훼손한 뒤 인터넷 등에 '충전 중 폭발했다'고 허위사실을 퍼뜨렸다가 1년의 실형을 살게 된 A씨(29)가 대표적 사례다.

사이비 언론도 가세하고 있다. 기업들은 올해 광고주협회 차원에서 반론닷컴을 만들어 대응하고 있으나 역부족이다. 잘못된 보도가 SNS를 통해 순식간에 퍼지는 데다, 기업들의 해명은 거짓으로 받아들여지는 사회 분위기 탓이다.

정부는 제조물 책임법 개정 등을 통해 소비자들이 좀 더 쉽게 민원을 제기하고 보상을 받을 수 있는 데 정책의 역점을 두고 있다. 기업의 대응은 아직도 소극적인 곳이 대부분이다. 정당한 민원과 악의적 민원을 구분하기가 쉽지 않은 데다, 기업들이 "소비자를 무시했다, 불량품이 많다"는 등의 입소문에 취약하기 때문이다. B 전자회사 관계자는 "블랙컨슈머 증가는 기업의 비용 부담을 늘려 결국 다른 소비자에게 이 부담을 전가시키는 결과를 가져올 수 있다"고 말했다. - 출처 : 한국경제 2012년 12월 11일 -

☑ 생각 키우기

① 최근 들어 청소년까지 '블랙컨슈머 놀이'에 가세하고 있다. 한 외식 프랜차이즈 업체에서는 음식에서 벌레 꼬리가 나왔다는 민원을 받아 해당 매장 점장이 정중히 사과하고 식대 환불은 물론, 상품권도 제공했다. 그런데 며칠 후 똑같은 민원이 제기되어 확인해 보니 동일한 고객으로 모두 10대 청소년이었다. 이러한 청소년 모방을 막기 위한 방안을 토의해 보자.

② 최근 모바일 기술의 발전으로 정보 공유가 용이하고 경기침체 등의 영향으로 실속을 추구하는 소비행태가 늘어감에 따라 체리피킹을 막기보다는 적극적인 공존을 이루려는 시도가 나타나고 있다. 실제로 최기의 KB국민카드 사장은 스마트폰용 '체리피커 앱'의 개발자를 만나 경영에 필요한 의견을 구하기도 했다. 이와 같은 사례를 신문기사에서 찾아보자.

㉮ IT업계의 얼리어답터 활용과 마찬가지로 체리피커를 얼리어답터로 인식하여 경영, 상품 개발, 서비스 개선 등에 활용하는 윈-윈 전략을 추구한다.

㉮ 체리피커들이 많이 모이는 소셜커머스(social commerce, 일종의 반값 할인쿠폰 공동구매 웹사이트)를 이용한 기업의 신제품 홍보

③ 블랙컨슈머의 폐해는 화이트컨슈머(선의의 소비자)에게까지 돌아간다. 기업이 블랙컨슈머에 대응하느라 비용이 들게 되면 결국 제품 가격 상승으로 이어지기 때문이다. 적절한 블랙컨슈머 대응방안과 그 까닭에 대해 생각해보자.

㉮ 처벌규정의 세분화 필요 - 현행법에서도 블랙컨슈머의 행동은 처벌받을 수 있다. 그러나 블랙컨슈머가 일으키는 문제들은 사후처벌보다 사전예방이 중요하다. 무조건 처벌을 강화하는 것보다는 어떤 행동이 규제의 대상인지 명확하게 세분화할 필요가 있다. (이승훈-'블랙컨슈머' 저자)

☑ 생각 더하기

① **상품은 No, 혜택은 Yes** : 최근 신용카드사들이 경영난을 이유로 2013년부터 부가혜택을 대폭 축소하거나 해지할 예정이라고 한다. 하지만 신용카드 체리피커들은 체리피커 앱을 스마트폰에 다운받아 신용카드사들의 혜택을 최대한 뽑아내고 있다. 체리피커 소비자들을 스마트한 소비자라고 불러도 손색없겠지만, 기업 입장에서는 골칫덩어리이자 얄미운 소비자가 되는 것이다. 기업에서 제공되는 혜택은 구매고객에게 돌아가야 하는데도 불구하고 정작 정보가 빠른 극소수 체리피커에게 집중되는 경우가 많다.

결국 이에 따른 기업의 디마케팅[308] 전략으로 일반 소비자들은 더욱 혜택을 받기 힘들어졌다는 지적도 있다. 체리피커는 과연 얌체족인가? 아니면 알뜰족인가?

- 전북일보(2014.02.), 불황 속 소비행태…체리피커와 블랙컨슈머, 2014.02.05. -

부록 12-2 : 고객관계관리, 고객경험, 그리고 고객상호작용

☑ 고객관계관리(Customer Relationship Management)

고객관계관리에서 고객은 기업과 거래를 지속적으로 반복하는 개인 또는 법인을 의미한다. 기업은 고객의 과거 거래 데이터를 분석하여 고객에게 맞춤화된 상품과 서비스를 오퍼링한다. 고객은 같은 기업과 거래를 계속함으로써 보다 편리하게 경제생활을 할 수 있다.

고객관계관리는 신규 고객을 확보하고 판매를 성사시키기 위한 노력이 기존 고객에게 판매하기 위한 노력과 비교하여 8배가 든다는 연구결과에 근거하고 있다. 기업들은 시장점유율을 높이기 위하여 신규 고객 유치에 과다한 투자를 하는 경우가 있다. 고객 유치 비용을 회수하기 위해서는 고객과 1년 이상 거래 관계를 유지해야 하지만, 손익분기점을 만나기 전에 고객이 이탈하기도 한다.

반면에 기존 고객은 가격변동에 대한 민감도도 떨어지며, 판매 후 지원 노력도 거의 필요 없다는 장점이 있다. 따라서 기업은 기존 고객과의 관계를 강화해서 이탈을 방지하는 데 노력해야 한다는 이론이다.

고객관계관리에서 핵심 지표는 고객평생가치의 점유율이다. 기존 고객과 관계가 강화되면 재구매, 교차구매, 증강구매 등이 이루어지게 되고, 고객 지갑 점유율이 상승하게 된다. 고객관계관리는 고객서비스프로세스 자동화, 고객데이터 분석 등이 필요하게 되고, 기업들은 이를 해결하기 위해서 CRM 소프트웨어를 적극적으로 도입하기도 했다.

고객관계관리의 문제점은 두 가지가 있다. 첫째, 시장이 포화된 상태에서는 기존 고객에게 아무리 노력해도 기업의 수익증대로 이루어지기 쉽지 않다는 점을 간과하고 있는 점이다. 기존 시장이 포화된 상태에서는 새로운 상품과 서비스를 개발하여 새로운 고객을 찾는 것이 보다 현명한 전략일 것이다. 둘째, 신규 시장에서는 의미 있는 수준의 고객 규모를 확보하는 것이 매우 중요하다는 점을 놓치고 있다. 네트워크 효과를 발휘하기 위해서는 충분한 고객 규모가 확보되는 것이 중요하다. 시장을 압도할 수 있는 점유율을 차지하기 위해서는 새로운 고객 유입에 더 투자할 필요가 있다.

12장

308) 디마케팅(demarketing) : 수익에 도움이 안 되는 고객을 밀어내는 마케팅으로, '돈 안 되는' 고객을 의도적으로 줄여 판촉 비용 부담을 덜고 특정 고객들의 충성도(기업 수익에 대한 기여도)를 강화시키는 '선택과 집중' 판매 방식이다. 디마케팅은 신규 회원 모집을 일시 중단하거나 발급 요건을 대폭 강화해 고객 수를 의도적으로 줄이는 방식으로 진행된다. 고의로 고객 수를 늘리지 않음으로써 제품에 대한 이미지와 브랜드 가치를 높여 오히려 장기적으로는 꾸준히 고객을 확보할 수 있는 것이다. <출처 : 디마케팅, 매일경제>

☑ **고객경험관리(Customer Experience Management)**

고객경험관리에서 고객은 기업이 제공하는 상품과 서비스를 이용하여 원하는 효용(utility)을 얻는 사람을 뜻한다. 일반적으로 고객 경험은 법인보다는 개인을 대상으로 한다. 고객이 원하는 효용은 제공하는 상품 또는 서비스마다, 그리고 고객마다 다르다. 효용에는 편리함, 재미있음, 보람을 느낌, 뿌듯함 등이 포함된다.

고객 경험은 디지털 시대에 주목받는 경쟁요소이다. 뛰어난 고객 경험을 제공하면 같은 서비스라고 하더라도 더 높은 가격을 받을 수 있다. 또한 새로운 고객을 유치하거나 기존 고객의 충성도를 유지하는데 강력한 수단으로 작용한다. 고객 경험을 결정하는 효용은 사람마다 다르기 때문에 기업은 고객 페르소나[309]를 가정하고 페르소나별로 적합한 고객 경험을 제공하기 위해 노력해야 한다.

예를 들어 카카오뱅크는 10대와 20대의 마음을 사로잡기 위해서 체크카드 디자인에 노력했고, 대상 고객군은 카카오뱅크의 체크카드를 갖기 위해 상품 가입 신청을 하는 결과를 낳기도 했다.

좋은 고객 경험을 제공하기 위한 또 하나의 요소는 일관성이다. 고객을 응대하는 접점에 따라 다른 반응을 보이거나 같은 질문을 중복해서 한다면 고객 경험은 떨어진다. 이를 위해서는 고객여정지도[310]를 그리고, 고객 접촉 사일로[311]를 제거한다.

고객경험관리의 핵심 지표는 페인 포인트(pain point)[312]와 게인 포인트(gain point)[313]이다. 페인 포인트는 제거 또는 최소화하고 게인 포인트는 추가 또는 최대화한다. 우리만의 특별한 경험을 제공하기 위해서는 행동경제학의 넛지[314]를 도입할 필요도 있다. 예를 들어 소셜게임은 친구들과 순위를 제공함으로써 게임 재방문율을 높이는 효과를 보인다.

---

309) 리드 고객은 잠재 고객과 동의어로 이해되기도 하지만, 보다 넓은 의미로는 구매 등 기업의 의도하는 최종적인 행동 단계에는 아직 들어가지는 않았지만, 기업의 제품이나 서비스에 상당한 관심을 가지고 있는 구매 가능성이 있는 고객들이다. 협의로는 어떠한 형태이든 향후에 기업이 연락이 가능한 수단(contact point)이 확보된 고객을 의미한다. 이들 리드 고객에 대하여 디지털 마케팅 전략에 반영할 수 있도록 보다 상세히 프로파일을 정리한 것이 바로 고객 페르소나(persona)라고 할 수 있다. 한마디로 고객 페르소나(Buyer Personas)란 이상적인 고객에 대한 가상의 일반화된 표현이다. 부연 설명하면, 페르소나(Persona)란 고대 그리스 가면극에서 배우들이 썼다가 벗었다가 하는 가면을 말했다고 한다. 그 후 심리학에서 말하는 페르소나는 자신의 모습과 성격을 바람직한 방향으로 만들어 내는 것이라고 한다. 원래 성격이라 할 수 있는 "내적 성격(Personality)"와는 달리, 남에게 보여지는 "외적 성격"을 페르소나(Persona)라고 한다. 한편 마케팅적 의미로 페르소나는 소비자들에게 전달되는 "브랜드의 이미지"이다. 그렇다면 마케팅에서 "페르소나를 설정한다."는 것은 무슨 의미일까? 페르소나(persona, 복수형 personas)는 어떤 제품 혹은 서비스를 사용할 만한 목표 인구 집단 안에 있는 다양한 사용자 유형들을 대표하는 "가상의 인물"을 말한다.

310) 먼저 고객 여정이란 고객이 자신의 목표를 달성하기 위해 자사와 상호작용하는 프로세스다. 고객여정지도란 고객 또는 잠재고객이 회사에서 목표를 달성하기 위해서 거치는 프로세스를 시각적으로 표현한 것이다. 고객여정지도를 활용하여 고객의 동기(motivation), 즉 고객의 니즈(needs) 그리고 고충(pain point)을 파악할 수 있다. 다시 말해 고객여정지도(Customer Journey Maps)는 서비스 사용자의 경험을 생생하고 체계적으로 시각화하는 방법이다. 일반적으로 고객이 서비스와 상호작용하는 터치 포인트를 바탕으로 구성되며, 서비스 상호작용과 그에 따라 고객이 느끼는 감정을 이해하기 쉬운 방식으로 설명한다.

311) 사일로(silo)는 조직의 부서들이 다른 부서와 소통하지 않고 내부의 이익만을 추구하는 부서 간 이기주의 현상을 뜻하는 용어로 사용된다. 사일로(silo)는 원래 곡식 및 사료를 저장해 두는 굴뚝 모양의 창고를 가리키는 말이다. 성과주의의 심화로 부서 간 경쟁이 지나치게 과열되면서 발생하는 현상으로, 주로 기업

고객 경험은 분명 뛰어난 차별화 수단이다. 문제는 고객 경험을 차별화하기 위한 방법을 찾기가 쉽지 않다는 점이다. 뛰어난 고객 경험을 제공하기 위해서는 기업의 비즈니스 모델을 명확하게 하고 업무활동 시스템을 견고하게 구축해야 한다. 기존에 오랫동안 운영해온 비즈니스가 있다면 고객 경험을 접목하기가 쉽지 않다. 또 하나의 문제는 고객 경험에서 주로 사용하는 고객여정지도의 태생적 한계이다. 고객여정지도는 기업이 제공하는 채널들을 고객이 단절 없이 이용하도록 하기 위한 수단으로써 사용한다. 실제 고객 여정은 여러 공급자를 비교하는 경로로 이루어진다는 점이다. 옴니채널[315)]이 아니라 옴니벤더[316)]를 반영한 고객여정지도를 그리고 여기에서 고객 최적 경로를 설계해야 하지만, 이는 개별 기업의 이익과 상충되는 결과를 낳을 수도 있다.

☑ **고객상호작용관리**(Customer Interaction Management)

고객상호작용관리에서 고객은 기업이 제공하는 서비스를 이용하는 개인 또는 법인이다. 기업은 자신의 서비스를 이용하는 주체가 누구인지 모를 수도 있다. 서비스 이용자도 마찬가지다. 자신이 이용하는 서비스가 누구에게서 제공되는지 알지 못하고 서비스를 이용한다.

고객상호작용관리는 디지털 시대의 소비행태에 적합한 방식이다. 상호작용은 고객과 기업이 만나는 순간을 의미한다. 기업 입장에서는 상호작용은 기회이다. 상호작용 시점에 고객의 니즈를 충족시키지 못하면 고객은 다른 방식의 서비스를 찾아가게 될 것이다.

내에서 수익률이 높은 부서가 희생을 기피하고 타 사업부와 협력하지 않는 등의 형태로 나타난다.

312) 페인 포인트(Pain Point) : 불편을 느끼는 지점 또는 불편한 상황으로 소비자의 충족되지 못한 욕구, 현재 사용 중인 제품에 대한 불만족으로 인해 마치 아픈 것 같은 불편한 그 무엇으로 이해하면 된다. <출처 : 박소윤(2019), 소비자의 'Pain Point'를 'Happy Point'로 바꿔줘라, 이지경제, 2019.10.28.>

313) 게인 포인트(gain point) : 이득이나 혜택을 느끼는 지점 또는 편리한 그 무엇으로 이해하면 된다.

314) 넛지(Nudge)라는 말의 어원은 '팔꿈치로 툭툭 치다'라는 의미로 상대에게 어떤 일을 해보라고 슬쩍 권유하는 행위를 나타내는 표현이다. 이런 '넛지'를 활용한 간단한 사례를 생각해보자. 채소를 싫어하는 아이에게 채소를 먹게 하려면 어떻게 해야 할까. 이성적이고 합리적인 성향이 강한 엄마라면 아이에게 야채가 가지고 있는 영양분을 과학적인 근거로 설명하며 설득할 것이다. 반면 어떤 엄마는 약속한 만큼 야채를 먹지 않은 아이에게는 청소를 시키거나 엄한 목소리로 경고를 하는 것과 같은 페널티를 주기도 할 것이다. 이 가운데 어떤 방법이 가장 좋은 해결책일까? 만약 행동경제학자인 세일러 교수에게 아이 훈육을 맡긴다면 그는 아마 야채를 소재로 한 재미있는 동요를 만들어 부르게 하거나, 아이가 좋아하는 동물 모양으로 야채를 다듬어 접시에 내놓을지도 모르겠다. <출처 : 최병일(2017), '넛지' 사례로 본 행동경제학의 쓰임새, 매일경제, 2017.11.09.>

315) 옴니채널(Omni Channel)은 라틴어의 모든 것을 뜻하는 '옴니(Omni)'와 제품의 유통경로를 의미하는 '채널(Channel)'의 합성어이다. <한국경제용어사전>에 따르면 옴니채널은 '소비자가 온라인, 오프라인, 모바일 등 다양한 경로를 넘나들며 상품을 검색하고 구매할 수 있도록 한 서비스로서 각 유통 채널의 특성을 결합해 어떤 채널에서든 같은 매장을 이용하는 것처럼 느낄 수 있도록 한 쇼핑 환경'을 말한다. 여기서 많은 사람들이 기존의 멀티채널과 옴니채널을 혼동하곤 한다. 멀티채널은 다수의 채널을 활용해 소비자의 접점을 늘리는 양적인 접근이다. 멀티채널이 오프라인 매장, 온라인 쇼핑몰, 모바일앱 등 여러 채널을 통해 각각의 매출 및 이익을 높이는 데 집중했다면, 옴니채널은 독립적으로 운영되던 채널들을 연결해 상호보완 관계를 구축한다. 한 채널이 아닌 여러 채널이 똘똘 뭉쳐 전체의 성과를 높이기 위해 유기적으로 연결되는 것이다.

316) 일반적으로 벤더(vendor)는 물건을 파는 사람, 즉 제품제공업체로 생각하면 되며 고객(customer)은 물건을 사는 사람이다. 따라서 옴니벤더는 모든 판매업체로 이해하면 된다.

기업은 상호작용 시점에 고객에게 새로운 오퍼링을 할 수가 있다. 상호작용 순간을 놓치게 되면 고객에게 오퍼링할 기회를 잃게 된다.

고객상호작용관리의 핵심 지표는 상호작용 수와 상호작용 빈도이다. 상호작용은 두 가지가 있다. 기업과 고객 간의 상호작용과 고객과 고객 간의 상호작용이다. 기업과 고객 간 상호작용 수는 기업의 직접 마케팅 기회를 의미한다. 고객과 고객 간 상호작용 수는 바이럴 마케팅[317] 기회를 의미한다. 고객 수가 아무리 많아도 상호작용 수가 많지 않다면 기업의 수익 창출력은 떨어진다. 전통적 기업은 고객과 고객 간 상호작용을 확대하기 위한 노력을 해야 한다. 이를 통해서 시장 영향력을 증폭시킬 수 있기 때문이다.

고객상호작용관리는 데이터와 협업을 기반으로 한다. 상호작용 시점에 사용자의 니즈를 파악하고 있어야 하는데 이는 데이터 축적과 분석을 통해서 달성할 수 있다. 상호작용 수를 늘리기 위해서는 기업 자신의 고객에게만 서비스하는 비즈니스 행태를 버려야 한다. 대규모 고객을 보유하고 있는 기업과 협업을 통해서 융합된 서비스를 개발하고, 이를 실시간으로 운영할 수 있어야 한다.

☑ **신뢰(Trust)**

디지털 경제의 거래는 비대면으로 이루어진다. 거래가 성립하기 위해서는 거래 상대방과 신뢰가 필수이다. 신뢰가 없으면, 아무리 좋은 고객 경험을 제공하더라도 거래는 이루어지지 않는다. 고객 신뢰는 높고 낮음으로 비교할 대상이 아니다. 고객이 원하는 정도의 신뢰를 제공할 수 있느냐가 기준이다. 신뢰 기준을 달성한 기업이 비로소 고객 경험 또는 고객상호작용의 기회를 가질 수 있다.

- http://www.2e.co.kr › news › articleView [투이컨설팅], 고객만족-고객관계관리-고객경험-고객상호작용, 김인현, 2020.02.12. -

---

317) 제품을 인터넷 공간에서 찾아보고 사는 네티즌을 타깃으로 삼은 마케팅 기법이 '바이럴(viral) 마케팅'이다. 요즘 가장 유행하는 마케팅 기법이다. 바이럴은 '바이러스의', '감염된'이라는 뜻의 영어단어이다. 대중들이 관심 가질만한 행사나 홍보 콘텐츠를 기획해서 이를 온·오프라인으로 퍼뜨려서 사람들을 감염시킨다는 뜻에서 유래된 용어다. 우리 말로는 '입소문 마케팅'이라고 해석할 수 있다. <출처 : 중앙일보(2017.08.), 바이럴 마케팅, 2017.08.29.>

제 1 장	대인관계능력
제 2 장	팀워크능력 Ⅰ
제 3 장	팀워크능력 Ⅱ
제 4 장	리더십능력 Ⅰ
제 5 장	리더십능력 Ⅱ
제 6 장	리더십능력 Ⅲ
제 7 장	리더십능력 Ⅳ
제 8 장	갈등관리능력 Ⅰ
제 9 장	갈등관리능력 Ⅱ
제 10 장	협상능력 Ⅰ
제 11 장	협상능력 Ⅱ
제 12 장	고객서비스능력 Ⅰ

제13장 고객서비스능력 Ⅱ

제1절 고객 불만 처리 프로세스

불만 사항을 이야기할 때 무시하거나 외면하지 않는다면 고객 불만은 좋은 결과로 이어질 수 있다. 고객의 불만을 해결하는 과정을 제대로 이해하는 것은 고객서비스를 향상시키는 데 있어 매우 중요한 역할을 한다. 단지 고객이 원하는 것을 해주면 되는 것 아니냐 하는 안이한 생각은 고객으로 하여금 불쾌한 마음을 가질 수 있게 해준다. 고객이 어떤 점에서 불만이 있는지 정확히 파악하여 이에 맞게 대응하는 것이 적절하다.

불만 고객이란 서비스 제공자(기업)를 상대로 불만을 표현하고 해결을 요구하는 고객을 말한다. 고객 불만은 서비스 제공자의 불친절한 태도, 고객에 대한 무관심, 고객의 요구 외면 또는 무시, 건방 떨기, 무표정과 기계적 서비스, 규정 핑계, 고객 뺑뺑이 돌리기 등 여러 가지 원인에 의해 발생한다.

많은 서비스 제공자들은 고객의 불만에 대해서 다른 사람들은 아무 소리 하지 않는데, 왜 이 고객만 유별나게 구느냐고 성가시게 여기는 경향이 있다. 그러나 이렇게 유별난 고객이야말로 기업에게 소중한 고객이며, 기업이 안고 있는 문제를 해결해주는 스승이 된다. 왜냐하면, 불만을 밖으로 표출하는 고객은 100명 중에서 4명밖에 되지 않고, 나머지 불만을 품은 96명은 소리 없이 떠나가는 고객이 되기 때문이다.

그리고 불만 고객은 자신이 겪은 불만 사항에 대하여 8~10명의 다른 사람들에게 전파하며, 불만족 고객의 80%가 거래를 중단한다고 한다. 반면에 불만이 있어도 그것이 만족스럽게 해결되면 54~70%가 다시 거래를 하며, 불만이 신속하게 해결되기만 하면 반복구매율이 95%까지 증가하고 이들은 단골고객이 되기도 한다.

1. 고객 불만 처리 프로세스 8단계

서비스 분야에서 오랜 경력을 가지고 베테랑이라고 자처하는 사람들도 까다로운 고객이나 화가 난 고객을 응대할 경우에는 어려움을 호소한다. 그러나 이런 특별한 상황은 우리에게 오히려 차별화되고 특별한 서비스를 제공하는 성공기회가 될 수도 있다. 그러므로 평소 고객의 불만을 다루는 프로세스를 몸에 체득하고 있으면 이를 쉽게 해결할 수 있을 것이다. 고객 불만 처리 프로세스는 8단계로 나누어질 수 있는데, 이는 다음과 같다.

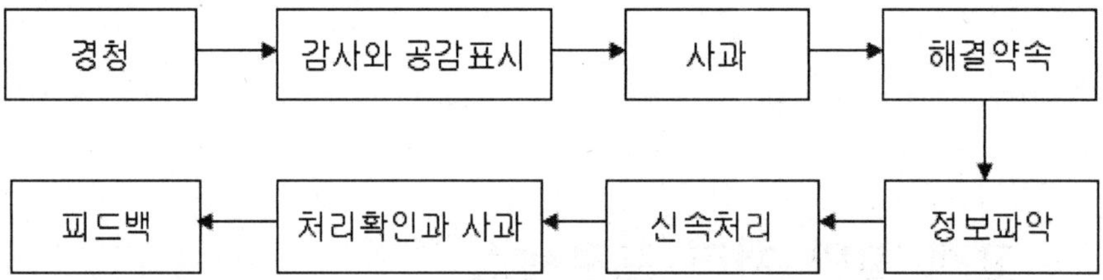

① **(불만 접수 및) 경청** : 고객의 항의에 경청하고 끝까지 듣는다. 선입관을 버리고 문제를 파악한다.

② **감사와 공감 표시** : 일부러 시간을 내서 해결의 기회를 준 것에 감사를 표시한다. 고객의 항의에 공감을 표시한다.

③ **사과** : 고객의 이야기를 듣고 문제점에 대한 인정과 잘못된 부분에 대해 사과한다.

④ **해결 약속** : 고객이 불만을 느낀 상황에 대해 관심과 공감을 보이며, 문제의 빠른 해결을 약속한다.

⑤ **정보(혹은 상황) 파악** : 문제해결을 위해 꼭 필요한 질문만 하여 정보를 얻는다. 최선의 해결방법을 찾기 어려우면 고객에게 어떻게 해주면 만족스러운지를 묻는다.

⑥ **신속처리** : 잘못된 부분을 신속하게 시정한다.

⑦ **처리 확인과 사과(처리 후 재차 사과)** : 불만 처리 후 고객에게 처리 결과에 만족하는지를 물어본다.

⑧ **(재발 방지 대책 마련 및) 피드백** : 품질 관련 고객 불만족 처리 내용을 분석하여 재발 방지 대책을 마련한다. 고객 불만 사례를 회사 및 전 직원에게 알려 다시는 동일한 문제가 발생하지 않도록 한다. 품질 문제에 대해서는 관련 부서에 시정을 요구하고, 자료는 향후 경영 검토 자료로 활용한다.

2. 고객 불만 대응 3단계[318)]

얼마 전 지인과 함께 유명한 스테이크 집을 찾았다. 세계적으로 유명한 '네임 밸류'를 갖고 있기도 하거니와 당시 무척 배도 고팠던 터라, 그곳의 분위기나 다른 어떤 것보다 얼마나 맛있게 요리를 해주는지가 가장 큰 관심이었다. 여러 음식점 평가기관에서는 식당의 위치 및 분위기, 직원 친절도 등 모든 것을 종합적으로 고려한다지만 그 당시 나는 그저 '음식이 얼마나 맛있을까'라는 기대가 전부였다.

음식이 하나둘씩 나오고 첫 시식의 결과는 난감했다. 기대한 만큼의 실망이랄까. 그곳의 명성에 한참 뒤처질 뿐만 아니라 그냥 참고 맛있게 먹자는 생각조차 들지 않을 정도였다. 시간이 흐를수록 기대에 못 미치는 음식의 맛은 약간의 짜증으로까지 번졌다. 한참을 고민하다 직원을 불러 우리의 실망감을 표현하고, 충분한 사과를 받은 뒤 그날의 외식을 마쳤다. 객실 서비스를 담당하는 필자는 이 사건 이후 서비스 회복을 위한 자신의 접근방법이 어떠한지 조금 더 깊이 있게 생각해보았다. 항공여행을 하는 승객들은 각자 다양한 기대와 이유로 여행을 시작할 것이다.

최근 항공시장이 폭발적으로 증가함에 따라 승객들은 항공사 선택에도 신중을 기할 것이다. 객실 승무원의 서비스나 이미지가 항공사 선택의 이유가 될 수도 있을 것이며 스케줄의 편리성과 정시성, 기내식의 수준 혹은 항공기의 기내 설비 등이 그 이유가 될 수도 있을 것이다.

특히 대부분 고객은 서비스가 잘못됐을 때 사후조치가 미흡했던 경험이 있을 것이다. 본질적으로 모든 기업은 무결점의 서비스를 지향하지만 사실 서비스의 가치는 정형화돼 있지 않다. 또한, 서비스 제공자와 대상자의 주관적인 생각에 따라 평가가 달라질 수 있으므로 현실적으로 서비스의 무결점을 보장한다는 것이 불가능하다.

하지만 어떤 이유에서든지 서비스회복을 위한 접근방법에는 심리적인 노력이 우선시돼야 한다. 객실 서비스를 오랜 시간 담당했고, 그러한 노력에 의해 서비스가 회복될 수 있는지 실패로 끝나버리는지를 현장에서 직접 체험한 필자는 신속한 감정 대응을 해결방법의 첫 번째 순서로 꼽는다. 정직이 최선의 방책이라는 말이 있다. 어설프게 잘못을 다른 쪽으로 넘기거나 상대방의 실망감을 대수롭지 않게 여기는 행동이 가장 위험하다. 불만족 사항에 대한 감정적이고 정서적인 공감을 한 후에 솔직하고 진심이 담긴 사과를 할 필요가 있다. 그 후에는 서비스 실패 상황에 대한 유형적 노력으로 마무리 짓는 것이 현명하다.

예를 들어 대체해줄 수 있는 어떠한 방법이 있다 하더라도 첫 단계는 불만족한 상황에 대한 공감과 이해, 그 이후 진심이 담긴 사과, 마지막으로 대체해줄 수 있는 유형적인 부분에 대한 보상이 따라와야 한다. 이 세 가지 단계에서 한 가지라도 부족하면 성공적인 서비스회복이 될 수 없다. 적극적이고 성공적인 서비스회복은 서비스

318) 문화일보(2019.04.), 고객 불만 대응의 3단계는 '공감 → 사과 → 보상', 2019.04.05.

실패가 일어나지 않았을 때에 비해 오히려 더 높은 만족감을 느끼게 해 주는 효과를 줄 수 있으므로, 서비스회복의 지침과 성공사례는 서비스인에게는 매우 중요한 사안이라고 볼 수 있다.

제2절 불만 고객 응대 기법

1. 불만 고객 응대 원칙 4가지

신규 고객 한 명을 만드는 것보다 이미 떠난 고객의 마음을 되돌리는 것이 더욱더 어렵다. 불만 고객은 파급력이 매우 크기 때문에 고객의 불만을 관리하지 않으면 눈덩이처럼 불어나 기업 매출에 큰 손해를 끼칠 수도 있다. 그러나 불만은 표현하는 고객은 그렇지 않은 고객보다도 회사의 경쟁력 향상에 없어서는 안 될 중요한 고객이다. 그들의 불만을 해결하는 과정에서 회사는 문제점을 개선할 기회를 얻을 수 있기 때문이다. 이제 홍보마케팅 담당자가 불만 고객을 응대하는 방법에 대해 살펴보기로 하자.319)

(1) 선입견 없이 잘 듣기

고객이 불만을 제기하면 우선 고객의 말을 잘 들어야 한다. 선입견으로 고객을 판단하지 않도록 한다. 고객의 기분이 어떤지(감정)와 무엇이 기분을 나쁘게 했는지(사실)는 구분해서 들어야 한다. 고객의 불만을 들을 때는 공감하고 있음을 보여줘야 한다. 방어적인 태도로 따지거나 심문하는 느낌을 주지 않게 조심해야 한다. 그리고 고객이 말했던 불만은 요약해서 재확인한다.

(2) 진심으로 사과하기

고객의 불만은 회사의 제품이나 서비스가 고객의 기대에 미치지 못했기 때문이다. 잘잘못을 가리기보다는 먼저 사과하는 것이 좋다. 사과 한마디로 고객의 서운한 마음을 이해한다는 것을 고객에게 보여줄 수 있다. 또한 아무리 화가 난 고객이라도 진심으로 미안해하는 사람에게는 매정하게 대하지 않는다. 고객의 불만은 서비스의 문제점을 발견하고 개선하여 품질을 향상할 좋은 정보이다. 고객이 우리가 이 문제를 적극적으로 해결하고자 하는 의지가 있다는 인상을 받을 수 있도록 고객의 관심과 의견에 감사를 표현하고, 도움을 주기 위해 최선을 다할 것을 설명해주어야 한다.

---

319) 뉴스와이어(www.newswire.co.kr) 블로그, 불만 고객 응대 원칙 4가지, 2020.04.28.

(3) 문제에 대한 해결책 찾기

문제점이 무엇인지 파악했다면 해결책을 찾는 것이 중요하다. 모든 서비스에는 결점, 결함이 있기 마련이다. 고객의 불만 원인은 크게 회사 또는 제품의 문제, 고객 자체의 문제, 직원에 대한 문제로 분류할 수 있다. 이중 고객 불만이 발생하는 가장 큰 원인은 직원의 고객 응대 과정에서 비롯된다. 해결책을 찾으려면 고객의 말을 경청하고 확실하지 않은 부분에 대해서는 질문을 해야 한다. 개방형 질문을 하는 것이 고객이 불만에 대한 자세한 정보를 제공하도록 하여 문제의 근원을 파악하는 데 도움을 준다. 자신이 해결할 수 있는 일이라면 그 자리에서 처리하는 것이 좋고, 고객이 원하는 것이 불가능할 때는 가능한 방법을 알려 주거나 대안을 제시해주어야 한다.

(4) 결과에 만족했는지 확인 및 매뉴얼 만들기

고객의 불만을 신속하고 정성껏 처리한 경우 그 고객은 충성고객으로 된다는 연구결과가 있다. 문제를 해결하고 난 뒤에도 고객에게 마지막 감사의 인사를 하여 평생 고객으로 남겨 두어야 한다. 직접 감사 인사를 전하거나, 이메일, 설문조사 등의 형태로 이루어질 수 있다. 고객 불만 사항에 대해서는 자세한 사항을 기록하고 문서화하는 것이 좋다. 불만을 느낀 고객은 직접 항의 외에도 이메일, 온라인 리뷰, 소셜미디어, 커뮤니티 등 다양한 경로로 불만을 전파한다. 다양한 채널에서의 고객 불만에 대한 해결 가이드라인을 만들어 놓는 것이 좋다. 이 가이드라인에 따라 문제점을 모니터링하고 신속하게 해결책을 마련할 수 있을 뿐만 아니라 향후 유사한 불만을 피할 수 있다.

2. 불만 고객 대응 순서320)

먼저 컴플레인과 클레임의 차이는 무엇인가? 우선 컴플레인은 클레임과는 다른 대응 프로세스를 가지고 있다. 컴플레인은 대개 고객의 주관적인 관점으로 감정에 의한 불만이나 잘못된 상황에 대한 불평을 의미한다. 예를 들면 맛이 없어요. 마음에 들지 않아요. 불친절해요 등이다. 서비스 전반에 대한 불편 또는 불만을 제기하는 상황을 말한다. 이런 경우 고객의 감정적인 반응과 잘못된 사실에 대한 인내가 필요하다. 대응과정에서 금전 또는 물질적 보상보다 진정성 있는 사과와 대안 제시 또는 개선 약속 등이 필요하다.

반면 클레임은 제도, 정책 등에 근거하여 피해 사실이 분명하고 금전 또는 물질적인 보상이 수반되는 객관적인 관점에서의 문제이다. 예를 들면 음식에 이물질이 나왔어요. 머리카락이 다 탔어요. 배송된 상품이 파손되었어요 등이다. 피해 사실이 분

320) 박원영(2020), 불만 고객 응대 기법 교육-컴플레인 대응 방법, 박 강사 CS 강의, 2020.10.07.

명히 있어 교환, 환불, 보상 등의 대응이 필요한 응대이다.

상품 파손에 대해 클레임을 제기했더니 사과만 하고 다음에 주문해 주시면 그때는 좋은 상품을 보내주겠다고 한다. 이는 잘못된 대응이다. 직원 불친절에 대한 컴플레인을 제기했더니 죄송한 마음으로 상품권을 주겠다고 한다. 이 경우 '누가 돈을 요구했나? 날 거지로 아는 것이냐?' 등과 같이 더 큰 컴플레인으로 번질 확률이 크다. 불만을 제기한 고객이 컴플레인인지, 클레임인지를 먼저 구분하고 대응을 해야 한다.

이제 불만이 컴플레인인 경우의 대응에 대하여 살펴보기로 하자. 불만 응대 시 불만 고객 대응 순서로 '인사고과'를 기억해두면 좋다. 즉 첫번째 인정하기, 두번째 사과하기, 세번째 고마움 전달하기, 네번째 과정 안내하기이다.

(1) 인정하기

고객의 말을 인정하면 마치 고객의 말을 찬성하거나 수용해야 한다고 생각한다. 인정한다는 것은 고객의 말과 행동에 공감하고 이해하고 존중한다는 것이다. 즉 수용, 찬성과는 다른 개념이다. 비록 인정하기 힘든 고객 불만 사항에 대해서 '아니요, 그게 아니라요? 뭔가 잘못 알고 계신데요.'라는 부정보다는 부정도 긍정도 아니지만, 고객의 의견은 존중한다는 중립된 자세가 필요하다는 것이다. 그 과정에서 우리에게 필요한 응대는 고객의 말을 인정하는 표현을 하는 것이다. "그렇게 느끼셨어요?" "아~그렇게 전달받으셨어요." "그렇게 느끼실 수 있으셨겠어요"와 같은 고객의 상황이나 입장을 인정하는 말을 해주는 것이다.

(2) 사과하기

잘못된 상황 또는 응대 혹은 고객의 오해로부터 고객에게 사과를 하는 방법은 사과의 의미 안에 '미안함'과 '후회한다'라는 정서가 내포되어 있다면 그 사과가 고객에게 진정성 있는 사과로 받아들여진다고 한다. 예를 들면 '고객님 죄송합니다. 제가 꼼꼼히 체크를 했어야 하는데, 누락이 되었나 봅니다. 불편을 드려 죄송합니다' 또는 '선생님 기분 좋은 마음으로 방문하셨을 텐데 저희 직원의 불찰로 인해 마음을 상하게 해드린 것 같아 너무 죄송합니다.' 등과 같은 무엇이 잘못되었는가를 인정하는 말과 함께 사과를 하는 것이 좋다.

(3) 고마움 전달하기

사실 모든 고객이 불만을 느꼈다고 다 불만을 표출하는 것은 아니다. 상당수 많은 고객이 표현하지 않고 떠나가 버린 것일 수 있다. 잘못된 서비스에 대해 알아차릴 수 있게 해주고, 개선할 수 있는 기회를 주심에 대하여 감사의 표현을 하는 것이 좋다. '고객님 소중한 시간 내주셔서 이렇게 저희에게 개선해야 할 사항을 알려주셔서 너무나도 감사합니다.' '선생님 많이 번거로우셨을 텐데 이렇게 저희가 놓칠 수 있는 부분을 말씀해 주셔서 진심으로 감사드립니다.' 등과 같이 말이다.

(4) 과정 안내하기

감사의 표현으로 끝날 것이 아니라 앞으로 어떻게 할 것인지, 어떠한 해결방안이나 대안이 있는지, 또 도의적인 책임에 따른 약속을 고객에게 하는 것이 좋다. '고객님 말씀 주신 사항 저희가 개선해서 다음에 저희 기관 방문해 주셨을 때 더욱 나아진 모습으로 인사드릴 수 있게 노력하겠습니다.' '선생님께서 말씀 주신 부분 자체적으로 교육을 진행해서 같은 일을 반복하지 않을 수 있도록 점검하겠습니다.' '고객님 말씀 주신 내용 귀담아들어서 저희 제도가 개선될 수 있도록 상부 기관에 다시 한번 보고를 하고 변경이 되고 나면 추후 연락을 드려도 괜찮을까요?' 등과 같은 안내를 드리는 것이 좋다.

물론 대안 제시 과정에서 교환이나 환불 등의 보상조치도 있을 수 있지만, 때에 따라 바뀌는 기준이 아닌 이런 이슈로 문제가 된 상황에서는 '여기까지 보상한다' 같은 명확한 대응기준이 있어야 한다. 누군 되고 누군 안 되고 어느 사람에게 컴플레인을 제기했느냐에 따라 고객의 혜택이 바뀌거나 고객의 강성 유형에 따라 또 다른 대응은 오히려 더욱 악성을 만들게 되는 잘못된 불만 대응이다.

특히나 클레임 대응을 컴플레인 대응하듯이 인정하고 사과부터 하면 보상 책임에 대한 모든 것을 다 짊어져야 하는 경우가 있고, 협상이 어려울 수 있다. 그렇기 때문에 고객이 불만을 제기했을 때 컴플레인과 클레임을 구분하고 클레임일 경우 즉시 대답보다는 피해 사실을 확인하고 피해 범위와 보상 기준 등을 파악한 후에 고객과 접촉해서 합의점을 찾는 협상 조정 스킬이 필요하다. 당연히 이 또한 더욱 세세한 보상 규정을 먼저 마련해야 한다.

고객의 불만은 무조건 보상을 바라는 것만은 아니다. 정말 우리를 애정 어린 마음에서 개선을 하라고 쓴소리해주시는 고객도 있고, 본인의 화난 정서를 표출하기 위한 것일 수도 있고, 또는 제3자가 본인과 같은 경험을 하지 않도록 돕고자 하는 마음도 있다. 불만을 바라볼 때 '으 나를 피곤하게 하는 사람' '진상' 또는 '악성'[321]으로 바라보기보다는 좋은 관계, 좋은 서비스를 지속하기 위한 상호 도움이 되는 관계로 바라보고 '인사고과, 즉 인사하기, 사과하기, 고마움 표현하기, 과정 안내하기'를 점검한다면 보다 좋은 응대가 될 수 있을 것이다.

---

321) 진상 혹은 악성 고객이란 대화가 통하지 않고 자신의 요구사항에 대하여 무조건 관철시키려는 고객을 말한다.

제3절 고객만족서비스

1. 고객만족경영[322)]

고객 만족은 고객이 제품 또는 서비스를 구매, 사용, 평가하는 과정에서 경험하는 호의적 또는 비호의적 감정 및 태도를 말한다. 이는 제품 및 서비스뿐만 아니라 조직의 활동 또는 노력을 포함하는 모든 과정으로서 평가적 성향을 띠고 있다. 따라서 고객 만족은 제품 또는 서비스에 대하여 고객이 원하는 기대를 충족시켜 줌으로써 고객의 재이용률을 높이고, 그 제품 또는 서비스에 대한 선호도가 지속되도록 한다. 또한, 고객 만족은 제품이나 서비스의 질적 수준보다는 고객의 기대 수준의 크기에 달려있어 기대 충족 또는 미충족 여부와 기대 충족을 위한 조직의 노력 등이 영향을 미친다.

고객만족경영(Customer Satisfaction Management, CSM)이란 한마디로 급변하는 환경에 슬기롭게 대응하기 위해 고객 만족을 조직적으로 창출하고 경영 활동을 고객 중심적 사고로 전환하려는 경영혁신기법의 하나이다.[323)] 이러한 경영기법은 공업의 발달로 공급이 수요를 초과하고 상품의 질이 비슷한 수준이 됨으로써 대량생산과 품질개선만으로는 시장에서 생존하기 어렵게 된 데서 비롯되었다. 이에 고객이 만족할 수 있는 완벽한 품질과 서비스로 고객을 만족시켜 시장의 변화에 흔들리지 않고 안정적 수익을 장기적으로 확보하기 위해 도입된 것이 고객만족경영이다.

고객 만족은 기업이 제공하는 서비스가 고객의 기대 수준보다 실행 수준이 높을 때를 말한다. 고객만족경영은 고객에게 최상의 만족을 주는 것에서 기업의 존재와 더불어 매출도 향상시키는 전략의 경영 방식을 말한다.[324)] 이와 같은 경영 방식을 채택하는 기업으로는 주로 고객을 많이 상대하는 서비스 업종에서 주를 이루고 있다. 최근에는 유통업이나 제조업체 등 전 산업 부문으로 파급되었다. 고객 만족을 지

---

322) 이재희 외(2018), op. cit.

323) 고객만족경영은 모든 경영 활동을 고객 입장에서 생각하고 고객을 만족시키면 기업 성과가 따라서 확보된다는 생각이다. 1980년대 후반에 미국, 유럽 등에서 시작된 경영이론이다. 이와 관련하여 [부록 13-1] 참조.

324) 고객만족경영의 목표는 고객 충성도를 높이는 것이다. 충성도가 높은 고객은 재구매율이 높아질 뿐만 아니라 주위에 더 많은 추천을 하게 된다는 연구결과에 근거하고 있다. 고객만족경영의 문제점은 두 가지가 있다. 첫째, 어느 수준까지 고객을 만족시키는 것이 최적인가를 알기 어렵다는 것이다. 고객 만족 수준이 올라가면 비례해서 고객 충성도도 올라간다. 하지만 일정 수준을 지나게 되면 고객 만족이 증가한다고 해도 고객 충성도는 증가하지 않는다. 도리어 고객 만족을 위한 비용 지출이 급격히 증가하여 한계이익이 마이너스로 돌아설 수도 있다. 둘째, 고객만족경영은 경쟁자와 차별화를 이루기 위한 수단이 되지 못한다. 차별화는 경쟁자보다 더 잘 하는 것이 아니라 경쟁자와 다른 상품과 서비스를 팔거나, 또는 다르게 일하는 것을 뜻한다. 고객만족경영으로 경쟁하게 되면 같은 일을 보다 더 잘하기 위한 경쟁을 하게 되고 결과적으로 한계수익이 감소하게 된다. 이와 관련하여 http://www.2e.co.kr › news › articleView [투이컨설팅], op. cit. 참조.

향하는 기업들은 기업 내에 고객센터, 고객 상담실 등을 마련하여 고객들의 불만족을 개선하고 더 나은 만족을 위해 노력하고 있다.

2. 고객의 기본적인 4가지 욕구

고객이 바라는 기본적 욕구는 항상 '보다 더'임을 명심해야 한다.

(1) 환영받고 싶은 욕구

고객은 기억되기를 바란다. 환영받고 싶어하며 관심을 기울여주기 바란다. 고객들은 소외받지 않고 행복감을 느끼고 중요하게 비쳐지는 것을 느끼고 싶어한다. 이를 위해 서비스 제공자들은 고객에게 인내심을 갖고 고객이 어색하거나 불편함을 느끼지 않도록 하되 고객들을 만나게 되어 매우 기쁘다는 것을 느낄 수 있도록 해야 할 것이다.

(2) 이해받고 싶은 욕구

고객은 기대와 요구가 수용되기를 바란다. 고객은 고객으로서 이해받길 원하므로, 서비스 제공자들은 고객들과 '공감대 형성'이 될 수 있도록 해야 한다. 그러기 위해서는 고객들과 소통할 수 있는 감성이 필요하다. 그 방법의 하나로 고객에게 집중하고 고객에게 세심한 관심을 기울여야 한다.

(3) 편안하고 싶은 욕구

고객은 편안해지고 싶어한다. 고객의 편안함을 위해 과거에는 전통적으로 안락한 객실, 좌석, 침대, 조명, 주변 환경 등과 같은 물리적 관점을 주로 제공해 왔다. 그러나 최근에는 무형적인 서비스 부분에도 많은 관심을 기울이고 있다. 즉 '심리적 편안함'이라고 할 수 있다. 고객들이 전적으로 보살핌을 받고 있다고 느낄 수 있도록 안락함과 즐거움이라는 심리적인 분위기를 조성할 수 있도록 해야 한다.

(4) 존중받고 싶은 욕구

고객은 중요한 사람으로 느껴지기를 바라면서 존경과 친절을 받기 원한다. 모든 고객들은 자신이 특별하고 중요하다는 것을 느끼고자 하는 욕구를 갖고 있다. 어떠한 경우에도 고객이 모욕감을 느끼거나 경시되거나 당혹스럽게 느끼도록 만들지 말아야 한다.

제4절 고객만족조사

대부분의 고객만족조사는 고객서비스의 향상뿐만 아니라 회사의 전체적인 호응도를 향상시키기 위해서 꼭 필요한 작업이다.

1. 고객만족서비스 평가 사례

A생명이 모든 직원의 고객서비스 수준을 평가해 우수 직원에게 최고 500만 원을 수당으로 지급하는 '고객만족점수제'를 도입했다. 또한, 개인별 평가와 함께 팀과 그룹 단위별로 평가가 이뤄져 평가 결과에 따라 그룹별로 '고객 만족 등급'이 부여된다. 평가점수가 높은 직원들은 1인당 10만 원에서 최고 500만 원까지의 특별수당을 받게 되며 해외여행 등의 특전을 받게 되고, 인사고과에도 반영된다. T 이사는 "직원 개개인의 고객서비스 수준을 적절히 평가해 보상함으로써 직원의 서비스 수준을 개선하고 고객 만족을 실천하기 위해 제도를 도입했다"며 "직원 간 선의의 경쟁을 통해 고객서비스 수준이 향상될 것으로 기대한다"고 말했다.

또 마케팅 인사이트가 실시한 2011년도 '자동차 품질 및 고객 만족 조사'에서 R사는 '자동차 고객 만족 부문'에서 10년 연속 1위를 차지했으며, 2011년 고객평가 8개 부무 중 6개 부뮤을 석궈했다. 이로써 이 회사는 고객 만족 1위 기업의 이미지와 고객 충성도를 더욱 강화해 나갈 수 있게 되었다.

2. 고객 만족 조사의 목적

대부분의 고객 만족 조사는 사전에 고객의 요구도 파악하지 않고, 고객에 대한 지식이 전혀 없는 사람이 고객 조사 설문을 작성하는 등 그야말로 형식적인 조사에 그치는 경우가 많다. 고객 만족 조사의 목적은 고객의 주요 요구를 파악하여 가장 중요한 고객 요구를 도출하고, 자사가 가지고 있는 자원을 토대로 경영 프로세스의 개선에 활용함으로써 경쟁력을 증대시키는 것이라고 할 수 있다. 결국, 기업은 수익이 증대되고 품질향상으로 인한 유형 및 무형의 가치를 창출하게 된다.

3. 고객만족도 조사의 3원칙[325)]

고객만족도 조사의 3원칙은 계속성, 정량성, 정확성이다.

---

325) http://m.blog.naver.com › [네이버 블로그], 고객만족도 조사의 3원칙, 열씨미, 2018.11.19.

(1) 계속성

정기적인 조사가 의미가 있다. 고객만족도를 과거, 현재, 미래와 비교할 수 있어야 한다. 고객의 니즈는 주변 환경에 따라 항상 변하고 만족도 또한 제품 품질의 향상, 서비스의 향상 등에 따라 달라진다. 따라서 고객만족도를 파악하기 위해서는 과거 시점에 비해 만족도가 향상되었는지 미래에 어떻게 변화할 것인지에 대해 파악할 수 있어야 하며, 그러기 위해서는 1회성이 아닌 지속적, 주기적으로 시행되어야 한다는 의미다.

(2) 정량성

항목 간 수치 비교가 가능해야 한다. 항목 간 비교가 가능하도록 정량적인 조사여야 한다는 의미다. 성능은 좋은데 디자인이 마음에 들지 않는다. 서비스 요원이 불만족스럽다 등의 문자는 항목 간 비교가 불가능하다. 고객의 의견을 항목화시키고 수량적으로 데이터로 점수화(스코어화)시키는 것이 필요하다.

(3) 정확성

정확한 실사, 통계분석, 해석이 수반되어야 한다.

4. 고객 만족 측정 시 오류의 유형

① 고객이 원하는 것을 알고 있다고 안이하게 생각한다.
② 적절한 측정 프로세스 없이 조사를 시작한다.
③ 비전문가로부터 도움을 얻고자 한다.
④ 포괄적인 가치만을 질문함. 이 경우 실질적이고 구체적인 개선안 마련이 어렵다.
⑤ 중요도 척도를 오용함(잘못 사용함). 이 경우 측정 결과에 대한 해석의 오류 가능성이 크다.
⑥ 모든 고객들이 동일한 수준의 서비스를 원하고 있으며, 동시에 그러한 동질의 서비스가 필요하다고 가정함. 모든 고객을 동질적이라고 보는 것은 비현실적 가정이다.

5. 고객 만족 조사계획

고객 만족 조사를 적절히 수행하기 위해서는 적절한 조사계획이 수립되어야 한다. 고객 만족 조사계획에서 수행되어야 할 것은 조사 분야 및 대상 결정, 조사목적 설정, 조사 방법 및 횟수, 조사 결과 활용 계획으로 나눌 수 있다.[326)]

326) 설문조사의 설계와 관련된 사항은 다음과 같다. 경쟁적인 시장 위치 파악, 만족을 구성하고 있는 속성

(1) 고객만족도 조사의 절차

최고경영진의 승인 → 조사목표의 설정 및 니즈 분석 → 조사설계 → 탐색적 연구 실시 → 표본추출과 데이터 수집 계획 → 핵심적인 기업활동 파악 → 표본추출과 데이터 수집 계획 → 핵심적인 기업활동 파악 → 표본추출과 데이터 수집 → 질문지 작성 → 실사 → 분석과 해석, 결과 종합 → CS(Customer Satisfaction, 고객 만족) 전략 수립 → 다음 조사시기 계획

(2) 조사분야 및 대상 설정

시장이 다양화되고, 제품 및 서비스가 점점 복잡화됨에 따라 조사 분야와 대상을 확실히 설정하는 것이 필요하다. 그렇지 않으면 정확히 측정하고자 하는 것에 대한 고객 만족을 조사할 수 없게 될 것이다. 기업의 어떤 제품에 대한 고객 만족인지, 아니면 서비스에 대한 고객들의 만족도를 조사할 것인지를 분명히 선정해야 한다.

(3) 조사 방법 및 횟수

1) 조사 방법[327)]

조사 방법에는 설문조사와 심층면접법이 있다.

① **설문조사** : 고객 만족을 측정할 수 있는 문항으로 구성된 설문지를 통하여 응답자들의 인식을 조사하는 방법이다. 비교적 빠른 시간 내에 조사를 실시할 수 있다. 조사 결과를 통계적으로 처리할 수 있다. 응답자들이 쉽게 알아들을 수 있는 말로 질문을 구성해야 한다. 즉 문항작성이 중요하다.

② **심층면접법** : 조사자와 응답자 간의 일대일 대면 접촉에 의해 응답자의 잠재된 동기, 신념, 태도 등을 발견하는 데 사용한다. 30분에서 1시간 정도의 비교적 긴 시간이 소요된다. 다른 방법을 통해 포착할 수 없는 심층적인 정보를 경험적으로 얻을 수 있다. 독특한 정보를 얻을 수 있다. 인터뷰 결과를 사실과 다르게 해석할 수 있다.

별 만족 수준 파악, 불만족한 고객들의 특성 파악, 종합적인 만족도와 재구매에 영향을 미치는 핵심 개선요인의 추출, 정기조사를 통한 고객 변화 추세 파악

327) 좀 더 구체적인 측정방법은 다음과 같다. 소비자와의 직접 면담, 포커스(Focus) 그룹 인터뷰 : 표적(초점) 집단 면접법이라고도 한다. 표적 시장으로 예상되는 소비자를 일정한 자격 기준에 따라 6~12명 정도 선발하여, 한 장소에 모이게 한 후 면접자의 진행 아래 조사목적과 관련된 토론을 함으로써 자료를 수집하는 마케팅조사기법이다. 소비자를 대상으로 수치화된 자료를 수집하는 정량적(quantitative) 조사 방법과는 달리 토론을 통하여 소비자의 심리상태를 파악하는 정성적(qualitative) 조사 방법이며, 정량적 조사에 앞서 탐색조사로 이용된다.

2) 조사 횟수

보통 1회 조사로 고객 만족 조사를 하는 경우가 많이 있지만, 1회 조사는 실패하기 쉽다. 조사 방법이나 질문 내용이 부적절하기도 하고, 정확한 조사 결과를 얻기 어렵기 때문이다. 그래서 보통 연속 조사를 하는 것을 권장한다. 연속 조사 시 주의해야 할 사항은 다음과 같다. 첫째 조사 방법 및 질문 내용을 가능한 한 변경하지 않는 것이 필요하다. 변경할 경우 일관된 패턴(규칙)을 찾아내기 어렵다. 둘째 위험을 초래하지 않는 경우라면 조금씩 변경하거나, 일시적으로 예전의 질문과 새로운 질문을 병행시키는 등의 계획을 하는 것도 좋다.

(4) 조사목적 설정 : 고객 만족 조사의 목적 4가지

① **전체적 경향 파악이 목적일 경우** : 고객만족도 수준은 어떠한 상황에 있는지, 어떻게 변화하고 있는지, 어떠한 요인에 의해 결정되는지, 고객의 심리는 어떻게 되어있는지 등 전체적인 관점에서 조사한다. 객관성, 공평성, 과학적 합리성이 요구되는 조사가 실시되어야 한다.

② **고객에 대한 개별대응 및 고객과의 관계유지 파악이 목적일 경우** : 개별고객의 불만 해소, 니즈 파악, 이후의 비즈니스 관련 정보 입수 등이 중요하고 조사대상의 선택은 무작위이어서는 안 된다. 중요한 고객을 우선해야 한다.

③ **평가에 반영할 목적일 경우** : 포괄적인 질문이 필요하며, 상세한 질문은 불필요하다. 평균치 계산으로 많은 목적이 달성된다.

④ **개선이 목적일 경우** : 고객심리 및 평가 결정요인의 해명(고객심리 및 고객평가에 영향을 주는 요인들이 무엇인지) 등이 분석 대상이며, 가능한 한 고객의 감정에 따른 질문 작성이 요구된다. 비교적 상세한 질문 및 자유 응답이 바람직하다.

(5) 조사 결과 활용 계획

조사 결과를 평가에 반영하기 위한 것인지, 아니면 서비스나 제품을 개선하기 위한 것인지에 따라 활용 계획은 달라질 것이다. 목적에 맞는 활용 계획을 설정해 놓는 것이 조사의 방향에 일관성을 부여할 수 있다.

6. 평 가

결론적으로 고객의 흐름 및 변화(즉 고객의 요구 및 구매심리)를 신속하게 파악하고 이에 효과적으로 대응하는 기업만이 경쟁력을 지속적으로 유지하면서 시장에서 생존할 수 있을 것이다.

제5절 고객조사방법론[328)]

회사는 고객을 알고 싶어한다. 기업은 항상 고객을 이해하고 싶어한다. 고객의 선택을 받기 위해서 고객이 무엇을 원하는지 빠르게, 정확히는 경쟁사보다 빠르게 파악하여 고객에게 제공하고 싶어한다. 이를 넘어서서 고객들 자신도 미처 생각하지 못했던 숨겨진 니즈를 발굴해 간지러운 부분을 긁어주고 싶어한다. 고객을 이해하고자 하는 기업의 마음은 마치 짝사랑 상대를 그리워하는 것과 같다. 그래서 회사는 고객을 알고 싶어한다. 우리의 상품과 서비스에 만족했는지, 불만족했다면 그 이유는 무엇인지를 알고 싶어한다. 회사가 고객에게 무엇을 제공해야 다음에도 우리 회사를 선택할지를 알고 싶어한다. 그래서 대부분 기업은 고객 조사를 담당하는 조직을 두고, 고객 조사와 분석을 진행한다.

고객의 생각을 이해하기 위한 고객 조사는 실로 다양한 방법이 있다. 가장 대표적인 것은 회사의 상품이나 서비스를 이용한 고객을 대상으로 하는 조사이다. 소위 '고객님께서 이용하신 서비스에 만족하셨습니까'로 대변되는 조사로, 회사의 상품이나 서비스를 이용한 고객에게 만족 여부를 5점 척도나 10점 척도로 묻고, 불만족했다면 그 사유는 무엇이었는지 묻는 방식이다.

기존에는 영수증에 URL을 인쇄하거나, 매장에 '고객의 소리' 등을 비치하여 고객 응답을 유도하는 방법이 대부분이었다. 그래서 고객의 응답률도 현저히 낮을 뿐만 아니라, 서비스의 이용 시점과 만족도 조사 시점이 차이가 나는 경우가 많아서, 고객의 반응을 실시간으로 확인하고 개선사항을 도출하기에는 어려운 점이 있었다. 그러나 최근에는 MMS 및 각종 앱을 이용한 조사 방식이 보편화 됨에 따라 서비스 이용 직후에 고객에게 만족도 조사를 요청하는 것이 가능해졌고, 이를 통해 고객 경험을 사실상 실시간으로 측정할 수 있게 되었다.

우리 회사의 제품이나 서비스를 이용한 고객의 목소리를 듣는 것만으로는 전체 고객을 이해할 수 없다. 대부분의 경우 우리 회사의 제품과 서비스를 이용하는 고객보다 그렇지 않은 고객이 더 많기 때문이다. 그래서 대부분의 기업들은 '왜 우리 회사를 선택하지 않는지'에 대한 답을 찾기 위해서 경쟁사 고객들을 대상으로 하는 조사를 진행한다. 조사대상의 특성상, 회사가 경쟁사 고객들을 대상으로 직접 조사를 시행하기에는 현실적인 어려움이 많다.

그래서 많은 경우 전문 업체를 통해 조사를 진행한다. 전문 업체가 확보한 패널들에게 설문 참여를 요청하는 방식이 대부분이다. 또한, 더욱 깊은 이야기를 듣기 위해서 정량적인 설문조사뿐만 아니라 FGI(Focus Group Interview, 4~12명 규모의 집단을 선정하고 정해진 주제에 대하여 집중적으로 논의하는 방식) 등 정성적인 조사 방식을 사용하는 경우도 많다. 이전에는 FGI를 시행할 때 인터뷰 장소 옆에 설치된

---

328) 김현태(2017), 고객이 말하지 않는 니즈를 파악하는 법-고객조사방법론, SKT Insight, 2017.11.20.

숨겨진 공간, 즉 '미러룸'에 회사 관계자가 숨어서 고객들의 생생한 이야기와 반응을 듣기도 했다.

우리 회사나 경쟁사의 상품을 이용해 본 고객에게 이용 경험을 묻는 것을 넘어서서, 특정 제품이나 서비스를 일정 기간 직접 경험하도록 한 후 그 경험에 대해 조사를 진행하는 경우도 있다. 일종의 '체험단'이나 '모니터링단'을 생각하면 쉽게 이해할 수 있다. 서비스 이용고객을 모집하기 어려운 신규 출시된 상품의 경우나 아직 정식 출시되지 않은 상품에 대한 고객 반응이 필요한 경우, 그리고 생생한 이용 경험이 필요한 경우 및 서비스를 이용하기 전에 점검해야 할 포인트를 미리 숙지하는 것이 필요한 경우 등에 주로 사용된다.

이와 같은 방법은 아무래도 시간적인 여유가 있는 대학생과 주부를 대상으로 하는 경우가 많다. 최근에는 상품을 체험한 고객이 느낀 장단점을 회사에 보고하는 것을 넘어서 고객의 SNS에 그 내용을 공개함으로 자연스러운 바이럴 효과[329)]를 노리는 기업들도 많아지고 있다. 상품과 서비스에 대한 정보가 대중매체가 아닌 온라인 커뮤니티를 중심으로 공유되고, 해당 고객층의 블로그 등 SNS 활동이 활발한 육아용품이나 생활용품 회사에서 이와 같은 프로그램을 운영하는 경우가 늘어나고 있다.

고객의 의견을 듣는 것은 물론 매우 중요한 활동이다. 하지만, '고객이 생각하는 것' 이상을 들을 수는 없다는 한계점이 존재한다. 즉 '고객 본인도 모르는 숨은 니즈는 파악하기가 매우 어렵다는 것이다. 고객 본인도 모르는 숨은 니즈를 발굴하기 위해서, 고객의 기대를 넘는 멋진 경험을 제공하기 위해서 '고객 행태 분석'을 시도하는 기업이 늘고 있다. 빅데이터의 발달 덕분에 고객의 행동 패턴을 수집하고 분석하여 고객의 반응을 측정하고, 고객 불편사항을 도출하는 것이 가능해진 것이다.

세계적인 화장품 체인인 '세포라'는 모든 매장의 출입구에 일종의 움직임 감지 센서를 설치하여 매장별 방문자 수를 카운트한다. 매장별 방문자 수와 실제 구매 건수를 비교하여 고객들의 구매 비율을 관리할 뿐만 아니라, 매장 내부에서의 고객 체류 시간 등을 바탕으로 어떤 점을 개선해야 더 많은 고객이 제품을 구매할지를 고민한다. 예를 들면, 고객 행동 데이터를 바탕으로 매장의 계산 대기 줄이 고객 동선을 방해하고, 그래서 계산을 위해 줄을 서 있던 고객들이 구매를 포기하고 매장을 이탈하는 경우가 많다는 식이다. 아직 그다지 상용화되지는 않았지만, 광고나 포스터를 보는 고객의 시선을 추적해서 고객이 해당 콘텐츠에 얼마나 관심을 보였는지, 어떤 포인트에 관심을 가졌는지를 확인하는 기술도 이미 구현되어 있다.

기업들이 고객의 목소리를 듣는 본질적인 목적은 '고객이 원하는 것'이 무엇인지를 이해하고, 그것을 제공하기 위함이다. 그렇기 때문에 때에 따라서는 고객의 생각과 반응을 조사하는 것보다 고객에게 '회사가 제공하기를 원하는 서비스'를 묻는 것이

---

329) 바이럴(Viral)은 바이러스(Virus)의 형용사형으로, '감염시키는, 전이되는' 등의 의미가 있다. 즉, 바이러스가 전염되듯이 소비자들 사이에 소문을 타고 물건에 대한 홍보성 정보가 끊임없이 전달되도록 하는 마케팅 기법을 의미한다. 중요한 것은 소비자들이 자발적으로 기업이나 기업의 제품을 홍보하는 것이다. <바이럴 마케팅, 나무위키> 참조.

더욱 효과적인 방법일 수도 있다. 이러한 취지에서 운영되는 것이 '고객 제안 채널'이다. 이제는 너무나 유명해진 My Starbucks Idea가 가장 대표적이고 전형적인 사례이다. P&G에서도 'P&G connect+ develop' 채널을 통해서 회사가 고민하는 주제를 공개하고, 해당 주제에 대한 고객들 및 파트너사의 제안을 받고 있다.

기업은 다양한 방식을 통해 고객을 이해하려고 노력한다. SK텔레콤(이하 SKT)도 예외는 아니어서, 2008년부터 고객 조사 및 분석 업무를 담당하는 고객 중심 경영실을 조직하는 등 고객을 이해하려는 노력을 지속적으로 기울이고 있다. 이동전화에 가입한 고객을 대상으로 개통과정에 대한 만족도 설문을 진행하고, 서비스를 이용 중인 고객을 대상으로도 수시로 불편한 사항이나 필요로 하는 사항에 대한 조사 등을 시행한다.

또한 SKT 이동전화 서비스 고객 및 타사 이용고객을 대상으로 하는 대규모의 고객만족도 조사를 시행하고, 조사 결과를 연차보고서 등을 통해서 공개하고 있다. 이와 같은 고객 조사 및 분석을 바탕으로 '고객이 원하는 것'이 무엇인지를 알아내며, 도출한 결과는 관련 임원이 참여하는 고객 중심 경영 회의를 통해 공유하고 개선사항을 논의한다. 이 같은 노력이 바탕이 되어 이동전화 부문 국가고객만족도(NCSI) 20년 연속 1위, 한국서비스 품질지수(KS-SQI) 18년 연속 1위, 한국산업의 고객만족도(KCSI) 20년 연속 1위 등 외부의 공신력 있는 고객만족도 조사에서도 최장기간 연속 1위를 유지하고 있다.

고객이 있기에 기업이 존재할 수 있다. 기업은 고객을 이해하고, 고객과 가까워지려는 노력을 절대로 멈추지 않을 것이다. 그렇기 때문에 고객 조사는 앞으로도 다양한 방법으로 진화 발전할 것이 분명하다. 한편으로는 고객들이 더 나은 상품과 서비스를 만나보기 위해서, 회사뿐만 아니라 고객들도 본인의 목소리를 내는 것이 필요하다. 기업의 설문에 적극적으로 응해주고, 상품이나 서비스 이용과정에서 겪었던 불만과 개선이 필요한 사항들을 기업에게 명확히 이야기해 주는 것이 더 나은 상품과 서비스를 더 빨리 만날 수 있는 길이다.

제6절 고객만족방법 330)

월트 디즈니(W. Disney, 1910~1966)는 "내 작품에 완성은 없다. 오로지 고객 만족을 향한 끊임없는 노력만이 있을 뿐이다."라고 하였다. 서비스 시대에 고객 만족은 고객이 원하는 바람직한 만족을 제공하지 않으면 제품·서비스가 팔리지 않고 궁극적으로 기업은 살아남을 수 없다는 '고객 관리' 명령 제1호이자 특령이 아닐 수 없

330) 이재희 외(2018), op. cit.

다. 이제 고객 만족은 고객 감동, 고객가치의 실현에 이르도록 노력하는 시스템으로, 기업의 이익도 중요하지만, 무엇보다 인간, 사회, 환경 지향적 경영 컨셉에 기반을 둔 소비자(고객) 위주의 마케팅[331] 관점을 중시해야 한다.

1. 고객만족의 3대 요소

고객 만족에 영향을 미치는 요소들에는 어떤 것들이 있을까? 가장 먼저 '상품'을 꼽을 수 있겠다. 기업을 유지하는 근간이 되는 것은 상품의 판매이다. 기업은 상품을 통해 고객과 거래하고 그에 대한 대가를 받는다. 서비스의 경우도 넓은 의미에서 보면 상품을 판매하는 것이다. 상품을 팔다 보면 판매하는 장소, 판매직원 등 관련 서비스가 생기기 마련이다. 상품을 유통시키기 위한 보조서비스가 발달하는 것이다. 고객의 입장에서 상품을 구매하고 서비스를 받다 보면 머릿속에 그 기업에 대한 무언가가 형성되는데, 이것이 바로 이미지이다. 상품, 서비스, 이미지 이 세 가지를 통틀어 '고객 만족의 3대 요소'라고 하며, 다양한 기업의 고객만족도 설문지를 보면 대부분 이 세 가지 범주를 벗어나지 않는다.

그런데 유형화된 상품이 없는 서비스업체의 경우 이 3대 요소가 잘 들어맞지 않는다는 느낌을 받을 수 있다. 앞의 3대 요소는 업종과 관계없는 '보편적 3대 요소'라고 부르고, 서비스업체는 이와 별도로 서비스 결과, 서비스 과정, 이미지의 세 가지를 고객 만족의 3대 요소로 뽑는다. 서비스업체에서 상품에 해당하는 것이 바로 서비스 결과이고 직원의 친절, 시설의 쾌적성 등이 서비스 과정에 해당한다.

2. 고객가치경영

최근 우리의 경영 패러다임은 고객만족경영에서 한 단계 더 나아간 '고객가치경영'으로 탈바꿈하고 있다.[332] 고객가치경영은 기업과 고객 서로가 의사소통하고 상호보완함으로써 시너지를 도모하는 양방향적 경영체제이다. 고객가치경영은 고객을 위한

331) 한마디로 마케팅은 변화를 일으키기 위한 행위이다. 기업의 관점에서 마케팅은 고객의 마음을 바꿔 행동의 변화를 일으키는 행위이다. 2009년부터 서울우유가 시행해 오고 있는 제조 일자 표시가 그 좋은 사례이다. 그동안 모든 우유 팩에는 유통기간만 표시되어 있었다. 그런데 서울우유가 최초로 제조 일자를 하나 더 넣어 '유통기간과 제조 일자'를 동시에 표시해 소비자들의 <우유를 고르는 기준의 변화>를 가져왔다. 많은 사람들이 이제는 제조 일자를 보고 우유를 고른다. 우유 선택 행위에 변화를 일으킨 것이다. 변화를 일으키고 싶다면 고객을 먼저 찾아야 한다. 멋진 제품을 먼저 만들고 우리 제품에 맞는 고객을 찾기보다, 변화를 원하는 고객을 먼저 찾고 그들이 무엇을 원하는지 찾아내 그들을 위한 제품과 서비스를 만들어야 한다. 그러면 자연스럽게 고객들이 우리를 찾아온다. 그리고 만족한 고객은 네트워크 효과를 만들어 내며 기하급수적으로 확대된다. 마케팅은 이렇게 하는 것이다. 이와 관련하여 https://m.blog.naver.com › phd_assist [네이버 블로그], 마케팅이란 무엇인가?, 문달주, 윤리글/칼럼, 2020.09.22. 참조.

332) 고객가치경영 이외에 경영 패러다임의 궁극적 목표로 고객공감경영을 생각해 볼 수 있는데, 이와 관련하여 [부록 13-1] 참조.

가치(For the Customer), 고객의 가치(Of the Customer), 고객에 의한 가치(By the Customer) 3가지가 핵심이다.

첫번째, 고객을 위한 가치는 말 그대로 고객을 위해 기업이 제공할 수 있는 제품과 서비스를 말한다. 기업은 최고의 가치를 제공하기 위해 상품 및 서비스의 차별화와 체험마케팅에 주력하는 한편, 끊임없이 변화하는 고객의 요구를 측정하고 대응방안을 마련해야 한다. 고객에게 전달되는 가치가 클수록 고객이 지불하는 비용도 높아진다는 것은 당연한 순리이기 때문이다.

두번째, 고객의 가치는 기업이 고객을 기다리기보다 능동적으로 고객을 선택하고 고객가치를 개발하는 것을 의미한다. 고객의 잠재 니즈 발견,[333] 고객의 포트폴리오 구축(고객 맞춤 서비스 제공을 위한 제 여건의 구축), 불량고객의 충성고객 전환, 고객의 생애가치 분석[334] 등 다양한 마케팅 수단과의 연계를 통해 고객이 가진 원천적 가치를 극대화해야 한다. 단계별 고객에 대한 심층적인 이해와 지속적인 신뢰 관계 구축이 곧 기업의 성공으로 이어질 수 있다.

마지막으로 고객에 의한 가치는 고객들의 자발적 참여를 통한 가치창출을 의미한다. 최근 '프로슈머'[335], '파워블로거'[336] 등 자발적 참여 고객을 통해 생산되는 수많

333) 잠재 니즈를 발굴하기 위해 필요한 행동들을 요약해보면 다음과 같다. 첫째, 상황파악형 질문으로 현재 고객이 처한 상황을 파악하는 것이다. 상황파악형 질문이란 고객의 현재 상황에 대한 정보를 밝혀내는 것(일례로 '이름은? 나이는? 가족은?')으로, 고객의 사업에 관한 현황 탐색 및 상황 등에 관해 질문하는 행동을 말한다. 상황파악형 질문은 상담의 성과와 큰 연관은 없으므로 가능한 한 적게 하는 편이 좋다. 상황파악형 질문을 지나치게 많이 하면 고객을 지루하게 만들고 적대감마저 느끼게 하기 때문에 오히려 상담에 방해가 될 수도 있다. 둘째, 문제발굴형 질문을 전개하여 고객의 잠재 니즈를 밝혀내는 것이다. 문제발굴형 질문은 고객의 현재 상황 중 문제, 어려움, 불만족에 관한 질문으로 상황파악형 질문에서 얻은 정보를 기초로 고객의 불만을 유도(불완전한 상황 + 불만의 언급)하는 행동이다. 이 질문을 통해서 고객의 잠재 니즈를 발굴할 수 있다. 문제발굴형 질문은 파악된 현재 고객의 상황에 "불만은 없으신가요?", "문제는 없으신가요?"라는 질문이 추가되는 형식이다. 문제발굴형 질문은 상담의 성패에 상당한 영향을 미친다. 고객은 자기 문제를 이야기할 때 흥미를 갖기 때문에 문제발굴형 질문이 잘 이루어지면 성공적인 세일즈로 이어지는 경우가 많다. 문제발굴형 질문을 많이 하면 그만큼 해결해줄 수 있는 고객의 불만이 많이 발굴된다는 것이고, 이것을 현재 니즈로 개발하면 이점으로 만들 수 있는 것이 많아진다. 이점이 많으면 많을수록 구매 확률은 높아지므로 문제발굴형 질문은 많이 할수록 좋다. 이와 관련하여 조우진(2019), 조우진의 WM 컨설팅, 끌리는 책, 2019.10.07. 참조.

334) 고객생애가치(CLV, Customer Lifetime Value)는 한 고객이 한 기업의 고객으로 존재하는 전체 기간동안 기업에게 제공할 것으로 추정되는 재무적 그리고 비재무적인 공헌도의 총합이라고 할 수 있다. 즉 고객과의 관계로부터 창출될 것으로 예상되는 미래현금흐름의 현재가치를 기반으로 계산한 고객 관계의 화폐가치(이를 고객자본으로 평가하기도 함)이다. 기업들은 초기에 캠페인 활동과 여러 가지 프로모션을 통해 신규 고객을 획득하게 된다. 신규 고객을 획득하는 과정은 여러 마케팅 활동으로 인해 매우 높은 비용이 들지만, 투자 비용을 회수하는 데 있어 상당한 시간이 요구되었다. 더욱이 고객이 일찍 이탈할 경우에는 고객획득 비용조차 회수하지 못하는 경우가 발생하게 된다. 이처럼 고객획득 비용을 넘어 고객과의 장기적인 관계를 유지하는 것이 바로 고객관계관리(흔히 CRM이라고 하는데, 이는 Customer Relationship Management의 약자로서 고객으로부터 수익을 창출하고 지속적으로 구매를 유도하기 위해 고객과의 커뮤니케이션을 최적화하는 과정을 말함)가 되는 것이며, 이러한 장기적인 관계를 유지함에 있어 고객으로부터 거둘 수 있는 가치를 고객생애가치라고 한다. 고객의 가치를 안다는 것은 고객의 수익성을 안다는 것과 같은 맥락으로 볼 수 있다. 고객을 분류하는 기준이 여러 가지가 있겠지만, 기업의 입장에서 우수고객이라는 것은 바로 그 고객의 수익성이 되는 것이다. 기업의 경쟁력확보는 바로 고객을 이해하는 것에서 시작되고, 고객과의 관계를 우호적으로 유지하는 순간 기업은 성공에 이르게 되는 것이다. 이와 관련하여 https://blog.naver.com › PostView, #56. 고객생애가치 CLV, 2019.04.12. 참조.

335) '프로슈머(prosumer)'란 프로듀서(producer, 생산자)와 컨슈머(consumer, 소비자)의 합성어로 '소비자

은 정보들이 실제 제품 구매와 기업 인지도 향상으로 이어지는 것이 대표적인 예다. 따라서 기업은 고객 참여 프로그램을 개발하고 그 속에서 아이디어를 얻어 제품과 서비스에 반영할 수 있도록 노력해야 한다.

제7절 마무리 : 핵심 체크

☑ 고객서비스란 다양한 고객의 요구를 파악하고, 대응법을 마련하여 고객에게 양질의 서비스를 제공하는 것을 말한다.

☑ 고객 불만 표현 유형은 크게, 거만형, 의심형, 트집형, 빨리빨리 형으로 나눌 수 있다. 거만형은 자신의 과시욕을 드러내고 싶어하는 사람이고, 의심형은 직원의 설명이나 제품의 품질에 대해 의심을 많이 하는 사람이다. 트집형은 사소한 것을 트집을 잡는 까다로운 고객이며, 빨리빨리 형은 성격이 급하고, 확신 있는 말이 아니면 잘 믿지 않는 고객을 말한다.

☑ 고객 불만 처리 프로세스는 다음의 8단계로 이루어진다.

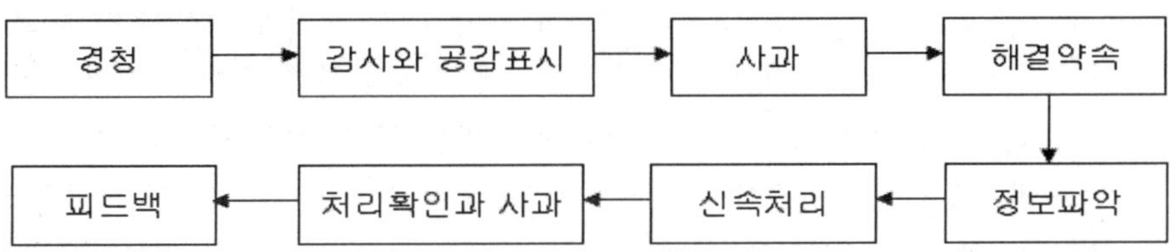

☑ 고객 만족 조사계획에서 수행되어야 할 것은, 조사 분야 및 대상 결정, 조사목적 설정, 조사 방법 및 횟수, 조사 결과 활용 계획이 있다.

- 조사분야 및 대상 설정 : 명확히 설정해야만 정확한 조사가 될 수 있다.
- 조사목적 설정 : 전체적 경향의 파악, 고객에 대한 개별대응 및 고객과의 관계 유지 파익, 평가, 개선 등의 목적이 있음.
- 조사방법 및 횟수 : 설문조사와 심층면접법이 주로 활용되고, 연속 조사를 권장함.
- 조사결과 활용 계획 : 조사목적에 맞게 구체적인 활용 계획을 작성함.

이면서 생산자'를 말하며 제품기획, 유통 등 기업의 모든 생산 및 판매 활동에 참여해 영향력을 행사하는 소비자를 뜻한다. 프로슈머는 새로운 기술이나 제품을 먼저 받아들여 평가를 내린 뒤 단순히 주변 사람들에게 제품의 특성을 알려주는 얼리어답터(early adopter)와는 제품기획 참여 여부로 구분된다. 이와 관련하여 강원도민일보(2005), 프로슈머(Prosumer), 2005.08.01. 참조.

336) 네이버에서 자사 블로그를 가지고 있는 블로거들 중 여러 가지 글과 사진, 그리고 우수한 정보 등을 제공하고 이에 성실히 기여한 이에게 주었던 호칭이었으나 현재는 원래 의미는 사실상 사라지고, 사람들이 많이 찾는 인기 있는 블로그(네이버 포함, 모든 업체에서 제공하는)를 말한다.

부록 13-1 : 고객 만족 → 고객 감동 → 고객 졸도 → 고객 공감의 시대가 열렸다

경제 · 사회 · 산업이 고도화하면서 서비스산업은 더 큰 부가가치를 창출하고 있다. 서비스산업의 본질이 뭘까. 성리학의 완성자 주자(朱子)는 고객에게 더 좋은 가격, 더 큰 가치, 더 깊은 만족을 주는 '부접빈객 거후회(不接賓客 去後悔)'를 이야기한다.

☑ '고객만족경영'과 객인환대(客人歡待)

'부접빈객 거후회'는 주자십훈(朱子十訓)의 열째 항목이다. '손님을 제대로 대접하지 않으면 떠난 뒤에 뉘우친다'는 뜻이다. 최선을 다해 마음이 담긴 탁월한 서비스를 제공해야 한다는 의미다. 현대 경영에서는 약속된 고객서비스(Customer Service) 제공을 넘어, 추가 서비스를 통해 고객이 만족하게 만드는 고객만족(Customer Satisfaction)경영으로 통한다.

1980년대 후반부터 미국 · 유럽에서 주목받기 시작한 고객만족경영은 고객에게 '모자람이 없이 충분하고 넉넉함'을 의미하는 만족(滿足)을 느끼게 하는 걸 말한다. 다시 말해 매출액이나 이익 증대와 같은 산술 목표만을 추구하는 게 아니라, 고객에게 최대 만족을 주는 데서 기업 존재 의의를 찾으려는 방식이다.

1980년 스칸디나비아항공사(SAS)는 연 800만 달러 적자에 허덕였다. 얀 칼손(Kalson) 당시 신임 사장은 일선 직원이 최종 고객과 접촉하는 단 15초 '진실의 순간(MOT, Moments of Truth)'에 회사 사활이 걸려 있다는 걸 간파했다. 내부 교육을 통해 고객만족경영을 역설하자 회사가 1년 만에 7100만 달러 흑자로 전환했다. 주자는 이를 객인환대(客人歡待)로 풀이한다. '손님을 반갑게 맞이하여 정성껏 후하게 대접한다'는 뜻이다. 서비스산업 중에서도 숙박, 관광, 식음료, 레스토랑 분야를 환대산업(hospitality industry)이라 부르기도 한다. '환대(hospitality)'의 어원은 그리스어 '필록세니아(philoxenia)' '낯선 이들의 사랑'(love of strangers)과 환대를 보여주려는 의지(eagerness to show hospitality)를 의미한다. 과거 우리 조상이 그러했듯, 고대 그리스인에게는 환대가 법이었으며, 손님을 환대하는 게 일상이었다고 한다.

☑ '고객감동경영'과 지성감천(至誠感天)

이제는 고객 만족 시대를 넘어 고객 감동(感動) 시대가 되고 있다. 단순히 반갑게 맞이하여 만족을 주는 데 그치는 게 아니라 고객 마음을 울리는 진정한 서비스를 해야 한다는 것이다. 주자는 이를 '지성감천(至誠感天)'이라 부를 듯하다.

미국 플로리다주 어밀리아섬에 있는 리츠칼튼 호텔에서 여름 휴가를 보내고 집으로 돌아온 가족 이야기를 보자. 이들은 어린 아들이 매우 아끼고 좋아하는 기린 인형을 호텔에 두고 왔음을 알게 됐다. 아버지는 상심한 아들을 위로하려고 인형이 호텔에서 휴가를 즐기고 있다며 거짓말로 둘러대고 호텔에 연락했다. 다행히 직원이 세탁실에서 인형을 발견했다. 아버지는 직원에게 사정을 이야기하고 수영장을 배경으로 기린 인형 사진을 찍어서 보내주면 좋겠다고 부탁했다. 며칠 후 호텔에서 보낸 소포가 도착했다. 안에는 인형과 함께 호텔에서 주는 과자와 작은 사진첩이 들어 있었다. 사진첩은 기린 인형을 찍은 사진으로 가득 차 있었는데 기린 인형이 수영장에서 일광욕을 즐기는 모습, 마사지를 받는 모습, 골프 카트에 탄 모습, 호텔 명예 보안 요원으로 모니터 앞에서 근무하는 모습까지 있었다. 리츠칼튼 직원의 창의력과 친절에 아이의 부모가 감동을 받은 건 두말할 나위가 없다. 아이 아버지가 이 일과 사진을 블로그에 올리자 기린 인형 페이스북 페이지가 생겼을 정도로 폭발적 화제를 불렀다.

일본 MK 택시 기사는 비 오는 늦은 밤에 짐을 들고 있는 손님을 보면 반드시 택시에서 내려 손님 짐을 트렁크에 실어준다. 꼬불꼬불한 골목길을 한참 간다 해도 불평하지 않고, 목적지에 도착하면 손님보다 먼저 내려 트렁크에서 짐을 꺼내준다. 회사 우산도 건네주며 "다음에 MK 택시를 이용하실 때 그 기사에게 돌려주면 됩니다"라고 설명한다. 손님이 집에 들어갈 때까지 떠나지 않고 헤드라이트로 길을 비춰주는 서비스도 한다. 이렇게 마음을 담아 주는 서비스에는 고객들이 은혜에 보답하듯 충성도를 보이게 된다.

☑ '고객졸도경영'과 과유불급(過猶不及)

요즘은 고객 감동이 아니라 고객이 너무 큰 만족과 감동을 받아서 기절까지 해야 한다는 '고객졸도경영'이 등장했다. 하지만 고객졸도경영은 바른길이 될 수 없다. 주자는 이를 과유불급(過猶不及)이라 꾸짖을 듯하다. '너무 지나치면 미치지 못하는 것과 마찬가지이다, 무슨 일이든 너무 지나친 것은 오히려 부족함만 못하다'는 의미다. 즉 친절이 너무 지나치면 비례(非禮)가 되고, 의욕이 지나치면 과욕(過慾)이 되며, 사랑도 지나치면 미움이 따르게 되듯이, 고객만족경영을 추구하는 것도 지나치면 오히려 경영에 해가 되는 것이다.

그래서인지 너무 과한 서비스인 고객졸도경영은 진정한 마음의 서비스가 아니라 형식적 서비스만을 체험하게 되는 경우가 많다. 만일 기업이 고객졸도경영을 추구해, 일선에 있는 서비스 제공자들에게 일방적 '감정 노동'을 강요하고, '희생'을 통해 고객에게 만족을 준다면 최고의 서비스가 '지속'될 수 있을까.

☑ '고객공감경영'과 부접빈객 거후회

서비스의 새로운 시대를 열어갈 고객공감경영에서 공감(共感 · empathy)의 한자는 함께 공, 느낄 감이다. 남의 감정 · 의견 · 주장에 대해 자기도 그렇다고 느끼는 것이다. 또 그렇게 느끼는 기분을 말한다. 즉 공감은 '자기도 같은 감정을 가지는 것'으로, 고객공감경영을 위해서는 고객이 서비스를 통해 만족을 느꼈다면, 서비스를 제공한 사람도 만족과 행복을 느낄 수 있어야 한다. 즉 '고객이 우리 덕분에 만족과 행복을 느꼈구나' '행복을 주는 나도 행복하구나' 하고 생각할 때 서비스의 완성이라는 것이다.

서비스는 단순히 제품을 제공하는 제조업과는 다르게, 서비스를 제공할 때 주는 사람과 받는 사람이 동시에 직접 주고받는다는 특징이 있다. 그러므로 진정한 서비스는 고객과 서비스 제공자 모두가 서로의 존재 자체에 대해 공감하고 행복을 느끼는 것이어야 한다. 즉 단순히 무엇을 제공하는 것이 아니라, 서로 주고받는 것이어야 하는 것이다. 모두가 공감을 통해 행복을 주고받아야 좋은 서비스가 선순환될 수 있다.

특히 4차 산업혁명 시대 디지털 경제에서 가치창출은 제품도 생산이나 교환에 의한 것보다 '공유'와 이용에 의하여 만들어지는 것이 많다. 즉 제품 또는 산출물에 부과된 가치보다 고객과 서비스 제공자가 공동 창출하여 나누는 가치가 더 중요해진다. 그러므로 앞으로는 서비스 공급자가 행복하지 않으면 소비자가 제품과 서비스를 소비하면서 만족할 수 없는 시대가 될 것이다. 4차 산업혁명 시대의 핵심인 고객공감경영의 골자이다.

☑ Knowledge Keyword : **주자십훈(朱子十訓)**

'주자십훈(朱子十訓)' 또는 '주자십회훈(朱子十悔訓)'은 주자(朱子 · 朱熹)가 사람이 일생을 살아가면서 하기 쉬운 후회 가운데 가장 중요한 열 가지를 뽑아 제시한 것이다. 모두 일에는 항상 때가 있고, 때를 놓치면 뉘우쳐도 소용없음을 강조한 말이다.

① 불효부모사후회(不孝父母死後悔): 부모에게 효도하지 않으면 돌아가신 뒤에 뉘우친다.
② 불친가족소후회(不親家族疏後悔): 가족에게 친하게 대하지 않으면 멀어진 뒤에 뉘우친다.
③ 소불근학노후회(少不勤學老後悔): 젊어서 부지런히 배우지 않으면 늙어서 뉘우친다.
④ 안불사난패후회(安不思難敗後悔): 편안할 때 어려움을 생각하지 않으면 실패한 뒤에 뉘우친다.
⑤ 부불검용빈후회(富不儉用貧後悔): 재산이 풍족할 때 아껴 쓰지 않으면 가난해진 뒤에 뉘우친다.
⑥ 춘불경종추후회(春不耕種秋後悔): 봄에 씨를 뿌리지 않으면 가을에 뉘우친다.
⑦ 불치원장도후회(不治垣墻盜後悔): 담장을 제대로 고치지 않으면 도둑맞은 뒤에 뉘우친다.
⑧ 색불근신병후회(色不謹愼病後悔): 색을 삼가지 않으면 병든 뒤에 뉘우친다.
⑨ 취중망언성후회(醉中妄言醒後悔): 술 취해 망령된 말을 하면 깬 뒤에 뉘우친다.
⑩ 부접빈객거후회(不接賓客去後悔): 손님을 제대로 대접하지 않으면 떠난 뒤에 뉘우친다.

- 서진영(2018), 고객 만족 → 고객 감동 → 고객 졸도 → 고객 공감의 시대 열렸다, 위클리비즈(WEEKLY BIZ), 2018.09.01. -

참고문헌

가은정(2013), '셀프 리더십'이란?, 다음 블로그(blog.daum.net/_blog/BlogTypeView.do?blogid=0EubU&articleno=3342679), 2013.06.03.

강원도민일보(2005), 프로슈머(Prosumer), 2005.08.01.

강일송(2020), 어떻게 원하는 것을 얻는가, 브런치, 2020.06.01.

강진구(2010.09.), 모두를 주인공으로 만드는 미래형 리더십, LG경제연구원, 2010.09.07.

강현우(2013), 팀의 좋은 성과는 리더십보다 팀워크에서 나온다, 한국경제, 2013.11.08.

강혜련(2015), 서번트 리더십이란?, 홍주일보, 2015.11.14.

경남신문(2018.01.01.), 사회갈등, 해결방안 없을까 (1) 세대 갈등, 2018.01.01.

경남신문(2018.01.07.), 사회갈등, 해결방안 없을까 (3) 계층갈등, 2018.01.07.

고현숙(2012.05.), 내 사람만 챙기는 '거래적 리더십'은 '조폭 리더십', 조선경제, 2012.05.10.

곽호성(2019), 협상 역량을 높이기 위한 5원칙, 머니투데이, 2019.09.23.

구자평(2020), "사공이 많으면 배가 산으로 간다", 음성뉴스, 2020.04.25.

국민안전처 사이버 콘텐츠 교안, 리더와 리더십의 개요.

권신일(2019), 협상5, 도서출판 시간의 물레, 2019.09.11.

권인아·오정주(2020), 대인관계능력 & 의사소통능력, 한올, 2020.08.

긍정 정멘토(2020), 코칭의 중요성과 필요한 이유, 2020.03.17.

김교태(2014), 솔연-이상적 리더, 매일경제, 2014.12.17.

김동호(2016), 성과 좌우하는 팀워크 극대화법, 월간중앙 201608호, 2016.07.23.

김민희(2015), 대인관계능력-팀워크능력, 에듀케이시아(https://educasia.tistory.com/283), 2015.05.07.

김병헌(2017.11.), 미래의 리더십, 코칭 경영원(https://www.coachingi.com/bbs/board.php?bo_table=letter&wr_id=210...5), 2017.11.29.

김선희(2019), 대인관계의 어려움 이것만 극복하자! : 네이버 포스트, 2019.05.15.

김성회(2012), 유능한 상사가 되려면 팔로워십을 키워라-팔로워십을 키우는 5가지 방법, 브레인미디어, 2012.03.20.

김영기(2019), 질책할 땐 '당신' 대신 '나'를 주어로 말하라, 동아일보, 2019.01.30.

김영헌(2018.10.), 갈등은 나쁜 것인가?, 한국경제, 2018.10.30.

김지현 외(2003), 환경정책과정에서 갈등 해결에 관한 연구, 서울대학교 환경대학원, 2003.06.

김창현(2019), 7주차 강의(인간관계와 대인관계의 이해) 내용 중 일부, 사회와 인간의 탐구(KOCW, 2019년 2학기 강의자료), 중원대학교.

김철수(2009), 셀프 리더십이란?, 한국인재개발센터, 2009.06.04.

김현태(2017), 고객이 말하지 않는 니즈를 파악하는 법-고객조사방법론, SKT Insight, 2017.11.20.

뉴스와이어(www.newswire.co.kr) 블로그, 불만 고객 응대 원칙 4가지, 2020.04.28.

뉴스핌(2020.03.), 최고의 CEO는? 직원·CEO 모두 '소통형 리더' 한목소리, 2020.03.27.

다니엘 샤피로·로저 피셔(2013), 원하는 것이 있다면 감정을 흔들어라, 이진원 옮김, 한국경제신문사, 2013.05.20.

다이앤 코투(Diane Coutu), 최고의 팀 리더는 재즈의 즉흥연주자, 김현정 번역, DBR 40호(2009년 9월 Issue 1).

데일리안(2015.03.), 한국의 '갈등해결능력' OECD 국가 중 최하위, 2015.03.24.

동아일보(2007.02.), 직장생활 성공 비결, 대인관계 > 업무 능력 > 성실성, 2007.02.20.

동아일보(2013.10.), 타결 불가능한 협상? 공통관심사에서 시작하라, 2013.10.09.

리처드 해크먼(2006), 성공적인 팀의 5가지 조건, 최동석·김종완 옮김, 교보문고, 2006.07.

마틴 하스(Martine Haas)·마크 모텐슨(Mark Mortensen), 뛰어난 팀워크의 비결, 구미화 번역, HBR(하버드비즈니스리뷰), 2016년 6월호.

매일경제(2015.03.), '능력자'로 채운 드림팀은 늘 성공? NO, 2015.03.20.

매일경제(2020.10.), 평범한 직장인에서 출발해 성공한 CEO가 된 6인, 2020.10.13.

매일노동뉴스(2007.05.), 대졸 신입사원 업무 능력은 'C' 학점, 2007.05.07.

머니투데이(2007.11.), 존경받는 경영자의 리더십 비결, 2007.11.05.

머니투데이(2020.03.), 잭 웰치 전 GE 회장 별세…향년 84세, 2020.03.03.
문화일보(2007.12.), "협상때 상대방의 이익도 고려해야", 2007.12.12.,
문화일보(2019.04.), 고객 불만 대응의 3단계는 '공감 → 사과 → 보상', 2019.04.05.
박선희·이지영(2016), 정서노동 상황에서 서비스접점 종업원들의 대인관계 강점이 행복에 미치는 영향, 한국심리학회지 : 산업 및 조직, Korean Journal of Industrial and Organizational Psychology, Vol.29, No.2, 203-232, 2016.
박소윤(2019), 소비자의 'Pain Point'를 'Happy Point'로 바꿔줘라, 이지경제, 2019.10.28.
박원영(2020), 불만 고객 응대 기법 교육-컴플레인 대응 방법, 박 강사 CS 강의, 2020.10.07.
박종규(2017), 밀레니얼 세대의 새로운 조직문화-공유 리더십의 시대, HR Insight (2017년 11월호 vol. 750), 2017.10.27.
박주현(2019), 코칭 리더십으로 새 시대를 대비하자, 경제포커스, 2019.05.08.
방윤영(2015), 구글이 말하는 '성공적인 팀' 특징 5가지는 무엇?, 머니투데이, 2015.11.24.
방희봉(2019), 집단 임파워먼트와 조직 임파워먼트, 충청신문, 2019.03.06.
서진영(2018), 고객 만족→고객 감동→고객 졸도→고객 공감의 시대 열렸다, 위클리비즈 (WEEKLY BIZ), 2018.09.01.
선배의 노하우(2017), 리더십의 진화: 유연하고 민첩한 리더십, 브런치, 2017.12.11.
세미나비즈(http://www.seminarbiz.kr), 치과 첫인상은 5초에 80%가 결정된다, 2020.08.31.
송인한(2019), 다르기 때문에 협력해야 한다, 중앙일보, 2019.05.21.
스튜어트 다이아몬드(2011), 어떻게 원하는 것을 얻는가, 김태훈 옮김, 8.0(에이트 포인트), 2011.11.30.
신경수(2019), 개인 능력을 극대화 시키는 열쇠 '팀워크(Teamwork)', 법원&사람들 (https://www.scourt.go.kr/)-테마가 있는 글, 2019.04.02.
신인철(2007), 팔로워십 : 리더를 만드는 힘, 한스미디어, 2007.05.
신장섭 외(2016), 대인관계, 경민대학교, 2016.02.
신현만(2017), 성공을 위한 첫 단추는 '팀워크', 매거진 한경, 2017.01.02.
안병민(2017.07.), CEO와 두목은 뭐가 다를까, DBR 229호(2017년 7월 Issue 2)
안전저널(2016.05.), 직장인 46.3% "대인관계능력이 직장생활에서 가장 중요하다", 2016.05.18.
양광모(2013), 팀워크 구축의 네 가지 비결, 머니투데이, 2013.02.06.
에듀몬, 포커스그룹인터뷰(FGI)에 대한 이해, 2019.07.01.
연합뉴스(2020.09.), 같은 공간 다른 생각, 직장 내 세대 갈등 해결방안은?, 2020.09.30.
월간 노동법률(2019), 우리 회사도 자율좌석제(Hot Desking) 도입해 볼까, 2019.08.14.
웹진 와(www.wasuwon.net/90445), 서번트 리더십, 조직과 구성원 상호 신뢰의 배경, 수원시 평생학습관, 2015.08.25.
유경철(2019), 긍정적 카리스마 리더는 세상을 변화시킨다, 품질경영(2019년 2월호), 2019.01.31.
유경철(2019), 조직의 효율적 변화를 위한 '변화 리더십', 품질경영, 2019.07.
유준희(2015), 구글(Google)에서 가장 성공적인 팀들의 5가지 특징, (https://m.blog.naver.com summerxmas), 2015.11.22.
이규형(2018), 성공하는 변화관리 VS 실패하는 변화관리, 사람인, HR 시리즈, vol.2, 2018.04.02.
이우영(2008), 동기부여와 리더십, 인천일보, 2008.10.30.
이재한 · 임상호(2017), 대학생의 대인관계능력이 직업기초능력에 미치는 영향, 산업진흥연구 2권 1호, 산업진흥원, 2017.01.
이재희 외(2018), 대인관계능력, 양성원, 2018.03.
이토 아키라(2005), 코칭대화기술, 김경섭 옮김, 김영사, 2005.11.18.
임재형(2016), 한국 사회 환경갈등의 발생원인과 특징에 관한 연구, 분쟁해결연구 제14권 제2호, 단국대학교 분쟁해결연구센터, 2016.
장인호(2020), 협상의 일곱 가지 요소, 투이컨설팅, 2020.05.12.
전북일보(2014.02.), 불황 속 소비행태…체리피커와 블랙컨슈머, 2014.02.05.
전자신문(2020.01.), 롯데百, 고객 불만 AI 자동분석-경영 밑거름으로 쓴다, 2020.01.09.
정동일(2011.02.), '참된 나'를 찾아라, '진정성 리더십'이 온다, DBR 75호(2011년 2월 Issue 2).
정동일(2014.05.), CEO라는 단어에서 리더십의 본질을 읽자, 조선일보 Weekly BIZ, 2014.05.17.
정동일(2017.04.), "氣를 살려주세요" 떠나려는 부하직원 잡을 비법, 조선비즈, 2017.04.15.
정동일(2020.04.), 위기 때 빛났던 잭 웰치의 리더십, 세계일보, 2020.04.24.

정문섭(2012.09.), 리더십보다 중요한 팔로워십, 중부매일, 2012.09.12.
정순채(2020), 소셜 네트워크 서비스(SNS)와 인간관계, 아시아타임즈, 2020.12.18.
정은희 외(2017), NCS 기반의 대인관계능력, 양서원, 2017.08.
정흥준(2019), 장기 노사갈등 사업장의 합의타결 사례와 시사점, 월간 노동리뷰, 한국노동연구원, 2019년 6월호.
제현주(2019), “리더십 빠른 속도로 노쇠화…밀레니얼 세대 주목해야”, 조선일보, 2019.04.02.
조우성(2015), 일의 위임 vs 권한의 위임, 브런치(https://brunch.co.kr › ..), 2015.09.19.
조우진(2019), 조우진의 WM 컨설팅, 끌리는 책, 2019.10.07.
조현서(2019), 갈등 해결의 지혜를 찾아보자, 안양신문, 2019.01.26.
조홍식(2014), 미래 한국사회의 리더십, 2014 미래전략 포럼, POSTECH 박태준 미래전략연구소, 2014.12.09.
중앙일보(2017.08.), 바이럴 마케팅, 2017.08.29.
최병일(2017), ‘넛지’ 사례로 본 행동경제학의 쓰임새, 매일경제, 2017.11.09.
최승필(2018), 갈등사회와 해결의 조건, 한국일보, 2018.11.26.
최철규(2008.06.), 한국인은 왜 협상에 약할까, 조선비즈, 2008.06.10.
최철규·김한솔(2012.05.), 협상 3.0 : 공감은 하되 인정은 신중히, DBR 104호(2012년 5월 Issue 1).
최철규·김한솔(2012.10.), 요구 아닌 욕구를 파악하라, 덤까지 얻는다, DBR 115호 (2012년 10월 Issue 2).
최철규 외(2013), 갈등, 원인을 알아야 정답 찾는다, DBR 129호(2013년 5월 Issue 2).
최철규 외(2013), 尊異求同: 다름을 인정하고 해법 찾아라, DBR 131호 (2013년 6월 Issue 2).
최철규 외(2013), “Why” 니즈를 파악해야 갈등 풀린다, DBR 135호 (2013년 8월 Issue 2).
최철규 외(2013), 나를 감시하나? vs. 내가 중요한가? Re-Story 하기 따라 성과가 바뀐다, DBR 138호(2013년 10월 Issue 1).
최철규 외(2013), 질문? 경청? 대화? 사과? 갈등을 푸는 ‘매직워드4’, DBR 142호(2013년 12월 Issue 1).
한국경제(2015.06.), 대인관계 갈등 해결방법, 2015.06.08.
한국경제(2020.12.), 길어진 재택근무…‘메마르는’ 팀워크·소속감, 2020.12.17.
한국산업인력공단(2021), 대인관계능력, 진한엠앤비, 2021.04.
한상엽(2005), 리더의 성공 : 팔로워십에 달려있다, LG경제연구원, 2005.02.07.
함영준(2006), 나의 심장은 코리아로 벅차오른다-한국, 한국인의 위대함 재발견, 위즈덤하우스, 2006.05.26.
협업툴 플로우 공식 블로그(post.flow.team/leadership), 밀레니얼 세대-우리는 이런 관리자를 원한다, 2018.09.20.
홍경희(2007.12.), 한국 경영자-협상능력 떨어진다, 시사뉴스, 2007.12.12.
휴먼솔류션그룹(HSG)) 블로그, 제도/규칙 때문에 생기는 갈등과 해법은?, 2019.09.17.
휴비스 공식 블로그(blog.huvis.com), 협상? 남의 일이 아니에요! “직장생활 속 협상의 기술!”, 2018.06.14.
Graham,J.W.(1991), Servant leadership in Organizations : Inspirational and moral, Leadership Quarterly, 2(2), 105-119.
Greenleaf, R. K.(1970), The servant as leader, Indianapolis : The Robert K. Greenleaf Center.
House, R. J., & Howell, J. M.(1992), Personality and charismatic leadership, Leadership Quarterly, 3 : 81-108.
http://blog.matew.com, 성공적인 협상을 위한 프로세스 5단계, 2016.01.15.
http://m.blog.naver.com › [네이버 블로그], 고객만족도 조사의 3원칙, 열씨미, 2018.11.19.
http://m.blog.naver.com › exc1994 [네이버 블로그], 동기부여 3가지 요인, 2019.09.06.
http://m.blog.naver.com › hfeel [네이버 블로그], 동기부여 개념과 이론, 2017.02.04.
http://moneyman.kr › archives, 상대를 설득하는 4가지 방법-머니맨, 2016.12.16.
http://nym2jcho.blogspot.com › 2015/09 › blog-post_35, 성공하는 변화관리와 실패하는 변화관리, 최정규, 2015.09.20.
http://www.2e.co.kr › news › articleView [투이컨설팅], 고객만족-고객관계관리-고객경험-고객상호작용, 김인현, 2020.02.12.
http://www.hsg.or.kr › bbs › board [HSG 휴먼솔루션 그룹], 나와 성향이 다른 상대와의 갈등, 어떻

게 해결할까?, 2019.09.17.
http://www.kscoaching.kr › leadership-coaching, 리더십 코칭, 한국상담코칭진흥원, 서우경 코칭연구소.
http://www.ttimes.co.kr/view.html?no=2020110418167770758, 동기는 나의 책임이지 누군가 주는 것이 아니다, 신수정, 2020.11.05.
https://blog.naver.com › PostView, #56. 고객생애가치 CLV, 2019.04.12.
https://bonlivre.tistory.com/616 [봉리브르], 갈등의 원인 5가지와 갈등을 극복하는 방법 7가지, 2015.09.16.
https://bonlivre.tistory.com/661 [봉리브르], 인간관계와 커뮤니케이션에 관한 7가지 진실, 2015.11.11.
https://bonlivre.tistory.com/1451 [봉리브르], 합의를 방해하는 장벽 5가지와 그 장벽을 허무는 협상 전략 5단계, 2019.02.12.
https://edumon.tistory.com, 임파워먼트란?, 애듀몬, 2021.01.16.
https://goldenpig.tistory.com/395 [삶의 지혜(wisdom of life)], 제대로 된 협상능력을 배워야 한다, 지혜로운 삶, 2012.07.23.
https://intent-raise-money.tistory.com › ... [젠티탱의 건강한 삶], 5가지 갈등관리 유형 사례로 알아보자, 2021.04.03.
https://jaeildream.tistory.com/160?category=667528 [ㄱㅈㄱㅈ], 3장 코칭, 꿈 전재일, 2016.09.29.
https://jaeildream.tistory.com/162 [ㄱㅈㄱㅈ], 4장 임파워먼트, 꿈 전재일, 2016.09.30.
https://jaeildream.tistory.com/173?category=667528 [ㄱㅈㄱㅈ], Leadership, 7장 갈등관리, 2016.10.07.
https://jaeildream.tistory.com/178 [ㄱㅈㄱㅈ], 8장 변화관리, 2016.10.12.
https://ko.surveymonkey.com [SurveyMonkey], 팀의 고객서비스 기술을 향상하기 위한 6가지 핵심사항 : 고객서비스 팀이 고객을 잘 이해하고 공감할 수 있는 능력을 갖추게 하는 방법.
https://m.blog.naver.com/mr16ms1/220211414841, 리더십의 종류와 사례 조사, 네이버 블로그, 2014.12.16.
https://m.blog.naver.com › phd_assist [네이버 블로그], 마케팅이란 무엇인가?, 문달주, 윤리글/칼럼, 2020.09.22.
https://m.blog.naver.com/selli508/30153538040, [조직 행동] 리더십-특성이론, 행동이론, 네이버 블로그
https://newspeppermint.com/2015/02/03/smarter_teams/ [NewsPeppermint], 효율적인 팀워크의 비결 : 공감 능력·이해·배려, 2015.02.04.
https://pot7109.tistory.com [홀리 앞으로가], 관계 맺음의 중요성-더불어 사는 삶, 2015.09.13.
https://sb.pe.kr/1648 [SB리치패밀리], 임파워먼트란, 2012.07.31.
https://slidesplayer.org › slide, 대인관계능력 3장 멤버십 능력
https://tnsgud.tistory.com/474 [Soon Gud Story], 스스로에게 동기부여를 하는 가장 쉬운 방법, 2018.09.19.
https://www.hansung.ac.kr/.../4?p..., [PDF] 카리스마 리더십 이론, 2016.05.02.
https://www.ktcs.co.kr › ktcs2014 › sub02 › pdf, 임파워먼트-직원은 리더가 믿어주는 만큼 성장한다, 류랑도, 2014.03.04.
https://www.microsoft.com › art-of-teamwork-guide [Microsoft Teams], 팀워크의 기술.
https://www.oracle.com › ... › 고객 경험 › 서비스 [오라클], 고객서비스란 무엇입니까?
https://www.samsungsds.com › it_modernization, 레거시 시스템의 새로운 비즈니스 가치창출-IT 현대화(Modernization) 방안과 사례, 김지명, 2020.05.11.
https://www.sangji.ac.kr › cmm › fms › FileDown, 제12장 조직 갈등, 참조.
https://www.sindohblog.com/1520 [신도리코 기업 블로그], 신입사원 주목! 직장상사와 좋은 인간관계 유지하는 법, 2018.09.18.
Jared Spataro(2019), 성공하는 팀의 5가지 특징, Microsoft 블로그, 2019.11.19.
Kuhnert, K. W., & Lewis, P.(1987), Transactional and transformational leadership : A constructive/developmental analysis, Academy of Management Review, 12 : 648-657.
mafra-win.korcham.net › consult_20140322120547, 동기부여의 이점.
Ruble, T. L. & Thomas, K. W.(1976), "Support for a Two Dimensional Model of Conflict Behavior", Organizational Behavior and Human Performance, 16, pp.143-145.
Thomas, K. W.(1976), "Conflict and Conflict Management, in M. D. Dunnette (ed.)", Handbook of Industrial and Organizational Psychology, Chicago, IL, Rand McNally, pp.889-935.
Weber, M.(1968), Economy & Society (vol. 1; originally published in 1925), New York, edminster.
wonderfulmind.co.kr [원더풀마인드], 인간관계 향상을 위한 7가지 비법, 2019.11.

찾아보기

(ㅇ)

(ㅈ)

(ㅊ)

(ㅋ)

(ㅌ)

(ㅍ)

(ㅎ)

저자약력

■ **이 종 호(李鍾昊)**

- 고려대학교 문과대 영문학과(학사)
- 고려대학교 대학원 경제학과(석사)
- 고려대학교 대학원 경제학과(박사)
- 현) 경민대학교 호텔외식서비스경영과 교수

[저서 및 논문]

- 《한국경제와 에너지》 (2017)
- 《기업가정신》 (2019)
- 《리더와 리더십》 (2019)
- 〈실리콘 밸리의 청년 지식기술창업 모형과 프로그램 분석〉 (2012)
- 〈한·중·일 국제분업과 그 동인에 관한 연구〉 (2013)
- 〈미얀마의 개혁개방과 글로벌 빅4의 진입전략 특성〉 (2014)
- 〈유가변동에 관한 소고〉 (2016) 등 다수

대인관계능력

2023년 2월 20일 1판 2쇄 발행

저 자 이 종 호
발행인 남 승 우

발행처 도서출판 상尙 학學 당堂

서울특별시 동작구 사당로9가길 6
TEL : 02) 595-1692~4
FAX : 02) 595-1394
E-mail : shdbooks@naver.com

신고 : 2-155호 (1968. 11. 29)

정가 30,000원

ISBN 978-89-6587-219-1 03320